edition suhrkamp 2093

Kultur und Konflikt
*Herausgegeben von Wilhelm Heitmeyer,
Günter Albrecht, Otto Backes
und Rainer Dollase*

In diesem Band geht es um den Zusammenhang zwischen einerseits der Globalisierung und andererseits dem Rechtsradikalismus, dem Rechtspopulismus sowie dem separatistischen Regionalismus in den westlichen Demokratien. Vor dem Hintergrund, daß die Weichen für die politischen Katastrophen im 20. Jahrhundert durch die gesellschaftlichen Umbrüche im 19. Jahrhundert gestellt worden sind, sollen diese *Schattenseiten der Globalisierung* näher beleuchtet werden. Die internationalen Beiträge analysieren die ökonomischen, kulturellen und politischen Globalisierungs- sowie Fragmentierungsprozesse, untersuchen in Fallbeispielen die autoritären Entwicklungen in Europa und den USA und fragen abschließend nach deren Zukunftschancen in der nationalstaatlich verfaßten Demokratie.

Schattenseiten der Globalisierung

*Rechtsradikalismus, Rechtspopulismus
und separatistischer Regionalismus
in westlichen Demokratien*

Herausgegeben von
Dietmar Loch und Wilhelm Heitmeyer

Suhrkamp

3. Auflage 2018

Erste Auflage 2001
edition suhrkamp 2093
© Suhrkamp Verlag Frankfurt am Main 2001
Alle Rechte vorbehalten, insbesondere das der Übersetzung,
des öffentlichen Vortrags sowie der Übertragung
durch Rundfunk und Fernsehen, auch einzelner Teile.
Kein Teil des Werkes darf in irgendeiner Form
(durch Fotografie, Mikrofilm oder andere Verfahren)
ohne schriftliche Genehmigung des Verlages
reproduziert oder unter Verwendung elektronischer Systeme
verarbeitet, vervielfältigt oder verbreitet werden.
Satz: Jung Satzcentrum, Lahnau
Printed in Germany
Umschlag gestaltet nach einem Konzept
von Willy Fleckhaus: Rolf Staudt
ISBN 978-3-518-12093-4

Inhalt

Vorwort 9

Dietmar Loch/Wilhelm Heitmeyer
Einleitung: Globalisierung und autoritäre Entwicklungen   11

I. Globalisierung, Fragmentierung und autoritäre Entwicklungen

Alain Touraine
Globalisierung – eine neue kapitalistische Revolution   41

Klaus Dörre
Globalisierung – Ende des rheinischen Kapitalismus?   63

Helmuth Berking
Kulturelle Identitäten und kulturelle Differenz
im Kontext von Globalisierung und Fragmentierung   91

Michael Zürn
Politische Fragmentierung als Folge der gesellschaftlichen
Denationalisierung?   111

Georg Stauth
Religiöser Fundamentalismus zwischen Orient
und Okzident: Religiöse Identitätspolitik und ihr
Verhältnis zur Demokratie   140

II. Moderner Rechtsradikalismus und separatistischer Regionalismus in Fallbeispielen

Hans-Georg Betz
Radikaler Rechtspopulismus im Spannungsfeld zwischen
neoliberalistischen Wirtschaftskonzepten und antiliberaler
autoritärer Ideologie   167

Pascal Perrineau
Die Faktoren der Wahldynamik des Front national   186

Peter A. Ulram
Sozialprofil und Wahlmotive der FPÖ-Wähler:
Zur Modernität des Rechtspopulismus am Beispiel
des Phänomens Haider   206

Michael Kazin
Die radikale Rechte in den Vereinigten Staaten:
Neue Themen, alter Diskurs, ungewisse Zukunft 227

Roberto Biorcio
Separatistischer Regionalismus in einer reichen Region:
die Lega Nord 246

III. »Sonderfall« Deutschland?

Detlef Oesterreich
Massenflucht in die Sicherheit?
Zum politischen Verhalten autoritärer Persönlichkeiten
Theoretische Überlegungen und Ergebnisse von
vier empirischen Untersuchungen 275

Michael Vester
Wer sind heute die »gefährlichen Klassen«?
Soziale Milieus und gesellschaftspolitische Lager
im Wandel 298

Ursula Birsl/Peter Lösche
(Neo-)Populismus in der deutschen Parteienlandschaft
Oder: Erosion der politischen Mitte 346

IV. Globalisierung und die Zukunft der Demokratie

Mathias Bös
»Community-building« im Internet: Entgrenzung
und neue Grenzverläufe für politische Extremismen
in der globalen Kommunikation 381

Volker Heins
Wirtschaftswunder durch Demokratieverzicht?
Westliche Asienbilder im Zeitalter der Globalisierung 397

Herbert Kitschelt
Politische Konfliktlinien in westlichen Demokratien:
Ethnisch-kulturelle und wirtschaftliche
Verteilungskonflikte 418

Claus Leggewie
What's next? oder: Neokapitalismus
und neue Linke 443

V. Schlußbetrachtungen

Dietmar Loch
Die radikale Rechte in den westlichen Demokratien:
»Geschlossen« gegen die »offene Gesellschaft«? 463

Wilhelm Heitmeyer
Autoritärer Kapitalismus, Demokratieentleerung und
Rechtspopulismus.
Eine Analyse von Entwicklungstendenzen 497

Die Autoren 535

Vorwort

Der vorliegende Band ist das Ergebnis einer Tagung, die das Institut für interdisziplinäre Konflikt- und Gewaltforschung der Universität Bielefeld am Zentrum für interdisziplinäre Forschung (ZiF) veranstaltet hat. Die bisherigen Bände dieser Reihe gruppierten sich v. a. um die gesellschaftlichen Reaktionen auf Rechtsextremismus, um ethnisch-kulturelle Konflikte, um politisierte Religionen und um Gewalt. Außerdem wurde mit Publikationen zu sozialräumlichen Aspekten die Krise der Städte thematisiert. In diesem Band wird mit dem Themenfeld der Globalisierung und ihren politischen Schattenseiten ein weiterer Aspekt hinzugefügt, von dem anzunehmen ist, daß er zukünftig an Bedeutung gewinnen wird. Zugleich sind zahlreiche Phänomene, die bisher im nationalstaatlichen Rahmen debattiert wurden, nicht einfach in den globalen Rahmen zu stellen. Kurz: Es stehen noch zahlreiche Anstrengungen bevor, wenn klarere Konturen gewonnen werden sollen. Angesichts der immensen Ausmaße des Themenfeldes will der Band dazu einen kleinen Beitrag leisten, indem er sich diesen *Schattenseiten der Globalisierung* widmet.

Zahlreiche Autoren aus Deutschland, Frankreich, Österreich, Italien und den USA waren bereit, dieser Problematik nachzugehen. Bei ihnen möchten wir uns besonders für die strapazierte Geduld bedanken.

Der Dank gilt zudem der Landeszentrale für politische Bildung in Nordrhein-Westfalen für ihre finanzielle Unterstützung, Johannes Vossen für seine zuverlässige Tagungsorganisation, Adelheid E. Baker für die Übersetzungen der englischen und Bernd Stefanink der französischen Texte sowie Petra Buchalla und Jana Klemm für die technische Bearbeitung der Manuskripte.

Dietmar Loch
Wilhelm Heitmeyer

Dietmar Loch/Wilhelm Heitmeyer
Einleitung: Globalisierung und autoritäre Entwicklungen

1. Globalisierung und Fragmentierung

Globalisierung ist im letzten Jahrzehnt des 20. Jahrhunderts zu einem zentralen wissenschaftlichen Thema avanciert. Die Literatur dazu ist inzwischen unüberschaubar geworden (vgl. u. a. Albrow 1996, Archibugi/Held 1995, Axford 1995, Beck 1997, Brock 1997, Lash/Urry 1987, Luttwak 1999, Martin/Schumann 1996, Münch 1998, Zürn 1998). Auch wenn der Begriff und das Ausmaß der *Globalisierung* umstritten bleiben, herrscht ein Konsens darüber, daß in den modernen Nationalstaaten ein ökonomisch induzierter Prozeß der *Entgrenzung* eingesetzt hat, der die bisherigen, vorwiegend nationalstaatlich organisierten Handlungszusammenhänge in Ökonomie, Kultur und Politik grundlegend verändert.

Betrachtet man diesen Prozeß im einzelnen, ist zuallererst die *ökonomische* Dimension zu nennen (vgl. u. a. Altvater/Mahnkopf 1996, Hirst/Thompson 1996). Danach ist der bereits in den siebziger Jahren sich verstärkende Internationalisierungstrend in Wirtschaft und Handel durch eine neuartige und beschleunigte Zunahme des grenzüberschreitenden Austauschs von Kapital, Waren und Dienstleistungen nicht nur fortgeführt, sondern qualitativ verändert worden. Dabei hat die ökonomische Globalisierung den Stellenwert überregionaler Wirtschaftsräume wie z. B. denjenigen der Europäischen Union erhöht. Zwischen den sich entterritorialisierenden »Volkswirtschaften« einerseits und der sich globalisierenden Wirtschaft andererseits konkurrieren diese Regionen im weltumspannenden Wettbewerb.

Der Prozeß der Entgrenzung hat sich zudem auf den *kulturellen* Bereich ausgedehnt. So schlägt sich die kulturelle Globalisierung (vgl. u. a. Appadurai 1996, Robertson 1992) zum einen in einer weltweiten Verbreitung von kulturell homogenisierten, d. h. westlich geprägten Kommunikationsmöglichkeiten und Konsummustern nieder. Zum anderen werden durch die zunehmende Überschreitung der Grenzen durch Kommunikation und Migration schon immer bestehende kulturelle Differenzen bewußter wahrgenommen. Die kulturelle Heterogenität sucht sich dabei neue Räume, in denen – v. a. durch die Migranten – die nationalstaatliche Trennung von »innen« und »außen« transnational überschritten wird (Bös 1997, Castels/Miller 1998).

Schließlich haben die Entgrenzungen eine *politische* Dimension. Denn die ökonomische Globalisierung hat zu einem Souveränitätsverlust (Sassen 1996) bzw. zumindest zu einem Autonomieverlust (Dittgen 1999) des Nationalstaats geführt, der sich v. a. in einer Abtretung von Kompetenzen der politischen *Regulierung* äußert. So haben die Einflußmöglichkeiten staatlicher Politik auf wirtschaftliche Akteure wie die weltweit agierenden transnationalen Unternehmen abgenommen. Der Nationalstaat besitzt zwar noch das Monopol legitimer Gewalt, aber nicht mehr dasjenige der politischen Steuerung (Scharpf 1998, S. 82), auch wenn er bei der Herstellung der Rahmenbedingungen für den ökonomischen Globalisierungsprozeß weiterhin eine zentrale Rolle spielt (Sassen 1998). Da die ökonomische Globalisierung nun keinen zwangsläufigen Prozeß darstellt, sondern politisch gestaltbar ist, besteht die Möglichkeit, daß diese Steuerung zunehmend von internationalen Organisationen übernommen wird, auch wenn eine solche »governance« (noch) nicht absehbar ist. Dabei stehen auch die supranationalen Institutionen wie die Europäische Union und damit die ansatzweise Herausbildung einer europäischen Staatlichkeit im Mittelpunkt. So bilden sich jenseits des Nationalstaates auch neue politische Räume.

Gleichzeitig vollzieht sich neben diesen Prozessen von Globalisierung und Europäisierung eine Entwicklung, die sich als *Fragmentierung* bezeichnen läßt (vgl. u. a. Menzel 1998). Sie wird ebenso in ökonomisch-sozialer, kultureller und politischer Hinsicht deutlich. So läßt sich in den westlichen Gesellschaften eine Fragmentierung der *Sozialstruktur* beobachten, die mit Individualisierungsprozessen einhergeht. Dabei entsteht verstärkt soziale Ungleichheit in Form der Segregation, die sich mit ihrer sozioökonomischen Polarisierung zunehmend auch in den westlichen Metropolen zeigt. Im Bereich der gesellschaftlichen Milieus und der individuellen Lebensstile ist eine gesellschafts»interne« *soziokulturelle Heterogenisierung* festzustellen, in die sich die »externe«, mobilitäts- und migrationsbedingte kulturelle Heterogenität z. T. inkorporiert. Doch bilden sich gleichzeitig im

Prozeß kultureller Entdifferenzierung bzw. der Retraditionalisierung der Lebenswelt (Habermas 1994) auch neue *kollektive Identitäten*, die dieser Heterogenisierung homogenisierend entgegenwirken.

Schließlich hat mit dem Autonomieverlust des Nationalstaates auch die *politische Regulierung* eine zunehmende Fragmentierung bzw. Komplexität innerhalb eines sich insgesamt ausdifferenzierenden europäischen Mehrebenensystems politischer Räume (*multi-level-governance*) angenommen (Jachtenfuchs/Kohler-Koch 1996). Dabei werden auch die politischen Institutionen auf subnationaler Ebene gestärkt (Junne 1996). So haben die Regionen im Prozeß der europäischen Integration einen wichtigen Stellenwert erhalten (Regionalisierung), und die europäischen Städte – v. a. die Metropolen – sind nicht mehr der verlängerte Arm des Nationalstaates (Lokalisierung). Die Städte entwickeln zunehmend, wie die Regionen, eigene Wirtschaftsbeziehungen über die nationalen Grenzen hinweg. Gleichzeitig sind sie aber auch mit der Regulierungsnotwendigkeit der sich spaltenden Stadtgesellschaften konfrontiert.

Das erkenntnisleitende Interesse in diesem Band zeigt sich in der Frage, wie sich die beiden skizzierten Makrotrends von Globalisierung und Fragmentierung auf die nationalstaatlich verfaßte *Demokratie* auswirken (vgl. u. a. Held 1995, Held u. a. 1999). Denn mit dem Souveränitäts- bzw. Autonomieverlust des Nationalstaates ist nicht nur ein Hoheitsverlust an politischer Steuerung, sondern auch ein Legitimations- bzw. Demokratiedefizit der »postnationalen«, aber weiterhin nationalstaatlich verfaßten Demokratie entstanden (Habermas 1998). Wenn wichtige politische Entscheidungen sich auf supranationale Institutionen verlagern, entzieht dies – »von außen« betrachtet – der demokratischen Willensbildung in den Nationalstaaten immer mehr an Substanz.

Gleichzeitig läßt sich in den westlichen Demokratien – »von innen« betrachtet – eine »Vertrauenskrise« gegenüber den Parteien konstatieren. Sie wird z. B. in Frankreich als »Krise der politischen Repräsentation« (Portelli 1995) oder in Deutschland unter dem Begriff der »Politik-« bzw. besser »Parteienverdrossenheit« (von Beyme 1994, 2000; Pickel/Walz 1997) debattiert. Die Repräsentationskrise bezieht sich dabei generell auf die zwischen Staat und Gesellschaft stehenden intermediären Instanzen.

Sie manifestiert sich in der nachlassenden Integrationsfähigkeit dieser Institutionen und Großorganisationen der politischen Willensbildung und Beteiligung, die sich mit der Entstehung der nationalen Industriegesellschaft herausbildeten. Dazu zählen v. a. die politischen Parteien, die Interessenverbände und die Gewerkschaften. Blickt man auf das Verhältnis zwischen Bürger und Parteien, läßt sich die Abnahme der bisherigen politischen Bindungen v. a. an drei Indikatoren ablesen (Mény 1998, S. 294f.): erstens an der »Flüchtigkeit« (*volatility*) des Wählerverhaltens, das bis zur Wahlenthaltung reicht und das sich nicht mehr an festen politischen Konfliktlinien (*cleavages*), sondern vielmehr an zentralen, aber variierenden politischen Streitfragen (*issues*) orientiert; zweitens an der damit einhergehenden Fragmentierung der Parteiensysteme und drittens v. a. an der wachsenden Kluft zwischen den Bürgern und der politischen Klasse.

Nun liegt die Annahme nahe, daß sich das Demokratiedefizit zum einen aus dem Autonomieverlust des Nationalstaats ergibt, wenn die Bürger nicht mehr klar erkennen können, wie für sie relevante politische Entscheidungen durch die politischen Eliten getroffen werden. Zum anderen liegt es aber auch nahe, daß innenpolitische Gründe die Vertrauenskrise in die Parteien begründen, wenn z. B. wie in Österreich eine große Koalition jahrzehntelang die Regierung stellte. Doch sind solche außen- und innenpolitischen Erklärungsversuche überhaupt noch scharf voneinander zu trennen? Wenn man z. B. die deutschen Parteien betrachtet, die sich seit Ende der siebziger Jahre von »Volks-« zu »Profiparteien« mit Tendenzen zu einer politischen Klasse verwandelt haben (von Beyme 2000), scheint es zwischen beiden Ursachenbündeln einen Zusammenhang zu geben. Denn diese Parteien erfüllen zwar in ihrer »Scharnierfunktion« nach wie vor die »Regierungs-« und die »Repräsentationsfunktion«. Doch werden sie »von oben« und »von unten« mit neuen Aufgaben konfrontiert. So entstehen »nach oben« Blockaden in der Reformfähigkeit und -willigkeit, die u. a. mit den neuen grenzüberschreitenden Herausforderungen an die nationalstaatlich verfaßten Parteien zu tun haben (Immerfall 1998). »Nach unten« haben die Parteien die Fähigkeit und – v. a. gegenüber den sozial benachteiligten Bevölkerungsschichten – z. T. auch den Willen verloren, diese politisch zu repräsentieren.

Angesichts dieses Legitimations- bzw. Repräsentationsdefizits entstehen neue Formen politischer Beteiligung. Zum einen können sie in den jeweiligen politischen Räumen *demokratisch* sein. In den nationalstaatlich verfaßten Demokratien lassen sich die Zunahme direkter politischer Beteiligungsformen (Klein/Schmalz-Bruns 1997) als auch zaghafte Reformansätze in den Parteien erkennen. Jenseits des Nationalstaates sind NGOs an Entscheidungsprozessen in internationalen Organisationen beteiligt, soziale Bewegungen werden grenzüberschreitend, und es bildet sich allmählich eine europäische Öffentlichkeit, wie das Beispiel der »innereuropäischen« Anti-Haider-Front zeigt. Auf subnationaler Ebene steht dagegen die Stärkung des Polis-Gedankens lokaler, »überschaubarer« Demokratie im Mittelpunkt.

Zum anderen mehren sich aber seit den achtziger und neunziger Jahren weltweit auch Anzeichen für neue *autoritäre Entwicklungen*. Von autoritären Entwicklungen kann gesprochen werden, wenn die politische Vergemeinschaftung von Gruppen nicht universalistisch mit – im Nationalstaat verfaßten – zivilbürgerlichen Kriterien, sondern partikularistisch mit ethnisch-kulturellen, religiösen oder ausschließlich territorialen Kriterien begründet wird und sich dabei auf entsprechende kollektive Identitäten stützt. Dabei trägt diese Gemeinschaftsbildung autoritäre Züge, wenn es strenge, nach innen gerichtete Hierarchien gibt und nach außen eine radikale Abschließung und Abwehr gegenüber anderen Gruppen existiert, die diese ethnisch-kulturellen Zugehörigkeitskriterien nicht erfüllen. Unter solche autoritären Entwicklungen fällt v. a. das Aufleben ethnischer Nationalismen bzw. des Rechtsradikalismus, des separatistischen Regionalismus und des religiösen Fundamentalismus.

2. Erscheinungsformen autoritärer Entwicklungen

So haben populistisch auftretende *rechtsradikale* (bzw. zumindest rechtspopulistische) *Parteien und Bewegungen* seit Mitte der achtziger Jahre in den westlichen Demokratien Zulauf bekommen (vgl. u. a. Betz 1994, Betz/Immerfall 1998, Kitschelt 1995, Merkl 1997). Sie stehen u. a. für einen radikalen *Nationalismus*, der in gemäßigterer Form zwar auch in anderen politischen Parteien zu finden ist. Doch kann beim Rechtsradikalismus der Nationalismus neben der Fremdenfeindlichkeit bzw. dem Rassismus als politisch-ideologischer Kern betrachtet werden. Das markanteste Beispiel für den Erfolg der radikalen Rechten in den westeuropäischen Demokratien liefert die Freiheitliche Partei Österreichs (FPÖ) unter Jörg Haider, die inzwischen Koalitionspartner einer Regierung auf nationaler Ebene ist. Zu nennen sind außerdem – bei allen Differenzen – die Schweizer Volkspartei (SVP) von Christoph Blocher, der belgische Vlaams Blok, die italienische Alleanza Nazionale (AN), die norwegische Fremskrittspartiet (Fortschrittspartei), die dänische Folkeparti (DF, Volkspartei) und der französische Front national, der allerdings seit seiner offiziellen Spaltung 1999 erheblich an Einfluß verloren hat. In Deutschland existiert zwar keine dauerhaft erfolgreiche rechtsradikale Partei, doch weisen das rechtsradikale Einstellungspotential in der Bevölkerung, die rechtsradikalen Milieus in den neuen Bundesländern sowie die Wahlerfolge der DVU bei den Landtagswahlen in Sachsen-Anhalt 1997 und Brandenburg 1998 auf ein ähnliches rechtsradikales Protestpotential hin. Erfolge rechtsradikaler bzw. rechtspopulistischer Parteien treten zudem mit Preston Mannings Reform Party in Kanada, der New Zealand First Party in Neuseeland und der One Nation Party in Australien in den angelsächsisch geprägten Demokratien außerhalb Europas auf. Die Anzeichen eines internationalen Trends zum »radikalen Rechtspopulismus«, zu denen Betz (1998) auch den in der Bharatyia Janata Party (BJP) organisierten indischen Nationalismus zählt, sind demnach unübersehbar.

Auch beim Regionalismus sind weltweit neue Entwicklungen zu beobachten (für Europa vgl. u. a. Keating 1996, Kohler-Koch 1997, Le Galès/Lequesne 1998). Im Fall der ehemaligen Sowjetunion, Ex-Jugoslawiens oder auch der Tschechoslowakei haben sich Regionen und Völker angesichts des Zerfalls der einstigen Imperien bzw. Staatenbünde zu neuen Nationalstaaten konstituiert. Angesichts dieser Imperien und des spezifischen historischen Kontextes in Osteuropa ist es allerdings problematisch, von Regionalismus zu sprechen. Dagegen stößt man in den westlichen Nationalstaaten mit dem Bestreben regionaler Selbstbestimmung z. B. in Katalonien, Québec und Schottland auf einen Regionalismus, den Keating (1997) als eine neue globalisierungsbedingte Form von *Nationalismus* bezeichnet. Er interpretiert ihn als *subnationale* Reaktion auf den angeblichen Niedergang des Nationalstaates. Dabei handle es sich nicht um einen »ethnischen«, sondern einen »zivilbürgerlichen« Regionalismus, da die Mitgliedschaft *alle* Bewohner des Territoriums unabhängig von ihrer ethnischen Herkunft umfasse. In der Tat kann Regionalismus – trotz immer vorhandener ethnisch-kultureller Bezüge – mit zivilbürgerlichen, demokratischen Elementen politischer Gemeinschaftsbildung verbunden sein. Denn das Verlangen nach regionaler Selbstbestimmung ist legitim und per se nicht undemokratisch. Am Beispiel der italienischen Lega Nord in der Lombardei läßt sich jedoch auch eine explizit ethnisch-kulturell legitimierte und autoritäre Form dieses Regionalismus aufzeigen, die den Begriff des *separatistischen Regionalismus* rechtfertigt, da – zumindest rhetorisch und in bestimmten Phasen – die Schaffung eines eigenen, von Italien unabhängigen Staates gefordert wird (Biorcio 1997). Blickt man auf Fälle wie Québec, Katalonien oder die Lombardei, scheint sich der Regionalismus der achtziger und neunziger Jahre in den westlichen Demokratien vom Regionalismus der siebziger Jahre v. a. darin zu unterscheiden, daß nicht mehr wirtschaftlich randständige, sondern leistungsfähige und wohlhabende Regionen im Mittelpunkt stehen. Dabei wird ein wesentlicher Teil der nationalen Solidarität zu Lasten der ärmeren Regionen und zugunsten des ökonomischen Wettbewerbs im Prozeß der europäischen Integration aufgegeben. Die Leistungsfähigkeit der regionalen modernen Ökonomie wird mit regionalistischem Selbstbewußtsein bzw. ethnisch rückgebundener kollektiver Identität verbunden.

Als dritte Erscheinungsform der autoritären Entwicklungen ist der *religiöse Fundamentalismus* zu nennen (vgl. u. a. Bielefeldt/Heitmeyer 1998). Hierzu können z. B. der indische Hindu-Fundamentalismus, der christlich-protestantische Fundamentalismus in den USA oder der islamische Fundamentalismus in Ländern wie Algerien oder auch der Türkei gezählt werden. Dabei zeigen die beiden ersten Beispiele, daß sich religiöser Fundamentalismus und Rechtsradikalismus überlappen können. So läßt sich der in der Bharatyia Janata Party politisch organisierte indische Hindu-Fundamentalismus auch als rechtsradikaler Nationalismus interpretieren (Betz 1998), und in den USA, wo die Wiege des protestantischen Fundamentalismus steht, ist dieser seit jeher ein wesentlicher Bestandteil der radikalen Rechten (Minkenberg 1998). Im Gegensatz zum Rechtsradikalismus und zum separatistischen Regionalismus liegt nun beim religiösen

Fundamentalismus, wenn er im Kontext der Migration steht, der Bezug zur Nation in der *transnationalen* Überschreitung. Da Transnationalität per se genauso demokratisch sein kann, handelt es sich beim religiösen Fundamentalismus um die autoritäre Form dieser Grenzüberschreitung. Eine solche Fusion von Transnationalität und autoritär politisierter Religion ist auch in den westlichen Demokratien – wo es primär um die Anerkennung des modernen Islam in der säkularisierten Gesellschaft geht – bei einem Teil der muslimischen Migranten anzutreffen (vgl. Heitmeyer/Müller/Schröder 1997).

3. Welche Zusammenhänge existieren?

All diese Phänomene besitzen ihre *Besonderheiten*. Sie müssen in ihren ideengeschichtlichen, kulturellen, regionalen und religiösen Kontexten verstanden werden. Dennoch legt die Tatsache, daß diese autoritären Entwicklungen in den letzten Jahren weltweit zugenommen haben, die Vermutung nahe, daß es jenseits ihrer spezifischen Begründungen eine oder mehrere *Gemeinsamkeiten* gibt (vgl. dazu auch Meyer 1989, 1997). Diese Gemeinsamkeiten können entlang von sozialen, kulturellen und politischen Kriterien betrachtet werden. Dabei dürften wesentliche Elemente dieser Übereinstimmungen – so die zentrale Annahme dieses Bandes – im *Zusammenhang* mit den ökonomisch-sozialen, kulturellen und politischen Dimensionen der Globalisierung stehen.

Ein erster Berührungspunkt scheint sich somit aus dem *sozialen Status* der Unterstützer zu ergeben, die Marginalisierungserfahrungen ausgesetzt sind oder Angst vor Statusverlust haben, wofür die ökonomische Globalisierung als neuer Modernisierungsschub die entsprechenden sozialstrukturellen Bedingungen schafft. Schon einmal in der Geschichte hat eine »Große Transformation« (Polanyi 1978), d.h. ein Modernisierungsschub des Kapitalismus, in weiten Bevölkerungsteilen zu autoritärem politischen Verhalten bzw. zur Unterstützung autoritärer Politik geführt. Angesichts weltweit zunehmender sozioökonomischer Polarisierung, die sich auch in den westlichen Metropolen zeigt, könnte hier ein wachsendes, sozial motiviertes bzw. sich ethnisierendes Protestpotential liegen. Dabei ist die sozialstrukturelle Gemeinsamkeit aber nicht nur in den Frustrationen von »Modernisierungsverlierern« zu finden, da v. a. der separatistische Regionalismus in wohlhabenden Regionen reüssiert. Zudem können bei allen drei erwähnten autoritären Entwicklungen sozialstrukturell verursachte Motive allein wohl nicht das autoritäre Verhalten erklären.

Die offensichtlichste Gemeinsamkeit der autoritären Entwicklungen zeigt sich in der Manifestation *kollektiver Identität*, die in autoritärer Gemeinschaftsbildung aus der Kritik am »Projekt der Moderne« entsteht. Eine Erklärung dafür liegt in der Ambivalenz der Moderne (Bauman 1995). Denn die westlich geprägte Moderne hatte immer zwei Seiten. Einerseits kam es durch gesellschaftliche Differenzierung und Modernisierung zur Rationalisierung aller Lebensbereiche, was sich bis heute u. a. in der wirtschaftlichen Entwicklung des Kapitalismus bzw. der ökonomischen Globalisierung, aber auch in Recht und Politik niederschlägt. Andererseits hat diese Moderne immer – begleitet von der »Entzauberung der Welt« und den Anforderungen von Individualisierungsschüben – zu Erfahrungen von Entwurzelung, Entfremdung und Sinnverlust geführt. So gab es im Westen seit der Aufklärung immer Formen eines autoritären Populismus, der sich als Ausdruck dieser Gegenmoderne deuten läßt (Dubiel 1986). Genannt seien nur die Bewegung der »Volkstümler« im Rußland des 19. Jahrhunderts sowie die bis ins 20. Jahrhundert reichenden populistischen Traditionen in den USA oder Frankreich. Auch der europäische Faschismus beinhaltete einen Modernisierungsschub und gleichzeitig eine – einzigartige – zivilisatorische Regression. In diesem Kontext können die erwähnten autoritären Entwicklungen als Formen zivilisationskritischer Vergemeinschaftung verstanden werden, die auf die Zumutungen der emanzipatorischen Moderne – Entwurzelung, Entfremdung, Verunsicherung und Sinnverlust – eine selbstvergewissernde, aber autoritäre, ja totalisierende Antwort geben, hinter der letztendlich das Bedürfnis nach Anerkennung steht. Mit der kulturellen Globalisierung, die kulturelle Differenz und Heterogenität durch den Abbau von Grenzen sichtbarer macht, läßt sich bei dieser Suche nach Sinn und Anerkennung um so leichter ein Ort kollektiver, kultureller Identität finden, die das Auffinden dieser Wünsche verspricht (Bauman 1998).

Mit der globalen Verbreitung der Moderne hat der Westen diese immanente Kritik auch in die nichtwestliche Welt getragen, wo die bereits mit dem westlichen Imperialismus einsetzende Modernisierung heute angesichts der Globalisierungsprozesse die Differenzen in den kulturellen Traditionen freilegt. Autoritäre Strömungen in diesen Kulturen und Religionen, die zumeist nicht für die Gesamtheit dieser nichtwestlichen »Kulturen« stehen (Rühland 1996), halten – im ökonomischen Wettbewerb – der westlichen Welt den zivilisatorischen Spiegel vor.

Eine dritte Gemeinsamkeit dürfte schließlich darin bestehen, daß sich die Unterstützer der autoritären Entwicklungen politisch nicht ausreichend repräsentiert fühlen. Die soziale Unsicherheit, die fehlende kulturelle Anerkennung und die mangelnde politische Repräsentation führen zu einer *politischen Entfremdung*. Sie wird von Teilen der bisherigen politischen Elite und von neuen, zur politischen Elite strebenden Meinungsführern populistisch aufgegriffen mit dem Ziel, gegen dieses Repräsentationsdefizit, von dem auch die Einwanderer direkt oder indirekt betroffen sind, mit ethnisch-kulturellen Kriterien zu mobilisieren. Der Zusammenhang mit der Globalisierung würde dann in der bereits erwähnten Annahme liegen, daß sich das Demokratiedefizit u. a. aus der Unzufriedenheit mit der Leistungsfähigkeit des Nationalstaates infolge seines Souveränitätsverlustes ergibt.

Bündelt man die »doppelte« Krisenerfahrung aus dem sozialen und kulturellen Wandel mit der politischen Entfremdung, liegt die zukünftige Herausforderung der autoritären Entwicklungen in der Frage nach deren Gefahr für die Demokratie (vgl. u. a. Barber 1996). Die im Nationalstaat zivilbürgerlich verfaßte Demokratie wird – nationalistisch, regionalistisch oder transnational – nach ethnisch-kulturellen Kriterien umdefiniert. Dies verdichtet sich räumlich v. a. in den Städten, wo die sozial benachteiligten bzw. sich benachteiligt fühlenden Bevölkerungsschichten die Krisenerfahrung bewältigen müssen.

Die Erklärungen für die autoritären Entwicklungen müssen nun allerdings nicht ausschließlich im Zusammenhang mit der Globalisierung stehen. Weiterhin sind auch die für die einzelnen Gesellschaften spezifischen Ursachen zu berücksichtigen. Die folgenden Beiträge versuchen, so weit wie möglich beiden Aspekten nachzugehen.

4. Zur Gliederung des Bandes

Die Beiträge sind dabei folgendermaßen angeordnet: In einem *ersten thematischen Block* geht es um den analytischen Rahmen von Globalisierung bzw. Fragmentierung sowie um die Bandbreite der autoritären Entwicklungen. So ist für *Alain Touraine*, der diesen ersten Block einleitet, die Globalisierung eine »neue kapitalistische Revolution«. Doch trennt er scharf zwischen der ideologischen und der inhaltlich-analytischen Dimension. Ideologiekritisch sieht er nach dem Ende des industriegesellschaftlich und nationalstaatlich geprägten Gesellschaftstyps sozialdemokratischer Provenienz die neoliberale Verheißung einer sich über den Markt stärker integrierenden Welt als nicht erfüllt. Vielmehr konstatiert er in seiner inhaltlichen Analyse einen Bruch zwischen der sich globalisierenden instrumentell-ökonomischen Sphäre und der sich »entmodernisierenden« kulturellen Sphäre. In ihr stehe das desozialisierte Subjekt mit seinen fragmentierten Erfahrungen vor dem immer abstrakter werdenden System aus Macht, Herrschaft und Instrumentalität. Nach Touraine geht es darum, daß sich das identitätssuchende Subjekt als sozialer Akteur versteht, der die beiden Sphären – Teilhabe an instrumentellen Tätigkeiten und Erneuerung des kulturellen Erbes – wieder zusammenführt. Universalismus und Partikularismus bzw. Wissenschaft und Religion oder Nationalismus müßten gleichermaßen zur Geltung kommen, damit den Finanzströmen des Neokapitalismus und den neuen kommunikativen Netzwerken nicht nur ein kultureller Partikularismus entgegengesetzt werde.

Auch *Klaus Dörre* sieht die Globalisierung als qualitativ neuen Internationalisierungstrend. Dabei sind, so die zentrale These, die in Europa wirkenden Globalisierungsprozesse infolge von institutionellen Traditionen, Regulationsmodi, Formen der Konfliktbewältigung und Wirtschaftsstilen politisch beeinflußbar – der »rheinische Kapitalismus« ist demnach nicht an seinem Ende angelangt. Die zentrale politische Herausforderung liege darin, den internationalen Kapitalismus als sozial verpflichtenden »Stakeholder-Kapitalismus« auf der supranationalen Ebene der Europäischen Union zu regulieren. In bezug auf die Frage nach autoritären Entwicklungen hält Dörre fest, daß ausgerechnet beim Neoliberalismus die Globalisierung mit einer Nationalisierung der Politik einhergehe, bei der die Gefahr einer Verschlankung des

Staates zur inneren und äußeren Ordnungsmacht bestehe. Neben diesem »institutionellen Autoritarismus«, der eine schleichende Entdemokratisierung der staatlichen Institutionen sowie der Parteien beinhalte, sieht Dörre den »territorialistischen Autoritarismus«, bei dem rechtspopulistisch bzw. regionalistisch die nationale und die soziale Frage zusammenfallen, sowie den »transnationalen Autoritarismus«, bei dem deterritorialisierte technokratische Eliten danach streben, die Staatsfunktion auf diejenige eines Unternehmens zu reduzieren.

Helmuth Berking konzentriert sich dagegen auf die Frage der Politisierung kultureller Differenz und kultureller Identitäten. Dabei geht er zunächst vom globalisierungsbedingten Verlust der territorialen nationalstaatlichen Souveränität aus. Auf die räumliche Einheit des staatlichen Territoriums hätten sich bisher sowohl die nationalstaatlich organisierten Gesellschaften als auch deren sozialwissenschaftliche Analyseinstrumentarien bezogen. Mit der Dezentrierung dieser staatlichen Souveränität gehe nun nicht nur die Neugestaltung sozialer Räume und die machtpolitische Aufwertung des »Globalen« und des »Lokalen« bei gleichzeitiger Relativierung des »Nationalen« einher. Es entstünden auch neue Möglichkeiten für die De- und Reterritorialisierung politischer und kultureller Identitäten auf trans- und/oder subnationaler Ebene, worauf sozialwissenschaftliche Theorien der Globalisierung reagierten. Dabei liegt das Risiko der Politisierung solcher kultureller Identitäten nach Berking darin, daß nicht nur die sozialstrukturellen Disparitäten unterlaufen, sondern in Ethnisierungsprozessen, zu denen auch die »ethnonationale« Mobilisierung zähle, neue »totalisierende Fiktionen« geschaffen werden. Sie stünden quer zur Logik der an sich unbegrenzt scheinenden identitätspolitischen Konstruktionen.

Wie Alain Touraine, Klaus Dörre und Helmuth Berking teilt *Michael Zürn* die Perspektive des Globalisierungstrends. Doch sieht er die Globalisierung als Spezialfall einer allgemeineren »gesellschaftlichen Denationalisierung«, die allerdings auch die erwähnte politische Integration jenseits des Nationalstaats und eine politische Fragmentierung innerhalb desselben bewirkt. Mit Blick auf die OECD-Welt geht der Autor systematisch der zentralen Frage dieses Bandes nach dem Zusammenhang zwischen Globalisierung und autoritären Entwicklungen nach und stellt fest, daß seit den späten achtziger Jahren parallel zur gesellschaftlichen Denationalisierung der Einfluß regionalistischer Bewegungen und rechtsextremer Parteien bzw. rassistische Anschläge zugenommen haben. Der Regionalismus ist dabei in der Tat nicht mehr, wie noch in den siebziger Jahren, in ökonomisch benachteiligten, sondern in prosperierenden Regionen anzutreffen wie z. B. der Region Québec oder Norditalien. Das wirtschaftliche Wohlergehen der Region wird demnach angesichts des verschärften Standortwettbewerbs infolge der nachlassenden Bedeutung wirtschaftlicher Grenzen mit regionalistischem Autonomiestreben über die nationale Solidargemeinschaft gestellt. Für den Rechtsextremismus hält Zürn fest, daß nicht mehr neofaschistische, sondern auf die gesellschaftliche Denationalisierung reagierende rechtspopulistische Parteien wie der französische Front national oder die kanadische Reform Party Erfolge aufweisen. Diese Parteien orientierten sich nicht mehr so sehr am Rechts-Links-Gegensatz, sondern vielmehr an Themen wie Identität, Ökologie und Partizipation. Im Kontext der gesellschaftlicher Denationalisierung sind somit nach Zürn historisch neuartige Typen des Regionalismus und des Rechtsextremismus entstanden.

Der dritten Erscheinungsform der autoritären Entwicklungen – dem religiösen Fundamentalismus – wendet sich *Georg Stauth* zu. Er sieht diesen nicht, wie oft gedeutet, als kulturelle Reaktionsform vormoderner Kultur auf die ökonomische Globalisierung. Vielmehr interpretiert er ihn als Ausdruck der Globalisierung eines ungelösten Problems der Moderne, nämlich der Spannung zwischen Religion und säkularer Demokratie, eine Grundspannung, die in allen Zivilisationen existiere, auch wenn sie über die Aufklärung und den modernen Nationalstaat in westlich geprägter Form universalisiert worden sei. In Anlehnung an Eisenstadts Konzept von den »Kulturen der Achsenzeit« betont Stauth daher die kulturelle Eigenlogik der verschiedenen Fundamentalismen, die gleichwertig untersucht werden müßten. Der religiöse Fundamentalismus in Orient und Okzident läßt sich nach Stauth als »Transgression« des Religiösen »im Sinne der Überschreitung gelebter Wertewelten und Lebensformen« verstehen, bei der sich eine neue kulturelle Eigengesetzlichkeit des Sozialen entwickle, die sich gegen die herkömmliche Lebenswelt und die funktionale Differenzierung auf institutioneller Ebene durchsetzen würde. Im Zwang zur säkularen Neuformulierung der religiösen Prinzipien, dem der Fundamentalismus auch unterliege, sieht der Autor die Chance, daß der fundamentalistische Autoritarismus ebenso Tendenzen der Selbstauflösung in sich birgt.

Nach diesen grundlegenden Analysen werden in einem *zweiten thematischen Block* länderspezifische Fallbeispiele untersucht. Im Mittelpunkt stehen dabei der separatistische Regionalismus und v. a. der Rechtsradikalismus. Einleitend untersucht *Hans-Georg Betz* im europäischen Vergleich die Erfolgsbedingungen des modernen Rechtspopulismus im Spannungsfeld zwischen globalisierungsbedingten neoliberalistischen Wirtschaftskonzepten und antiliberaler autoritärer Ideologie. Am Beispiel des Front national, der FPÖ und der Lega Nord weist er nach, daß die erfolgversprechenden rechtspopulistischen Mobilisierungsstrategien sowie die programmatischen Schwerpunktverschiebungen dieser Parteien von zwei Variablen abhängen: zum einen von der Wirtschaftspolitik der jeweiligen nationalen Regierung, zum anderen von der sozialstrukturellen Zusammensetzung ihrer Wählerbasis. So läßt sich in den neunziger Jahren beim Front national und der FPÖ ein Wandel von neoliberalistischen zu wirtschaftsprotektionistischen Positionen feststellen, der mit einer Zunahme an Arbeitern in der Wählerschaft einhergeht. Betz hebt aber hervor, daß der Erfolg dabei nicht – wie von Herbert Kitschelt behauptet – *notwendigerweise* über die Existenz neoliberaler und autoritärer Forderungen in der *Programmatik* vorausgesagt werden kann, da diese nur z. T. von der Wählerschaft wahrgenommen und reflektiert werde. Da sich die Sympathisanten der rechtspopulistischen Parteien vom Rest der Bevölkerung in ihren *Einstellungen* signifikant nur über die Ablehnung der multikulturellen Gesellschaft und der traditionellen Mechanismen der demokratischen Entscheidungsfindung (»Parteienverdrossenheit«) unterschieden, habe der Erfolg der rechtspopulistischen Parteien letztendlich politische Gründe.

Als erstes Länderbeispiel stellt dann *Pascal Perrineau* den »Nationalpopulismus« des Front national im klassischen Nationalstaat Frankreich vor. Dabei analysiert er v. a. die Faktoren der Wahldynamik dieser rechtsradikalen Partei bis 1997, d. h. bis kurz vor ihrem – zumindest bisherigen – relativen Niedergang, der durch die Spaltung des FN eingeleitet wurde und sich in den Ergebnissen der Europawahl 1999 niederschlug (Liste Le Pen: 5,7 %, Liste Mégret: 3,3 %). Perrineau stellt die Entwicklung des Front national in den Rahmen der neuen europäischen »Nationalpopulismus«. Er betont aber auch die französische Besonderheit immer wiederkehrender nationalistischer »Fieberausbrüche«, die allerdings bisher noch nie so lange wie beim Front national angedauert hätten. Im betrachteten Zeitraum von 1984 bis 1997 kommt die Wählerschaft des FN von der Rechten als auch der Linken und ist jung, männlich sowie schichtübergreifend. Wahlgeographisch betrachtet liegen die Hochburgen der Partei mit Blick auf die politischen Traditionen in Frankreich in rechten als auch linken Gebieten, nach sozialstrukturellen Merkmalen in den städtischen Ballungsräumen mit Zonen industriellen Zerfalls (Marseille, Lyon, Paris, Achse Metz-Strasbourg-Mulhouse). Die Themen Arbeitslosigkeit, innere Sicherheit, Einwanderung und politische Korruption bilden die wichtigsten Wahlmotivationen. Diese Faktoren der Wahldynamik repräsentieren nach Perrineau eine soziale, politische und territoriale Identitätskrise, die im Kontext der europäischen Integration und der Globalisierungsprozesse steht. Deprivationserfahrung und Angstgefühle würden v. a. die »kleinen Leute« und Teile der Arbeiterschaft für Parolen eines wirtschaftlichen und kulturellen Protektionismus anfällig machen. Der französische Nationalpopulismus symbolisiere dabei die Schwierigkeit der republikanischen Staatsnation, in der Konfrontation von »offener« und »geschlossener« Gesellschaft mit kulturellen Differenzen umzugehen.

Im zweiten Länderbeispiel geht *Peter A. Ulram* auf die wahlpolitisch erfolgreichste rechtspopulistische Partei Westeuropas ein: die Freiheitliche Partei Österreichs (FPÖ). Er analysiert die Entwicklung des Sozialprofils und der Wahlmotive der FPÖ-Wähler vor dem Hintergrund des österreichischen Parteiensystems, das sich jahrzehntelang durch seine Hyperstabilität und seine »Proporzdemokratie« mit ihren starken personalen Verflechtungen in Politik, Wirtschaft und Verwaltung auszeichnete. Während sich in diesem Kontext das thematische Profil der FPÖ in den achtziger Jahren v. a. auf den Komplex der »Parteienverdrossenheit« beschränkte, hat sich die Partei von Jörg Haider in den neunziger Jahren inhaltlich stärker konturiert und versucht seit Mitte der neunziger Jahre auch ein sozialpolitisches Profil zu gewinnen; bei den Nationalratswahlen von 1999 indes hat sie wieder populistisch über das Thema des politischen Wechsels die »Parteienverdrossenheit« in den Vordergrund gestellt. Wenn analog dazu ursprünglich in der Wählerschaft der alte Mittelstand dominierte, ist das Elektorat der FPÖ insgesamt männlicher, jünger und zunächst auch gebildeter geworden, bevor es dann schwerpunktmäßig die Arbeiterschaft erreichte. 1999 hat sich dagegen die Wählerkoalition wieder verbreitert und schloß auch *white- collar*-Berufe und selbständige Unternehmer ein. Nach einer Typisierung Ulrams können die FPÖ-Wähler v. a. als »Autoritäre Systemverdrossene«, »Verunsicherte Materialisten« und »Wohlfahrtsstaatliche Chauvinisten« bezeichnet werden. Zusammenfassend sieht der Autor als wesentliche Faktoren für den Erfolg dieser rechtspopulistischen Partei die politische Gelegenheitsstruktur in Österreich (»Proporzdemokratie«, Große Koalition), den Wandel der gesellschaftspolitischen Konfliktstruktur, die u. a. aus den Folgen der wirtschaftlichen Internationalisierung bzw. Globalisierung und der kulturellen Öffnung entstanden ist, die strategische Anpassungsfähigkeit der FPÖ sowie die charismatische Führungspersönlichkeit ihres Vorsitzenden Jörg Haider.

Im Gegensatz zu Europa, so stellt *Michael Kazin* im dritten Länderbeispiel für die USA fest, sei die radikale Rechte zwar eine »Bestie«, die aber »nur in einem geräumigen Käfig« brüllt. Zwar wenden sich die paramilitärischen Milizen – als eine der zersplitterten Gruppierungen des »illegitimen Flügels« der radikalen Rechten – entschieden gegen die Globalisierung; nach Kazin sind sie aber marginal. Dagegen übe der »legitime Flügel«, auf dem sich v. a. der protestantische Fundamentalismus in politischen Plattformen wie der Christlichen Koalition organisiert, einen wichtigen Einfluß auf die Republikanische Partei aus. Die Kluft zwischen beiden Flügeln werde gelegentlich und vorübergehend von Präsidentschaftskandidaten wie Patrick Buchanan ausgefüllt. Doch gelinge es ihnen nicht, den Diskurs gegen die wirtschaftliche Globalisierung mit den in den USA so wichtigen religiös-moralischen Themen erfolgreich zu verbinden. So sei die Chance einer zukünftigen Machtausweitung für die radikale Rechte trotz Globalisierung äußerst begrenzt, auch wenn in der politischen Kultur der USA ein rechtsgerichteter »Populismus der Selbstverteidigung« und Verschwörungstheorien zum Schutz der angeblich bedrohten Nation tief verwurzelt sind. Die Gründe dieser Begrenzung liegen nach Kazin erstens in der Macht der Massenmedien, die den kulturellen Wandel seit den sechziger Jahren hin zu (post)modernen Werten als Mehrheitsmeinung transportieren, zweitens in der Stabilität des Zweiparteiensystems, das neuen, kleinen Parteien keine Überlebenschance läßt, und drittens in der von breiten Bevölkerungsschichten akzeptierten Ideologie des Konsumkapitalismus. Daher sei auch bei den Gewerkschaften und ihren liberalen Verbündeten das Thema der Globalisierung, das hier eine wichtigere Rolle als bei der radikalen Rechten spielt, nicht mit Angst und Bildern der Gefahr besetzt.

Nach diesen drei Länderbeispielen des Rechtsradikalismus analysiert *Roberto Biorcio* eines der aussagekräftigsten und radikalsten Beispiele des – zumindest symbolisch-rhetorisch betrachtet – separatistischen Regionalismus: die Lega Nord. Er stellt diese Partei in den Kontext der ökonomischen Globalisierung, der Krise des Nationalstaats und des politischen Systems von Italien. Nach Biorcio profitiert die Lega Nord daher v. a. von der Unzufriedenheit der im wirtschaftlich dynamischen Norden Italiens lebenden Bürger mit ihrer politischen Randlage, was sich in der Kritik an der zentralistisch in Rom regierenden politischen Klasse ausdrücke.

Bei einer insgesamt – ähnlich wie bei der radikalen Rechten – schichtübergreifenden Wählerschaft seien es somit im Kern die Unternehmer und Arbeiter von spezialisierten modernen Klein- und Mittelbetrieben, die sich am europäischen Wettbewerb beteiligen und – in Ethnisierung des Konflikts zwischen Kapital und Arbeit – mit regionalistischer Identität die nationale Solidargemeinschaft in Frage stellen. Biorcio zeigt auf, wie die Lega in ihren Diskursen einen populistisch-nationalistischen »Nordismus« pflegt, mit Hilfe dessen entlang einer »horizontalen« Konfliktlinie der »Norden« (Norditalien, Europa) und der »Süden« (Süditalien, nichteuropäische Einwanderer) sowie entlang einer »vertikalen« Konfliktlinie das (norditalienische) »Volk« und die (süditalienischen) »Eliten« gegenübergestellt werden. Zwischen Regierungsbeteiligung und dem Streben nach föderalistisch verfaßter Unabhängigkeit einerseits und andererseits sich vom Zentralstaat distanzierender regionalistischer Opposition, die zumindest rhetorisch die Sezession von »Padanien« androht, dürfte die Lega Nord nach Einschätzung des Autors auch in absehbarer Zukunft nicht verschwinden. Denn erstens biete sie mit der politischen Autonomieregelung zugunsten einer Wirtschaftsregion die Möglichkeit an, auf die globalisierungsbedingten Anforderungen des Weltmarktes am Nationalstaat vorbei flexibler zu reagieren.

Zweitens bilde dieser Wirtschaftsregionalismus paradoxerweise auch einen protektionistischen Schutzschild vor demselben Prozeß, hinter den sich dann nicht nur die »Gewinner« sondern auch die möglichen »Verlierer« der Modernisierung stellen könnten.

Nach dieser Reihe von Fallbeispielen, die mit Blick auf Europa die Erfolge der radikalen und regionalistischen Rechten demonstrieren, steht schließlich *im dritten Themenblock* Deutschland im Mittelpunkt. Daß in diesem Land trotz schwacher rechtsradikaler Parteien ein entsprechendes autoritäres Potential besteht, wird in den drei Beiträgen von Detlef Oesterreich, Michael Vester und Ursula Birsl/Peter Lösche deutlich. Die Autoren setzen beim Individuum, in den sozialen Milieus und auf parteipolitischer Ebene an. So geht zunächst *Detlef Oesterreich* davon aus, daß »autoritäres« Verhalten nicht – wie die bisherige Autoritarismusforschung unterstrich – an Persönlichkeitsmerkmale gebunden ist, sondern in Unsicherheit hervorbringenden politischen Krisensituationen als »autoritäre Reaktion« in Form einer Orientierung an Sicherheit bietenden Instanzen entsteht. Unsicherheit wird dabei nach Oesterreich weniger durch ökonomische Krisen als durch die mit diesen verbundenen Identitätskrisen ausgelöst, in denen das Individuum Wertverluste, Diskriminierung und Statusbedrohung erfährt. Mit der deutschen Vereinigung, der neuen Rolle Deutschlands in der Welt und der europäischen Integration würden sich dabei eher rechte als linke Ideologien für extremistische Orientierungen anbieten. In einer Langzeituntersuchung (1991-1997) hat Oesterreich die rechtsextremistischen Orientierungen von West- und Ostberliner Gymnasiasten und Berufsschülern untersucht. Mit dem Befund, daß von 1991 bis 1993 und von 1995 bis 1997 nur bei den Ostberliner Berufsschülern eine signifikante Radikalisierung der politischen Orientierungen festzustellen ist, sieht er erstens die Annahme bestätigt, daß diejenige soziale Gruppe, die von der Krise am stärksten betroffen ist, auch am radikalsten reagiert. Zweitens seien, so hebt der Autor hervor, die höheren Rechtsextremismus-Werte bei den Ostberliner im Vergleich zu den Westberliner Berufsschülern keineswegs eine Spätfolge des totalitären DDR-Regimes. Vielmehr hätten die Frustrationen aus der deutschen Vereinigung als Ausdruck der politischen Konjunktur zu einem Unsicherheitsgefühl bzw. den rechtsextremen Orientierungen geführt.

In historisch weit ausholender Perspektive versucht dagegen

Michael Vester mit Hilfe einer differenzierten Milieuanalyse die heutigen »gefährlichen Klassen« in Westdeutschland zu bestimmen. Mit Blick auf die seit den neunziger Jahren deutlich werdende sozialstrukturelle »Spaltung der Mitte« in »Gewinner«, »Verunsicherte« und »Prekäre« existiert nach Vester ein autoritäres Potential in der Bevölkerung, das angesichts zunehmender sozialer Unsicherheit v. a. in Teilen des traditionellen bzw. aufstiegsorientierten und des traditionslosen Arbeitermilieus sowie in Teilen des kleinbürgerlichen Milieus anzusiedeln ist, aber auch Teile der konservativen Eliten in den hegemonialen Klassen betrifft. Zusammenfassend lautet Vesters Befund, daß das autoritäre Potential in einer Höhe von ungefähr 20 % liegt. Es ist – milieuspezifisch abgrenzbar – in *allen* sozialen Schichten zu finden, konzentriert sich jedoch am rechten und unteren Rand des von Vester analysierten sozialen Raums. Der Autor betont jedoch, daß sich dieses Potential, welches sich politisch betrachtet nicht mit der Rechts-Links-Polarisierung deckt, nur dann in Form eines Rechtspopulismus manifestieren kann, wenn entsprechenden politischen Eliten die Mobilisierung gelingt.

Auf der Ebene des Parteiensystems untersuchen dann *Ursula Birsl* und *Peter Lösche* das nur schwer zu bestimmende Phänomen des Neopopulismus. Sie definieren es mit Merkmalen wie nationalistischem Kollektivismus, obrigkeitsstaatlich-autoritärem Denken und Ablehnung von Parteiendemokratie sowie Pluralismus. Da die Gesamtheit der Merkmale nur in den kleinen Parteien am rechten Rand wie z. B. der DVU vorkomme, gehen die beiden Autoren von der These aus, daß es im deutschen Parteiensystem eine Unterströmung dieses Neopopulismus gibt, bei der einzelne Elemente in drei ideologisch verschiedenen Erscheinungsformen auftreten: im technokratischen Neoliberalismus, dem deutschnationalen Konservatismus und in einem kruden Neopopulismus, der am ehesten in der FDP zu einer »Haiderisierung« führen könnte. Antipluralistische Effekte, die u. a. auch auf die europäische Integration und die ökonomische Globalisierung Bezug nehmen, reichen dabei bis in die SPD hinein. Birsl/Lösche sehen mit der neopopulistischen Unterströmung im deutschen Parteiensystem und dem gleichzeitig zu beobachtenden Zerfall institutionenbezogener Politik in der Verbändedemokratie eine Erosion der politischen Mitte in Deutschland, die nach Ansicht der Autoren eine demokratiegefährdende Tendenz beinhaltet.

Die Beiträge des dritten Themenblocks regen somit die Frage an, ob Deutschland infolge des Fehlens einer längerfristig erfolgreichen rechtsradikalen Partei (weiterhin) einen »Sonderfall« im Vergleich zu seinen europäischen Nachbarn darstellt bzw. ob sich das autoritäre Potential aus diesem Grund nicht in anderen Formen wie z. B. diesem Neopopulismus zeigt.

Im *vierten Themenblock* geht es schließlich um die Zukunft der Demokratie angesichts der skizzierten autoritären Potentiale. Zunächst fragt *Mathias Bös* nach den Möglichkeiten, Formen und politischen Wirkungen rechtsextremer *Community*-Bildung im Internet. Er konstatiert eine relativ schwache rechtsradikale Kommunikation, für deren Teilnehmer die allgemeinen Charakteristika »virtueller *communities*« gelten. Über die Netze im Internet würden somit nur bereits existierende soziale Muster verstärkt. In Anbetracht der Tatsache, daß mit der inneren Differenzierung des räumlich und sozialstrukturell ungleich über den Globus verteilten Internets nicht nur geschlossene (Grenzziehung), sondern auch offene Kommunikationsformen (Entgrenzung) entstünden, stellt Bös fest, daß sich mit zunehmender Offenheit der Kommunikation die Möglichkeit diskursiver Meinungsbildung reduziert und daher über das Internet keine politische (Welt-)Öffentlichkeit entsteht, wie sie einst der Zeitung und dem Fernsehen zugeschrieben wurden. Aufgrund dieser großen Offenheit sei das Internet auch für die Organisation politischen Handelns von Radikalen relativ ineffektiv und uninteressant. Insgesamt werde somit die Bedeutung rechtsradikaler Kommunikation im Internet überschätzt. Doch würden sich die Rechtsradikalen verstärkt am Globalisierungsdiskurs beteiligen, indem sie im Prozeß der Globalisierung für das Konzept der »heterogenen Welt homogener Völker« streiten.

Volker Heins analysiert dagegen die Rolle von Asien-Klischees bei der Verteidigung und Kritik der westlichen Demokratie angesichts der Globalisierungs- bzw. Standortdebatte. Diese Asienklischees entspringen nach Heins sog. »moralischen Weltkarten«, mit deren Hilfe die Meinungsführer des »Westens« den »Osten« dachten und denken. Während bis in die achtziger Jahre der Mythos des »barbarischen« und des »verwestlichten« Ostens dominierte, wird seitdem das Bild des »paradiesischen« Ostens mit seinem asiatischen Wirtschaftswunder in der westlichen Öffentlichkeit wiederbelebt und zum Anlaß einer dekadenztheoretischen Kritik der westlichen Demokratie genommen. Zum ersten Mal – und trotz der jüngsten Asienkrise weiterhin – durch Modernisierungsimperative *von außen* herausgefordert, werden im Westen die »asiatischen Werte« von Effizienz und Loyalität dem demokratischen Individualismus des Okzidents entgegengehalten. Die reformkonservativen Meinungsführer benutzen sie zur Rechtfertigung für einen schleichenden Abbau der Demokratie, während, so Heins, die Linke zum Rückzug auf die westlichen Inseln einer deindustrialisierten Zivilgesellschaft bläst. Der Autor betont, daß sich im Globalisierungsstreß einer nachwestlichen Welt weder stabile Sozialstrukturen noch Demokratie garantieren sowie geographisch verorten ließen und daher auch im Westen im Dienste der Standortpflege die Gefahr »eines subpolitischen, differenzierten Autoritarismus« bestehe.

Herbert Kitschelt untersucht in seinem Beitrag zu ethnisch-kulturellen und wirtschaftlichen Verteilungskonflikten in westlichen Demokratien das Verhältnis zwischen der Entwicklung rechtsradikaler Parteien und Theorien ethnisch-kultureller Mobilisierung (Theorien eines »reaktiven« nationalistischen Partikularismus). Während Theorien zweckrationalen Handelns Prozesse kollektiver Identitätsfindung (Problem der Grenzziehung) nicht erklären können, zeigen sie dagegen auf, wie zumeist – aber nicht ausschließlich – benachteiligte Gruppen in Mobilisations- und Konfliktprozesse eintreten, wenn damit unterschiedliche kollektive Lebenschancen (Problem der Distribution) verbunden sind. Im Gegensatz zu den achtziger Jahren können nach Kitschelt für die neunziger Jahre solche Theorien die Entwicklung rechtsradikaler Parteien z. T. erklären. Die Theorie greift im (neuen) sozioökonomischen Kontext des technologisch induzierten Strukturwandels aber nur dann, wenn zusätzlich eine bestimmte Konfiguration parteipolitischer Konkurrenz und ein mobilisierender politischer Appell um programmatisch verankerte ethnozentrische Themen in der politischen Agenda existieren. Die weiteren Erfolgsaussichten rechtsradikaler Parteien, deren Aufstieg in den achtziger Jahren v. a. auf Kosten der konservativen Rechten ging, hängen nach Kitschelt u. a. vom Verhalten der Sozialdemokratie ab. Denn sie befindet sich in dem Dilemma, einerseits mit marktliberalen Positionen die Mittelschichten, andererseits aber mit wirtschaftsprotektionistischen Tönen weiterhin das Gros der Arbeiterschaft binden zu müssen.

Schließlich geht *Claus Leggewie* in seinem Beitrag »Neokapitalismus und neue Linke« zunächst vom Zusammenhang zwischen der ökonomischen Globalisierung und den neueren Erfolgen der radikalen Rechten aus. Er zieht einen historischen Vergleich zwischen der »Panik im Mittelstand« während der Zwischenkriegszeit und einer »Panik in der Arbeiterschaft«, die am Ende des 20. Jahrhunderts angesichts der neokapitalistischen ökonomischen Modernisierung infolge sozialer und politischer Desintegration und in Verbindung mit der jeweiligen politischen Kultur in den westlichen Demokratien entstehen kann. Leggewie stellt die Hypothese auf, daß »v. a. die jüngere und ›traditionslose‹, durch Arbeitnehmerorganisationen herkömmlicher Art nicht mehr eingebundene Arbeiterschaft als Modernisierungsverlierer zum Rekrutierungsreservoir rechtsradikaler Parteien und Bewegungen werden kann«. Vor diesem Hintergrund fragt der Autor dann nach den Chancen der Linken. In einem Rückblick konstatiert er mit dem »Ende des sozialdemokratischen Jahrhunderts« (Dahrendorf) die Erosion der demokratischen Linken. Während nun heute die radikale Rechte in Reaktion auf die Globalisierung kulturprotektionistisch sei, verhielten sich große Teile der Linken »im engen Korsett des Nationalstaats« gegenüber dem Neokapitalismus sozialprotektionistisch, anstatt die Fundamente einer europäischen Sozialstaatlichkeit zu legen. So geht Leggewie im Vergleich mit der Zeit der Industrialisierung auch von der Hypothese aus, daß die Linke immer dann erfolgreich gewesen sei, wenn sie in Modernisierungsphasen den Kapitalismus nicht abschaffen, sondern zivilisieren wollte. Daher müsse die neue Linke die liberale Demokratie und die kapitalistische Marktwirtschaft akzeptieren. Dies beinhalte nachhaltige Entwicklung, soziale Integration und demokratische Inklusion. Im Wettbewerb zwischen der demokratischen Linken und der radikalen Rechten spielten dabei nicht nur die heute zum Autoritarismus neigenden Modernisierungsverlierer, sondern auch die von den Wirkungen des »Wertewandels« der siebziger Jahre geprägten »neuen Selbständigen«, also die Modernisierungsgewinner eine wichtige Rolle.

Im *fünften Abschnitt* werden zwei *Schlußbetrachtungen* angestellt. Das Ziel des Beitrags von *Dietmar Loch* liegt darin, die bisherige Forschung zum Rechtsradikalismus in den westlichen Demokratien – entsprechend der zentralen Annahme dieses Bandes

– in einen Zusammenhang mit der Globalisierung bzw. Denationalisierung zu stellen und bei dieser Gelegenheit auf die vorangegangenen Beiträge des Bandes kritisch und resümierend einzugehen. Dabei werden die sozialstrukturellen, soziokulturellen und politischen Erklärungsfaktoren für den Erfolg der radikalen Rechten im Kontext der ökonomischen, kulturellen und politischen Globalisierung bzw. Denationalisierung und der Herausbildung einer neuen Konfliktlinie zwischen »geschlossener« und »offener Gesellschaft« diskutiert. Die radikale Rechte bilde in dieser neuen Polarisierung im wesentlichen den »geschlossenen« bzw. protektionistischen Pol. Der Autor hält mit Blick auf zukünftige Forschungsperspektiven fest, daß die länderübergreifende *Gemeinsamkeit* des Erfolges der radikalen Rechten seit Mitte der achtziger Jahre aus den Prozessen der Globalisierung/Denationalisierung resultieren dürfte – was in vergleichenden Untersuchungen empirisch genauer zu überprüfen sei. Die länderspezifischen *Differenzen* im Erfolg könnten dagegen zum einen im Ausmaß und der Geschwindigkeit begründet liegen, mit denen sich die Globalisierung/Denationalisierung in den einzelnen westlichen Gesellschaften breche. Zum anderen dürften die sich verändernden und die relativ stabil bleibenden nationalen Spezifika dafür ausschlaggebend sein. Im ersten Fall sind dafür Faktoren wie der Wandel des Wohlfahrtsstaates, die Einwanderungspolitik und der Grad der Integration der Nationalstaaten in internationale Organisationen zu nennen, im zweiten Fall die Nationskonzeption, die politische Kultur und die Struktur der Interessenvermittlung (Parteiensystem). Doch sei es schwierig, in jedem Fall präzise zwischen »Außen« und »Innen«, d.h. zwischen den globalisierungsbedingten und den »innergesellschaftlichen« Erklärungsfaktoren für den Erfolg der radikalen Rechten zu trennen. Somit liege hier noch eine weites und offenes Forschungsfeld.

Der zweite Beitrag von *Wilhelm Heitmeyer* greift den Zusammenhang zwischen Kapitalismus, gesellschaftlicher Modernisierung und demokratischer Entwicklung auf, um einen Ausblick auf die politischen Chancen des rechtsradikalen bzw. rechtsautoritären Lagers zu versuchen. Ausgangspunkt ist die These, daß sich die verschiedenen Kapitalismen autoritär entwickeln und dabei sowohl soziale Zerstörung hinterlassen als auch die inhaltliche Substanz von liberaler Demokratie massiv tangieren, mithin zu einer Aushöhlung der Demokratie führen. Nach Ansicht des Autors wird deutlich, daß die sozialen Verwerfungen durch eine zunehmende staatliche Kontrollpolitik angegangen werden. Dies führe dazu, daß dem traditionellen Rechtsradikalismus zentrale Themen abhanden kommen, während andererseits die Aushöhlung der Demokratie, die sozialen Desintegrationsprozesse und die kulturelle Heterogenisierung einem autoritären Rechtspopulismus die mobilisierungsfähigen Themen liefere. Sie können durch den fundamentalen Umstand einer Ambivalenz der Moderne forciert und auf dem Hintergrund neuer Medienentwicklungen expressiv ausgelebt werden, so daß Inkonsistenz und Beliebigkeit zum Markenzeichen avancieren. Aus strukturellen Gründen sei nicht mehr mit einem machtpolitisch relevanten traditionellen Rechtsradikalismus zu rechnen, dafür um so mehr mit neuen Formen eines Rechtspopulismus, der sich in Abhängigkeit von den Entwicklungsbedingungen eines autoritären Kapitalismus befände, so daß die These von den neuen autoritären Versuchungen am Beginn des neuen Jahrhunderts nicht leichtfertig von der Hand zu weisen sei.

Literatur

Albrow, M.: *The Global Age.* Cambridge: Polity Press 1996.
Albrow, M./King, E./King, M. (Hg.): *Globalization, Knowledge and Society.* London: Sage 1990.
Altvater, E./Mahnkopf, B.: *Grenzen der Globalisierung. Ökonomie, Ökologie und Politik in der Weltgesellschaft.* Münster 1996.
Appadurai, A.: *Modernity at Large.* Minneapolis 1996.
Archibugi, D./Held, D. (Hg.): *Cosmopolitan Democracy.* Cambridge: Polity Press 1995.
Axford, B.: *The Global System. Economics, Politics and Culture.* Cambridge: Polity Press 1995, S. 152-178.
Barber, B.: *Coca Cola und Heiliger Krieg. Wie Kapitalismus und Fundamentalismus Demokratie und Freiheit abschaffen.* Bern/München/Wien 1996 (orig. 1995).
Bauman, Z.: *Moderne und Ambivalenz: das Ende der Eindeutigkeit.* Frankfurt/M. 1995 (orig. 1991).
Ders.: *Globalization. The Human Consequences.* Cambridge 1998.
Beck, U.: *Was ist Globalisierung?* Frankfurt/M. 1997.

Betz, H.-G.: *Radical Right-wing Populism in Europe*. New York 1994.
Ders.: *Rechtspopulismus: Ein internationaler Trend?*, in: *Aus Politik und Zeitgeschichte*, B 9-10/1998, S. 3-12.
Betz, H.-G./Immerfall, St. (Hg.): *The New Politics of the Right. Neo-Populist Parties and Movements in Established Democracies*. New York 1998.
von Beyme, K.: *Politikverdrossenheit und Politikwissenschaft*, in: Leggewie, C. (Hg.): *Wozu Politikwissenschaft? Über das Neue in der Politik*. Darmstadt 1994, S. 21-33.
Ders.: *Parteiensysteme in der Krise? Grenzen der rechtlichen Regulierung als Mittel gegen die Parteienverdrossenheit*, in: *Gewerkschaftliche Monatshefte* 2, 2000, S. 78-93.
Bielefeldt, H./Heitmeyer, W. (Hg.): *Politisierte Religion. Ursachen und Erscheinungsformen des modernen Fundamentalismus*. Frankfurt/M. 1998.
Biorcio, R.: *La Padania promessa*. Milano 1997.
Bös, M.: *Migration als Problem offener Gesellschaften. Globalisierung und sozialer Wandel in Westeuropa und in Nordamerika*. Opladen 1997.
Brock, D.: *Wirtschaft und Staat im Zeitalter der Globalisierung. Von nationalen Volkswirtschaften zur globalisierten Weltwirtschaft*. In: *Aus Politik und Zeitgeschichte*, B. 33-34, 1997, S. 12-19.
Castels, S./Miller, M.: *The Age of Migration – International Population Movements in the Modern World*. Basingstoke 1998.
Dittgen, H.: *Grenzen im Zeitalter der Globalisierung. Überlegungen zur These vom Ende des Nationalstaates*, in: *Zeitschrift für Politikwissenschaft* 1/1999, S. 3-26.
Dubiel, H.: *Populismus und Aufklärung*. Frankfurt/M. 1986.
Habermas, J.: *Individuierung durch Vergesellschaftung*, in: Beck, U./Beck-Gernsheim, E.: *Riskante Freiheiten*. Frankfurt/M. 1994, S. 437-445.
Habermas, J.: *Die postnationale Konstellation. Politische Essays*. Frankfurt/M. 1998.
Heitmeyer, W./Müller, J./Schröder, H.: *Verlockender Fundamentalismus. Türkische Jugendliche in Deutschland*. Frankfurt/M. 1997.
Held, D.: *Democracy and the Global Order*. Cambridge 1995.
Held, D. u. a.: *Global Transformations: Politics, Economics and Culture*. Oxford 1999.
Hirst, P./Thompson, G.: *Globalization in Question*. Cambridge 1996.
Immerfall, St.: *Strukturwandel und Strukturschwächen der deutschen Mitgliederparteien*, in: *Aus Politik und Zeitgeschichte*, B. 1-2/1998, S. 3-12.
Jachtenfuchs, M./Kohler-Koch, B. (Hg.): *Europäische Integration*. Opladen 1994.
Junne, G.: *Integration unter den Bedingungen von Globalisierung und Lokalisierung*, in: Jachtenfuchs, M./Kohler-Koch, B. (Hg.): *Europäische Integration*. Opladen 1996, S. 513-530.

Keating, M.: *Nations Against the State: The New Politics of Nationalism in Québec, Catalonia and Scotland.* Basingstoke 1996.

Ders.: *Stateless Nation-building: Quebec, Catalonia and Scotland in the Changing State System,* in: *Nations and Nationalism* 3, 4/1997, S. 689-717.

Kitschelt, H.: *The Radical Right in Western Europe.* Ann Arbor 1995.

Klein, A./Schmalz-Bruns, R.: *Herausforderungen der Demokratie. Möglichkeiten und Grenzen der Demokratisierung,* in: dies. (Hg.): *Politische Beteiligung und Bürgerengagement in Deutschland.* Baden-Baden/Bonn 1997, S. 7-38.

Kohler-Koch, B. (Hg.): *Interaktive Politik in Europa: Regionen im Netzwerk der Integration.* Opladen 1997.

Lash, S./Urry, J.: *The End of Organised Capitalism.* Cambridge 1987.

Le Galès, P./Lequesne, Ch. (Hg.): *Regions in Europe.* London/New York 1998.

Luttwak, E.: *Turbo-Kapitalismus. Gewinner und Verlierer der Globalisierung.* Hamburg/Wien 1999.

Martin, H.-B./Schumann, H.: *Die Globalisierungsfalle. Der Angriff auf Demokratie und Wohlstand.* Hamburg 1996.

Mény, Y.: *The People, the Elites and the Populist Challenge,* in: Greven, M. (Hg.): *Demokratie – eine Kultur des Westens?* 20. Wissenschaftlicher Kongreß der Deutschen Vereinigung für Politische Wissenschaft, Opladen 1998, S. 289-303.

Menzel, U.: *Globalisierung versus Fragmentierung.* Frankfurt/M. 1998.

Merkl, P. (Hg.): *The Revival of Right-Wing Extremism in the Nineties.* London/Portland 1997.

Meyer, Th.: *Fundamentalismus in der modernen Welt. Die Internationale der Unvernunft.* Frankfurt/M. 1989.

Ders.: *Identitäts-Wahn. Die Politisierung des kulturellen Unterschieds.* Berlin 1997.

Minkenberg, M.: *Die neue radikale Rechte im Vergleich. USA, Deutschland, Frankreich.* Opladen/Wiesbaden 1998.

Münch, R.: *Globale Dynamik, lokale Lebenswelten. Der schwierige Weg in die Weltgesellschaft.* Frankfurt/M. 1998.

Pickel, G./Walz, D.: *Politikverdrossenheit in Ost- und Westdeutschland: Dimensionen und Ausprägungen,* in: *Politische Vierteljahresschrift* 1/1997, S. 27-49.

Polanyi, K.: *The Great Transformation: politische und ökonomische Ursprünge von Gesellschaften und Wirtschaftssystemen.* Frankfurt/M. 1978 (orig. 1944).

Portelli, H.: *Le débat sur la crise de la représentation politique,* in: *Regards sur l'actualité,* 209-210/1995, S. 43-50.

Robertson, R.: *Globalization. Social Theory and Global Culture.* London 1992.

Rühland, J.: Keine Chance für Demokratie in Asien? Anmerkungen zur west-östlichen Wertedebatte, in: *Welttrends* 12/1996: Globaler Kulturkampf?, S. 53-80.

Sassen, S.: *Losing Control? Sovereignty in an Age of Globalization.* New York 1996.

Dies.: *Zur Einbettung des Globalisierungsprozesses: Der Nationalstaat vor neuen Aufgaben,* in: *Berliner Journal für Soziologie* 3/1998, S. 345-357.

Scharpf, F. W.: *Demokratische Politik in der internationalisierten Ökonomie,* in: Greven, M. Th. (Hg.): *Demokratie – eine Kultur des Westens?* Opladen 1998, S. 81-103.

Zürn, M.: *Regieren jenseits des Nationalstaates. Globalisierung und Denationalisierung als Chance.* Frankfurt/M. 1998.

I.

Globalisierung, Fragmentierung und autoritäre Entwicklungen

Alain Touraine
Globalisierung – eine neue kapitalistische Revolution

Der Begriff der »Globalisierung« wird häufig benutzt, aber selten definiert. Er entspricht keinem klar identifizierbaren Set von Beobachtungen. Er setzt eine enge Verknüpfung mehrerer wichtiger Trends in der heutigen Welt voraus, die eine neue Einheit bilden, eine globalisierte Welt, die man als eine Gruppierung weltumspannender, sich selbst regulierender Märkte definieren könnte. Diese Definition beinhaltet mehr als die simple Beobachtung, daß sich der internationale Handel ausweitet und daß Informationen augenblicklich in alle Teile der Welt übermittelt werden können – Beobachtungen, die wohl kaum zur Definition eines neuen Gesellschaftstyps ausreichen, immer vorausgesetzt, daß Nordamerika, Japan und die Europäische Union den Hauptanteil ihrer Produktion für den inländischen und nicht den internationalen Markt herstellen. Der herausfordernde Aspekt an der Globalisierung ist, daß es hier um die Idee eines Wirtschaftssystems geht, das nicht mehr von politischen Institutionen kontrolliert wird bzw. keinen nationalen oder internationalen Rechtsnormen unterliegt. Folglich wirft der Begriff »Globalisierung« wichtige Fragen auf, von denen hier einige genannt werden sollen:
– Was bedeutet »Befreiung« des Wirtschaftslebens von gesellschaftlichen und politischen Kontrollen?
– Sind die wichtigsten beobachtbaren wirtschaftlichen und gesellschaftlichen Trends Merkmale *einer* globalen Veränderung?
– Können wir von einer entstehenden Weltgesellschaft sprechen?
– Führt diese Entwicklung, falls sie existiert, zu positiven oder negativen Folgen, und wie lassen sich diese definieren?

I. Globalisierung oder Entmodernisierung

1. Der Erfolg des Globalisierungsgedankens reflektiert zunächst den Niedergang bzw. Zusammenbruch des in der Nachkriegszeit

vorherrschenden wirtschaftlichen und gesellschaftlichen Organisationstyps: voluntaristisch geprägte Projekte des nationalen Wiederaufbaus. In der Zeit von 1945 bis 1970 spielten solche Projekte, die im allgemeinen von Nationalstaaten betrieben wurden, fast überall eine zentrale Rolle. Ob es sich dabei um kommunistische Staaten, europäische oder europäisch geprägte sozialdemokratische Länder, lateinamerikanische »populistische« und auf »Desarrollismo«, d. h. auf eine »Entwicklung nach innen« gerichtete Regime oder um nationalistische Ideologien und Politikformen in postkolonialen Ländern, darunter besonders die Bandung-Staaten, handelte – die Wirtschaft diente v. a. der Realisierung umfassender Projekte des nationalen und gesellschaftlichen Wiederaufbaus. Die nationalen Ökonomien waren durch Einfuhrzölle relativ geschützt und hatten die Schaffung neuer Infrastrukturen und die Produktion der im Krieg beschädigten oder zerstörten Industrieanlagen zum Ziel. Auf fast alle politischen Regime dieser Zeit paßt der Begriff sozialistisch, weil häufig eine starke politische Kontrolle der Wirtschaft und weniger eine generelle Kollektivierung der Produktionsmittel betrieben wurde. Die Vereinigten Staaten stellten für diesen gesellschaftlichen Haupttypus die wichtigste Ausnahme dar, obwohl die von Johnson propagierte Idee der *Great Society* der Tradition des New Deal näherstand als dem Liberalismus. Die Interdependenz wirtschaftlicher, politischer, sozialer und kultureller Aspekte einer Nation zeigte sich besonders deutlich in den Entwicklungsländern, die alle verfügbaren Ressourcen – nationale Identität, vorherrschende Kultur bzw. Antikolonialismus – zur Vorbereitung ihres »Take-off« mobilisierten.

2. Globalisierung wurde zum Thema, als diese verschiedenen Spielarten voluntaristischer Entwicklung in den einzelnen Staaten an Bedeutung verloren oder scheiterten. Dies resultierte z. T. aus internen Gründen: ungünstige Ressourcenverteilung in den durch Zölle geschützten Volkswirtschaften, Korruption oder Ineffizienz in scheinbar mächtigen Staaten etc.; es geschah z. T. aber auch aus externen Gründen: Herausbildung neuer Konkurrenten, rasante Entwicklung neuer Technologien, wachsende Bedeutung internationaler Märkte etc. An die Stelle des nationalen Wiederaufbaus trat die internationale Wettbewerbsfähigkeit als wichtigster Steuerungsfaktor der Wirtschaft. In diesem Sinn spielt der Begriff der »Globalisierung« eine durchaus positive

Rolle. Er markiert das Ende einer Ära, die einen bestimmten Gesellschaftstyp hervorgebracht hatte: In ihr hatte die Idee einer Industrie- bzw. sich industrialisierenden Gesellschaft überragende Bedeutung erlangt und entsprach der Vision von einer Gesellschaft, die auf einem zumindest marxistisch gefärbten, technologischen und wirtschaftlichen Determinismus basierte und von der Hoffnung getragen war, daß hohe Produktivität den Menschen einen hohen Lebensstandard, mehr Sozialleistungen und sogar – nach S. M. Lipset und anderen – mehr Demokratie sowie vielleicht auch persönliches Glück bescheren würde, so wie es Saint-Just vor fast 200 Jahren verkündet hatte.

Dieser wirtschaftliche Wandel vollzog sich in den siebziger Jahren. Die rasch ansteigenden Ölpreise führten zu einem enormen Ressourcentransfer aus den Industrieländern in die Erdöl produzierenden Länder, die diese Gelder in internationalen, besonders amerikanischen Banken anlegten. Um Gewinne zu erzielen, ermutigten diese Banken wiederum andere Länder, besonders in Lateinamerika, zur Kreditaufnahme. Die Bewegung dieser immensen Kapitalmengen, beispielsweise von Europa und Japan nach Saudi-Arabien, dann nach New York und schließlich nach Buenos Aires, vermittelt eine konkrete Vorstellung von einer globalen Weltwirtschaft.

Gleichzeitig wurden elektronische Anlagen und Computer produziert, die in vielen Ländern Einzug in die alltägliche Praxis hielten. Wissenschaftliche, finanzielle und technologische Informationen wurden nun blitzschnell überall verfügbar, und der Massenkonsum führte zur Verteilung gleicher Waren auf der ganzen Welt.

Viele Menschen, Politiker und besonders Intellektuelle vertreten jedoch eine ganz andere, äußerst kritische und pessimistische Sichtweise dieses Wandels. In Europa, Lateinamerika und anderen Erdteilen wird er als eine imperialistische Offensive gedeutet, die sich unter Führung der Weltbank und des Internationalen Währungsfonds gegen die wirtschaftliche und politische Unabhängigkeit der betroffenen Länder und deren Kulturen richtet. In Lateinamerika z. B. haben viele Intellektuelle diese Interpretation übernommen und verbreitet; aber als billige Kredite und eine flexible Geldpolitik zu einer hohen bzw. galoppierenden Inflation führten und alle Länder sich auf offenen internationalen Märkten behaupten mußten, fanden sie immer weniger Gehör. Diese Situation ließ die Verantwortung der nichtproduktiven Oligarchien, die sich eher spekulativ als unternehmerisch betätigten, der ständisch organisierten Berufskategorien der Mittelschicht und der klientelorientierten bzw. korrupten Staaten für die geringe Wettbewerbsfähigkeit ihrer Länder besonders augenfällig werden. Die Desorganisation des radikalen Denkens im Verbund mit dem akuten Niedergang der politischen und ideologischen Bewegungen, die den sowjetischen, kubanischen bzw. maoistischen Erfahrungen zugrunde lagen, schuf einen leeren ideologischen Raum, in dem neoliberale Ideen leicht Platz greifen konnten.

Es lag ein gewisser Reiz darin zu behaupten, all diese Transformationen hätten einen neuen Gesellschaftstyp hervorgebracht, der noch stärker integriert sei als der vorangegangene, in dem Technologie und Produktivität sich so dynamisch entwickeln würden, daß alle Barrieren und Partikularismen politischer, sozialer und religiöser Art beseitigt wären und eine Massengesellschaft geschaffen würde, mit viel mehr Möglichkeiten für den individualisierten Konsum als in allen früheren Gesellschaftstypen. Die Vorstellung von einer Weltgesellschaft, ähnlich der Fortschrittsidee, wie sie im 18. und zu Beginn des 19. Jahrhunderts entstand, verkörpert den faszinierenden Traum von der einen Welt, in der es keinen Krieg, keinen Hunger und keine Vorurteile gibt und in der gleichzeitig alle Menschen über mehr Freizeit verfügen sowie ihren Lebens- und Konsumstil frei wählen können.

3. Die Feststellung, daß die gegenwärtige Weltsituation von dieser rosigen Vorstellung sehr weit entfernt ist, da solche Utopien ja nicht beschreiben, sondern Hoffnungen formulieren und langfristige Trends voraussehen sollen, reicht nicht nur nicht aus, sondern ist m. E. von ihrem zentralen Ansatz her schlichtweg falsch. Anstatt einer immer stärker integrierten Welt und des Triumphs einer utilitaristischen Gesellschaft ähnlich jener, wie sie im 18. Jahrhundert in England und Frankreich vorzuherrschen schien, sehen wir einen Bruch zwischen einer »instrumentellen« Welt einerseits und kulturellen Orientierungen andererseits, die losgelöst von gesellschaftlichen Organisationsmustern existieren. Letztere verwenden zwar einen Großteil ihrer Energie darauf, die technologischen und wirtschaftlichen Kräfte mit den kulturellen Orientierungen zu verbinden. Anstatt eines neuen Gesellschafts-

typs beobachten wir aber eine Fragmentierung von gesellschaftlichem Leben und persönlicher Erfahrung.

Konkret ausgedrückt sollten wir der Globalisierung des Wirtschaftslebens, die zu seiner Desozialisierung und Entpolitisierung führt, die gleiche Bedeutung beimessen wie der zunehmenden persönlichen und kollektiven Suche nach Identitäten, die immer weniger an den erworbenen als vielmehr an Formen des zugewiesenen Status wie Alter, Geschlecht, nationale Zugehörigkeit, kulturelle Tradition und Ethnizität anknüpfen. Während Modernität bisher im Sinne der Priorität des erworbenen gegenüber dem zugewiesenen Status definiert wurde, gilt es nun, zu erkennen, daß wir uns in einem Prozeß der Entmodernisierung befinden, d.h. einer Trennung zwischen einer Wirtschaft bzw. Technologie mit desozialisierenden Folgen einerseits und einem gemeinschaftsorientierten gesellschaftlichen Leben bzw. der desozialisierten Persönlichkeit andererseits.

Es sind insbesondere die Institutionen und Sozialisationsprozesse, die an Einfluß und Macht verlieren. Gesellschaften, wie sie noch von den Klassikern, von Durkheim bis Parsons, definiert wurden, sind im Verschwinden begriffen. Einerseits leben wir in einer weltumspannenden Wirtschaft und andererseits mit persönlichen Erfahrungen und kulturellen Erinnerungen, die ebenso fragmentiert sind wie die Wirtschaft globalisiert ist. Dazwischen verlieren die gesellschaftlichen Integrationsprozesse und die Komplementarität von Institution und Sozialisation an Boden. Diese neue Situation wird gelegentlich positiv umschrieben; es ist die Rede von Toleranz und Respekt gegenüber Minderheiten. Gleichzeitig wird auf die Gefahren dieser Situation verwiesen: Segregation, Rassismus, Abwesenheit von Kommunikation. Beide Standpunkte können als komplementär betrachtet werden. Wichtig ist die Erkenntnis, daß wir uns von der Idee einer Welt entfernen sollten, die von Technologie, Rationalität, Nutzen, Vergnügen oder sonstigen Elementen der sog. globalen Gesellschaft beherrscht wird, denn unsere Erfahrung beinhaltet gleichermaßen Rationalität wie Irrationalität, Universalismus wie Partikularismus, Wissenschaft wie Religion oder Nationalismus.

Anstatt in einer instrumentellen bzw. utilitaristischen, marktgesteuerten Gesellschaft zu leben, haben wir eine fragmentierte Erfahrung, als ob kein allgemeines kulturelles Muster, sei es religiöser, politischer oder wissenschaftlicher Art, existiert, das in allen Bereichen unseres Lebens bestimmend sein könnte. Der Globalisierungsgedanke beinhaltet dagegen eine gewisse Kohärenz der Normen, welche die verschiedenen Bereiche des gesellschaftlichen Lebens bzw. des individuellen Verhaltens regeln. Daniel Bell verdanken wir eine genauere Vorstellung von dieser Gesellschaft, denn in *Die kulturellen Widersprüche des Kapitalismus* (1991, orig. 1976) schreibt er, daß die Normen, die jeweils für Produktion, Konsum und politisches Leben gelten, sich vollkommen voneinander unterscheiden, so daß es nicht mehr möglich ist, von der amerikanischen, der deutschen, der japanischen oder der französischen Gesellschaft zu sprechen.

Während einige Menschen hauptsächlich mit der Beseitigung der Hindernisse beschäftigt sind, welche die Marktprozesse und die Globalisierung an sich zum Stillstand bringen oder bremsen, versuchen andere, wie z. B. ich, sich vorzustellen, wie man widersprüchliche kulturelle und gesellschaftliche Orientierungen reintegrieren und miteinander kombinieren könnte, denn die erwähnte Fragmentierung macht das selbständige Handeln des einzelnen und die Existenz demokratischer politischer Institutionen unmöglich.

II. Globalisierung oder Kapitalismus

Diese Trennung zwischen Wirtschaft und Kultur, zwischen dem Universum der Objektivität und dem Universum der Subjektivität, ist z. T. eine direkte Folge der wachsenden Bedeutung technologischer und wirtschaftlicher Innovationen. Aber noch stärker hängt sie mit der Auflösung der meisten institutionellen Kontrollprozesse des Wirtschaftslebens zusammen. Diese Auflösung wird zwar durch die rasche und umfassende Transformation des Wirtschaftslebens begünstigt, ist jedoch v. a. das direkte Ergebnis eines grundlegenden Trends zur »Befreiung« des Wirtschaftslebens von allen gesellschaftlichen und politischen Kontrollen. Diese »Befreiung« nennen wir *Kapitalismus*. Er ist mehr als Marktwirtschaft; an die Stelle einer institutionell regulierten Wirtschaft ist ein sich selbst regulierender Markt getreten. Diese Sichtweise wird von vielen Gelehrten vertreten, darunter auch Fernand Braudel und Immanuel Wallerstein; ihre klassische Ausprägung findet sie jedoch im Werk von Karl Polanyi. Danach führt der Modernisierungsprozeß, *Die Große Transformation*,[1] zum Einbruch vormaliger institutioneller Kontrollen. Kapitalismus läßt sich dabei nicht direkt als Ausbeutung definieren, denn seit Ford verband sich mit ihm immer häufiger ein höheres Lohnniveau. Andererseits läßt der Kapitalismus aber seine gesellschaftlichen Folgen unberücksichtigt. So ist es für die kapitalistische Sichtweise nicht relevant, daß Arbeitslosigkeit, unfreiwillige Teilzeitarbeit oder prekäre Arbeitsplätze zunehmen und ein Viertel aller Arbeitskräfte in eine marginale Situation abgedrängt werden. Ihre Bewertungskriterien sind rein interner Natur, d. h. ökonomisch, ohne einen Bezug zum allgemeinen Interesse, zur sozialen Integration, zur öffentlichen Wohlfahrt oder zur sozialen Mobilität aufzuweisen. Manchmal wird über den Kapitalismus vorgegeben, daß die Unabhängigkeit der Handlungskriterien dieser Produktionsweise für die große Mehrheit der Menschen letztlich positiv sei; jedoch ist eine solche Aussage rein ideologischer Natur und hat keinerlei Auswirkung auf das liberale Wirtschaftsdenken und das Handeln liberaler Politiker.

Das Gegenteil ist richtig: An der Zerstörung des globalen Musters nationalstaatlicher Entwicklung, das ich bereits erwähnte, ist der Kapitalismus ganz aktiv beteiligt. Karl Polanyi (ebd.) bemerkt dazu, daß es zum Aufbau neuer Kontrollen häufig einer Phase des Abbaus alter institutioneller Kontrollen bedarf. Im Gefolge der rücksichtslosen kapitalistischen Entwicklung Großbritanniens und einiger anderer Länder im 19. Jahrhundert gelang es, durch sozialen und politischen Druck allmählich und partiell eine industrielle Demokratie bzw. eine Sozialdemokratie aufzubauen. In anderen Ländern, wo der Industrialisierungsschock noch gravierender war, kam es zum revolutionären Umsturz, und voluntaristische, selbst totalitäre Parteien gelangten an die Macht.

Seit etwa 20 Jahren leben wir mit einem neuen kapitalistischen Schock. Aber zumindest in Westeuropa und einigen asiatischen Ländern wie Korea und Taiwan scheint ein Prozeß in Gang zu kommen, der die Wiedereinführung staatlicher Kontrollen im Wirtschaftsleben vorsieht. Wenn man diesen Standpunkt teilt, sollte man nicht vom Eintritt in eine liberale Gesellschaft, sondern vom Verlassen einer liberalen Übergangsphase sprechen.

[1] Karl Polanyi: *The Great Transformation: politische und ökonomische Ursprünge von Gesellschaften und Wirtschaftssystemen*. Frankfurt/M. 1978 (orig. 1944).

Der Sieg der Mitte-Links-Parteien in Italien, den Niederlanden, in Portugal, Schweden, Großbritannien und Frankreich scheint mit einer solchen Analyse konform zu gehen; auch Deutschland wird nicht von einem unkontrollierten Markt beherrscht, sondern, im Gegenteil, von politischen Zielsetzungen: Konsolidierung der wiedervereinigten Republik und Aufbau Europas.

Was ich damit andeuten möchte, ist, daß der Begriff der Globalisierung in erster Linie einen ideologischen Ausdruck für die neue kapitalistische Revolution und nicht für die Moderne und ihre technologischen Innovationen oder die Ausweitung des internationalen Handels darstellt. Man benutzt ihn, um den besonders in demokratischen Ländern unternommenen Anstrengungen zur Wiedereinführung gesellschaftlicher und politischer Kontrollen wirtschaftlicher Unternehmungen entgegenzutreten.

In nichtdemokratischen Ländern, besonders in China, dem größten Land dieser Kategorie, wird der Kapitalismus in einigen Regionen des Landes akzeptiert, wobei die Staatspartei jedoch gleichzeitig eine rigorose soziale und politische Kontrolle über die Mehrheit der Bevölkerung ausübt. Der Hauptunterschied zwischen beiden Perspektiven liegt darin, daß sich die weltweite Globalisierung, generell gesehen, auf einen neuen Gesellschaftstyp zu beziehen scheint, auf eine Art postindustrielle Gesellschaft, wohingegen meiner Ansicht nach der Kapitalismus keinen Gesellschaftstyp, sondern einen Entwicklungsmodus, d. h. einen spezifischen und zugleich rücksichtslosen wie effizienten Prozeß der Industrialisierung bzw. Postindustrialisierung bezeichnet. Notwendig ist, so meine ich, die gleichzeitige Bearbeitung von zwei Analysebereichen: zum einen die kapitalistische Revolution und die Auflösung von Gesellschaften, wobei es in beiden Fällen um Wandlungsprozesse geht, zum anderen die Ablehnung des Bildes von einem neuen kohärenten und integrierten Gesellschaftstyp, der angeblich entstehen soll.

III. Fünf Megatrends

Wenn wir davon ausgehen, daß der Globalisierungsgedanke den Niedergang der voluntaristischen Projekte nationaler Entwicklung widerspiegelt und folglich einer liberalen Sichtweise sozialen Wandels oder, genauer ausgedrückt, den kapitalistischen Bestrebungen zur Befreiung der Wirtschaft von allen Formen externer Kontrolle entspricht, ist es riskant, quasi a priori die Vorstellung von einer generellen Transformation der Gesellschaften zu übernehmen, wonach an die Stelle von nationalen, protektionistischen und wohlfahrtsstaatlich orientierten Gesellschaften eine weltumspannende marktorientierte Gesellschaft tritt. Ich möchte hier die These aufstellen, daß die wichtigsten Elemente des neuen Gesellschaftstyps in Wirklichkeit weitgehend voneinander abhängig sind, und werde im folgenden fünf solcher Megatrends erörtern:

1. die rasante Entwicklung der sog. Informationsgesellschaft,
2. das Wachstum des internationalen Handels,
3. die Errichtung finanzwirtschaftlicher Netzwerke, innerhalb derer täglich drei Trillionen (10^{18}) Dollar verschoben werden, d. h. 30- oder 40mal mehr als im Welthandel,
4. das rapide Wachstum der Schwellenländer (NIC),[2]
5. die kulturelle und militärische Hegemonie der USA nach dem Ende des Kalten Krieges und der Zusammenbruch der sowjetischen Weltmacht.

1. Was man als dritte industrielle Revolution bezeichnen kann, die Entstehung von Informations- und Kommunikationsindustrien, ist von ebenso großer Tragweite, wie es die Erfindung der Dampfmaschine und die Entwicklung der mechanischen Industrien zu Beginn des 19. Jahrhunderts oder die Entdeckung der industriellen Nutzung der Elektrizität am Ausgang des 19. Jahrhunderts waren. Wir sprechen zu Recht von der Transformation energieabhängiger in informationsabhängige Gesellschaften. Hat diese fundamentale Transformation etwas mit der Globalisierung zu tun? Viele Menschen sind mit einer simplen Antwort auf diese Frage zufrieden: Informationen können jetzt echtzeitlich übermittelt werden; dies ermöglicht eine Reihe von finanziellen Transaktionen. Aber damit ist die viel grundsätzlicher gestellte Frage keineswegs beantwortet. Der Fernschreiber begünstigte die Entstehung des Finanzkapitals, was Rudolf Hilferding[3] seinerzeit als Imperialismus bezeichnete, aber er war beileibe nicht dessen eigentliche Ursache. Wir können diesem in der Vergangenheit üblichen technologischen Determinismus heute nicht mehr bei-

---

2 Newly Industrializing Countries bzw. New Industrialized Countries.
3 Rudolf Hilferding: *Das Finanzkapital: eine Studie über die jüngste Entwicklung des Kapitalismus.* Wien 1923.

pflichten. Von Robert Reich[4] stammt eine viel tauglichere Analyse, in der er das Unternehmen als Gruppe von Finanzmaklern und Manipulatoren von Symbolen definiert, die Brücken bauen zwischen einer immer differenzierter werdenden gesellschaftlichen Nachfrage und einem technologischen Angebot, das sich aufgrund wissenschaftlicher und technischer Erfindungen ständig verändert, wie z. B. die enorme Steigerung der Zahl von Operationen, die ein Computer innerhalb einer bestimmten Zeiteinheit durchführen kann. Reichs Analyse verdeutlicht die Trennung zwischen Technologie und Markt – eine Trennung, die so radikal ist, daß zu ihrer Überwindung Experten benötigt werden sowie Unternehmen und nationale Wirtschaftssysteme, die über die Fähigkeit verfügen, Technologien und Märkte aufeinander abzustimmen. Reichs Analyse kommt den hier von mir erörterten Gedanken sehr nahe. In beiden Fällen wird eine Trennung zwischen technologischem Angebot und gesellschaftlicher Nachfrage konstatiert, und meine Vorstellung von den desozialisierenden Folgen und der Entinstitutionalisierung des Wirtschaftslebens entspricht, so scheint mir, der Definition des Unternehmens als einer Gruppe von Mediatoren. In einem wichtigen Buch, dessen erste drei Bände bereits erschienen sind, bringt Manuel Castells[5] diese Argumentationslinien prägnant zum Ausdruck, indem er neue soziale Bewegungen und Identitätspolitiken mit der Entwicklung der Informationsgesellschaft kontrastiert.

2. Die Entwicklung des internationalen Handels ist z.T. auch Folge der Entstehung neuer Industrieländer und der wachsenden Rolle transnationaler Unternehmen, die von einer solchen Größenordnung sind, daß die nationalen Statistiken, wie Reich klar nachweist, überhaupt kein realistisches Bild der wirtschaftlichen Situation mehr liefern. Aber kann man deshalb schon sagen, die nationalen Ökonomien wären zu einer Weltwirtschaft verschmolzen? Wirtschaftshistoriker verweisen darauf, daß keines der heute maßgeblichen Länder so offen ist, wie es Großbritannien im Jahre 1913 war, als 45 % seiner Produktion für den Welthandel bestimmt waren. Nach Meinung vieler Kenner der heuti-

---

4 Robert Reich: *Die neue Weltwirtschaft: das Ende der nationalen Ökonomie.* Frankfurt/M. 1993 (orig. 1991).
5 Manuel Castells: *The Information Age: Economy, Society and Culture.* Blackwell; vol. 1: *The Rise of the Network Society,* 1996; vol. 2: *The Power of Identity,* 1997; vol. 3: *End of Millenium,* 1997.

gen Situation ist die Weltwirtschaft eher trilateral als global zu nennen. Der weitaus größte Teil der Produktion der Vereinigten Staaten (bzw. der NAFTA), Japans und der EU wird auch in diesen Wirtschaftszonen verbraucht. Häufig berichtet die Presse über die destruktiven Auswirkungen der Exporte aus den Schwellenländern auf die europäische bzw. amerikanische Beschäftigungssituation. Aber in Europa beläuft sich der Handel mit den Ländern Südostasiens nur auf ein bis zwei Prozent von deren internationalem Handelsvolumen, und die Handelsbilanz ist für Europa positiv. An dieser Stelle tun wir gut daran, uns zu erinnern, daß die sog. wettbewerbsbedingte Abwertung, die von Italien, Spanien und Großbritannien vorgenommen wurde, auf andere EU-Mitglieder, die eine zusammenhängende D-Mark-Zone bilden, weitaus gravierendere und negativere Auswirkungen hatte. Zweifellos stehen offene Wirtschaftssysteme vor schwierigen Problemen und leiden unter den rasanten Veränderungen ihrer Produktionsmuster. Für die Beschäftigungslage dürften jedoch die Auswirkungen der Technik letztlich viel gravierender sein als der internationale Wettbewerb.

3. Besonders augenfällig und eindrucksvoll spiegelt sich die Globalisierung in der enormen, aber auch von Schwankungen abhängigen Entwicklung der internationalen Kapitalbewegungen wider. Wir sind mittlerweile daran gewöhnt, im Rundfunk und Fernsehen viel häufiger etwas über Finanzkapital als über Industrieproduktion zu hören. George Soros ist dabei wohl der bekannteste Wirtschaftsexperte, und keiner kann sich mit dem Gedanken zufriedengeben, daß die Bewegungen auf den Finanzmärkten der Entwicklung der Volkswirtschaften in den einzelnen Ländern entsprechen. Der Kapitalfluß folgt dem Zinsfluß und der Währungspolitik der größten Wirtschaftsmächte. Gleichzeitig manifestiert sich die kapitalistische Revolution am deutlichsten darin, daß zur Lösung internationaler Konflikte oder zur Bewertung internationaler Unternehmen nationale Gesetze abgeschafft werden. Märkte tendieren nicht zu einer externen, sondern zu einer internen Regulierung, wie insbesondere Saskia Sassen[6] gezeigt hat. Die Kreditbewertungsagenturen Moody's und Standard & Poor drücken Vermögenswerte und Kreditbedingungen entwe-

---

6 Saskia Sassen: *The Global City: New York, London, Tokyo.* Princeton 1991, und dies.: *Cities in a World Economy.* Thousand Oaks 1994.

der nach oben oder nach unten. Es gab einmal eine Zeit, als das Wirtschaftsleben weitgehend von Ingenieuren oder Unternehmern bestimmt wurde; in jüngerer Zeit tun dies die Wirtschaftsexperten. Neuerdings haben auch die Juristen an Einfluß gewonnen, besonders im Hinblick auf die Bedeutung internationaler Fusionen. Die öffentliche Meinung reagiert dabei äußerst empfindlich auf finanziellen Betrug, auf Börsenzusammenbrüche und bedrohliche Krisen wie in Japan 1985 und in Mexiko 1982 bzw. 1994 oder auf die neuerlichen Einbrüche in Thailand, Indonesien und anderen südostasiatischen Ländern.

4. Die Entstehung der Schwellenländer (NICs) hat zur Entwicklung des internationalen Handels beigetragen, läßt sich aber nicht als Folge der Globalisierung erklären. Soziologen haben bereits auf die sozialen und kulturellen Faktoren der rasanten Entwicklung in diesen Ländern verwiesen. So verglich der chilenische Wirtschaftswissenschaftler Fernando Fajnzylber[7] die lateinamerikanischen mit den ostasiatischen Ländern in bezug auf soziale Ungleichheiten, die in Asien gering, in Lateinamerika hoch sind; in bezug auf das Bildungsniveau, das in asiatischen Ländern stärker allgemeinbildend orientiert und durchschnittlich höher ist; und in bezug auf das hohe Konsumniveau lateinamerikanischer Oberschichten, ein Verhalten, das die Investitionskapazitäten der lateinamerikanischen Länder reduziert. Diese klassische Analyse, die sich auch leicht in Webersche Kategorien übersetzen läßt, hat mit Globalisierung wenig zu tun.

5. Schließlich steht die Vorstellung von der einen Welt, die vom Markt reguliert und von liberalen Kräften regiert wird, wahrscheinlich in einem direkten Zusammenhang mit dem Triumph der USA über die Sowjetunion. Unmittelbar nach dem Fall der Berliner Mauer und damit des sowjetischen Regimes wurde in mehreren Arbeiten, von denen die bekannteste von Francis Fukuyama[8] stammt, die Idee verbreitet, daß die ganze Welt sich nunmehr auf ein und denselben Gesellschaftstyp zubewegen würde. Diese Vorstellung, die eine emotionale Reaktion auf den Fall der Mauer und das Ende des kommunistischen Einflusses in den meisten europäischen Ländern war, entbehrt jedoch so gut

---

7 Fernando Fajnzylber: *La industrialización trunca de América Latina.* Mexico 1983.
8 Francis Fukuyama: *Das Ende der Geschichte: wo stehen wir?* München 1992 (orig. 1992).

wie jeder Grundlage. Wir brauchen nicht einmal Samuel Huntington[9] zu folgen, der fast zur gleichen Zeit eine völlig andere Sichtweise der weltweiten Entwicklung vertrat, um die seit einigen Jahren wachsende Bedeutung fundamentalistischer Strömungen, extrem nationalistischer bzw. theokratischer Regime und extremer Formen kultureller Vielfalt zu erkennen. Was bleibt, ist eine fast flächendeckende Beherrschung der Kommunikations- und Traumindustrien durch amerikanische Konzerne mit ihren Kino- und Fernsehfilmen sowie Videoproduktionen, in deren imaginären Welten Kinder und Erwachsene einen großen Teil ihres Lebens verbringen. In den meisten Kulturindustrien ist diese Dominanz mit dem hegemonialen Einfluß einer *lingua franca* verbunden, welche die internationale Kommunikation zugleich fördert aber auch erschwert, weil die einzelnen Ideen und kulturellen Produkte, die insgesamt einem großen Sprachraum entstammen, immer mehr an Kontur verlieren, was die kulturelle Kreativität innerhalb dieses Raums behindert. Diese auch auf militärischer Ebene existierende Hegemonie hängt sicherlich mit dem Zusammenbruch des Sowjetsystems und dessen Einfluß in zahlreichen Ländern, besonders in Lateinamerika und Asien, zusammen, hat aber ungleich weniger mit der Entwicklung des Welthandels oder mit den technologischen Aspekten der Informationsgesellschaft zu tun. Filme und Fernsehprogramme haben in den letzten Jahren keine grundlegenden Veränderungen bezüglich ihrer technischen Produktionsbedingungen erlebt, aber die Finanzkraft der amerikanischen Kommunikationskonzerne ist enorm. Sie verbreiten keine globale, sondern eine nationale Massenkultur und erobern mit Hilfe ihrer Finanzkraft weltweit immer mehr Märkte.

Die Schlußfolgerung aus diesen Analysen ist, daß die Globalisierung eine analytische und eine ideologische Dimension hat. In der Globalisierungsidee manifestiert sich deutlich die Krise der nationalen politischen Entwicklungsprojekte. Gleichzeitig steht diese Idee aber für den Versuch, die liberale Übergangsphase in eine liberale Gesellschaft einmünden zu lassen und die Krise der verschiedenen Spielarten des Sozialismus in einen Gesamtsieg des Kapitalismus umzumünzen. Diese Ideologie kommt an: Bereit-

---

9 Samuel P. Huntington: *The Clash of Civilizations?*, in: *Foreign Affairs*, Bd. 72, Nr. 3, Sommer 1993, S. 22-49.

willig haben die meisten Menschen die Vorstellung übernommen, daß die Nationalstaaten verschwinden, daß wir bereits in einer Weltkultur leben und daß Massenproduktion und Massenkommunikation ganz selbstverständlich mit einem individualisierten Konsum verbunden sind. Von allergrößter Bedeutung ist die Globalisierung wahrscheinlich in Westeuropa. Dies entspricht Jean Monnets Vision vom Aufbau Europas, der in dieser Entwicklung weniger einen Schritt zum Aufbau einer neuen politischen, monetären oder auch militärischen Macht Europas sah als vielmehr einen Schritt hin zu einer globalen Wirtschaft. Angesichts der Attraktivität neuer Technologien und Produkte der Massenkommunikationsindustrien müssen Verweise auf nationale Aspekte zumindest jungen Menschen als überholt erscheinen.

Anders ist die Situation in den NICs und den relativ unterentwickelten Ländern. Die erste Gruppe mobilisiert immer wieder nationale Kulturen und Glaubensbekenntnisse zur Förderung des Wirtschaftswachstums. Die zweite Gruppe fühlt sich durch Produktions-, Konsum- und Kommunikationsformen, die sich jenseits der Reichweite eines Großteils der Bevölkerung befinden, bedroht und verketzert den neuen Imperialismus bzw. Kolonialismus genauso vehement, wie sie gleichzeitig hektisch bemüht ist, am amerikanischen und westlichen Lebensstil teilzuhaben.

Es hat keinen Sinn, auf die gute alte Zeit der Sozialdemokratie, der »populistischen Staaten« Lateinamerikas oder anderer Formen politischer und gesellschaftlicher Kontrolle des Wirtschaftslebens zurückzublicken. Im Gegenteil, viele Soziologen, zumeist eher radikal als liberal, haben darauf verwiesen, daß der Wohlfahrtsstaat Ungleichheiten nicht beseitigt, sondern eher zementiert, wenn nicht sogar verstärkt. Wenn das sozialdemokratische Modell zudem mit dem Eintritt der Arbeiterklasse ins politische Leben gleichgesetzt wird, war diese Veränderung in der ersten Hälfte des 20. Jahrhunderts ohne Zweifel bedeutsam. In Ländern jedoch, wo die Vorstellung von einer Arbeiterklasse verschwommen ist und von den meisten ihrer vermeintlichen Mitglieder heute abgelehnt wird, hat das Modell nur noch marginale Bedeutung.

Gleichwohl bedeutet der Niedergang der Industriegesellschaft, der nationalstaatlich kontrollierten Volkswirtschaften sowie der Vorstellungen von Gesellschaft, Kultur und Persönlichkeit, wie sie in diesem Abschnitt unserer Geschichte anzutreffen sind, nicht, daß uns der nächste Schritt zwangsläufig in eine liberale, grenzenlos offene Gesellschaft führt, in der die Märkte für die bestmögliche Verteilung der Ressourcen sorgen.

IV. Jenseits des Traums von der Globalisierung

1. Der Globalisierungsgedanke ist positiv zu sehen, sofern er verdeutlicht, daß die voluntaristischen Projekte des nationalen Aufbaus der Nachkriegszeit verschwinden. Er hat jedoch etwas Bedrohliches, wenn er die Geburt eines neuen Gesellschaftstyps verheißt, genauer gesagt, wenn er wieder zu einem technologischen Determinismus führt, von dem man sich in der vorangegangenen Periode der Geschichte verabschiedet hatte. Dann nämlich hätte er negative Konsequenzen und würde die Bewältigung neuer gesellschaftlicher Situationen behindern. Wenn man mit Globalisierung schließlich behauptet, daß ein neuer Gesellschaftstyp, nur weil er weltweit verbreitet ist, mit allen Formen gesellschaftlicher Kontrolle aufräumt und von einem sich selbst regulierenden Markt regiert wird, dann wird daraus eine Ideologie mit erheblichen gegen die Allgemeinheit gerichteten Folgeerscheinungen. In Frankreich ist von *la pensée unique* die Rede. Dieser Gedanke gibt vor, daß der Neoliberalismus die einzig mögliche Lösung biete und nicht von politischen Interventionen behindert werden sollte. Die letzte Definition ist die wichtigste, weil sie, wie im Fall aller dominanten Ideologien, für bare Münze genommen wird, und zwar von vielen, wenn nicht den meisten Menschen, die sie nicht nur nicht anzweifeln, sondern auch als Bezugs- und Interpretationsrahmen nutzen, als eine Sprache, mit deren Hilfe sie eigene Interessen formulieren und ihre Gegner als unzeitgemäß kritisieren können. Ohne Diskussion übernehmen viele die Vorstellung, daß Fernsehen und Internet eine neue Welt schaffen, daß es eine Generationendiskrepanz gibt zwischen denen, die mühelos den Umgang mit den Kommunikationstechnologien erlernen, und denen, die sich dieser Entwicklung verweigern und nicht in der Lage sind, die damit verbundenen Möglichkeiten zu erkennen. Selbst wenn nur ein Körnchen Wahrheit in diesen beschreibenden Bemerkungen steckt, dann wäre die Vorstellung von sozialem Leben auf das Bild einer hierarchischen Skala begrenzt, die von technologischen Innovationsträgern und

Experten abwärts zu Analphabeten verläuft, d. h. einer Skala, welche auf technischen Fähigkeiten aufbaut und a priori jeglichen Bezug zu Fragen wie Macht, Gewinn oder Vorurteil ausklammert. Eine solche Stratifikation entspricht einer technologischen Interpretation gesellschaftlicher Entwicklung, wonach die Geschichte der Menschheit angeblich durch eine Reihe von Entdeckungen bestimmt wird. Régis Debray[10] nennt diese Erforschung der Kommunikationssysteme Mediologie. Sie geht davon aus, daß wir uns von einer handschriftlichen zu einer druckenden Gesellschaft, dann zu einer massenmedialen und schließlich zu einer virtuellen oder, warum auch nicht, einer Internet-Gesellschaft entwickeln.

Aber es gibt keinen Nachweis für einen solchen Determinismus, und es erscheint angebrachter, die entgegengesetzte These zu vertreten: Je mächtiger und unabhängiger Technologien sind, je weniger sie das persönliche und soziale Verhalten bestimmen, desto mehr sind sie rein instrumenteller Natur. Solange eine Kultur noch von einer substantiellen Rationalität bestimmt war, bestand zwischen den technischen Vorgängen und den Interpretationen der Sozialstruktur noch ein Zusammenhang (ohne einseitigen Determinismus). Aber je mehr sich dieses instrumentelle Universum ausdehnt, desto weniger bestimmt es menschliches Verhalten, Gesellschaftsstrukturen und kulturelle Orientierungen. Diese simple Bemerkung schließt jede Art von technologischem Determinismus aus. Es gibt keinen Grund anzunehmen, daß Menschen, die über das Internet kommunizieren, dieselben Vorstellungen von Gesellschaft und individuellem Leben teilen. Ebensowenig bestimmt die Weitergabe wirtschaftlicher Informationen in der Echtzeit die Wirtschaftspolitik eines Unternehmens oder einer Regierung.

Es ist die Aufgabe der Soziologie, diesem naiven technologischen Determinismus entgegenzuwirken, einem Optimismus, der – ohne ein zwingendes Argument – glaubt, daß neue Technologien die Lebensbedingungen der Weltbevölkerung verbessern oder »modernisieren«.

Aber abgesehen von solchen naiven Verlautbarungen, die den Ideen eines Auguste Comte zu Beginn des Industriezeitalters entsprechen, ist der bedrohlichste Aspekt der Globalisierung das

---

10 Régis Debray: *Cours de médiologie générale*. Paris 1991.

ideologische Moment in der traditionellen Bedeutung dieses Begriffs: Er verschleiert die Beziehungen zwischen Macht und Herrschaft, indem er sie als natürlich oder technologisch uminterpretiert. Diese Ideologie ist positiv oder, wenn wir das Wort benutzen wollen, progressiv, sofern sie alle politischen Kulturen und v. a. die Interdependenz von Technologie, Gesellschaftsstruktur und kulturellen Orientierungen, welche die traditionellen bzw. frühneuzeitlichen Gesellschaften charakterisieren, als überholt kritisiert. Sie ist jedoch negativ, wenn sie zur Verschleierung der sozialen bzw. politischen Folgen der Anwendungen neuer Technologien oder neuer Formen des internationalen Handels bzw. der internationalen Finanzwirtschaft beiträgt.

2. Ich erwähnte bereits, daß die gegenwärtige Situation nicht nur mit dem Begriff der Globalisierung definiert werden kann, sondern vielmehr gekennzeichnet ist von einer zunehmenden, wenn nicht bereits extrem ausgeprägten Trennung zwischen dem instrumentellen und dem kulturellen Universum, zwischen der Welt der Objektivierung und der Welt der Subjektivitäten – eine Trennung, die zugleich Ursache und Wirkung der Auflösung aller gesellschaftlichen, politischen und institutionellen Vermittlungsformen zwischen diesen beiden Bereichen unserer Erfahrung ist. Unsere *Lebenswelt* ist zerbrochen, und unsere gesellschaftliche Organisation zerfällt in Netzwerke und Sekten, Computerprogramme und politische Identitätskämpfe. Noch mehr als in der Industriegesellschaft, in der Anomie und Ausbeutung eine wichtige Rolle spielten, ist das Leben vieler Menschen nun von Marginalität, Ausgrenzung und Arbeitslosigkeit bestimmt. Eine vorrangige Aufgabe der Soziologie sollte darin bestehen, zur Rekonstruktion der Analyse gesellschaftlicher Prozesse, zur Schaffung von Bedingungen für neue soziale Bewegungen und politisches Handeln und zur Formulierung von Zielen einer neuen Sozialpolitik beizutragen, jedoch ohne dabei auf überholte Vorstellungen von gesellschaftlichem Leben und Ideologie zurückzugreifen. Unser zentrales Problem muß unkompliziert definiert werden: Wie läßt sich instrumentelles Handeln mit unserer Suche nach Identität verbinden?

3. Der erste Schritt im Sinne einer notwendigen Analyse unserer Gesellschaften besteht in der Erkenntnis, daß Globalisierung und die Trennung von Instrumentalität und Identität einem kapitalistischen Modernisierungsprozeß entsprechen und nicht

einem neuen Gesellschaftstyp, der angeblich auf die Industriegesellschaft folgt. Keinesfalls dürfen Strukturprobleme mit Prozeßproblemen verwechselt werden. Genau aus diesem Grund haben wir heute erhebliche Schwierigkeiten mit der Wahrnehmung von strukturellen Konflikten, Aushandlungs- und politischen Prozessen, die Merkmale einer Gesellschaft sind, die man als postindustrielle oder Informationsgesellschaft bezeichnen kann. Das Gegenteil ist der Fall: Es fällt uns leicht, die wachsende Distanz zwischen schnellen und langsamen Läufern, Erneuerern und Ausgegrenzten zu erkennen. Dies wiederum heißt, daß wir uns schwertun, neue soziale Akteure und neue soziale Beziehungen wahrzunehmen, als ob Gesellschaft mit einem Wettlauf vergleichbar wäre, in dem Menschen mit guter Ausrüstung und in guter körperlicher Verfassung schneller laufen als alte, hungrige und nicht so gut ausgerüstete Menschen. Genauso nehmen wir auch wirtschaftliche Probleme wahr. Wir verfolgen die Entwicklung der wichtigsten Börsenkurse und Zinssätze. Andererseits neigen wir dazu, soziale Probleme nur als Folge einer wirtschaftlichen und finanziellen Situation zu sehen, und überlassen es dem Staat, sie im Sinne humanitärer Probleme zu lösen. Auch hier befinden wir uns eher im 19. als in der Mitte des 20. Jahrhunderts. Arme und arbeitslose Menschen geben Anlaß zur Sorge, nicht die sozialen und politischen Akteure. Die Politik ist nicht mehr repräsentativ, und Begriffe wie rechts- oder linksgerichtete Politik, die den Zusammenhang von sozialem Interesse und politischer Wahl, also eine repräsentative Demokratie beinhalten, haben ihre Relevanz weitgehend verloren.

4. Es ist schwierig, aber notwendig, daß wir über die Prozesse, die neue soziale Akteure entstehen lassen, nachdenken, d. h. voranschreiten von einer Analyse in der Begrifflichkeit der Modernisierungsprozesse hin zu einer anderen, strukturell gedachten und formulierten Analyse, welche die zentralen Probleme eines neuen Gesellschaftstyps aufgreift. Die wesentliche Idee besteht darin, daß neue Akteure nicht mehr wirtschaftliche und soziale Akteure sind, die sich über ihren sozialen Status bzw. ihre soziale Rolle definieren. Das Entscheidende ist, daß es nicht mehr vorrangig um Interessen geht, sondern um die Fähigkeit, Akteur zu sein. Das gesellschaftliche und ideologische Herrschaftssystem versucht, jede Definition von gesellschaftlichen Problemen aus der Perspektive von Akteuren zu vermeiden. Es reduziert sozia-

les Leben auf Wandlungsprozesse. Darum ist der Globalisierungsgedanke als Schlüsselelement dieser Ideologie so wichtig. Aber eigentlich ist es umgekehrt: Die meisten Menschen möchten ihr individuelles Leben, ihre Teilhabe an instrumentellen Tätigkeiten mit der Erhaltung bzw. Erneuerung ihres kulturellen Erbes und der Verwirklichung ihrer Persönlichkeit, Phantasie und Geschlechtlichkeit verbinden können. Eine solche Kombination konstituiert das, was ich als Subjekt bezeichne – ein Begriff, der in gewisser Weise dem weiterführenden Begriff der Selbstidentität entspricht. Dieser Prozeß, sich als Subjekt zur Geltung zu bringen, setzt sowohl das Erkennen kultureller Unterschiede als auch institutioneller Regeln, die dem Individuum helfen, sich zum Subjekt zu entwickeln, voraus.

Es ist ebenso riskant, die eigene Situation – individuell wie kollektiv – als Anpassung an eine sich ständig verändernde technologische und wirtschaftliche Welt zu betrachten, wie sich mit einer bestimmten kulturellen Form von Persönlichkeit zu identifizieren. Es besteht derzeit eine starke Tendenz, eine dichotomisierte Sichtweise menschlicher Erfahrung auszuweiten, hin zu einer vollständigen Trennung zwischen einem wissenschaftlichen Denken, das sich mit allen Erfahrungsbereichen beschäftigen will, und einem kulturellen Differentialismus, der interkulturelle Kommunikation verunmöglicht. Der ausgeprägte Wunsch nach Selbstidentität bzw. nach dem, was ich Subjektivierung nenne – die Konstruktion des Selbst als Subjekt –, wehrt sich gegen diese Aufspaltung in eine persönliche Erfahrung der Humanwissenschaften und der gesellschaftlichen Organisation. Individuen und Kollektive wollen sich als Akteure begreifen, das Leben als sinnvoll erfahren, und der beste Weg zur Verwirklichung dieses Ziels besteht darin, die Teilhabe an technologischen und wirtschaftlichen Aktivitäten mit der Erinnerung, Erneuerung oder Selbstverwirklichung der Persönlichkeit und des kulturellen Erbes zu verbinden.

Diese gedrängte Darstellung macht hoffentlich klar, daß die internen sozialen Prozesse in unseren Gesellschaften sich von denjenigen, die für Industriegesellschaften charakteristisch sind, grundlegend unterscheiden. Die Hauptakteure waren soziale Klassen, die zugleich ökonomische Kategorien und politische Akteure darstellten. Diese Entsprechung von Status und Rolle, Situation und Handeln gibt es nicht mehr. Der größte Gegensatz ist nicht mehr derjenige zwischen Herren und Sklaven, um es hegelianisch-marxistisch auszudrücken, sondern derjenige zwischen abstrakten Systemen und Akteuren, die sich individuell und kollektiv bemühen, ihre Identität zu entwickeln und zu verteidigen. Dies ist riskant, wenn sie Finanzströmen und kommunikativen Netzwerken einen kulturellen Partikularismus entgegensetzen; es ist positiv, wenn sie wissenschaftliche und technologische Aktivitäten mit eigenen psychologischen und kulturellen Orientierungen zu verbinden suchen. Die marxistische Analyse des Kapitalismus hat bereits den Beweis erbracht, daß gesellschaftliche Herrschaft nicht mehr von Herren, sondern von einem System ausgeübt wird, und Michel Foucault, der von der Mikrophysik der Macht[11] sprach, sah dies noch radikaler. Mit der neuen kapitalistischen Revolution wird jedoch ein noch viel höherer Objektivierungsgrad der Macht- und Herrschaftsprozesse erreicht. Diese Revolution spricht von Globalisierung und versteckt sie hinter der spektakulären Entwicklung des Welthandels und der Kommunikationstechnologien. Es wäre sicher ein Fehler, die Verantwortung für Arbeitslosigkeit, soziale Unsicherheit oder Armut von Millionen von Menschen den großen transnationalen Unternehmen anzulasten; es wäre aber genauso oberflächlich, arbeitssparende Technologien bzw. neue industrielle Konkurrenten dafür verantwortlich zu machen. Natürlich muß man akzeptieren, daß rechtmäßige Interessen sich verteidigen, aber die Berufssparten, die sich an diesen Kampagnen beteiligen, verteidigen Arbeiter gegenüber anderen Arbeitern bzw. Etablierte gegenüber Außenseitern, wie Elias sie nannte, anstatt zu begreifen, daß der eigentliche Konflikt zwischen dem System und den Akteuren, zwischen Finanzströmen und Lebensprojekten besteht.

5. Diese Interpretation bedeutet keineswegs, daß Globalisierung eine neue Form des Imperialismus und daher verdammenswert ist. Jede wirtschaftliche Entwicklung führt zu institutionellen Krisen und Innovationen, die alte Muster wirtschaftlicher und gesellschaftlicher Organisation zerstören; andererseits ist aber keine Entwicklung ohne die Schaffung neuer Formen von gesellschaftlicher und politischer Kontrolle des Wirtschaftslebens möglich. Es ist fortwährend notwendig, sowohl die alte Gesellschaft abzuschaffen als auch eine neue aufzubauen. Be-

---

11 Michel Foucault: *Surveiller et punir*. Paris 1979.

denklich wäre es, diese parallelen Prozesse, die Polanyi (1978) so deutlich beschrieben hat, nicht zu erkennen und davon auszugehen, daß Kapitalismus nur Fortschritt bedeutet, d. h. ein natürliches Wachstum an Gütern, Dienstleistungen und Informationen, welches generell die *conditio humana* verbessert.

Auch wenn historische Vergleiche gewagt sind, sollten wir uns daran erinnern, daß die Welt nach einer Phase der raschen Entwicklung von Finanzkapitalismus und Industrialisierung zwischen 1880 und 1910 eine Reihe von Erschütterungen erlebte, angefangen von der mexikanischen Revolution 1910 über den Ersten Weltkrieg 1914 und die Oktoberrevolution von 1917 bis hin zum Sieg der Kuomintang in China und der Entstehung totalitärer Regime in Europa. Wir sprechen über Globalisierung in einer sehr optimistischen und technischen Sprache. Soziologen sollten sich darüber bewußt sein, daß das neue Weltwirtschaftssystem zerbrechlich ist, daß neue Revolutionen ausbrechen können, die vielleicht noch autoritärer enden als die sowjetische, daß viele neue Industrieländer bereits zu einer autoritären Politik neigen, wie es in Deutschland, Italien und Japan im Zuge ihrer eigenen Modernisierung der Fall war, und daß es dringend erforderlich ist, neue Formen gesellschaftlicher Kontrollen für eine rasant sich verändernde wirtschaftliche und technologische Welt zu erfinden, so wie in Großbritannien am Ende des 19. Jahrhunderts die industrielle Demokratie erfunden wurde.

6. Dieser Prozeß ist bereits im Gange. Während der Nachkriegszeit mit ihrer rasanten und voluntaristisch geprägten Industrialisierung bestanden unsere ökonomischen Ziele in der Sicherung des Lebensunterhalts, d. h. in einer endogenen wirtschaftlichen Entwicklung. Neuerdings sprechen immer mehr Menschen in Kanada, Schweden, Norwegen und auf der Weltkonferenz von Rio de Janeiro von einer nachhaltigen Entwicklung und vom Kampf für einen langfristigen Erhalt unserer natürlichen Umwelt, für das Überleben unseres Planeten und für den Schutz einer möglichst großen Vielfalt der Arten und Kulturen. Gleichzeitig definiert die Soziologie mit Ulrich Beck unsere Gesellschaft als Risikogesellschaft und zeichnet ein Bild der wirtschaftlichen Welt, das dem vom Begriff der Globalisierung vermittelten Bild diametral entgegengesetzt ist. Hierin besteht die erste, aber wichtige Etappe: die Überwindung der naturalistischen und positivistischen Sicht der Gesellschaft, die uns von den

Medien, den Experten und einem Großteil der öffentlichen Meinung aufgedrängt wird.

Es bleibt keine Zeit, von der Erschaffung wunderbarer virtueller Welten zu träumen und einem naiven Glauben an die positive Transformation zu huldigen, die mit neuen Technologien in unserer Alltagserfahrung Platz gegriffen hat, oder sich einem grenzenlosen Konsum von Produkten der Massenmedien hinzugeben. All diese Veränderungen haben positive und kreative Aspekte, aber die damit verbundenen gesellschaftlichen und psychologischen Folgen ergeben sich nicht von selbst, sondern hängen von unserer Fähigkeit ab, sie im Rahmen gesellschaftlicher und politischer Debatten zum Aufbau einer ganz bestimmten Gesellschaft zu nutzen, die sich nicht nur durch ihre Leistungen auszeichnet, sondern auch die Voraussetzungen bietet, mehr Freiheit und Kreativität für die Mehrheit der Menschen zu schaffen und es ihnen ermöglicht, ihre Teilhabe an der instrumentell orientierten Welt mit der persönlichen Integration von psychologischer Entwicklung und kulturellem Erbe zu verbinden.

Wenn auch viele Menschen glauben, daß wir uns auf dem Weg in eine liberale Gesellschaft befinden, wäre es nicht viel klüger zu erkennen, daß wir aus einer liberalen Übergangsphase heraustreten und es höchste Zeit ist, nicht nur Netzwerke, sondern v. a. auch kulturelle Ansprüche, soziale Bewegungen und politische Entscheidungssysteme zu entwickeln?

# Klaus Dörre
Globalisierung – Ende des rheinischen Kapitalismus?

Als Marx und Engels vor 150 Jahren hellsichtig den Prozeß kapitalistischer Globalisierung antizipierten, wäre es ihnen nicht in den Sinn gekommen, das »Bedauern der Reaktionäre« zu teilen, die sich darüber beklagten, daß den alten Industrien der nationale Boden »unter den Füßen weggezogen« wird. Am Ende des 20. Jahrhunderts ist aus der Erwartung, die »Exploitation des Weltmarktes« bewirke eine »allseitige Abhängigkeit der Nationen voneinander« und zwinge die Bourgeoisie, »die Produktion und Konsumtion aller Länder kosmopolitisch« zu gestalten (Marx/Engels 1977, S. 466), eine reale Entwicklung geworden. Die daran geknüpfte Hoffnung auf ein revolutionäres Subjekt, das die »zivilisatorische Tendenz des Kapitals« aus ihren partikularistischen Fesseln befreit, ist indessen gründlich desavouiert. Denn die globale Expansion des Kapitals hat nicht nur die staatssozialistischen Systeme und die mit ihnen verbündeten kommunistischen Bewegungen in die Knie gezwungen, sie ist auf dem besten Wege, auch jene politischen Kräfte, Assoziationen und Sicherungssysteme zu unterminieren, die in den westlichen Gesellschaften während der zurückliegenden Jahrzehnte entscheidend zur sozialstaatlichen Pazifizierung des Kapitalismus beigetragen haben.

1. Kampf der Kapitalismen

Als einer der ersten hat Michel Albert (1992) die neue Epochenkonstellation analysiert. Nach seiner Auffassung ist an die Stelle des alten Ost-West-Gegensatzes eine Ära innerkapitalistischer Rivalitäten getreten; ein Freund-Feind-Krieg, ausgefochten zwischen zwei »antagonistische[n] Denkweisen ein und desselben Kapitalismus«, zwischen rheinischem (deutsch-japanischem) und angelsächsischem (neoamerikanischem) Modell. Während der angelsächsische Kapitalismus primär auf dem »individuellen Erfolg und dem schnellen finanziellen Gewinn« beruhe, favorisiere sein rheinischer Widerpart »den gemeinschaftlichen Erfolg, den Konsens und das langfristige Vorausdenken«.[1] Zwar sei das Rheinmodell »gleichzeitig gerechter und effizienter«, doch ihre größere soziale Leistungsfähigkeit ändere nichts daran, daß die Rheinvariante dem angelsächsischen Herausforderer zu unterliegen drohe (Albert 1992, S. 25 f.). In einer »regellosen« globalen Wirtschaft besäßen Kapitalismen einen Vorteil, denen aufgrund ihrer weniger rigiden, durchlässigeren und flexibleren Regulationssysteme Anpassungsleistungen an unsichere Märkte und rasche Innovationszyklen vergleichsweise leicht fielen. Auf diese Weise bewirke die ökonomische Globalisierung eine Art Negativselektion von Institutionen und Regulationsformen. Im Zusammenspiel mit der Vereinigungskrise erwachse daraus ein Problemdruck, an dem selbst das so überaus robuste deutsche Kapitalismusmodell zerbrechen könne (Streeck 1997a, S. 53).

Träfe es zu, daß nationale Politik mehr und mehr zum Vehikel für die weltweite Durchsetzung einer institutionellen Monokultur aus deregulierten Märkten und verselbständigten Unternehmenshierarchien (Crouch/Streeck 1997, S. 13) verkommt, dann läge die Zukunft des rheinischen Kapitalismus in der alternativlosen Regression zu einer wie auch immer gearteten Variante des neoamerikanischen Modells. Die globale Dominanz eines Kapitalismus, in dem »wieder nur das ›Recht des Stärkeren‹« zählt (Thurow 1996, S. 33), müßte in Kontinentaleuropa unweigerlich zur Destabilisierung bestehender demokratischer Institutionen führen. Globalisierung also als *entzivilisierende Tendenz* des Kapitals? Als Offensive einer neuen, sich international konstituierenden Klasse von Globalisierungsgewinnern, die ihren Mobilitätsvorteil rücksichtslos zur Machtsteigerung gegenüber stärker territorial gebundenen Gruppen und Akteuren (Gewerkschaften, Regierungen) nutzt? Einer Klasse, die die sozialen Folgen der wirtschaftlichen Globalisierung Nationalstaaten aufbürdet, denen sie selbst die Steuerungsressourcen entzieht und die so zur Geburtshelferin extrem nationalistischer oder rechtspopulistischer Bewegungen wird?

Der rasche Zerfall des gesellschaftlichen Basiskonsenses und

---

1 Die Tatsache, daß Albert den deutschen und den japanischen Kapitalismus auf einer Achse ansiedelt, zeigt, daß es sich um eine ausgesprochen grobe Modellierung handelt. Präzisere Typisierungen finden sich u. a. in Crouch 1993, Esping-Andersen 1996.

die daraus resultierenden Anomiepotentiale der deutschen Gesellschaft[2] illustrieren, in welchem Maße solche Befürchtungen bereits Wirklichkeit sind. Zwar erscheint die einstige Hochburg des rheinischen Kapitalismus aus der angelsächsischen Perspektive noch immer kooperativ organisiert, sozial gebändigt und vergleichsweise egalitär.[3] Aber jene Institutionen, die – wie etwa betriebliche Mitbestimmung, Flächentarifvertrag, duale Berufsausbildung und soziale Sicherungssysteme – über Jahrzehnte als Garanten eines am langen Zeithorizont orientierten, in breite gesellschaftliche Kompromißbildungen eingebetteten, aber dennoch überaus effizienten Wirtschaftsstils galten, sehen sich inzwischen tiefgreifenden Erosionsprozessen ausgesetzt. Schicksalhaft vorgezeichnet ist der Marsch in den »entzivilisierten Kapitalismus« dennoch nicht. Ein Dilemma vieler Globalisierungsszenarien ist ihr fatalistischer Grundzug, der, getreu dem Motto »anpassen oder untergehen«, in gewisser Weise selbst mit produziert, was er zu kritisieren vorgibt. Gegen derart naturalistische Deutungen soll nachfolgend ein anderes Verständnis wirtschaftlicher Internationalisierung gesetzt werden. Globalisierungsprozesse sind *politisch beeinflußbar*. Ihre gesellschaftlichen Auswirkungen sind nicht vorprogrammiert, sondern Gegenstand und Ergebnis konkreter Interessenpolitiken von Unternehmen, Regierungen, Parteien, Gewerkschaften, Verbänden und sozialen Bewegungen. Ganz im Sinne von Polanyis (1978) klassischer Analyse können zwei extrem unterschiedliche Reaktionsweisen autoritäre Tendenzen forcieren. Die eine bestünde in dem untauglichen Versuch, ein wohlfahrtsstaatliches Regulationssystem bewahren zu wollen, dem die gesellschaftliche Basis sukzessive abhanden kommt. Die andere, gegenwärtig wohl ungleich gefährlichere, liefe auf eine *Überanpassung* an reale und vermeintliche Zwänge einer sich verselbständigenden Marktlogik hinaus.

Meine These ist, daß grenzüberschreitende Wirtschaftsaktivitäten nach wie vor maßgeblich durch besondere institutionelle Traditionen, Regulationsmodi, Formen der Konfliktbewältigung oder auch durch Management- und Wirtschaftsstile der jeweiligen Länder beeinflußt werden. Ein radikaler Pfadwechsel vom kooperativen hin zu einem an der kurzen Frist orientierten Shareholder-Ka-

---

2 Vgl. z. B. die Beiträge in Heitmeyer 1997.
3 So z. B. Lash 1996 (S. 213) und Hirst/Thompson 1996.

pitalismus würde in Kontinentaleuropa daher mit Sicherheit andere Ergebnisse zeitigen, als es die anvisierten angelsächsischen Vorbilder verheißen. Restrukturierungsvarianten, die das ignorieren und die soziale Entbettung des Markthandelns über einen kritischen Punkt hinaus vorantreiben, untergraben nicht nur die soziale Kohärenz des Industriemodells, sie werden auch gesellschaftliche Auseinandersetzungen provozieren, die eines Tages tatsächlich zum Wegbereiter des autoritären Staates werden könnten.

2. Eine neue Etappe internationaler Restrukturierung

Um diese Sichtweise zu begründen, will ich zunächst klären, was gemeint ist, wenn von ökonomischer Globalisierung oder, besser, von einer neuen Etappe internationaler Restrukturierung die Rede ist. Die Übertreibungen des populären *business-talks* werden von Kritikern der Globalisierungsthese gern als Entdramatisierungsargument genutzt. In einer extremen Variante lautet die Diagnose schlicht: »Wer Globalisierung sagt, der will betrügen!« (Misik 1997, S. 38). Tatsächlich ist Globalisierung, verstanden als alternativloser Zwang zu weitreichender Deregulierung der Wirtschaft und radikaler Senkung der Arbeitskosten, ein, allerdings folgenreicher, Mythos. Doch die berechtigte Kritik am ideologischen Globalismus darf nicht den Blick dafür verstellen, daß sich Weltwirtschaft, internationale Konkurrenzverhältnisse und Machtbalancen seit den achtziger Jahren gravierend verändert haben. Neben geoökonomischen Verschiebungen,[4] der Liberalisierung des Welthandels, gesunkenen Transportkosten und Kommunikationsmöglichkeiten, die ein »Echtzeit-Management« grenzüberschreitender Wirtschaftsaktivitäten ermöglichen, stärkt v. a. die veränderte organische Zusammensetzung des Kapitals den Internationalisierungstrend. Die im Verhältnis zu den Lohnkosten ständig steigenden Aufwendungen für Technologie, Forschung und Entwicklung, Werk- und Rohstoffe können sich häufig nicht mehr

---

4 Zu nennen sind u. a. die Öffnung Osteuropas, das Aufholen der Newly Industrializing Countries, die Verwandlung Japans in einen großen Auslandsinvestor und Nordamerikas in einen großen Aufnahmemarkt für Direktinvestitionen, die vorsichtige Integration großer Flächenstaaten (China, Indien) in die Weltwirtschaft sowie die Herausbildung regionaler Handelsblöcke.

innerhalb nationaler Märkte amortisieren. Das zwingt weltmarktorientierte Unternehmen zur permanenten Suche nach neuen Absatzchancen außerhalb der Nationalökonomien (Strange 1997, S. 185f.; Stopford/Strange 1995). Neben der Internationalisierung der Märkte für Finanzen, Güter, Dienstleistungen und Technologie drückt sich dies in der Ausbreitung grenzüberschreitender Unternehmensnetzwerke aus. In der anhaltenden Phase internationaler Restrukturierung geht es nicht mehr allein um internationalen Handel und Export, sondern darum, über Auslandsinvestitionen selbst zum Insider in fremden Märkten zu werden.[5]

Die neunziger Jahre: Comeback des neoamerikanischen Modells

Viele Globalisierungsszenarien operieren daher mit der Vorstellung, daß die grenzüberschreitende Mobilität des Kapitals nationale Volkswirtschaften in einen Verdrängungswettbewerb um Weltmarktpositionen, Innovationen und Arbeitsplätze treibt. Charakteristisch für diese, von manchen martialisch als »Weltwirtschaftskrieg« (Luttwak 1994) beschriebene Form internationaler Konkurrenz ist, daß der Wettbewerb an »allen Fronten« ausgetragen wird. Konkurriert wird über Löhne, Sozial- und Umweltstandards, aber auch bei Innovationspotentialen und der Erschließung neuer Produkte und Produktionszweige.[6] Gehör-

---

[5] Ein wichtiger empirischer Indikator ist das Wachstum ausländischer Direktinvestitionen. Allein 1996 wurden 347 Mrd. US-Dollar grenzüberschreitend investiert, davon 275 Mrd. für Fusionen und Übernahmen. Das entspricht gegenüber 1991 einer Steigerung um 75 %. Hauptinvestoren waren Unternehmen aus den USA (plus 151 %) und Großbritannien (plus 228 %). Das Auslandsengagement deutscher Unternehmen hat sich im gleichen Zeitraum mehr als verdoppelt. Dagegen verharrt der Kapitalzufluß auf niedrigem Niveau. Den 46 Mrd. DM Auslandsinvestitionen entsprach 1997 ein Zufluß von nur 4,5 Mrd. DM. Übertroffen wird die Zunahme der ausländischen Direktinvestitionen nur von der Dynamik der internationalen Finanzmärkte. Internationale Finanztransaktionen sind seit 1970 dreimal schneller gewachsen als die weltweite Produktion von Gütern und Dienstleistungen. Zu den Funktionsmechanismen der internationalen Finanzmärkte glänzend: Henwood 1997. Zu den ausländischen Direktinvestitionen vgl. Wortmann/Dörrenbächer 1997, Härtel/Jungnickel 1996.
[6] Nun ist die Annahme, Volkswirtschaften konkurrierten in gleicher Weise miteinander wie Unternehmen, überaus problematisch. Krugman 1996 spricht gar von einer »gefährlichen Wahnvorstellung«, weil sich Volkswirtschaften niemals wechselseitig substituieren, weil für die meisten Unternehmen der Binnenmarkt nach wie vor entscheidend ist und weil internationaler

ten die achtziger Jahre den nationalen Kapitalismen mit reichen Institutionen, kooperativem Wettbewerb und am »langen Zeithorizont« ausgerichteten Wirtschafts- und Managementstilen (u. a. Boyer/Durand 1997, S. 4; Lipietz 1993, S. 64ff.), so wird die Debatte der neunziger Jahre durch das für viele überraschende Comeback der US-Wirtschaft geprägt. Dieser – alle Niedergangsszenarien konterkarierende – Wiederaufstieg der USA ist für die industrie- und sozialpolitische Debatte ein Schlüsselereignis. Aus der wirtschaftlichen Leistungskraft und institutionellen Stabilität insbesondere des deutschen Kapitalismus ließ sich schlußfolgern, daß breite gesellschaftliche Kompromißbildung, starke Gewerkschaften, hohe Sozialstandards, vergleichsweise geringe Einkommensunterschiede und ein rigides, aber dennoch anpassungsfähiges Regulierungssystem die internationale Wettbewerbsfähigkeit eines nationalen Industriemodells positiv beeinflussen. Unter dem Eindruck der Restrukturierungserfolge angelsächsischer Ökonomien lautet die Botschaft nun, daß radikale Innovationen, wirtschaftliches Wachstum und die Schaffung von Arbeitsplätzen am besten in Gesellschaften gelingen, die sich – wie der nordamerikanische Kapitalismus – durch *short terminism*, schwache zivilgesellschaftliche Assoziationen, Deregulierung und Entsozialstaatlichung auszeichnen. Das Argument, sozial kohärentere Gesellschaften seien besonders wettbewerbsfähig, scheint außer Kraft gesetzt, denn:

»Large US firms, rather than having to wait for a political restoration of American society, made their comeback in the 1990s in an environment of progressive infrastructural decline, growing social inequality, and accelerating destruction of the social fabric at the lower end«
Crouch/Streeck 1997, S. 9.

Nun ist mit diesem Sachverhalt zunächst nicht mehr bewiesen als die Tatsache, daß prosperierende Unternehmen und ein zerstörtes gesellschaftliches Umfeld sich nicht zwangsläufig ausschließen. Aber spricht das bereits für eine globale Überlegenheit und universelle Anwendbarkeit des neoamerikanischen Modells?

Handel bei spezialisierten Volkswirtschaften durchaus zum Positivsummenspiel werden kann. Neben der stärkeren Exportabhängigkeit der meisten Industrieländer – ca. ein Drittel des privaten Outputs geht inzwischen in den Export (Perraton 1997, S. 227) – übersieht Krugman jedoch, daß jede industriepolitische Initiative in der ein oder anderen Weise auf Konzeptionen nationaler oder regionaler Wettbewerbsfähigkeit angewiesen bleibt.

Hollingsworth (1997, 1996), von Crouch/Streeck als Kronzeuge zitiert, argumentiert differenzierter. Auch er konzediert, daß amerikanische Firmen wegen der Abwesenheit reicher Institutionen besonders lern- und innovationsfähig sind. Insgesamt beschreibt er jedoch die Evolution einer *dualen Wirtschaftsstruktur*. Neue Industrien und Unternehmen, die wegen des institutionellen Defizits in netzwerkartigen Kooperationsformen verbunden sind, koexistieren mit traditionellen Industrien, die relativ stabile Massenmärkte bedienen und deren Unternehmen sich nach wie vor durch eine klassisch-hierarchische Organisation auszeichnen. Während das flexible Regulationssystem die Clusterbildung bei wissensintensiven, durch rasche Innovationszyklen geprägten Wirtschaftszweigen (Biochemie, Biomedizin, Elektronik, Computer, Telekommunikation) erleichtert, erschwert es offenbar inkrementelle Innovationen in reifen Industrien. Die Folge ist eine fortschreitende Polarisierung von Arbeitsbedingungen und Löhnen innerhalb und zwischen industriellen Sektoren. Selbst im Mekka der Elektronik- und Computerbranche handelt es sich bei etwa der Hälfte der Beschäftigten um Un- oder Angelernte. Noch extremer ist die Polarisierung von Tätigkeiten, Qualifikationen und Einkommen in den traditionellen Industrien.[7] Zwar verzeichnen die USA ein weitaus größeres Job-Wachstum als alle anderen Ökonomien, und die Behauptung, dieses Wachstum verdanke sich ausschließlich der Zunahme von *bad jobs* im Dienstleistungsgewerbe, erweist sich als Legende. Aber die Zunahme qualifizierter Tätigkeiten ist eng an ein wachsendes Heer von Beschäftigten in wenig attraktiven, ungeschützten, befristeten und Teilzeitarbeitsverhältnissen gekoppelt. Als Folge der industriellen Umstrukturierung und des Niedergangs der Gewerkschaften hat die Lohnungleichheit drastisch zugenommen (Hollingsworth 1997, S. 143f.). Die Reallöhne männlicher Arbeiter waren 1994 im Durchschnitt wieder auf demselben Stand wie Ende der fünfziger Jahre (Thurow 1996, S. 43). Dieser Einkommensrückgang, der besonders jüngere Lohnabhängige trifft, wird in den Haushalten lediglich durch die gestiegene Frauenerwerbstätigkeit kompensiert. Das amerikanische Jobwunder verliert weiter an Glanz, wenn man bedenkt, daß die Löhne der unteren Einkommensgruppen

---

7 So ist das Einkommen eines Vorstandsmitglieds in einem Unternehmen der Fortune 500 inzwischen 35- bis 157mal so hoch wie das eines einfachen Industriearbeiters (Thurow 1996, S. 38).

nicht zur Sicherung des Lebensunterhalts ausreichen. Auch das in den USA besonders ausgeprägte Problem sozialer Ausgrenzung wird keineswegs abgemildert. Jene Bevölkerungsgruppen, die unterhalb der Armutsgrenze leben, sind bis 1994 gewachsen; erst in der jüngsten Vergangenheit hat es einen leichten Rückgang gegeben. Vermittelt über die ethnische Segregation, die Auswanderung der weißen, wohlhabenderen Bevölkerung und die dadurch bedingten Steuerausfälle hat die Krise der Städte »staatsfreie« Zonen entstehen lassen, in denen die öffentliche Ordnung faktisch zusammengebrochen ist.[8]

Angesichts des erreichten Ausmaßes sozialer Desintegration hüten sich die wissenschaftlichen Beobachter vor eindeutigen Prognosen über die Zukunft des amerikanischen Kapitalismus. So hält Hollingsworth ein Szenario für möglich, in welchem die USA in wissensintensiven Industrien mit kurzen Produkt- und Innovationszyklen weiter Spitzenpositionen besetzen, ihre Nachfrage nach qualifizierten Arbeitskräften mittels Einwanderung befriedigen und den militärischen Sektor nutzen, um weiterhin international gültige technische Standards zu setzen. Bei einer solchen Entwicklung könnte das obere Drittel der Gesellschaft, das am Weltmarkt und der sozialen Infrastruktur anderer Länder partizipiert, den partiellen Zusammenbruch der sozialen Ordnung durchaus verkraften. Wie lange der Spagat zwischen produktiven Industrien und zerstörtem gesellschaftlichen Umfeld durchzuhalten ist, vermag indessen auch Hollingsworth nicht zu prognostizieren. Er skizziert daher ein alternatives Szenario, in welchem er die Erneuerung sozialer Institutionen auf lokaler und regionaler Ebene zur Minimalbedingung macht, um dem drohenden gesellschaftlichen Kollaps in den städtischen Ballungsgebieten wirksam zu begegnen.

Wichtiger noch als das Ausmaß sozialer Desintegration ist ein anderes Argument. Der amerikanische Kapitalismus ist Produkt eines historisch einmaligen Evolutionsprozesses und einer individualistischen, Pioniergeist und Unternehmertum fördernden Kultur. Die ökonomischen Institutionen dieses Kapitalismus sind in einen umfassenderen Kontext eingebunden; sie »können nicht konvergieren« (Hollingsworth 1997, S. 133). Aus der kon-

---

8 Eindrucksvoll hat Wacquant 1997 eine solche, streng hierarchische, durch das Gewaltprinzip strukturierte Gesellschaft der Ausgegrenzten am Beispiel eines Chicagoer Schwarzenghettos beschrieben.

tinentaleuropäischen Perspektive bedeutet das schlicht, daß das neoamerikanische Modell *nicht kopierbar* ist. Gleiches gilt im übrigen für den »konservativen Kapitalismus« Großbritanniens.[9] Entsprechende Transformationsversuche liefen darauf hinaus, einen an der kurzen Frist ausgerichteten Wirtschafts- und Managementstil in einem institutionellen Umfeld zu implementieren, dessen Leistungskraft wesentlich auf längerfristig wirksamen Wettbewerbsvorteilen beruht. Übergang zum *short terminism* hieße somit für den rheinischen Kapitalismus, an die Stelle institutionellen Lernens ein Zerstörungsprogramm zu setzen, das die soziale Kohärenz der bestehenden nationalen Industriemodelle weiter untergraben würde, ohne die »systemische«, gesamtwirtschaftliche Wettbewerbsfähigkeit zu verbessern oder eine positive Restrukturierungsvariante wahrscheinlicher zu machen.

Globalisierung als strategische Option multinationaler Unternehmen

Gegen diese Interpretation ließe sich einwenden, daß sie die Hauptakteure der Weltwirtschaft, die wachsende Zahl multi- oder transnationaler Unternehmen vernachlässigt. Mag eine rasche Angleichung nationaler Industriemodelle unwahrscheinlich sein; auf Unternehmensebene scheint eine Annäherung von Managementpraktiken und institutionellen Arrangements nicht nur möglich, sondern zwingend nötig. Für Robert Reich (1993, S. 15) ist die Internationalisierung weltmarktorientierter Unternehmen bereits so weit fortgeschritten, daß »das Konzept einer nationalen Wirtschaft praktisch bedeutungslos« wird.[10] Die »Champions« aller modernen Industriestaaten verwandelten sich »in globale Netze, ohne feste Bindungen an ein bestimmtes Land«. Deterri-

---

9 Außer dem Krieg gegen die Inflation und einem Anstieg der Produktivität in der Industrie hat der »konservative Kapitalismus« laut Graham 1997 nichts erreicht. An den selbst gesteckten Zielen gemessen sei er ein Fehlschlag. Graham konstatiert aber auch, daß es leichter sei, ökonomische Kooperationsmechanismen zu zerstören als sie wieder aufzubauen (ebd., S. 13). Aus der angelsächsischen Perspektive macht eine bloße Kopie des rheinischen Kapitalismus daher keinen Sinn.

10 Etwa 40 000 multinationale Unternehmen mit ca. 200 000 Töchtern kontrollieren ein Drittel der weltweiten Produktion und 70% des Welthandels; ein sich ständig vergrößernder Anteil entfällt dabei auf den Intra-Unternehmenshandel (Perraton 1997, S. 227).

torialisierte Unternehmen, die sich ungeachtet ihrer nominellen Nationalität »immer ähnlicher« würden (ebd., S. 147), seien die *Vorreiter kapitalistischer Konvergenz*. Nach meiner Auffassung ist jedoch auch in diesem Punkt eine differenziertere Argumentation nötig. Eine Weltwirtschaft, in der »alles jederzeit überall produziert und verkauft werden kann« (Thurow 1996, S. 169), ist bislang allenfalls eine Vision. Gegen das suggestive Bild von bindungslosen *global players* gibt es gewichtige Einwände.

Selbst die größten Konzerne betreiben ihren Internationalisierungsprozeß niemals isoliert. Jedes internationale Schlüsselunternehmen ist in ein verzweigtes Netz von Abhängigkeitsbeziehungen mit anderen Akteursgruppen (Zulieferer, Handels- und Marketingorganisationen, Finanziers, Belegschaften, Interessenvertretungen und Gewerkschaften sowie politische Institutionen) eingebettet. Gemeinsam bilden diese Akteure sogenannte *industrielle Komplexe*.[11] Da jeder praktische Internationalisierungsschritt zugleich die Komplexität der Wechselbeziehungen innerhalb einer solchen *bargaining*-Konfiguration steigert, entpuppt sich das Management der vielfältigen Aushandlungen, Abhängigkeiten und Verpflichtungen als herausragendes Problem jeder Internationalisierungsstrategie. Bei der Wahl geeigneter Koordinations- und Kontrollkonzepte spielt die heimische Operationsbasis multinationaler Unternehmen bis in die Gegenwart hinein eine privilegierte Rolle. Zwar trifft zu, daß internationale Konzerne mit einer Vielzahl von Regierungen und Regulationssystemen in Berührung kommen (Strange 1997, S. 190), aber die Homogenisierung von Managementpraktiken, Organisations- und Produktionskonzepten gestaltet sich ausgesprochen schwierig. Ausdruck des fortexistierenden Gewichts der heimischen Operationsbasis ist das deutliche Internationalisierungsgefälle einzelner Managementfunktionen.[12] Für die Mehrzahl der in-

---

11 Ich folge hier den Überlegungen von Ruigrok/van Tulder 1995, ohne den Ansatz der beiden Autoren vollständig zu übernehmen. Zur Kritik vgl. Dörre/Elk-Anders/Speidel 1997.

12 Am weitesten fortgeschritten ist die Internationalisierung des Handels. Über 40% der 100 größten multinationalen Unternehmen realisieren bereits mehr als 50% ihres Absatzes im Ausland. Schon bei der Produktion fällt der Internationalisierungsgrad ungleich geringer aus. Nicht einmal ein Fünftel der Top-Hundert hatte Mitte der neunziger Jahre mehr als die Hälfte der Beschäftigten und des Betriebskapitals im Ausland. In den *management boards* dieser Unternehmen kann von wirklicher Internationa-

ternationalen Champions gilt nach wie vor, daß wirtschaftliche Stärke an der heimischen Operationsbasis eine entscheidende Voraussetzung für eine Erweiterung grenzüberschreitender Aktivitäten ist. Auswahl und Durchsetzung eines Kontrollkonzepts erfolgen in der Regel im heimischen Umfeld. Die daraus resultierenden Bindungen funktionieren in solch effizienter Weise als *sunk costs*, daß es selbst den mächtigsten Schlüsselunternehmen schwerfällt, sich aus den daraus resultierenden Abhängigkeiten zu lösen.

Aushandlungsbeziehungen und Kontrollerfordernisse an der heimischen Operationsbasis konstituieren spezifische *Internationalisierungspfade*. Nur einer dieser Pfade, die *Globalisation*, beinhaltet eine im geographischen Sinne weltweite Intra-Unternehmensarbeitsteilung mit auf zahlreiche Länder und Standorte verteilten Aktivitäten. Erfolgreicher als der Globalisationspfad waren während der zurückliegenden Restrukturierungsetappe indessen *Glokalisationsstrategien*,[13] wie sie ursprünglich von japanischen Unternehmen kreiert worden sind. Während restriktiver Druck auf heimische Politikarenen, Löhne, Arbeitsbedingungen und Sozialstandards v. a. ein Merkmal der Globalisationsvariante ist, zielt die rivalisierende Trajektorie darauf, die kulturelle, soziale und politische Kohäsion an der Heimatbasis so lange wie möglich zu bewahren. Damit hat sich über einen längeren Zeitraum ausgerechnet jener Internationalisierungspfad als überlegen erwiesen, der nicht nur die Abwärtsspirale permanenter Standort- und Unterbietungskonkurrenzen meidet, sondern auch die Ausweitung grenzüberschreitender Aktivitäten mit einer konsequenten Dezentralisierung der Unternehmensorganisation sowie hoher Anpassungsfähigkeit an lokale Sonderbedingungen verbindet.[14] Für beide Trajektorien gilt indessen, daß sie in hohem Maße

---

lität keine Rede sein. Die strategisch sensiblen Kreditbeziehungen und die Forschungs- und Entwicklungseinrichtungen befinden sich – noch – überwiegend unter nationaler Kontrolle. Vgl. dazu ausführlich: Ruigrok/van Tulder 1995 (S. 155 ff.). Die beiden Autoren unterschätzen allerdings die Internationalisierungsdynamik in einzelnen industriellen Komplexen und Branchen. Am Beispiel von Forschung und Entwicklung: Gerybadze/Meyer-Krahmer/Reger 1996.

13 Glokalisation ist ein Begriff, der aus globaler Lokalisation zusammengesetzt ist.

14 Internationalisierungsstrategien von Unternehmen und nationale Industriemodelle lassen sich nicht ohne weiteres in eins setzen. Aber es läßt

mit einem spezifischen sozialen und institutionellen Umfeld korrespondieren, so daß Sprünge, radikale Pfadwechsel eher unwahrscheinlich sind.

Exakt dies läßt sich auch für die Mehrzahl der in Kontinentaleuropa beheimateten multinationalen Unternehmen feststellen. Die Mehrzahl dieser Unternehmen kann weder auf dem Globalisations- noch auf dem Glokalisationspfad verortet werden. In Aushandlungen mit vergleichsweise starken Partnern (makrofordistisches Kontrollkonzept) eingebunden, verfolgen die meisten der in Deutschland ansässigen multinationalen Unternehmen nach wie vor eine auf den Wirtschaftsraum der EU ausgerichtete »Strategie der Risikoreduzierung und des Unternehmenswachstums durch Stärkung nationaler Marktpositionen« (Härtel/Jungnickel u. a. 1996, S. 152ff.). Obwohl sich der weltwirtschaftliche Möglichkeitsraum dramatisch verändert hat, spricht die räumliche Verteilung der ausländischen Direktinvestitionen deutscher Unternehmen für die Kontinuität eines *eurozentrierten* Internationalisierungspfades. Große deutsche Unternehmen erzielen noch immer rund 60% ihres Umsatzes in Europa, davon den überwiegenden Teil an der heimischen Operationsbasis (Wortmann/Dörrenbächer 1997). Trotz der Tatsache, daß in Osteuropa Niedriglöhne und qualifizierte Arbeitskräfte »just in time« vor der Haustür geboten werden, ist der Anteil an Investitionen, die in diese Staaten fließen, noch immer klein. Niedriglohnoperationen spielen bei grenzüberschreitenden Wirtschaftsaktivitäten insgesamt eine marginale Rolle. Managementstrategen wie Henzler/Späth (1995) sehen darin – u. a. wegen ungenutzter Kostenvorteile und fehlender Präsenz in den asiatischen Wachstumsmärkten – ein Globalisierungs*defizit* der meisten deutschen und europäischen Konzerne. Daß sich die empfohlene »Doppelstrategie« – Ausbau anspruchsvoller, wissensintensiver Wertschöpfung in heimischen Gefilden, Auslagerung arbeitsintensiver Jedermannsproduktionen in Länder und Regionen mit geringeren Arbeitskosten – bei vielen Unternehmen auf erhebliche Realisierungsschwierigkeiten stößt, läßt sich indessen auch als Ausdruck intakter Mobilitätsgrenzen des »ausgehandelten Unternehmens« (Streeck 1997a)

sich doch sagen, daß die Globalisationsvariante eher für nordamerikanische Unternehmen mit mikrofordistischen Kontrollkonzepten charakteristisch ist, während der Glokalisationspfad bevorzugt von einem Teil der japanischen Unternehmen eingeschlagen wird.

und somit als Hinweis auf die ungebrochene Pfadabhängigkeit grenzüberschreitender Unternehmensaktivitäten deuten.

3. Globalisierung, Nationalstaat, organisierte Arbeitsinteressen, Autoritarismus

Die Beharrungskraft etablierter Institutionen und Aushandlungsbeziehungen darf somit nicht unterschätzt werden. Ebenso falsch wäre es aber, die Pfadabhängigkeitsthese zu verabsolutieren. Im Grunde sagt die bisherige Argumentation nur, daß auch im Zeitalter intensivierter Globalisierung weder auf Gesellschafts- noch auf Unternehmensebene mit einer raschen Einebnung nationaler Unterschiede und institutioneller Divergenzen zu rechnen ist. Wirtschaftliche Internationalisierung konfrontiert Staaten, Unternehmen und gesellschaftliche Assoziationen mit einer Vielzahl konvergierender Einflüsse. Über die Interaktionen zwischen multinationalen Unternehmen, Staaten und suprastaatlichen Institutionen bilden sich Machtzentren, Entscheidungsebenen und Eliten heraus, die sich zumindest als Vorboten einer im Wortsinne *transnationalen Gesellschaft* bezeichnen lassen (Stopford/Strange 1995, S. 20ff.; Strange 1997). Aber diese konvergierenden Tendenzen werden durch plurale institutionelle Traditionen gefiltert, gebrochen und mitunter auch kompensiert und transformiert. Insofern bezeichnen Konvergenz und Pfadabhängigkeit keine absoluten Gegensätze, sondern einen Typ sozialer Beziehungen, der Wirtschaftsaktivitäten aus institutionellen Kontexten herauslöst und zugleich neuartige – lokale, regionale oder nationale – Bindungen hervorbringt. Im Spannungsfeld von Globalisierungsprozessen und territorialen Bindungen verläuft eine Konfliktachse, deren eigentümliche Dynamik die gegenwärtige Phase internationaler Restrukturierung entscheidend prägt.

Globalisierung und Territorialisierung

Ein Beispiel mag das verdeutlichen. Gegenwärtig orientiert sich die Internationalisierung von Unternehmen an einem Paradigma, das auf die Rationalisierung grenzüberschreitender Wertschöpfungsketten zielt. Erstmals in der Geschichte der multinationalen Konzerne sind sämtliche Unternehmensfunktionen betroffen.

Organisatorische Redundanzen sollen vermieden, die Aktivitäten innerhalb des Netzwerks optimal integriert und alle Prozesse bei maximaler Auslastung zeitlich beschleunigt werden (Bartlett/ Ghoshal 1990, mit anderen Akzenten: Porter 1993). Strategien, die sich an solchen Leitbildern orientieren, implizieren eine widersprüchliche Bewegung. Einerseits zielt das Paradigma darauf, das Unternehmensnetz aus besonderen nationalen Bindungen herauszulösen; es erfordert die Etablierung einer *trans*nationalen Entscheidungsebene. Andererseits entsteht im Zuge des Rationalisierungsprozesses ein höchst fragiles, störanfälliges Gebilde, das territorial gebundenen Akteuren – etwa Gewerkschaften und betrieblichen Interessenvertretungen – durchaus Einflußmöglichkeiten eröffnet. Der Konflikt um die Lohnfortzahlung im Krankheitsfall hat dies eindrucksvoll demonstriert. Schon begrenzte Streikaktionen verursachten einen solchen Druck, daß selbst ein mächtiger *global player* wie Daimler-Benz rasch einlenkte. An diesem Beispiel wird deutlich, daß der veränderte Möglichkeitsraum der Weltwirtschaft aus der Unternehmensperspektive v. a. eine Steigerung von Unsicherheit und Ungewißheit bedeutet. Zugleich spielt er dem strategiefähigen Management internationaler Schlüsselunternehmen mit der erweiterten *Exit*-Option, der potentiellen Flucht aus territorialen Abhängigkeiten, eine Machtressource zu, deren bloße Existenz das *bargaining* in den industriellen Komplexen grundlegend verändert. Selbst die härtesten Kritiker undifferenzierter Globalisierungsthesen (Ruigrok/van Tulder 1995, Hirst/Thompson 1996) räumen ein, daß sich das Mobilitätsdifferential zwischen diesen Unternehmen und ihren Aushandlungspartnern beständig vergrößert. In einer durch Überkapazitäten und Verdrängungswettbewerb geprägten Situation tendieren die Konzerne dazu, die aus ihrem Mobilitätsvorteil resultierenden Machtressourcen zur Beeinflussung auswärtiger und heimischer Politikarenen zu nutzen. Im Kern geht es den Schlüsselunternehmen darum, die Risiken ihrer Internationalisierungsstrategien auf die *bargaining*-Partner abzuwälzen. Mit anderen Worten: Das Machtpotential wird eingesetzt, um – nicht zuletzt heimische – Produktivitätskoalitionen unter Druck zu setzen und ihnen Zugeständnisse bei Löhnen, Arbeitszeiten und Arbeitsbedingungen abzuringen. Dabei laufen die strategiefähigen Akteure beständig Gefahr, den Bogen zu überspannen und die Abwärtsspirale kostensenkender Standortkonkurrenzen bis zu einem Punkt zu treiben, an dem das selbst unter ökonomischen Wettbewerbskriterien dysfunktional wird. Dieser Umschlagpunkt scheint mittlerweile in stilprägenden industriellen Komplexen erreicht. In allen wichtigen Politikarenen finden Konflikte statt, die eine ähnliche Struktur aufweisen. Globalisierung wird zum *bargaining chip*, mit dessen Hilfe Verteilungsrelationen verändert, wachsende Ungleichheiten legitimiert, industrielle Strukturen transformiert und politische Akteure diszipliniert werden.

Transformation des Staates

Die Auswirkungen zeigen sich in der Sphäre staatlicher Politik. Trotz aller Kontroversen ist unstrittig, daß sich die Aushandlungsbeziehungen zwischen Wirtschaft und Staat gravierend verändert haben. Drei Gründe stechen hervor. *Erstens* sind viele Staaten u. a. wegen der vielfältigen Möglichkeiten zur Steuerflucht stärker von Kreditaufnahmen und damit vom *short terminism* der internationalen Finanzmärkte abhängig. *Zweitens* tritt der Nationalstaat Kompetenzen ab – zumeist nicht demokratisch legitimierte – supranationale Entscheidungszentren ab. Supranationale Regulationen können auf längere Sicht die staatliche Handlungsfähigkeit erhöhen; der darin angelegte Zwang zur Politikkoordination läuft jedoch zunächst einmal auf eine Einschränkung der nationalen Souveränität hinaus. Und *drittens* wird der Staat in den internationalen Konkurrenzbeziehungen selbst zum Wettbewerber, der mittels Standortpolitik um die Gunst investitionswilliger Unternehmen konkurriert. In der Konsequenz kommt es zu einer – scheinbar gegenläufigen – Verlagerung von Regulationsebenen. Parallel zur *Internationalisierung* des Staates erfolgt ein *Dezentralisierungsprozeß*, in dessen Verlauf Regulationsanforderungen an lokale, sektorale oder mikroregionale Instanzen delegiert werden. Internationalisierung und Dezentralisierung bezeichnen freilich nur eine sehr allgemeine Richtung der Transformation des Staates.[15] Wie die verschiedenen Regulationsebenen gegeneinander gewichtet werden, was wo durch wen entschieden wird, ist definitionsabhängig und

---

15 Zur ausschweifenden Debatte um den Staat im Prozeß ökonomischer Globalisierung vgl. u. a. Jessop 1997, Deppe 1997, Beck 1997, Boyer/Drache 1996, Streeck 1997b.

somit Gegenstand konkurrierender politischer Projekte. Mit Recht stellen Crouch/Streeck (1997, S. 12) fest, daß der Neoliberalismus während der beiden zurückliegenden Dekaden sowohl in den internationalen als auch in den nationalstaatlichen Arenen die bestimmende politische Kraft gewesen ist. Doch ausgerechnet der Neoliberalismus treibt den Widerspruch zwischen Internationalisierung der Wirtschaft und Nationalisierung der Politik auf die Spitze (vgl. Giddens 1997). Im Gegensatz zur eigenen Entstaatlichungspropaganda verfolgen die verschiedenen neoliberalen Politikvarianten durchaus ein spezifisches Staatskonzept. Der anvisierte Minimalstaat soll zwar in seiner Einflußnahme auf die Wirtschaft und in seiner sozialen Abfederungsfunktion beschnitten werden; als Verteidiger nationaler Wirtschaftsinteressen, innere wie äußere Ordnungsmacht wird er jedoch geradezu unentbehrlich. Wo staatliche Autorität gezielt zur Liberalisierung und Internationalisierung der Märkte eingesetzt wird, die sozialen Folgen dieser Politik jedoch bevorzugt in der nationalen Arena ausgetragen werden, droht aufgrund fehlender Integrationsressourcen eine fortschreitende Aufwertung repressiver Staatsfunktionen. Zwar wirken die deutschen Kombinationen von Marktliberalismus und Nationalismus gegenüber ihren angelsächsischen Vorbildern noch immer gemäßigt. Das Konzept eines »schlanken«, nach innen und außen um so wehrhafteren Staates ist aber auch hierzulande längst intellektuell vorbereitet.[16] Natürlich laufen solche Konzeptionen nicht bewußt auf eine Beseitigung de-

16 So beschreibt z. B. der Historiker Hans Peter Schwarz (1994, S. 132) eine Spaltung der internationalen Staatengemeinschaft in immer enger miteinander verflochtene »Handelswelten« einerseits und sich ausbreitende »Chaoswelten« andererseits. Dem Nationalstaat fällt in dieser Konstellation die Aufgabe zu, die Integration der Bundesrepublik in die Gemeinschaft der Handelswelten weiter voranzutreiben und sie gegenüber den zerstörerischen Einflüssen der Chaoswelten zu immunisieren. Ein Zentralproblem ist für Schwarz die »Masseneinwanderung«: »Diese globale Migration, in deren Anfängen wir stehen, wird künftig sowohl auf seiten der industriellen Demokratien wie der Länder, aus denen die Einwanderer kommen, die Einstellung zur jeweiligen Außenwelt ganz wesentlich bestimmen. Das könnte beiderseits ganz tiefgreifende Einstellungsveränderungen zur Folge haben bis hin zur Neubewertung militärischer Macht und Gewaltanwendung. Möglicherweise wird gerade diese ganz zwangsläufige Konsequenz der Etablierung einer Handelswelt eine durchaus reaktionäre Rückwendung zum altertümlichen und nationalen Machtstaat zur Folge haben, also – in der Terminologie von Rosecrance – zum ›politisch-militärisch-territorialen Staat‹« (ebd., S. 145).

mokratischer Institutionen hinaus. Es besteht jedoch die Gefahr, daß soziale Integrationsmechanismen in einzelnen Politikfeldern – sei es beim Umgang mit Migranten, sei es bei der Verbrechensbekämpfung – zunehmend durch staatlich ausgeübten Zwang ersetzt werden. Da die Internationalisierung der Wirtschaft Problemlagen erzeugt, die einzelstaatlich nicht mehr zu bewältigen sind, können die vielfältigen Stilisierungen einer wirkungsvollen Ordnungsmacht eine Staatsillusion besonderer Qualität erzeugen. Die immer neu geschürte Hoffnung, staatlich legitimierte Obrigkeiten und Pressionen seien in der Lage, die fehlende soziale Kohäsionskraft der Gesellschaft zu ersetzen, wird unweigerlich in Enttäuschungserlebnisse münden. Vieles, was in der Verklammerung von Wirtschaftsliberalismus und Nationalismus angelegt ist, bedarf daher nur einer Zuspitzung, um für populistische Anrufungen instrumentalisierbar zu werden. Konstruktionen des Nationalen werden dann als ideologisches Bindemittel genutzt, um soziale Frustration in autoritäre, obrigkeitsstaatliche Orientierungen zu überführen.

Dezentralisierung organisierter Arbeitsbeziehungen

In der Sphäre der organisierten Arbeitsinteressen wird das Spannungsverhältnis zwischen internationalisierter Wirtschaft und nationalen, regionalen oder lokalen Politikarenen unmittelbar virulent. Historisch war die Ära des fordistischen oder sozialstaatlich pazifizierten Kapitalismus ein Projekt der fortschreitenden »Nationalisierung« von Arbeiterparteien und Gewerkschaften. Dieses Projekt vollendete die Ausprägung und Institutionalisierung höchst unterschiedlicher nationaler Systeme industrieller Beziehungen. In Deutschland wurden die organisierten Arbeitsinteressen – soweit sie sich nicht als fundamentaloppositionelle isolieren und marginalisieren ließen – in das duale System der Interessenrepräsentation (betriebliche Mitbestimmung, Tarifautonomie) eingepaßt. Das erhöhte in Zeiten raschen wirtschaftlichen Wachstums die Durchsetzungskraft dieser Interessen, nahm ihren Trägern jedoch mehr und mehr den Bewegungscharakter. Zwar blieb der Gewerkschaftseinfluß auf punktuelle Konflikte und Mobilisierungen angewiesen; die Interessenregulation erfolgte jedoch in hohem Maße in stark verrechtlichten Verhandlungen, wobei regional ausgehandelten und national koordinierten Tarifverträgen der Primat gegenüber betrieblichen oder unternehmensweiten Vereinbarungen zufiel. Wirtschaftsaktivitäten wurden auf diese Weise in ein Geflecht längerfristig ausgerichteter Vertragsbeziehungen eingebettet, das nicht nur einen kooperativen Wettbewerb zwischen konkurrierenden Unternehmen ermöglichte, sondern auch eine im internationalen Vergleich relativ »egalitäre« Einkommensstruktur bewirkte. Die Entgrenzung des nationalen Wirtschaftsraums setzt diese Arrangements nun unter Veränderungsdruck. Während die Anpassung in den angelsächsischen Kapitalismen mit brachialer Wucht und – zumindest in den USA – mittels weitgehender Entgewerkschaftung der Wirtschaft erfolgte, nimmt die Deregulierung der Arbeitsbeziehungen hierzulande einen anderen Verlauf. Unternehmen nutzen ihre *Exit*-Option gezielt, um institutionalisierte Vertragsbeziehungen zu unterlaufen und vereinbarte Standards bei Löhnen, Arbeitsbedingungen und Arbeitszeiten im Unternehmenssinne zu korrigieren. Im Unterschied zu ausgesprochenen Niederwerfungsstrategien geschieht dies jedoch durch Ausnutzung der Handlungsspielräume, die das duale System bietet. Viele Unternehmensführungen machen die Betriebsräte gezielt zu Partnern eines permanenten *concession bargaining*, d. h., die Interessenvertretungen werden immer wieder zu Kompensationsgeschäften genötigt. Was in früheren Zeiten zumindest in industriellen Großbetrieben relativ selbstverständlich war – dauerhafte Beschäftigung und angemessene Beteiligung der Lohnabhängigen am Produktivitätszuwachs – wird nun innerbetrieblich zum Verhandlungsgegenstand. Im Tausch gegen befristete Beschäftigungsgarantien machen Betriebsräte und Belegschaften Zugeständnisse bei der Ausdehnung und Flexibilisierung von Arbeitszeiten, beim Abbau betrieblicher Sozialleistungen und immer häufiger auch bei der Differenzierung von Löhnen und Gehältern. Verhandelt wird über den Grad an Unsicherheit, der den verschiedenen Gruppen im Betrieb zugemutet werden kann. Dabei spielt es keine Rolle, ob und aus welchen Gründen die Unternehmen ihre *Exit*-Option tatsächlich wahrnehmen. In vielen Schlüsselunternehmen wird selbst die Vergabe von Ersatzinvestitionen als Standortentscheidung initiiert. Kernbelegschaften, Betriebsräte und Gewerkschaften sehen sich in solchen Konstellationen einem permanenten Druck ausgesetzt, so daß häufig schon die Androhung negativer Standortentscheidungen genügt, um widerstrebende Akteure gefügig zu machen. Auf diese Weise sind in vielen Industriezweigen teils informelle, teils formalisierte betriebliche »Standortpakte« entstanden, die die Verbindlichkeit des Systems der Flächentarifverträge untergraben und seine homogenisierende Wirkung aushöhlen. Noch sind Fälle mit offenem Tarifbruch die Ausnahme. Doch die ohnehin prekäre Balance zwischen zentraler und betrieblicher Regelungsebene verschiebt sich mehr und mehr zugunsten dezentraler Aushandlungen und Vereinbarungen. Durch Austritte aus Arbeitgeberverbänden und stille Tarifflucht mittels Ausgründungen und unternehmensinterner Umstrukturierungen (Holding-Strukturen) verliert das System der Flächentarifverträge nach und nach an Verbindlichkeit. In mikropolitische Entscheidungsprozesse übersetzt, ist die ökonomische Globalisierung so zu einer Universalbegründung für einen Prozeß *regelverändernder Restrukturierung* geworden.[17] Eine Folge ist, daß sich das Gefühl sozialer Unsicherheit auch in den zuvor relativ geschützten Kernbelegschaften ausbreitet und selbst in der Managementhierarchie Einzug hält.

Übergänge zum Autoritarismus

Wie schon in der Sphäre staatlicher Politik wirkt die Option Globalisierung somit relativ unabhängig vom realen Tempo wirtschaftlicher Internationalisierung. Im neuen Möglichkeitsraum der Weltwirtschaft genügen schon graduelle Veränderungen in einzelnen Branchen und industriellen Komplexen, um veränderten *bargaining*-Strategien von Unternehmen, Aktionären oder Wirtschaftsverbänden Nachdruck zu verleihen. In zahlreichen mikropolitischen Auseinandersetzungen wird der bestehende Regulationsmodus ausgehöhlt und transformiert. Ebendies macht die besondere Qualität der gegenwärtigen Etappe internationaler Restrukturierung aus. National begrenzte Regelsysteme geraten unter Dauerstreß (Altvater/Mahnkopf 1996). Gleich ob

---

17 Auch die nachholende Dezentralisierung der industriellen Beziehungen ist freilich ein politisch vermittelter, mithin gestaltbarer Prozeß. Ausgerechnet in der seit jeher am stärksten internationalisierten Branche, der Pharma- und Chemieindustrie, ist der institutionelle Rahmen vergleichsweise stabil, während er z. B. in der eher nationalen Druckindustrie faktisch bereits zur Disposition gestellt ist. Dazu ausführlich: Dörre 1997, Dörre/Elk-Anders/Speidel 1997 und Bergmann/Brückmann/Dabrowski 1997.

Steuervorschriften, Sozialleistungen, Umweltauflagen, Arbeitsschutzbestimmungen, Tarifverträge oder die Institutionen betrieblicher Mitbestimmung – sinnvoll und bestandsfähig erscheint nur, was sich vor den Imperativen internationaler Wettbewerbsfähigkeit legitimieren läßt. In einer wohlfahrtsstaatlichen Tradition, die – wie in Deutschland – die Zustimmung zu demokratischen Verfahren unmittelbar an wirtschaftliche Leistungskraft und soziale Sicherheit knüpft, liegt nahe, daß der »Wirtschaftsinternationalismus« Reaktionen mit demokratiegefährdenden Konsequenzen provoziert. Ohne Anspruch auf Vollständigkeit lassen sich mindestens drei Ursachenbündel identifizieren, die den Übergang zu autoritären Orientierungen fördern können.

Die größte Gefahr rührt aus der alltagsweltlichen Verschmelzung von nationaler und sozialer Frage. Wo internationale Konkurrenz zu einer universellen Erfahrung wird und die Gebote des Weltmarktes als ideologische Letztbegründung für Maßnahmen dienen, die in der Konsequenz auf sinkenden Lebensstandard und eine Verschärfung sozialer Unsicherheit hinauslaufen, da liegt es nahe, ganz im Sinne des alten Wohlfahrtsmodells eine »Politik mit den Grenzen« zu reklamieren. Dies ist die Chance eines sich *territorialistisch gebärdenden Rechtspopulismus*. Je nach regionalem Kontext und Adressatengruppen kann er sich als Bewegung von Globalisierungsverlierern präsentieren, die gegenüber den Zumutungen wirtschaftlicher Internationalisierung auf der Schutzfunktion des Nationalstaates beharren. Das »Nationale« wird konstruiert, um eigene Ansprüche auf den Wohlstandskuchen zu legitimieren und andere, »fremde« Ansprüche – etwa von Migranten, Asylbewerbern oder ethnischen Minderheiten – abzuwehren. Der gleichen Logik folgend, kann sich der territorialistische Rechtsextremismus zur Speerspitze regionalistischer oder separatistischer Bestrebungen machen, die darauf zielen, ein bestehendes sozialräumliches Wohlstandsgefälle mittels politischer Autonomieforderungen gegenüber Ansprüchen von »Verliererregionen« abzusichern.

Beide Varianten des territorialistischen Rechtspopulismus liegen indessen in latentem Konflikt mit einer autoritären Tendenz, deren Ursprung in einer Art positiver Exklusion, in der fortschreitenden Herauslösung einer ganzen sozialen Schicht aus nationalen oder regionalen Bindungen wurzelt. In diesem Fall handelt es sich um einen *Autoritarismus von Globalisierungsgewinnern*.

Zwar kann auch er sich aus taktischen Gründen der Formel von »nationalen Wirtschaftsinteressen« bedienen. Seine eigentlichen Adressaten sind jedoch eher »kosmopolitisch« orientierte Gruppen, deren professionelle Tätigkeiten eine ungehinderte Partizipation an den Vorzügen der entstehenden transnationalen Gesellschaft ermöglichen. Für diese Schicht moderner Wissensarbeiter sind territorialistische Anwandlungen schlicht dysfunktional. Der Autoritarismus kleidet sich in diesen Kreisen in das Gewand einer sachbezogenen Technokratie, die den Staat als ein Unternehmen begreift, das es – unabhängig vom Grad der demokratischen Legitimation – möglichst effizient und mediengerecht zu managen gilt. Bei transnationalen Eliten und den um sie herum gruppierten Schichten findet sich für solche Auffassungen durchaus ein Massenpublikum. Möglicherweise bringen diese Milieus einen Führertypus hervor, der eher die Merkmale eines Medienstars mit denen eines Wirtschaftskapitäns vereinigt, als daß er Ähnlichkeiten mit den Duces vergangener Epochen aufwiese. In ihren Zielen und den Formen der Machtausübung grundsätzlich different, dürften die Herrschaftsansprüche dieser neuen Form des »leaderismo«,[18] der beabsichtigte Zugriff auf die »ganze Person«, den historischen Vorläufern allerdings in nichts nachstehen.

Bei allem Gegensätzlichen ist nicht auszuschließen, daß sich »territorialer« und »transnationaler« Autoritarismus in einer Art negativer Synthese wechselseitig verstärken. Technokratische Eliten, die die Zwänge einer vernetzten Weltwirtschaft exekutieren und zugleich ihren »kosmopolitischen« Habitus zur Schau stellen, provozieren geradezu territoriale Reaktionen. Ein Effekt solcher Aufschaukelungen könnte die Forcierung einer dritten, vielleicht der gefährlichsten autoritären Tendenz sein. Sie bricht sich *innerhalb der demokratischen Institutionen Bahn*. Gemeint ist die schleichende Aushöhlung und Entdemokratisierung von

---

18 Eine wichtige Triebkraft des neuen »leaderismo« ist die Krise der politischen Repräsentanz: »Wenn sich die Arbeitsorganisation verändert und die Produktionsstätte ihre feste Verortung verliert, sich über Landesgrenzen ausdehnt, territorial aufsplittert und im globalen Unternehmensnetz verliert, wenn die Zukunft der Arbeit prekär und fluktuierend wird und sich gleichzeitig Orte und Aneignungsweisen der kulturellen Fähigkeiten und des Alltagsverstandes wandeln, dann zerfällt das Subjekt der Repräsentanz. An diesem Punkt ertönt der Ruf nach (oder dem Traum von) einer Führergestalt. Das Parlament erscheint jetzt als Hindernis zwischen dem atomisierten Wähler und dem ›Leader‹« (Ingrao/Rossanda 1996, S. 43).

Parteien und gesellschaftlichen Assoziationen, aber auch die partielle Verselbständigung staatlicher Bürokratien und Gewaltapparate. Politische Organisationen und Verbände, die ihre zivilgesellschaftliche Verankerung verlieren, können leicht zum Spielball medial verstärkter Populismen werden. Beim Asylrecht hat sich ein solches Zusammenspiel bereits als wirksam erwiesen. Die extreme Rechte fungierte hier als Tabubrecher und Wegbereiter für Maßnahmen, die – von einem großen Parteienkonsens getragen – in eine restriktive Abschiebepraxis mündeten. *Institutioneller Autoritarismus* ist legal, er funktioniert zumeist geräuschlos und ist daher besonders schwer zu kontrollieren.

Autoritäre Tendenzen sind freilich kein exklusives Produkt des rheinischen Kapitalismus und seiner Krise. Im Gegenteil: Mit Ausnahme Italiens dürfte in der jüngeren Vergangenheit in keiner anderen Industrienation ein solch großes autoritäres Potential sichtbar geworden sein, wie das in den USA anhand der Zustimmung zum rechtspopulistischen Präsidentschaftskandidaten Ross Perot der Fall war. Für alle Kapitalismusvarianten gilt indessen, daß sich autoritäre, rechtsextreme Tendenzen nicht im Selbstlauf durchsetzen. Sie sind stets Produkt besonderer kultureller und politischer Traditionen und sie bedürfen, um erfolgreich zu sein, einer wirkungsvollen organisatorischen Bündelung. In den politisch-institutionellen Vermittlungen zwischen ökonomischer Globalisierung, sozialer Frage und Autoritarismus existiert tatsächlich ein Spezifikum der rheinischen Kapitalismusvariante. Aufgrund hoher subjektiver Sicherheitsstandards werden Einbußen an materieller Wohlfahrt und sozialer Sicherheit um so feinfühliger registriert. In dieser Hinsicht scheint in Deutschland besonders in der jungen Generation ein Umschlagpunkt erreicht. Obwohl Jugendarbeitslosigkeit und Armut weit weniger ausgeprägt sind als in anderen westeuropäischen Ländern, ist die Angst vor Arbeitslosigkeit für Jugendliche zu einer generationsprägenden Schlüsselerfahrung geworden. Eine Folge ist schwindendes Vertrauen in Parteien und politische Institutionen, (noch) nicht in die »Demokratie an sich«.[19] In solchen Daten wie auch in den hohen Jungwählerergebnissen von Republikanern und anderen rechtspopulistischen Formationen deutet sich ein explosives Protestpotential an, das – anders als in den angelsächsischen Kapita-

---

19 Vgl. Jugendwerk (Hg.) 1997.

lismen – weder durch ein extrem dezentralisiertes politisches System und eine individualistische Kultur (USA) noch über eine hohe Akzeptanz formaler demokratischer Verfahren (Großbritannien) pazifiziert werden kann. Wenn es vorerst gelungen ist, den Autoritarismus dennoch in Grenzen zu halten, so ist das – auch – ein Verdienst noch immer halbwegs intakter sozialer Sicherungssysteme, geschwächter, aber handlungsfähiger Gewerkschaften und funktionierender demokratischer Öffentlichkeiten. Bislang gibt es für die extreme Rechte kein Monopol auf sozialen Protest. Eine Politik, die die verbliebenen Integrationskräfte der Gesellschaft schwächt, könnte allerdings Erschütterungen auslösen, die dann ungleich heftiger ausfallen werden, als das in den angelsächsischen Kapitalismen angesichts des dort erreichten Ausmaßes sozialer Polarisierung gegenwärtig der Fall ist.

4. Schlußfolgerungen:
Internationaler Stakeholder-Kapitalismus als Alternative?

Was bedeutet all dies für die Ausgangsfrage nach der Zukunft des rheinischen Kapitalismus in der Ära ökonomischer Globalisierung? Fünf Schlußfolgerungen drängen sich auf.

1. Der Globalisierungsprozeß zwingt *alle* Kapitalismusvarianten zu Veränderungen. Von einer systemisch bedingten überlegenen Wettbewerbsfähigkeit der angelsächsischen Kapitalismen kann pauschal weder auf gesamtwirtschaftlicher noch auf Unternehmensebene die Rede sein. Es gibt keinen Beleg für die Annahme, daß eine Zerstörung langfristorientierter Arrangements der einzige Weg ist, um international wettbewerbsfähig zu produzieren. Das entscheidende Argument gegen fatalistische Szenarien lautet: Ökonomische Globalisierung verhält sich gegenüber den Formen institutioneller Steuerung und Regulation solange *neutral*, wie es gelingt, die Wettbewerbsfähigkeit der Unternehmen und Volkswirtschaften zu sichern. Daß wirtschaftliche Effizienz auf höchst unterschiedlichen Wegen zu erreichen ist und durch Einbettung ökonomischer Aktivitäten in langfristorientierte Arrangements gefördert werden kann, hat gerade die institutionelle Ökonomie zur Genüge bewiesen.

2. Erosionstendenzen des rheinischen Kapitalismus rühren weniger aus schwindender wirtschaftlicher Wettbewerbsfähigkeit als

aus dem Regulationsdefizit der internationalen Ökonomie und der Attraktivität, die das angelsächsische Modell für das definitionsmächtige obere Drittel nationaler Gesellschaften besitzt. Die vielfach beklagte »institutionelle Lücke« der Weltwirtschaft zwingt die kooperativen Kapitalismen zur Transformation bestehender Regulationsmodi. Eine defensive Politik, die lediglich darauf setzt, die Vorzüge des rheinischen Kapitalismus möglichst unverändert zu bewahren, wird daher rasch den Boden unter den Füßen verlieren. Aber auch das andere Extrem, ein radikaler Pfadwechsel in Richtung auf das angelsächsische Modell (forcierte Deregulierung, *shareholder-value*-Steuerung von Unternehmen, Einrichtung eines Niedriglohnsektors, weitere Steuer- und Kostensenkungen für Unternehmen), ist nur um den Preis hoher sozialer Kosten praktikabel. Wer, wie in Deutschland Teile der Wirtschaftseliten, dennoch für einen solchen Kurs plädiert, verstärkt gesellschaftliche Desintegrationseffekte und potenziert die autoritäre Gefahr.

3. Als Alternative bieten sich Konzeptionen an, wie sie unter der Bezeichnung *stakeholder capitalism* diskutiert werden (vgl. die Beiträge in: Kelly/Kelly/Gamble 1997). Dabei geht es um ein auf die Bedingungen intensivierter Globalisierung zugeschnittenes soziales und demokratisches Projekt, das eine »inklusive Gesellschaft« zum Programm erhebt, die auf Teilhaberechten und damit korrespondierenden sozialen Verpflichtungen beruht. Solche Konzeptionen stehen und fallen mit einer Re-Regulation der internationalen Ökonomie. Perraton (1997, S. 234 ff.) schlägt vor, die bestehenden internationalen Institutionen (WTO, GATT, IWF etc.) in Aushandlungsprozesse hineinzuziehen, die allmählich den Übergang zu langfristorientierten Arrangements ermöglichen. Der – mittlerweile aus Finanzkreisen selbst geforderten – öffentlichen Kontrolle internationaler Finanzmärkte (Perraton plädiert im Sinne der Tobin-Tax für eine Besteuerung spekulativer Finanztransaktionen) fällt dabei eine Schlüsselrolle zu. Bei allen Schwächen und Ungereimtheiten dieses Konzepts skizziert es immerhin eine Reformstrategie, die für entwickelte Kapitalismen länderübergreifende Ansatzpunkte zur Reformulierung organisierter Arbeitsinteressen, zur sozialen Einbettung der Wirtschaft und zur Erneuerung des Wohlfahrtsstaates bietet.[20]

20 Die Schwierigkeiten der Umsetzung vor Augen, regt Hutton 1997 eine internationale *stakeholder*-Bewegung an, die Druck auf multinationale Un-

4. Ein Hauptziel des *stakeholder*-Ansatzes ist die Herausbildung, Stärkung und v. a. die Demokratisierung internationaler Institutionen. Soweit sie existieren, sind diese Institutionen schwach. Eine Ausnahme bildet die Europäische Union. Ihr könnte bei der Re-Regulation des internationalen Kapitalismus eine Art Vorreiterfunktion zufallen. Die EU umgrenzt einen fast geschlossenen makroregionalen Wirtschaftsraum. Der vorerst größte Binnenmarkt der Welt ist für Wettbewerber allemal attraktiv genug, um ihn mit sozialen und ökologischen Zutrittsbedingungen auszustatten. Anders als vergleichbare Handelsblöcke (NAFTA, MERCOSUR) gibt es innerhalb der Union ein Minimum an institutioneller Konvergenz und ein, wenngleich schwaches, transnationales Entscheidungszentrum. Das könnte einer Politik der Re-Regulation dienlich sein.[21] Der – unter sozialen und ökologischen Gesichtspunkten problematische – Primat einer gemeinsamen Währungsunion ändert daran nichts. Ausschlaggebend wird sein, ob die unvermeidliche Einführung einer einheitlichen europäischen Währung Initiativen auslöst, die neben der ökonomischen auch die soziale und politische Integration vorantreiben. Bleiben solche Initiativen aus, wären – auch wirtschaftliche – Desintegrationsprozesse und Rückfälle in nationale Egoismen vorprogrammiert.

5. Das »Modell Deutschland« könnte einen solchen Europäisierungsprozeß nicht unverändert überleben. Dieser – von den multinationalen Unternehmen ja längst beschrittene – Internationalisierungspfad böte jedoch die Möglichkeit, die Stärken des alten Modells – insbesondere seine Fähigkeit, breite gesellschaftliche Kompromißbildungen mit hoher ökonomischer Flexibilität zu verbinden – auf neue Weise zu kombinieren und in einem transnationalen Kontext wiederzubeleben. Dies wäre das Programm einer Erneuerung von Gewerkschaften und gesellschaftlichen Assoziationen, einer allmählichen Europäisierung längerfristiger Vertragsbeziehungen und sozialstaatlicher Einrichtungen, kurzum: das Programm eines Prioritätenwechsels im europäi-

---

ternehmen und internationale Institutionen ausübt, um so Regeln (Mindestlöhne, Sozialklauseln, Umweltstandards) für die neue Weltwirtschaft durchzusetzen. Dabei geht es immer um Verfahren, die zum Ausgangspunkt für längerfristige *bargaining*-Prozesse und *stakeholder*-Beziehungen werden können.
21 So Pierson/Leibfried 1998 im Gegensatz zu Streeck 1997b.

schen Integrationsprozeß, der dem Gespenst eines »desorganisierten Kapitalismus« (an Lash/Urry anknüpfend: Beck 1997) eine soziale Alternative entgegensetzen könnte.

Gibt es eine Gewähr dafür, daß ein europäischer *stakeholder*-Kapitalismus eine *realistische* Vision ist? Es gibt sie nicht. Eines liegt jedoch auf der Hand. Mißlingt die soziale Rückbettung der verselbständigten Marktökonomie, wird die Beschäftigung mit der institutionellen Verfaßtheit nationaler Kapitalismen obsolet. Statt dessen wird sich eine Frage stellen, die Autoren wie Susan Strange mit Blick auf die von internationalen Finanzmärkten getriebene Entwicklung ohnehin für die wichtigste halten: Wie lange kann ein System überleben, das geradewegs dabei ist, die Henne zu schlachten, welche die goldenen Eier legt?

Literatur

Albert, M.: *Kapitalismus contra Kapitalismus*. Frankfurt/M. 1992.
Altvater, E./Mahnkopf, B.: *Grenzen der Globalisierung. Ökonomie, Ökologie und Politik in der Weltgesellschaft*. Münster 1996.
Bartlett, Ch./Ghoshal, S.: *Internationale Unternehmensführung*. Frankfurt/M. 1990.
Beck, U./Giddens, A./Lash, S.: *Reflexive Modernisierung. Eine Kontroverse*. Frankfurt/M. 1996.
Beck, U.: *Was ist Globalisierung?* Frankfurt/M. 1997.
Becker, St./Sablowski, Th./Schumm, W. (Hg.): *Jenseits der Nationalökonomie? Weltwirtschaft und Nationalstaat zwischen Globalisierung und Regionalisierung*. Hamburg 1997.
Bergmann, J./Brückmann, E./Dabrowski, H.: *Reform des Flächentarifvertrages? Berichte aus den Betrieben*. Hamburg 1997.
Boyer, R./Drache, D. (Hg.): *States against Markets*. London/New York 1996.
Dies.: *Introduction*, in: dies. (Hg.), a. a. O., S. 1-30.
Boyer, R./Durand, J. P.: *After Fordism*. London 1997.
Crouch, C.: *Industrial Relations and European State Traditions*. Oxford 1993.
Ders./Streeck, W. (Hg.): *Political Economy of Modern Capitalism. Mapping Convergence & Diversity*. London 1997.
Dies.: *Introduction: The Future of Capitalist Diversity*, in: dies. (Hg.), a. a. O., S. 1-18.
Deppe, F.: *Fin de Siècle. Am Übergang ins 21. Jahrhundert*. Köln 1997.

Dörre, K./Elk-Anders, R./Speidel, F.: *Globalisierung als Option. Internationalisierungpfade von Unternehmen, Standortpolitik und industrielle Beziehungen*, in: *SOFI-Mitteilungen*, 25/1997, Göttingen, S. 43-70.

Dörre, K.: *Globalisierung – eine strategische Option. Internationalisierung von Unternehmen und industrielle Beziehungen in der Bundesrepublik*, in: *Industrielle Beziehungen* 4/1997, S. 265-290.

Esping-Andersen, G.: *The Three Worlds of Welfare Capitalism*. Cambridge ⁶1996.

Gerybadze, A./Meyer-Krahmer, F./Reger, G.: *Globales Management von Forschung und Entwicklung*. Karlsruhe 1996.

Giddens, A.: *Jenseits von Links und Rechts*. Frankfurt/M. 1997.

Graham, A.: *The UK 1979-95: Myths and Realities of Conservative Capitalism*, in: Crouch, C./Streeck, W. (Hg.), a. a. O., S. 117-133.

Härtel, H. H./Jungnickel, R. u. a.: *Grenzüberschreitende Produktion und Strukturwandel – Globalisierung der deutschen Wirtschaft*. Baden-Baden 1996.

Heitmeyer, W. (Hg.): *Bundesrepublik Deutschland: Auf dem Weg von der Konsens- zur Konfliktgesellschaft*. 2 Bde. Frankfurt/M. 1997.

Henwood, D.: *Wall Street*. London 1997.

Henzler, H. A./Späth, L.: *Countdown für Deutschland*. Berlin 1995.

Hirst, P./Thompson, G.: *Globalization in Question*. Cambridge 1996.

Hollingsworth, J. R.: *The Institutional Embeddedness of American Capitalism*, in: Crouch, C./Streeck, W. (Hg.), a. a. O., S. 133-147.

Ders.: *Die Logik der Koordination des verarbeitenden Gewerbes in Amerika*, in: Kenis, P./Schneider, V.: *Organisation und Netzwerk. Institutionelle Steuerung in Wirtschaft und Politik*. Frankfurt/M. 1996, S. 273-312.

Hutton, W.: *An Overview of Stakeholding*, in: Kelly, G./Kelly, D./Gamble, A. (Hg.): *Stakeholder Capitalism*. London 1997, S. 3-9.

Ingrao, P./Rossanda, R.: *Verabredungen zum Jahrhundertende. Eine Debatte über die Entwicklung des Kapitalismus und die Aufgaben der Linken*. Hamburg 1996.

Jahrbuch Arbeit und Technik 1996: *Zukunft der Industriegesellschaft*. Bonn 1996.

Jahrbuch Arbeit und Technik 1997: *Globalisierung und institutionelle Reform*. Bonn 1997.

Jessop, B.: *Die Zukunft des Nationalstaates – Erosion oder Reorganisation? Grundsätzliche Überlegungen zu Westeuropa*, in: Becker, St./Sablowsky, Th./Schumm, W. (Hg.), a. a. O., S. 50-95.

Jugendwerk der deutschen Shell (Hg.): *Jugend '97*. Opladen 1997.

Kelly, G./Kelly, D./Gamble, A. (Hg.): *Stakeholder Capitalism*. London 1997.

Kenis, P./Schneider, V.: *Organisation und Netzwerk. Institutionelle Steuerung in Wirtschaft und Politik*. Frankfurt/M. 1996.

Krugman, P.: *Wettbewerbsfähigkeit – eine gefährliche Wahnvorstellung*, in: *Jahrbuch Arbeit und Technik*, a. a. O., S. 37-49.

Lash, S.: *Reflexivität und ihre Doppelungen: Struktur, Ästhetik und Gemeinschaft*, in: Beck, U./Giddens, A./Lash, S., a. a. O., S. 195-288.

Leibfried, St./Pierson, P.: *Standort Europa. Europäische Sozialpolitik.* Frankfurt/M. 1998.

Lipietz, A.: *Towards a New Economic Order. Postfordism, Ecology and Democracy.* Cambridge 1993.

Luttwak, E. N.: *Weltwirtschaftskrieg. Export als Waffe – aus Partnern werden Gegner.* Reinbek 1994.

Marx, K./Engels, F.: *Manifest der Kommunistischen Partei*, in: *MEW* 4. Berlin 1977, S. 459-493.

Misik, R.: *Mythos Weltmarkt. Vom Elend des Neoliberalismus.* Berlin 1997.

Perraton, J.: *The Global Economy*, in: Kelly, G./Kelly, D./Gamble, A. (Hg.), a. a. O., S. 226-238.

Pierson, P./Leibfried, St.: *Mehrebenen-Politik und die Entwicklung des ›Sozialen Europa‹*, in: Leibfried, St./Pierson, P., a. a. O., S. 11-57.

Polanyi, K.: *The Great Transformation. Politische und ökonomische Ursprünge von Gesellschaften und Wirtschaftssystemen.* Frankfurt/M. 1978 (orig. 1944).

Porter, M.: *Nationale Wettbewerbsvorteile. Erfolgreich konkurrieren auf dem Weltmarkt.* Wien 1993.

Reich, R.: *Die neue Weltwirtschaft: Das Ende der nationalen Ökonomie.* Frankfurt/M. 1993 (orig. 1991).

Ruigrok, W./van Tulder, R.: *The Logic of International Restructuring.* London/New York 1995.

Schwarz, H. P.: *Die Zentralmacht Europas. Deutschlands Rückkehr auf die Weltbühne.* Berlin 1994.

Strange, S.: *The Future of Global Capitalism; or, Will Divergence Persist Forever?*, in: Crouch, C./Streeck, W. (Hg.), a. a. O., S. 182-192.

Stopford, J./Strange, S.: *Rival States, Rival Firms. Competition for World Market Shares.* Cambridge ²1995.

Streeck, W.: *German Capitalism: Does it exist? Can it survive?* In: Crouch, C./Streeck, W. (Hg.), a. a. O., 1997a, S. 33-54.

Ders.: *Öffentliche Gewalt jenseits des Nationalstaates? Das Beispiel der Europäischen Gemeinschaft*, in: *Jahrbuch Arbeit und Technik 1997*, a. a. O., 1997b, S. 311-325.

Thurow, L.: *Die Zukunft des Kapitalismus.* Düsseldorf 1996 (orig. 1996).

Wacquant, J. D.: *Über Amerika als verkehrte Utopie*, in: Bourdieu, P.: *Das Elend der Welt. Zeugnisse und Diagnosen des alltäglichen Leidens an der Gesellschaft.* Konstanz 1997, S. 169-178 (orig. 1993).

Wortmann, M./Dörrenbächer, Ch.: *Multinationale Konzerne und der Standort Deutschland*, in: *Jahrbuch Arbeit und Technik 1997*, a. a. O., S. 28-42.

Helmuth Berking
Kulturelle Identitäten und kulturelle Differenz im Kontext von Globalisierung und Fragmentierung

»What can your nation do for you that a good credit card cannot do?« In dieser keinesfalls nur ironisch gemeinten Frage kondensiert der Kulturanthropologe Ulf Hannerz (1996, S. 88) eine für den gegenwärtigen Globalisierungsdiskurs charakteristische Grundüberzeugung, die Annahme nämlich, daß das ›Nationale‹ angesichts der Transnationalisierung der Waren-, Finanz- und Kulturmärkte als Resonanzboden für die Konstruktion kollektiver Identitäten zunehmend an Bedeutung verliert und durch andere, teils sozialräumlich neu definierte, teils völlig entterritorialisierte Identitätsformationen überlagert, unterlaufen oder gar ersetzt wird. Da das Nationale jedoch nicht nur Identitäten, sondern in Gestalt staatlich organisierter Gesellschaften die dominante Vergesellschaftungsform schlechthin repräsentiert, steht weitaus mehr auf dem Spiel.

Theorien der Globalisierung finden in der These vom Ende (Appadurai 1996a, 1996b; Bauman 1995, 1996; Castells 1996; Ohmae 1995; Robertson 1992; Ruggie 1993) oder zumindest signifikanter Souveränitätsverluste des Nationalstaates (Hannerz 1996; Mathews 1997; Sassen 1991, 1996b) gemeinsamen Grund. Und es sind v. a. räumliche Kategorien und Maßeinheiten, die nun den Kontext konturieren, in dem ›Globalisierung‹ als in sich widersprüchliche Dynamik der sozialräumlich dimensionierten Neubestimmung von Politik, Kultur, Gesellschaft, *gender*, *race*, *ethnicity* beschrieben werden kann. Man muß lediglich daran erinnern, daß ›global‹ zuallererst eine sozialräumliche, in Relation zum ›Lokalen‹, ›Regionalen‹ und ›Nationalen‹ situierte Maßeinheit ist, um die radikale Verschiebung aller räumlichen Maßstäbe und der ihnen korrespondierenden Organisationsformen sozialer Beziehungen wahrzunehmen – eine Entwicklung, die sich gegenwärtig als »geographische Wende« und »spatialization of social theory« (Featherstone/Lash 1995, S. 1; Soja 1996) in den Sozialwissenschaften Ausdruck verschafft.

Vor diesem Hintergrund möchte ich die globalisierungsbedingte Rekonfiguration sozialer Räume, insbesondere in Hinblick auf die relationale Neuverortung des nationalen Raumes, ein Stück weit rekonstruieren. Nach einer kurzen Vergegenwärtigung des Prinzips territorialer Souveränität, auf dem beides: nationalstaatlich organisierte Gesellschaften und das sozialwissenschaftliche Repertoire ihrer Beschreibung beruht, werde ich zunächst einige Basisprozesse der Globalisierung skizzieren, die die Organisationsform des Nationalstaates unmittelbar und insofern tangieren, als sie die Einheit von Territorialität, Souveränität und Identität auseinandertreten lassen. In einem letzten Argumentationsschritt schließlich möchte ich diese globalen Rekonfigurationen des nationalstaatlichen Raumes mit der Problematik kultureller Identitätskonstruktionen in Verbindung bringen und einige der Konsequenzen skizzieren, die sich aus einer Konstellation ergeben, in der die politische Organisation des Gemeinwesens und die identitätspolitischen Aspirationen seiner Einwohner getrennte Wege gehen.

I.

Daß wir die Welt, in der wir leben, als eine Welt der Staaten imaginieren, verweist auf die bis vor kurzem unbestrittene Dominanz der nationalstaatlichen Form (Balibar 1991). Was mit dem Westfälischen Frieden 1648 begann und in der postkolonialen Welt des ausgehenden 20. Jahrhunderts seinen vorläufigen Höhepunkt zu finden scheint, ist die paradoxe Universalisierung eines essentiellen Partikularismus (Wallerstein 1996, S. 92; Robertson 1995): die Aufteilung der Welt in territorial fixierte, dem Prinzip nach souveräne Nationalstaaten, die keinen Gott über sich und keine staatsfreien Räume unter sich dulden. Die Geschichte des Territorialstaatsprinzips und die Durchsetzung des staatlichen Monopols legitimer Gewalt ist die Geschichte äußerer Kriege und innerer, häufig gewalttätiger Kolonisation. »Gesellschaften ohne Staat« verschwinden in den Archiven der Ethnologie, das Niemandsland schrumpft auf die fünf Meter zwischen den staatlichen Grenzposten und die neuen »imagined communities« (Anderson 1991) perpetuieren das Signum ihres gewaltsamen Ursprungs in Gestalt jenes universalen Partikularismus ethnozentristischer Identitäten, die sich aus heiterem Himmel und immer wieder zu intensivsten Freund-Feind-Schematisierungen verdichten lassen.

Der moderne Staat ist gleichsam der exklusive und quasi natürliche Behälter, »our primary cultural container«, so Imanuel Wallerstein (1996, S. 92), in dem die Zeit vergeht und das Leben sich abspielt, in dem geliebt und gestorben, ausgebeutet und Recht gesprochen wird, in dem Gesellschaft, Politik, Kultur und Ökonomie ihren je spezifischen Ort und ihre Geschichte haben. Er repräsentiert die einzige Form der sozialräumlichen Organisation sozialer Beziehungen, in der alle Aspekte der Soziabilität: von den Institutionen kultureller Hegemonie bis zu den Bürgerrechten, von den Mechanismen redistributiver Gerechtigkeit bis zum Gewaltmonopol auf dem Prinzip *territorialer Souveränität* beruhen. Gleichzeitig konnte sich das Territorialstaatsmodell auch als dominante Epistemologie, als kategorialer Staatszentrismus durch jene zum doxischen Bestand der modernen Sozialwissenschaften geronnene Grundüberzeugung etablieren, daß soziale Beziehungen sich ausschließlich in territorial umzäunten und räumlich isomorphen Einheiten organisieren und reproduzieren (Brenner 1997). Das staatliche Territorium ist die konzeptionelle räumliche Einheit, mittels derer die Sozialwissenschaften ihre Gegenstände konstituieren: die Ökonomie als Nationalökonomie, die Soziologie als Analyse nationalstaatlich organisierter Gesellschaft, die Politologie als Analyse der Innen- und Außenpolitik etc. ins Leben tritt und alle zusammen als differenzierungstheoretisch legitimierte Sub-Unternehmen zur Erforschung des sozialen, politischen, ökonomischen, kulturellen Wandels innerhalb der Grenzen des jeweiligen Nationalstaates fungieren.

Theorien der Globalisierung brechen mit diesem kategorialen Staatszentrismus, für den die Kartographie des Globalen mit den territorial fixierten Grenzen von Nationalstaaten identisch ist. Sie versuchen dem Dilemma, das John Agnew (1994) so anschaulich als »territorial trap« bezeichnet hat, dadurch zu entgehen, daß sie, anstatt die Komplementarität ins Auge zu fassen, ›global‹ und ›national‹ als sozialräumliche Maßeinheiten radikal trennen, indem sie den globalen Raum als einen entterritorialisierten »space of flows« dem traditionellen »space of places« entgegensetzen (Castells 1996, S. 378). Entterritorialisierung soll heißen, daß wir es zusehends mit nicht territorial fixierten Räumen – »the space of flows« – und nicht territorial definierten Vergesellschaftungsformen – »diasporic public spheres, translocalities« (Appadurai 1996a, 1996b) – zu tun haben, deren globaler Effekt darin besteht, das Territorialitätsprinzip, auf dem Staaten, lokale Kulturen, kollektive Identitäten etc. beruhen, systematisch in Frage zu stellen. Thesen vom Ende des Nationalstaates finden hier ihren bevorzugten Ort.

II.

Die typischen Argumente, die für den Bedeutungsverlust des Nationalstaates ins Feld geführt werden, beziehen sich auf drei, durch die medientechnische Revolution elektronischer Kommunikation vermittelte Entwicklungen: auf die Globalisierung der Ökonomie, auf die Institutionalisierung transnationaler Rechts-Regime und auf die Globalisierung von Medien und Migration.

Die Globalisierung der Produktion, der Waren- und Finanzmärkte, so die These, entzieht den Nationalstaaten ihre ökonomischen Steuerungskompetenzen. Transnationalen Unternehmen gelingt es nicht nur, sich zunehmend von territorialen Bindungen und staatlichen Reglementierungen unabhängig zu machen. Sie befinden sich zudem in einer geostrategischen Position, die es ihnen ironischerweise erlaubt, nationale Regierungen auf eine Politik zu verpflichten, die den Verzicht auf staatliche Intervention zum Staatsziel erklärt. Je intensiver Nationalstaaten deregulieren, desto mehr stärken sie transnationale Netzwerke und globale Akteure (Sassen 1996b, S. 42). Staatliche Deregulierung freilich geht mit der Institutionalisierung neuer regulatorischer Regime Hand in Hand. Der Raum der globalen Ökonomie ist hierarchisch und territorial strukturiert. Die Konzentration globaler Steuerungsfunktionen – der *corporate headquarters* und des dazugehörigen *corporate servive complexes* – in den sog. *global cities*; die Erfindung neuer Steuer- und Tarifregime in Gestalt von *export-processing and free-trade zones*; die weltweite Integration der Börsen und Finanzmärkte verdeutlichen nur einige der strukturellen Innovationen, deren paradoxe Eigenart darin besteht, »that all of them are grounded in national territories« (Sassen 1996a, S. 13), ohne jedoch dem Prinzip nationalstaatlicher Souveränität exklusiv unterworfen zu sein. Die Art, wie diese Räume reguliert werden, gibt erste Hinweise auf die Dezentrierung staatlicher Souveränität.

Auch transnationale Unternehmen benötigen Regeln, Eigentumsgarantien, Vertragssicherheiten etc., kurz: ein legales System, das der räumlichen Extension der globalen Ökonomie gerecht wird und die territorial beschränkte Geltung nationaler Souveränität kompensiert. Unter den institutionellen Neuerungen, die für die Operation der globalen Ökonomie essentiell scheinen, spielen zwei Organisationsformen eine herausragende Rolle: private Schiedsgerichte (*international commercial arbitration*) als die kontraktuell gesicherte Methode, transnationale Handelsdispute zu lösen, und jene, wiederum privaten *bond-rating agencies* (Moody's Investors Service and Standard and Poor's Ratings Group), die Kapitalströme und Investitionsstrategien von transnationalen Unternehmen und nationalen Regierungen steuern (Sassen 1996a, S. 14f.). Die Machtressourcen dieser Organisationen liegen nicht nur außerhalb der Reichweite territorialstaatlicher Souveränität; sie sind zudem Kristallisationskerne für nichtstaatliche Souveränitäten, die alle Grundmotive der demokratietheoretischen Diskussion erneut auf die Tagesordnung setzen.

Allerdings bleibt die transnationale Konfiguration regulatorischer Regime, die annäherungsweise als »governance without government« (Rosenau 1992) beschrieben wurde, unvollständig, solange man nicht die aktive geostrategische Rolle berücksichtigt, die die führenden Industriestaaten als Autoren verschiedener Globalisierungsskripte spielen (vgl. Panitch 1996). Sie schreiben die Drehbücher, nach denen die internationalen Institutionen – der Internationale Währungsfonds, die Internationale Bank für Wiederaufbau und Entwicklung etc. – agieren; sie formulieren die makroregionalen Handelsabkommen; sie etablieren die Welthandelsorganisation und sie wachen mit Argusaugen darüber, daß die Effekte möglichst kontrollierbar bleiben. Vor diesem Hintergrund vom Ende des Nationalstaates zu sprechen, scheint ebenso absurd wie gefährlich. Und doch affiziert auch diese »internationalization of the state« (Panitch 1996, S. 85) die tragenden Säulen von Territorialität und Souveränität, insofern als sie institutionalisierte Formen der Artikulation von Souveränität in entnationalisierten Räumen erlaubt, genauer: nicht nur die Einheit von Territorialität und Souveränität, die für Jahrhunderte mit der Form des Nationalstaates identifiziert schien, tritt auseinander. Auch die Elemente und Machtquellen dessen, was wir als staatliche Souveränität imaginieren, verteilen und rearrangieren sich sozialräumlich neu. Kurz: »Thus, state power remains extremely strategic, but is no longer the only game in town« (Nederveen Pieterse 1995, S. 63).

Die zweite, im Hinblick auf die These vom Ende des Nationalstaates zentrale Argumentationslinie bezieht sich auf transnationale Verrechtlichungstendenzen. Während die ökonomischen Dimensionen der Globalisierung vorzugsweise als Separierung von Territorialität und Souveränität ausbuchstabiert werden, rückt nun das Verhältnis von Souveränität und Identität in den Vordergrund.

Seit etwa zwei Jahrzehnten gewinnt eine Entwicklung an Anschaulichkeit, in der die institutionelle Ausformung internationaler Menschenrechtsregime mit typischen nationalstaatlichen Rechtsinstituten kollidiert. Da Menschenrechte in scharfem Kontrast zur Rechtskategorie der *citizenship* über keinerlei Zugehörigkeitskriterien attribuiert und distribuiert werden können, stellen sie nicht nur das Prinzip staatlicher Souveränität in Frage. Sie gehen gleichzeitig auch mit einer sukzessiven Entwertung von Bürgerrechten als dem entscheidenden materiellen Substrat und dem rechtlichen Raum einher, auf dem nationale Identitäten institutionell basieren.

Obwohl bereits in den Gründungsdokumenten der Amerikanischen und Französischen Revolutionen formuliert, beginnt die internationale Karriere der Menschenrechtsgarantien erst 1948 mit der Allgemeinen Erklärung der Menschenrechte durch die Vereinten Nationen, der zwei Jahre später die European Convention on Human Rights folgt. Ratifizierung und Zusatzprotokolle benötigen noch einmal einige Jahrzehnte, bevor ein effektiver Korpus legaler Instrumente tatsächlich zur Verfügung steht. Es sind ähnlich wie die Deregulierungsabkommen Verträge zwischen Staaten, deren paradoxer Effekt darin besteht, nichtstaatliche Akteure zu stärken. Im Falle der Menschenrechtsregime heißt dies, daß das Prinzip »individueller Rechte« Eingang in das zuvor exklusiv durch staatliche Souveränitäts- und Selbstbestimmungsgarantien regulierte internationale Rechtssystem findet (Sassen 1996a, S. 97). Und auch in dieser Arena ist der Staat plötzlich nicht länger »the only game in town«. Individuen haben nun Rechte, die sie gegenüber dem Staat, in dem sie leben, oder gegenüber jedem anderen Staat geltend machen können. *Citizenship* ist in Hinblick auf ökonomische, soziale und kulturelle Basisrechte weitgehend unbedeutend geworden, und ethnische Minderheiten, Immigranten, Asylbewerber veranschaulichen u. a. genau dies: daß staatlich garantierte Leistungen und Rechte nicht länger den Bürgern, sondern den Menschen zustehen, was nicht zufällig den Haß und das ethnische Ressentiment derjenigen schürt, die sich als die besseren Bürger verstehen. Loyalität und nationale Identität, so könnte man sagen, zahlen sich materiell nicht mehr aus, und Werteverwirklichung, die auf der normativen Anerkennung institutionell definierter Ziele beruht, wird für den Staat zum prekären Geschäft.

Der dritte Argumentationstypus schließlich, der nicht nur für jene »new geography of power« (Sassen 1996a, S. 5), sondern v. a. für die uns interessierende »new geography of identity« (Yaeger 1996) bedeutsam ist, rekurriert auf Dimensionen kultureller Globalisierung. Theorien kultureller Globalisierung teilen mit den beschriebenen, eher politökonomisch instruierten Erklärungsversuchen die Kritik des kategorialen Staatszentrismus und die Emphase für sozialräumliche Rekonfigurationen, die allerdings vorrangig als Deterritorialisierungsprozesse konzeptualisiert werden. Auch für sie gilt, daß der staatliche Raum mehr und mehr einem »leaking container« (Taylor 1994, S. 57) gleicht, ohne daß sie jedoch den ökonomischen Dimensionen der Globalisierung einen exklusiven explanatorischen Wert zuschreiben würden. Von ebenso zentraler Bedeutung nämlich sind »motion« und »mediation«, Migration und Medien (Appadurai 1996a; Hannerz 1996), insofern als sie beides: entterritorialisierte Images, Skripte, Identitätsangebote und entterritorialisierte Vergemeinschaftungsformen global verfügbar machen. In dem Augenblick, in dem die imaginierte Einheit von Territorialität, Identität und sozialer Reproduktion zerstiebt, markiert Globalität zugleich einen anderen Status des ›in der Welt Seins‹ und eine andere Perspektive auf ebendiese Welt.

Weder der globale Strom kultureller Materialien noch die weltweiten Bevölkerungsbewegungen machen an den Grenzen nationalstaatlich organisierter Gesellschaften halt. *Baywatch* findet in Kyoto ein ebenso treues Publikum wie in Moskau oder Mexiko-

City. Asiatische Kampftechniken, durch die Filmindustrie popularisiert, liefern neue Rahmungen für die Umschreibung westlicher Maskulinitätsvorstellungen. Evita-Madonna durchschießt geschlechterrollenspezifische Imaginationen bis in die letzten Winkel der Welt, die Botschaft des islamischen Fundamentalismus ist in Berlin nicht weniger deutlich als in Istanbul oder Karatschi.

Kaum ein Ereignis veranschaulicht die Gemengelage, die sich im globalen Hier und Jetzt aufgrund der Entterritorialisierung von Bildern und kollektiven Akteuren ergibt, überzeugender als die Geschichte eines verbannten Buches und eines zum Tode verurteilten Autors (vgl. Appadurai 1996a, S. 8f.). *Die Satanischen Verse* provozierten Muslims und viele andere, nichtreligiös motivierte Gruppen auf der ganzen Welt, über die Würde der Religion, die kulturelle Bedeutung der Zensur und das Recht auf ästhetische Freiheit zu debattieren. Die Geschichte handelt von einem Text, der im globalen Warenstrom aus den Gefilden westlicher Normen von künstlerischer Freiheit heraus- und in die transnationalen Räume religiöser Fundamentalismen hineintreibt. Der Zusammenprall dieser imaginierten Welten aber findet überall und nirgends statt. Der Text, ursprünglich in England publiziert, verursacht Unruhen in Pakistan und wird in Indien verboten. Die Fatwa wird im Iran dekretiert, in Nigeria kommt es zu Morddrohungen gegen den Nobelpreisträger Wole Soyinka, in den europäischen Akademien wird erbittert um Solidaritätsadressen für Salman Rushdie gerungen, am Grabmal Dantes, dessen Werk nicht ganz frei von antiislamischen Ressentiments ist, ziehen bewaffnete Kräfte auf, und der Autor, dessen Überleben keine staatliche Gewalt zu garantieren vermag, verschwindet im Untergrund (vgl. Hannerz 1996, S. 11).

III.

Aber es sind nicht nur Images und Skripte, sondern Menschen – Immigranten, Flüchtlinge, UN-Soldaten, Spezialisten jedweder Couleur, Manager und Touristen, die im globalen Hier und Jetzt die Grenzen lokaler Kulturen permanent transzendieren. Das Zusammenspiel von Migration und Mediation evoziert jene translokalen und transnationalen Gemeinschaften, die als »diasporic public spheres« (Appadurai 1996a, S. 10) die einmal imaginierte Einheit von staatlicher Territorialität, Souveränität und kollektiver Identität radikal in Frage stellen. Dem Begriff der »Diaspora«, ursprünglich auf die klassischen Fälle von gewaltsamer Vertreibung und territorialer Neusiedlung, zunächst der griechischen, dann der jüdischen und schließlich der armenischen Gemeinden beschränkt, kommt insofern besondere Bedeutung zu, als er nun mehr oder weniger für alle außerhalb ihres Territoriums lebenden ethnischen Gruppen Anwendung findet (vgl. Tölölyan 1996). Die Semantik impliziert dreierlei: Im Unterschied zum losen Verbund ethnischer *neighbourhoods*, von denen sich einige mit der Zeit im Strom der Assimilation verlieren, sind Diasporas erstens intentionale politische und kulturelle Vergemeinschaftungsformen, die zweitens Interessenpolitik, d. h. den identitätspolitischen Kampf um Anerkennung auf trans- und subnationaler Ebene betreiben, und deren eigensinnige sozialräumliche Qualität darin besteht, sich drittens zugleich innerhalb einzelner Staaten und außerhalb jedes einzelnen Staates zu befinden, kurz: Diaspora heißt, daß wir es mit nichtterritorial definierten Vergemeinschaftungsformen und einer wiederum nicht staatlich fixierten Machtquelle in transnationalen Räumen zu tun haben. Exilkubaner etwa repräsentieren eine soziokulturelle Formation, die von Madrid bis Miami reicht, über distinkte kulturelle und politische Institutionen verfügt und direkten Einfluß auf die Politik in Havanna zu nehmen versucht (vgl. ebd., S. 428). Die indische Diaspora erstreckt sich von Sydney bis ins Silicon Valley und ist in vielfältiger und direkter Weise in die politisch-religiösen Auseinandersetzungen Indiens und ihrer Gastländer verstrickt. Gleichzeitig konstruiert der indische Staat in der Absicht, Reinvestitionen zu fördern, für die außerhalb seines Territoriums lebende Bevölkerung den Sonderstatus des »Non-Residential Indian«, der mit Steuervorteilen, Eigentumsrechten, Reisefreiheiten und Krediten verbunden ist (Appadurai 1996b, S. 45 f.). Wahlen in der Dominikanischen Republik werden in New Yorks dominikanischer Diaspora entschieden, die jährlich mehr als eine Milliarde Dollar in ihr Heimatland transferiert, was zu Vorschlägen einer Verfassungsänderung führte, um der Diaspora Abgeordnetenmandate im heimischen Parlament zu ermöglichen. Die griechische Regierung verfügt bereits über ein Ministerium der Diaspora, und ohne die jüdische Diaspora in den Vereinigten Staaten sähe die geopolitische Landschaft im Nahen

Osten sicherlich anders aus. Die Beispiele ließen sich fortführen. Entscheidender jedoch ist, daß sich in diesen »diasporic public spheres« Umrisse einer transnationalen, interaktiven Vergesellschaftungsform artikulieren, an der sich die Krisensymptome nationalstaatlicher Identitätsversicherung besonders anschaulich studieren lassen.

Die Krise des Nationalstaates manifestiert sich v. a. in der wirklichkeitsblinden Identifikation von Nation und Staat. Im globalen Hier und Jetzt treten beide aufgrund der Tatsache auseinander, daß sie nun zum ersten Mal in der Geschichte des modernen Staates distinkte Beziehungen zu Territorialität und Territorium entwickeln (Appadurai 1996b). Während für den Staat, und nur für den Staat, das Fundierungsverhältnis von Territorialität und Souveränität unverzichtbar bleibt, scheint sich die Engführung von Territorialität and nationaler Identität zusehends zu verlieren. Staaten sind nicht länger in der exklusiven Position, die territoriale Organisation von Märkten, Lebenswelten, Identitäten und Geschichten garantieren zu können. Sie konkurrieren auf dem globalen »market for loyalties« (Price zit. nach Appadurai ebd., S. 48) mit einer unübersehbaren Vielfalt ethnischer, rassistischer, wissenschaftlicher, feministischer, fundamentalistischer, spiritualistischer Identitätsanbieter, unter denen die religiösen Formationen nur das signifikanteste Beispiel für jene entterritorialisierten Identitätskonstruktionen sind, auf denen transnationale Loyalitäten heute basieren (vgl. Appadurai 1996b, S. 49).

Diasporas sind Teil einer Konstellation, die sich als Pluralisierung der Lebensformen auch in den Binnenräumen nationalstaatlich organisierter Gesellschaften längst Geltung verschafft hat. Nicht nur Immigranten, sondern auch Bürger reklamieren einen Status kultureller Selbstbestimmung, der sich mit den Inklusionsanforderungen des Nationalen, aber auch mit den zu erbringenden Abstraktions- und Differenzleistungen politisch- rechtlicher Zivilisationsstandards nicht immer verträgt. Die Stichworte dieser Debatte sind hinlänglich bekannt: Individualisierung und Enttraditionalisierung, veränderte, an reflexiven Selbstverhältnissen ausgerichtete Identitätskonstruktionen, »life politics« (Giddens) und Lebensstilkoalitionen haben zu einer Situation geführt, in der legitime Erwartungen von institutionell gestützter Sinnvermittlung im allgemeinen und vom politisch-administrativen System im besonderen abgezogen und auf die Binnenperspektiven sozialer Lebenswelten mit dem Effekt konzentriert werden, daß sich politische Mentalitäten und kollektive Identitäten immer weniger um die Idee der Staatlichkeit als vielmehr um jenes ambivalente Konzept der Besonderheit zentrieren. Hier kommen Grenzen und mit den Grenzen kommen neue sozialräumliche Arrangements kollektiver Identitäten ins Spiel. In dieser Rekonfiguration des nationalstaatlichen Raumes, die ebenso Resultat wie Voraussetzung der Auflösung jener heiligen Einheit von staatlich fixierter Territorialität und territorial definierter kollektiver Identität ist, verschiebt sich zwangsläufig auch das Verhältnis zwischen Staat und Gesellschaft; den Individuen und Gruppen werden Kompetenzen und Handlungsoptionen aufgedrängt und abverlangt, die einmal staatlich monopolisiert, heute neue selbstregulatorische Regime innerhalb der Gesellschaft erzwingen – eine Dynamik, die potentiell ein ›Mehr‹ an Zivilität ermöglicht (Berking 1996a), unter den gegenwärtigen Bedingungen aber vorrangig negativ konnotiert wird. Schließlich ist die Deutung, daß wir es zunehmend mit einer beliebig erweiterbaren Zahl von Miniethnien zu tun haben, die ihre kulturellen Identitäten über die Ethnisierung sozialer Konflikte entwerfen, von der empirischen Realität unserer Gesellschaften nicht allzuweit entfernt. In dem historischen Augenblick, in dem der moderne Staat – nicht ganz freiwillig – von der inneren Kolonisierung der Gesellschaft abläßt, scheint die interne Ethnisierung der Gesellschaft zum aussichtsreichen Modus ihrer identitätspolitischen Selbstregulation zu werden. Nicht nur Herr und Frau Jedermann suchen »a centre that holds« (Bauman 1995, S. 140f.); auch die Sozialwissenschaften entdecken plötzlich ihre Vorliebe für *communities* als eine (postmoderne) Vergemeinschaftungsform, die sie vor drei Jahrzehnten noch selbstbewußt als regressive historische Relikte zu Tode dekretiert hatten.

Was aber macht die Ethnisierung als macht- und identitätspolitische Strategie so attraktiv? Warum werden die möglichen zivilisatorischen Gewinne, die sich aus reflexiven Selbstverhältnissen und den Veränderungen kultureller Wissensbestände ergeben könnten, so leichtfertig aufs Spiel gesetzt? Unter welchen Umständen behaupten Exklusionserzählungen in Gestalt jenes »kulturellen Fundamentalismus« (Stolke 1994), der den Anderen gerade durch die Anerkennung des Andersseins ausschließt, die Macht des Faktischen? Die verbreitete Deutung, daß es sich hierbei um Reaktionen auf die Verschärfung ökonomischer Verteilungskämpfe handelt, läßt uns im unklaren darüber, warum ausgerechnet solche und keine anderen Reaktionen als aussichtsreich angesehen werden.

IV.

Angesichts dieser offenen Fragen möchte ich einige kultursoziologische Vermutungen zur Diskussion stellen, die sich von der starken Hintergrundannahme leiten lassen, daß die Ethnisierung sozialer Konflikte lediglich das Beiprodukt eines allgemeineren Trends kultureller Globalisierung darstellt, der den Modus der Identitätskonstruktionen selbst und insofern affiziert, als er die *Ethnisierung kultureller Identitäten* befördert.

Die globale Zirkulation von kulturellen Artefakten führt u. a. dazu, daß ortsgebundene kulturelle Wissensbestände, Lebensformen etc. permanent de- und rekontextualisiert, d. h. einerseits in die globale Zirkulation integriert und andererseits durch die Inkorporation von Images und Skripten aus diesem Feld umgeschrieben werden. In dem Augenblick aber, in dem Glaubenssysteme, Weltbildstrukturen und Identitäten gleichsam als Spiegel aller anderen Glaubenssysteme, Weltbildstrukturen und Identitäten fungieren, verlieren die symbolischen Formen die Aura des ontologisch fraglos Gegebenen, ein kultureller Relativismus breitet sich aus, Selbstgewißheiten müssen erzeugt und gegen konkurrierende Deutungen stabilisiert werden, und die Binnenräume sozialer Gruppen, die einmal über starke Identifizierungen und die Verinnerlichung kollektiv geteilter Werte zusammengehalten wurden, scheinen plötzlich ebenso fragil wie die differenzverbürgenden Kategorisierungen des Außen, kurz: Kulturelle Identitäten und kulturelle Differenz werden als *konstruierte* erfahrbar und als strategische Mittel, d. h. als Machtressource, im Kampf um soziale Vorteile verfügbar.

Die differenzverbürgenden Zuschreibungen, die nun potentiell jeden Anderen zum anderen machen, »nehmen in unserer Gegenwart die Gestalt von Politik an« (Neckel 1994, S. 48). Dies gilt in den traditionellen Arenen des politischen Machtkampfes, in denen Regierungen, Parteien, politische Unternehmer ›ihr‹ Publikum immer häufiger »ethnonational« mobilisieren (und formieren); es gilt aber auch in jenen Arenen der Subpolitik, in denen kulturelle Identitäten zuallererst als politische konstruiert werden. Forderungen von moralischen, kognitiven, ethnischen Minderheiten nach Anerkennung und legitimer Repräsentation der je spezifischen Besonderheit, vorgetragen in Rahmungen von *nationality, ethnicity, race, gender* und *sexuality*, liefern die mobilisierungsfähigen Motivlagen für Gruppenauseinandersetzungen, die die klassenstrukturellen Probleme kapitalistischer Gesellschaften heute zunehmend überlagern (vgl. Berking 1996b). »Politics of identity« markiert nicht zufällig eine seit etwa zwei Jahrzehnten dominante Form der symbolischen Konsensmobilisierung, die bewußt und in emanzipatorischer Absicht mit den scheinbar universalen Gerechtigkeits- und Gleichheitsforderungen zugunsten partikularer Identitätsattributionen bricht. Es geht um fundamentale Unrechtserfahrungen und um eine Politik, die an Formen sozialer Mißachtung und kultureller, d. h. ethnischer, geschlechtsspezifischer, sexueller Stigmatisierung anknüpfend, auf die Transformation des dominanten Modells legitimer Kultur und Repräsentation zielt. Das Risiko dieses identitätspolitischen Modus der Universalisierung des Partikularen freilich, der durch »the global valorization of particular identities« (Robertson 1992, S. 130) noch einmal verstärkt wird, besteht nicht nur darin, sozialstrukturell induzierte Disparitäten systematisch zu unterlaufen. Weit folgenreicher scheint die Tendenz, neue »totalisierende Fiktionen« (Somers/Gibson 1994, S. 55) zu kreieren, in denen eine einzige Kategorie, z. B. »Geschlecht«, alle übrigen identitätsverbürgenden Attributionen determiniert. Totalisierende Fiktionen stehen quer zur Logik identitätspolitischer Identitätskonstruktionen, die infinitiv scheint. Innerhalb der amerikanischen Frauenbewegung etwa replizieren *lesbians, poor, black, old, immigrants* genau diese Logik auf jeweils distinkten Niveaus und die Wahrscheinlichkeit, daß sich die lebensweltlichen Erfahrungen einer feministischen Harvard-Professorin und einer schwarzen alleinerziehenden Mutter in der Chicagoer Southside berühren, geht in der Tat gegen Null.

Die selbstwidersprüchliche Dynamik, daß, je deutlicher ein identitätspolitisches Projekt konturiert ist, desto geringer dessen Mobilisierungschancen sind, bringt kollektive Akteure in die prekäre Situation, gleichzeitig den Raum für innere Differenzierung und höchstmögliche externe Konsensmobilisierung garantieren zu wollen. Wenn man davon ausgeht, daß Identitätspolitiken, die ja vorrangig auf reflexiven Selbstverhältnissen und veränderten kulturellen Wissensbeständen beruhen, einen Modus des ›in der Welt Seins‹ reflektieren und repräsentieren, der Individuen und Gruppen jederzeit und dauerhaft die unwahrscheinliche Leistung abverlangt, *sich selbst davon zu überzeugen, überzeugt zu sein*, wird die Relevanz jener totalisierenden Fiktionen gleichsam als Notbremse gegenüber unablässigen Kontingenzerweiterungen unmittelbar einsichtig. Das Wissen um den konstruierten Charakter der kulturellen Identitäten aber macht gerade den emanzipatorischen Gehalt dieser Protestformationen aus, der sich in dem Moment in sein Gegenteil verkehrt, indem dieses Wissen zugunsten politischer Mobilisierungschancen negiert wird. Die Ethnisierung kultureller Identitäten, die dann eintritt, hat mit dem psychologisch rätselhaften Vorgang zu tun, daß »jemand etwas ›vorsätzlich‹ vergißt« (Offe 1996, S. 268), wobei ich unter Ethnisierung den Prozeß der Differenzversicherung verstanden wissen möchte, in dem askriptive Merkmale essentialisiert und der reflexive Modus der Differenz- bzw. der Identitätskonstruktion bewußt aufgegeben, »vorsätzlich« vergessen wird.

Im Kampf um Anerkennung scheinen die Vorteile der Ethnisierung selbstevident. Ethnisierung verspricht die Verstetigung kategorialer Zugehörigkeiten, schafft identitätspolitische Inseln im Ozean der Kontingenzen und öffnet zugleich den politischen Raum für die Konstruktion von Feindbildern höchster Intensität. Intensitätssteigerung mag sich in Identitätsvergewisserung umsetzen. Doch die riskante Dynamik, sich unentwegt selbst davon überzeugen zu müssen, überzeugt zu sein, hört damit nicht auf. Das vorsätzlich Vergessene läuft immer Gefahr, von Dritten erinnert zu werden, und es ist genau diese prekäre psychosoziale Situation, in der, sobald Essentialismen ›zweiter Ordnung‹ unsicher werden, Gewalt als Ultima ratio gegen mißlingende Verstetigung ins Spiel gebracht wird.

V.

Erreichen ethnisierte kulturelle Identitäten das institutionelle Niveau kollektiver Akteure, gewinnt der Kampf um Anerkennung die Qualität eines erbitterten Kampfes um territoriale Präsenz.

Dann kommt es wie in der US-amerikanischen Gesellschaft zu verbindlichen, weil mit Sanktionspotentialen versehenen Sprachregelungen, die Exklusionserzählungen ganz eigener Art befördern. Dann gilt in Kunst und Literatur, in der Wissenschaft und der Wirtschaft, im Alltagsleben von Herrn und Frau Jedermann ebenso wie in den Binnenräumen ethnischer Gruppen, daß einzig der Selbstdarstellung der eigenen Gruppe das Signum legitimer Repräsentation noch anhaftet. Kulturelle Artefakte von Weißen über Schwarze, von Männern über Frauen, von Heterosexuellen über Homosexuelle und vice versa tragen per se das Stigma, entweder rassistisch oder sexistisch oder beides zu sein (vgl. Heller 1994). Afroamerikaner tun besser daran, weiße Freunde und weiße *neighbourhoods* zu meiden; Frauen, die sich nicht als Feministinnen ausweisen, haben kaum eine Chance an höheren Lehranstalten; hispanische Jugendliche werden in Erziehungs- und Sprachprogramme gedrängt, die für ihre soziale Existenz als Amerikaner irrelevant sind. Indische Immigranten gelten in einigen Schulbezirken als Weiße, während sie in anderen als ethnische Minderheit registriert sind, eine Differenz die im Hinblick auf *entitlements* substantiell ist; Asian Americans kämpfen um die curriculare Festschreibung einer Tradition, die durch das amerikanische Zensus-Büro ins Leben gerufen wurde, und auch ich mußte erst einen US-amerikanischen Arbeitsvertrag unterschreiben, um zu lernen, daß ich der Rasse der Kaukasier angehöre, eine taxonomische Verortung, die in meiner westfälischen Heimat nichts, in der amerikanischen Gesellschaft aber vieles und ganz Verschiedenes zu bewirken vermag.

Diese institutionalisierten Formen des Rassismus, für die Agnes Heller (1994) den Begriff der »Biopolitik« vorgeschlagen hat, sind zugleich Voraussetzung und Resultat jener identitätspolitischen Mobilisierungen, die sich heute um Territorialität und sozialräumliche Kontrolle entfalten. Die Lega Nord ist das vielleicht signifikanteste Beispiel für den Möglichkeitssinn ethnoregionaler Identitätspolitik im europäischen Raum (vgl. Schmidtke 1996). »Chicago«, eine Agglomeration, die aus ca. 67 ethnischen *neighbourhoods* besteht und nicht zufällig den zweifelhaften Ruhm genießt, die höchstsegregierte US-amerikanische Großstadt zu sein, hat jüngst die ethnische Nomenklatur der US-Gesellschaft um eine neue Variante bereichert. Seit Anfang August präsentiert sich die Gegend um »North Halsted« als die erste offiziell anerkannte *gay neighbourhood* Amerikas. Symbole und Flaggen in den universalen Farben des *gay pride rainbows* markieren und redefinieren einen sozialen Raum über die sexuellen Präferenzen eines Teils seiner Bewohner, was nicht nur zu neuen Konfliktlinien innerhalb des Territoriums v. a. mit der religiösen Rechten, sondern auch dazu geführt hat, daß die traditionellen ethnischen *neighbourhoods*, *Greektown*, *Chinatown*, *Pilsen*, *Germantown* etc. vehement dagegen polemisieren, mit einem sexuellen Lebensstil symbolisch auf eine Stufe gestellt zu werden (vgl. *New York Times*, 27. 8. 1997).

Am anderen Ende der ethnischen Rekonfiguration urbaner Räume steht das »Ghetto«, eine sozialräumlich fixierte, ortsgebundene Institution rassistischer Exklusion, die nicht über ethnische Affinität oder *choice*, sondern durch äußeren Druck und die gewalttätige Verteidigung der *color line* aufrechterhalten wird. Ökonomische Armut, endemische Gewalt, Drogenmißbrauch, asoziales Verhalten sind nur einige der typischen Merkmale, die die amerikanische Mehrheitsgesellschaft gleichsam emblematisch in den Gestalten des schwarzen Mannes als Vergewaltiger, Drogendealer und *gang-member* einerseits und der schwarzen Frau als *teenage welfare queen* andererseits verdichtet hat. Und sprechen die Fakten, daß die überwiegende Mehrzahl krimineller Aktivitäten und 85 % der Morde in rein schwarzen *neighbourhoods* stattfinden, daß Männer in Bangladesch eine größere Chance haben, ihr 35. Lebensjahr zu überleben als Schwarze in Harlem, daß alleinerziehende Mütter tatsächlich die dominante Lebensform des Ghettos bilden, nicht selbst die Sprache des moralischen Verfalls?

Solche Deutungen machen vergessen, daß diese Enklaven der Armut und des Terrors das intentionale Produkt städtischer Planung, lokaler Politik und staatlicher Programme sind. Loïc Wacquant (1994) hat am Beispiel der Chicagoer Southside gezeigt, daß und warum den Ghettobewohnern der Zugang zum Arbeitsmarkt und zu Basiseinrichtungen städtischer Infrastruktur systematisch verwehrt bleibt. Was aber verbindet die Enklaven der Armut und des Terrors mit jenen, heute so typischen identitätspolitisch motivierten Umschreibungen urbaner Räume? Bisher war von Tendenzen der Ethnisierung kultureller Identitäten und einem Kontext die Rede, in den das Ghetto scheinbar nicht paßt. Als Ort des Verfalls erfüllt das Ghetto jedoch seine vielleicht bedeutendste Funktion als Repräsentation des äußersten Außen, und es ist diese Vorstellung eines territorial begrenzten Übels, einer »Lokalität des Bösen«, die dessen Exklusion erzwingt. Insofern ist es kein Zufall, daß das Ghetto zugleich der exemplarische Bezugsrahmen für eine sozialwissenschaftliche Konstruktion wurde, die sich als *new urban underclass* mittlerweile auch im europäischen Raum Geltung verschafft. In diesem Referenzsystem geht es nicht länger um die Aufklärung des Zusammenspiels von *race, class and poverty*, sondern um die Motivationen sowie die defizienten Norm- und Wertorientierungen bestimmter sozialräumlich konzentrierter Populationssegmente (vgl. Wacquant 1994, S. 232f.), kurz: An die Stelle der Analyse jener sozial- und machtstrukturellen Kontextbedingungen tritt die These von der kontextgenerierenden Kraft subjektiven Versagens. Folgt man der Perspektive ihrer Konstrukteure, dann wird die neue Unterklasse heute von denjenigen bevölkert, die aufgrund ihrer habituellen Unfähigkeiten und Sozialpathologien marginalisiert, d. h. von der Teilnahme am sozialen Verkehr der Mehrheitsgesellschaft ausgeschlossen und zu Recht ferngehalten werden – »Untaugliche«, denen gegenüber man schließlich auch auf Basisstandards zivilen Verhaltens verzichten kann (vgl. Offe 1996, S. 275).

Die Konstruktion der neuen Unterklasse unterfüttert einen gesellschaftlichen Diskurs, der über die Ethnisierung kultureller Identitäten hinaus und auf gemeinsam geteilte Wissensbestände übergreift. Und es ist diese auf Subjektivierung und Besonderheit zielende »Wahlverwandtschaft« zwischen sozialwissenschaftlichen Taxonomien und identitätspolitischen Identitätskonstruktionen, die heute Politiker, Wissenschaftler, Manager, Herrn und Frau Jedermann mit Motiven und Rechtfertigungen versorgt, die institutionalisierten Standards und Abstraktionsanforderungen zivilisatorischen Verhaltens ethnisierend zu unterlaufen. Wer nun einwendet, daß die interne Ethnisierung als selbstregulatorischer Modus moderner Gesellschaften nur die zynische Variante eines global induzierten Multikulturalismus repräsentiert, der sich à la longue alternativlos durchsetzen wird, dem ist vielleicht nicht in jeder Hinsicht, wohl aber darin zu widersprechen, daß die sozialräumliche Rekonfiguration des nationalen Raumes in ethnischen *terms* nicht zwangsläufig in soziale Anerkennungsverhältnisse mündet, sondern mit Exklusionserzählungen einhergeht, die die selbstregulatorischen Potentiale der nach wie vor nationalstaatlich organisierten Gesellschaften nicht unbedingt stärken.

VI.

Daß die geschilderten Dimensionen der Globalisierung den Kontext nationalstaatlich organisierter Gesellschaften beeinflussen, steht außer Zweifel. Ebenso zweifelsfrei allerdings dürfte der Befund sein, daß wir es gegenwärtig weniger mit dem Ende des modernen Staates als vielmehr mit signifikanten Rekonfigurationsprozessen in der Beziehung von Staat, Territorialität, Souveränität und Identität zu tun haben. Die neue Geographie der Macht ist beides zugleich: Sie ist inklusiv und sozialräumlich diversifiziert; sie kennt viele Akteure, die simultan in lokalen, regionalen, nationalen und globalen Kontexten und Organisationsstrukturen agieren. Sie erzwingt nicht nur elementare Deterritorialisierungen, sondern ebenso elementare Reterritorialisierungsprozesse in bezug auf kulturelle Identitäten, auf lokale und transnationale Vergemeinschaftungsformen. Die neue Geographie der Macht liegt weder vollständig außerhalb noch unterhalb des modernen Nationalstaates, der allerdings zusehends seine sozialintegrativen Funktionen verliert, vom *nation state* zum *state* wird. Dieser vom Modus der Werteverwirklichung entlastete Staat, so ließe sich überspitzt formulieren, funktioniert, aber integriert nicht mehr. Wir hätten es dann mit einer Konstellation zu tun, in der Staaten als formale Organisationen überleben, ohne die Bestandsvoraussetzung ihres Funktionierens, d. h. von ihrer spezifischen gesellschaftlichen Basis als sinnvolle und zweckmäßige Einrichtung anerkannt zu werden (Offe 1991, S. 79), noch erfüllen zu müssen. Die Machtquelle dafür ist und bleibt bis auf weiteres das Monopol physischer Gewalt.

Literatur

Agnew, J.: *The Territorial Trap: The Geographical Assumptions of International Relations Theory*, in: *Review of International Political Economy* 1, 1/1994.

Anderson, B.: *Imagined Communities*. London/New York 1991.

Appadurai, A.: *Modernity at Large*. Minneapolis 1996a.

Ders.: *Sovereignty without Territoriality*, in: Yaeger, P. (Hg.): *The Geography of Identity*. Ann Arbor 1996b.

Balibar, E.: *The Nation Form: History and Ideology*, in: Balibar, E./Wallerstein, I. (Hg.): *Race, Nation, Class*. London/New York 1991.

Bauman, Z.: *Searching for a Centre that Holds*, in: Featherstone, M./Lash, S./Robertson, R. (Hg.): *Global Modernities*. London 1995.

Ders.: *Glokalisierung oder was für die einen Globalisierung, ist für die anderen Lokalisierung*, in: *Das Argument* 217, 5/6, 1996.

Berking, H.: *Solidary Individualism: The Moral Impact of Cultural Modernization in Late Modernity*, in: Lash, S./Szerszynski, B./Wynne, B. (Hg.): *Risk, Environment & Modernity*. London 1996a.

Ders.: *Lebensstile, Identitätspolitiken und Gestaltungsmacht*, in: *Gewerkschaftliche Monatshefte* 8/1996b.

Brenner, N.: *Unthinking State-Centrism: Territoriality and Spatial Scale in Globalization Studies*. Department of Political Science, University of Chicago, Manuskript 1997.

Castells, M.: *The Rise of the Network Society*. Cambridge/Mass. 1996.

Featherstone, M./Lash, S.: *Globalization, Modernity and the Spatialization of Social Theory: An Introduction*, in: Featherstone, M./Lash, S./Robertson, R. (Hg.): *Global Modernities*. London 1995.

Hannerz, U.: *Transnational Connections, Culture, People Places*. London/New York 1996.

Heller, A.: *Die Zerstörung der Privatsphäre durch die Zivilgesellschaft*, in: *Ästhetik und Kommunikation* 85/86, 1994.

Mathews, J.: *Power Shift*, in: *Foreign Affairs* 76/1997.

Neckel, S.: *Gefährliche Fremdheit*, in: *Ästhetik und Kommunikation* 85/86, 1994.

Nederveen Pieterse, J.: *Globalization as Hybridization*, in: Featherstone, M./Lash, S./Robertson, R. (Hg.): *Global Modernities*. London 1995.

Offe, C.: *Die deutsche Vereinigung als »natürliches Experiment«*, in: Giesen, B./Leggewie, C. (Hg.): *Experiment Vereinigung*. Berlin 1991.

Offe, C.: *Moderne ›Barbarei‹: Der Naturzustand im Kleinformat*, in: Miller, M./Soeffner, H.-G. (Hg.): *Modernität und Barbarei*. Frankfurt/M. 1996.

Ohmae, K.: *The End of the Nation State*. New York 1995.

Panitch, L.: *Rethinking the Role of the State*, in: Mittelman, J. (Hg.): *Globalization: Critical Reflections*. London 1996.

Robertson, R.: *Globalization*. London 1992.

Ders.: *Glocalization: Time-Space and Homogeneity-Heterogeneity*, in: Featherstone, M./Lash, S./Robertson, R. (Hg.): *Global Modernities*. London 1995.

Rosenau, J.: *Citizenship in a Changing Global Order*, in: Rosenau, J./Czempiel, O. (Hg.): *Governance without Government. Order and Change in World Politics*. New York 1992.

Ruggie, J.: *Territoriality and Beyond: Problematizing Modernity in International Relations*, in: *International Organization* 47, 1/1993.

Sassen, S.: *The Global City*. Princeton/N.Y. 1991.
Dies.: *Losing Control? Sovereignty in an Age of Globalization*. New York 1996a.
Dies.: *The Spatial Organization of Information Industries. Implications for the Role of the State*, in: Mittelman, J. (Hg.): *Globalization: Critical Reflections*. London 1996b.
Schmidtke, O.: *Politics of Identity*. Sinzheim 1996.
Soja, E.: *Thirdspace*. Cambridge/Mass. 1996.
Somers, M./Gibson, G.: *Reclaiming the Epistemological »Other«: Narrative and the Social Constitution of Identity*, in: Chalhoun, C. (Hg.): *Social Theory and the Politics of Identity*. Oxford 1994.
Stolke, V.: *Kultureller Fundamentalismus*, in: Lindner, R. (Hg.): *Die Wiederkehr des Regionalen*. Frankfurt/M. 1994.
Taylor, P.: *The State as Container: Territoriality in the Modern World-System*, in: *Progress in Human Geography*, 18/1994.
Tölölyan, K.: *Rethinking Diaspora(s): Stateless Power in the Transnational Moment*, in: *Diaspora* 5, 1/1996.
Wacquant, L.: *The New Urban Color Line: The State and Fate of the Ghetto in Postfordist America*, in: Calhoun, C. (Hg.): *Social Theory and the Politics of Identity*. Oxford 1994.
Wallerstein, I.: *The National and the Universal: Can there be such a Thing as World Culture?*, in: King, A. (Hg.): *Culture, Globalization and the World-System*. Minneapolis 1996.
Young, P. (Hg.): *The Geography of Identity*. Ann Arbor 1996.

Michael Zürn
Politische Fragmentierung als Folge der gesellschaftlichen Denationalisierung?[1]

Die Ausweitung gesellschaftlicher und wirtschaftlicher Handlungszusammenhänge über die politischen Grenzen des Nationalstaates hinaus – also das, was häufig Globalisierung genannt wird – ruft politische Integration jenseits des Nationalstaates und politische Fragmentierung innerhalb des Nationalstaates hervor. Mit dem Teil dieser These, der auf das Verhältnis von Globalisierung und politischer Fragmentierung abzielt, möchte ich mich im folgenden näher auseinandersetzen.

Der Begriff der »Globalisierung« geht allerdings zu weit. Viele soziale Handlungszusammenhänge überschreiten zwar nationale Grenzen, sind aber weder global, noch läßt sich überall eine Entwicklung hin zur Globalität beobachten. Vielmehr zeichnen sich neue Grenzen der sozialen Räume am Rande der OECD-Welt ab. Im Sachbereich Wirtschaft ist dies besonders deutlich. Grenzüberschreitender Handel findet primär zunächst innerhalb der drei großen Handelsblöcke – EU/EFTA, NAFTA und ASEAN – statt. 84% des Welthandels vollziehen sich zwischen Ländern, in denen ca. 28% der Weltbevölkerung wohnen. Noch deutlicher ist der OECD-Fokus im Bereich der Direktinvestitionen. Über 91% aller Auslandsdirektinvestitionen wanderten zwischen 1980 und 1991 in die OECD-Länder und die zehn wichtigsten Schwellenländer (Hirst/Thompson 1996, S. 67).[2] Die Kommunikationsflüsse weisen eine ähnliche OECD-Zentriertheit auf. Es wäre also unpräzise, von einer Globalisierung zu sprechen. Angemessener erscheint mir daher der Begriff der »gesellschaftlichen Denationalisierung«. Entscheidend ist dann, ob sich verdichtete soziale Handlungszusammenhänge jenseits der nationalstaatlichen

---

[1] Dieser auf der Bielefelder Konferenz vorgetragene Beitrag ist in etwas veränderter Form auch in Zürn 1998, S. 256-287, erschienen.
[2] Bei dieser Rechnung sind nur die wichtigsten Küstenprovinzen Chinas, nicht aber das gesamte China als »Schwellenland« berücksichtigt. Wenn China als ganzes mitgerechnet wird, steigt der Anteil am Welthandel marginal, der Anteil der Bevölkerung jedoch um 15%.

Grenzen bilden. Falls sich darüber hinaus im Einzelfall tatsächlich ein Trend zur Globalität ausmachen läßt, kann dies problemlos als ein Spezialfall der allgemeineren gesellschaftlichen Denationalisierung verstanden werden. In dieser Sichtweise ist also die grenzüberschreitende Verschmutzung des Rheins ebenso eine Erscheinung der gesellschaftlichen Denationalisierung wie die Erderwärmung, obgleich das Klimaproblem im Gegensatz zur Rheinverschmutzung ein wahrhaft globales ist. Gesellschaftliche Denationalisierung bezeichnet demnach die Ausdehnung der Grenzen von verdichteten sozialen Handlungszusammenhängen – dem Ort, an dem eine signifikante Reduktion in der Häufigkeit und Intensität einer gegebenen Interaktion auftritt – jenseits der Grenzen von nationalen Gesellschaften, ohne gleich global sein zu müssen. Gesellschaftliche Denationalisierung kann *operational definiert* werden als *die relative Zunahme der Intensität und der Reichweite grenzüberschreitender Austausch- oder Produktionsprozesse in den Sachbereichen Wirtschaft, Umwelt, Gewalt, Mobilität sowie Kommunikation und Kultur.* Gesellschaftliche Denationalisierung ist damit eine Variable, die je nach betrachtetem Sachbereich und je nach betrachtetem Land unterschiedliche Werte annehmen kann.

Die unmittelbare Folge von gesellschaftlicher Denationalisierung ist die Auflösung der Kongruenz von politischen und sozialen Räumen. In Abwesenheit dieser Kongruenzbedingung verliert das Regieren jedoch an Effektivität. Wenn die politischen Räume kleiner sind als die verdichteten gesellschaftlichen Handlungszusammenhänge, greifen viele politische Regelungen nicht mehr. Die australische Regierung kann die hohe Hautkrebsrate im Land nicht durch ein nationales Verbot von ozonzerstörenden FCKW-Stoffen senken. Zwar lassen internationale Institutionen wie das sog. Ozonregime – also der Versuch, die Reichweite der politischen Regelungen den realen gesellschaftlichen Handlungszusammenhängen anzupassen – manches wieder bearbeitbar werden, was außerhalb der Reichweite von nationalstaatlichem Regieren liegt, sie weisen aber auch gewichtige Schwächen auf. Die Defizite in der Zielerreichung des Regierens können hiermit nur unvollständig aufgefangen werden. Die Defizite zeigen sich beispielsweise im Bereich der Sozialpolitik und auch daran, daß die Anzahl der Menschen in der OECD-Welt, die zumindest in materieller Hinsicht an den Rand der Gesellschaft gedrängt sind, heute viel höher ist als zur Blütezeit des demokratischen Wohlfahrtsstaates. Der Anstieg der Armutsquote in den letzten Jahren zeigt dies materiell an, der Autoaufkleber »Eure Armut kotzt mich an« (vgl. Hengsbach/Möhring-Hesse 1995) in psychischer Hinsicht. Das ist ein Ausdruck von zunehmender politischer Fragmentierung als Gegenentwicklung zur gleichzeitigen politischen Integration.

Politische Fragmentierung bezeichnet einen Prozeß, bei dem sich die Gültigkeitsreichweite von politischen Regelungen und der sie tragenden politischen Organisationen reduziert und mithin die Inklusivität politischer Gemeinschaften untergraben wird. Unter politische Fragmentierung fallen alle politischen Aktivitäten, die beabsichtigt oder tatsächlich auf die Auflösung oder Verkleinerung bisher integrierter politischer Gemeinschaften zielen, sei es durch räumliche Sezession oder durch personale Exklusion. Insofern ist die materielle Verarmung von Individuen mit beschränkter Leistungsfähigkeit eine Form der politischen Fragmentierung, da ihnen die sozialen Rechte verweigert werden, die notwendig sind, um als Teil einer Gemeinschaft gelten und wirken zu können (vgl. Marshall 1992). In diesem Fall ergibt sich politische Fragmentierung als ungewolltes (allerdings billigend in Kauf genommenes) Nebenprodukt von Politiken, zu denen sich Entscheidungsträger aus anderen Gründen gezwungen sehen.

Die im folgenden zu betrachtenden Komponenten der Fragmentierung beinhalten einen *gewollten* Angriff auf existierende politische Gemeinschaften und Organisationen. Es formieren sich soziale Kräfte, die Teile aus der Gemeinschaft ausschließen und dabei die zivilbürgerliche durch eine ethnisch begründete Identität ersetzen wollen (Rechtsextremismus), und soziale Bewegungen, die eine territoriale Abspaltung aus der Gemeinschaft anstreben und dabei eine partikulare regionale Identität (sei sie zivilbürgerlich oder ethnisch konstruiert) hervorheben (Regionalismus).

Bei der anschließenden Analyse über den Zusammenhang von gesellschaftlicher Denationalisierung und politischer Fragmentierung versuche ich die folgenden Fragen zu klären:
1. Haben die gewollten Formen der politischen Fragmentierung tatsächlich parallel zur gesellschaftlichen Denationalisierung zugenommen (Abschnitt 1)?
2. Mittels welcher Mechanismen ergibt sich ein kausaler

Nexus zwischen gesellschaftlicher Denationalisierung und gewollter politischer Fragmentierung (Abschnitt 2)?

3. Was kann darüber hinaus an empirischen Belegen dafür angeführt werden, daß diese Kausalmechanismen tatsächlich diejenigen sind, die für die Zunahme gewollter Fragmentierung (mit)verantwortlich sind (Abschnitt 3)?

1. Zur Makrokorrelation von gesellschaftlicher Denationalisierung und gewollter politischer Fragmentierung

Eine systematische Betrachtung der Entwicklung gesellschaftlicher Denationalisierung kommt zu folgendem Befund:[3] Bei der gesellschaftlichen Denationalisierung handelt es sich um einen vielfach unterbrochenen und je nach Problem und Land differenzierten Prozeß, der historisch weit zurückreicht. Zugespitzt kann jedoch gesagt werden, daß ab Ende der achtziger Jahre eine Art Denationalisierungsschub einsetzt, bei dem insbesondere die grenzüberschreitende *Produktion* (im Gegensatz zu einfachem Austausch) von *goods* und *bads* rapide zunimmt. In der Tendenz trifft dieses Muster auf alle Länder im Kern der OECD-Welt zu. Gleichwohl bestehen deutliche nationale Unterschiede fort.

Es stellt sich somit die Frage, ob ein ähnliches Entwicklungsmuster bei den unterschiedlichen Formen der gewollten politischen Fragmentierung zu beobachten ist. Die offensichtlichste Form einer beabsichtigten Fragmentierung liegt dann vor, wenn regional oder ethnisch definierte Gruppen sich aus einem nationalstaatlichen Zusammenhang ganz oder teilweise herauslösen wollen. Derartige Sezessions- oder Autonomiebestrebungen haben in den letzten Jahrzehnten nicht nur im ehemaligen sowjetischen Einflußbereich, sondern weltweit und auch in der OECD-

---

3 Die Daten sind im Rahmen eines von der Deutschen Forschungsgemeinschaft geförderten Projektes, das am Institut für Interkulturelle und Internationale Studien (InIIS) unter meiner Leitung durchgeführt wird, erhoben worden. Die gesamten Befunde sind in Beisheim/Dreher/Walter/Zangl/Zürn 1999 publiziert. Dort finden sich auch die Quellen zu den Daten und Ausführungen zur Datenlage und Meßproblemen. Sofern nicht anders gekennzeichnet, kommen alle Daten in diesem Beitrag von dort. Es gelten die folgenden Länderabkürzungen: CA = Kanada, DE = Deutschland, FR = Frankreich, GB = Großbritannien, IT = Italien, US = USA.

Welt zugenommen. In den westlichen Demokratien insgesamt sind heute ungefähr 35 regionale oder ethnische Gruppen mit politischen Zielsetzungen aktiv (vgl. Schultze/Sturm 1992, S. 408; Coakley 1992b als Überblick). Die vier wichtigsten Bewegungen in den hier näher untersuchten G-6-Ländern (G-7 ohne Japan) sind:

– In der Region Québec erreichte der Parti Québécois 1981 mit 49,3 % einen Höhepunkt, sank auf unter 40 % zum Ende der achtziger Jahre und erreichte 1994 wieder knapp 45 %.

– In Schottland erzielte die Scottish National Party (SNP) 1974 ihr bestes Ergebnis mit 30,4 %. Der Stimmenanteil fiel 1983 auf 11,8 %, um danach wieder kontinuierlich bis auf 22 % (1997) anzusteigen.

– Eine parallele Entwicklung wie im Falle der SNP läßt sich im Falle der Plaid Cymru in Wales beobachten (1974 = 10,8 %; 1987 = 7,3 %; 1997 = 10 %).

– In Italien erzielte die Lega Nord erst in den neunziger Jahren substantielle Erfolge und erhielt 1996 10,1 % der Stimmen im ganzen Land.

Offensichtlich nimmt die Stärke der regionalistischen Bewegungen in diesen Fällen ab Ende der achtziger Jahre wieder deutlich zu. Demgegenüber sind einige andere regionalistische Bewegungen wie die Korsen und Bretonen in Frankreich, die Mitte der siebziger Jahre gleichfalls recht präsent waren, nicht wiedererstarkt. Der Befund kann somit wie folgt zusammengefaßt werden: Kaum stärker geworden sind in den letzten zehn Jahren die regionalistischen Bestrebungen, die sich gegen evidente wirtschaftliche Benachteiligungen gerichtet haben und den Nationalstaat für ihre wirtschaftliche Rückständigkeit verantwortlich gemacht haben. Stärker geworden bzw. erst entstanden sind hingegen die regionalistischen Bestrebungen, die eine wie auch immer geartete Autonomie gegenüber dem Nationalstaat erwirken wollen, ohne daß sie vom Standpunkt der evidenten wirtschaftlichen Diskriminierung aus agieren müssen. Idealtypisch (und nicht die Ausnahme) für den neuen Regionalismus scheint mithin die Lega Nord zu sein. In der Summe heißt das: »From the late 1980s, however, there has been a new wave of regionalism« (Keating 1996, S. 5).

Politische Fragmentierung zeigt sich außerdem im neuerlichen Aufstieg *rechtsextremer Parteien,* der gleichfalls seit Mitte der achtziger Jahre zu beobachten ist. Das Programm all dieser Parteien stimmt in mindestens zwei Punkten überein: Sichtbare Minderheiten werden (allerdings mehr oder weniger offen) aus der nationalen politischen Gemeinschaft zugunsten einer ethnischen Definition von Nation ausgeschlossen. Im charakteristischen Unterschied zu regionalistischen Bewegungen wird hier die Einbindung in Integrationsprozesse jenseits des Nationalstaates abgelehnt. Diese Parteien sind mithin Ausdruck von stärker werdenden sozialen Kräften, die offen für die politische Fragmentierung eintreten (vgl. Husbands 1992). Gleichwohl scheint es notwendig, auch innerhalb dieser Gruppe eine Feinunterscheidung zu treffen. Zum einen gibt es Parteien, die sich im wesentlichen auf die Thematik der Immigration beschränken und in Ideologie und Organisation an den faschistischen Vorbildern orientieren. Idealtypen für diese *neofaschistischen Parteien* stellen die DVU hierzulande und die *National Front* in Großbritannien dar. Zum anderen gibt es *rechtspopulistische Parteien*, die neben einer verschärften Immigrationspolitik sowie *Law-and-order*-Forderungen gleichzeitig für eine Entmachtung der »korrupten politischen Klasse« in den Altparteien zugunsten der einfachen, arbeitenden Bevölkerung sowie für Steuerkürzungen eintreten und insofern ethnonationalistische Elemente mit neoliberalen Programmpunkten vermengen. In den G-6-Ländern sind die Republikaner in Deutschland, Le Pens Front national, die Forza Italia und die neue Alleanza Nazionale in Italien, die kanadische Reform Party sowie Ross Perot und Pat Buchanan in den USA Vertreter dieser rechtspopulistischen Richtung, während die Lega Nord einen Zwitter von regionalistischer und rechtspopulistischer Partei abgibt (vgl. Woods 1992, 1995). Sicherlich unterscheidet sich das konkrete Mischungsverhältnis von neoliberalen und ethnonationalistischen Elementen bei den genannten Parteien sehr deutlich. So liegen beispielsweise hinsichtlich offenem und unterschwelligem Rassismus zwischen dem fremdenfeindlichen Le Pen und Ross Perots Plattform Welten. Bei den deutschen Republikanern ist wiederum das neoliberale Element kaum erkennbar. Dennoch kann die neue populistische Rechte in ihrer Gesamtheit durchaus als autoritäre Gegenbewegung zu den neuen Parteien am antiautoritären Pol gesehen werden (Taggart 1995, S. 38).

Anders als in den neofaschistischen Parteien, die in den letzten zwei Jahrzehnten keine anhaltenden Erfolge verbuchen konnten, sind die Erfolge der rechtspopulistischen Parteien gerade während der letzten zehn Jahre größer und v. a. nachhaltiger. Le Pen in Frankreich hat zum ersten Mal 1986 bei den nationalen Parlamentswahlen fast zehn Prozent erreicht und sich inzwischen sowohl bei Präsidentschafts- als auch Parlamentswahlen bei 15% eingependelt. Die Alleanza Nazionale konnte 1994 sogar zusammen mit der Forza Italia und der Lega Nord vorübergehend eine Drei-Parteien-Regierungskoalition bilden. Bei den Wahlen 1996 konnten die Alleanza und die Lega Nord ihre Ergebnisse weiter verbessern, während allerdings Berlusconis Forza Italia deutliche Einbußen hinnehmen mußte. Die Republikaner hierzulande konnten zumindest bei Landtagswahlen einige spektakuläre Erfolge erreichen: In Baden-Württemberg kamen sie bei den Landtagswahlen sowohl 1992 als auch 1996 auf über neun Prozent. In den USA erzielte Ross Perot bei den Präsidentschaftswahlen 1992 mit 18,9% der Stimmen das beste Ergebnis eines dritten Kandidaten seit 1912, und der republikanische Vorwahlkampf von Pat Buchanan im Jahr 1996 hat gezeigt, daß es in den USA unabhängig von Perot ein großes rechtspopulistisches Potential gibt. In Kanada schließlich erreichte die Reform Party bei den Wahlen 1993 mit 18,7% der Stimmen 52 Sitze und 1997 mit 19,3% der Stimmen gar 60 Sitze. Mit anderen Worten: Rechtspopulistische Parteien können seit Ende der achtziger Jahre bemerkenswerte Wahlerfolge aufweisen.

Dazu paßt, daß die gewalttätigen Anschläge gegen Bürgerinnen und Bürger mit sichtbar anderen ethnischen Ursprüngen als die Mehrheit der Bevölkerung (*visible minorities*) gleichfalls zugenommen haben. Diese Anschläge zielen darauf ab, einem Teil der in einem Land lebenden Menschen den Zutritt zur Gemeinschaft zu verwehren bzw. sie aus der Gemeinschaft gewaltsam auszuschließen – politische Fragmentierung *par excellence*. 1993 gab es in der Bundesrepublik über 2 000 Anschläge gegen sichtbare Minoritäten und damit mehr als zehnmal soviel wie noch vor zehn Jahren. Fremdenfeindliche Ausschreitungen sind aber keinesfalls auf die Bundesrepublik beschränkt. Die Toten, die es bei rechtsextremen Anschlägen gegen nordafrikanische Immigranten in Frankreich gegeben hat, übersteigen die entsprechenden Zahlen in der Bundesrepublik. Gegenüber 1979 haben sich die rassistisch motivierten Vorfälle in Großbritannien verdreifacht und erreichten 1995 den Spitzenwert von 11 878 (die Zahl ist nicht direkt vergleichbar mit den 2 000 deutschen Anschlägen). Auch in Italien ereignen sich seit dem Sommer 1989 fremdenfeindliche Anschläge. Die herausragenden Ereignisse sind hier der Überfall auf Zigeunerlager durch die »Fiat-Uno«-Bande (Ende 1990) sowie ein Brandanschlag auf provisorische Behausungen im Januar 1991 bei Caserta. In den Ländern also, die sich traditionell als die treibende Kraft der menschlichen Zivilisation verstanden haben, sind in den letzten zehn bis 15 Jahren wieder vermehrt barbarische Züge offenbar geworden.

Insgesamt kann festgehalten werden, daß fraglos eine Makrokorrelation zwischen gesellschaftlicher Denationalisierung und politischer Fragmentierung besteht. Regionalistische Bewegungen, rechtspopulistische Parteien und fremdenfeindliche Anschläge haben seit den späten achtziger Jahren deutlich zugenommen. Darüber hinaus fällt auf, daß die erfolgreiche Mobilisierung von regionalistischen und rechtsextremen Gruppen mit einem Wandel im Charakter dieser Gruppen einhergeht. Die Kräfte der politischen Fragmentierung sind also seit ca. einem Jahrzehnt nicht nur wiedererstarkt, sondern erscheinen auch modernisiert.

2. Wie Denationalisierung zu politischer Fragmentierung führen kann

Läßt sich der aufgrund der Korrelation vermutete Wirkungszusammenhang zwischen gesellschaftlicher Denationalisierung und politischer Fragmentierung durch ein plausibles Erklärungsmodell abstützen? Führte der beobachtete gesellschaftliche Denationalisierungsschub in der OECD-Welt tatsächlich zum Wiedererstarken von Bewegungen, die auf fragmentative Formen von kollektiven Identitäten zielen? Die Ausgangshypothese bei der Bearbeitung dieser Fragen lautet, daß infolge der gesellschaftlichen Denationalisierung ein neuer Typus von regionalistischer Bewegung und ein neuer Typus von rechtsextremer Partei an Bedeutung gewonnen haben. Beim neuen Regionalismus steht weniger die Beseitigung von evidenten politischen und wirtschaftlichen Diskriminierungen im Vordergrund als vielmehr die Lösung aus nationalen politischen Zusammenhängen mit dem Ziel, eine bereits günstige wirtschaftliche Position weiter zu verbessern. Die neuen rechtspopulistischen Parteien schreiben nicht bloß neofaschistische Programmatiken fort, sie sind vielmehr integraler Bestandteil der neuen Politik, bei der weniger das alte Rechts-Links-Schisma als vielmehr Fragen wie Selbstverwirklichung, Identität, Ökologie und Partizipation in den Mittelpunkt der politischen Auseinandersetzung rücken.

Die Ausgangshypothese besagt nicht, daß gesellschaftliche Denationalisierung notwendigerweise die originäre, geschweige denn die einzige Ursache für die Ausbildung einer bestimmten regionalistischen Bewegung oder den Erfolg einer bestimmten rechtspopulistischen Partei mit ethnonationalistischer Ausrichtung ist. Gesellschaftliche Denationalisierung verändert die Opportunitätsstrukturen, unter denen sich bestimmte, möglicherweise bereits vorhandene Gemeinschaftsorientierungen bzw. Gruppenidentitäten (also Handlungsorientierungen) manifestieren. Der Einfluß gesellschaftlicher Denationalisierung besteht *vermittelt*, indem sie Elemente eines Nährbodens für politische Fragmentierung schafft.

Als Folge der gesellschaftlichen Denationalisierung unterschreitet zum einen die Gültigkeitsreichweite der nationalstaatlichen Regelungen die realen Grenzen des zu regelnden Handlungszusammenhangs. Die Ausweitung von sozialen Handlungszusammenhängen über nationale Grenzen hinweg reduziert die Wirksamkeit nationalstaatlicher Politiken und führt zu einer verringerten Leistungsfähigkeit von nationalen politischen Einheiten. Die reduzierte Effektivität nationaler Politiken wird partiell durch die Errichtung internationaler Institutionen aufgefangen. Als Folge der zunehmenden Verlagerung von politischen Entscheidungen in internationale Institutionen tritt dann andererseits das Problem auf, daß Ohnmachtgefühle in einer komplexer werdenden Welt den Wunsch nach überschaubaren und homogenen kollektiven Identitäten und politischen Einheiten nähren.[4] Diese beiden nur grob angedeuteten Wirkungspfade können ausdifferenziert werden.

a) Politische Fragmentierung als Ruf nach politischem Schutz in einer rauhen Welt: Die Ziele des Regierens lassen sich auf der nationalstaatlichen Ebene nur noch ungenügend erreichen. Im Ergebnis heißt das, daß die Vorteile und Renten, die sich mittels

---

4 Diesen Prozeß der ungleichzeitigen Denationalisierung, seine politischen Konsequenzen und die Chancen der politischen Gestaltung analysiere ich ausführlich in Zürn 1998.

staatlicher Eingriffe in Marktprozesse ergeben, knapper werden. Diese Vorteile und Renten sind aber immer schon eine wichtige Quelle von Nationalismus gewesen (Snyder 1991, S. 81). Dabei sind zwei Formen der politischen Fragmentierung als Antwort denkbar: Sowohl die Wiederbelebung der Nation durch deren Radikalisierung und Ethnisierung (Rechtsextremismus) als auch die Suche nach anderen kollektiven Einheiten, die diese Leistungen ersatzweise erbringen und gleichzeitig eine kollektive Identität zum Ausdruck bringen können (Regionalismus).

Mit Blick auf die OECD-Welt ist es aus dieser Sicht nicht der komplette Zusammenbruch des Nationalstaates, sondern die wahrgenommene Unterhöhlung der Institutionen und Leistungen des demokratischen Wohlfahrtsstaates, die zur politischen Fragmentierung führt. Dabei ist insbesondere auf die Gruppe der Denationalisierungsverlierer hinzuweisen. Die wirtschaftliche Denationalisierung beschleunigt den ökonomischen Strukturwandel und erhöht somit die Anzahl der Personen, die sich materiell verschlechtern, Arbeitsplatzverlust und Ortswechsel in Kauf nehmen müssen. Ethnonationalismus und Ethnopolitik erwächst aber »[...] in the context of social dislocation that is associated with the process of modernization« (Coakley 1992a, S. 215), und zwar insbesondere dann, wenn die nationalen Regierungen sich nicht in der Lage sehen, die Verlierer vor den negativen Effekten des Wandels zu schützen (vgl. Heitmeyer 1994; Horsman/Marshall 1995, S. 174). Wichtig ist dabei, daß im Zuge der gesellschaftlichen Denationalisierung und des verschärften Standortwettbewerbs Klassenkonflikte zugunsten von ethnischen und rassistischen Konfliktlinien an Bedeutung verlieren. Indem sie die Effektivität nationalstaatlicher Wirtschafts- und Sozialpolitiken reduziert und den Standortwettbewerb verschärft, schafft die gesellschaftliche Denationalisierung Bedingungen, die den Konflikt zwischen Kapital und Arbeit im nationalen Rahmen zurücktreten läßt und somit Raum für ethnonationalistische oder ethnopolitische Konflikte schafft (Gellner 1994, S. 1-19; Wieviorka 1995, S. 81).

In diesem Umfeld lassen sich zum einen leicht rechtsextreme Ideologeme aufbauen und verbreiten, die *visible minorities* sowohl als Ursache der erhöhten Unsicherheit als auch als Ursache für die reduzierte Leistungsfähigkeit des Wohlfahrtsstaates ausmachen und somit die »Bereinigung« der Nation vom Fremden als Lösung der Probleme vorgaukeln. Als ökonomisch meist unterprivilegierte Gruppen erhalten *visible minorities* einen gewissen Anteil der wohlfahrtsstaatlichen Leistungen und lassen sich somit als Ursache der leeren Staatskassen stilisieren. Gleichzeitig ist *ceteris paribus* die Kriminalitätsneigung bei Mitgliedern einer ökonomisch unterprivilegierten Gruppe höher, was sie als Ursache erhöhter innergesellschaftlicher Unsicherheit erscheinen läßt. Ein und dieselbe Gruppe kann somit als Ursache der beiden Hauptprobleme des nationalstaatlichen Regierens ausgemacht werden. Rechtsextreme Parteien nutzen diese Gelegenheit teils unterschwellig, teils offen und erhalten dadurch eine überproportionale Unterstützung durch (potentielle) Denationalisierungsverlierer. In der Tat sind in den Großstädten der Bundesrepublik die Erfolge rechtsextremer Parteien in sozialen Problemvierteln mit hoher Arbeitslosigkeit, hohem Ausländeranteil und niedrigem Ausbildungsniveau hoch, während auf dem Land v. a. industrialisierte Gebiete mit unterdurchschnittlichen Einkommen rechtsextrem wählen. Jürgen Falter (1994, Kap. 4) sieht als Resultat seiner Studie *Wer wählt rechts?* die Modernisierungsverliererthese auch »voll und ganz bestätigt«.

Zum anderen kann der Widerspruch zwischen erhöhter Nachfrage nach staatlichem Schutz und verringerter Fähigkeit des Nationalstaates, diesen Schutz zu erbringen, auch zugunsten von regionalistischen Bewegungen greifen, wenn diese neben erfolgreichen ökonomischen Sektoren auch von staatlichen Schutzmaßnahmen abhängige Problemsektoren beinhalten. So war beispielsweise die Kritik an den Thatcherschen Kürzungen bei den Staatsausgaben in Schottland besonders lautstark. Während die Krise des Wohlfahrtsstaates ausreicht, um rechtsextreme Wählerpotentiale zu generieren, profitieren regionalistische Bewegungen eher von einer umfassenden Krise des nationalen politischen Entscheidungssystems. Die nachlassende Fähigkeit des Nationalstaates, bestimmte Leistungen zu erbringen, schwächt letztlich die Befürworter einer Integration in den Nationalstaat. Zentral für die Stärke der regionalistischen Bewegung wird die Bedeutung der nachlassenden nationalstaatlichen Effektivität aber v. a. dann, wenn sich auf der Ebene jenseits des Nationalstaates eine alternative Quelle für politisch erreichbare Ressourcen auftut. Beispielhaft ist hier Katalonien, das einerseits von den Europäischen Regionalfonds profitiert (0,5 Mrd. ECU zwischen 1989 und 1993) und andererseits mit Jordi Pujol eine Führungspersönlichkeit besitzt, die als Vorsitzender des Ausschusses der Regionen und als Mitinitiator des »4 Motoren Abkommens« (mit Rhônes-Alpes, Baden-Württemberg und der Lombardei) äußerst rührig ist (vgl. Petschen 1996).

(b) Politische Fragmentierung als Folge des transnationalen Abbaus kultureller Differenzen: Mit der abnehmenden Fähigkeit des Nationalstaates, die transnationalen Informationsflüsse zu kontrollieren, verbindet sich die Tendenz, daß die Unterschiede zwischen nationalen Kulturen verringert bzw. durch die Ansätze einer transnationalen Konsumentenkultur *(consumerism)* zugedeckt werden. Diese Entwicklung kann sich leicht in eine verstärkte Betonung kultureller Differenzen innerhalb des Nationalstaates übersetzen. In dem Maße, wie die globalen Kommunikationszusammenhänge in der Tendenz die realen Differenzen zwischen »Wir-Gruppen« auflösen, sucht das verbleibende »Wir-Bedürfnis« neue Bindungen (Beck 1993, S. 121-22; Hassner 1993, S. 131). Im Ergebnis entsteht ein »Narzißmus der kleinen Differenzen« (Freud), bei dem lokale oder ethnische Besonderheiten zu verschiedenen kulturellen Welten hochstilisiert werden.

In einer Welt signifikanter kultureller Unterschiede zwischen Nationen konnten geringe kulturelle Unterschiede innerhalb von Nationen kaum politisch wirksam werden. Die »Meta-Kontraste« zwischen den Nationen waren zu deutlich. In einer kulturell zunehmend homogenisierten Welt hingegen lassen sich auch kleine kulturelle Unterschiede politisch beleben und in Autonomie- und Separationsbestrebungen überführen.[5] In den Worten von Perry Anderson: »*Uneven* economic development« gave one impulse to regional identification; *too even* cultural development gave another« (Anderson 1994, S. 11). Je weiter der Prozeß der gesellschaftlichen Denationalisierung im Sachbereich der Kommunikation voranschreitet, desto schicker wird die Betonung regionaler Besonderheiten. So haben sich in dem Maße lokale Dialekte in der Öffentlichkeit wieder etablieren können, wie sich Englisch als globale *lingua franca* durchsetzte.

In ähnlicher Weise profitiert der Rechtsextremismus vom Narzißmus der kleinen Differenzen. So richtet sich die Ausländer-

---

5 Diese These folgt unmittelbar aus der soziologischen Einsicht, daß sich eine Gemeinschaftsbildung meist in Abgrenzung zu einer anderen Gruppe ergibt. Vgl. Elias 1987 (S. 305) sowie Estel 1994.

feindlichkeit nicht unmittelbar gegen die »Neuankömmlinge«, sondern vielmehr gegen die *visible minorities*, ganz gleich wie lange sie schon im Land sind. Die naturalisierten Franzosen aus Nordafrika, die in der zweiten Generation in Frankreich leben, sind Opfer von Anschlägen, auch wenn sie gesellschaftlich integriert sind. Ähnliches läßt sich über Türken sagen, die schon Jahrzehnte in der Bundesrepublik leben.

(c) Politische Fragmentierung als Folge des Demokratiedefizits: Infolge der gesellschaftlichen Denationalisierung vergrößert sich die Bedeutung von internationalen Institutionen. Das führt zur weiteren Unübersichtlichkeit und Komplexität der Politik und dadurch zu einer Reduzierung demokratischer Kontroll- und Einflußmöglichkeiten, insbesondere solange keine befriedigenden Mechanismen zur Demokratisierung internationaler Institutionen geschaffen werden. Die realen Grundlagen einer zivilbürgerlichen Konstituierung der nationalen Identität sind nicht mehr erfahrbar, was diese deutlich schwächt. Gleichzeitig werden fragmentative Identitäten gestärkt. In einer Welt, in der die Zuordnung einzelner Politikentscheidungen zu bestimmten RepräsentantInnen und Parteien nicht mehr gelingt, liegt es nahe, zum Feindbild der politischen Klasse zu greifen – die ist aber nicht abwählbar. Bei den einzelnen Bürgerinnen und Bürgern kann dies eine Zunahme von Ohnmachtgefühlen gegenüber einer als einheitlich wahrgenommenen politischen Klasse in den Hauptstädten der OECD-Welt erzeugen, die sich leicht in politische Apathie, Politikverdrossenheit und die Unterstützung für rechtsextreme Protestparteien übersetzen (Beyme 1994). Auch regionalistische Autonomiebewegungen werden durch diesen Mechanismus ermutigt, da mit der Stärkung internationaler Institutionen einerseits der Anreiz wächst, unmittelbar, ohne Vermittlung über den Nationalstaat, Einfluß auf die internationalen Politiken zu nehmen und die Vereinbarungen dann auf regionaler Ebene umzusetzen und sie andererseits gerade dadurch als »bürgernäher« wahrgenommen werden (Horsman/Marshall 1995, S. 224).

d) Rechtsextremismus als Folge gewachsener Immigration: Die gesellschaftliche Denationalisierung impliziert eine gestiegene Durchlässigkeit der nationalen Grenzen. Neben Waren, Zahlungsmitteln, Schadstoffen, Informationen und Bedrohungen überschreiten auch Menschen in wachsender Zahl die Grenzen zwischen zwei Nationalstaaten. In allen hochentwickelten

Industrienationen haben seit Mitte der siebziger Jahre zwei Entwicklungen ineinandergegriffen, die Immigration erst zum Problem werden ließen. Zum einen begannen die Arbeitsplätze auch in den Einwanderungsländern knapp zu werden. Wachsende Arbeitslosigkeit und soziale Marginalisierung riefen eine erste Welle der Ausländerfeindlichkeit hervor, die von rechtsextremistischen Parteien (und in Frankreich auch von der kommunistischen Linken) im Wahlkampf instrumentalisiert wurden. In Reaktion auf diese Entwicklungen ergriffen die europäischen Regierungen in der ersten Hälfte der siebziger Jahre Maßnahmen, um die Zuwanderung zu bremsen. Die neuen Zuwanderungsgesetze führten zwar zum Nachlassen der Wahlerfolge von Parteien mit ausländerfeindlichen Parolen, nicht aber zu einem Rückgang der Einwanderungszahlen, die teilweise sogar beschleunigt anstiegen (Betz 1994, S. 71). Zum anderen wuchs seit Mitte der achtziger Jahre, und in Europa insbesondere nach dem Ende des Ost-West-Gegensatzes, die Zahl der Menschen, die aufgrund der Asyl- und Flüchtlingsrechte in die westlichen Industriestaaten kamen, deutlich an. Allein in Westeuropa erhöhte sich die Zahl der Asylbewerber innerhalb von sechs Jahren zwischen 1983 und 1989 von ungefähr 70 000 auf beinahe 320 000 pro Jahr. Nach einer neuerlichen Welle von Gesetzesänderungen im Asyl- und Zuwanderungsbereich zu Beginn der neunziger Jahre sind die entsprechenden Zuwanderungszahlen wieder deutlich zurückgegangen.

Die Art und Weise, wie die Bevölkerungen in den westlichen Industrieländern auf die Zuwanderung in den letzten zwei Jahrzehnten reagiert haben, machte deutlich, daß ein intensivierter Kontakt zwischen unterschiedlichen Gruppen keinesfalls zu harmonischen Beziehungen führen muß. Zunächst wächst nämlich die Bewußtwerdung von kulturellen Differenzen (Connor 1994, S. 69), und zwar insbesondere dann, wenn die Einwanderer dank der neuen Informations- und Kommunikationstechnologien die Möglichkeiten haben, über lange Distanzen einen engen Kontakt zur Heimatkultur zu bewahren (Anderson 1994). Es sind zwei situationsspezifische, gleichsam zufällig parallel aufgetretene Bedingungen, die diesen Zusammenhang in den westlichen Industrieländern während der letzten zwei Jahrzehnte so stark akzentuiert haben.

– Laut Umfragedaten dominieren insbesondere zwei Ängste

bei der einheimischen Bevölkerung, die mit der Zuwanderung verbunden werden. Neben der Befürchtung, die eigene Arbeitsstelle an Einwanderer zu verlieren und gleichzeitig das nationale Wohlfahrtssystem zu unterminieren, ist in den letzten Jahren die Angst vor der Kriminalität deutlich angewachsen (Betz 1994, S. 88). Zweifelsohne haben auch realiter sowohl die Kriminalität als auch die Arbeitslosigkeit und die Schwierigkeiten des Wohlfahrtsstaates in den letzten zwei Jahrzehnten deutlich zugenommen, parallel mit der Zahl der Einwanderer. Obwohl einfache kausale Verbindungen zwischen der Zahl der Einwanderer und den Problemen der Arbeitslosigkeit, der Kriminalität sowie der Krise des Wohlfahrtsstaates gänzlich unangemessen sind, trägt der perzipierte Zusammenhang zur Fremdenfeindlichkeit bei.

– Zusätzlich gestärkt wird dieser Zusammenhang durch das Schüren von fremdenfeindlichen Einstellungen seitens politischer Gruppierungen, die aus den genannten Ängsten Stimmenkapital schlagen wollen; aber auch durch Regierungen, die sich gewisser Handlungskompetenzen beraubt sehen und ihre Position durch das Ausspielen der nationalen Karte stärken möchten (Kushnick 1995, S. 189). So erzielten die rechtsextremen Parteien gerade während Debatten über neue Einwanderungsgesetze, in denen die Ausländer auch von *mainstream*-Politikern unterschwellig immer wieder als Ursache von Problemen wie Arbeitslosigkeit und Kriminalität benannt wurden, die größten Wahlerfolge.

Kein Wunder also, daß Immigration das Thema *par excellence* für rechtsextreme Parteien ist. Rechtsextreme Parteien zielen auf die Stimme des »kleinen Mannes«, der nicht nur aufgrund seiner sozialen Lage froh ist, »Schuldige« für die eigene Lage vorgeführt zu bekommen, sondern auch aufgrund schlechterer Bildungsstandards große Schwierigkeiten hat, kulturelle Differenz auszuhalten und als bereichernd zu empfinden.

(e) Regionalismus als Folge der nachlassenden Bedeutung von wirtschaftlichen Grenzen: Die gesellschaftliche Denationalisierung und insbesondere der Abbau wirtschaftlicher Barrieren an den politischen Grenzen führen im Ergebnis dazu, daß die Bedeutung nationaler Wirtschaftsräume sinkt. Als sich das Prinzip der nationalen Selbstbestimmung als Teil der bürgerlichen politischen Theorie des 19. Jahrhunderts durchsetzte, wurde gleichsam selbstverständlich in Kategorien relativ großer Staaten gedacht.

»Kleinstaaterei« war ein durchweg negativ besetzter Begriff. Nur große Staaten konnten die ökonomischen Rahmenbedingungen bereitstellen, die sich das Bürgertum vom Nationalstaat versprach. Die Nationalstaaten wurden als Instrumente gesehen, um nationale Verkehrswirtschaften zu schaffen, um also die sozialen Handlungszusammenhänge vom Lokalen zum Nationalen zu bringen (Gellner 1991; Hobsbawm 1991, S. 30).

In dem Maße, wie sich nun die verdichteten sozialen Handlungszusammenhänge über die nationalen Grenzen ausdehnen, verliert der Nationalstaat seine privilegierte Stellung als Instanz der wirtschaftlichen Steuerung. Wenn der politische Raum den wirtschaftlichen Raum ohnehin unterschreitet, dann schlagen die Vorteile von dezentraler, regionaler Wirtschaftspolitik voll zu Buche. Statt makroökonomischer Steuerung der Volkswirtschaft und der Aufbauförderung von nationalen Industrien sind regionale Netzwerke mit endogenem Wachstumspotential gefragt (Sabel 1994, Kohler-Koch 1997). Mit der Denationalisierung der Wirtschaft verringert sich die Bedeutung nationaler Märkte insbesondere für kleine, aber ökonomisch erfolgreiche Regionen. Für diese Regionen besteht somit ein ökonomischer Anreiz, nach mehr Unabhängigkeit zu streben, um im globalen Wettbewerb der Standorte eine eigenständige, von nationalen Vorgaben befreite Politik betreiben zu können und um nationalen Redistributionspflichten zu entgehen. In diesem Zusammenhang kann im Anschluß an Tom Nairn (1977) von einer neuen Variante des Regionalismus gesprochen werden – *regionalism by trade* oder auch besitzstandsorientierter Regionalismus (Senghaas 1994, Kap. 3).

Der Anreiz, sich von den nationalstaatlichen Zwängen zu befreien, steigt weiter an, wenn jenseits des Nationalstaates negative Integration fest institutionalisiert ist. Negative Integration ist in der letzten Dekade nicht nur in Europa, sondern in der gesamten OECD-Welt vollzogen und gefestigt worden. Je stärker die grenzüberschreitende Verflechtung im Bereich der Wirtschaft realisiert und institutionalisiert ist, desto niedriger sind die Sezessionskosten. Das gilt besonders für wirtschaftlich leistungsstarke Gebiete, die bereits eng mit dem Ausland verflochten sind. Die abnehmende Bedeutung nationaler Märkte für ökonomisch erfolgreiche Regionen übersetzt sich freilich nicht in jedem Fall in starke Regionalismusbewegungen. Es müssen auch politische Bedingungen erfüllt sein. Derartige Besitzstandsregionalismen lassen sich dann am besten aktivieren, wenn die ökonomisch dynamische Region weder mit dem Zentrum der politischen Macht identisch ist noch eine weitreichende regionale Autonomie im Rahmen eines föderalen Systems besitzt.

3. Hypothesen zur politischen Fragmentierung im Zeitalter der Denationalisierung

Es besteht eine Korrelation auf der Makroebene zwischen gesellschaftlicher Denationalisierung und ethnischer Fragmentierung, und es lassen sich theoretisch plausible Kausalmechanismen dafür identifizieren, wie gesellschaftliche Denationalisierung zu ethnischer Fragmentierung führen kann. In einem letzten Schritt möchte ich nun die Überlegungen in überprüfbare Hypothesen überführen und gleichzeitig eine erste Plausibilitätsprüfung vornehmen, ob die Varianzen im Auftreten von politischer Fragmentierung durch diese Hypothesen erklärt werden können. Dabei werde ich mich im wesentlichen auf die G-6-Länder konzentrieren.

(a) Regionalistische Bewegungen: In dem betrachteten Raum sind ungefähr ein Dutzend regionalistischer Bewegungen aktiv, von denen die Norditaliener, Südtiroler und Sarden in Italien, die Québécois in Kanada, die Schotten, Waliser und Nordiren in Großbritannien sowie die Bretonen und Korsen in Frankreich die wichtigsten sind. Demgegenüber gibt es in Deutschland und den USA kaum bemerkenswerte regionalistische Bewegungen. Aus der Diskussion der Kausalpfade lassen sich für die Erklärung dieser Verteilung von regionalistischen Bewegungen vier Hypothesen ableiten:

1. Regionalistische Bewegungen sind in den neunziger Jahren dann stärker geworden, wenn ökonomisch dynamische Regionen bei ausgeprägten regionalen Ungleichheiten nicht mit dem politischen Zentrum identisch sind.

2. Regionalistische Bewegungen sind in den neunziger Jahren dann stärker geworden, wenn der Nationalstaat sich in einer umfassenden Krise befindet und die Regionen kein hohes Maß an politischer Autonomie im Rahmen eines föderalen Systems besitzen.

3. Regionalistische Bewegungen sind in den neunziger Jahren dann stärker geworden, wenn der Prozeß der gesellschaftlichen Denationalisierung im Sachbereich der Kultur und Kommunikation relativ stark zugenommen hat.

4. Regionalistische Bewegungen sind in den neunziger Jahren dann stärker geworden, wenn ein Land intensiv in marktschaffende internationale Institutionen eingebunden ist und internationale Institutionen quasistaatliche Ressourcen bereitstellen.

Auffällig ist zunächst, daß es in den Vereinigten Staaten keine relevante regionalistische Gruppe mit Autonomieforderungen gibt. Dieser Befund kann auf der Grundlage der vier Hypothesen auch wenig überraschen. Die USA sind ein föderales politisches System mit signifikanten Autonomierechten für die Einzelstaaten, mit in den letzten Jahren erstaunlichen wirtschaftlichen Erfolgen, einer vergleichsweise geringen kulturellen Denationalisierung[6] und einer verglichen mit den europäischen Ländern geringen Einbindung in internationale Institutionen. Es fehlen die Grundlagen für die Wahrnehmung kultureller Überfremdung und für die Wahrnehmung der Fremdbestimmung durch internationale Institutionen. Außerdem wirken die jüngsten Erfolge der amerikanischen Zentralregierung in der Wirtschaftspolitik und der ausgeprägte Föderalismus gegen das Aufkommen regionalistischer Bestrebungen.

Ähnlich arm an regionalistischen Bewegungen wie die USA ist die Bundesrepublik, obwohl einige der betrachteten Faktoren in Richtung auf etwas stärkere Autonomiebestrebungen hindeuten: Das Ausmaß der kulturellen Denationalisierung ist hoch und die Einbindung in internationale Institutionen ist stark ausgeprägt. Regionalistische Bewegungen können aber nicht entstehen, weil die regionalökonomische Homogenität in der Bundesrepublik extrem ausgeprägt ist – die Abweichung vom Durchschnittswert beträgt sowohl nach oben als auch nach unten weniger als zehn Prozentpunkte – und weil auch die Bundesrepublik eine stabile

---

6 Als Orientierung für das Ausmaß der kulturellen Denationalisierung ziehe ich den Anteil ausländischer Filme in Filmtheatern und das wertmäßige Importvolumen von »Printed Matter und Literature« heran (vgl. Abb. 1 und 2 im Anhang). Im Falle der USA liegt eine extrem geringe Denationalisierung der Filmindustrie (allerdings ist Hollywood selbst in gewisser Weise denationalisiert) und eine pro Kopf vergleichsweise geringe Importquote von Büchern vor.

föderale Struktur mit ausgeprägten regionalen Mitspracherechten besitzt.

In Frankreich gibt es im Gegensatz zur Bundesrepublik mit den Bretonen, den Okzitaniern und den Korsen regionale Bewegungen. Dabei handelt es sich jedoch durchweg um Regionen, die vom Standpunkt der kulturellen und sozioökonomischen Benachteiligung aus agieren und die im Zuge der gesellschaftlichen Denationalisierung auch kein neues Momentum gewinnen konnten. Die Abwesenheit eines Wachstums regionalistischer Bestrebungen liegt in Frankreich zum einen an der relativ hohen ökonomischen Homogenität – der einzige Ausreißer nach oben, die Ile de France, ist mit dem politischen Zentrum identisch – und zum anderen an der Dezentralisierungspolitik während der Präsidentschaft Mitterrands, die regionalistischen Bewegungen zumindest vorübergehend den Wind aus den Segeln genommen hat.

Den drei Ländern mit einem geringen Wachstum an regionalistischen Bewegungen in den letzten 20 Jahren stehen Italien, Großbritannien und Kanada gegenüber. Das stärkste Wachstum regionalistischer Bewegungen hat in den letzten zwei Jahrzehnten Italien erlebt. Selbst bei nationalen Parlamentswahlen liegt der Stimmenanteil für regionalistische Parteien inzwischen bei über zehn Prozent, während er noch bis zu Beginn der achtziger Jahre unter einem Prozent lag. Die stärkste dieser Parteien, die Lega Nord, strebt laut ihrem Führer Umberto Bossi die Teilung Italiens bis zum Jahre 2000 an (*Welt am Sonntag*, 23. 6. 1996, S. 3). Der extreme Bedeutungszuwachs von regionalistischen Bestrebungen in Italien kann tatsächlich auf die Faktoren zurückgeführt werden, die durch die gesellschaftliche Denationalisierung an Bedeutung gewonnen haben. Entscheidend ist dabei, daß Italien das Land mit den größten Wohlstandsunterschieden in der EU ist und diese Differenzen im letzten Jahrzehnt sogar noch zugenommen haben. Das Bruttoinlandsprodukt pro Kopf liegt in der Lombardei 34 % über dem EU-Durchschnitt, während es in Kalabrien 38 % darunter liegt. Nach der Lombardei sind mit nur geringem Abstand tatsächlich Valle D'Aosta und Südtirol – wo es gleichfalls regionalistische Bewegungen gibt – die reichsten Regionen. All diese Regionen besitzen zudem eine traditionelle Distanz zum Machtzentrum in Rom und sind nur unzureichend mit Autonomierechten ausgestattet. Hinzu kommt ein Zentralstaat, der in einer tiefen Krise steckt und wie wohl kein anderer in der engeren OECD-

Welt als defizitär wahrgenommen wird. Schließlich ist die Einbindung und auch das Vertrauen in marktschaffende internationale Institutionen sehr hoch, zumal auch die reicheren Regionen noch Ressourcen aus den Töpfen der EU abschöpfen können. Italien ist von der kulturellen Denationalisierung leicht überdurchschnittlich betroffen, wobei die Filmimporte relativ gesehen sehr stark zugenommen haben, während die Buchimporte auf einem sehr niedrigen Niveau angesiedelt sind. Entlang der meisten identifizierten erklärenden Variablen weist Italien also sehr hohe, nirgendwo unterdurchschnittliche Werte auf: Die Stärke des Regionalismus in Italien kann mithin kaum überraschen.

Die Situation in Großbritannien ist der in Italien nicht ganz unähnlich. Hinsichtlich der kulturellen Denationalisierung und der Einbindung in den Europäischen Binnenmarkt lassen sich keine großen Unterschiede ausmachen. Zwar steckt der britische Staat nicht als Ganzes in der Krise, die radikalen Einschnitte in den Thatcher-Jahren laufen aber auf eine weitgehende Rücknahme des Staates aus wirtschaftlichen Prozessen hinaus. Gleichzeitig wuchs die Bedeutung der Regionalfonds der EU. Innerhalb der betrachteten Länder hat Großbritannien zudem nach Italien das größte Wohlstandsgefälle. Im Unterschied zu Italien ist die reichste Region, der Südwesten Englands mit Greater London im Mittelpunkt, jedoch auch das politische Zentrum. Die schon lange Zeit zumindest latent vorhandenen Regionalbewegungen in Schottland und Wales haben dementsprechend als ökonomische Peripherie im Zuge der gesellschaftlichen Denationalisierung in ihrer Bedeutung zunächst abgenommen. In dieser Zeit zu Beginn der achtziger Jahre stellte sich in Anbetracht des Mangels an materiellen und personellen Ressourcen die Selbständigkeit von Wales bzw. Schottland als ökonomisch gefährlich dar. Inzwischen ist in diesen beiden Regionen allerdings die ökonomische Talsohle durchschritten. In Schottland haben sich inzwischen einige Wachstumsnetzwerke herausgebildet, die Region hat beim BIP pro Kopf aufgeholt und inzwischen den Landesdurchschnitt erreicht. In Wales haben sich die auswärtigen Direktinvestitionen zwischen 1988 und 1992 verachtfacht und die Region ist auf dem Wege in eine postindustrielle Zukunft. Kein Wunder also, daß die »frühen neunziger Jahre als Beginn einer neuen Phase regionaler Mobilisierung angesehen werden ›können‹« (Loughlin/Matthias 1996, S. 64).

In Kanada ist Québec ähnlich wie Schottland und Wales nicht eine Region mit einem deutlich überdurchschnittlichen BIP pro Kopf. Sie weist jedoch gleichfalls starke Wachstumssektoren auf und kann in der Tendenz als eine der Gewinnerregionen des wirtschaftlichen Strukturwandels in Kanada angesehen werden, was sich nicht zuletzt in der Unterstützung der NAFTA – die internationale Institution, die den regionalen Freihandel sichern soll – widerspiegelte. Sicherlich ist Kanada ein föderales politisches System, und Québec wurden zudem Sonderrechte eingeräumt. Allerdings gilt der Föderalismus in Kanada als weniger ausgeprägt als in Deutschland oder den USA.[7] Wichtiger ist jedoch, daß die kulturelle Denationalisierung in dieser Region extrem stark wahrgenommen und die politische Dominanz der USA gefürchtet wird. Der Buchimport pro Kopf ist in keinem Land so hoch wie in Kanada. Insofern sind die originär kulturellen Motive dieser Regionalismusbewegung ungleich größer als etwa die der Lega Nord in Italien.

Insgesamt können die Varianzen im Auftreten von regionalistischen Bewegungen zwischen verschiedenen Ländern tatsächlich durch Faktoren miterklärt werden, die sich unmittelbar aus den identifizierten Kausalmechanismen ableiten lassen. Das bestätigt zusätzlich die Auffassung, daß die gesellschaftliche Denationalisierung das Wachstum der Regionalismusbewegungen im letzten Jahrzehnt befördert hat. Entscheidend scheint dabei zu sein, daß im Zuge des verschärften Standortwettbewerbs ökonomisch dynamische Regionen, die nicht identisch mit dem nationalen Zentrum der politischen Macht sind, verstärkt nach regionaler Unabhängigkeit streben, insbesondere wenn sie keine föderalen Rechte haben und in eine mittelvergebende internationale Institution wie die EU eingebunden sind. Darin erweist sich die grundlegend neue Qualität der regionalistischen Autonomiebestrebungen: Sie stellen das wirtschaftliche Wohlergehen eines Landesteils über die nationale Solidargemeinschaft.

---

[7] Nach einer standardisierten Skala ist die Stärke des Föderalismus in Deutschland mit 1.79 Punkten und den USA mit 1.62 Punkten in der OECD-Welt am ausgeprägtesten. Kanada weist auf dieser Skala 1.22 Punkte auf, während Italien mit -0.01 Punkten, Frankreich mit -0.36 Punkten und Großbritannien mit -1.40 Punkten im Minusbereich liegen. Hinzu kommt, daß Kanada eine ausgeprägte Neigung zur Mehrheitsdemokratie hat und mithin kaum Minderheiten in Verhandlungssystemen berücksichtigt (Schmidt 1995, S. 244).

(b) Rechtsextreme Parteien und rassistische Anschläge: Ein sehr einfacher Rechtsextremismusindex läßt sich konstruieren, indem die Erfolge von rechtsextremen Parteien mit der Anzahl rechtsextremer Anschläge kombiniert werden. Mit der neofaschistischen Alleanza Nazionale und der rechtspopulistischen Forza Italia haben in Italien momentan zwei rechtspopulistische Parteien bemerkenswerte Erfolge, während in Frankreich Le Pen und sein Front national respektable Wahlerfolge erzielen. Es folgen in Reihenfolge Kanada mit der Reform Party, die Bundesrepublik (mit regionalen Erfolgen für Republikaner und DVU), die USA (Ross Perot, Pat Buchanan) und Großbritannien, wo die National Front bestenfalls punktuelle Erfolge erzielen konnte. Hinsichtlich der rassistisch motivierten Anschläge in den hochentwickelten Industrieländern ist die Datenlage notorisch schlecht. Insbesondere der Vergleich über Länder hinweg ist sehr schwierig. Es lassen sich allerdings zwei Gruppen von Ländern unterscheiden, wobei in Deutschland, Frankreich und Großbritannien Gewalt gegen Ausländer vergleichsweise häufig aufzutreten scheint, während in den USA, Italien und Kanada weniger Anschläge mit rechtsextremistischem Hintergrund notiert werden. In der Summe heißt das, daß Frankreich, Italien und die Bundesrepublik einen höheren Rechtsextremismuswert haben, während die USA, Kanada sowie Großbritannien unter dem Durchschnitt liegen.

Lassen sich auch diese Differenzen durch die Entwicklungen und Veränderungen erklären, die infolge der gesellschaftlichen Denationalisierung eingetreten sind und Rechtsextremismus fördern? Aus den Kausalpfaden, die von der gesellschaftlichen Denationalisierung zur politischen Fragmentierung führen, lassen sich hinsichtlich des Entstehens von rechtsextremen Wahlerfolgen und fremdenfeindlichen Anschlägen die folgenden vier Hypothesen ableiten.

1. Rechtsextreme Parteien und rassistisch motivierte Anschläge sind in den neunziger Jahren stärker geworden, wenn die relative Einwanderungszahl hoch und gleichzeitig das Arbeitermilieu starken Auflösungstendenzen (durch Verbürgerlichung und/oder wirtschaftlichen Strukturwandel) ausgesetzt ist.

2. Rechtsextreme Parteien und rassistisch motivierte Anschläge sind in den neunziger Jahren stärker geworden, wenn in den letzten Jahrzehnten eine hohe ökonomische Unsicherheit

(hohe Arbeitslosigkeit) und ein starker Abbau von wohlfahrtsstaatlichen Leistungen zu beobachten ist.

3. Rechtsextreme Parteien und rassistisch motivierte Anschläge sind in den neunziger Jahren stärker geworden, wenn der Prozeß der gesellschaftlichen Denationalisierung im Sachbereich der Kommunikation relativ stark zugenommen hat.

4. Rechtsextreme Parteien und rassistisch motivierte Anschläge sind in den neunziger Jahren stärker geworden, wenn ein Land intensiv in internationale Institutionen eingebunden ist.

Die Werte für die einzelnen Länder sind hinsichtlich der Hypothesen 3 und 4 bereits im vorhergehenden Abschnitt diskutiert worden. Für Hypothese 1 kann auf die Entwicklung des Anteils der Bevölkerung, der im Ausland geboren wurde, zurückgegriffen werden (vgl. Abb. 3 und 4 im Anhang). Es zeigt sich, daß in der Bundesrepublik dieser Anteil nicht nur sehr hoch, sondern gerade in den letzten Jahren auch deutlich angestiegen ist. In Frankreich, Kanada und den USA ist der Anteil traditionell hoch, ohne daß die letzten Jahre spektakuläre Anstiege erbracht hätten. In Großbritannien läßt sich kein Wachstum feststellen und der absolute Anteil liegt unterhalb dessen von Frankreich oder den USA. Auf dem niedrigsten absoluten Niveau bewegt sich Italien, allerdings mit einem erstmaligen und gleich recht deutlichen Anstieg in den letzten Jahren, in denen Italien erstmals zum Einwanderungsland geworden ist. Die Krise des Wohlfahrtsstaates ist dann besonders prekär, wenn es eine hohe Arbeitslosenrate gibt und sozialstaatliche Kürzungen erfolgen, was v. a. auf Frankreich, Deutschland und Italien zutrifft. In England und in den USA brachten gerade die letzten Jahre sinkende Arbeitslosenzahlen (nach signifikanten sozialpolitischen Einschnitten), während Kanada weder bei der Arbeitslosigkeit noch bei den Sozialstaatskürzungen übermäßig betroffen ist.

Insgesamt ist die Erklärungskraft der Denationalisierungs-Hypothesen für Rechtsextremismus nicht ganz so stark wie im Falle der Autonomiebestrebungen. Gleichwohl können die Hypothesen in groben Zügen bestätigt werden. Während in der Gruppe mit einem höheren Rechtsextremismuswert alle Erklärungsvariablen in der Tendenz positive Werte aufweisen, trifft das für die zweite Gruppe mit einem niedrigeren Rechtsextremismuswert für nur manche der Erklärungsvariablen zu. Insofern scheint das Aufkommen von rechtspopulistischen Parteien seit

Ende der achtziger Jahre gleichfalls in einem kausalen Zusammenhang mit der gesellschaftlichen Denationalisierung zu stehen.

4. Schlußbemerkungen

Die Korrelation auf der Makroebene zwischen gesellschaftlicher Denationalisierung und politischer Fragmentierung ist kein Zufall. Es lassen sich theoretisch plausible Kausalmechanismen identifizieren, die aufzeigen, auf welche Weise gesellschaftliche Denationalisierung zu politischer Fragmentierung führen kann. Die Erklärungsfaktoren, die sich unmittelbar aus den identifizierten Kausalmechanismen ableiten lassen, können zudem einen beträchtlichen Teil der Unterschiede im Aufkommen politischer Fragmentierung in den hochentwickelten Industrieländern erklären. Es scheint also tatsächlich so zu sein, daß die gegenwärtigen politischen Fragmentierungsprozesse teilweise einer Entwicklung geschuldet sind, bei der sozioökonomische und soziokulturelle Veränderungen große Verunsicherungen bei den Bevölkerungen hervorrufen, ohne daß die Nationalstaaten den Bürgerinnen und Bürgern ausreichend Absicherung zu gewähren in der Lage sind. Insofern scheint nicht nur der Regionalismus und der Rechtsextremismus in seiner Ausrichtung anders als noch vor 30 Jahren, also neuartig zu sein, sondern auch die strukturellen Rahmenbedingungen, die zur politischen Fragmentierung führen, haben sich verändert.

Das Ergebnis darf jedoch nicht dramatisiert werden. Die erstarkten rechtspopulistischen Parteien sind keine faschistischen Spätgeburten. Sie thematisieren Fragen wie »Ausländer« und »Mißbrauch von Sozialleistungen« direkter und demagogischer als gemäßigtere Parteien. Sie akzeptieren jedoch die Institutionen liberaler Demokratien, haben allerdings manche von deren Werten wie umfassende soziale Integration und Pluralität nicht übernommen. Ähnliches kann über die besitzstandsorientierten neuen Regionalbewegungen gesagt werden: Sie beruhen auf demokratischen und freihändlerischen Prinzipien und würden diese auch im Falle vollständiger Autonomie nicht in Frage stellen. Sie stellen allerdings die nationale Solidargemeinschaft in Frage. Insofern scheint sich politische Fragmentierung im Zeitalter der gesellschaftlichen Denationalisierung insbesondere in Form von personaler und weniger von territorialer Fragmentierung zu äußern. In dem Maße, wie gesellschaftliche Denationalisierung gleichzeitig zu einer Stärkung internationaler Institutionen führt, kann die Diagnose der Gleichzeitigkeit von politischer Integration und politischer Fragmentierung spezifiziert werden: Gesellschaftliche Denationalisierung führt auf der politischen Ebene zu territorialer Integration bei gleichzeitiger sozialer Fragmentierung.

Anhang

Abb. 1: Entwicklung der einheimischen Filmtheatermarktanteile nach Ländern (Angaben in Prozent)

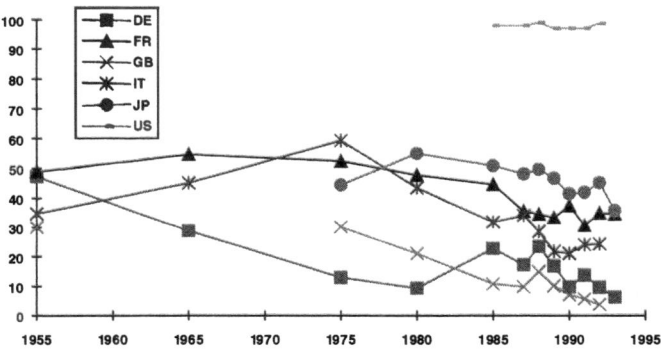

Quelle: Beisheim u. a. 1998, S. 87.

Abb. 2: Entwicklung der Importe von Büchern (Angaben in Millionen US-Dollar)

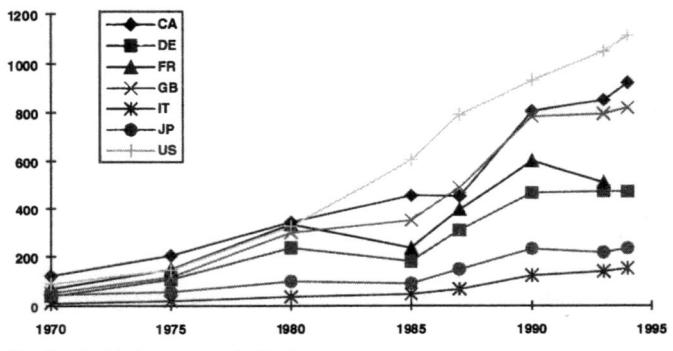

Quelle: Beisheim u. a. 1998, S. 78.

Abb. 3: Entwicklung des Anteils der ausländischen Bevölkerung an der Gesamtbevölkerung in Kanada, Deutschland und den USA (Angaben in Prozent)

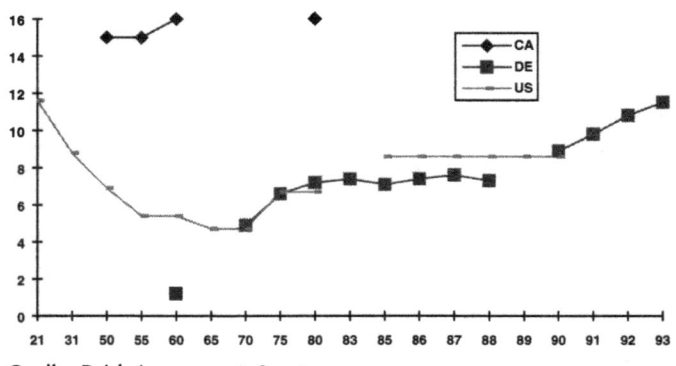

Quelle: Beisheim u. a. 1998, S. 118.

Abb. 4: Entwicklung des Anteils der ausländischen Bevölkerung an der Gesamtbevölkerung in Frankreich, Großbritannien, Italien und Japan (Angaben in Prozent)

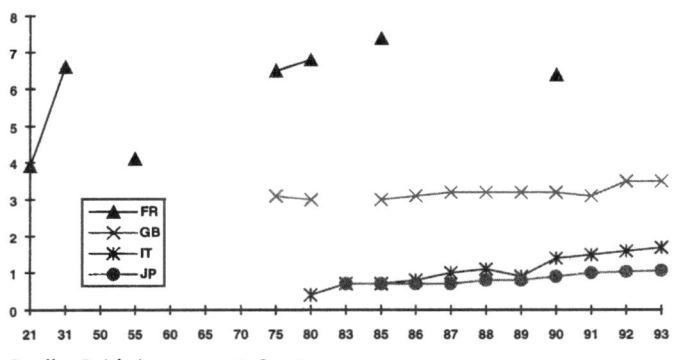

Quelle: Beisheim u. a. 1998, S. 118.

Literatur

Anderson, P.: *The Invention of the Region, 1945-1990*, EUI Working Paper No. 94/2. Florence 1994.

Beck, U.: *Die Erfindung des Politischen. Zu einer Theorie reflexiver Modernisierung.* Frankfurt/M. 1993.

Beisheim, M./Dreher, S./Walter, G./Zangl, B./Zürn, M.: *Im Zeitalter der Globalisierung? Thesen und Daten zur gesellschaftlichen und politischen Denationalisierung.* Baden-Baden 1999.

Betz, H.-G.: *Radical Right-Wing Populism in Western Europe.* Houndmills 1994.

Beyme, K. v.: *Politikverdrossenheit und Politikwissenschaft*, in: Leggewie, C. (Hg.): *Wozu Politikwissenschaft? Über das Neue in der Politik.* Darmstadt 1994, S. 21-33.

Coakley, J.: *Conclusion: Nationalist Movements and Society in Contemporary Western Europe*, in: ders. (Hg.): *The Social Origins of Nationalist Movements. The Contemporary West European Experience.* London 1992a, S. 212-230.

Ders. (Hg.): *The Social Origins of Nationalist Movements. The Contemporary West European Experience.* London 1992b.

Connor, W.: *Ethnonationalism. The Quest for Understanding.* Princeton/ N. J. 1994.

Elias, N: *Die Gesellschaft der Individuen*. Frankfurt/M. 1987.

Estel, B.: *Grundaspekte der Nation*, in: ders./Mayer, T. (Hg.): *Das Prinzip Nation in modernen Gesellschaften. Länderdiagnosen und theoretische Perspektive*. Opladen 1994, S. 13-81.

Falter, J.W.: *Wer wählt rechts? Die Wähler und Anhänger rechtsextremistischer Parteien im vereinigten Deutschland*. München 1994.

Gellner, E.: *Nationalismus und Moderne*. Berlin 1991.

Ders.: *Encounters with Nationalism*. Oxford 1994.

Hassner, P.: *Beyond Nationalism and Internationalism: Ethnicity and World Order*, in: Brown, M. E. (Hg.): *Ethnic Conflict and International Security*. Princeton/N. J. 1993, S. 125-141.

Heitmeyer, W.: *Das Gewalt-Dilemma: Gesellschaftliche Reaktionen auf fremdenfeindliche Gewalt und Rechtsextremismus*. Frankfurt/M. 1994.

Hengsbach, F./Möhring-Hesse, M. (Hg.): *Eure Armut kotzt uns an! Solidarität in der Krise*. Frankfurt/M. 1995.

Hirst, P./Thompson, G.: *Globalization in Question. The International Economy and the Possibilities of Governance*. Cambridge 1996.

Hobsbawm, E.J.: *Nationen und Nationalismus. Mythos und Realität seit 1780*. Frankfurt/M. 1991 (orig. 1991).

Horsman, M./Marshall, A.: *After the Nation-State. Citizens, Tribalism and the New World Order*. London 1995.

Husbands, C.T.: *The Other Face of 1992: The Extreme-Right Explosion in Western Europe*, in: *Parliamentary Affairs* 3/1992, S. 267-289.

Keating, M.: *The Invention of Regions. Political Restructuring and Territorial Government in Western Europe*, Arena Working Paper No. 8. Oslo, July 1996.

Kohler-Koch, B. (Hg.): *Interaktive Politik in Europa: Regionen im Netzwerk der Integration*. Opladen 1997.

Kushnick, L.: *Racism and Anti-Racism in Western Europe*, in: Bowser, B.P. (Hg.): *Racism and Anti-Racism in World Perspective*. London 1995, S. 181-202.

Loughlin, J./Matthias, J.: *Die regionale Frage in Großbritannien: Das Beispiel Wales*, in: *Welttrends* 11/1996, S. 52-69.

Marshall, T. H.: *Bürgerrechte und soziale Klassen: zur Soziologie des Wohlfahrtsstaates*. Frankfurt/M. 1992.

Nairn, T.: *The Break-Up of Britain*. London 1977.

Petschen, S.: *Kataloniens internationale Politik: Zum auswärtigen Handeln einer spanischen Comunidad Autónoma*, in: *Welttrends* 11/1996, S. 69-82.

Sabel, C.F.: *Flexible Specialisation and the Reemergence of Regional Economies*, in: Ash, A. (Hg.): *Post-Fordism. A Reader*. Oxford 1994, S. 101-156.

Schmidt, M.G.: *Demokratietheorien*. Opladen 1995.

Schultze, R.O./Sturm, R.: *Regionalismus*, in: Schmidt, M.G. (Hg.): *Die westlichen Länder* (*Lexikon der Politik*, Bd. 3, hg. von Dieter Nohlen). München 1992, S. 404-416.

Senghaas, D.: *Wohin driftet die Welt? Über die Zukunft friedlicher Koexistenz.* Frankfurt/M. 1994.

Snyder, J.: *Myths of Empire: Domestic Politics and International Ambition.* Ithaca u. a. 1991.

Taggart, P.: *New Populist Parties in Western Europe*, in: *West European Politics* 1/1995, S. 34-51.

Wieviorka, M.: *The Arena of Racism.* London 1995 (orig. 1991).

Woods, D.: *The Center no Longer Holds: The Rise of Regional Leagues in Italian Politics*, in: *West European Politics* 2/1992, S. 56-76.

Ders.: *The Crisis of Center-Periphery Integration in Italy and the Rise of Regional Populism*, in: *Comparative Politics* 1/1995, S. 187-203.

Zürn, M.: *Regieren jenseits des Nationalstaates – Globalisierung und Denationalisierung als Chance.* Frankfurt/M. 1998.

Georg Stauth
Religiöser Fundamentalismus zwischen Orient und Okzident: Religiöse Identitätspolitik und ihr Verhältnis zur Demokratie

Die folgenden Ausführungen konzentrieren sich thematisch auf drei eng miteinander verbundene Bereiche: In den Abschnitten I bis VIII wird v. a. der Zusammenhang zwischen kultureller Globalisierung und Fundamentalismus dargelegt. Die Abschnitte IX bis XI heben dann die Bedeutung der eigenlogischen Entfaltung kultureller Differenzbildung und ihrer irrationalen gesellschaftlichen Wirkung hervor. Schließlich wird in den Abschnitten XII und XIII zu zeigen versucht, daß nicht der Islam als solcher unter den Bedingungen der Globalisierung zum Autoritarismus führt, sondern sich durchaus auch zum Instrument neuer Demokratie-Bewegungen entwickeln kann.

I.

Das Phänomen »Fundamentalismus« ist mit dem modernen Schicksal der Weltreligionen auf das engste verknüpft. Reideologisierung und Repolitisierung der Religion spiegeln ein ungelöstes Problem der Moderne wider, das selbst der ›neuen Linken‹ wieder zum Thema wurde: die »politische Theologie« (Telos 1987). Denn auch in der säkularen, modernen Demokratie können Politik und Wissenschaft nicht gänzlich des religiösen Kerns entkleidet werden, mit dem einst ihre besondere Stellung im Wesen des modernen Nationalstaats begründet wurde. Fundamentalismus ist auch Ausdruck der Globalisierung dieses Widerspruchs.

Der Zusammenhang von Fundamentalismus und Moderne ist in einen noch breiteren Rahmen zu stellen. Kulturelle Globalisierung beschränkt sich nicht auf Religion. Über den christlich-abendländischen Hintergrund hinaus sind die Ideen der Aufklärung, v. a. die Vorstellungen von der Gleichheit des Menschen und von der gemeinsamen Zukunft der Menschheit als ganzer, auch in der nichtwestlichen Welt wirksam. Paradoxerweise sind sie hier an der Ausformung eines partikularistischen Selbstverständnisses in Kultur und Gesellschaft beteiligt.

Die konventionelle Soziologie, die Gesellschaft als nationalstaatliche soziale Ordnung versteht, tut sich schwer, globale Ordnungsprobleme und Gesellschaftsdynamiken zu erfassen. Im allgemeinen herrscht in den herkömmlichen Sozialwissenschaften die Vorstellung von einer tintenklecksartigen Ausbreitung der in der westlichen Moderne entwickelten Gleichheitsidee vor. Man vergißt dabei die kulturgeschichtliche Besonderheit der Entstehungsgeschichte Europas, die Dumont (1986) noch betont. Wie schwer es aber ist, diese Besonderheit zurückzustellen, zeigt sich in den vielen höchst konträren Schattierungen, in denen im Zeitalter der postkolonialen Transformation die Staatsform der nationalen Demokratie heute weltweit verfaßt ist.

II.

Der westliche nationalstaatliche Demokratiebegriff und der bürgerlich-wissenschaftliche Begriff von Religion, Zivilisations- und Modulierungsprozessen unter Bedingungen moderner Konfigurationen von Staat und Gesellschaft sind in all den vielen Varianten postkolonialer Emanzipation auf die äußere Form von Werkzeugen reduziert, mit denen heute überall auf der Welt Ordnungsprinzipien und Visionen lokaler Kulturen in Begriffe wie Nation, Gesellschaft, Zivilisation, Demokratie etc. gepreßt und dementsprechend verändert werden. Wenn man nun aber von »Weltgesellschaft« spricht, so kann man sich solche Prozesse in dieser doppelt gelagerten Dimension vorstellen: einerseits die technische Reduktion westlicher Kulturbegriffe und ihr Export in die nichtwestliche Welt und andererseits das außerordentliche Spannungsverhältnis zwischen postkolonialer Selbstbestimmung und lokaler Kulturgeschichte, das durch Reduktion und Export westlicher Kultur hervorgerufen wird. Dieses löst eine kulturelle Motorik aus, deren explosiver Charakter schwer zu verstehen ist. Denn die Prinzipien und Visionen der lokalen Kulturgeschichte, die die großen, alten Zivilisationen, also der Hinduismus, der Buddhismus, der Konfuzianismus und der Islam, hervorgebracht haben, bleiben gewissermaßen nur das Material, an dem die neuen emanzipatorischen Werkzeuge arbeiten, ohne die Ideen dieser Geschichte je auslöschen oder aus dem sozialen Gedächtnis verbannen zu können.

In bezug auf den Islam und die Ausbreitung der Moderne im 19. Jahrhundert ist diesbezüglich von der Entstehung eines »islamischen Substrats« gesprochen worden (Nagel 1996, S. 92ff.). In Anlehnung an Hourani, den jüngst verstorbenen libanesischen Historiker, weist der deutsche Islamwissenschaftler Nagel auf die Tatsache hin, daß das moderne islamische Denken auf die Herausforderung Europas vornehmlich mit »Aufnahme, Umdeutung und Abwehr« reagierte. Man erkennt hier, daß es nicht mehr um ungebrochene islamische Kontinuitäten geht, auch nicht um die bloße Durchsetzung des modernen Europas. Doch denken die Kulturhistoriker vornehmlich nur in Kategorien des Kampfes oder der Vermischung von Ideen. Sie können dabei nur schwer begreifen, wie sehr die technische Wirkung etwa der Verallgemeinerung der Gleichheitsidee eine neue, explosive Kulturentwicklung in Gang setzt. Sie führt zur zwanghaften, kontinuierlichen Ausarbeitung alternativer Varianten, höchst partikularistischer, modern-strategischer (und zugleich modernitätskritischer) Adaptionen historisch geprägter Selbstbestimmungen des Islams. Die Perversionen, die die technische Umsetzung der Modernitätskonzepte hervorrief und weiterhin unerschütterlich hervorruft, sind mit dem Begriff des »islamischen Substrats« sicherlich nur unzureichend zu umschreiben.

III.

Entscheidend ist, daß die Kulturen der Welt im 19. Jahrhundert in eine Form des Dialogs eigener Art gezwungen wurden. Dabei liegt es in der reflexiven Eigenart der westlichen Kulturentwicklung, daß das, was einmal »Wert« war, zunehmend zur sinnentleerten »Technik« verkommt. Nicht nur die gerade auch im Orient immer wieder strategisch aufgegriffenen Begriffe der »instrumentellen Vernunft« und der materialistischen Zweckorientierung der westlichen Vernunft deuten darauf hin. Vielmehr führt auch die Übertragung von Wertbegriffen in die bürokratisch-technische Realität der Institutionen zu einer zunehmenden Sinnentlehrung derselben. So entäußert sich der innere Bestandteil der Kultur-

und Wertewelt des Abendlandes immer mehr in seiner technischen Seite.

Diese Koinzidenz von »Wert« und »Instrument« stellt nun aus der Sicht der alten Hochkulturen eine unberechenbare geistige Doppelseitigkeit dar. Und gerade darin liegt die Ambivalenz des Dialogs zwischen Orient und Okzident. Wird Kultur- und Gesellschaftswandel einmal auf die Ebene des wechselseitigen Austauschs zwischen den Kulturen gestellt, so vereinseitigt sich der instrumentelle Charakter alles Westlichen. In den so eintretenden Rückspiegelungen der eigenen verlorengegangenen Hochkultur wird aber nur der geistige Charakter betont. Die Kreationen der technisch-strategischen Kulturerneuerung lassen den Westen gegenüber den »authentischen« Werten der »eigenen«, alten Kultur nur noch als die »niedere« Form materialistischer Zweckorientierung und geistiger Instrumentalisierung erscheinen (Iqbal 1995, al-Attas 1985).

Man hat den Prozessen, durch die der westliche Vernunftbegriff, aber auch allgemeine soziologische Begriffe – wie der des sinnvollen Handelns etwa, Begriffe wie Gesellschaft, Nation, Zivilisation, Religion etc. – sich universalisierten, bisher wenig Bedeutung geschenkt. Und doch trugen sie selbst zur partikularistischen Ausarbeitung moderner Selbst-Begriffe überall auf der Welt bei.

Mit dem vorliegenden Beitrag schlage ich vor, das Phänomen des religiösen Fundamentalismus, insbesondere auch des islamischen, unter dem Gesichtspunkt der gewissermaßen multivariaten Produktion moderner Selbst-Sichten, unter dem Gesichtspunkt der partikularistisch angeeigneten, strategischen Rückspiegelungen abendländischer Formen der kulturellen Erneuerung (Protestantismus, Aufklärung, Verwissenschaftlichung sind hier am eingreifendsten) zu betrachten.

IV.

Sind die *Jihad*-Gruppen z. B., die in Ägypten und Algerien so viel Unheil anrichten, »islamische Fundamentalisten«? Sind das Fundamentalisten, die sich in Analogie zu jenen Sekten und Klerikern, die zu Beginn dieses Jahrhunderts in den USA die Fundamente protestantischer Gemeinden gegen die herrschende liberale Theologie und Bibelkritik verteidigen wollten, beschreiben lassen? Lassen sich diese Gruppen etwa aus der spezifischen Kulturgeschichte der islamischen Sektenbewegungen erklären? Man ist heute bereit, auch in wissenschaftlicher Analyse den Vergleich zu akzeptieren. Und doch verständigt man sich insgeheim darüber, daß er eigentlich unangemessen ist (vgl. etwa Riesebrodt 1990).

Andererseits hat man in Anlehnung an eine Tradition der klassischen Islamwissenschaft wieder damit begonnen, vom pragmatischen Pluralismus, vom Liberalismus und der Toleranz der islamischen Orthodoxie zu sprechen. Sind die orthodoxen muslimischen Kleriker der heutigen *al-Azhar*-Universität in Kairo, der *Zaituna* in Tunis oder der Medrese von *Qoum* im Iran, sind die Scheiche und Imame, die *Kiyais* und *Ulamas* und ihre Gemeinden von Indonesien bis Marokko, von Kasachstan bis Mosambik, sind die modernen Orthodoxen alle etwa dem theologischen Pluralismus und der Liberalität der alten orthodox-islamischen Gelehrtenschulen verpflichtete Geister?

Sind dies heute wirklich die Kulturebenen, die sich nur aus den inneren Transformationen und Weiterentwicklungen des traditionalen islamischen Intellektuellentums verstehen lassen?

Die Verwirrung ist groß, wenn man der herrschenden politischen Philologie folgt und versucht, aus der Kulturgeschichte des Nahen Ostens und der Geschichte ihrer Ausbreitung in Asien und Afrika neue *Grand Narratives* des Islams als Einheitsreligion und Religion des orientalischen Humanismus zu schaffen. Eine dieser großen Erzählungen ist die von der islamischen Orthodoxie als Begründer islam-demokratischer Utopien des Pluralismus, der Toleranz und der Liberalität. Schon wird hier wieder unter dem Zwang der demokratischen Legitimität der modernen nationalstaatlichen Verfassungen allein die politisch-theologische Notwendigkeit gesehen, die Kluft zwischen Staat und Islam, zwischen säkularer Demokratie und religiösem Holismus zu überbrücken. Nimmt man den (islamischen) Holismus und den (westlichen) Individualismus einfach nur als »partiale Repräsentationen der Welt«, wie Todorov (1993, S. 398) vorschlug, dann könnte man beide als komplementäre, den gegenseitigen Horizont der Ordnungsvorstellungen ergänzende Prinzipien verstehen. Kann man das?

Die neue politische Theologie des Orthodoxismus wird nun selbst von westlichen Gelehrten als Voraussetzung für die Demokratisierung des säkularen Staates begriffen. Ein – wie ich meine – schicksalhaftes, ja verhängnisvolles Paradox. Es suggeriert, der Islam sei das echte Lösungspotential der Legitimierung der modernen säkularen Wertrationalität in Staat und Gesellschaft (vgl. Lewis 1997, Mottahedeh 1993). Die säkularen Dimensionen der kolonialen und postkolonialen Geschichte werden vernachlässigt, wenn nicht völlig entwertet.

V.

Die dem Ordnungshandeln verpflichtete Weltöffentlichkeit zeigt sich durch die Ereignisse, die der im Namen des Islams auftretende Terror in vielen Teilen der islamischen Welt hervorbringt, schockiert und ratlos zugleich. Als unterlägen sie selbst einem Zauberbann der explosiven Kraft, mit der das »Religiöse« zum politischen Akt wird, gilt der Islam den Islamologen nun als das einzige politische Lösungsangebot der postkolonialen Sozialordnung. Es hat sich hier eine Profession von »Orientalisten« gebildet, die ganz im Stile fundamentalistischer »Denker« nunmehr auf wissenschaftlicher Basis den Theoremen der historischen, politischen Theologie des Islams nachgehen und unter dem Gesichtspunkt moderner Lösungen neue islamische Staatstheorien entwickeln. Damit gewinnt der politische Diskurs der Moderne, nicht nur im islamischen Raum, sondern durchaus in weltgesellschaftlichem Maßstab, unweigerlich einen kulturantagonistischen Charakter. Fundamentale Lebensstil- und Glaubensdifferenzen werden auf Weltkonflikte hin ausgelegt. Dies hat Rückwirkungen auf das Demokratieverständnis und das Grundrechtsempfinden im Westen selbst.

Diese Mißverständnisse zu überwinden, kann nur gelingen, wenn man eine breitere Meßlatte anzulegen bereit ist, mit der auch die paradoxen Bezugsprobleme, die sich aus den gegenseitigen begrifflichen Projektionen ergeben, einbezogen werden können. Aus der je dem Anderen unterstellten Selbstzentriertheit der Kultur lassen sich nicht einmal die kulturproduktiven Umsetzungen von »Differenz« erkennen. Schon gar nicht die neuen Ausgrenzungsformen des »Anderen« oder gar die absolut kulturaffirmativen Sinnlosigkeiten und Perversionen eines sich im referentiellen Wechselspiel um das »eigene« Menschenbild totalisierten »Anderen«. Hierin deuten sich die Themen an, mit denen »Fundamentalismus« – auf der breiteren Meßlatte der Globalisierung – als die neue Dimension kultureller Produktion und als Forschungsgegenstand zu verstehen wäre.

VI.

Die Erfolgsgeschichte der westlichen Aufklärung und der Moderne ist auf das engste mit der Vorstellung verknüpft, der moderne, wissenschaftlich-technisch gebildete, professionelle Mensch habe die Suche nach der Erfüllung seines praktischen Lebens in den Visionen des Göttlichen aufgegeben. Ein geschichtliches Gesamtleben sei auch als Vorstellung nicht mehr möglich. Für den Islam wird dagegen insbesondere von Bernard Lewis, dem Doyen der amerikanischen Orientalistik, das Bild von der absoluten Einheitlichkeit der islamischen Kultur verbreitet, von Kohärenz und Konvergenz der öffentlichen und privaten Sphären, des Heiligen und Profanen, von Politik und Religion. Dies sind parallel zum Vorwurf des westlichen Materialismus Affirmationen des östlichen Spiritualismus.

Die Kultur der Moderne hat von Anfang an jedoch die – wenn auch abstrakte – religiöse Bindung des modernen Subjekts betont. So spricht Ernst Troeltsch noch von der modernen »religiösen Einzelsubjektivität«, die in einem längst verflossenen Zeitalter wurzele, in dem sich – vermittelt durch die geschichtliche Person des Propheten – die Idee eines historischen Gesamtlebens noch substantiell umsetzen ließ (Troeltsch 1911, S. 50). In der von Troeltsch bemühten »Sondereigentümlichkeit« des Christentums liegt »das Bild einer lebendigen, vielseitigen und zugleich erhebenden und stärkenden Persönlichkeit« begründet, »die lebendige Grundlage eines undefinierbaren persönlichen Lebens« (ebd., S. 42). Nach Troeltsch hat der moderne europäische Individualismus seine Wurzeln in der religiösen Herausgehobenheit der Persönlichkeit aus der Welt (in Bild und Dogma der Person Christu).

Hier schließt auch die neuere Religionssoziologie an und spricht vom europäischen Sonderweg der »Privatisierung der Religion« (Luckmann 1996, Casanova 1994). Dadurch wird ein innerer Zusammenhang von Individualismus und Egalitarismus, von privatisierter Religion und demokratischer Persönlichkeit begründet, gewissermaßen ein innerer fundamentalistischer Anspruch auf die authentische Verbindung von Demokratie und Christentum.

Die dagegen entwickelten Auflösungen verfolgen das Ziel, auch die Religionen der nichtwestlichen Welt in einen funktionalen Zusammenhang zur modernen Demokratie zu stellen. Eine dieser Auflösungen zielt darauf, diese »privatisierte« Religion als europäischen Sonderweg auszuweisen. Für die Religionsentwicklung in den USA, in Lateinamerika, in islamischen Ländern und in Asien wird dagegen der Begriff der »öffentlichen Religion« reklamiert. Man meint damit eine durchgreifende Lenkungsfunktion des Religiösen im öffentlichen Leben, in Wirtschaft, Massenkultur und im symbolischen und politischen Verhalten der Menschen. Indirekt unterstellt man damit eine neue, deprivatisierte Religionsfunktion, die sich nun auch in Europa Durchbruch verschaffen soll (Casanova 1994).

Eine weitere Auflösung will den demokratischen Mythos Europas abschaffen. Sie bezieht sich unmittelbar auf den Islam, der so zu einer der neuen dominanten Ideologien kultureller Emanzipation in der nichtwestlichen Welt wird. Man behauptet die unmittelbare Demokratie-Eigenschaft der islamischen Glaubenslehre und weist auf den pluralistischen Charakter der Dogmengeschichte des Islams und der islamischen Gesellschaftsentwicklung hin (z. B. Mottahedeh 1993).

Mit solchen Aufhebungen soll die alte Polarisierung zwischen Orient und Okzident, zwischen orientalischem, außerweltlichem Spiritualismus und sog. okzidentaler materialistischer Instrumentalisierung des Heiligen entkräftet werden. Der religiöse Gedanke des Christentums wird aus dem Zusammenhang des westlichen Kulturimperialismus herausgelöst, der Islam aus der Phalanx antiwestlicher und rückschrittlicher Kuluremanzipation herausgenommen.

VII.

Gehen wir noch eine Stufe weiter zurück: Das »postmoderne« Islamverständnis wurde von keiner Metapher stärker beeinflußt als vom Propheten, der den König in die Knie zwingt. Michel Foucault formte sie noch 1978, als er Khomeini im Pariser Exil interviewte. Dem Werte auflösenden, nihilistischen und materialistischen, instrumentell-strategischen Charakter der abendländischen Kultur setzte Khomeini den Glauben an die weltverwandelnde Kraft des islamischen Spiritualismus entgegen. Das moderne Paradox, auf das Foucault hinwies, ist das Exil. Khomeini beschwor damals, auf dem Rasen einer Pariser Villa liegend, die »Revolution« in Teheran. Der orientalische Prophet weilte im weltlichen Exil, bevor er den säkularen, vom Westen unterhaltenen Despoten stürzte (vgl. Stauth 1991). Man könnte hieran anknüpfend viele Parallelen darüber spinnen, wie sehr die fundamentalistischen Versuche der heiligen Erneuerung des Islams als der tragenden Zivilisation des Orients sich aus den Vorstellungen des »Exils« in der verderbten heidnischen Welt des Westens, der *jahiliyya*, speisen. Der Name der bekanntesten, inzwischen aufgelösten ägyptischen Fundamentalistengruppe *takfir wal-higra* (Verderbtheit der Ungläubigen und Migration) nimmt den Zusammenhang zwischen Exil und Wiederkehr des Heiligen auf. Es gibt kaum einen der großen, modernen Führer der Idee des politischen Islams, der nicht einmal an einer westlichen Universität studiert hat. In den Schriften der großen islamistischen Denker, Sayyed Qutb, Malik Bennabi, Ali Shariati, verkehrt sich der Begriffsapparat der Aufklärung als »islamische Emanzipation« gegen die Aufklärung selbst. Religion, die die Aufklärung abzuschaffen trachtete, soll nun plötzlich selbst Aufklärung bringen.

Die »postmodernen« Kulturstrategien machen Religion wieder zum Heilmittel. Die Wunden der *homeless mind* der Moderne sind zu stillen. Auch darin liegt die anerkennende Kraft des Islamismus. Im Zeichen der kulturellen Anerkennung des Islams stehen auch Forderungen nach der radikalisierten Kontinuität alter orientalischer Lebensformen, ja Lebenskünste. Wenn heute vom Schutz der Mystik, Schutz des Eros, Schutz instinktiver und symbolischer Erkenntnisformen, vom Schutz exotischer Welten, von der Macht des symbolischen Tauschs gesprochen wird, dann sind fundamentalistische Kulturerneuerungsprogramme immer präsent. Der unverzichtbare Kern der Menschenrechte wird auf Traditionen hin entwickelt, die diesem Kern fremd gegenüberstehen. Es geht hier bereits um im Denken des Westens vorbereitete Umkehrungen der Aufklärung. Sie setzen sich auch im islamischen Denken durch. Die wilden politischen Aktionen und Ideen depravierter Jugendlicher in den armen islamischen Ländern des Vorderen Orients, Afrikas und Südostasiens stehen im Kontext globalisierter Umkehrungen: Kulturtechniken erstarren zu mörderischen Befreiungsideen.

Von hier aus läßt sich erkennen, wie der Fundamentalismus im kulturübergreifenden Feld operiert. Er erschließt eine Ebene der paradoxen Umsetzungen westlicher Kulturtechniken und orientalischer Ideen und Prinzipien. Der Islam steht im Zentrum dieses breiten Feldes des Kulturaustauschs. Der Emanzipation fordernde Begriffsapparat der Aufklärung und des in ihr begründeten Nationalstaats setzte das Gerüst, auf dem die alten Ideen, Prinzipien und Lebenskünste fortwirken, ja oft genug in ihr Gegenteil pervertiert werden.

VIII.

Welche Rolle spielen in diesem Zusammenhang die Kosmogonien, Visionen und Prinzipien der alten Hochkulturen? Fernand Braudels Studien über die Austauschbeziehungen des Mittelmeerraums, jenes Raums, in dem die Idee des einen Gottes geboren wurde, stellen die ungebrochene Kontinuität der »Zivilisation« des alten Orients heraus. Louis Dumonts Untersuchungen über vormoderne und moderne Modelle sozialer Organisation und ihrer relativen Gegenseitigkeit wurden am Beispiel des Vergleichs Indiens (das Land, an dessen Kultur sich die Romantik so tiefschürfend bereicherte) mit dem Christentum entwickelt. Sie zeigen, wie die Prinzipien und Lebensformen der alten Zivilisationen in einem einmal gesetzten geographischen Raum über Jahrtausende hinweg wirksam bleiben können. Sie zeigen aber auch die relative Ambiguität der Kulturgrenzen (Braudel/Duby/Aymard 1990, Dumont 1986). Auf die Geisteswissenschaften können solche Tiefsichten nicht ohne Wirkung bleiben. So beschwor Muhammad Arkoun noch kürzlich den Mittelmeerraum als eine geopolitische Einheit der Geburt und des Dialogs der drei großen Weltreligionen, als den eigentlichen Ort der westlichen Zivilisation (Arkoun 1996).

Der beidseitig selbstzentriert ausgelegte Dialog zwischen Orient und Okzident führt zwangsläufig zu dem Eingeständnis, die alten Hochkulturen schrieben einseitig die moderne Geschichte fort. Das war auch die Antwort der zivilisationsvergleichenden Analysen Max Webers. Doch diese Botschaft war eher so verstanden, daß die säkularen, öffentlichen Kulturen der modernen Nationalstaaten durch die inneren Rationalitätslagen der Weltreligionen mitgeprägt sind. Eine Theologisierung der Konstitutionen von modernem Staat und Politik konnte sich Weber nicht vorstellen. In den zwanziger Jahren, wenig später nach Webers Tod, haben Carl Schmitt (1922) und Martin Buber (1932) aus unterschiedlichen Blickwinkeln heraus die moderne Kontinuität des »Königtum[s] Gottes« gewissermaßen wiederentdeckt, und heute scheinen christliche Demokratie, Zionismus und Islamismus jenseits aller bürokratisch-technischen Rationalität die Bedingungen für neue politisch-religiöse Wahlverwandtschaften im Spannungsfeld kultureller Globalisierung zu setzen.

Doch liefern die Kosmologien der alten Weltreligionen nur abstrakte Formeln, auf die sich Fundamentalismus und kulturelle Globalisierung beziehen. Wenn gemeinhin Fundamentalismus und Globalisierung unter den Gesichtspunkt des Erstarkens autoritärer Regime gestellt werden, so ist daran zu erinnern, daß die Ambivalenzen und Ambiguitäten, die die Umkehrungen der kulturübergreifenden Eigenlogik hervorbringen, an sich eher eine Vielfalt der faktischen politischen Gestaltung zulassen. Letztere steht hier nicht zur Diskussion.

Man darf dabei nicht außer acht lassen, daß es die Grenzüberschreitungen der Ordnungspraxis (Werte-Umwertung, Lebensstil, Visionen) sind, die die globalisierten Segmente der »Weltgesellschaft« konstituieren. Fundamentalismus wird hier gewissermaßen zur kulturellen Produktionsweise der Moderne unter Bedingungen ihrer Globalisierung. Aus der Beurteilung des Grades inhärenter Zwänge zum Fundamentalismus und seiner politischen Repräsentationsformen erst läßt sich diskutieren, welche praktischen Chancen die Demokratie in der muslimischen Welt hat.

Wenn es aber länderspezifische Modelle der demokratischen oder autoritären Einbindung des Islams gibt – man denke nur an das von islamischen Organisationen getragene, demokratische Wahlbündnis der Opposition in Indonesien oder an den zur Verschärfung autoritärer Tendenzen herangezogenen Staatsislam in Malaysia –, wird man an einer reduktionistischen These, kulturelle Globalisierung führe unausweichlich zu Fundamentalismus und autoritären Strömungen, nicht festhalten können.

IX.

Die Kultur- und Zivilisationsforschung ist seit dem Ende des »Realen Sozialismus«, insbesondere durch die damit verbundene neue strategische Stellung der nichtwestlichen Welt, in eine Phase der vergleichenden Interaktion eingetreten: Ihre Stellungnahmen und Ergebnisse werden selbst kulturproduktiv. Bild und Gegenbild setzten eine neue Form der Wandlungsdynamik, die nicht mehr funktions- und strukturorientiert ist. Nach dem amerikanischen Religionssoziologen Tyriakian ist das Ende der ideologischen Auseinandersetzung mit dem Sozialismus auch das Ende der inneren gesellschaftlichen Motorik des Westens überhaupt. Tyriakian glaubt, daß das, was bisher das Soziale war, nämlich das, was sich im Innern der Gesellschaften ereignet, nicht mehr unter die herkömmlichen soziologischen Begriffe zu stellen ist. Er behauptet, daß kulturelle und kulturübergreifende Differenzierungsaspekte die alten funktionalen Wandlungsmodelle aufheben (Tyriakian 1994). Hinzu kommt, daß die Symbolwelten der uralten nichteuropäischen Zivilisationen (wie zuvor Griechenland und Rom) nun als nostalgische Ressourcen in den Sinnbildungsprozeß der Moderne eingespielt werden. Das symbolische Kapital der »Armen dieser Welt« wird zum Bestandteil des postkolonialen Wertepotentials der Moderne.

Die aus dem antiken Orient überkommenen Prinzipien der jenseitigen Bestimmtheit diesseitiger Ordnung werden in der nostalgisch gewendeten Emanzipation der orientalischen Kulturen wieder zu entscheidenden Komponenten des modernen Selbstverständnisses. Diesem Faktum wird in der komparativistischen Analyse des modernen Fundamentalismus Rechnung getragen.

Der Fundamentalismus wird aus dieser Sicht zu einem spezifischen Problem der Entstehungsgeschichte der Weltreligionen und der Psychologie des religiösen Intellektualismus. Man erinnere sich nur, wie in Max Webers Religionssoziologie z. B. schon der Zauberer in den genealogischen Zusammenhang des modernen Berufsmenschentums tritt (vgl. etwa Weber 1980, S. 246). Nietzsches Lebensproblem, die priesterliche Macht und die Umwertung der Werte, wird hier aufgegriffen und kulturaffirmativ gewendet. Die Vorstellung, daß in allen Hochkulturen religiöse Intellektuelle als eine relativ autonome, professionelle Zunft auftreten, die sich eigens der Interpretation der Heiligen Schrift und der Definition des Verhältnisses von Mensch zu Gott annehmen, ist Ausgangspunkt des Zivilisationsvergleichs. Aus den unterschiedlichen Gottes-Vorstellungen lassen sich die Verschiedenheiten des Menschenbildes bestimmen. Die »Kulturen der Achsenzeit« (Eisenstadt 1982, 1987) bringen alle einen Typus des Intellektuellen hervor, der über transzendentale Visionen und von daher bestimmte ethische Maximen und Leitbilder in das Zentrum der politischen Entscheidungsmacht einzugreifen versucht. Dadurch setzen sich religiöse Intellektuelle virtuell immer in ein Spannungsverhältnis zur politischen Macht, derer sie sich selten ganz bemächtigen können, von der sie aber oft ins gesellschaftliche Abseits verbannt werden. Sektenbewegungen, millennaristische Erlösungsbewegungen, mystische Orden und Geheimbünde sind Antworten auf die politische Marginalisierung der religiösen Intellektuellen. Der zeitgenössische Fundamentalismus gilt so, geschärft durch die Grenzerfahrungen des Politischen in den Großen Revolutionen des 18. und 19. Jahrhunderts und den neueren Protestbewegungen, die mit der Formationsgeschichte des modernen Nationalstaats entstehen, als Fortführung der vormodernen Sektenbewegungen.

In der Perspektive der historischen Soziologie Eisenstadts lassen sich die modernen fundamentalistischen Bewegungen unter Bezug auf alle Weltreligionen und den Zeitpunkt der nationalen Unabhängigkeit sowie des Eintritts der einzelnen Länder in das internationale System überall auf der Welt vergleichend untersuchen (Eisenstadt 1998).

Was sind die wichtigsten Erkenntnisse, die wir aus dem komparativen Ansatz zum Fundamentalismus-Verständnis gewinnen können? Zunächst vermittelt dieser Ansatz einen wohltuenden Zwang zur Gleichbehandlung der fundamentalistischen Bewegungen in den unterschiedlichen Kulturen. Dieser Egalitarismus in der herkömmlichen sog. vergleichenden Zivilisationsanalyse ist aber zugleich von Webers und Durkheims Fragestellungen nach der modernen Rolle der Religion beeinflußt. Für den Islam hat sich das dahingehend ausgewirkt, daß ihm fast immer ein relativer Mangel an funktionaler Äquivalenz zum Protestantismus und folglich westlichem Rationalismus unterstellt wurde. Inzwischen weiß man, daß es um solche Funktionen der Religion gar nicht mehr geht. Das religiöse Potential zur Grenzüberschreitung –

oder wie die Franzosen sagen »Transgression« – steht im Zentrum des Interesses. Es ist erkannt worden, daß der Grad der Transgression einmal gesetzter Normen- und Ideengefüge für die Öffnung einer Gesellschaft wichtiger ist als der Gehalt dieser Prinzipien- und Ideensysteme selbst. Der Transgressionsgrad steht in enger Beziehung zur Globalisierung und Intensivierung interkultureller Interaktion. Wo, wie noch im Weber-Paradigma, immer nur innere Begriffe und Kulturvisionen als Voraussetzungen eines Formations- und Reformprozesses zum Gegenstand gemacht und deren Rationalisierung sodann vergleichend untersucht werden, werden die interaktiven Transgressionsmechanismen kaum beachtet. Es ist deshalb durchaus angemessen, zu konstatieren, daß die hier ansetzenden kulturvergleichenden Analysen nur »die Affinitäten der verschiedenen hochkulturellen Durchbrüche miteinander sowie mit dem Grundmuster der kulturellen Modernisierung einseitig akzentuieren« (Arnason 1989, S. 82).

Das absolute Recht des sich selbst versichernden Individuums, die Gründung aller institutionellen Macht auf Legitimation »von unten« und die damit einhergehende gewissermaßen antizipatorische Institutionalisierung der Protestbewegung im Staat, die Reversion des »Panoptikum« in seiner Dezentrierung, all dies sind legitime Programme, die sich aus der Globalisierung des Nationalstaats heraus heute in allen Kulturen und Gesellschaften ergeben. Der Zivilisationstheoretiker Eisenstadt hält in evolutionistischer Sicht zwei welthistorische Lagen als Kreuzpunkte von Religion und Politik für bestimmend: Das ist erstens der Zusammenhang von Jenseitsdenken und Diesseitsordnung. Die Ambivalenz dieses Verhältnisses spürt Eisenstadt im Achsenzeitbegriff Karl Jaspers' auf. Es handelt sich dabei um die Reflexion der Spannungen und Wertprobleme, die sich aus dem Sturz der altorientalischen Reiche ergaben. Die Okzidentalisierung des altorientalischen Kulturerbes (der Ägypter, Phönizier, Assyrer, Perser) besteht in der sukzessiven, virtuellen Auslagerung des Heiligen aus der Sphäre politischen Handelns. Damit treten nun Jenseitsvisionen stärker in Gegensatz zu den weltlichen Ordnungen. Eine neue, relativ autonome Klasse religiöser Spezialisten, und in deren Folge auch von Rechts- und Kunstexperten, tritt hervor. Sie versucht, die Interpretation der Spannungen und der allgemeinen Voraussetzungen des Verhältnisses von Transzendenz und Immanenz zu monopolisieren. In dem einsetzenden

Kampf der Ideen entstehen die heterodoxen, sektiererischen und peripheren Gruppen, die mit puristischen und radikalisierten Ideen und Transzendentalvisionen Eingang zum vom staatlichen Zentrum abhängigen orthodoxen Hauptstrom in Dogma und Ritus finden wollen. Zweitens arbeitet Eisenstadt heraus, daß die Ideen der großen Revolutionen des 18. und 19. Jahrhunderts, die Utopien und Transgressionen, die der Jakobinismus im – in der »Revolution« neugeborenen – Nationalstaat, im Denken und in der Verfassung institutionalisierte und die selbst in den bürokratischen Organisationen des Staats bzw. den routinisiert-charismatischen Werthaltungen der bürokratischen Eliten ihren Niederschlag fanden, gewissermaßen intellektualisierte Transgressionen des Religiösen darstellen. Die Universalisierung des nachrevolutionären Nationalstaats brachte auf der ganzen Welt eine Art säkulare Neuformulierung der religiösen Prinzipien und Visionen der alten Zivilisationen hervor.

Mit dieser doppelten Lagerung der globalen Bedingung des Fundamentalismus wird es immerhin möglich, denselben nicht nur einseitig als Ausdruck der Religion des Anderen, etwa bloß der Sektengeschichte des Islams, zu begreifen. Die kulturellen Techniken, die sich aus der Achsenzeit heraus in das Zeitalter der Großen Revolutionen entwickelten, waren von universeller Dimension. Kolonialismus und Imperialismus sowie die Universalisierung der nationalstaatlichen Verfassungen verhalfen der Religion zu einer neuen modernen Bedeutung. Der universell auftretende Fundamentalismus spielt in der Genealogie der Moderne eine entscheidende Rolle, so auch in der Moderne der nichtwestlichen Gesellschaften. Eisenstadts Perspektive führt den genealogischen Zusammenhang von Fundamentalismus und Moderne auf das Problem der inneren Rationalisierung zivilisatorischer Ursprungsvisionen zurück. Der kultur-technologische und instrumentelle Aspekt der Vermittlung von Tiefensichten und ihrer Politisierung im globalisierten Austausch mit der Kultur des Anderen bleibt sekundär.

Für den Islam und die Entstehungsgeschichte des islamischen Fundamentalismus sieht er immer noch die Sektengeschichte als das bedeutendste Element. Er führt die sprachlose Gewalt, die ja doch nicht weniger sprachlos ist als die koloniale Herrschaftsform und die Zwangsregime der nationalen Emanzipation, die Sprachlosigkeit der islamistischen Gruppen, die sich gegen alles richtet, was sich nicht in islamischen Bildern kodifizieren läßt, auf frühislamische Sektenbewegungen zurück. Ohne Zweifel ist beispielsweise der Begriff des Jihad geprägt durch die Sichten der Kriegerethik der beduinisch-islamischen Kämpfer, und ohne Zweifel spielt dies heute unter islamischen militanten Fundamentalisten eine Rolle. Doch sind die frühislamischen Bedeutungen dieses Begriffs – der fast mehr als ein Jahrtausend für die muslimische Welt kaum von Bedeutung war – erst in der Nationalstaatssprache der authentischen Kodifizierung und Purifizierung von Kulturgeschichte und Religion ein Mittel der sprachlosen Ausgrenzung des Anderen geworden. Man muß verstehen, wie wenig der fundamentalistische Begriff des Jihad – geprägt auch durch die wissenschaftliche Verständigung der Orientalisten darüber – mit dem koranischen Begriff zu tun hat, um zu sehen, wie die »Islampolitik« selbst diesen Begriff für die moderne politische Sprache instrumentalisiert hat.

Eisenstadt entwickelt ein starkes Gespür dafür, wie die modernen jakobinischen Techniken der Eliminierung des Nichtauthentischen, des Nichtkorrekten, zum inneren Bestandteil moderner Herrschaftstechniken geworden sind. Er zeigt, daß die Bedingung der Moderne eine kulturtechnische Universalität geschaffen hat. Die inneren Ausarbeitungen kultureller Spezifität, die Ausarbeitungen der Differenz, werden zum inhärenten Bestandteil jener Universalität der Kulturtechniken.

X.

Die Vermittlungen, Simulationen und Konfrontationen, die sich aus dem gegenseitigen Anerkennungs- und Differenzierungszwang des kulturübergreifenden Wechselspiels ergeben, lassen sich analytisch nur einfangen, wenn man einen Schritt weitergeht. Die Formel, der Fundamentalismus sei eine kulturelle Reaktionsform vormoderner Kultur auf schnelle Modernisierung und wirtschaftliche Globalisierung, also eine Form der lokalen Widerstandskultur gegen die Globalisierung der Moderne, ist im Kern falsch, wenn auch nostalgische Visionen einer verlorengegangenen Zeit Bestandteil des Wechselspiels der Kulturen sind.

Nur wenige Autoren haben so konsequent und systematisch wie Roland Robertson (1992) gezeigt, daß der Fundamentalismus nicht nur eine Reaktion auf die Globalisierung der Konsum- und Mediengesellschaft ist, sondern daß das Auftreten fundamentalistischer Ideologien und Bewegungen ein tragender innerer Bestandteil der Globalisierung und der kulturtechnischen Umsetzung des Begriffsapparats der Aufklärung ist. Er erklärt dies damit, daß die begrifflichen Universalisierungen des 19. Jahrhunderts – etwa die Fixierung der Begriffe wie Nation, Religion, Zivilisation – zu ganz spezifischen, partikularistischen Ausarbeitungen und Transformationen lokal kultureller Selbst-Vorstellungen geführt haben. Der im Westen entwickelte humanwissenschaftliche Apparat – Geschichte, Philosophie, Soziologie, Religionswissenschaft etwa – habe generalisierte und standardisierte Wissenschaftsbegriffe von Geschichte und Religion als Form einer staatsbürgerlichen, zivilen Emanzipation entwickelt, die notwendig zu partikularisierten Selbst-Bestimmungen lokaler Kulturen führen muß.

Robertson begreift das Entstehen der fundamentalistischen Bewegungen als eine entscheidende Komponente des doppelten Prozesses von Universalisierung und Partikularisierung kultureller und religiöser Ideen. Die vermittelnde Macht sind Generalisierung und Standardisierung der Begriffe Nation, Zivilisation, Zivilgesellschaft, Bürgerlichkeit etc. Sie schaffen eine »stählerne« Struktur der Wiedererweckung kultureller Ideen und Prinzipien. Dabei werden zugleich die fundamentalistischen und essentialistischen Formen offengelegt, mit denen die Globalisierung der Moderne insgesamt einhergeht. Robertsons Globalisierungstheorie impliziert ein neues Paradigma der gesellschaftlichen Differenzierung. Relativierung, Ich-Aneignung und Vergesellschaftung von kulturellen Ideen konstituieren eine neue Lage des Gesellschaftlichen. Globalisierung heißt, daß sich das globale Segment von Gesellschaft aus den Spannungen zwischen Selbstbegriff, Menschheitsidee und Daseinslagen zwischen Gemeinschaft und Gesellschaft ergibt. Globalisierung ist also ein Konstrukt von Weltgesellschaft, das über die Moderne hinausreicht und aus dem Zusammenspiel und der Vielfalt lokaler Traditionen erwächst.

Robertson stellt die alte Frage, wie soziale Ordnung bei Vielfalt der sich dann ergebenden kulturellen Interessen möglich ist. Wie also ist eine globale Gesellschaft möglich, die die Welt als ihren »single place« versteht? Robertson kommt hier über die Vorstellung eines Chaos gemischter, konfligierender, globaler Interessen und Strategien nicht hinaus. Differenzierung, Relativierung und Konflikt scheinen für ihn – ganz in der Tradition Simmels – eine neue, evolutionäre Stufe der menschlichen Entfremdung zu bedingen. So läuft Robertsons Fragestellung in bezug auf den Fundamentalismus auf die Vergesellschaftungsformen hinaus, die dieser im Spiel des globalisierten Kulturprozesses durchsetzt. Es geht ihm jedoch nicht um Vergesellschaftung als eigenständiges und totales Moment des weltumspannenden Prozesses – wie noch Turner (1994, S. 113) meint –, sondern vielmehr auch um eine ethische Soziologie auf Basis eines evolutionistischen Optimismus.

Sicher spielt dabei der Hintergrund Talcott Parsons' eine Rolle (Turner 1994, S. 105-114). Die Differenzierungen zwischen universellen und partikularistischen Ausarbeitungen kultureller Ideen werden von Robertson als eine neue Form, als ein entscheidender Sprung der Rationalisierung und sozialen Differenzierung betrachtet, die sich aus dem Wechselspiel der Zivilisationen heraus in allen modernen Gesellschaften gleichzeitig, wenn auch mit Verschiebungen, ergeben.

Hier stellt sich die Schwierigkeit ein, wie sich die diversifizierten Anwendungen des »Selbst«, der »Religion«, »Nation« und »Welt als vorgestelltes Ganzes« durchsetzen. Kann sich aus diesen Gegensätzen der kulturellen Fassung des Partikularen und Universellen überhaupt ein kohärenter Prozeß der Vergesellschaftung der Welt entwickeln, wenn man die strukturellen und materialen Probleme der Auflösung des Nationalstaats nicht mitdenkt? Selbst in einem konstruktiven Sinn bleibt die *single-world-society* Robertsons im Bild des *global village* befangen und der Fundamentalismus ein Mittel, dasselbe zu konstituieren.

XI.

Die multikulturellen Konstitutionsbedingungen des Fundamentalismus werden in der Sicht des Kommunitaristen Charles Taylor sehr deutlich beleuchtet. Der hier unterliegende Begriff des kulturübergreifend bestimmten »Sozialen« hat, wie auch die Luhmannsche Vorstellung von der Absolutheit eines neuen kulturell bestimmten Kampfes um Inklusion und Exklusion, eine neue Qualität. Die Totalisierungsmaschine des Fundamentalismus läßt sich über Charles Taylor auf einer Ebene einfangen, die aus dem funktional-rationalistischen Diskurs des *social engineering* heraustritt. Symbolische, funktional nicht mehr wirksame Strategien und Machtspiele der sozialen Anerkennung kultureller Differenz ersetzen die funktionalistische Rationalität. Der konventionelle Kommunitarismus lehrt, daß moralische Selbstvergewisserung ein konstitutives Element der Vergesellschaftung des Individuums ist. Das aber impliziert die Notwendigkeit der Instrumentalisierung von Moral. Der Fundamentalismus steht genau im Spannungsfeld zwischen sozialem Spiel und Absolutheitsanspruch über Moral. Die moralische Selbstbegründung des Individuums wird hier ein Werkzeug im Kampf um soziale Anerkennung und Gleichbehandlung. Wo die traditionalen symbolischen und askriptiven Muster des gemeinschaftlichen Lebens aufgehoben sind und das »stählerne Gehäuse« funktionaler Rationalität sich durchsetzt, bedarf es bald einer dritten Dimension des Sozialen: »Identitätspolitik« hat nun den Ersatz für die alten Statuszuweisungen und den Kitt der alten Gemeinschaftsbeziehungen zu liefern. Wenn die Not der sozialen Kohäsion erst den Hintergrund für den Kampf um kulturelle Anerkennung liefert, dann stellt sich aber das Problem der sozialen Ordnung ganz neu. Denn im Anerkennungskampf selbst wird das »Gut« – in der Regel das Prinzip des Moralischen und Authentischen –, das Ordnung schaffen soll, selbst zum Prinzip des Kampfes um Ordnung, also selbst zum Ordnungsproblem, wie Charles Taylor dies ausdrückt (Taylor 1992, S. 59). Taylors Essay »The Ethics of Authenticity« macht dieses Paradox des kommunitaristischen Diskurses zum Zentrum der Frage nach der sozialen Rolle kulturübergreifender und multikultureller Kommunikation. Die Theorie der moralischen Fundierung des Sozialen und damit die Legitimation des Fundamentalismus als demokratische Form der moralischen Selbstvergewisserung liefert so eine Art kommunitaristischer Apologie des Fundamentalismus. Denn die Idee der Ordnung als moralisch begründete soziale Kohäsionsform ist Kulturwerkzeug im Kampf um Anerkennung, sie ist nicht in den Tiefen der Ursprungsmoral geboren, auf die zu bauen sie vorgibt. Die Instrumentalität des »Ursprungs«, immer authentischer als der andere sein zu müssen, ist die fundamentalistische Ordnungsidee, eine moralische Überschreitung tradierter Überlieferung und Normen; sie erst gibt sich als die absolut neue kulturelle Erfindungskraft. Man hat sich – wenn sie nicht gar in Blutbädern wie jüngst in Luxor ins Licht der Kamera treten – an solche Erfindungsspiele längst gewöhnt, und solange es nicht der »eigene« Staat ist, ist man zunehmend bereit, den Islamismus als legitime Überwindung des säkularen und funktionalen Nationalstaats hinzunehmen. Man vergißt dabei, daß in Ländern wie der Türkei oder Ägypten die Geschichte des Nationalstaats in der Tat so weit zurückreicht wie diejenige einiger europäischer Länder.

Das Dilemma des Kommunitarismus läßt sich lösen, wenn man Moral nur aus ihrer sozialen Funktion heraus betrachtet: Nur weil Moral sozial konstitutiv ist, kann sie in ihrer Funktion betrachtet werden. Soziologie muß deshalb aus dem Wertungszusammenhang der Moral heraustreten. Niklas Luhmanns Analysen des moralischen Diskurses kommen den kommunitaristischen Befunden durchaus nahe, indem sie Selbstreflexivität und Identitätspolitik in ihrer Funktion als Konstitution einer neuen – kulturellen – Eigengesetzlichkeit des Sozialen bestimmen. Es ist der Grad der Selbstreflexivität und des Authentischen, der über Inklusion oder Exklusion entscheidet. Luhmann sieht hierin eine neue Form der Systemintegration, die die herkömmlichen Inklusions- und Exklusionsformen, die noch auf funktionaler und institutional wirksamer Rationalität beruhen, aus den Angeln hebt. Der kulturelle Prozeß der Inklusion und Exklusion ergibt sich zugleich als eine neue Form der sozialen Differenzierung, die sich nur noch über kulturelle, nicht mehr über funktionale Definitionen herstellt. Inklusions- und Exklusionsmechanismen operieren auf eine Weise, daß funktionale Chancen der Rationalität unmittelbar aufgehoben oder unterminiert werden (Luhmann 1992, S. 16). Auch hier läßt sich das oben bereits bemühte Argument erneuern, daß die von den fundamentalistischen Bewegungen beanspruchte Ordnungsfunktionalität obsolet ist, weil sie selbst aus jedem funktionalen Kontext – auch dann, wenn sie noch vorgibt, soziale Dienste zu entwickeln – herausspringt.

XII.

Über Kultur und Religion läßt sich Funktionalität nicht definieren. Hier werden die irrationalen Komponenten des fundamentalistischen Diskurses deutlich. Inklusions- und Exklusionsmechanismen machen noch selbst jeden Kulturbegriff zu einem bloß technischen, medienöffentlichen und selbstreferentiellen Zeichen im Kampf um soziale Anerkennung. Das gilt in erhöhtem Maße für alle Formen der kulturübergreifenden vergleichenden Interaktion. Über die – wie ich anzudeuten versuchte – inneren Widersprüche und die Kritik hinsichtlich ihrer möglichen apologetischen Funktion hinaus scheinen die Theorieangebote der Soziologie auf die These einer eindimensionalen Umsetzung des Fundamentalismus in den sich globalisierenden Segmenten der Gesellschaft hinauszulaufen.

Eisenstadts These von der allgemeinen Durchsetzung des fundamentalistischen Heterodoxismus in alternativen Formen der Moderne, auch den nichtwestlichen, beinhaltet eine solche Konstitution des globalisierten Segments.

Robertsons Theorie der universellen Umsetzung der modernen Kulturtechniken – Fundamentalismus hier als eine Hauptkomponente mit der Funktion der partikularistischen Ausarbeitung nichtwestlicher Kulturen – weist auf eine zweite Durchsetzungsdimension hin.

Taylors und Luhmanns Befunde der interaktiv konstituierten Notwendigkeit zur Differenz setzen als Form sozialer Anerkennung und Inklusion eine neue Ebene des Sozialen voraus, über die Fundamentalismus zum unausweichlichen Faktor moderner sozialer Rekonstruktion wird. In der totalen und abstrakten Gegenseitigkeit der Bestimmung zur Differenz wird eine dritte Lagerung der Globalisierung deutlich, nämlich der radikal offene, irrationale, fließende, ja hybride Charakter der sich im Globalisierungsprozeß affirmierenden Kultur: eine Kultur ohne Namen, ohne Ort, ohne Prinzipien, einzig und allein durch den Grad der Transgressions- und Rekonstruktionskraft bestimmt.

XIII.

Wer nun aber die sozialen und kulturellen Dimensionen der Umsetzung des Fundamentalismus zu einer Prognose des politischen Sieges fundamentalistischer Gruppen machen wollte, geht fehl. Ich schlage als vorläufiges Fazit vor, Fundamentalismus in Orient und Okzident als »Transgression« im Sinne der Überschreitung gelebter Wertewelten und Lebensformen zu begreifen. Nichts, was der Islamismus heute will, hat etwas mit der von Toleranz und Liberalität geprägten islamischen Tradition zu tun. Auch kann man den politischen Islam heute schlecht mit der praxisfernen Weltverneinung der scholastischen Gelehrtenwelt oder mit den traditionalen Rechts- und Denkschulen in der Hochphase der islamischen Zivilisation erklären. Was außer einer abstrakten Vorstellung der politischen Klugheit des Propheten – in der Phase des nationalen Befreiungskampfes oft genug noch zur kulturellen Begründung der säkularen Revolution angeführt – läßt sich aus der Zeit der *umma*, der Gemeinschaft der ersten Muslime um den Propheten, auf die nationalstaatliche Realität beziehen? Die malaysischen Politiker Mahatir Mohammad und Anwar Ibrahim haben 1983 noch der islamischen Öffentlichkeit ihres Landes zugerufen: »Wir sind die islamischen Fundamentalisten« und damit zugleich eine in der islamischen Welt einmalige Inklusionskampagne einer militanten Jugendbewegung ebenso wie des traditionalistischen, »fremden«, orthodoxen Schrift-Islams in einen erfolgreichen Prozeß nationaler Emanzipation, wirtschaftlichen Wachstums und der Globalisierung der Gesellschaft eingeleitet (vgl. Khoo Boo Teik 1995, Anwar Ibrahim 1996). Unter anderen Bedingungen und mit unterschiedlichen Gewichtungen von Tradition und moderner Weltauslegung versuchen islamische Denker in Indonesien, dem größten muslimischen Land, dem Islam eine progressistische, sozialemanzipatorische Rolle zuzuweisen, indem sie einerseits einer vollen Verwestlichung Einhalt gebieten, andererseits aber die »islamische Lebensform *(syari'ah)*« nur im Rahmen der gegebenen säkularen Ordnung des Nationalstaats legalisieren wollen (Wahid 1996). Dies geht, wie man das bereits aus den Erfahrungen der Länder im Nahen Osten kennt, nicht ohne Widersprüche (vgl. Saad Eddin Ibrahim 1988). Um die politischen Umsetzungen der Zwänge und Notwendigkeiten, unter denen die Muslime heute mit purifizierten, »authentisch« gemachten Visionen des Islams eine moderne Lebensform begründen müssen, tobt in der ganzen islamischen Welt ein offener, insgesamt aber fruchtbarer Kampf um Neuordnung und Transgression. Fundamentalismus war lange ein zu diffuses Wort, mit dem man die verschiedenen Schattierungen des modernen politischen Islams ausgrenzen konnte. Andererseits haben westliche Inklusionsstrategien nur selbst zur Ausblendung der Widersprüche der postkolonialen Geschichte und zu falschen Affirmationen vorkolonialer

Traditionen geführt. Fundamentalismus und islamischer Liberalismus werden heute zwar als innere Gegensätze des zeitgenössischen muslimischen Denkens bezeichnet. Binder (1988) hat jedoch gezeigt, wie nah sie in Wirklichkeit beieinander sind. Dies sind nur unterschiedliche Selektionsmechanismen, mit denen die Kulturbestände des Islams neu verlesen werden. Beide Richtungen, Fundamentalismus und Liberalismus, unterliegen den gleichen kulturtechnischen Zwängen. Globalisierung mündet nicht nur in einen Prozeß der Generalisierung und Differenzierung kultureller Techniken und Ideen. Die Wirkungen des kulturübergreifend vergleichenden Interaktionsprozesses sind allumfassend. Als Beispiele seien hier nur die Gründungen antiorientalistischer Orientalismus-Schulen (Aufbau konkurrierender islamischer Wissenschaftszentren zur Begründung einer international durchsetzungsfähigen politischen Philologie des Islams), des protestantischen Islamismus (etwa die Gründungen nichtstaatlicher Organisationen mit dem Ziel der Durchsetzung islamischer Arbeitsethiken und Methodologien asketischer Lebensformen), des antiwestlichen Spiritualismus und instinktiv begründeten oder symbolischen Rationalismus (die Sufismus-Bewegungen) oder der Islamisierung der Wissenschaft (etwa die Gründung internationaler islamischer Universitäten auf der Grundlage einer islamischen Wissenschaftstheorie) genannt (Abaza 1998). Solche Bewegungen liefern die Transformationskraft zu neuen Sozialisationsformen; sie gehen mit dem Fundamentalismus Hand in Hand, ohne militant zu sein. Es entsteht hier eine neue, kulturelle Eigengesetzlichkeit des Sozialen, das sich gegen die herkömmlichen kommunalen oder rationalen Organisationen der Lebenswelt und die funktionale Differenzierung auf institutioneller Ebene durchsetzt.

Im Gegensatz zu den Vorstellungen einer blockbildenden Vereinheitlichung der islamischen Welt im Zeichen des Fundamentalismus und der Globalisierung und über die Befunde des soziologischen Theorie-Angebots hinaus läßt sich nach nunmehr über 20 Jahren praktischen Experimentierens mit fundamentalistischen Ordnungsvorstellungen zeigen, daß sie zu einer Vielfalt und eben keineswegs zu einer fundamentalistischen Geschlossenheit der islamischen Welt beigetragen und von einem islamischen Land zum anderen zu oft konträren Erfahrungen und Ergebnissen geführt haben.

Literatur

Abaza, M.: *Re-Thinking the Social Knowledge of Islam – Critical Explorations in the ›Islamization of Knowledge‹ – Debate Between Malaysia and Egypt*. Ms., FU Berlin 1998.

Ders./Stauth, G.: *Occidental Reason, Orientalism, Islamic Fundamentalism: A Critique*, in: Albrow, M./King, E. (Hg.): *Globalization, Knowledge and Society*. London/Newbury/New Delhi 1990, S. 209-232.

Anwar Ibrahim: *The Asian Renaissance*. Singapore/Kuala Lumpur 1996.

al-Attas, S. M. N.: *Islam, Secularism and the Philosophy of the Future*. London 1985.

Arkoun, M.: *Der Euro-Mediterrane Raum als Schicksalsgemeinschaft*, in: *KulturAustausch* 3/1996, S. 78-80.

Arnason, J.P.: *Weltauslegung und Verständigung*, in: Honneth, A./McCarthey, Th./Offe, C./Wellmer, A. (Hg.): *Zwischenbetrachtungen im Prozeß der Aufklärung. Jürgen Habermas zum 60. Geburtstag*. Frankfurt/M. 1989, S. 66-88.

Binder, L.: *Islamic Liberalism*. Chicago 1988.

Braudel, F./Duby, G./Aymard, M.: *Die Welt des Mittelmeeres: Zur Geschichte und Geographie kultureller Lebensformen*. Frankfurt/M. 1990.

Buber, M.: *Königtum Gottes*. Heidelberg 1932.

Casanova, J.: *Public Religions in the Modern World*. Chicago/London 1994.

Dumont, L.: *Essays on Individualism. Modern Ideology*, in: *Anthropological Perspective*. Chicago/London 1986.

Eisenstadt, S. N.: *The Axial Age: The Emergence of Transcendental Visions and Rise of Clerics*, in: *Archives européennes de sociologie* 2/1982, S. 294-314.

Ders. (Hg.): *Kulturen der Achsenzeit – Ihre Ursprünge und ihre Vielfalt*. 2 Bde. Frankfurt/M. 1987.

Ders.: *Die Antinomien der Moderne. Die jakobinischen Grundlagen der Moderne und des Fundamentalismus. Heterodoxien, Utopismus und Jakobinismus in der Konstitution fundamentalistischer Bewegungen*. Frankfurt/M. 1998.

Iqbal, M.: *The Reconstruction of Religious Thought in Islam*. Lahore 1995 (repr.).

Khoo Boo Teik: *Paradoxes of Mahatirism. An Intellectual Biography of Mahatir Mohamad*. Kuala Lumpur 1995.

Lewis, B.: *Demokratie und Religion im Nahen Osten*, Vortrag auf dem Kongreß ›Demokratische Politik: Die Agenda der Zukunft‹, Institut für die Wissenschaften vom Menschen, gekürzte Fassung übersetzt von Bodo Schulze, in: *Frankfurter Rundschau*, 29. 11. 1997, ZB2.

Luckmann, Th.: *Die unsichtbare Religion*. Frankfurt/M. ³1996.

Luhmann, N.: *Inklusion und Exklusion*, unveröffentlichtes Manuskript, Bielefeld 1992. Veröffentlicht in: ders.: *Soziologische Aufklärung*, Bd. 6. Opladen 1995.

Mottahedeh, R. P.: *Toward an Islamic Theology of Toleration*, in: Lindholm, T./Vogt, K. (Hg.): *Islamic Law Reform and Human Rights. Challenges and Rejoinders*. Nordic Human Rights Publications. Copenhagen/Oslo/Turku 1993, S. 25-36.

Nagel, T.: *Autochthone Wurzeln des islamischen Modernismus. Bemerkungen zum Werk des Damaszeners Ibn 'Abdin (1784-1836)*, in: *Zeitschrift der Deutschen Morgenländischen Gesellschaft* 146, 1/1996, S. 92-111.

Riesebrodt, M.: *Fundamentalismus als patriarchalische Protestbewegung*. Tübingen 1990.

Robertson, R.: *Globalization*. London/Newbury 1992.

Saad Eddin Ibrahim: *Domestic Developments in Egypt*, in: Quandt/W. B. (Hg.): *The Middle East. Ten Years After Camp David*. Washington/D. C. 1988, S. 19-62.

Schmitt, C.: *Politische Theologie: Vier Kapitel der Lehre von der Souveränität*. München 1922.

Stauth, G.: *Revolution in Spiritless Times. An Essay on Michel Foucault's Enquiries into the Iranian Revolution*, in: *International Sociology* 6, 3/1991, S. 259-280.

Ders.: *Islam and Emerging Non-Western Concepts of Modernity*, in: Gule, L./Storebo, O.: *Development and Modernity. Perspectives on Western Theories of Modernization*. Bergen 1993, S. 254-272.

Taylor, C.: *The Ethics of Authenticity*. Cambridge/London 1992.

Telos: Carl Schmitt – Special Issue, No. 72/1987.

Todorov, T.: *On Human Diversity. Nationalism, Racism, and Exotism in French Thought*. Cambridge/London 1993.

Tyriakian, E. A.: *The New Worlds and Sociology. An Overview*, in: *International Sociology* 9, 2/1994, S. 131-148.

Troeltsch, E.: *Die Bedeutung der Geschichtlichkeit Jesu für den Glauben*. Tübingen 1911.

Turner, B. S.: *Orientalism, Postmodernism and Globalism*. London/New York 1994.

Wahid, A.: *Foreword*, in: Barton, G./Fealy, G. (Hg.): *Traditional Islam and Modernity in Indonesia*, Monash Asia Institute. Clayton, Vic. 1996, S. XIII-XVII.

Weber, M.: *Wirtschaft und Gesellschaft*. Tübingen ⁵1980.

II.
Moderner Rechtsradikalismus und separatistischer Regionalismus in Fallbeispielen

Hans-Georg Betz
Radikaler Rechtspopulismus im Spannungsfeld zwischen neoliberalistischen Wirtschaftskonzepten und antiliberaler autoritärer Ideologie

Der umfassende wirtschaftliche und gesellschaftliche Wandel der letzten Jahre – hier als eine Kombination von beschleunigter Globalisierung und Postindustrialisierung verstanden – wurde vom Aufstieg des Neoliberalismus als dem herrschenden Paradigma der Wirtschafts- und Gesellschaftstheorie mit weitgreifenden Auswirkungen auf die Politik begleitet. Das erklärte Ziel der neoliberalen Revolution war, den überlasteten keynesianischen Versorgungsstaat der Nachkriegszeit in einen schlanken »Wettbewerbsstaat« umzuwandeln und damit in die Lage zu versetzen, sich unter verschärften internationalen Wettbewerbsbedingungen gegenüber der Konkurrenz auf dem Weltmarkt zu behaupten (Cerny 1995). Der Maßnahmenkatalog reichte von weitgehender Deregulierung der Güter-, Finanz- und Arbeitsmärkte, Senkung der direkten Steuern, Abbau von Handelsschranken, Privatisierung von Staatsunternehmen und restriktiver antiinflationärer Geldpolitik bis hin zum zumindest teilweisen Abbau der öffentlichen Sozialleistungen und Subventionen. Das Ziel war, die Aufgabenbereiche und Kompetenzen des Staates drastisch zu reduzieren, um damit dem schleichenden Legitimationsverlust des Staates zu begegnen.

Parallel zu diesem Wirtschaftsprogramm propagierte der Neoliberalismus ein neues Menschenbild, das sich mit seiner Betonung individueller Leistungsbereitschaft, Selbstverantwortung, Flexibilität und Risikobereitschaft durchaus mit postmodernen Vorstellungen von *existence-design* und *bricolage* deckte. Mit der Realisierung dieses Programms trug der Neoliberalismus zu jenen Individualisierungs-, Desintegrations- und Fragmentierungsprozessen bei, die immer mehr die Entwicklungstendenzen der durchkapitalisierten westlichen Gesellschaften bestimmen (Heitmeyer 1993).

Die Beschleunigung dieser Individualisierungsprozesse, die sich u. a. im Verfall traditioneller Wertmuster und der Auflösung überkommener Bindungen zeigte, lösten eine neokonservative Gegenreaktion aus, die sich zuerst in den Vereinigten Staaten, dann auch in Westeuropa im Ruf nach einer gesellschaftlichen Rückbesinnung auf traditionelle Werte (*family values*) niederschlug, um der »Bedrohung des Gemeinwesens durch Individualisierungstendenzen« und der damit verbundenen »Orientierungskrise« wirksam zu begegnen (Wolfgang Schäuble, zit. in Homann 1997, S. 13). Dabei machten ihre Vertreter jedoch nicht die Auswirkungen des auf der Logik des Nutzenkalküls aufbauenden neoliberalistischen Wirtschaftskonzepts auf den einzelnen für den angeblichen Verfall der Moral verantwortlich, sondern suchten – und fanden – die Schuldigen in den Verfechtern des bürokratischen Wohlfahrtsstaats und der kulturellen Moderne. Damit thematisierten sie die Nachfolgeerscheinungen gesellschaftlicher Modernisierung wie Geburtenrückgang oder steigende Scheidungs- und Abtreibungsraten als politische Probleme, die staatliche Eingriffe notwendig machten, versäumten es jedoch, deren Ursachen kritisch zu hinterfragen, und führten sie so autoritären Lösungsvorschlägen zu.

Der Aufstieg radikal rechtspopulistischer Formationen seit den achtziger Jahren vollzog sich in diesem Spannungsfeld zwischen neoliberalistischer Offensive und antiliberaler Gegenbewegung. Dabei verfolgten die neuen populistischen Formationen jedoch keineswegs eine einheitliche Programmstrategie. So erzielten einige westeuropäische Parteien in den achtziger Jahren beachtliche Erfolge mit einem dezidiert neoliberalistischen Programm, das die herrschenden Themen der autoritären Gegenbewegung nur am Rande aufgriff. Dagegen versuchten andere Parteien ebenso erfolgreich, sich mit einer Mischung aus neoliberalistischen Forderungen und autoritären Politikformeln eine politische Marktlücke zu erschließen. Seit Anfang der neunziger Jahre verlieren dann neoliberalistische Forderungen in einigen Fällen immer mehr an Bedeutung zugunsten einer verstärkten Betonung antiliberalistischer und antiliberaler politischer Diskursmuster.

Im folgenden sollen diese Entwicklungen kurz anhand einiger Beispiele aufgezeigt werden, um dann in einem weiteren Schritt die Divergenzen zwischen den verschiedenen Mobilisierungsstrategien radikal rechtspopulistischer Parteien sowie eventuelle Schwerpunktverschiebungen in deren programmatischen Aussagen zu erklären. Dabei soll versucht werden aufzuzeigen, daß rechtspopulistische Mobilisierungsstrategien sowie programmatische Schwerpunktverschiebungen von zwei Variablen abhängen: zum einen von der Politik der jeweiligen Regierung, zum anderen von der sozialstrukturellen Zusammensetzung der Wählerbasis radikal rechtspopulistischer Parteien und Bewegungen. Im zweiten Teil der Untersuchung werde ich dann der Frage nach der Bedeutung der neoliberalistischen und autoritären Programmatik für den Erfolg rechtspopulistischer Parteien und Bewegungen nachgehen.

1. Front national, FPÖ und Lega Nord

Die wahlpolitisch erfolgreichsten und politisch bedeutendsten westeuropäischen rechtspopulistischen Parteien der letzten Jahre sind zweifellos der französische Front national, die österreichischen Freiheitlichen und die italienische Lega Nord (Betz 1996). Wie alle westeuropäischen Vertreter des Rechtspopulismus verdanken diese drei Parteien ihren Erfolg z. T. der Mobilisierung fremdenfeindlicher Ressentiments in der Bevölkerung. Ansonsten unterscheiden sie sich jedoch beträchtlich hinsichtlich ihres Programms, ihrer Strategie und der sozialstrukturellen Basis ihrer Wähler und Sympathisanten.

Der Aufstieg des Front national begann kurz nach den Wahlsiegen der französischen Linken bei den Präsidentschafts- und Parlamentswahlen von 1981. Diese Periode war geprägt vom Experiment der Durchsetzung einer nachfrageorientierten sozialistischen Wachstumspolitik, die jedoch bereits Anfang 1983 in einem dramatischen wirtschaftlichen Kurswechsel ihr Ende fand. Kernpunkte der damit eingeleiteten neuen Politik wirtschaftlicher *rigueur* waren die Priorität der Preisstabilität und des *franc fort*, die Konsolidierung der öffentlichen Haushalte sowie die Deregulierung und Liberalisierung der Wirtschaft. Diese Politik wurde in ihren Grundzügen bis heute von allen Regierungen beibehalten.

Diesen wirtschaftsprogrammatischen Kurswechsel hatte der Front national bereits Ende der siebziger Jahre mit der Programmschrift *Droite et démocratie économique* (1978) vollzogen. Sie war die Grundlage eines neuen »ultraliberalen« Wirtschaftskonzepts, das der Front national von einem der Hauptvertreter der französischen Neuen Rechten, dem Club d'Horloge, übernahm und das Jean-Marie Le Pen gegen erheblichen innerparteilichen Widerstand durchsetzte (Buzzi 1991). Erklärtes Ziel des Programms war die »Befreiung der Wirtschaft« von der Umklammerung durch den Staat. Folgerichtig forderte die Partei u. a. die »Entstaatlichung« von öffentlichen Betrieben, eine kräftige Senkung der direkten Steuern sowie drastische Personalkürzungen im öffentlichen Dienst. Gleichzeitig machte sie sich für individuelle Leistungsbereitschaft und Initiative, Unternehmertum und Verantwortungsbewußtsein als Motor der gesellschaftlichen und wirtschaftlichen Erneuerung stark. Dabei betonte Le Pen jedoch immer wieder, daß eine freie Wirtschaft kein Selbstzweck, sondern die Bedingung für die Schaffung eines auf individuellem Besitz basierenden »Volkskapitalismus« (*capitalisme populaire*) nach dem Motto »Besitz = Verantwortung = Verwurzelung« sei (Buzzi 1991). Dies bedeutete, daß die neoliberalistischen Forderungen des Front national erst in zweiter Linie wirtschaftlich begründet waren. Weit wichtiger war die politische Zielsetzung des Wirtschaftsliberalismus als Ausgangspunkt einer grundlegenden Erneuerung der vom moralischen Verfall (*décadence*) bedrohten französischen Nation.

Für den moralischen Verfall machte die Partei den politischen Liberalismus linker und rechter Provenienz verantwortlich, dessen Betonung individueller Freiheit in ihrer Sicht maßgeblich zur Schwächung und Zersetzung der nationalen Identität beigetragen hatte (Taguieff 1996a). Als Symptome wurden der Verfall der Familie, der Geburtenrückgang, steigende Abtreibungsraten und v. a. die Masseneinwanderung von außerhalb Europas als wichtigster Vorreiter der sich ausbreitenden »Entwurzelung« genannt. Zum Schutz der nationalen Identität propagierte die Partei einen Katalog autoritärer Forderungen zur Stärkung der nationalen Verteidigungsbereitschaft, zum Schutz und zur Überlebensfähigkeit der französischen Familie sowie zur Wende in der Einwanderungsfrage mit dem Ziel der völligen Repatriierung der nichteuropäischen Einwanderer.

Während die Partei im Laufe der letzten Jahre ihre Forderungen v. a. in bezug auf die Ausländerfrage sukzessiv verschärfte, vollzog sie Anfang der neunziger Jahre eine nicht unbedeutende programmatische Wende hinsichtlich der Wirtschaftspolitik. Stand der Front national anfangs noch klar auf der Seite der Unternehmer, so stellte sich die Partei mit der Zeit immer mehr auf die Seite der Arbeitnehmer und damit gegen die herrschende internationale Wirtschaftsideologie, die als »libre-échangisme mondial«, »mondialisme économique« oder auch nur »mondialisme« in ihren programmatischen Aussagen immer wieder als Feind Nummer Eins der französischen Arbeitnehmer und Nation auftaucht (Taguieff 1996b). Spätestens seit den Parlamentswahlen von 1993 avancierte damit der Schutz vor den fortschreitenden Globalisierungstendenzen zu einem der Hauptziele der Partei. Dabei propagiert sie v. a. die Einführung protektionistischer Maßnahmen, um die Wirtschaft damit gegen den »wilden Wettbewerb« (*la concurrence sauvage*) abzuschirmen.

Die teilweise Abkehr der Partei vom Wirtschaftsliberalismus verlief parallel zu einem grundlegenden Wandel ihrer Wählerbasis. Anfangs der achtziger Jahre zog die Partei v. a. unzufriedene Wähler der geschlagenen traditionellen Rechten an. So fand der Front national bei den Europawahlen von 1984 v. a. bei Industriellen, Großhändlern und Freiberuflern überproportionalen Anklang, also gesellschaftlichen Gruppen, die den neoliberalistischen Vorstellungen der Partei vermutlich am offensten gegenüberstanden (Mayer 1997). Mitte der achtziger Jahre kehrte ein Großteil dieser Wähler jedoch zur traditionellen Rechten zurück. Dagegen erhöhte sich der Anteil der Wähler aus dem Kleinbürgertum (Handwerker, Kaufleute, Gewerbetreibende) und der Arbeiterschicht. Seit Ende der achtziger Jahre kam es dann zu einer deutlichen Proletarisierung der Partei, die sich im steigenden Anteil an Arbeitern, Arbeitslosen und Jungwählern niederschlug – Gruppen also, die zu den objektiven Verlierern des Wirtschaftskurses der Regierung gehörten und deshalb neoliberalistischen Vorstellungen vermutlich eher skeptisch gegenüberstanden. So stimmten bei den Präsidentschaftswahlen von 1995 30 % der Arbeiter, 25 % der Arbeitslosen und 40 % der arbeitslosen Arbeiter für Jean-Marie Le Pen (Mayer 1997).

Man könnte nun in der programmatischen Entwicklung des Front national einen natürlichen Prozeß der Konvergenz der beiden wichtigsten Programmteile sehen. Sicherlich läßt sich eine auf den Schutz der französischen Wirtschaft ausgerichtete Wirtschaftspolitik besser mit den ganz auf den Schutz der Nation ausgerichteten autoritären gesellschaftspolitischen Vorstellungen der Partei vereinbaren als eine Mischung aus Ultraliberalismus und Autoritarismus. Umfragen aus den letzten Jahren belegen, daß die Sympathisanten des Front national zum einen häufiger als die Anhänger der traditionellen Rechten für staatliche Interventionen in wirtschaftlichen und sozialen Angelegenheiten sowie für protektionistische Maßnahmen zum Schutz der einheimischen Wirtschaft sind, zum anderen den höchsten Sympathiegrad für Forderungen des politischen Autoritarismus aufweisen (Grunberg 1995, Mayer 1996). 1995 stimmten 85% der Le-Pen-Sympathisanten der Behauptung zu, Frankreich brauche einen wirklichen Anführer, der die Dinge wieder in Ordnung bringe und den Befehl übernehme (Mayer 1996). Dabei handelt es sich jedoch nicht um ein durchgehend autoritäres Einstellungsmuster. Umfragen zeigen, daß die Anhänger des Front national in Moralfragen z. T. beträchtlich von den von der Partei propagierten Werten abweichen. So stimmte 1995 nur ein wenig mehr als ein Drittel der Behauptung zu, Homosexualität sei kein akzeptabler Weg, seine eigene Sexualität auszuleben (ebd.). Und 1994 stimmte mehr als die Hälfte der Behauptung zu, es sei nicht notwendig zu heiraten, um eine Familie zu gründen (Farthouat 1995). Diese Ergebnisse belegen, daß nicht einmal die Anhänger der – zusammen mit dem belgischen Vlaams Blok – wohl autoritärsten rechtspopulistischen Partei Westeuropas immun gegen soziokulturelle Modernisierungstendenzen sind.[1] Gleichzeitig provozieren sie geradezu die Frage, inwieweit diese Modernisierungstendenzen gewisse Gesellschaftsgruppen für autoritäre Lösungen im Bereich der Politik anfällig machen.

War der Front national bis Anfang der neunziger Jahre die eindeutig wichtigste radikal rechtspopulistische Partei Westeuropas, so hat ihr in den letzten Jahren die FPÖ diesen Rang abgelaufen. Der Aufstieg der Freiheitlichen begann Mitte der achtziger Jahre mit dem Führungswechsel an der Parteispitze, der Jörg Haider zum unumschränkten Herrscher über die Partei machte. Haider, dessen Partei bei den Nationalratswahlen von 1986 fast zehn Prozent der Stimmen erreichte, profitierte von der Unbeweglichkeit

---

1 Empirische Studien zeigen, daß auch die Anhänger des Vlaams Blok bedeutend liberaler in bezug auf Fragen der Moral sind als es die Partei ist, vgl. Billiet/de Witte 1995, S. 189.

der beiden großen Parteien, die gehemmt durch Lagerkultur und Proporzsystem es nicht vermochten, die Modernisierung der österreichischen Wirtschaft sowie der eingefahrenen Entscheidungsstrukturen maßgeblich anzugehen. Bis Anfang der neunziger Jahre schritten deshalb große Reformprojekte wie die Renten- oder Steuerreform oder die Strukturänderung der Österreichischen Bundesbahn nur zögerlich voran. Die Folge war, daß das Land nur bedingt auf den durch Ostöffnung und EU-Mitgliedschaft ausgelösten verstärkten Wettbewerbsdruck vorbereitet war. Die Folge des durch diese Entwicklungen bedingten Strukturbruchs in der Industrie war ein massiver Verlust von Arbeitsplätzen im produktiven Sektor und damit einhergehend ein Anwachsen der Arbeitslosigkeit auf immer neue Rekordmarken, von der v. a. ältere Arbeitnehmer mit geringer Ausbildung betroffen waren.

Wie der Front national, so schlugen auch die Freiheitlichen unter Haiders Führung einen neuen programmatischen Kurs ein, der traditionelle deutschnationale Formeln mit ultraliberalistischen Vorstellungen von individueller Leistung und einer maximalen Liberalisierung der Wirtschaft verband. Erklärtes Ziel der Partei war ein radikaler Wandel in der Politik, um »ein freies Österreich mit selbstbewußten Bürgern« zu schaffen, »die sich in demokratischer Offenheit von den Fesseln eines unerträglich und kostspielig gewordenen Parteien- und Kammersystems befreien« (Haider 1994, S. 39). Für die Erreichung dieses Ziels propagierte die Partei einen umfassenden Forderungskatalog, der von der »radikalen Deregulierung der Wettbewerbsordnung«, der »Festlegung der Steuerhöchstquote in der Verfassung« und der Anpassung des »komfortablen« Wohlfahrtsstaats an die wirtschaftlichen Veränderungen bis zur Abschaffung der Sozialpartnerschaft »in seiner heutigen Form« und der Aufhebung der Zwangsmitgliedschaft in den Kammern reichte (Haider 1992, 1993). Dabei appellierte die Partei v. a. an die »Leistungseliten« als Motor der gesellschaftlichen Erneuerung.

Im Gegensatz zum Front national waren autoritäre Forderungen für die Freiheitlichen anfänglich nur von geringer Bedeutung. So forcierte die Partei die Ausländerfrage erst im Wahlkampf von 1990, wobei ihre Aussagen in bezug auf Radikalität jedoch kaum über die der beiden großen Parteien hinausgingen. Die Kampagne der Partei gegen »Überfremdung«, »Umvolkung« und »multikulturelle Experimente« kam erst im Laufe der neunziger Jahre in Fahrt. Zur gleichen Zeit begann Haider, die Gefahr des Werteverfalls und der »um sich greifende[n] Entsolidarisierung« als Folge des »Modernismus der siebziger und achtziger Jahre« zu thematisieren, der aus seiner Sicht eine Gesellschaft hervorgebracht hatte, in der »Rücksichtslosigkeit und Regellosigkeit auf der Tagesordnung ist, Egoismus, Individualismus und Protektion prägend wirken«. Um diesen Tendenzen entgegenzuwirken, plädierte er für eine »Rückbesinnung auf traditionelle Werte« wie »Gemeinsinn, Treue, Fleiß und Anständigkeit« (ebd.).

Gleichzeitig kam es zu einer teilweisen Kurskorrektur in der Wirtschaftspolitik. Verstand sich Haider in den achtziger Jahren als Anwalt der Leistungseliten, so präsentierte er sich in den neunziger Jahren immer mehr als Anwalt derjenigen Arbeitnehmer, die »es hart haben im Wettbewerb«. Damit griff die Partei immer mehr die Folgeprobleme des wirtschaftlichen Strukturwandels auf und agitierte gegen Lohndumping, Umverteilung von unten nach oben und »österreichische Unternehmen, die kein Interesse daran haben, Österreicher zu beschäftigen«.[2]

Wie schon beim Front national, so liegt auch im Fall der Freiheitlichen ein möglicher Schlüssel zur Erklärung der programmatischen Entwicklung im Wandel der sozialstrukturellen Basis der Partei. Die Partei verdankte ihren Aufstieg in der zweiten Hälfte der achtziger Jahre v. a. jüngeren Angehörigen der neuen aufstiegsorientierten Mittelschichten. Im Laufe der neunziger Jahre jedoch kam es zu beträchtlichen Verschiebungen ihrer Wählerbasis, die sich besonders in einer fortschreitenden Proletarisierung bemerkbar machten. Zwischen den Wahlen von 1986 und 1995 wuchs der Anteil der Arbeiter, die sich für die FPÖ entschieden, von zehn auf 34 % und lag damit bei weitem über dem Gesamtergebnis der Partei, die 1995 nur knapp 22 % der Stimmen errang (Plasser/Ulram/Neuwirth/Sommer 1995). Diese Entwicklung war sogar noch dramatischer bei den Europawahlen von 1996, als die Hälfte der Wähler aus der Arbeiterschaft für die Freiheitlichen stimmte. Beobachter werteten diese Entwicklung als ein Zeichen dafür, daß die Freiheitlichen zu einer »Arbeiterpartei neuen Stils« geworden waren (Plasser/Ulram/Sommer 1996).

---

2 Rede von Bundesparteiobmann Dr. Jörg Haider, 23. Ordentlicher Parteitag der FPÖ, Feldkirch 1996, Internetversion, www.fpoe.or.at.

Das wachsende Gewicht der Arbeiterschicht in der freiheitlichen Wählerschaft bringt die Widersprüche und Spannungen ihrer Programmatik zum Vorschein. Dies macht sich auch in Umfragen bemerkbar. So waren 1993 zwar 45 % der FPÖ-Sympathisanten der Ansicht, der einzelne sollte sich mehr durch eigene Anstrengungen helfen; jedoch meinten 41 %, der Staat habe die Pflicht, überall dort einzugreifen, wo Probleme bestünden und es den Menschen schlechtgehe. Eine ähnliche Meinungsspaltung gab es auch bei der EU-Abstimmung von 1994, als 59 % der FPÖ-Sympathisanten gegen und 41 % für die Mitgliedschaft stimmten. Keines dieser Ergebnisse läßt den Schluß zu, daß es sich bei den Anhängern der Freiheitlichen um besonders radikalisierte Gesellschaftsgruppen handelt. Wo sie sich jedoch von der übrigen Bevölkerung unterscheiden, ist im Grad des politischen Autoritarismus. Dies zeigt sich besonders in der Sehnsucht nach dem »starken Mann«. Im Oktober 1993 stimmten 59 % der FPÖ-Anhänger (gegenüber 19 % der Gesamtbevölkerung) der Behauptung zu, eigentlich bräuchte man gar kein Parlament, sondern einen »starken Mann«, der Entscheidungen rasch durchsetzen kann.[3]

Im Unterschied zum Front national und den Freiheitlichen ist die Lega Nord eine Partei, deren Anhänger sich fast ausschließlich aus den nördlichen Regionen Italiens rekrutieren. Bei den letzten Parlamentswahlen 1996 erzielte die Partei 17 % der Stimmen im Norden, was immerhin 8,7 % landesweit bedeutete. Der Aufstieg der Lega zu einem politischen Faktor von nationaler Bedeutung begann bei den landesweiten Regionalwahlen von 1990, aus denen die Lega (damals noch Lega Lombarda) in der Lombardei als zweitstärkste Partei hervorging. Ihr Erfolg war eine politische Antwort auf die Reformunfähigkeit und den fehlenden Reformwillen der regierenden Regierungskoalition aus Christdemokraten und Sozialisten, die »den durch die wechselseitigen Blockaden produzierten Stillstand« zum gemeinsamen Programm erhoben hatten (Braun 1994, S. 90). Diese Politik erwies sich jedoch immer weniger in der Lage, dem angesichts steigender Kosten fortschreitenden Wettbewerbsverlust der italienischen Wirtschaft wirksam zu begegnen. Damit offenbarte sich das

---

3 Fessel + GfK: *Gesellschaftlicher Monitor*, Band I, Wien 1993, S. 119; Plasser/Ulram 1994, S. 29; *SWS-Rundschau* 4/1993, S. 483-485.

ganze Ausmaß der in der Vergangenheit nur durch rapide steigende Staatsverschuldung verdeckten Mißwirtschaft, die Wirtschaft und Bürger gleichermaßen durch gestiegene Zinsen bzw. Steuern belastete.

Die Lega begegnete dieser Situation mit einem ultraliberalistischen Forderungskatalog, der die radikale Transformation des italienischen Staats und des Verhältnisses zwischen Nord und Süd bewirken sollte. Das Ziel lag in der Schaffung eines »föderalistischen Liberalismus« (*liberismo federale*). Die Voraussetzung dafür war aus Sicht der Lega die radikale Entflechtung von Politik und Wirtschaft, um so die herrschende politisch-bürokratische Klasse zu entmachten und durch einen neuen, aus Privatunternehmern und Arbeitnehmern zusammengesetzten »dominanten gesellschaftlichen Block der Produzenten« zu ersetzen.[4] Die Grundforderung der Lega war die Umwandlung Italiens in einen föderalistischen Staat, der den einzelnen Regionen ein Höchstmaß an wirtschaftlicher und politischer Autonomie garantiert. Dabei setzte sich die Partei v. a. für das Recht auf die Selbstverwaltung der Steuergelder ein, um so die zentralstaatliche Bürokratie ihrer Machtbasis zu berauben und den weiteren Ressourcentransfer aus dem reichen Norden in den Süden zu unterbinden. Gleichzeitig plädierte die Lega für eine steuerliche Entlastung der kleinen und mittelständischen Betriebe zur Stärkung ihrer Wettbewerbsfähigkeit.

Der fehlende Wille der aus dem Zusammenbruch des italienischen Parteiensystems Anfang der neunziger Jahre hervorgegangenen Parteien, den Forderungen der Lega nach einer föderalistischen Strukturreform entgegenzukommen, hatte die fortschreitende Radikalisierung der Partei Mitte der neunziger Jahre zur Folge, die in der Forderung nach Sezession und der Bildung eines autonomen Staates »Padania« gipfelte. Dabei berief sich die Partei v. a. auf die Entwicklungen der internationalen Wirtschaft (i. e. Globalisierung und Maastricht), welche die ökonomische Selbständigkeit Norditaliens (nach dem Motto »Selbstbestimmung für Padania«) gleichsam unabdingbar machten, wenn der Norden weiterhin auf dem europäischen und globalen Markt konkurrenzfähig bleiben wollte (Bossi 1997).

---

4 Vgl. Gabriella Poli: *Breve storia/programma della Lega Nord*, Mailand 1995.

Die Grundlage für den ausgeprägten Wirtschaftsliberalismus der Lega Nord mit seinem individualistischen Grundtenor war v. a. die lombardische kulturelle Identität, »die in spezifischen arbeitsethischen und moralischen Standpunkten, der Hochschätzung ›harter Arbeit‹ und persönlicher Leistung ihre wesentlichen Angelpunkte hat« (Schmidtke/Ruzza 1993). Sie bildete auch den Hintergrund für die kruden antimeridionalen und xenophobischen Ausfälle der Lega Nord, die seit Ende der achtziger Jahre sporadisch immer wieder die Aussagen der Partei bestimmten und die in ihrer Sprache und Radikalität durchaus mit denen anderer rechtspopulistischer Parteien vergleichbar sind. Doch gerade weil das Programm der Lega ein Ausfluß einer grundlegend individualistisch geprägten Vorstellungswelt ist (Ricolfi 1993), sucht man in ihm vergeblich nach typisch autoritären Argumentationsmustern in bezug auf Familie oder Nation.

Die Kontinuität der neoliberalistischen und individualistischen Grundzüge der Programmatik der Lega Nord erklärt sich aus der Entwicklung ihrer gesellschaftlichen Basis. Im Gegensatz zu Frankreich oder Österreich artikulieren sich im Protest der Lega Nord v. a. die Ressentiments der Modernisierungsgewinner. Wie Ilvo Diamanti (1993) gezeigt hat, rekrutieren sich die Mitglieder und Vertreter der Partei wie auch ihre Wähler zum Großteil aus den »produktiven Schichten« der Randprovinzen der Poebene von Venetien zum nördlichen Drittel der Lombardei bis hin nach Piemont. Bei diesen Schichten handelt es sich v. a. um kleine und mittelständische Betriebe, die sich in den achtziger Jahren besonders schnell auf den Wandel der Produktionsmethoden (weg vom Fordismus, hin zur flexiblen Spezialisierung) eingestellt hatten. Seitdem machten sie mit einer Mischung aus unternehmerischer Initiative, Innovationsfähigkeit sowie konsequenter Orientierung am Kunden v. a. den Nordosten des Landes zu einer der prosperierendsten Regionen in Westeuropa. Viele dieser Betriebe sind Familienbetriebe mit nur wenigen Beschäftigten, von denen wiederum viele einer eigenständigen Nebentätigkeit nachgehen. Daraus ergibt sich eine typische Verwischung der Klassengegensätze und die Bildung eines Wir-Gefühls, das in der gemeinsamen Arbeitsethik sowie in einem ausgeprägten Individualismus verankert zu sein scheint (Gobetti 1996, Perulli 1997).

Dieses für die Lega Nord eigentümliche Milieu erklärt, warum sie bei den Parlamentswahlen von 1996 in den nördlichen Randprovinzen der Lombardei und Venetiens im Durchschnitt mehr als 40% der Stimmen erzielte, während sie in den von der Krise der italienischen Wirtschaft geschüttelten Industrieregionen des Nordwestens nicht über die Zwölf-Prozentmarke hinauskam. Es erklärt auch, warum die Lega in ihren Hochburgen bei Arbeitern genauso erfolgreich war wie bei Gewerbetreibenden, Handwerkern oder Kleinunternehmern (Pagnoncelli 1997).

Obwohl neoliberale Forderungen den zentralen Kern des Programms der Lega Nord ausmachen und obwohl diese Forderungen direkten Bezug auf das Wertesystem der sie unterstützenden Gesellschaftsschichten Norditaliens nehmen, ist auch dieses Verhältnis nicht frei von Widersprüchen, wie sich aus neueren Umfragen ergibt. Sie zeigen eine deutliche Übereinstimmung der Lega-Sympathisanten mit dem Ruf der Partei nach einer Steuerrevolte. So erklärten 1997 immerhin zwei Drittel der Lega-Sympathisanten, Steuerhinterziehung sei eine akzeptable Praktik, gegenüber einer Mehrheit von 53% der Bevölkerung, die Steuerhinterziehung als inakzeptabel erachtete. Dagegen stimmte jedoch nur eine knappe Mehrheit der Lega-Sympathisanten der Meinung zu, Betriebe sollten mehr Freiheit haben, Leute einzustellen und zu feuern (53%), und auch die Forderung nach der Privatisierung wohlfahrtsstaatlicher Einrichtungen fand bei nur ein wenig mehr als 60% Unterstützung.[5] Dagegen fanden die Meinung, es gäbe zu viele nichteuropäische Immigranten in Italien (77%), sowie die Behauptung, es herrsche zuviel Konfusion, deshalb bräuchte es einen starken Mann, der das Land anführe (71%), die Zustimmung der großen Mehrheit der Lega-Sympathisanten.[6]

---

5 Ähnliche Ergebnisse lassen sich auch bei den Anhängern der kanadischen Reform Party nachweisen, die wie die Lega Nord einen dezidiert neoliberalistischen Kurs verfolgt. So meinten 1993 weniger als 50%, die Regierung sollte nichts tun, um Einkommensunterschiede zu verringern, und nur eine Minderheit von knapp 44% meinte, jedermann profitiere von Deregulierung (Nevitte 1998).
6 Ilvo Diamanti: »*Per metà degli italiani si può non pagare*«, in: *Il Sole 24 Ore*, 5.7.1997, S. 6; Ilvo Diamanti: »*Divisi su Fisco, garanzie e federalismo*«, in: *Il Sole 24 Ore*, 18.7.1997, S. 6.

2. Parteienverdrossenheit und politischer Autoritarismus

Die drei hier skizzierten Beispiele bestätigen die Vermutung, daß die programmatische Entwicklung rechtspopulistischer Parteien und Bewegungen zum einen eine Reaktion auf die von den jeweiligen Regierungsparteien verfolgte Wirtschaftspolitik ist, zum anderen direkt von Veränderungen in der Zusammensetzung ihrer sozialstrukturellen Basis beeinflußt wird. Solange Regierungen in den achtziger Jahren zögerten, marktwirtschaftliche Reformen in die Wege zu leiten und durchzusetzen, bot sich rechtspopulistischen Parteien die Chance, eine marktliberale Alternative zu entwickeln, um damit bei denjenigen Schichten Marktanteile zu gewinnen, die vom marktwirtschaftlichen Strukturwandel am meisten profitierten. Als die etablierten Parteien dann begannen, wirtschaftspolitische Reformen ernsthaft in Angriff zu nehmen, verloren die rechtspopulistischen Parteien ihren Marktvorsprung und waren gezwungen, sich neue Marktnischen zu erschließen. Logischerweise bestanden die besten Aussichten für eine solche Strategie bei denjenigen Schichten, die von strukturellen Veränderungen potentiell am stärksten negativ betroffen waren. Dies sind v. a. Arbeiter in den dem internationalen Wettbewerb direkt ausgesetzten Branchen sowie durch Konsolidierungsmaßnahmen in der Sozialpolitik (z. B. Kürzungen der Sozialleistungen oder Erhöhung des Rentenalters) betroffene Personenkreise.

Das Beispiel der hindu-nationalistischen Bharatyia Janata Party (BJP) in Indien zeigt, daß diese Tendenzen keineswegs nur auf Westeuropa beschränkt sind. Bis Anfang der neunziger Jahre zeichnete sich die BJP u. a. durch ihr dezidiertes Eintreten für eine Liberalisierung des indischen Marktes aus, mit dem sie v. a. bei der städtischen Mittelklasse Anklang fand. Die durch die Rao-Regierung zu Beginn der neunziger Jahre eingeleitete Wende »vom Primat der Verteilungs- hin zur Wachstumspolitik« zwang die BJP jedoch zur Änderung ihrer Wirtschaftspolitik. Die Partei vollzog diesen Wandel mit der Aufnahme weitreichender Forderungen nach einem wirksamen Schutz des heimischen Marktes vor der internationalen Konkurrenz und machte sich damit zum Fürsprecher der großen Masse der inländischen Produzenten, die sich durch die Öffnung des indischen Marktes in ihrer Existenz bedroht fühlten (Malik/Singh 1994, S. 100-105).

Eine ähnliche Logik leitete auch die programmatischen Forderungen der beiden neuesten Vertreterinnen des Rechtspopulismus, der New Zealand First Party in Neuseeland und Pauline Hansons One Nation Party in Australien. In beiden Ländern kam es in den achtziger Jahren zu einer grundlegenden Wende in der Wirtschaftspolitik, die ironischerweise von Labour-Parteien eingeleitet und durchgezogen wurde und zu durchgreifenden wirtschafts- und sozialstrukturellen Veränderungen führte. Der Aufstieg der von Winston Peters dominierten New Zealand First (NZF) Partei begann im Frühjahr 1996, nachdem Peters in einer Reihe von Reden sich scharf gegen die Einwanderung von Asiaten und den Ausverkauf des Landes wandte. Bei den Parlamentswahlen im Herbst desselben Jahres erzielte NZF 13% der Stimmen und spielte damit das Zünglein an der Waage während der Koalitionsverhandlungen, die schließlich in der Bildung einer Koalition zwischen den Konservativen und NZF endete. Australiens One Nation Party wurde im Frühjahr 1997 von Pauline Hanson gegründet, einer unabhängigen Parlamentsabgeordneten aus Queensland, die im September 1996 mit ihrer »Jungfernrede« landesweites Aufsehen erregt hatte. In dieser Rede verurteilte sie mit heftigen Worten den Zuzug von asiatischen Immigranten, die ihrer Meinung nach zu großzügigen staatlichen Zuwendungen an Australiens Ureinwohner (Aborigines) sowie die Politik des Multikulturalismus. In späteren Reden wandte sie sich immer mehr gegen den Ausverkauf der australischen Industrie, den Verlust australischer Arbeitsplätze und die Zerstörung kleiner und mittlerer Unternehmen infolge der herrschenden neoliberalen Wirtschaftspolitik (Miller 1998, Johnson 1998).

Mit dieser programmatischen Verbindung von Ausländerfeindlichkeit und »economic nationalism« stellen New Zealand First und One Nation Party die ersten Vertreter eines direkt gegen den Neoliberalismus und die Globalisierung gerichteten Rechtspopulismus dar, der v. a. die von den Folgen der Liberalisierungs- und Globalisierungstendenzen der letzten Jahre am meisten betroffenen Bevölkerungsgruppen zu mobilisieren versucht (Caplin 1997). So erzielte NZF bei den Parlamentswahlen v. a. bei Rentnern überdurchschnittliche Erfolge, die damit ihren Protest gegen die Rentenreform der vorhergegangenen Regierungen zum Ausdruck brachten. Bezeichnenderweise begann Winston Peters Stern zu sinken, als er, nunmehr Vizepremierminister in der Regierungskoalition, immer mehr seine früheren globalisierungsfeindlichen Forderungen fallenließ und auf einen moderaten Kurs einschwenkte (Miller 1998, Johnson 1998).

Diese Beispiele verdeutlichen, daß eine wahlpolitisch erfolgreiche rechtspopulistische Strategie nicht notwendigerweise von der Aufnahme neoliberaler Forderungen abhängt, sondern vom Geschick, wirtschaftspolitische Aussagen an die jeweiligen makroökonomischen Bedingungen anzupassen. Dabei stellt sich sowieso die Frage, inwieweit rechtspopulistische Wirtschaftsprogramme überhaupt von der Masse der potentiellen Wähler wahrgenommen und reflektiert werden. Die empirischen Ergebnisse lassen jedenfalls einigen Zweifel aufkommen.

Dasselbe gilt auch für autoritäre Argumentationsmuster und die daraus abgeleiteten Forderungen, den zweiten Programmschwerpunkt rechtspopulistischer Parteien. Es ist erstaunlich, auf wie wenig Resonanz autoritäre Vorstellungen zu Familie oder Sexualität sogar bei den Sympathisanten des Front national stoßen, der rechtspopulistischen Partei, die zu den autoritärsten in Westeuropa gehört. Die Mehrheit ihrer Sympathisanten scheint Entwicklungen der gesellschaftlichen Modernisierung zumindest nicht grundsätzlich abzulehnen, sie sogar zu bejahen. Damit stellt sich jedoch die Frage, inwieweit das Konzept einer »winning formula« (Neoliberalismus plus Autoritarismus), wie es von Herbert Kitschelt vertreten wird (Kitschelt 1995), geeignet ist, die wahlpolitischen Erfolgsaussichten rechtspopulistischer Parteien und Bewegungen vorauszusagen.

Ein Vergleich der Ergebnisse empirischer Umfragen in den drei hier besprochenen Fällen zeigt, daß die Sympathisanten rechtspopulistischer Parteien und Bewegungen sich v. a. hinsichtlich zweier Einstellungen vom Rest der Bevölkerung deutlich unterscheiden: ihrer dezidierten Ablehnung von Zuwanderung und der Entwicklung einer multikulturellen Gesellschaft sowie in der Ablehnung der traditionellen Mechanismen der demokratischen Entscheidungsfindung, die durch die Person eines »starken Mannes« ersetzt werden sollen. Dies läßt vermuten, daß der Erfolg rechtspopulistischer Mobilisierung in erster Linie politische Gründe hat. Das würde bedeuten, daß die gegenwärtige rechtspopulistische Welle sich zu einem wesentlichen Teil aus der wachsenden »Politikverdrossenheit« der achtziger und neunziger Jahre speist, die u. a. ein Anzeichen einer wachsenden Entfremdung zwischen der Bevölkerung und den politischen Eliten war.

An diesem Punkt treffen sich die Agenda des Rechtspopulismus und die Meinungen ihrer Sympathisanten. Schaut man sich die österreichischen Wahlumfragen der letzten Jahre an, so stellt man fest, daß die große Mehrheit der FPÖ-Wähler Haiders Partei ihre Stimme v. a. deshalb geben, weil sie in der FPÖ einen Anwalt des »kleinen Mannes« gegen die Privilegienwirtschaft der politisch organisierten Machtinteressen sehen.[7] Es ist wohl kaum ein Zufall, daß die Aversion gegen die »politische Klasse« gerade in den letzten Jahren in vielen westlichen Demokratien angestiegen ist. Im Zuge der Globalisierung können es sich Regierungen immer weniger leisten, alle Gesellschaftsgruppen durch eine Fülle großzügiger Leistungen zufriedenzustellen. Die Folge sind Verteilungskonflikte, die schnell zu Ressentiments gegen diejenigen Gruppen führen können, die als privilegiert erscheinen. Dabei müssen dies nicht immer Ausländer, Flüchtlinge oder illegale Immigranten sein, obwohl gerade diese Gruppen in den letzten Jahren von den Folgen des sich verschlechternden gesellschaftlichen Klimas besonders betroffen waren. So war z. B. der Aufstieg von Preston Mannings populistischer Reform Party in Kanada u. a. auch eine Folge der wachsenden Ressentiments der westlichen Provinzen gegen die Regierung in Ottawa, die ihrer Meinung nach Québec zum Schaden des Westens bevorzugt behandelte. Hier gibt es sicherlich Parallelen zum Aufstieg der Lega Nord in Italien und vielleicht auch zu dem des Vlaams Blok in Belgien mit seinem dezidierten Eintreten für einen eigenständigen flämischen Staat.

In dieser Aversion gegen die herrschenden Eliten besteht ein wichtiger Berührungspunkt zwischen den Sympathisanten rechtspopulistischer Parteien und Bewegungen und deren Programmatik und Strategie, die v. a. gegen die herrschende Elite gerichtet sind. Sogar dort, wo sie ein neoliberalistisches Wirtschaftsprogramm propagieren, ist das Ziel nicht in erster Linie, einen freien Markt zu schaffen, sondern v. a., die Regierenden ihrer Ressourcenbasis und damit ihrer Macht zu berauben. Es ist deshalb kein Zufall, wenn rechtspopulistische Parteien und Bewegungen sich besonders für die Einführung von Volksentscheiden stark machen, um, so das Argument, damit dem Volk eine bessere Kontrolle der Regierung zu gewährleisten. Denn Volksentscheide

---

7 1995 erklärten 81 % der FPÖ-Stammwähler ihre Wahl der FPÖ damit, daß die Partei »schonungslos Mißstände und Skandale aufdeckt« (Plasser/Ulram/Neuwirth/Sommer 1995, S. 18).

sind nicht nur ein Mittel der direkten Demokratie, sondern eröffnen auch die Möglichkeit, latente Vorurteile demagogisch aufzuheizen und dann durch einen scheinbar demokratischen Mehrheitsbeschluß legitimieren zu lassen.

Von dieser Perspektive aus betrachtet sind die Mobilisierungserfolge rechtspopulistischer Parteien und Bewegungen weit mehr als nur ein diffuser Protest der im beschleunigten Modernisierungsprozeß Zukurzgekommenen. Sie stellen eine ernsthafte und nicht zu unterschätzende politische Herausforderung an die repräsentative Demokratie dar. Dem modernen Rechtspopulismus geht es v. a. um eine radikale Veränderung der politischen Verhältnisse.[8] Umfragen belegen, daß diese Forderung bei ihren Anhängern und Sympathisanten offene Ohren findet. Ob und inwieweit dieses Potential politisch wirksam werden wird, hängt u. a. auch von der weiteren Entwicklung der weltweiten Wettbewerbsbedingungen ab. Sollte es sich bewahrheiten, daß Globalisierung eine beträchtliche Verengung des Handlungsspielraums nationaler Regierungen nach sich zieht, dürfte sich die Anfälligkeit gegenüber rechtspopulistischen Versuchungen kaum verringern. Im Gegenteil: Gerade der kürzliche Erfolg der Reformpartei bei den Parlamentswahlen in Norwegen hat deutlich gezeigt, daß sich aus der Mobilisierung von Ressentiments zusammen mit einer partikularistischen Interessenpolitik durchaus auch in einem reichen Land mit minimaler Arbeitslosigkeit Kapital schlagen läßt.

Literatur

Betz, H.-G.: *Radikaler Rechtspopulismus in Westeuropa*, in: Falter, J./Jaschke, H.-G./Winkler, J. (Hg.): *Rechtsextremismus: Ergebnisse und Perspektiven der Forschung*. PVS Sonderheft 27. Opladen 1996, S. 363-375.
Billiet, J./de Witte, H.: *Attitudinal Dispositions to Vote for a ›New‹ Extreme Right-Wing Party: The Case of ›Vlaams Blok‹*, in: *European Journal of Political Research* 27, 2/1995, S. 181-202.
Bossi, U.: *Il mio progretto*. Mailand 1997.

8 So schreibt z. B. die dänische Fremskridtspartei: »Die Fortschrittspartei will eine einschneidende Systemveränderung.« Programm der Fortschrittspartei, Internetversion, www.frp.dk. Ähnlich die FPÖ: »Die FPÖ ist die gesellschaftsverändernde Kraft Österreichs, da sie ohne Anpassung an gegebene Machtverhältnisse eine Strategie der Systemänderung verfolgt.« Grundsätze, Internetversion, www.fpoe.or.at.

Braun, M.: *Italiens politische Zukunft*. Frankfurt/M. 1994.

Buzzi, P.: *Le Front national entre national-populisme et extrémisme de droite*, in: *Regards sur l'actualité* 169/1991, S. 31-43.

Caplin, A.: *Economic Nationalism in the 1990s*, in: *Australian Quarterly* 2/1997, S. 2-12.

Cerny, P.: *Globalization and the Changing Logic of Collective Action*, in: *International Organization* 4/1995, S. 595-625.

Diamanti, I.: *La Lega*. Roma 1993.

Farthouat, J.-R.: *La nouvelle famille*, in: *SOFRES: L'état de l'opinion 1995*. Paris 1995, S. 175-193.

Gobetti, D.: *La Lega: Regularities and Innovation in Italian Politics*, in: *Politics & Society* 1/1996, S. 57-82.

Grunberg, G.: *Les élections européennes en France*, in: *SOFRES: L'état de l'opinion 1995*. Paris 1995.

Haider, J.: *Wiener Erklärung zur Situation von Staat und Gesellschaft am Vorabend der Beitrittsentscheidung über ein gemeinsames Europa*. Wien 1992.

Ders.: *Die Freiheit, die ich meine*. Frankfurt/Berlin 1993.

Ders.: *Österreicherklärung zur Nationalratswahl 1994*. Wien 1994.

Heitmeyer, W.: *Gesellschaftliche Desintegrationsprozesse als Ursache von fremdenfeindlicher Gewalt und politischer Paralysierung*, in: *Aus Politik und Zeitgeschichte* B2-3/1993, S. 154-167.

Homann, K.: *Individualisierung: Verfall der Moral? Zum ökonomischen Fundament aller Moral*, in: *Aus Politik und Zeitgeschichte* B21/1997, S. 12-21.

Johnson, C.: *Pauline Hanson and One Nation*, in: Betz, H.-G./Immerfall, S. (Hg.): *The New Politics of the Right*. New York 1998.

Kitschelt, H.: *The Radical Right in Western Europe*. Ann Arbor 1995.

Malik, Y./Singh, V. B.: *Hindu Nationalists in India*. New Delhi 1994.

Mayer, N.: *Le vote Front national au pluriel*, in: *Le Banquet* 10/1997, S. 65-89.

Dies.: *Rechtsextremismus in Frankreich: Die Wähler des Front national*, in: Falter, J.-W./Jaschke, H.-G./Winkler, J.-R. (Hg.): *Rechtsextremismus: Ergebnisse und Perspektiven der Forschung*. PVS Sonderheft 27. Opladen 1996, S. 388-405.

Miller, R.: *New Zealand First*, in: Betz, H.-G./Immerfall, S. (Hg.): *The New Politics of the Right*. New York 1998.

Nevitte, N.: *The Populist Right in Canada: The Rise of the Reform Party of Canada*, in: Betz, H.-G./Immerfall, S. (Hg.): *The New Politics of the Right*. New York 1998.

Pagnoncelli, N.: *Italie: la gauche au pouvoir*, in: *SOFRES: L'état de l'opinion 1997*. Paris 1997, S. 111-128.

Perulli, P.: *In viaggio nel Nordest, con Marx e Durkheim*, in: *Il Mulino* 2/1997, S. 279-289.

Plasser, F./Ulram, P. A.: *Motive der Stimmbürger bei der Volksabstimmung über den EU-Beitritt am 12. Juni 1994*. Wien 1994.

Plasser, F./Ulram, P. A./Neuwirth, E./Sommer, F.: *Analyse der Nationalratswahl 1995*. Wien 1995.

Plasser, F./Ulram, P. A./Sommer, F.: *Analyse der Europawahl '96*. Wien 1996.

Ricolfi, L.: *Lo spazio politico e la collocazione della Lega*, in: Cavallo, A./De Lillo, A. (Hg.): *Giovanni anni 90*. Bologna 1993, S. 127-154.

Schmidtke, O./Ruzza, C. E.: *Regionalistischer Protest als »Life Politics«*, in: *Soziale Welt* 1/1993, S. 5-29.

Taguieff, P.-A.: *Un programme »révolutionnaire«*, in: Mayer, N./Perrineau, P. (Hg.): *Le Front national à découvert*. Paris 1996a, S. 195-227.

Ders.: *Variations d'un programme de gouvernement*, in: Mayer, N./Perrineau, P. (Hg.): *Le Front national à découvert*. Paris 1996b, S. 359-366.

Pascal Perrineau
Die Faktoren der Wahldynamik des Front national

Wenn sich der heutige französische Nationalpopulismus auf die Existenz einiger kleiner Parteien und auf ein bis zwei Prozent der Wählerstimmen beschränken würde, würde man kein Wort darüber verlieren. Bis zu Beginn der achtziger Jahre konnte die extreme Rechte, die durch ihre Zusammenarbeit mit den Nazis unter der Vichy-Regierung diskreditiert war, nur wenige Wählerstimmen auf sich vereinen und wurde nur selten Gegenstand wissenschaftlicher Untersuchungen. Dies hat sich im Laufe der achtziger Jahre grundsätzlich geändert, als es für Millionen von Wählern zur Gewohnheit wurde, den Front national und seinen Parteichef Jean-Marie Le Pen zu wählen. Betrachtet man den Zeitraum von 1984 bis 1997, vereint der FN – bei welchen Wahlen auch immer – zwischen zwei und fünf Millionen Wähler auf sich. Dies entspricht zwischen 9,8 und 15,3 % der gesamten abgegebenen Wählerstimmen (vgl. Tab. 1). Dieser plötzliche nationalpopulistische Wählerzuwachs ist im Rahmen einer Entwicklung zu sehen, die in verschiedenem Maße und mit unterschiedlicher Beständigkeit in zahlreichen europäischen Staaten feststellbar ist. Der plötzliche Wählerzuwachs der Fortschrittsparteien in Norwegen und Dänemark, derjenige des Vlaams Blok im flämischen Teil Belgiens, derjenige der Republikaner und der DVU in Deutschland, derjenige der FPÖ in Österreich, welcher sich in den letzten Jahren bestätigt hat, und schließlich derjenige der Alleanza Nazionale – die aus den Trümmern des italienischen Parteiensystems hervorgegangen war, in den neunziger Jahren zur vollen Entfaltung kam und dann bis auf Regierungsebene vorstoßen konnte – zeigen, daß das nationalpopulistische Wahlfieber nicht nur in Frankreich grassiert.

Dennoch kann man in der Langlebigkeit, in der Beständigkeit und in gewisser Hinsicht im Ausmaß dieses Phänomens eine ziemlich starke französische Besonderheit erkennen. Diese Besonderheit innerhalb Europas läßt sich ebenfalls feststellen, wenn man die Wahldynamik des FN über einen längeren Zeitraum hin untersucht und in die französische Wahltradition einreiht. Das

Tab. 1: Gesamtübersicht über die Stimmenanteile der extremen Rechten in der V. Republik

	Wahlen	Stimmenanteile der extremen Rechten	in % der eingeschriebenen Wähler	in % der abgegebenen Stimmen
1958	Parlamentswahlen (1. Wahlgang)	526 644	1,9%	2,6%
1962	Referendum (Vertrag von Evian)	1 809 074	6,6%	9,2%
1962	Parlamentswahlen (1. Wahlgang)	139 200	0,5%	0,8%
1965	Präsidentschaftswahlen (1. Wahlgang)	1 260 208	4,4%	5,2%
1967	Parlamentswahlen (1. Wahlgang)	124 862	0,4%	0,6%
1968	Parlamentswahlen (1. Wahlgang)	18 933	0,1%	0,1%
1973	Parlamentswahlen (1. Wahlgang)	122 498	0,4%	0,5%
1974	Präsidentschaftswahlen (1. Wahlgang)	190 921	0,6%	0,8%
1978	Parlamentswahlen (1. Wahlgang)	210 761	0,6%	0,8%
1979	Wahlen zum Europäischen Parlament	265 911	0,8%	1,3%
1981	Parlamentswahlen (1. Wahlgang)	90 422	0,2%	0,4%
1984	Wahlen zum Europäischen Parlament	2 210 334	6,0%	11,0%
1986	Parlamentswahlen	2 760 880	7,4%	9,9%

	Wahlen	Stimmenanteile der extremen Rechten	in % der eingeschriebenen Wähler	in % der abgegebenen Stimmen
1988	Präsidentschaftswahlen (1. Wahlgang)	4 375 894	11,5%	14,4%
1988	Parlamentswahlen (1. Wahlgang)	2 391 973	6,3%	9,8%
1989	Wahlen zum Europäischen Parlament	2 121 836	5,6%	11,8%
1992	Regionalwahlen	3 423 176	9,0%	13,8%
1993	Parlamentswahlen (1. Wahlgang)	3 229 462	8,3%	12,7%
1994	Wahlen zum Europäischen Parlament	2 050 086	5,2%	10,5%
1995	Präsidentschaftswahlen (1. Wahlgang)	4 656 107	11,6%	15,3%
1997	Parlamentswahlen (1. Wahlgang)	3 785 384	9,6%	14,9%

allgemeine Wahlrecht existiert in Frankreich seit 1848. Seitdem hat es in Frankreich einige Wahlerfolge der extremen Rechten oder des Nationalpopulismus gegeben. Denn das Land hat – wie es André Siegfried, einer der Begründer der französischen Politikwissenschaft, zu Beginn dieses Jahrhunderts einmal formulierte – immer wieder nationalistische »Fieberausbrüche« erlebt, welche die herkömmliche politische Spaltung in die klassische Rechte und die Linke etwas durcheinanderwirbelten, indem sie einen möglichen nationalistischen »dritten Weg« erkundeten (Siegfried 1980). So hat Frankreich, nacheinander, zu Ende des 19. Jahrhunderts den Boulangismus und seine schonungslose Bloßlegung der Machenschaften der parlamentarischen Republik erfahren, dann, zwischen den beiden Weltkriegen, die Bewegung der faschistischen Ligen, die übrigens mehr Erfolge auf der Straße als über Wahlen erzielte, dann, in den fünfziger Jahren, den Poujadismus, eine Bewegung aufgebrachter Kleinhändler und Handwerker, die sich gegen die für die kleineren Betriebe angestrebte Modernisierung und Konzentration wandten, und schließlich, in den sechziger Jahren, ein letztes nationalistisches Aufbäumen anläßlich der Algerienfrage. Nachdem die Entkolonisierung des ehemaligen französischen Kolonialreichs in den sechziger Jahren geregelt war, schien es nichts zu geben, das die nationalistische extreme Rechte aus ihrem Dornröschenschlaf hatte wecken können: weder die Studentenrevolte von 1968 noch die ersten Anstürme der wirtschaftlichen und sozialen Krise Mitte der siebziger Jahre, noch der Sieg der sozialistisch-kommunistischen Linken im Jahre 1981. Nach seiner Kandidatur zur Präsidentschaftswahl von 1974, bei der er nur 0,8 % der abgegebenen Wählerstimmen auf sich vereinen konnte, gelang es Jean-Marie Le Pen nicht einmal, die erforderlichen 500 Unterschriften von Abgeordneten auf kommunaler Ebene zu erhalten, um bei der Präsidentschaftswahl von 1981 kandidieren zu können, so daß er in seiner Enttäuschung an die Wähler appellierte, für »Jeanne d'Arc« zu stimmen. Die französische extreme Rechte schien der Vergangenheit anzugehören, unfähig, den Herausforderungen der postindustriellen Gesellschaft gerecht zu werden. So war auch niemand beunruhigt, als bei den Europawahlen von 1984 die von Jean-Marie Le Pen angeführte Liste des FN elf Prozent der abgegebenen Wählerstimmen auf sich vereinte. Man sah darin lediglich einen nationalistischen Fieberausbruch, wie er den Franzosen zur Gewohnheit geworden war. Seit diesem Zeitpunkt ist der FN allerdings bei allen Wahlen präsent, sei es auf kommunaler, nationaler oder europäischer Ebene. Für den Zeitraum bis 1997 ist die Tendenz, sich in der Wählerschaft zu etablieren, steigend, wie die Ergebnisse der Präsidentschaftswahl von 1995 und der Parlamentswahlen von 1997, bei denen der FN seine größten Erfolge erzielte (15,3 % bzw. 14,9 % der abgegebenen Wählerstimmen), deutlich erkennen lassen. Aus der Sicht der französischen Wahlgeschichte ist dies ein absolutes Novum: Niemals zuvor war es einer rechtsextremen Partei gelungen, über einen so langen Zeitraum hinweg und auf allen Ebenen des politischen Systems Fuß zu fassen. Ende 1997 stellt der Front national elf Abgeordnete im Europäischen Parlament, ungefähr 240 Regionalräte und mehr als 1000 Gemeinderäte. Demgegenüber stehen allerdings nur ein Abgeordneter in der Nationalversammlung und fünf Vertreter in den Departements. Diese Unterrepräsentation ist jedoch lediglich auf den Modus der Mehrheitswahl mit zwei Wahlgängen zurückzuführen; sie wälzt die nicht in ein Bündnissystem eingegliederten Parteien nieder. Bei den letzten Parlamentswahlen von 1997 erhielt die Kommunistische Partei Frankreichs mit 9,9 % der abgegebenen Wählerstimmen im ersten Wahlgang 34 Abgeordnete, der Front national mit 14,9 % dagegen nur einen. Im zweiten Wahlgang kamen der KPF nämlich aufgrund ihres wahlpolitischen Bündnisses mit der Sozialistischen Partei die Stimmenübertragungen von deren Anhängern zugute. Auf den Front national, der keinerlei rechtes Bündnis mit dem neogaullistischen RPR und dem konservativ-liberalen Parteienbündnis UDF eingegangen war, traf dies nicht zu.

Um diese französische Eigentümlichkeit zu verstehen, muß man sich einige simple Fragen stellen, deren Antworten notwendigerweise komplexer ausfallen.

1. Wer sind diese Wähler? Läßt sich eine gewisse Beständigkeit über die letzten zehn Jahre hinweg feststellen, oder haben wir es mit einer Wählerschaft zu tun, deren Charakteristika sich verändern?

2. Wo leben sie? Das Umfeld, aus dem diese Wähler stammen, sagt sehr viel über sie und über den Kontext aus, welcher der Wahldynamik des Front national stets einen neuen Antrieb verleiht.

3. Was motiviert sie?

1. Eine heterogene Wählerschaft

Die Wählerschaft des FN weist nicht etwa sämtliche Charakteristika der Rechten in extrem ausgeprägter Form auf. Sie ist vielmehr eine Wählerschaft, die sich regelrecht zwischen der Linken und der Rechten befindet. So steht sie auch soziologisch und demographisch gesehen nicht am extremen Pol der Rechten, denn viele ihrer sozialen und demographischen Charakterzüge teilt sie mit der linken Wählerschaft.[1]

---

1 Eine ausführlichere Beschreibung des Wählerprofils des Front national findet sich in Perrineau 1997.

Erstes Charakteristikum: Es handelt sich um eine junge Wählerschaft und nicht etwa um ältere Personen, die dem Vichy-Regime nachtrauern. Seit 1984 sind die Wahlerfolge des FN bei den Jungwählern im allgemeinen größer als bei der Gesamtwählerschaft (vgl. Tab. 2). Im Jahr 1997 erzielte der FN seine besten Ergebnisse bei den 18- bis 24jährigen (16%) und bei den 25- bis 34jährigen (19%). Die einzige Altersgruppe, die im Vergleich zu den anderen gegen eine Wahlentscheidung zugunsten des FN besser gewappnet scheint, ist diejenige der über 65jährigen. Es handelt sich um eine Generation, in der die Erinnerung an den Zweiten Weltkrieg und an die kompromittierenden Bündnisse der Vorgänger von Le Pen mit der Vichy-Regierung und der deutschen Besatzung noch lebendig ist. In den Altersgruppen, in denen diese historischen Tabus ihre Wirkung verloren haben, ist das Votum zugunsten des FN enthemmt und wird nur noch durch schwache Verbote eingeschränkt. In den jüngeren Generationen, v. a. in denjenigen mit niedrigem Bildungsgrad, haben sich die Hemmschwellen gänzlich abgenutzt und Themen wie der Holocaust, die Vichy-Regierung oder die Kollaboration scheinen spurlos vergessen zu sein.

Tab. 2: Entwicklung der FN-Wählerschaft innerhalb der Gesamtwählerschaft von 1984 bis 1997 (Angaben in Prozent)

	Euro. 1984	Parl. 1986	Präs. 1988	Parl. 1988	Euro. 1989	Parl. 1993	Euro. 1994	Präs. 1995	Parl. 1997	Entw. 84-97
Insgesamt	11	10	14,5	10	12	13	10,5	15,5	15	+ 4
GESCHLECHT										
Männer	14	11	18	12	14	14	12	19	18	+ 4
Frauen	8	9	11	7	10	13	9	12	12	+ 4
ALTER										
18-24 Jahre	10	14	16	15	9	18	10	18	16	+ 6
25-34 Jahre	11	10	17	9	8	10	15	18	19	+ 8

	Euro. 1984	Parl. 1986	Präs. 1988	Parl. 1988	Euro. 1989	Parl. 1993	Euro. 1994	Präs. 1995	Parl. 1997	Entw. 84-97
35-49 Jahre	12	11	17	8	12	13	10	15	15	+ 3
50-64 Jahre	12	9	11	10	15	13	12	17	15	+ 3
64 Jahre und mehr	10	6	12	10	12	13	7	9	12	+ 2
BERUF DER/DES BEFRAGTEN										
Bauer, Landarbeiter	10	17	13	3	3	13	4	16	4	- 6
Kleinhändler, Handwerker, Unternehmer, Großhändler	17	16	27	6	18	15	12	14	26	+ 9
Höheres Management, Freiberufler	14	6	19	10	11	6	6	7	4	-10
Mittleres Management, Angestellte	15	11	13	8	9	13	9	16	14	- 1
Arbeiter	8	11	19	19	15	18	21	30	24	+16
Nichterwerbstätige, Rentner	9	8	12	9	13	12	9	11	15	+ 6
BERUFLICHE STELLUNG										
Selbständige	13	13	21	7	10	12	6	11	12	- 1
im öffentlichen Dienst Beschäftigte	8	8	11	9	7	12	4	15	12	+ 4
im privaten Sektor Beschäftigte	15	14	17	13	14	16	17	21	19	+ 4

	Euro. 1984	Parl. 1986	Präs. 1988	Parl. 1988	Euro. 1989	Parl. 1993	Euro. 1994	Präs. 1995	Parl. 1997	Entw. 84-97
Arbeitslose	–	–	12	–	–	–	28	25	15	+ – 0
Nichterwerbstätige	–	–	12	9	13	12	9	11	14	+ – 0
ABSCHLUSS										
Grundschulabschluß	8	8	15	7	13	13	7	14	17	+ 9
mittlerer Abschluß, Abitur	12	15	13	12	14	16	16	17	14	+ 2
technischer oder kaufmännischer Abschluß	17	12	18	12	11	14	16	21	19	+ 2
Studium	11	7	12	10	9	8	5	9	10	– 1
RELIGIONSZUGEHÖRIGKEIT										
Katholik; regelmäßig praktizierend	14	7	7	5	15	12	8	10	7	– 7
Katholik; teilweise praktizierend	6	8	16	10	12	12	6	12	12	+ 6
Katholik; nicht praktizierend	13	12	17	11	12	13	13	18	18	+ 5
Keine Religionszugehörigkeit	5	7	9	9	10	15	11	14	17	+ 12

Quelle: SOFRES, Nachwahluntersuchungen.

Ein zweites Charakteristikum ist die große Popularität des Front national bei den männlichen Wählern. Seit 1984 liegen die Wahlergebnisse des FN bei den Männern allgemein um vier bis acht Prozent höher als bei den Frauen. So konnten die Kandidaten des FN bei den letzten Parlamentswahlen von 1997 18% der Männerstimmen gegenüber nur zwölf Prozent der Frauenstimmen auf sich vereinen. Bei den männlichen Jungwählern mit frühzeitigem Ausbildungsabbruch kann der FN sogar Rekorde brechen: Im Jahre 1997 haben 30,4% der 20- bis 26jährigen Wähler ohne Abitur für den FN gestimmt. Die aggressive Virilität des politischen Diskurses des FN hat ein echtes Potential an Anziehungskraft für Jugendliche, die in einer tiefen Identitätskrise stecken und denen es an Orientierungshilfen fehlt. Das Unbehagen einer Generation von »vaterlosen« Söhnen, die sich die Frage nach der männlichen Identität stellen und die in einer Gesellschaft, in der die Arbeit zur Mangelware wird (ein Viertel der jungen Franzosen unter 25 Jahren ist arbeitslos), auf der Suche nach einer schwer zu findenden sozialen Identität sind, war von Anfang an und bleibt weiterhin der Nährstoff für Wahlentscheidungen zugunsten des FN. Während sich die weibliche Wählerschaft im Trend des kulturellen Liberalismus und des »allgemeinen Feminismus« zunehmend ökologisch-links orientierte, klammerte sich die männliche Wählerschaft an Werte wie Autorität, Macht und Hierarchie.

Ein drittes Charakteristikum, das im Laufe der Zeit allerdings Wandlungsprozessen unterworfen war, besteht darin, daß sich die FN-Wählerschaft nicht bestimmten sozialen Klassen zuordnen läßt. In einer ersten Phase Anfang der achtziger Jahre sind es v. a. die Freiberufler, die Einzelhändler, Handwerker und die kleinen wie mittelständischen Betriebe, die ihre Stimmen dem FN geben, eine Wählerschaft, die in der Tradition derjenigen rechten Wähler steht, die sich 1956 vom Poujadismus angezogen fühlten. Wir haben es in dieser Phase v. a. mit einer Radikalisierung von Wählern der klassischen Rechten zu tun, in deren Augen der neogaullistische RPR und die liberal-konservative UDF nicht mit der nötigen Lautstärke gegen eine linke Regierung protestieren, die sie als illegitim empfinden. Aber bereits zu diesem Zeitpunkt nimmt der FN einen nicht unbedeutenden Platz in der Gunst der mittleren und gehobenen Angestellten ein.

Nach dieser Phase des bürgerlichen Protests erlebt der FN bereits zu Ende der achtziger Jahre die Allianz der Einzelhändler und der Handwerker. Im Jahre 1988 wählen 27% der Einzelhändler, Handwerker und Unternehmer Jean-Marie Le Pen, aber 19% der Arbeiter ebenfalls.

Anfang der neunziger Jahre eröffnet sich dann eine dritte Phase, in welcher der FN große Wahlerfolge in der Arbeiterschaft erzielt: 1993 stimmen 18% der Arbeiter für den FN, 1994 sind es 21% und 1995 30%. Es ist die Zeit des »Links-Lepenismus«, in der eine ganze Reihe sozialer Milieus, die traditionsgemäß linksorientiert sind, dem Sirenengesang des FN erliegen. Die Ära des bürgerlichen Protests scheint der Verzweiflung in den unteren Sozialschichten gewichen zu sein. Bei den Präsidentschaftswahlen von 1995 steht der FN als politische Macht bei den Arbeitern und den Arbeitslosen an erster Stelle. Dies ist ein großes Novum in der Geschichte der französischen Wahlen: Nie zuvor hatten sich die sozialstrukturell dem unteren Teil der Gesellschaft zuzurechnenden Schichten so sehr vom Reiz des Rechtsextremismus angezogen gefühlt.

Mit der Rückkehr der traditionellen Rechtsparteien an die Macht in den Jahren 1993 und 1995 eröffnet sich dem FN erneut die Möglichkeit, einige enttäuschte Rechtswähler aufzufangen. Es beginnt eine vierte Phase, in welcher der FN bei den Einzelhändlern, Handwerkern sowie kleinen und mittelständischen Betrieben wieder an Boden gewinnt (26%), gleichzeitig aber eine starke Verankerung in den unteren Schichten behält (24% der Arbeiterstimmen im Jahr 1997). 1997 ist es dem FN gelungen, einen Teil der »durch die rechte Regierung enttäuschten Wähler« für sich zu gewinnen, ohne jedoch die Anfang der neunziger Jahre gewonnene Wählerschaft aus den unteren Schichten zu verlieren. Von 1984 bis 1997 hat der FN zehn Prozent der abgegebenen Wählerstimmen bei den leitenden Angestellten und bei den Freiberuflern eingebüßt, er hat aber neun Prozent bei den Großhändlern und Unternehmern sowie 16% bei den Arbeitern gewonnen. Die Krise der Rechts-Links-Polarität, die jahrzehntelang die Industriegesellschaft und ihre Konflikte strukturiert hat, macht heute den Erfolg des FN aus. Die Fusion dieser beiden sozialen Fundamente – kleine und mittlere Selbständige einerseits, Arbeiterklasse andererseits – und ihre Fähigkeit, sich parallel zu entwickeln, sind in politisch-sozialer Hinsicht der Schlüssel für die zukünftigen Wahlerfolge des FN.

Diese starke Proletarisierung der FN-Wählerschaft über einen langen Zeitraum hinweg läßt sich an den äußerst guten Wahlergebnissen ablesen, die der FN bei den Wählern mit geringem Bildungsgrad erreicht. Innerhalb von 14 Jahren ist die Zahl der FN-Wähler mit Grundschulausbildung von acht Prozent auf 17% im Jahr 1997 gestiegen. Ein schwaches kulturelles Niveau liefert in der Tat kaum das nötige Rüstzeug, um die wirtschaftlichen, sozialen und kulturellen Veränderungen, denen eine zunehmend mobile französische Gesellschaft ausgesetzt ist, zu verstehen und um an ihnen teilzuhaben.

Ein letztes in den kulturellen Bereich hineinreichendes Charakteristikum ist die Religionszugehörigkeit. Im Gegensatz zur klassischen Rechten, bei welcher der Einfluß der religiösen Variable mit dem Übergang aus der Welt der Religionslosen in die Welt der Katholiken und besonders der praktizierenden Katholiken konstant zunimmt, erreicht der FN seine besten Wahlergebnisse bei den nicht praktizierenden Katholiken (18% im Jahr 1997) und bei den Religionslosen (17%). Die praktizierende katholische Wählerschaft fühlt sich viel stärker dem regelmäßig von den französischen Bischöfen ausgehenden Aufruf zur Toleranz verbunden als dem Aufruf zur Ausgrenzung, der von der kleinen katholisch-integristischen Minderheit verbreitet wird, die sich dem FN zuordnet. Schließlich sind auch die von der katholischen Kirche verkündeten universalistischen Werte kaum mit dem auf sich selbst zurückgezogenen und ausgrenzenden Nationalismus vereinbar, den der FN vertritt.

2. Eine Wählerschaft der städtischen Ballungsräume

Die geographische Verteilung der FN-Wählerschaft weist keine starke politische Kohärenz auf. Das Frankreich des Front national ist wahlgeographisch betrachtet weder das Frankreich der rechten noch dasjenige der linken Wähler. Man findet hier sowohl traditionell linke Gebiete wie den »roten Gürtel« um Paris oder die Gegend des Languedoc als auch traditionell rechte Gebiete wie Elsaß-Lothringen. Dieses Frankreich tritt auch nicht das Erbe der Nationalpopulismen an, die dem FN vorausgegangen sind. Das poujadistische Frankreich von 1956, das gänzlich auf das agrarisch geprägte West- und Süd-West-Frankreich ausgerichtet war, kann als Antithese des Frankreichs des FN verstanden werden.

Karte 1: Stimmabgabe zugunsten des FN bei den Parlamentswahlen von 1997

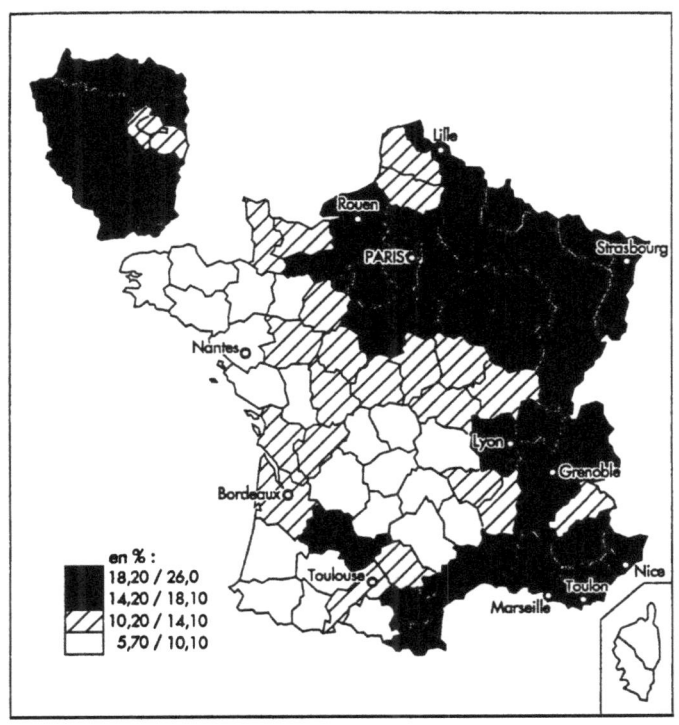

Selbst wenn es aus der Sicht der französischen politischen Geschichte keine politische Kohärenz aufweist, ist das Frankreich des FN nichtsdestotrotz nach einer strengen sozialen Logik strukturiert. Dieses Frankreich östlich einer Linie, die sich von Le Havre über Valence bis nach Perpignan zieht, ist das Frankreich der großen städtischen Ballungsräume und der bedeutendsten Ausländerkonzentrationen. Zu einem großen Teil ist es auch das Frankreich der plötzlichen Zunahme der kleinen und mittleren Delinquenz. In diesem Umfeld »städtischer Ängste« konnte sich der FN unbehindert entfalten. Zu Beginn der plötzlichen Delinquenzzunahme gelang es der Partei, in den großen städtischen Ballungszentren von Marseille, Lyon und Paris sowie auf der Achse Metz–Straßbourg–Mulhouse Fuß zu fassen. Im Laufe der Zeit sind diese vier Bastionen infolge einer sehr starken Dynamik im Osten Frankreichs, die dem FN einen starken Zuwachs in den Regionen Picardie, Champagne-Ardennes, Lothringen, Franche-Comté und Rhône-Alpes bescherte, zusammengewachsen. Die städtischen Ängste haben sich auf das städtisch-ländliche Hinterland und manchmal selbst auf die ausgesprochen ländliche Umgebung übertragen. Diese Ausbreitung des Front national hat – besonders im Jahr 1995 – das Frankreich des industriellen Zerfalls in den siebziger und achtziger Jahren erfaßt (den Norden der Pariser Region, das Departement Nord-Pas de Calais, Lothringen, aber auch das Departement Loire). Die Vernichtung ganzer Bereiche der alteingesessenen Bergwerk-, Textil- und Stahlindustrie hat zu sozialem Leid und Verzweiflung geführt, die sich erst nach einiger Zeit in den Wahlen zugunsten des FN Ausdruck verschafft haben. Ein weiterer Faktor, der zur Verbreitung des Front national beigetragen hat, resultiert aus den Ängsten und der Besorgnis, die sich längs der Pendlerachsen zwischen den Wohnsitzen außerhalb der Städte (in den fernen Vorstädten und manchmal in ländlichen Zonen) und den Arbeitsplätzen in den Städten aufgestaut haben. Diese Verbreitung und Ausdehnung des FN-Einflusses ist besonders in den Ballungsräumen um Paris und Lyon spürbar. So werden z. B. die Ängste, die sich bei den Benutzern öffentlicher Verkehrsmittel aufstauen, in friedliche Dörfer hineingetragen, in denen nicht die leiseste Spur eines Immigranten oder eines Delinquenten zu finden ist. Auf diesem Boden eines manchmal gänzlich dem Urbanisierungsprozeß erliegenden Frankreichs ist eine Reihe von Ängsten und Besorgnissen entstanden, für die der FN eine politische Lösung gefunden hat, indem er dem aufgebrachten Volk eine ganze Liste von »Sündenböcken« unterbreitet, deren symbolhafteste Figur der Einwanderer ist.

3. Die Wahlmotivationen: Arbeitslosigkeit, Einwanderung, Probleme der inneren Sicherheit

Wie es Léon Poliakov (1980) in seinen Untersuchungen über die »diabolische Kausalität« aufgezeigt hat, besteht der erste Reflex in Krisensituationen – seien sie wirtschaftlicher, sozialer oder historischer Art – oft darin, auf den vereinfachenden ausgrenzenden Diskurs vom »Sündenbock« zurückzugreifen, anstatt sich um einen Zugang zu den Diskursen über die komplexen Ursachen der Krise zu bemühen. Die Internationalisierung und die Globalisierung sind heutzutage schwer zu begreifende Phänomene, insbesondere für Bürger mit geringem Bildungsgrad. Sie tragen dazu bei, ein Gefühl der Deprivation und eine wahrhaftige Identitätsangst aufkommen zu lassen, die bei den unteren Schichten und den »kleinen Leuten« vielerorts spürbar ist. Dieses Gefühl der Deprivation, dieses Sichzurückziehen auf die französische Nation als Identitätsgarant und die Absage an Europa sowie die Internationalisierungs- und Globalisierungsprozesse sind in der FN-Wählerschaft besonders ausgeprägt (vgl. Tab. 3). In ihrer Europafeindlichkeit und in ihrer Besorgnis angesichts einer Globalisierung, die unausweichlich die Macht der nationalen Regierungen einschränkt, ziehen sich die FN-Wähler hinter die Mauern ihrer französischen Festung und den Protektionismus zurück. In ihrer französischen Welt eingeschlossen, weisen sie vehement sämtliche internen, lebenden Beweise dieser »internationalen Gesellschaft«, welche die Einwanderer oder etwa die »kosmopolitischen Eliten« darstellen, zurück. So verlängert sich am Ende dieses Jahrhunderts die lange Liste der seit 200 Jahren geächteten »Sündenböcke« (die Juden, die Freimaurer, die »Mauer des Geldes«, die »200 Familien«) um die Einwanderer, die Kosmopoliten, die Eurokraten, die »Freihandels-Fanatiker« und die staatenlosen Eliten. Diese gebrandmarkten Gruppen werden zur Zielscheibe für die Ängste und Sorgen einer ganzen Reihe von durch die Krise und die wirtschaftlichen, sozialen sowie kulturellen Internationalisierungsprozesse geschwächten sozialen Schichten. In einer Zeit, in der die sozialen (schwindendes Klassenzugehörigkeitsbewußtsein), die politischen (Krise der Rechts-Links-Spaltung) und die territorialen Identitäten (in Frage gestellte Ortsverbundenheit aufgrund wachsender geographischer Mobilität der einzelnen Bürger, ein durch die Internationalisierung und die Krise des Wohlfahrtstaates ins Wanken geratenes Bild von der französischen Staats-Nation) einen Auflösungsprozeß erfahren, läßt der FN eine Ersatzidentität wiederaufleben – nämlich diejenige einer sich hinter ihre Grenzen zurückziehenden französischen Nation, die in einem Zustand der Erstarrung verharrt, nachdem sie sich ihrer Fremdkörper entledigt hat.

Tab. 3: Die französischen Wähler, Europa und die Globalisierung (Angaben in Prozent)

	Gesamtwählerschaft	Wählerschaft der Kommunistischen Partei	Wählerschaft der Sozialistischen Partei	Konservativ-liberale Wählerschaft	Wählerschaft des Front national
Wie fühlen Sie sich persönlich?					
Genauso europäisch wie französisch.	39	37	48	43	18
Nur französisch.	25	24	21	19	36
Mehr französisch als europäisch.	35	38	29	37	45
Würden Sie es sehr bedauern, wenn morgen die Auflösung der EU verkündet würde?					
Zustimmung	47	38	57	60	20
Glauben Sie, daß Frankreich alles in allem von seiner Mitgliedschaft in der EU profitiert hat oder nicht?					
Hat profitiert.	51	38	57	60	31

Mit der EU wird Frankreich besser gegen die mit der Globalisierung der Wirtschaft verbundenen Risiken geschützt sein.					
Zustimmung	61	52	67	72	38
Frankreich muß die Einfuhr ausländischer Güter begrenzen, selbst wenn die Verbraucher die Produkte dann teurer bezahlen müssen.					
Zustimmung	55	56	51	55	66
Läßt die Globalisierung Ihrer Meinung nach der französischen Regierung in ökonomischer Hinsicht noch Handlungsspielräume?					
Sehr große/ ziemlich große	41	35	42	53	29

Quelle: SOFRES-CEVIPOF, Nachwahluntersuchungen, 26.-31. 5. 1997.

Fragt man die französischen Wähler nach den Problemen, die sie zum Zeitpunkt ihrer Wahlentscheidung motiviert haben, kommen, gleich nach den erdrückenden Sorgen um Arbeit und Arbeitslosigkeit, als erstes die Fragen der Ausbildung, der inneren Sicherheit und die sozialen Fragen (Kampf um soziale Gerechtigkeit und soziale Sicherung; vgl. Tab. 4). Bei den FN-Wählern kann man eine ihnen eigene Motivationsstruktur erkennen. Auf der gleichen Stufe wie die Sorgen um die Arbeitslosigkeit stehen hier die Fragen der inneren Sicherheit und der Einwanderung. Zwei Drittel der FN-Wähler geben an, daß sie diese Probleme beunruhigen (gegenüber nur einem Viertel bis zu einem Drittel der französischen Wählerschaft insgesamt). Der Front national hat sich diese beiden, von den Regierungsparteien lange vernachlässigten, jedoch höchst brisanten Themen der inneren Sicherheit und der Einwanderung im Laufe der Zeit allmählich zu eigen gemacht. Auf einer wesentlich niedrigeren Stufe kommt dann noch die Frage der politischen Korruption hinzu, welche die FN-Wählerschaft ebenfalls in stärkerem Maße als die anderen Wähler beschäftigt.

Man sieht hier gut, wie die Stigmatisierung der Einwanderer, der Delinquenten und der politischen Klasse bei den FN-Wählern auf breite Resonanz stößt und eine nationalpopulistische Dämonologie reaktiviert, die den Franzosen aus ihrer Vergangenheit

Tab. 4: Wahlmotivationen beim ersten Wahlgang der Parlamentswahlen von 1997 (Angaben in Prozent)

Mit Hilfe einer Liste gegebene Antworten	%	Kommunistische Partei (PC)	Sozialistische Partei	Ökologen	Konservativ-liberale Parteien	Nationale Front (FN)
Arbeit, Arbeitslosigkeit	75	82	82	70	71	67
Erziehung, Ausbildung	39	46	49	45	34	21
Innere Sicherheit	35	28	27	18	39	65
Soziale Gerechtigkeit	35	44	48	38	21	26
Soziale Sicherheit	34	47	45	26	24	26
Europäische Integration	25	18	31	18	30	15
Einwanderung	22	14	15	12	20	67
Kampf gegen den Rassismus	22	34	33	30	11	6
Umweltprobleme	19	18	20	60	13	9
Wirtschaftswachstum	15	10	15	10	21	11
Stellung der Frau im öffentlichen Leben	14	20	17	15	11	8
Finanzpolitische Affären, Korruption	13	13	13	11	11	22
Kampf gegen öffentliche Verschuldung	12	9	8	7	17	14
Rolle des Staates gegenüber der Wirtschaft	12	14	11	7	12	8
Interessen Ihrer sozialen Schicht	12	14	13	6	10	12

Mit Hilfe einer Liste gegebene Antworten	%	Kommunistische Partei (PC)	Sozialistische Partei	Ökologen	Konservativ-liberale Parteien	Nationale Front (FN)
Unterstützung der Landwirtschaft	11	9	8	11	14	10
Gutes Funktionieren der Institutionen	10	12	10	9	11	6
Modernisierung des Landes	9	6	7	3	14	5
Modernisierung der Unternehmen	9	6	8	5	12	7
Außenpolitik	6	4	5	5	7	9
Keine Äußerung	5	5	3	3	4	5

Quelle: CSA, Nachwahluntersuchung, 25. 5. 1997.

bekannt ist, sei es aus den Zeiten des Boulangismus, der faschistischen Ligen zwischen den beiden Weltkriegen oder des Poujadismus in den fünfziger Jahren. Dieser Nationalpopulismus basiert auf einem *persönlichen* Aufruf an das Volk (durch einen demagogischen Führer), auf einem Aufruf an das *gesamte Volk* (über soziale und ideologische Spaltungen hinweg), auf einem Aufruf an das *authentische Volk* (das im Gegensatz zu den »korrumpierten Eliten« als »gesund« und »ehrlich« angesehen wird), auf einem Aufruf zum *rettenden Bruch* (Le Pen ist der letzte, der von einem Bruch, einer radikalen Alternative oder gar von einer Revolution spricht) und auf einem expliziten Aufruf zur *Diskriminierung von Individuen aufgrund ihrer ethnischen und kulturellen Herkunft* (Taguieff 1994). Dieser Identitätspopulismus macht sich an der Idee einer verabsolutierten nationalen Identität fest, die vom Feindbild des ausländischen Eindringlings lebt.

Für eine Reihe von fragilisierten Gesellschaftsschichten ist dieser ausgrenzende Nationalpopulismus die Antwort auf eine mobile Welt, die zunehmend multiethnisch und multikulturell wird.

Die Einwanderer spielen dabei in ganz besonderem Maß die Rolle von »Sündenböcken«; sie werden gleichsam als Auswirkung dieser Veränderungen gesehen. Ihre Rolle ist um so glaubwürdiger, als sie die sich wandelnde und zur Globalisierung tendierende Welt verkörpern, gleichzeitig aber auch die Unfähigkeit der französischen Staatsnation aufzeigen, sich diesem neuen Umfeld anzupassen (schwierige Steuerung der Migrationsströme und Probleme der Integrationspolitik gegenüber den Einwanderern). Im Laufe der Zeit hat der FN seiner als »kultureller Protektionismus« dargestellten Xenophobie einen wirtschaftlichen Protektionismus und damit eine Infragestellung seines ursprünglichen neoliberalen Glaubensbekenntnisses hinzugefügt. Die französische extreme Rechte entwickelt einen regelrechten »Chauvinismus des Wohlfahrtsstaats«, der ihr viele Wählerstimmen einbringt, besonders im Arbeitermilieu und bei den »kleinen Leuten«. Diese Entwicklung des FN hat sich wahrscheinlich um so leichter vollzogen, als der Wohlfahrtsstaat in Frankreich eine erhebliche Rolle spielt und auf eine lange Tradition zurückblicken kann und als auch das Alter der französischen Staatsnation sowie das prägende Gewicht des republikanischen Modells mit seinen universalistischen und assimilatorischen Tendenzen den Umgang mit Unterschieden schwieriger machen als in vielen anderen Ländern. Der Erfolg des Front national in Frankreich zeigt, wie sich zu Ende dieses Jahrhunderts eine neue politische, soziale und kulturelle Spaltung auftut, bei der sich die Anhänger einer »offenen Gesellschaft« und die Anhänger einer »geschlossenen Gesellschaft« gegenüberstehen. Die erstaunliche Wahldynamik des FN ist in Frankreich der unmittelbare politische Ausdruck der Gewichtigkeit dieser Spaltung und die eloquenteste Bestätigung der geschlossenen Gesellschaft.

Literatur

Birenbaum, G.: *Le Front national en politique*. Paris 1992.
Cambadélis, J. C./Osmond, E.: *La France blafarde, une histoire politique de l'extrême-droite*. Paris 1998.
Camus, J. Y.: *Le Front national. Histoire et analyses*. Paris 1996.
Perrineau, P.: *Le Symptôme Le Pen, Radiographie des électeurs du Front national*. Paris 1997.

Ders.: *La dynamique du vote Le Pen. Le poids du gaucho-lepénisme*, in: ders./Ysmal, C. (Hg.): *Le vote de crise. L'élection présidentielle de 1995*. Paris 1995.
Ders./Mayer, N. (Hg.): *Le Front national à découvert*. Paris 1996.
Poliakov, L.: *La causalité diabolique. Essai sur l'origine des persécutions humaine*. Paris 1980.
Samson, M.: *Le Front national aux affaires. Deux ans d'enquête sur la vie municipale à Toulon*. Paris 1997.
Siegfried, A.: *Tableau politique de la France de l'Ouest sous la IIIème République*. Paris/Genf 1980 (orig. 1913).
Taguieff, P.-A.: *Le populisme devant la science politique: du mirage conceptuel aux vrais problèmes, texte provisoire*, Rapport de colloque, Paris VIII, 7-8 octobre 1994.
Tristan, A.: *Au Front*. Paris 1988.
Winock, M. (Hg.): *Histoire de l'extrême-droite en France*. Paris 1994.

Peter A. Ulram
Sozialprofil und Wahlmotive der FPÖ-Wähler:
Zur Modernität des Rechtspopulismus am Beispiel des Phänomens Haider

1. Rahmenbedingungen und Strategien des Rechtspopulismus in Österreich

Das österreichische Parteiensystem galt jahrzehntelang als eines der stabilsten in Westeuropa. Diese Stabilität war nicht zuletzt die Folge einer festen Verankerung der Traditionsparteien SPÖ (Sozialdemokratie) und ÖVP (Volkspartei, Christdemokraten) in gesellschaftlichen Subkulturen (»Lager«)[1] und einer großflächigen Personalpolitik wie parteipolitischen Steuerung weiter Teile der öffentlichen Verwaltung, des öffentlichen Wirtschaftssektors und Teile der Medien (»Proporzdemokratie«, Lehmbruch 1967). Seit den späten siebziger Jahren sieht sich dieses einst »hyperstabile« Parteiensystem mit einer fortschreitenden Erosion der traditionellen politischen Subkulturen, einer Abnahme der (affektiven wie organisatorischen) Parteibindungen und einer zunehmenden wahlpolitischen Mobilität konfrontiert (Plasser/Ulram 1995a, Ulram 1990). Parallel dazu kommt es zu einer Veränderung politisch-kultureller Orientierungen: Stilistische und moralische Parteien- und Politikerkritik nehmen zu und erreichen beinahe »italienische Dimensionen« (Plasser/Ulram 1992a); die substantielle Leistungsfähigkeit von Parteien und Sozialverwaltung wird in Frage gestellt (Ulram 1997); Protesthaltungen erfahren einen Aufschwung, die aus Unzufriedenheit im Bereich hochemotionalisierter Themen- und Politikbereiche resultieren (Ausländerfrage, Folgen wirtschaftlicher Internationalisierung und kultureller Öffnung etc.). Die verschiedenen Unzufriedenheits- und Protestmotive gehen dabei oft ein explosives Mischungsverhältnis ein, das von den in Österreich weitverbreiteten Sonderformen der Boulevardpresse medial orchestriert wird.

Für den Parteienwettbewerb von zentraler Bedeutung ist zu-

---

[1] Vgl. dazu Luther/Müller 1992, Gerlich 1987, Powell 1970.

dem die 1987 erfolgte Neuauflage der »großen« SPÖ/ÖVP-Koalition, die für Oppositionsparteien unterschiedlicher Couleur einen reichen Nährboden bildet, wodurch der »normale« Vorgang des Regierungswechsels de facto verunmöglicht wird: Eine parlamentarische Mehrheit für eine »rot-grüne Koalition« ist nicht vorhanden, die FPÖ gilt lange Zeit auf Bundesebene nicht als »koalitionsfähig«. Sie ist allerdings schon vorher in mehreren Landesregierungen vertreten gewesen und stellt den Landeshauptmann im Bundesland Kärnten.

Die FPÖ hat auf die veränderte politische Situation in zweifacher Weise reagiert: zuerst durch eine Anpassung an die Situation eines offenen Wählermarktes und die Suche nach politischen »Marktnischen« (Neuformulierung des personellen, symbolischen und inhaltlichen Angebotes); in der Folge zunehmend aber auch durch eine Strategie der »aktiven Marktbeeinflussung« (Kreierung bzw. Verstärkung von politischen Themen, Beeinflussung von Angebot und Strategie der politischen Mitkonkurrenten). Diesem Wandel der Strategie entspricht auch eine Verschiebung des Bildes der FPÖ (wie ihres Obmannes) in der Öffentlichkeit und ein Wandel der freiheitlichen Wählerschaft (Plasser/Ulram 1995b).[2] In der *ersten* Phase – zeitlich etwa von der Übernahme der Parteiführung durch Haider 1986 bis zum Ende der achtziger Jahre eingrenzbar – präsentiert sich die FPÖ v.a. als neue, innovative, verändernde Kraft, die ihre »jugendliche Dynamik« gegen die »Unbeweglichkeit der Altparteien« ausspielt. Im öffentlichen Erscheinungsbild dominieren die Person Haiders und ein aggressiv-pointierter politischer Stil. Das thematische Profil beschränkt sich fast ausschließlich auf den Komplex »Parteienverdrossenheit«, »politische Moral« und »Verschwendung bzw. Fehleinsatz von Steuergeldern«: Andere sachpolitische Argumente, aber auch der Appell an spezifische Gruppen(interessen) kommen kaum zum Tragen. Ideologische Auseinandersetzungen spielen in der Selbstdarstellung eine nachrangige Rolle: Sie dienen eher der Bestärkung der freiheitlichen Stammklientel (Bekenntnis zur deut-

---

2 Die im folgenden zitierten empirischen Befunde stammen aus bundesweiten Repräsentativumfragen des Fessel-GfK-Instituts (Stichprobengröße: 1000 bis 1500 Befragte) bzw. aus repräsentativen Wahltagsbefragungen (*exit polls*) des Fessel-GfK-Instituts zu den Nationalratswahlen 1986, 1990, 1994, 1995 und 1999 (Stichprobengröße: jeweils rund 2200 Wähler nach Verlassen der Wahllokale).

schen Nation, »Verteidigung der Kriegsgeneration« etc.) oder werden bewußt als öffentlichkeitswirksamer »Tabubruch« (»Der Jörg, der traut sich was«) eingesetzt. Für das Gros der österreichischen Wähler stellt sich die FPÖ so primär als Möglichkeit dar, den traditionellen Parteien einen »politischen Denkzettel« (Plasser/Ulram 1989) bzw. Anstöße zur Veränderung zu erteilen. Die FPÖ appelliert v. a. an jüngere, politisch mobile und erneuerungswillige Wähler bzw. an verärgerte Wähler unterschiedlichster Provenienz (Schließung einer losen Protestwählerkoalition).

In der *zweiten* Phase – deren Beginn etwa 1990/1991 angesetzt werden kann – wird die Politik der FPÖ inhaltlich-thematisch stärker konturiert, der Erneuerungs- und Innovationsanspruch verblaßt bzw. wird tendenziell in Richtung einer radikalen Systemkritik und Alternative transformiert; es dominiert die Politik der Ressentiments und der Appelle an diffuse Ängste insbesondere sozial schwächerer Bevölkerungsgruppen. Im öffentlichen Erscheinungsbild wirkt die FPÖ »härter« und polarisierender. Das thematische Profil der FPÖ ist zwar nach wie vor begrenzt und zentriert sich auf die Bereiche Korruptions- und Privilegienbekämpfung, Ausländerproblem und die Verhinderung der Verschwendung öffentlicher Mittel, wo die Freiheitlichen als mit Abstand kompetenteste Kraft unter allen Parteien gelten. Allerdings hat die FPÖ in diesen Kernbereichen deutlich an Profil gewonnen, wie ihr auch im Zeitverlauf zunehmend Einsatz bei den Themen Kriminalitätsbekämpfung, Steuersenkung und einzelnen sozialpolitischen Issues zugeschrieben wird. Die FPÖ betreibt hier auch ein »aktives Themen-Management« – im Sinne eines Agendasetting, aber auch als Schwerpunktverlagerung innerhalb der einzelnen Themenblöcke (Wechsel der populistischen Attacke von den »Politikern der Altparteien« zu den »Bürokraten in Brüssel«; von den »Privilegienrittern in den Interessenvertretungen« wieder zu den »Politikern der Altparteien« usw.) – und beginnt – teilweise im Gleichklang (und damit in gegenseitiger Verstärkung) mit der Boulevardpresse – die politische Diskussionslandschaft (neu) zu strukturieren.

Seit Mitte der neunziger Jahre zeichnet sich zudem ein weiterer *Versuch einer politischen Neupositionierung* ab. Die FPÖ ist offensichtlich bemüht, sich von ihrer deutschnationalen Vergangenheit abzugrenzen – sowohl in programmatischer Hinsicht als auch durch eine Auswechslung alter Funktionskader – und an sozialpolitischem wie Arbeitsplatzsicherungs-Profil zu gewinnen (»Vertretung österreichischer Interessen gegenüber der EU«, Eintreten für »die kleinen Leute«). Früher vorhandene wirtschaftsliberale Vorstellungen werden zugunsten von Schutzversprechungen für Gruppen, die von Budgetsanierungsmaßnahmen negativ betroffen sind, zurückgestellt. Bei den Nationalratswahlen 1999 steht wiederum das Wechselthema im Vordergrund und wird von der Wählerschaft auch honoriert.

2. Wahlmotive für die Haider-FPÖ

Bei den Nationalratswahlen 1986 – dem ersten bundesweiten Wahlgang der FPÖ unter ihrem neu gewählten Obmann Jörg Haider – sind v. a. die Person Haiders bzw. sein medial vermitteltes Image und der Wunsch nach »frischem Wind«, also das Aufbrechen traditioneller Strukturen des Parteienwettbewerbs, jene Punkte, die den Ausschlag zur Wahl der FPÖ geben. In der Wahltagsbefragung (*exit poll*) 1986 begründet spontan jeder zweite FPÖ-Wähler seine Entscheidung mit der Person Haiders; unter den Wechslern von anderen Parteien zur FPÖ gilt dies sogar für zwei Drittel; in der gestützten Frageversion treten Protest- und Denkzettelmotive, insbesondere bei den Parteiwechslern (54 %), stärker in den Vordergrund. Ideologische Motive bzw. deutschnationale Tendenzen spielen hingegen kaum eine Rolle.

Bei den Nationalratswahlen 1990 erweist sich der Einsatz gegen Skandale und Privilegien bereits als das stärkste Wahlmotiv zugunsten der FPÖ, gefolgt vom Wunsch, den Großparteien einen Denkzettel zu erteilen, und der Attraktivität der Person Haiders. Auch die Linie der FPÖ in der Ausländerfrage spielt eine beträchtliche Rolle, in der Bundeshauptstadt Wien ist sie bereits das zweitstärkste Pro-FPÖ-Motiv freiheitlicher Wähler. Die spontanen Nennungen zeigen ein ähnliches Bild – Verdrossenheits-, Protest- und Denkzettelargumente rangieren vor der Person des freiheitlichen Spitzenkandidaten und dem »Erneuerungsimage« der Partei. Bei den Wiener Landtags- und Gemeinderatswahlen vom November 1991, wo die FPÖ mit 22,5 % der abgegebenen Stimmen zur zweitstärksten Partei aufsteigt, rangiert die Haltung der FPÖ in der Ausländerfrage bereits an zweiter Stelle der Pro-FPÖ-Motive (nach dem »Denkzettel« für die

SPÖ und ÖVP); Parteiwechsler zur FPÖ begründen ihre Entscheidung, ihre frühere Partei diesmal nicht mehr zu wählen, v. a. mit dem Ausländerthema sowie mit unterschiedlichen Kritik- und Verdrossenheitspunkten (leere Versprechungen, Unzufriedenheit mit der Politik der Parteien, Privilegien- und Parteibuchwirtschaft; Plasser/Ulram 1992b).

Die neuerliche – massive mediale – Thematisierung des Skandal- und Privilegienthemas im Zuge des Wahlkampfes für die Arbeiterkammerwahlen unmittelbar vor den Nationalratswahlen prägen dann auch das FPÖ-Votum von 1994.[3] Zwei Drittel der FPÖ-Wähler begründen ihre Entscheidung mit dem Kampf der FPÖ gegen Skandale und Privilegien. Etwa jede(r) Zweite verweist auf die Haltung der Freiheitlichen in der Ausländerfrage bzw. das Eintreten gegen die Macht der Parteien. Jeweils vier von zehn FPÖ-Wählern nennen als wichtigstes Motiv den Wunsch, den Großparteien einen Denkzettel zu erteilen. Alles in allem kann die Entscheidung für die FPÖ als besonders emotional aufgeladenes Antivotum charakterisiert werden. Die Pro-FPÖ-Wahlmotive bei den Nationalratswahlen 1995 ähneln jenen von 1994. Spontan verweisen die FPÖ-Wähler v. a. auf Skandale/Privilegien/Korruption und die Person Haider, gefolgt von der Hoffnung auf Veränderung und das Ausländerthema. Bei den Nationalratswahlen 1999 ist der Wunsch nach frischem Wind, Veränderung und die Ablehnung der großen Koalition das eindeutig dominante Motiv. Es folgen Ausländerpolitik, die Person Haiders und diverse Konzepte und Vorstellungen der FPÖ. Auch das Denkzettelmotiv ist unübersehbar. Ideologie wird wiederum kaum genannt.

3. Soziodemographie der FPÖ-Wählerschaft

Traditionell repräsentierte die FPÖ Personen mit deutschnationalen und antiklerikal-wirtschaftsliberalen Orientierungen mit einem Schwerpunkt unter Angehörigen des alten, selbständigen Mittelstandes. Ebendiese Merkmale finden sich auch in der freiheitlichen Wählerschaft Ende der siebziger Jahre: Das Struktur-

---

3 Gestützte Fragestellung (Fessel-GfK: exit polls 1994). Für die spontan geäußerten Nennungen siehe Tab. 1.

Tab. 1: Wahlmotive pro FPÖ 1986-1999 (Angaben in Prozent)

FPÖ-Wähler	1986	FPÖ-Wähler	1990	FPÖ-Wähler	1994	FPÖ-Wähler	1995	FPÖ-Wähler	1999
Person/Image/Auftreten/Ideen von Jörg Haider	54	Skandale, Mißstände, Privilegien bzw. deren Aufdeckung und Bekämpfung durch die FPÖ	27	Skandale, Mißstände, Privilegien bzw. deren Aufdeckung und Bekämpfung durch die FPÖ	22	Skandale, Mißstände, Privilegien bzw. deren Aufdeckung und Bekämpfung durch die FPÖ	20	Hoffnung auf Veränderung, frischer Wind, Ablehnung der großen Koalition	22
Hoffnung auf Veränderung, frischer Wind	10	Person/Image/Auftreten/Ideen von Jörg Haider	23	Person/Image/Auftreten/Ideen von Jörg Haider	17	Person/Image/Auftreten/Ideen von Jörg Haider	19	Ausländerfrage	14
Einsatz gegen Skandale, Privilegien etc.	9	Denkzettel an die Großparteien	11	Ausländerfrage	12	Hoffnung auf Veränderung, frischer Wind	12	Person/Image/Auftreten/Ideen von Jörg Haider	12
Parteiprogramm, Ideologie	8	Parteiprogramm, Ideologie	9	Stärkung der Opposition, Kontrolle	11	Ausländerfrage	12	Konzepte, Vorstellungen, Politik	11
Protest, Unzufriedenheit	7	Ausländerfrage	7	Denkzettel, Ablehnung, Kritik an Großparteien	10	Parteiprogramm, Ideologie	8	Denkzettel, Protest, Unzufriedenheit, Kritik an Großparteien	7
Schwächung der Großparteien	6	Stärkung der Opposition, Kontrolle, Chance geben	7	bessere, einzig wählbare Partei	6	Denkzettel, Unzufriedenheit mit Regierung	7	Interessenvertretung, Stammwähler, Tradition	6

Tab. 1: Fortsetzung

FPÖ-Wähler	1986	FPÖ-Wähler	1990	FPÖ-Wähler	1994	FPÖ-Wähler	1995	FPÖ-Wähler	1999
Stärkung der Opposition	6	Hoffnung auf Veränderung, frischer Wind	6	Parteiprogramm, Ideologie	5	Stärkung der Opposition, Kontrolle	4	Familienpolitik, Kinderscheck	5
Stammwähler, Tradition, Parteimitglied	6	bessere, einzig wählbare Partei	5	Ehrlichkeit/Offenheit der FPÖ	5	Interessenvertretung, Stammwähler, Tradition	4	Skandale, Mißstände, Privilegien bzw. deren Aufdeckung und Bekämpfung durch die FPÖ	4
Interessenvertretung	4	bessere, jüngere Politiker	4	Interessenvertretung, Stammwähler, Tradition	5	Eintreten für kleine Leute	3	FPÖ an die Regierung	4
andere FPÖ-Politiker	2	Interessenvertretung, Stammwähler, Tradition	4	bessere Politik der FPÖ allgemein	4	Machtwechsel, FPÖ an die Regierung	3	Stärkung der Opposition, Kontrolle	3
alle anderen Nennungen	2	Sympathie	3	Eintreten für kleine Leute	3	alle anderen Nennungen	17	gute Arbeit, Politik, Einsatz	3
		alle anderen Nennungen	8	alle anderen Nennungen	13			alle anderen Nennungen	25

Quelle: Fessel-GfK: Exit polls zur Nationalratswahl 1986, 1990, 1994, 1995 und 1999. Vercodung spontaner, ungestützter Nennungen in % der FPÖ-Wähler.

profil weist einen starken Überhang an mittleren und älteren Jahrgängen sowie an Selbständigen und Freiberuflern auf. Mit der Übernahme der Parteiführung durch Jörg Haider und der damit eingeleiteten Wende ändert sich dieses Profil markant: Es wird »männlicher«, die Wählerschaft verjüngt sich, der Anteil an höher Gebildeten und *white collars* (größtenteils Angestellte) steigt deutlich an; umgekehrt sinkt der Prozentsatz an älteren Menschen, der unteren Bildungsschichten und des alten Mittelstandes. Die Protestwählerkoalition des (Nationalratswahl-)Jahres 1986 wird so von jungen Männern aus den städtischen angestellten Mittelschichten dominiert. In den folgenden Wahljahren, die im wesentlichen in die rechtspopulistische Periode der Partei fallen, sinkt der Anteil der oberen Bildungsschichten und der Angestellten wieder ab, jener der Arbeiter nimmt zu. 1990 und 1994 ist auch eine markante Zunahme an älteren Wählern, insbesondere männlicher Pensionisten zu verzeichnen – ein Trend, der nur 1995 eine vorläufige Unterbrechung erfährt: Dies ist durch den spezifischen Kontext des Wahlkampfes 1995 erklärbar, als die Sozialdemokratie die Pensionssicherung zu einem Schwerpunkt ihrer Kampagne machte (Koßdorf/Sickinger 1996, Plasser/Ulram 1996) und so einen Teil ihrer Verluste von 1994 an die FPÖ in diesem Wählersegment wettmachen konnte. Unverändert bleibt der Männerüberhang in der FPÖ-Wählerschaft; bei den weiblichen FPÖ-Wählern ist eine Verlagerung weg von Hausfrauen und hin zu (speziell jüngeren) berufstätigen Frauen in den unteren Bildungs- und Sozialschichten feststellbar. 1999 gelingt der FPÖ wieder eine Verbreiterung ihrer Wählerkoalition, die nun verstärkt *white-collar*-Berufe, Hausfrauen und selbständige Unternehmer einschließt.

Tab. 2: Strukturprofil der FPÖ-Wählerschaft (1978-1999)

In Prozent der FPÖ-Wähler	1978	1986 NRW	1990 NRW	1994 NRW	1995 NRW	1999 NRW
Männer	54	61	60	60	62	62
Frauen	46	39	40	40	38	38
Geschlecht	100%	100%	100%	100%	100%	100%

In Prozent der FPÖ-Wähler	1978	1986 NRW	1990 NRW	1994 NRW	1995 NRW	1999 NRW
Unter 30 Jahre	18	31	27	25	31	27
30-44 Jahre	28	32	24	27	31	34
45-59 Jahre	26	15	22	23	20	22
60 Jahre und älter	28	22	26	26	19	16
Alter	100%	100%	100%	100%	100%	100%
Pflichtschule	34	17	27	22	20	16
Fachschule/ Berufsschule	48	55	53	54	58	55
Matura/ Universität	18	27	20	24	22	30
Bildung	100%	100%	100%	100%	100%	100%
Landwirte/ Selbständige/ Freie Berufe	21	9	8	9	9	10
Angestellte/ Beamte	24	32	25	24	27	33
Arbeiter	19	22	29	28	35	27
Hausfrauen	13	12	9	8	6	8
Pensionisten	23	19	27	28	19	18
in Ausbildung/ arbeitslos	1	4	2	4	4	4
Berufstätigkeit	100%	100%	100%	100%	100%	100%

Quelle: Fessel-GfK: Kumulierte Jahreszählung der Parteipräferenzen 1978; 1990-1999 Fessel-GfK: exit polls (repräsentative Wahltagsbefragungen) zu den NRW (Nationalratswahlen) 1986, 1990, 1994, 1995, 1999, ca. 2200 Wähler nach Verlassen der Wahllokale, Differenz auf 100%: Rundungsfehler.

Wie schon aus den Strukturprofilen der freiheitlichen Wählerschaft ersichtlich, ist die FPÖ nicht für alle Wählergruppen in gleicher Weise attraktiv. Zwischen 1986 und 1999 konnte die FPÖ ihren Stimmenanteil an der Gesamtwählerschaft verdreifachen. Die vergleichsweise schwächsten Zugewinne wurden bei Landwirten, qualifizierten Angestellten, Beamten und in den höchsten Bildungsschichten erzielt. Besonders erfolgreich war die FPÖ in der jüngsten Wählergeneration, speziell bei jungen Berufstätigen. In diesem Wählersegment liegt die FPÖ ebenso wie in der Gruppe der berufstätigen Männer sowie in der Arbeiterschaft nunmehr an der ersten Stelle, bei Selbständigen und Freiberuflern nimmt sie mit 33 % die zweite Position ein.

Tab. 3: Stimmenanteile der FPÖ nach soziodemographischen Gruppen (1986-1999)

In Prozent haben bei den NRW (Nationalratswahlen) gewählt	FPÖ 1986	FPÖ 1990	FPÖ 1994	FPÖ 1995	FPÖ 1999
Männer	12	20	28	27	32
berufstätige Männer	13	20	28	30	33
Pensionisten	11	22	29	23	28
Frauen	7	12	17	16	21
berufstätige Frauen	7	13	17	20	22
Hausfrauen	8	11	17	14	25
Pensionistinnen	5	12	19	10	19
Unter 30 Jahre	12	18	25	29	35
30-44 Jahre	11	15	22	24	29
45-59 Jahre	6	15	22	10	21
60 Jahre und älter	8	16	22	15	23
Landwirte	5	9	15	18	10

In Prozent haben bei den NRW (Nationalratswahlen) gewählt	FPÖ 1986	FPÖ 1990	FPÖ 1994	FPÖ 1995	FPÖ 1999
Selbständige/Freie Berufe	15	21	30	28	33
Beamte, öffentlicher Dienst	9	14	14	17	20
Angestellte	13	16	22	22	22
Arbeiter	10	21	29	34	47
Pensionisten	8	16	24	16	24
in Ausbildung	9	8	18	15	23
Pflichtschulbildung	6	14	21	18	25
Fachschule/Berufsschule	11	19	26	27	31
Matura/Universität	11	13	19	16	22

Quelle: Fessel-GfK: exit polls (repräsentative Wahltagsbefragungen) zu den Nationalratswahlen 1986-1999.

Tab. 4: FPÖ-Trend bei Arbeitern und Selbständigen (1983-1999)

FPÖ-Wähleranteil bei Nationalratswahlen in Prozent	1983	1986	1990	1994	1995	1999
un-/angelernte Arbeiter	4	8	12	24	33	45
Facharbeiter	2	11	25	33	35	48
Arbeiter (*blue collar*) gesamt	3	10	21	29	34	47
Selbständige/Freiberufler (ohne Landwirte)	4	15	21	30	28	33

Quelle: Fessel-GfK: repräsentative Nachwahlbefragung 1983, Fessel-GfK: exit polls (1986, 1990, 1994, 1995, 1999).

Da aufgrund der Befragtenanzahl bei österreichischen *exit polls* (jeweils ca. 2200 Wähler bundesweit) eine weitere Untergliederung von Berufsgruppen aus methodischen Gründen nicht sinnvoll ist, muß für eine nähere Analyse ebendieser Gruppen auf die »Sonntagsfrage« zurückgegriffen werden. Dabei wird die Antwort auf die hypothetische Wahlabsichtsfrage für das Jahr 1996 kumuliert.[4] Für die Selbständigen zeigt sich dabei ein deutlich überdurchschnittlicher FPÖ-Anteil bei Gewerbetreibenden, bei Männern und in den unteren Bildungsschichten. Für die Arbeiter zeigt sich eine höhere Attraktivität der FPÖ bei Beschäftigten in der Privatwirtschaft, bei Männern, in den jüngeren Jahrgängen und ein stark unterdurchschnittliches Abschneiden der Freiheitlichen in den höheren Bildungsschichten. Hofinger/Ogris (1996, S. 224) kommen anhand von Vorwahl-Befragungen 1995 zu einem ähnlichen Ergebnis: »Arbeiterinnen wählen deutlich seltener FPÖ als Arbeiter. Bei jungen männlichen Arbeitern hat die SPÖ gegenüber den Freiheitlichen am meisten Terrain verloren: In diesem Wählersegment steht die FPÖ kurz vor dem Erreichen einer *absoluten* Mehrheit.« 1999 hat sie diese mit 57% auch erreicht.

Obwohl die FPÖ unter Jörg Haider in fast allen Bevölkerungsgruppen nennenswerte Stimmenanteile an sich ziehen konnte, lassen sich doch *Strukturmuster im Wählerverhalten* feststellen. Zum einen fungieren die *Restbestände traditioneller politischer Milieus und weltanschaulich-organisatorischer Bindungen* als *Barrieren gegen eine Wahl der FPÖ*: Starke religiöse Bindungen (hier operationalisiert als regelmäßige Kirchgänger) und Gewerkschaftsmitgliedschaft von Arbeitnehmern korrelieren mit unterdurchschnittlichen FPÖ-Werten. In bezug auf die Kirchenbindung sind dabei im Zeitverlauf kaum Veränderungen zu sehen, unter Gewerkschaftsmitgliedern hat die FPÖ seit 1990 ihren Stimmenanteil auf 21% praktisch verdoppelt. Freilich sind beide Ligaturen im längerfristigen Zeitverlauf rückläufig: Etwas weniger als ein Viertel der Österreicher besucht sonntags den Gottesdienst (Ulram 1990, Zulehner/Denz 1993); der Anteil an gewerkschaftlich organisierten Arbeitnehmern hat sich in der letzten

---

4 Die Zahlen sind mit jenen der *exit polls* nicht direkt vergleichbar, da ein Teil der Befragten bei der »Sonntagsfrage« keine Parteipräferenz deklariert (konkret 24% der Arbeiter und 26% der Selbständigen). Erfahrungsgemäß sind FPÖ-Anhänger unter den »Nichtdeklarierten« überdurchschnittlich stark vertreten.

Tab. 5: Deklarierte FPÖ-Wahlabsicht bei Selbständigen und Arbeitern (1996)

FPÖ-Wahlabsicht	in Prozent	FPÖ-Wahlabsicht	in Prozent
Arbeiter gesamt	23	Selbständige gesamt (ohne Landwirte)	18
Beschäftigte in der Privatwirtschaft	24	Gewerbetreibende	20
Beschäftigte im öffentlichen Dienst	15	Große Unternehmen/Freiberufler	15
Männer	24	Männer	20
Frauen	20	Frauen	12
Pflichtschule	19	Pflichtschule	26
Berufs-/Fachschule	24	Berufs-/Fachschule	22
Matura/Universität	12	Matura/Universität	10
Unter 30 Jahre	25	Unter 30 Jahre	20
30-44 Jahre	23	30-44 Jahre	15
45-60 Jahre	19	45-60 Jahre	19

Quelle: Fessel-GfK: kumulierte Jahreszählung der Parteipräferenzen 1996. N = 26 732 Interviews, davon 5772 Arbeiter und 1234 Selbständige (ohne Landwirte).

Dekade von ca. 50% auf ca. 40% verringert (Karlhofer 1993 und eigene Berechnungen). *Angehörige der obersten Bildungsschichten* und *Frauen*, insbesondere aber höher gebildete Frauen, stehen der *FPÖ deutlich distanzierter gegenüber* als die unteren und mittleren Bildungsgruppen und Männer (speziell Arbeiter). Unübersehbar ist auch eine *größere Bereitschaft zur FPÖ-Wahl* bei *Jungwählern*; wobei allerdings einschränkend zu bemerken ist, daß das Wahlverhalten der älteren Generation erkennbaren Schwankungen unterliegt. In der Arbeiterschaft hat die FPÖ ihren Stimmenanteil seit den fünfziger Jahren von drei Prozent auf

47% gesteigert (SPÖ 1999 nur noch 35%). Auch bei den unter 30jährigen ist die FPÖ mit 35% nunmehr die stimmenstärkste Partei.

Zunehmendes wahlpolitisches Gewicht erhalten auch die Spannungen zwischen *Beschäftigten* im »geschützten« (öffentlichen) und im »ungeschützten« (privatwirtschaftlich-wettbewerbsorientierten) Sektor (Dunleavy/Husbands 1985, Dunleavy 1991, Betz 1994, Kitschelt 1995), wobei die FPÖ inzwischen zur zweitstärksten Kraft unter Beschäftigten im privatwirtschaftlichen Bereich aufgestiegen ist. Die Brisanz dieser Konfliktlinie wird um so deutlicher, als nicht nur der gewerkschaftliche Organisationsgrad, sondern auch die Wirksamkeit traditioneller sozialpartnerschaftlicher Politikformulierung im Wettbewerbssektor der Wirtschaft rückläufig ist; gleichzeitig eignet sich der öffentliche Sektor aufgrund seiner parteipolitischen Beeinflussung und Kolonisierung durch Klientelinteressen in besonderem Ausmaß als Zielscheibe für populistische Attacken.

Tab. 6: Spannungslinien im österreichischen Wählerverhalten (Nationalratswahlen 1999)

In Prozent haben gewählt (waagrechte Prozentuierung)	SPÖ	ÖVP	FPÖ	GRÜNE	LIF
Religionszugehörigkeit*					
regelmäßige Kirchgänger (Katholiken)	20	59	13	4	1
Kirchenferne (passive Katholiken)	34	22	30	7	3
PPD	+14	−37	+17	+3	+2
Gewerkschaftsmitgliedschaft					
Gewerkschaftsmitglieder	49	19	21	6	2
kein Gewerkschaftsmitglied	24	30	30	8	4
PPD	−25	+11	+9	+2	+2

In Prozent haben gewählt (waagrechte Prozentuierung)	SPÖ	ÖVP	FPÖ	GRÜNE	LIF
Geschlecht					
Männer	33	26	32	7	3
Frauen	35	27	21	9	4
PPD	+2	+1	−11	+2	+1
Bildung					
Pflichtschule, Berufsschule, Fachschule	37	24	29	3	2
Matura/Universität	27	30	22	13	7
PPD	−10	+6	−7	+10	+5
*Geschlecht und Bildung***					
jüngere, berufstätige Männer mit höherer Ausbildung	29	30	21	9	10
jüngere, berufstätige Frauen mit höherer Ausbildung	35	29	8	13	14
PPD	+6	−1	−13	+4	+4
öffentlich vs. privat Beschäftigte in der Privatwirtschaft	36	19	31	7	4
Beschäftigte im öffentlichen Sektor	36	29	21	9	3
PPD	+/−0	+10	−10	+2	−1

Quelle: Fessel-GfK: exit polls zu den NRW 1999, PPD = Prozentpunktdifferenz.
* Über 90% der Österreicher mit Glaubensbekenntnis sind Katholiken.
** Daten für 1995 (Fessel-GfK, exit polls zu den NRW 1995).

4. Gesellschaftspolitische Spannungslinien

Das überdurchschnittliche Abschneiden der FPÖ bei Beschäftigten im privatwirtschaftlichen Sektor und bei Männern in weniger qualifizierten Berufen wie die unterdurchschnittlichen Erfolge im öffentlichen Dienst und bei höher qualifizierten Frauen verweisen auf die Ausbildung neuer gesellschaftlicher Konfliktlinien, die gerade auch für das Wahlverhalten von Bedeutung sind. Dies gilt in besonderem Maße auch für *soziokulturelle* und *Wertekonflikte*.

Eine *Cluster-Analyse* gesellschaftspolitischer Orientierungen (Plasser/Ulram 1995a) identifiziert sieben gesellschaftspolitische Typen,[5] wobei die FPÖ-Wählerschaft bei drei dieser Typen deutlich überdurchschnittlich und bei zwei signifikant unterdurchschnittlich vertreten ist:

a) Autoritäre Systemverdrossene: Zentrale Charakteristika dieses Typus sind tendenziell sozialdarwinistische Orientierungen (massive Ablehnung sozialstaatlicher Interventionen und politischer Reformen) wie ausgeprägte Xenophobie. Seine Vertreter fühlen sich von der wirtschaftlichen Entwicklung ebenso bedroht wie durch kulturelle »Überfremdung« bzw. den Verlust »kultureller Selbstverständlichkeiten« (etwa im Kunstbetrieb und durch die Frauenemanzipation). Die Schuld für die unbefriedigende und bedrohliche Situation wird staatlicher Politik, einer feindlichen Außenwelt und diversen »Sündenböcken« zugeschrieben (Ausländer, »die Politiker«, Parteien, die EU, »Sozialschmarotzer« etc.). Lösungen werden in einem demonstrativen Individualismus, in *Law and order* verbunden mit autoritären Untertönen gesehen. Bei Personen dieses Typs ist die FPÖ die mit Abstand stärkste Kraft und hat in den letzten Jahren deutlich an Zustimmung gewonnen.

b) Verunsicherte Materialisten: Angehörige dieses Typs votieren für wirtschaftliches Wachstum und Steigerung des Lebensstandards. Allerdings sehen sie den eigenen – eher bescheidenen – Wohlstand vielfachen Bedrohungen ausgesetzt: durch wirtschaftliche Ungewißheit, den Zustrom von Ausländern, durch

---

5 Für eine ausführliche Beschreibung siehe Plasser/Ulram 1995a (S. 289ff.). Die Analyse wurde 1994, 1995, 1996 und 1998 bei einem Sample von jeweils N = ca. 4500 Befragten durchgeführt, wodurch sowohl eine Überprüfung der Konsistenz der Typen als auch eine nähere Bestimmung der Entwicklung des freiheitlichen Elektorats ermöglicht werden.

Tab. 7: Gesellschaftspolitische Typen – Parteienanteile (1994-1996)

Waagrechte Prozentuierung*	deklarierte Wahlabsicht 1996 in Prozent				Veränderung 1994-1996 in Prozentpunkten			
	FPÖ	SPÖ	ÖVP	GRÜN+LIF	FPÖ	SPÖ	ÖVP	GRÜN+LIF
Autoritäre Systemverdrossene	36	19	18	5	+13	−9	−5	−2
Verunsicherte Materialisten	25	28	22	7	+13	−15	−5	+1
Wohlfahrtsstaatliche Chauvinisten	25	29	18	10	+9	−5	−8	−1
Moderate Konservative	19	26	24	11	+9	−4	−11	−1
Traditionell Sozialstaatliche	16	42	18	9	+5	−7	−7	+2
Liberale Individualisten	9	18	27	32	+4	−9	−3	+2
Libertäre Postmaterialisten	5	25	19	35	+2	−4	−5	+2

Quelle: Fessel-GfK: Austrian Life Style-Politik 1994 und 1996. N = jeweils ca. 4500 Interviews.
* Rest auf 100%: keine Angabe und andere Parteien.

Zweifel an der Reißfestigkeit des sozialen Netzes. Auf diese Verunsicherung reagieren sie mit einer Hinwendung zu rigiden Positionen gegenüber Ausländern und Randgruppen und einer Tendenz zu starken Führungspersönlichkeiten. Wie bei den autoritären Systemverdrossenen hat die FPÖ in diesem Segment deutliche Zugewinne v. a. auf Kosten der Sozialdemokratie erzielt.[6]

6 Liberale und grüne Wähler sind in den Typen a) und b) kaum vertreten.

c) Wohlfahrtsstaatliche Chauvinisten: Diese Gruppe steht staatlicher Interventionsfähigkeit und sozialstaatlichen Reformen positiv gegenüber, möchte deren Leistungen aber auf »echte Österreicher« beschränkt wissen. Ausländer, wirtschaftliche Krisen und Internationalisierung werden als bedrohlich perzipiert und Antworten in *Law and order* und sozialen wie kulturellen Ausgrenzungen (Ethnozentrismus) gesucht. In diesem Typus erzielt die FPÖ ihre überdurchschnittlichen Zuwächse eher auf Kosten der Volkspartei.

Insgesamt entfallen 70% der deklarierten FPÖ-Wähler auf die drei genannten Typen. Umgekehrt findet die FPÖ *kaum Zuspruch* bei den *liberalen Individualisten und den libertären Postmaterialisten.* Beide Typen zeichnen sich durch starke Partizipationsorientierungen, kulturelle Offenheit und Weltoffenheit sowie Akzeptanz wie Befürwortung von Frauenemanzipation und neuen Lebensformen aus. Unterschiede betreffen v. a. das Verhältnis zu Staatsinterventionismus und Sozialstaatlichkeit bzw. die Betonung ökologischer Gesichtspunkte. Beide Typen sind die Domäne des Liberalen Forums bzw. der Grünen.

5. Zusammenfassung und Ausblick

Die FPÖ ist die bislang mit Abstand wahlpolitisch erfolgreichste rechtspopulistische Partei in Westeuropa. Mit einer Anhängerschaft von einem Viertel der Wahlberechtigten und 26,9% der abgegebenen gültigen Stimmen hat sie bei den Nationalratswahlen am 3. Oktober 1999 die Größenordnung der beiden österreichischen Traditionsparteien erreicht. Für diese Entwicklung ist eine Reihe von Faktoren verantwortlich:

1. Die politische Gelegenheitsstruktur: Dazu zählen insbesondere die Erosion traditioneller politischer Subkulturen und Parteibindungen wie eine ausgeprägte Wählerprotestkultur, die in der hypertrophen parteipolitischen Penetration von Teilbereichen der österreichischen Gesellschaft und des Verwaltungsapparates einen reichen politischen Nährboden findet. Dazu kommt die Regierungskonstellation einer – an zunehmender politischer Inkohärenz und Handlungsschwäche laborierenden – Großen Koalition, die oppositionellen Bewegungen allgemein einen breiten Spielraum einräumt.

2. Veränderungen in der gesellschaftlichen Konfliktstruktur, sowohl im Hinblick auf sozioökonomische Interessenlagen (Sektorenkonflikte) wie auf soziokulturelle Orientierungen. Auf der Ebene der Politikfeld-Kultur finden diese Spannungslinien ihren Niederschlag in hochemotionalisierten »neuen« politischen Themen und Problemlagen, die von den Traditionsparteien nur unzureichend politisch verarbeitet werden (können).

3. Eine außergewöhnliche strategische Adaptionsfähigkeit der FPÖ – sei es in Form der Reaktion auf politische Problemlagen und der Kreierung von Issues, sei es in der Bildung von Wählerkoalitionen. Die FPÖ hat in der letzten Dekade mehrfach ihre politisch-strategische Ausrichtung gewechselt[7] und die Zusammensetzung ihrer Wählerschaft, aber auch ihrer Funktionärskader geändert.

4. Die außergewöhnliche Medienzentrierung der Partei und die Existenz einer charismatischen Führungspersönlichkeit: Nicht zuletzt aufgrund ihrer defizitären Organisationsstruktur und ihrer Abhängigkeit von mobilisierenden Stimmungen und Emotionen benötigt die FPÖ eine überdurchschnittliche massenmediale Resonanz. Diese erfährt sie sowohl von der populistisch agierenden Boulevardpresse wie von seiten der »gegnerischen« linksliberalen Qualitätspresse und des Fernsehens. Die FPÖ präsentiert sich als symbolische Mobilisierungsagentur, die latente Protesthaltungen, Ressentiments aber eben auch gesellschaftliche Konflikte gezielt in Gestalt einer medien- und kameragerechten Führungspersönlichkeit bündelt.

Ebendiese Erfolgsfaktoren bedeuten aber auch potentielle Schwächen der österreichischen Freiheitlichen. Der Erfolg der FPÖ ist untrennbar mit der politischen Kommunikationsleistung, der populistischen Selbstinszenierung und der permanenten politischen Mobilisierung verbunden. Ihre Wählerschaft ist weit loser gebunden und fluktuierender als jene der traditionellen

---

7 Auch dies spricht gegen die Klassifizierung der FPÖ als »rechtsradikale« Partei. Ein zentrales Charakteristikum der FPÖ ist ihre weitgehende praktische »Ideologielosigkeit« bzw. der rasche Positionswechsel in politischen Fragen. Gleichermaßen kann der Partei auch keine wirtschaftsliberale Orientierung zugeschrieben werden. Entsprechende programmatische Aussagen entstammen noch ihrer früheren Phase als liberale Honoratiorenpartei und sind für das öffentliche Erscheinungsbild wie für die Wahlmotivation entweder irrelevant oder bloß das Resultat einer situationsspezifischen Selbstdarstellung.

Parteien und wird zu einem Gutteil durch den »oppositionellen Reflex« auf das traditionelle Parteien- und Verbändesystem wie die große Koalition zusammengehalten. Der überwiegende Protest- und »Anti«-Charakter des FPÖ-Votums stellt eine schwerwiegende Hypothek für den von der Partei angestrebten und inzwischen eingetretenen Fall einer Regierungsbeteiligung dar.

Literatur

Betz, H.-G.: *Radical Right-Wing Populism in Western Europe.* New York 1994.

Dunleavy, P.: *Democracy, Bureaucracy and Public Choice. Economic Explanations in Political Science.* Hampstead 1991.

Ders./Husbands, C.: *British Democracy at the Crossroads.* London 1985.

Gerlich, P.: *Consocialism to Competition. The Austrian Party System since 1945,* in: Daalder, H. (Hg.): *Party Systems in Denmark, Austria, Switzerland, the Netherlands and Belgium.* London 1987, S. 61-106.

Hofinger, Ch./Ogris, G.: *Achtung, gender gap! Geschlecht und Wahlverhalten 1979-1995,* in: Plasser, F./Ulram, P. A./Ogris, G. (Hg.): *Wahlkampf und Wählerentscheidung. Analysen zur Nationalratswahl 1995.* Wien 1996, S. 211-232.

Karlhofer, F.: *Geschwächte Verbände – stabile Partnerschaft?,* in: Talos, E. (Hg.): *Sozialpartnerschaft. Kontinuität und Wandel eines Modells.* Wien 1993, S. 117-130.

Kitschelt, H.: *The Radical Right in Western Europe. A Comparative Analysis.* Ann Arbor 1995.

Koßdorf, F./Sickinger, H.: *Wahlkampf und Wahlstrategien. Eine Biographie der Kampagnen 1995,* in: Plasser, F./Ulram, P. A./Ogris, G. (Hg.): *Wahlkampf und Wählerentscheidung. Analysen zur Nationalratswahl 1995.* Wien 1996, S. 47-84.

Lehmbruch, G.: *Proporzdemokratie. Politisches System und politische Kultur in der Schweiz und in Österreich.* Tübingen 1967.

Luther, K. R./Müller, W. (Hg.): *Politics in Austria. Still a Case of Consocialism?* London 1992.

Plasser, F./Ulram, P. A.: *Wahltag ist Zahltag. Populistischer Appell und Wählerprotest in den achtziger Jahren,* in: Österreichische Zeitschrift für Politikwissenschaft 2/1989, S. 151-164.

Dies.: *Überdehnung, Erosion und rechtspopulistische Reaktion. Wandlungsfaktoren des österreichischen Parteiensystems im internationalen Vergleich,* in: Österreichische Zeitschrift für Politikwissenschaft 2/1992a, S. 147-164.

Dies.: *Analyse der Wiener Gemeinderatswahlen 1991*, in: Österreichisches Jahrbuch für Politik. Wien 1992b, S. 97-119.

Dies.: *Konstanz und Wandel im österreichischen Wählerverhalten*, in: Müller, W. C./Plasser, F./Ulram, P. A. (Hg.): *Wählerschaften und Parteienwettbewerb. Analysen zur Nationalratswahl 1994.* Wien 1995 a, S. 341-406.

Dies.: *Wandel der politischen Konfliktdynamik. Radikaler Rechtspopulismus in Österreich*, in: Müller, W. C./Plasser, F./Ulram, P. A. (Hg.): *Wählerverhalten und Parteienwettbewerb. Analysen zur Nationalratswahl 1994.* Wien 1995b, S. 471-503.

Dies.: *Kampagnedynamik. Strategischer und thematischer Kontext der Wählerentscheidung*, in: Plasser, F./Ulram, P. A./Ogris, G. (Hg.): *Wahlkampf und Wählerentscheidung. Analysen zur Nationalratswahl 1995.* Wien 1996, S. 13-46.

Plasser, F./Ulram, P. A./Seeber, G.: *(Dis-)Kontinuitäten und neue Spannungslinien im Wählerverhalten: Trendanalysen 1986-1995*, in: Plasser, F./Ulram, P. A./Ogris, G. (Hg.): *Wahlkampf und Wählerentscheidung. Analysen zur Nationalratswahl 1995.* Wien 1996, S. 155-209.

Plasser, F./Ulram, P. A./Sommer, F.: *Analyse der Europawahl '96. Muster und Motive.* ZAP-Schriftenreihe. Wien 1996.

Dies.: *Das österreichische Wahlverhalten*, Wien 2000.

Powell, G. B.: *Social Fragmentation and Political Hostility. An Austrian Case Study.* Stanford/Ca. 1970.

Ulram, P. A.: *Hegemonie und Erosion. Politische Kultur und politischer Wandel in Österreich.* Wien 1990.

Ders.: *Politische Kultur der Bevölkerung*, in: Dachs, H./Gerlich, P. u. a. (Hg.): *Handbuch des politischen Systems Österreichs. Die zweite Republik,* Wien 1997³, S. 514-525.

Zulehner, P. M./Denz, H.: *Wie Europa lebt und glaubt. Europäische Wertestudie.* Wien 1993.

Michael Kazin
Die radikale Rechte in den Vereinigten Staaten: Neue Themen, alter Diskurs, ungewisse Zukunft

Das Gespenst politischer Unsicherheit geht um unter den linken und linksliberalen Intellektuellen in Europa. Der Zugewinn an Popularität und politischer Macht von autoritären Ideologien und Bewegungen ist allem Anschein nach eine Reaktion auf die Globalisierung von Produktion, Handel und Massenkultur. Professionelle Denker und Autoren, die wie wir moderne und postmoderne Kultur schaffen und fröhlich konsumieren, sind eilends bemüht, den Feind besser zu verstehen. Diese Entwicklung mag auf Nationen wie Deutschland, Frankreich, Österreich und Italien mit Massenbewegungen wie der Lega Nord, dem Front national und der FPÖ zutreffen. Ähnliche autoritäre Einstellungen sind auch in anderen Nationen weit verbreitet, selbst wenn dort deren politische Mobilisierung weniger schnell voranschreitet. Doch jeder Skinhead-Krawall und jede noch so harmlose Bemerkung zum Dritten Reich oder *Il Duce* weckt Erinnerungen an den Faschismus.

Für die Vereinigten Staaten gilt diese Prämisse allerdings nur sehr eingeschränkt. Im Zeitalter der Globalisierung bleibt Amerika zumindest in dieser Hinsicht eine außergewöhnliche Nation. Auf den Punkt gebracht könnte man sagen, in den USA brüllt die autoritäre Bestie, aber eben nur in einem geräumigen Käfig. Natürlich zeigt die radikale Rechte Amerikas Profil. Namen wie Patrick Buchanan und Pat Robertson und Organisationen wie die privaten Milizen, die *Christian Coalition* und die *Promise Keepers* sind überall in den USA und auch im Ausland bekannt. Die von diesen Gruppierungen vertretenen Standpunkte zu diversen politischen Streitfragen (*issues*) – d. h. zu Förderungs- und Quotenprogrammen (*affirmative action*, Bevorzugung von benachteiligten Gruppen wie v. a. Frauen, Behinderte, ethnische Gruppen usw. am Arbeitsplatz; Anm. d. Übers.), zu Rechten von Homosexuellen, zum Stellenwert der Religion in der Politik, zum Platz der Frau in der Familie, zur Beschränkung von Eigentumsrechten durch Bundesgesetze und, weniger häufig, zur globalen

Macht der Konzerne – finden eine breite, aber nur selten pauschale Zustimmung. Der von ihnen geführte Diskurs – Populismus der Selbstverteidigung, Gerüchte von Verschwörungen auf höchster Ebene – ist in der politischen Kultur Amerikas allerdings tief verwurzelt.

Ob diese Tendenzen Zukunft haben, ist jedoch ungewiß, da sie kaum mehr darstellen als eine kleine Strömung im großen staatsbürgerlichen Fluß. Die Welt der amerikanischen Politik wird auch in Zukunft von meist stabilen Strukturen sowohl der Institutionen als auch der Ideologien bestimmt. Abweichungen von diesem Muster gab es von Mitte der sechziger bis Mitte der achtziger Jahre. In diesem Zeitraum erschütterten heftige Zusammenstöße von links und rechts den amerikanischen Staat und seine Kultur; Ereignisse, die letztlich das Ende des New Deal einläuteten. Inzwischen hat sich jedoch ein lebensfähiges, um nicht zu sagen starkes Zentrum herausgebildet. Es wird von drei mächtigen, sich überschneidenden Kräften zusammengehalten, als da sind: die Massenmedien, durchdrungen von modernen und postmodernen Werten, die Vorherrschaft der zwei Parteien im politischen Diskurs und im Kampf um Wählerstimmen (und der damit verbundene Impuls zum Kompromiß) sowie die weitverbreitete Ideologie des Konsumkapitalismus einschließlich der dadurch bedingten Verhaltensweisen. Sie alle drängen die rechtsorientierte, gegen Globalisierung und kulturellen Relativismus gerichtete Kritik an den politischen Rand.

Zur Durchsetzung seiner Absichten greift das Zentrum zu Kooptierung, Spott und gelegentlich auch Druck mit legalen Mitteln. So konnte es seit Beginn der neunziger Jahre sicherstellen, daß derjenige rechte Flügel, der die demokratischen Normen am meisten bedroht, keine neue politische Ordnung errichten konnte und somit auch bei politischen Konflikten zunehmend an Bedeutung verlieren dürfte. Ich möchte die einzelnen Aspekte meiner Argumentation nacheinander wie folgt erörtern: Auf eine Definition der radikalen Rechten folgen zunächst die politischen Streitfragen bzw. Themen, dann der Diskurs und schließlich die Frage nach den Grenzen der Machtausweitung.

1. Die legitime und die illegitime radikale Rechte

Die radikale Rechte bildet nicht den einzigen, nicht einmal den beherrschenden Teil der amerikanischen »Rechten« bzw. besser der zum Zentrum hin orientierten Konservativen. Sie pflegt eine oftmals kontroverse Beziehung zum bestplazierten, mächtigsten Hort dieser Konservativen: den Neoliberalen, d. h. den geistigen Ziehsöhnen der Wirtschaftstheoretiker Friedrich A. von Hayek und Milton Friedman, für die Unternehmensfreiheit eine ausreichende Basis für eine gute Gesellschaft ist. Die Spaltung in Neoliberale und rechtsorientierte Traditionalisten geht auf die Gründung der modernen konservativen Bewegung in den Vereinigten Staaten während der vierziger Jahre zurück.[1] Neoliberale Persönlichkeiten wie Richard Army, der Führer der Mehrheitspartei im Repräsentantenhaus, und die Kolumnisten des *Wall Street Journal* sind die Stimmungsmacher für eine Globalisierung der Unternehmen – als normativer Wert und zum Vorteil der amerikanischen Wirtschaft. Einer Zusammenarbeit mit den Vereinten Nationen und anderen internationalen Institutionen stehen sie mißtrauisch gegenüber. Dieses Zögern entspringt jedoch dem Wunsch, die militärische Hegemonie Amerikas zu erhalten und ist keinesfalls Ausdruck einer tiefverwurzelten Fremdenfeindlichkeit. Im Gegensatz zu den Ideologen, die sich dem *libertarianism* (radikale Ablehnung aller staatlichen Interventionen in das Leben der Bürger, hier besonders in den Wirtschaftskreislauf; Anm. d. Übers.) verpflichtet fühlen, legen diese neoliberalen Politiker nun zwar Lippenbekenntnisse ab, wenn es um politische Streitfragen geht, die autoritäre und moralische Inhalte berühren. Sie unternehmen jedoch keine ernsthaften Anstrengungen, um den Fortschritt der modernen Kultur aufzuhalten.

Anders verhält es sich dagegen bei der radikalen Rechten. Sie ist aber keineswegs von Einigkeit geprägt, sondern besteht aus zwei Flügeln: Einer ist respektabel und legitim, und einer ist nicht respektabel und ganz offensichtlich illegitim. Sie agieren fast nie gemeinsam, obwohl sie viele gemeinsame Themen und Gegner haben. Der *legitime* Flügel stößt aufgrund seines öffentlichen Auftretens und Programms auf mehr Verständnis, und zwar we-

---

[1] Als beste Quelle für diesen Konflikt gilt immer noch George H. Nash: *The Conservative Intellectual Movement in the United States Since 1945*. New York 1976.

niger als streng autoritäre, sondern eher als moralisch-sittliche Kraft. Er besteht im wesentlichen aus konservativen weißen Christen beiderlei Geschlechts, besonders den fundamentalistischen Protestanten, die zumeist Baptisten- und Pfingstgemeinden angehören, über ein gewisses Maß an Collegebildung verfügen, Angestelltenberufe ausüben und Durchschnittseinkommen beziehen. Bestens organisiert und vertreten werden sie durch die sog. Christliche Koalition (*Christian Coalition*), die auf eine stolze Mitgliederzahl von fast zwei Millionen verweisen kann, wobei eine halbe Million wohl realistischer erscheint (wenn man von den Abonnentenzahlen des hauseigenen Organs *Christian American* ausgeht). Zu den nationalen Gruppen, die mit der Christlichen Koalition konkurrieren, aber ansonsten die gleichen Ziele verfolgen, gehören der *Family Research Council* von Gary Bauer und die *Friends of the Family* von James Dobson. Der legitime Flügel verschafft der Republikanischen Partei Aktivisten und Publicity und beherrscht inzwischen die örtlichen Parteiapparate in den meisten der sog. Sunbelt-Staaten von Virginia bis Kalifornien.[2]

Aus diesem Grund kann die christliche Rechte von den nationalen Führungspersönlichkeiten der Republikanischen Partei eine zumindest rhetorische Unterstützung einfordern, auch wenn deren Anhänger zumeist überzeugte Neoliberale sind. Republikanische Wortführer müssen sich für Einschränkungen bei der Abtreibung stark machen, sich gegen den Schutz der Bürgerrechte für Homosexuelle aussprechen, die »elterliche Kontrolle« über schulische Bildungsinhalte befürworten (was konkret bedeutet, daß Aufklärungsunterricht nicht stattfindet und kontroverse Bücher aus der Schulbibliothek verbannt werden) und sich dafür einsetzen, daß die Kirchen bestimmte gesellschaftliche Programme realisieren können. Aber nur selten treiben sie entsprechende Gesetze voran, ganz im Gegensatz zu ihrem Engagement, mit dem sie für neoliberale Standardthemen wie Steuersenkung und Abbau der Kontrollen im unternehmerischen Bereich eintreten.

---

2 Seit Herbst 1994 verfügt die christliche Rechte über einen »beherrschenden« bzw. »beträchtlichen« Einfluß in der »GOP« (GOP: Grand Old Party, Republikanische Partei; Anm. d. Übers.) aller Sunbelt-Staaten (südliche und südwestliche Staaten der USA; Anm. d. Übers.) außer Tennessee und New Mexico. Siehe Mark J. Rozell/Clyde Wilcox: Second Coming: *The New Christian Right in Virginia Politics.* Baltimore 1996, S. 5.

Ein Beispiel für diese Unaufrichtigkeit lieferte in jüngster Zeit Steve Forbes, millionenschwerer Zeitschriftenverleger und Prototyp des Neoliberalismus. Während seiner Wahlkampagne als Präsidentschaftskandidat 1996 hatte Forbes die Christliche Koalition mahnend daran erinnert, daß sie »nicht für die meisten Christen spreche«.[3] Aber ein Jahr später vernahmen die zuvor nominierten Delegierten dieser Organisation erstaunt und begeistert, daß Forbes nunmehr ihr gesamtes Programm ausdrücklich billige. Diese Kehrtwende sagt natürlich nichts darüber aus, welche Art von Wahlkampagne er im Jahr 2000 führt, und schon gar nichts darüber, wie er in dem unwahrscheinlichen Fall seiner Wahl zum Präsidenten handeln würde.

Blickt man nun auf den *illegitimen* Flügel der radikalen Rechten, so zählt eine Vielfalt kleinerer Gruppen zu ihm. Darunter befinden sich einige weltliche, obwohl dem Namen nach christlich orientierte Gruppen wie die *John Birch Society*. Dazu gehören aber auch andere, die eine kompromißlos prämillenaristische Weltanschauung vertreten und in Erwartung einer Entscheidungsschlacht der wahren Christen gegen die Organisation der »Zionistischen Okkupationsregierung« (*Zionist Occupation Government*) leben, die sich angeblich der Kontrolle über die Regierung bemächtigt hat. Bei den Aktivisten an der Basis der illegitimen radikalen Rechten handelt es sich überwiegend um Männer. Widerstand gegen jede Einschränkung des Waffenbesitzes ist ein Hauptthema bei vielen dieser Gruppen ebenso wie die pauschale Ablehnung aller Beziehungen zu den Vereinten Nationen, zur NATO oder irgendwelchen anderen internationalen Institutionen. Die größte organisierte Gruppierung des illegitimen Flügels sind wohl die selbsternannten paramilitärischen Milizen in den einzelnen Bundesstaaten, die ihre stärkste Anhängerschaft in den Rocky Mountains haben. Sie blicken sehnsüchtig auf eine mythische Zeit zurück, als die Bundesregierung noch nicht über so viele Befugnisse und Einnahmen verfügte und als gottesfürchtige, hart arbeitende Männer mit Gewehren und Ambitionen die Kultur der Nation prägten. Von diesen Illegitimen stammen auch viele Gerüchte von den Verschwörungen auf höchster Ebene. Eine gründliche Studie geht davon aus, daß den örtlichen Milizen

---

3 »Forbes Puts on Anti-Abortion Mantle«, in: *New York Times*, 14. 9. 1997, A 18.

schätzungsweise 10 000 bis 40 000 Mitglieder angehören.⁴ Selbst die höhere Zahl beträgt aber weniger als die Hälfte der Zahl von Amerikanern, die Anfang der sechziger Jahre der *John Birch Society* beitraten, als diese ihre Blütezeit erlebte. Die Birch-Mitglieder konnten sich allerdings nur für kurze Zeit im politischen Rampenlicht sonnen. Denn auf den Zuwachs, der in den späten fünfziger Jahren begann, folgte nach der Präsidentschaftskandidatur von Goldwater 1964 der rapide Niedergang.

Gelegentlich haben politische Figuren wie Goldwater für eine bestimmte Zeit die Kluft zwischen den beiden Flügeln der radikalen Rechten überbrückt. Dies gelang auch Pat Buchanan für ein paar Wochen Anfang 1996, als er die Chance hatte, zum Präsidentschaftskandidaten der Republikaner nominiert zu werden. Aber die beiden Flügel sind sich grundsätzlich uneinig darüber, woran die amerikanische Gesellschaft krankt. Ihre Strategien zur Veränderung der Lage gehen dementsprechend weit auseinander. Nach Überzeugung der Christlichen Koalition und ähnlicher Gruppen besteht das Hauptproblem darin, daß es der Gesellschaft an strengen moralischen und religiösen Werten mangelt. Sie bauen deshalb außerparteiliche Strukturen auf. Doch besteht ihr strategisches Ziel darin, zu einer dauerhaften, ja vielleicht dominierenden Kraft innerhalb der Republikanischen Partei zu werden – analog zu dem Einfluß, den die Gewerkschaften häufig innerhalb der Demokratischen Partei ausüben.

Im Gegensatz dazu befinden sich die Milizen und vergleichbare Gruppen seit den sechziger Jahren im Kriegszustand mit der gesamten Struktur des modernen Staates, der globalen Wirtschaft und den egalitären, kulturoffenen Werten Amerikas. Folglich lehnen sie alle gesetzmäßigen Institutionen ab: das FBI sowie staatliche und bundesstaatliche Verwaltungsbehörden (sogar die Verwaltung der Nationalparks) und die Bundesgerichte. Denn sie alle seien beteiligt an der Finanzierung einer feindlichen Kultur und der Bestrafung von Amerikanern, die auf ihrem eigenen Besitz ein unabhängiges Leben führen wollen. Die Milizen – das auf dem äußersten rechten Flügel liegende Gegenstück der *Black Panther Party* der sechziger Jahre – betrachten das Hantieren mit

---

4 Kenneth S. Stern: *A Force Upon the Plain: The American Militia Movement and the Politics of Hate.* New York 1966, S. 16. Die aktuellste Quelle für die illegitime Rechte ist das World Wide Web. Siehe z. B. die Homepage der Michigan Militia, http://mmc. cns. net.

Waffen als Ausübung von Freiheit. Sie sind Guerillas, die sich danach sehnen, ihre ethnisch homogenen Gemeinschaften gegen Angriffe von außen zu verteidigen.

2. Politische Streitfragen

Es ist richtig, daß viele der von einem oder beiden Flügeln der radikalen Rechten lautstark thematisierten politischen Streitfragen (*issues*) bzw. Themen auch über deren organisatorischen Rahmen hinaus an Popularität gewonnen haben (obwohl die radikale Rechte dies nicht allein, d. h. nicht einmal maßgeblich bewirkt hat). Dies gilt insbesondere für die politische Streitfrage der ethnisch orientierten Bevorzugung, die bei einer Mehrheit der weißen Bürger auf Ablehnung stößt, aber ebenso bei vielen Amerikanern asiatischer und lateinamerikanischer Herkunft. Zahlenmäßig starke Minderheiten unterstützen auch die Einschränkung bestimmter Formen der Abtreibung und halten Homosexualität für moralisch verwerflich.[5] Außerdem ist vielen amerikanischen Eltern der Wunsch gemeinsam, einer sinnstiftenden spirituellen Gemeinschaft anzugehören, in der ihre Kinder vor der Theorie und Praxis sexueller Freiheit beschützt werden. Schließlich gehören die USA weiterhin zu den Gesellschaften mit den höchsten Kirchenbesucherzahlen der westlichen Welt. Und die Furcht vor der wirtschaftlichen Globalisierung, die Pat Buchanan 1996 während der Vorwahlen der Republikanischen Partei anheizte, wird von vielen Amerikanern mit unterdurchschnittlichem Einkommen geteilt. Hier hofft die radikale Rechte auf Zulauf von den Fabrikarbeitern, die den historischen Kern der Arbeiterbewegung bilden.

Es ist aber keineswegs so, daß in der amerikanischen Politik Klagen über wirtschaftliche Mißstände problemlos mit einer religiös oder moralisch orientierten Kritik verknüpft werden können. Auf der Versammlung der Christlichen Koalition 1997

---

[5] Siehe die Umfragen zit. in Clyde Wilcox: *Onward Christian Soldiers: The Religious Right in American Politics.* Boulder/Col., 1996, S. 134-147. Zu den Wählern der Republikanischen Partei siehe Fabrizio, McLaughlin and Associates: *The Elephant Looks in the Mirror: A Critical Look at the Face of Today's Grand Old Party.* 25. 2. 1997 (befindet sich in meinem Privatbesitz).

machte sich Oliver North – eine zentrale Figur der Iran-Contra-Affäre vor zehn Jahren und späterer, allerdings durchgefallener Kandidat für den US-Senat – über die Wahlkampagne Clintons 1992 und das Motto »It's the economy, stupid!« (»Es geht um die Wirtschaft, Dummkopf!«) lustig. »Es geht *nicht* um die Wirtschaft«, frotzelte North, »es geht um die Moral, Dummkopf!«[6]

Dies ist die Stimme der legitimen Rechten und die Einrittskarte zum inneren Kreis der Republikanischen Partei. Der hinter North stehende rechtsorientierte Flügel kann es sich erlauben, das Marktprinzip zu kritisieren, aber nur in ganz bestimmten, moralisch anstößigen Fällen – z. B. über die Kritik an einem Medienkonzern, der mit sexuell anrüchigen Filmen und CDs Profit macht. In einigen seiner Arbeiten hat Pat Robertson ob der Macht der internationalen Banker und der Zentralbank Alarm geschlagen.[7] Aber kaum jemand in Amerika liest diese Bücher, und im öffentlichen Diskurs seiner eigenen Organisation fehlen solche Themen.

Die legitime Rechte schürt auch keine Ressentiments gegenüber Einwanderern. Es gibt zwar eine Bewegung namens »English Only«, die auf lokaler Ebene einige Erfolge verbuchen konnte. Doch Robertson und andere Republikaner befürchten, deswegen als intolerant etikettiert zu werden und Stimmen von Lateinamerikanern und Amerikanern asiatischer Herkunft zu verlieren, von denen viele bereits eingebürgert sind und ihre Familien demnächst in die USA nachkommen lassen wollen.

Natürlich gibt es keinen wirklichen Grund, warum Wirtschaftskritik und moralische Agenda der radikalen Rechten sich nicht gegenseitig ergänzen könnten. Dies geschieht teilweise beim Widerstand gegen die Umweltpolitik: Die Forderungen zum Schutz der Eigentumsrechte gegenüber einem selbstherrlichen Staat basieren sowohl auf Eigeninteresse als auch auf der traditionellen Vorstellung von unabhängigen Gemeinschaften kleiner Farmer und Handwerker. Entsprechend sind die Regelungen zur Chancengleichheit und Bevorzugung benachteiligter Gruppen (*affirmative action*) deshalb so unbeliebt, weil man darin einen Widerspruch zum amerikanischen Traum sieht. Angeblich

---

6 North, zit. in Richard L. Berke: »Christian Coalition Reaffirms Its Strength«, in: *The New York Times*, 15.9.1997, A 18.
7 Allen D. Hertzke: *Echoes of Discontent: Jesse Jackson, Pat Robertson, and the Resurgence of Populism.* Washington 1993, S. 88-91.

erhöhen diese Bestimmungen die Chancen von Schwarzen und Latinos, trotz besser qualifizierter Weißer in gute Jobs einzusteigen – Jobs, die Weiße aber genauso dringend brauchen. Trotzdem handelt es sich hier um sporadische, mal bewußte, mal unbewußte Angriffe auf die wirtschaftliche Ungleichheit. Im Gegensatz dazu haftet jeder konzertierten Aktion gegen globale Konzerne der Geruch der Linkstendenz an. Selbst wenn eine solche Botschaft von jemandem wie Pat Buchanan ausgeht, findet sie bei den in Frage kommenden Adressaten kaum Unterstützung: den Gewerkschaftsfunktionären, die weiterhin loyal zur Demokratischen Partei stehen und sich in der Kultur eines ethnisch und sexuell freizügigen Modernismus, den Buchanan verabscheut, zunehmend wohl fühlen. Obwohl die Medien ausführlich über seinen Kurswechsel gegen das Big Business berichteten, erhielt Buchanan 1996 in den Vorwahlen der Republikanischen Partei die meisten Stimmen von denjenigen Wählern, die gegen Abtreibung sind und den Verfall religiöser Werte beklagen. Als die nationale Führungsriege der Christlichen Koalition gegen seine Kandidatur stimmte, bedeutete dies für ihn das Aus. Diese Niederlage dürfte sich u.a. daraus erklären, daß North den wirtschaftlichen und den moralischen Bereich miteinander vermischte.

3. Diskurs

Im Diskurs der radikalen Rechten finden sich sowohl gesellschaftslegitimierende und dadurch erfolgsfördernde Elemente als auch solche, die mit ihrer Radikalität dem Erfolg eher schaden. So schreibt der Diskurs *einerseits* eine alte amerikanische Tradition fort, die Politik als moralische Erneuerung begreift und sich angesichts ihrer vom rechten Weg abgewichenen Feinde als Hüterin der christlichen Tugenden der Republik berufen fühlt. Dies war auch der Diskurs einer großen Mehrheit derjenigen, die vor dem Bürgerkrieg gegen die Sklaverei zu Felde zogen, ebenso der Anhänger der Prohibitionspartei des späten 19. und frühen 20. Jahrhunderts sowie der konservativen Antikommunisten (Katholiken wie Protestanten) zu Beginn des Kalten Krieges. So klagte im Jahre 1912 ein Wortführer der *Anti-Saloon League* (Verein, der für ein Alkoholverbot kämpfte, eine Art ›Blaues Kreuz‹;

Anm. d. Übers.) das »Geschäft mit dem Schnaps« an als »einen Feind, der unrechtmäßig einen grenzenlosen Reichtum angehäuft hat und keinerlei Skrupel empfindet, ihn zu verschwenden. [...] Er mokiert sich über Tugendhaftigkeit, er verhöhnt die Religion, er verspottet die natürliche Ehrlichkeit, er verschließt sich gegenüber allen Appellen empörter Frauen und läßt hilflosen Kindern keine Chance. Er ist betrunken vom Blut der Millionen, die er umgebracht hat.«[8] Mit Tiraden dieser Art hatten die Anhänger der Prohibition Erfolg, und viele Amerikaner sind bis heute bereit, Aktivisten zu unterstützen, die sich nicht nur von Gruppeninteressen, sondern auch von universalistischen, spirituellen Prinzipien leiten lassen. Auf diese Weise hat auch die »Bewegung für das Leben« (*Pro-Life Movement*) ihre Gegner mit dem simplen Diktum, Abtreibung sei eine Form des Tötens, in die Defensive gedrängt.

Die ungebrochene Kraft des spirituellen Aufbruchs zeigte sich im Oktober 1997, als über eine halbe Million Männer zu einer »Heiligen Versammlung« zusammenkamen, die von den *Promise Keepers* auf der Mall (Regierungsmeile mit Parkanlagen in der Hauptstadt; Anm. d. Übers.) in Washington/D.C. organisiert wurde. Gründer und Wortführer dieser Gruppe ist Bill McCartney, ein früherer Coach des American Football, der bereits eine Kampagne gegen die Rechte der Homosexuellen und für das Abtreibungsverbot geführt hatte – jedoch nicht im Namen seiner Organisation. Liberale, besonders Feministinnen, sehen in den *Promise Keepers* den Stoßtrupp, mit dessen Hilfe die christliche Rechte ihre patriarchale Macht in der Familie wieder stärken möchte.

Aber dies ist zu kurz gegriffen. McCartneys Politik wurzelt in seinem protestantischen Fundamentalismus. Das einzige literarische Werk, das die *Promise Keepers* auf der Versammlung in Washington verteilten, war eine Version des Neuen Testaments. Sie war übersetzt in die Sprache des ausgehenden 20. Jahrhunderts und reichlich bestückt mit Übungsplänen zum Gebrauch in den Familien, die wahrscheinlich bisher weder die Zeit noch das Interesse hatten, sich selbst im Text zurechtzufinden. Die entspannte multikulturelle Atmosphäre in der Menge, die sich auch

---

8 Purley Baker in: *The American Issue*, 6. 1. 1912, S. 1. Zit. in Michael Kazin: *The Populist Persuasion: An American History*. Ithaca/N. Y. ²1998, S. 92.

in der Rednerliste und bei den Musikern auf dem Podium widerspiegelte, überraschte v. a. diejenigen, die davon ausgingen, daß bibelgläubige Aktivisten sich für die alte Rassensegregation einsetzen. Selbst kirchentreue Konservative mußten anscheinend Konzessionen an den kulturellen Wandel seit den sechziger Jahren machen.

Auf Unterstützung für ihre Sache kann die legitime Rechte auch dann zählen, wenn sie mit populistischer Stimme spricht. Dies heißt in den heutigen USA, daß man im »ganz gewöhnlichen Volk« (d. h. der wirtschaftlichen und moralischen Basis der Gesellschaft) eine oppositionelle Stimmung gegen eine winzige, amoralische, unproduktive Regierungselite erzeugt. Tatsächlich findet man kaum einen weißen Politiker, der »das Volk« *nicht* als fleißige Leute mit Durchschnittseinkommen und tiefen religiösen Überzeugungen bezeichnet. Der von rechts kommende Vorwurf, die amoralische Elite subventioniere radikale Intellektuelle und Avantgarde-Künstler, hat eine lange Tradition. Sie reicht von Präsident Andrew Jackson in den dreißiger Jahren des 18. Jahrhunderts über William Jennings Bryan Anfang des 20. Jahrhunderts bis hin zu Senator Joseph R. McCarthy in den fünfziger Jahren. Im Jahr 1925 kämpfte Bryan für ein Gesetz, das die Evolutionslehre als Unterrichtsthema an den öffentlichen Schulen mit folgendem Argument verbot: »Wenn es in diesem Land Reformen gibt, so beginnen sie bei den Massen. Reformen entspringen nicht aus Gelehrtenköpfen.«[9] Sowohl Pat Robertson als auch die Anführer der Milizen würden dieser Gesinnung bedenkenlos beipflichten.

Andererseits schaden sich die Wortführer (manchmal auch eine Wortführerin) der moralistischen Rechten aber mit ihrem Diskurs gelegentlich selbst, wenn sie sich *zu* traditionell gebärden, sich zu kategorisch gegen die Veränderungen in der amerikanischen Lebens- und Gedankenwelt seit den sechziger Jahren stellen, anstatt sich an den neuen kulturellen Common sense anzupassen. Dagegen sind haßerfüllte Rechtsradikale natürlich eher stolz darauf, aus der Reihe zu tanzen. William Pierce, der Autor von *The Turner Diaries* – ein übles Fantasie-Machwerk über eine gewaltsame Revolution gegen Juden und Schwarze und Lieblingslektüre des Massenmörders Timothy McVeigh – schreibt:

---

9 Zit. in: Kazin 1998, a. a. O., S. 106.

»[Unsere Feinde] können sich nicht vorstellen, warum sich irgend jemand nach der schlechten alten Zeit zurücksehnt, als dies noch ein weißes Land war, als Männer noch Männer und Frauen noch Frauen waren und die Freaks eingesperrt wurden und jeder sein Brot selbst verdiente.«[10] In dieser Litanei hat die letzte Bemerkung, eine Trope der traditionellen Arbeitsethik, mit Sicherheit nicht den Effekt, daß diejenigen, die auf Pierce hören, weiterhin zornig, klein an der Zahl und ohnmächtig bleiben. Der Bombenanschlag von Oklahoma City, obgleich monströs, zeigt allerdings die politische Bedeutungslosigkeit dieser Gruppe.

Doch auch die legitime christliche Rechte hat sich durch ideologischen »Extremismus« in Verruf gebracht. Bei Befragungen durch Reporter, die begierig waren, eine versteckte Intoleranz bei dieser Gruppe aufzuspüren, haben sich einige ihrer Wortführer und Basisfunktionäre Entgleisungen geleistet und ihre rhetorische Selbstdisziplin vergessen. So äußerte ein führendes Mitglied der *Moral Majority* Anfang der achtziger Jahre die Meinung, Gott habe die Gebete der Juden nicht erhört, und Pat Robertson erklärte im selben Jahrzehnt: »Unsere Schulen sollen sich an moralischen Werten ausrichten, die entweder auf jüdisch-christlichen, humanistischen oder kommunistischen Prinzipien basieren«.[11] Dann und wann entschlüpfen einem unbedachten Eiferer Prophezeiungen wie etwa diejenige, daß Homosexuelle und Ärzte, die Abtreibungen durchführen, »in der Hölle schmoren werden«. Vor der Wahl 1992 verteilte eine anonyme Gruppe in protestantischen Kirchen im Bundesstaat Virginia Flugblätter, die offen davor warnten, daß »eine Stimme für Bill Clinton eine Stimme gegen Gott ist«.[12]

Die maßgebende Mehrheit der christlichen Rechten ist sich dieser Gefahr natürlich bewußt. Sie hat eifrig daran gearbeitet, sich ein öffentliches Image zu geben, das mehr Großzügigkeit und Praxisnähe ausstrahlt. Bis 1997 war dies die Aufgabe von Ralph Reed, dem strategischen Vordenker der Christlichen Koalition. Als erster beschrieb er die christliche Rechte als eine pluralistische Gruppe, deren Ziel es lediglich sei, die im ersten Zusatzartikel zur Verfassung der USA garantierten »religiösen

---

10 William Pierce, zit. in: Stern 1966, a. a. O.
11 Pat Robertson, zit. in: David Bennett: *The Party of Fear*. Chapel Hill 1989, S. 405.
12 Zit. in: Wilcox 1996, a. a. O., S. 105.

Freiheiten« zu verwirklichen. Er initiierte auch ein Programm zur Mitgliedergewinnung bei den konservativen Katholiken und organisierte Gelder zum Wiederaufbau von Kirchen in schwarzen Gemeinden, die durch Brandstiftung zerstört worden waren. Aber trotz dieser Bemühungen gelang es bisher nicht, die Mitgliedschaft der Organisation über den fundamentalistischen protestantischen Kern hinaus zu erweitern.

Die Strategie wurde offensichtlich aus der Defensive heraus konzipiert. So konnte sie nicht kreativ auf die wachsenden Anzeichen reagieren, die darauf hindeuteten, daß eine Mehrheit der Amerikaner, besonders die jüngeren, mit der gelockerten Moral ihrer Kultur eigentlich ganz gut leben können. In vielen Teilen der USA schockt es jedenfalls kaum jemanden mehr, am Arbeitsplatz oder im College bekennenden homosexuellen Männern und Frauen zu begegnen; und weder vorehelicher Geschlechtsverkehr noch Ehebruch oder Pornographie erfüllt die Mehrheit der Amerikaner mit Abscheu. Filme wie *Philadelphia* und *In and Out*, die Homosexuelle als sympathisch, ja heroisch darstellen, konnten sich über die Besucherzahlen nicht beklagen. Auch die meisten Fernsehkomödien behandeln das Thema eher wohlwollend.

So sieht die neue Realität aus, welche die protestantischen Fundamentalisten zum politischen Handeln motiviert und gelegentlich dazu verleitet, aufrichtig gemeinte, wenn auch dümmliche Kommentare der Empörung über den Verfall der amerikanischen Kultur zum besten zu geben. Dies konfrontiert die Führung mit einem Dilemma. Ralph Reed, Pat Robertson und andere Wortführer der christlichen Rechten können einen »extremistischen« Diskurs dieser Art nur beenden, wenn sie zugleich die Vitalität und Integrität ersticken, die jeden authentischen gesellschaftlichen Protest antreibt. Dann würden sie aber, wie die Funktionäre vieler liberaler Interessengruppen, zu Verwaltern einer Adressenkartei anstatt zu Führern einer Bewegung.

4. Grenzen der Machtausweitung

Abgesehen von den Risiken des Diskurses sieht sich die radikale Rechte in ihren Bemühungen um mehr Profil in der amerikanischen Politik mit einer Reihe erheblicher Hindernisse konfrontiert. Da wären zunächst die Massenmedien. Seit langem schon klagen die Rechtsradikalen, besonders solche mit einem Hang zum Populismus, die größten nationalen Zeitungen und Fernsehsender an, Bollwerke des Liberalismus, ja die Hauptstützen der amerikanischen »Linken« zu sein. Als Antwort darauf entwickelten sie alternative Kommunikationsformen – persönliche Anschreiben und Aufrufe, lokale Radiosender mit Hörerbeteiligung und in jüngster Zeit auch Webseiten ihrer Organisationen im Internet.

Es ist jedoch ein Irrtum, wenn behauptet wird, daß maßgebliche Medieninstitutionen geschlossen hinter einer beschränkten ideologischen Weltsicht stehen.[13] Der Kontext von Medieninterpretationen ist wohl eher zufällig als erklärbar. Erfolgreiche Journalisten müssen schnell auf wechselnde Trends reagieren. Nur bekannte Kolumnisten verfügen über die Unabhängigkeit, frei und regelmäßig ihre Meinung zu äußern. Andererseits hat die radikale Rechte nicht Unrecht mit dem Vorwurf, sie würde nach den von den Massenmedien gesetzten Kriterien der Legitimation als marktschreierisch und irrational abgestempelt – also als exakt das Gegenteil des vom Zeitgeist geprägten, weltlichen Ethos, das sich im Gefolge der sechziger Jahre herausbildete. In der postmodernen »Informationsgesellschaft« werden Bewegungen, die ihren Stil nicht erneuern, lächerlich gemacht – subtil wie auch explizit. Sie stehen deshalb unter dem Druck, sich von rhetorisch abstrusen Auswüchsen befreien zu müssen.

Der Triumph des auf der Erfahrung der sechziger Jahre basierenden Ethos geht teilweise auf die gesellschaftliche Identität der in den Medien Beschäftigten selbst zurück. Die meisten Reporter, Redakteure und Manager von Medienkonzernen gehören in der Tat zu jener »neuen Schicht« kreativer Spezialisten und Manager, über die seit über einem Vierteljahrhundert so viel debattiert wird. Viele von ihnen besitzen Abschlüsse von betont weltlich orientierten Universitäten, wohnen in Großstädten oder vornehmen Vororten, wo die radikale Rechte unbeliebt und organisatorisch schwach ist. So gesehen kostet es sie einige Mühe, entgegen den eigenen Sympathien über diejenigen, von denen sie verunglimpft werden, einfühlend zu schreiben bzw. Filmberichte zu

---

13 Diese Ansicht verhält sich spiegelbildlich zur Ansicht des linksstehenden Noam Chomsky.

produzieren. Es überrascht daher nicht, daß nur wenige den Versuch unternehmen.

In der Analyse der bei einigen Rechtsradikalen so beliebten Verschwörungstheorien tendieren die Massenmedien beispielsweise zur pauschalen Verurteilung und unternehmen zum Verständnis derartiger Theorien kaum mehr als einen flüchtigen Versuch. Der vom Historiker Richard Hofstadter geprägte Begriff vom »Verfolgungsstil« (*the paranoid style*) wird immer wieder, häufig auch ohne Nennung des Autors, beschworen, um die protestantische Rechte eher als klinisches denn als politisches und religiöses Phänomen darzustellen. Der prominenteste Verschwörungstheoretiker auf seiten der »Linken«, Filmregisseur Oliver Stone, wird dagegen viel wohlwollender kritisiert, weil er so offensichtlich den Typus der sechziger Jahre verkörpert, der es versteht, seine Ideen als Unterhaltung zu präsentieren. Dagegen paßt der übertrieben ernste, humorlose Stil der meisten rechtsradikalen Ideologen bestens zum Image provinzieller Frömmigkeit, das nur von wenigen intellektuellen Journalisten respektiert wird.

Im Gegensatz zu Führern wie Reed und McCartney wissen die meisten Rechtsradikalen an der Basis kaum oder nicht, wie man sich einer großen und anonymen Öffentlichkeit präsentiert. Im Frühjahr 1995, etwa eine Woche nach dem Bombenanschlag von Oklahoma City, fuhr Ted Koppel, wohl der beliebteste Fernsehreporter des Landes, in ein Dorf im ländlichen Michigan, in dem eine der bekannteren Milizen beheimatet ist. Auf der von Koppels Fernsehgesellschaft arrangierten Versammlung bat der Moderator, gewandt und verständnisvoll wie immer, einen Anführer der Miliz, seinen Nachbarn zu erklären, warum er sich auf den Krieg vorbereite. Der ergraute Rebell in seiner zögerlichen und starrköpfigen Art war der geschliffenen Moderation des angereisten Superstars jedoch nicht gewachsen. Den lokalen Mitgliedern der Christlichen Koalition ergeht es nicht viel besser. Kein Wunder also, daß Ralph Reed soviel Zeit mit Imagepflege verbrachte, allerdings ohne meßbaren Erfolg.

Ein weiteres, wesentliches Hindernis für das Wachstum der radikalen Rechten ist die Kontinuität des Zweiparteiensystems. Trotz gelegentlicher Protestkandidaten (George Wallace in den sechziger Jahren, John Anderson 1980 und Ross Perot in den neunziger Jahren) haben Demokraten und Republikaner immer wieder bewiesen, daß sie in der Lage sind, die Lebensdauer jeder neuen Partei auf höchstens eine nationale Wahl zu begrenzen, wonach sich letztere jeweils auflöst oder zu einer zerstrittenen Sekte entwickelt. Die Gründe für den Fortbestand der alle Schichten und Regionen umfassenden, ideologisch durchaus vielschichtigen Massenparteien in den Vereinigten Staaten brauchen hier nicht wiederholt werden. Entscheidend ist, daß diese Parteien die Rebellen von rechts und links zu einer folgenschweren Entscheidung zwingen: sich entweder auf unbestimmte Zeit in der Unübersichtlichkeit des Wahlgeschäfts zu verschleißen oder Gefahr zu laufen, im Rahmen der Mitarbeit bei einem regional und ideologisch gemischten Wählerblock ihre Prinzipien durch Kompromisse zu verraten.

Die Milizen und andere Mitglieder der illegitimen Rechten wollen jedoch nicht zugeben, daß es dieses Dilemma gibt. In einer unbeabsichtigten Parodie auf den vulgären Marxismus vergleichen sie die zwei großen Parteien mit willfährigen Handlangern der globalen Wirtschafts- und Kultureliten.[14] Die Christliche Koalition und ihre Vettern zur legitimen radikalen Rechten würden die Trennlinie zwischen dem nach außen demonstrierten Protest und dem internen Taktieren gern überbrücken. Aber in Wirklichkeit haben sie sich schon entschieden, ihren Kampf innerhalb der Republikanischen Partei zu führen, wo die Wählerschaft laut einer jüngsten Umfrage in zentralen Fragen mehrheitlich nicht mit ihnen übereinstimmt. Dies gilt z. B. für das Verbot aller Abtreibungen und den Plan, mit Hilfe der Regierung die Rechte der Homosexuellen einzuschränken.[15] In dem Maße, wie die moralistische Rechte das Image der »Grand Old Party« bestimmt, wächst die Tendenz, daß diese am Wahltag Stimmen verliert. So

---

14 Es gibt natürlich Ausnahmen. Seit fast einem Jahrzehnt kandidiert David Duke, ein ehemaliges Klan-Mitglied, der sich bis heute nicht eindeutig von neonazistischen Ansichten distanziert hat, aktiv als Republikaner für verschiedene Ämter in Louisiana.
15 Laut einer Umfrage von 1997 unter Wählern der Republikanischen Partei (Fabrizio, McLaughlin and Associates, a. a. O.) lassen sich nur etwa ein Fünftel der Wähler, die für diese Partei stimmen, als »Moralisten« einstufen, die »unnachgiebig« zugunsten der »Bewegung für das Leben« eintreten, gegen Homosexuelle sind und »daran glauben, daß staatliche Politik den göttlichen Geboten folgen sollte«. Die meisten Republikaner sind äußerst argwöhnisch, wenn es darum geht, dem Staat mehr Macht einzuräumen. Viel stärker interessiert sind sie an einem ausgeglichenen Staatshaushalt und Steuersenkungen – Themen, die sich wohl kaum als Schlachtruf für eine gesellschaftliche Revolte der späten neunziger Jahre eignen.

müssen sich die Aktivisten der christlichen Rechten trotz ihrer Zahl und ihres Eifers wohl mit kleineren symbolischen Erfolgen zufriedengeben, die allerdings nichts zur Verwirklichung ihrer sentimentalen Vision von einer evangelischen *Gemeinschaft* beitragen.

Dieses Schicksal zwingt sie wiederum, dafür gerade das Wirtschaftssystem verantwortlich zu machen, welches die Republikaner seit Jahrzehnten unentwegt fördern und verteidigen. Die kaum hinterfragte Logik des Konsumkapitalismus, besonders in seiner jetzigen Phase, die sich durch die Allgegenwart der Unterhaltungsindustrien auszeichnet, ist der im protestantischen Moralismus verankerten Logik diametral entgegengesetzt. Sie richtet sich also gerade gegen den Glauben, der für die Christliche Koalition wie auch für viele andere, in den weniger kultivierten Gefilden der radikalen Rechten Beheimatete, Quelle der Inspiration ist. Schon zu Beginn des 20. Jahrhunderts äußerte sich Max Weber einmal wie folgt: »[...] in den Vereinigten Staaten neigt das seines religiös-ethischen Sinnes entkleidete Erwerbsstreben heute dazu, sich mit rein agonalen Leidenschaften zu assoziieren, die ihm nicht selten geradezu den Charakter des Sports aufprägen«.[16] Würde er heute etwas Wesentliches an diesem Satz verändern?

Wie kann die radikale, antimoderne Rechte überhaupt stärker werden in einer Nation, in der nur selten gegen eine libertäre, postmoderne Kultur protestiert wird, die sich nahtlos mit den Industrien deckt, welche ihr zuarbeiten? Ein Beschluß, der vor kurzem auf einer Versammlung der *Southern Baptists*, der zahlenmäßig größten Konfession in den Vereinigten Staaten, gefaßt wurde und zum Boykott aller Disney-Produkte aufruft, stieß sogar in den eigenen Reihen auf heftigen Widerstand. Verzweifelt sagten einige baptistische Eltern zu Reportern: »Wenn meine Kinder [den Zeichentrickfilm] *Pocahontas* nicht mehr sehen dürfen, was kann ich sie denn dann noch sehen lassen?«

Pat Robertson und andere führende Köpfe des protestantischen Fundamentalismus haben sich bemüht, mit eigenen »christlichen« Produkten und »familienfreundlichen« Fernsehprogrammen gegen den immer weltlicher ausgerichteten Markt anzutreten. Aber abgesehen von der Bibel und ein paar Büchern

---

16 Max Weber: *Die protestantische Ethik I*. Hg. von J. Winckelmann. Gütersloh 1991, S. 188 f.

über prämillenaristische Prophezeiungen eignen sich religiöse Artikel einfach nicht zu Bestsellern. Und Robertsons *Family Network* (früher *Christian Broadcasting Network*) beschränkt sich hauptsächlich auf Wiederholungen anspruchsloser Unterhaltungs- und Abenteuerserien. Die Werbeanzeigen, die das Geld hereinbringen, sind genauso zahlreich und suggestiv, sprich gewinnorientiert, wie bei jedem anderen Fernsehsender.

Robertsons Sender ist eigentlich ein Beispiel für die Verknüpfung von Kulturpolitik und Marktstrategien, die sich in den sechziger Jahren abzeichnete. »Familienfreundliches« Fernsehen folgt dem Modell von *The Pepsi Generation* und *Dodge Revolution*. Und diese mittelmäßig erfolgreiche Medienstrategie hat auch schon ihre Nachahmer. *Home Box Office*, ein bedeutender Kabelsender, bietet neuerdings zwei Filmkanäle an, einen für »Familien« und einen für alle anderen Zuschauer.

Welche Stellung die radikale Rechte in den heutigen USA einnimmt, läßt sich vielleicht am besten im Kontext von Identitätsfragen verstehen. Linke Akademiker, die die von Afroamerikanern, Homosexuellen und Feministinnen betriebene »Identitätspolitik« (*identity politics*) unterstützen, erkennen nur selten, daß konservative Christen sich ebenso in einer eigenen Nische verbarrikadiert haben – komplett ausgestattet mit christlichen Zeltlagern, höheren Bildungseinrichtungen und privat organisierten, häuslichen Bildungsprogrammen, verordneten und verbotenen Bücherlisten sowie einer kämpferisch inspirierten Vision von einer glorreichen Vergangenheit und an Opfern reichen Gegenwart. Für diejenigen, die an einem von der Aufklärung geleiteten Glauben an universelle Werte und gemeinsame Träume festhalten, ist dies problematisch.[17] Andererseits könnte es so sein, wie es bei der afrozentristischen Bewegung von Louis Farrakhan der Fall ist, daß die von der moralistischen Rechten gepflegte stolze, aber eindeutig minoritätsbestimmte Identität zugleich den Rahmen ihrer politischen Macht markiert. Das amerikanische politische System als Ganzes ist so stabil und gleichzeitig so zersplittert, daß es einer einzelnen, kämpferisch-kulturellen Kraft niemals gelingen würde, ihre Agenda für längere Zeit in den Mittelpunkt politischer Auseinandersetzungen zu rücken.

17 Siehe die brillante Untersuchung von Todd Gitlin: *The Twilight of Common Dreams: Why America is Wracked by Culture Wars.* New York 1995.

Wie steht es nun aber um das Thema Globalisierung? Die einzige bekannte Persönlichkeit auf dem rechtsradikalen Flügel, den die Vorherrschaft des internationalen Kapitalismus beunruhigt, ist Patrick Buchanan. Doch hinter ihm formiert sich keine Bewegung. Die einzige rechtsradikale Bewegung, die entschlossen gegen die Globalisierung eintritt, besteht aus marginalen Gruppen: den Milizen und ihren ideologischen Gesinnungsgenossen. Aber die Milizen sind völlig unfähig, in irgendeiner Sache über die eigenen Reihen hinaus zu mobilisieren (nicht einmal gegen die Kontrolle des Waffenbesitzes, wo die große und finanzkräftige *National Rifle Association* den Ton angibt).

Über eine weitaus glaubwürdigere und einflußreichere Stimme gegen die Globalisierung verfügen die Arbeiterbewegung und ihre liberalen Verbündeten. Dies zeigte sich im Herbst 1997, als der AFL-CIO (*American Federation of Labor – Congress of Industrial Organizations*, größter amerikanischer Gewerkschaftsverband; Anm. d. Übers.) im Kongreß eine erfolgreiche Kampagne initiierte, die verhinderte, daß Präsident Clinton eine »Direkt«-Vollmacht (*fast-track authority*) erhielt.[18] Aber die am schnellsten wachsenden Gewerkschaften haben ihren Rückhalt bei den Arbeitnehmern im Dienstleistungs- und Einzelhandelsbereich, die Freihandelsverträge nicht als ernsthafte Bedrohung ihrer Arbeitsplätze und ihres Selbstbildes betrachten. Für die meisten Amerikaner ist der globale Kapitalismus somit keine mit irrationalen Ängsten besetzte Gefahr. Schlimmstenfalls ist er der symbolische Marker einer Realität, die sie unmöglich kontrollieren können. Zumindest in der näheren Zukunft zeichnet sich keine mögliche Alternative ab.

---

18 Bei Verhandlungen über Handelsverträge mit dem Ausland braucht der Präsident, wenn er eine *fast-track authority* erhält, den Kongreß nicht über Einzelheiten zu informieren (Anm d. Übers.).

Roberto Biorcio
Separatistischer Regionalismus in einer reichen Region: die Lega Nord

Auf der internationalen politischen Bühne stellt die Lega Nord ein einzigartiges Phänomen dar. Ihre Wahlerfolge zwischen 1989 und 1993 fügen sich fast selbstverständlich in die Krise des politischen Systems von Italien ein. Seit 1995 orientieren sich die Initiativen der Lega v. a. an der Krise des Nationalstaats, den Umbrüchen im internationalen System und den Aktionen von Unabhängigkeitsbewegungen. Das Phänomen Lega Nord ist daher im Kontext der Transformationsprozesse zu sehen, die das Ende dieses Jahrhunderts kennzeichnen: Verabschiedung des fordistischen Produktionsmodells, Globalisierung von Wirtschaft und Kommunikation, Ende des Kalten Krieges. Das Ende des fordistischen Wachstumsmodells hat in einigen bisherigen Randgebieten Produktivität und Wohlstand gefördert, zu wirtschaftlicher Selbständigkeit motiviert und das Gefühl territorialer Zugehörigkeit gestärkt. Infolge von Globalisierung und Migration treten ethnisch-kulturelle Unterschiede heute stärker hervor und lassen ein Bewußtsein für die Anerkennung solcher Zugehörigkeiten entstehen. Diese Veränderungen stellen den Staat als bestimmendes Zentrum des politischen Lebens, als zentralen Ort von sozialen Konflikten und Repräsentationskriterien in Frage und ziehen generell den Sinn von Politik, wie sie im 19. Jahrhundert praktiziert wurde, in Zweifel.

1. Die Entwicklung der Bewegung

Die Merkmale der Lega Nord haben sich im Zuge ihrer historischen Entwicklung herausgebildet. Die Periode von 1979 bis 1989 kann als Vorgeschichte gelten. In dieser frühen Phase entstanden in den Regionen Venetien, Piemont und in der Lombardei mehrere embryonale autonomistische Ligen, die das Ziel verfolgten, die geplanten Veränderungen der politischen Repräsentation, die bereits in mehreren Regionen mit Sonderstatus (Aostatal, Trentino-Tiroler Etschland, Sardinien) umgesetzt worden waren, noch weiter voranzutreiben. Diese regionalistischen Ligen ebneten den Weg für die Entstehung der Lega Nord. Sie verkörperten allerdings eine radikal andere politische Erfahrung: Als politische Akteure ohne Organisationsstrukturen, Ressourcen und Aktivisten hatten sie immer wieder mit Schwierigkeiten beim Sammeln von Unterschriften für die Nominierung von Wahlkandidaten zu kämpfen. Das Fehlen organisatorischer Ressourcen führte dazu, daß der Kern dieser autonomistischen Gruppen sich zunächst um die Schaffung neuer Symbole bemühte, um die Öffentlichkeit auf sich aufmerksam zu machen. Verschiedene Wahlen boten hierzu eine gute Gelegenheit.

Erst nach 1989, als Folge des unerwarteten Wahlsiegs in der Lombardei mit fast einer halben Million Wählerstimmen, deren Zahl sich 1990 noch verdoppelte, kam es zur eigentlichen Geburt der Lega Nord (siehe Tab. 1).

Sie baute auf der Erfahrung der Lega Lombarda auf, die am 4. Dezember 1989 gemeinsam mit Vertretern der regionalistischen Ligen Venetiens, Piemonts, Liguriens, der Emilia-Romagna und der Toskana die Gründungsurkunde der neuen politischen Formation unterzeichnet hatten. Der führende Kopf der Lega Nord, Umberto Bossi, stand bereits der Lega Lombarda vor. Damit begann die entscheidende Phase des »Aufstiegs« einer Bewegung. Dieser Aufstieg war von einem kontinuierlichen Stimmenzuwachs und vom Zustrom neuer Aktivisten – darunter Intellektuelle, Journalisten und Geschäftsleute – gekennzeichnet. In dieser Phase entstanden die wesentlichen Identitätsmerkmale der Lega, und es bildete sich eine breitere Akzeptanz der Wähler sowie eine solide Loyalität der Aktivisten aus. Das neue politische Programm ging über den bloßen Anspruch auf regionale Autonomie hinaus. Zum ersten Mal gelang es, den führenden italienischen Parteien einen beträchtlichen Teil der Wähler zu entreißen. Auf die Forderung nach größerer Unabhängigkeit von der Zentralregierung folgte ein Vorstoß der Lega gegen den vom politischen Establishment praktizierten Stil politischer Repräsentation. Dabei wurden von der Politik bislang vernachlässigte Probleme angeschnitten: das wirtschaftliche und soziale Nord-Süd-Gefälle, die latente Fremdenfeindlichkeit in den Regionen Norditaliens gegenüber Migranten, die aus dem Süden des Landes stammen, die Reaktion der Bevölkerung auf den wachsenden

Tab. 1: Lega Nord: Prozentualer Stimmenanteil bei Wahlen
 1979-1996

| | Regionalistische Ligen mit kleiner autonomer Partei |||| Lega Nord ||
	E 1979	N 1983	N 1987	E 1989	N 1992	N 1994	N 1996
Norditalien	0,7	1,1	2,9	3,7	17,3	17,0	20,5
Italien	0,5	0,6	1,6	1,8	8,6	8,4	10,1

E: Wahlen zum Europäischen Parlament
N: Wahlen zum nationalen Parlament

Zustrom von Einwanderern aus nichteuropäischen Staaten, der Protest gegen Steuererhöhungen und die Verteidigung der Interessen und Werte des gewerblichen Mittelstands. Mit der Festlegung auf diese Probleme war der Boden bereitet, auf dem Zustimmung und Öffentlichkeit für die Partei Bossis gediehen und der Kampf für die Selbstbestimmung und Selbstverwaltung der norditalienischen Regionen intensiviert werden konnten. Die Spannungen zwischen den nördlichen und südlichen Regionen waren bis dahin von den führenden politischen Parteien Italiens aufgefangen und entschärft worden. Vor dem Hintergrund der Krise dieser Parteien konnte sich die Lega als Interessenvertreterin der wohlhabendsten Regionen des Landes profilieren. Als neuer Akteur auf der politischen Bühne benannte sie das angeblich zentrale Problem, d. h. den Kolonialstatus, auf den die Bevölkerung im Norden Italiens zurückgeworfen worden sei, die angeblichen Ursachen und mögliche Lösungen.

In den Jahren 1993 und 1994, als sich die Krise der Democrazia Cristiana (DC) und der Partito Socialista Italiana (PSI) weiter zuspitzte, konnte die Lega in zahlreichen norditalienischen Gemeinde- und Regionalräten Stimmenmehrheiten erreichen. Dieser Umschwung führte nicht nur zum endgültigen Zusammenbruch der traditionellen Regierungsparteien, sondern bewirkte in der Folgezeit auch tiefgreifende Veränderungen der Sprache, der politischen Themen und der Polarisierungen, die das politische Leben Italiens mehr als 30 Jahre lang geprägt hatten. Die Lega trug somit entscheidend zur Veränderung der politischen Kultur Italiens bei, was letztlich – auch durch die Gründung und den Aufstieg der rechtsgerichteten Parteien Forza Italia (FI) und Alleanza Nazionale (AN) – zur Entstehung der sog. »Zweiten Republik« führte. Der Wahlsieg dieser Parteien im Jahre 1994 und die Beteiligung der Lega Nord an der von Silvio Berlusconi – dem Vorsitzenden der Forza Italia – geführten Mitte-Rechts-Regierung brachte die Bewegung jedoch in ernsthafte Schwierigkeiten, denn damit riskierte sie die eigene Auflösung zum Nutzen der anderen Koalitionsparteien. Die Lega verlor etwa ein Drittel ihrer Wähler an die Forza Italia, und der seit 1989 scheinbar unaufhaltsame Stimmenzuwachs war zum Stillstand gekommen.

Zur Rettung der Bewegung beschloß die Lega Nord, mit Berlusconi zu brechen. 1995 markierte daher den Beginn einer neuen Phase in der Geschichte der Lega. Es wurde nun nicht mehr die Unabhängigkeit der norditalienischen Regionen als Teil einer föderalistischen Reform des Staates gefordert, sondern mit der völligen Unabhängigkeit einer norditalienischen Nation namens »Padanien« (Repubblica Federale Padana) gedroht. Durch Angriffe auf die rechts- wie auf die linksgerichteten Parteien gelang es der Lega, in vielen Provinzen des Nordens eine Stammwählerschaft zu gewinnen.

Die Lega Nord steht für den typischen Gegensatz zwischen »Volk« und »Elite«. Ihren »volkstümlichen« Charakter möchte sie als ihr Unterscheidungsmerkmal verstanden wissen. In der Opposition der Bewohner »Padaniens« gegen den zentralistischen Staat spiegelt sich zweierlei wider: die Unzufriedenheit mit der politischen Randlage der wirtschaftlich weiterentwickelten Regionen (die Lega spricht vom Status einer »Binnenkolonie«) und der Unmut der Mehrheit der Bürger über die Macht der Parteien, die eng mit öffentlichem und privatem Großkapital verknüpft ist. Die Lega Nord präsentiert sich somit als Vertreterin des »gewöhnlichen Volkes« der norditalienischen Regionen gegenüber den politischen, wirtschaftlichen und intellektuellen Oligarchien.

Die ursprünglichen Forderungen nach regionaler Autonomie wurden eng mit dem Verdruß der Bürger am politischen Establishment und mit der Kritik an den Verflechtungen von Großkapital und finanzkräftiger Oberschicht verbunden. Angesichts der Unabhängigkeitsperspektive waren auch die Herausforderungen an die italienische Regierung radikaler und die Vorbehalte der Bewohner »Padaniens« gegenüber den südlichen Regionen stärker geworden.

1996 begann erneut eine Phase des Stimmenzuwachses für die Lega Nord. Mit einem Anteil von 20,5 % der Stimmen avancierte sie zur führenden Partei in den norditalienischen Regionen. Große ritualisierte Massendemonstrationen sollten das Ziel der Unabhängigkeit in den Vordergrund stellen und die Gründung der »Unabhängigen Republik Padanien« symbolisch vorwegnehmen. Auf dem dritten ordentlichen Kongreß der Lega im Februar 1997 wurde die neue Strategie ratifiziert. Der Slogan »Lega Nord – Bundesstaat Italien« wurde durch »Lega Nord für die Unabhängigkeit von Padanien« ersetzt.

2. Die Interessen des gewerblichen Mittelstands und der Steuerprotest

Mit dem Ziel, das Wählerpotential zu vergrößern, wurde die ursprüngliche Programmatik der Lega durch weitere Themen und die Berücksichtigung weiterer Interessen ergänzt. Angesichts der Krise der traditionellen Parteien und des Vertrauensverlustes hinsichtlich ihrer Fähigkeit, die Krise des Wohlfahrtsstaats in den Griff zu bekommen, schien Teilen der Bevölkerung die Bindung an eine starke, ethnisch-kulturelle und regionalistische Gemeinschaft – »das Volk von Padanien« – ein gangbarer Weg zur Verteidigung ihrer Werte und Interessen zu sein.

Mit Beginn der neunziger Jahre hatte sich die Lega v. a. auf das Thema des Steuerprotestes und auf die Interessenvertretung der mittelständischen Industrie- und Gewerbebetriebe konzentriert. Obwohl sie häufig auf die Prinzipien des freien Marktes verwies, reproduzierte sie mit ihren Initiativen in den genannten Bereichen typische Diskurse und Handlungsweisen von populistischen Parteien, die den Steuerprotest auf ihre Fahnen schreiben (Confalonieri 1996). Seit ihrem ersten Kongreß (1991) betrachtet die Lega die Angehörigen von Klein- und Mittelbetrieben als eine bevorzugte soziale Zielgruppe. Hier hatte sich offensichtlich in ihrer Politik, die bis dahin fast ausschließlich an das ethnisch-kulturelle und regionale Zugehörigkeitsgefühl appellierte, eine partielle Änderung vollzogen.

Mit erweiterten politischen Forderungen wurden die Pläne der

Lega für eine neue politische Repräsentation abgerundet und präzisiert. Diese soll in verschiedenen Bereichen stattfinden:

a) Die Lega bildet eine wichtige gesellschaftliche Basis für die Opposition gegen Großkapital und große Gewerkschaftsverbände,

b) auf kultureller Ebene definiert sie das Ideal von Gemeinschaftsverständnis sowie die Grundwerte der Bewegung, und

c) für die dynamische Entwicklung mittelständischer Netzwerke, die sich aus der Funktion des Zulieferers der Großindustrie befreit und an den internationalen Markt angepaßt haben, bietet sie einen sehr wichtigen politischen Bezugsrahmen.

Die Lega Nord richtete daher ihre Öffentlichkeitsarbeit v. a. auf die für Norditalien charakteristischen Industriegebiete. Hier wurde durch Klein- und Mittelbetriebe ein Reindustrialisierungsprozeß eingeleitet, der für ein hohes Beschäftigungsniveau in den Kommunen sorgt, sich erfolgreich auf die internationale Öffnung der Märkte eingestellt hat und somit die Rezession der frühen neunziger Jahre überwinden konnte. Anfangs hatten die Großunternehmen und Industriekonzerne die Entwicklung der mittelständischen Gewerbebetriebe diktiert. Nach und nach konnten sich aber die mittelständischen Unternehmen aus der Abhängigkeit von der Großindustrie befreien. Sie gründeten eine Reihe von Produktionsnetzen und neuen leistungsfähigen sowie territorial verankerten Industriebranchen. In den letzten zehn Jahren verdankte sich die Dynamik der Produktion zunehmend der Wirtschaftskraft dieser Klein- und Mittelbetriebe; sie sorgten für einen starken Anstieg der Exporte und einen hohen Gewinnzuwachs (Belussi 1992). Durch ihre Verwurzelung auf kommunaler Ebene waren die notwendigen Ressourcen für eine Vernetzung dieser Betriebe vorhanden. In den jeweiligen Kommunen konnten die Investoren das vorhandene Wissen, die gemeinsame Sprache und die Geschäftsbeziehungen zu anderen Industriezweigen, Dienstleistungsbereichen und weiteren infrastrukturellen Einrichtungen nutzen. Diese Entwicklung zeigte sich besonders deutlich in den Regionen des Nordostens, die sich aus einem Zustand industrieller Rückständigkeit zu globalwirtschaftlich orientierten Zentren wandelten. Hier wurde ein struktureller Rahmen geschaffen, in dem sich hohe Wettbewerbsfähigkeit, ein beträchtliches Beschäftigungsniveau und internationale Beziehungen mit Bodenständigkeit, Innovationsgeist und Traditionsbewußtsein verbinden konnten (Anastasia/Corò 1996, S. 23f.). Trotz der dadurch erreichten hohen Durchschnittseinkommen gab es in diesen Regionen ein viel größeres Maß an Unzufriedenheit und Protest gegenüber der staatlichen Politik; gleichzeitig wurden Forderungen nach einer Neuordnung der politischen Repräsentation laut.

Die Lega Nord unterstützte die Forderungen nach einer entsprechenden Interessenvertretung dieser Regionen sowie der Selbständigen und der mittelständischen Unternehmen. Sie präsentierte eine gemeinschaftsbezogene Version freier Marktwirtschaft und freien Unternehmertums und betrachtete es als ihre Aufgabe, das ortsansässige Gewerbe vor der Übermacht nationaler und multinationaler Konzerne zu schützen. Der Bezug auf die Klein- und Mittelbetriebe, auf die gemeinsamen Interessen von mittelständischen Unternehmern und ihren Beschäftigten, bildete die Ausgangsbasis für eine sowohl gegen die Großindustrie und das Großkapital als auch gegen die traditionellen Gewerkschaftsorganisationen gerichtete Politik. Die Lega Nord prangerte die Absprachen zwischen Großkapital, Gewerkschaften und zentralistischem Staat an und entwickelte eigene Vorschläge zur Erhaltung der lokalen Produktionsnetze und zur Unterstützung des gewerblichen Mittelstands.

Die Parteinahme für die kleinen und mittleren Unternehmen hatte in der Strategie der Lega auch einen hohen symbolischen Wert. Denn mittelständische Betriebe, besonders die in die Kommunen integrierten Familienbetriebe, stellen einen Hort der Werte dar, welche die Bevölkerung von »Padanien« auszeichnen: harte Arbeit, unternehmerisches Denken, Zähigkeit, Ehrlichkeit und damit die Fähigkeit, sich den Herausforderungen der wirtschaftlichen Globalisierung zu stellen, ohne die Bindung an die eigene Region und bewährte Traditionen aufzugeben. Anders als die Bevölkerung Süditaliens, die nach Auffassung der Lega »dazu neigt, möglichst wenig zu arbeiten«, sind die Bürger der norditalienischen Regionen stolz auf ihre Arbeit, vertrauen auf die Bodenständigkeit ihrer Unternehmen und darauf, daß diese die wirtschaftliche Entwicklung der Region vorantreiben.

Allmählich verwandelte die Lega das Konfliktpotential, das entlang einer vertikalen Achse zwischen Klein- und Großindustrie lag, in eine horizontale Konfliktualität, d. h. in einen Gegensatz zwischen den Interessen »Padaniens« und denjenigen der anderen italienischen Regionen. Danach konnte es nur über ein regionales Netzwerk bei gleichzeitiger Überwindung nationalstaatlicher Strukturen einen ausreichenden Schutz für Klein- und Mittelbetriebe, Händler und Handwerker geben.

Die Verteidigung der Interessen mittelständischer Betriebe wurde häufig mit Initiativen in der Steuerfrage verknüpft: Der Widerstand gegen das Steuersystem – typisch für viele populistische Bewegungen – avancierte zu einem Hauptthema des Protests gegen die Regierung in Rom. Die Steuerlast nahm Ende der achtziger Jahre zu; gleichzeitig verschlechterten sich die Beziehungen zwischen den Wählern und den traditionellen politischen Parteien. Die einsetzende Kritik am Steuersystem und die Forderung nach Reformen gingen quer durch alle Parteien hindurch. Es kam zu einer Ausweitung des Steuerprotests, und den traditionellen Parteien drohten weitere Stimmenverluste. Die Lega nutzte die Situation: Sie machte den Steuerprotest zur Speerspitze im Kampf gegen das Parteiensystem und für die Interessen der norditalienischen Regionen.

Die Kampagnen der Lega gegen das Steuersystem sind jedoch nicht mit dem Neoliberalismus der Ära Thatcher und Reagan vergleichbar. Denn die Lega verband mit dem Lob des freien Unternehmertums eine scharfe Kritik am Abbau des Sozialstaats und verfolgte damit eine eindeutig protektionistische Politik, nicht nur auf kommunaler Ebene, sondern für die Gesamtheit der norditalienischen Regionen. Die finanzielle und steuerliche Autonomie dieser Regionen sollte und soll dabei wesentlich zur Sicherung der Renten, Wohnungen und Arbeitsplätze ihrer Bürger beitragen und entsprechende Anreize zur Förderung der Wirtschaft des Nordens gewährleisten. Die von der Lega geführten Steuerkampagnen thematisierten weniger den Interessengegensatz zwischen dem einzelnen Steuerzahler und den öffentlichen Finanzen als vielmehr die unterschiedlichen Bestrebungen der einzelnen Regionen des Nordens einerseits und der südlichen Regionen andererseits. Jedoch setzen die von der Lega in Aussicht gestellten wirtschaftlichen Vorteile die Verwirklichung der politischen Autonomie voraus.

Die Versuche der Lega Nord, mit dem Steuerprotest eine direkte Mobilisierung zu bewirken, sind jedoch bislang gescheitert. Den gelegentlichen Aufrufen zum Steuerstreik folgte jeweils nur eine verschwindende Zahl von Steuerzahlern. Positiv wirkte sich der Steuerprotest, den die Lega Nord Anfang der neunziger Jahre organisierte, lediglich bei Wahlen aus, d. h. zugunsten eines Stimmenzuwachses für die neue Partei. Doch hat auch die Forza Italia die Forderung nach Steuersenkungen zu einem zentralen Thema gemacht, und es ist ihr in diesem Punkt gelungen, im Kampf um die Wählergunst zu einer ernsthaften Herausforderung für die Lega zu werden.

3. Sozialstrukturelle Veränderungen in der Wählerschaft der Lega Nord

Das Profil der Lega-Wählerschaft während der ersten Phase der Wahlerfolge (1989-1993) war grundsätzlich schichtübergreifend und entsprach damit dem Wählerprofil der ethnisch-nationalistischen und regionalistischen Parteien, die auch in den anderen westlichen Demokratien auf große Resonanz stoßen. Nur die »alte« untere Mittelschicht, bestehend aus Kaufleuten, Handwerkern und selbständigen Bauern, war relativ überrepräsentiert (vgl. Tab. 2). Was die sozialstrukturelle Zusammensetzung betrifft, ist das Profil der Lega-Wähler demjenigen der traditionellen christdemokratischen Wähler sehr ähnlich. Der Unterschied zwischen beiden liegt v. a. in der Intensität der Religionsausübung, die bei Lega-Wählern weniger ausgeprägt ist.

Für den Erfolg der Lega in der »alten« unteren Mittelschicht (besonders in kleinen Provinzstädten und Dörfern) gibt es mehrere Gründe: Die Aufkündigung der Loyalität gegenüber den traditionellen Parteien fiel den Selbständigen dieser Schicht verhältnismäßig leicht, denn sie ließen sich in ihrer Wahlunterstützung der großen Volksparteien (v. a. der Christdemokraten) schon immer mehr vom Interessenkalkül als von starker kultureller und politischer Identifikation leiten. Dagegen besteht zweifellos eine »geistige Affinität« zwischen der kulturellen Orientierung und Mentalität der mittelständischen Kleinunternehmer und den von der Lega vorgebrachten Themen. So erhielt, wie erwähnt, der mittelständische Gewerbe- bzw. Handwerksbetrieb, der für Werte wie harte Arbeit, Sparsamkeit, Ehrlichkeit und Unternehmergeist des »gewöhnlichen Volkes« steht, kulturellen Vorbildcharakter für die Lega. Sie propagiert denn auch verschiedene, bei den Selbständigen der unteren Mittelschicht weit verbreitete Einstellun-

Tab. 2: Wählerschaft der Lega Nord nach sozialen Gruppen (Angaben in Prozent)

	1991	1994	1996
Oberschicht	14,0	15,8	12,4
Angestellte	13,3	16,0	18,8
»Alte« untere Mittelschicht (Kaufleute, Handwerker, Bauern)	24,4	26,5	23,9
Arbeiter	16,6	21,4	31,2
Arbeitslose	21,4	17,0	21,0
Hausfrauen	10,7	14,2	21,6
Rentner	10,7	15,1	13,8
Studenten	14,6	16,0	18,2
Norditalien	14,1	16,9	19,8
(N.)	1140	3233	2099

Quellen: 1991: Umfrage von Eurisko; 1994 und 1996: Umfragen von Abacus-Sofres.

gen, als da sind: Vorurteile gegenüber nichteuropäischen Einwanderern, Angst vor Kriminalitätsanstieg und Identitätssuche weniger nach sozialen als nach kulturell-regionalen Kriterien.

Der Bruch der Lega mit der Mitte-Rechts-Koalition aus Forza Italia und Alleanza Nazionale sowie ihr verstärktes Streben nach sezessionistischer Unabhängigkeit führten dann zu erheblichen Wählerwanderungen und einem tiefgreifenden Wandel der sozialstrukturellen Zusammensetzung der Lega-Wählerschaft nach 1995, was sich v. a. in einer »Popularisierung« bzw. »Proletarisierung« des Elektorats niederschlug.

So wurde die Lega 1996 zur führenden Arbeiterpartei Norditaliens und gewann viele der 1994 an die Forza Italia verlorenen Stimmen zurück. Anfang der neunziger Jahre hatte nur einer von sechs Arbeitern für die Lega gestimmt, 1996 wählte fast ein Drittel aller in den norditalienischen Regionen lebenden Arbeiter diese Partei. Der Stimmenanteil der Handwerker und Geschäftsleute blieb jedoch stabil, während die Unterstützung der Oberschichten (Unternehmer, Freiberufler) weiter abnahm. Bei den Wählern der Forza Italia zeigte sich eine entgegengesetzte Tendenz: Die Partei Berlusconis steigerte ihren Stimmenanteil bei den Oberschichten und der unteren Mittelschicht und erlitt Stimmenverluste v. a. bei den Arbeitern.

Wenn man die Entwicklung der politischen Unterstützung der Lega mit derjenigen populistischer Parteien in anderen europäischen Ländern vergleicht, ergibt sich eine bemerkenswerte Analogie. Die Wahlerfolge gehen generell mit einer sozialstrukturellen Veränderung der Wählerschaft einher. Nach einer anfänglichen Verankerung in der unteren Mittelschicht kommt es zu einem wachsenden Einfluß in der Arbeiterschaft (Taggart 1996).

Mit der Gründung von Gewerkschafts- und Wirtschaftsverbänden hat sich die Lega um eine sozialstrukturelle Verwurzelung bemüht. 1990 gründeten einige Spitzenfunktionäre der Partei in Bergamo die »Unabhängige Gewerkschaft der Lombardei« (SAL). Ihr wurde der »Verband unabhängiger Unternehmer« (ALIA) beigesellt. Die Gründung der SAL strahlte auf die Regionen Venetien, Piemont, Ligurien und Emilia-Romagna aus. 1993 entstand die »ConferderSal«, in der sich die in den verschiedenen Regionen des Nordens gegründeten Gewerkschaften zusammenschlossen. Mit der neuen sezessionistischen Strategie wurden auch die Gewerkschafts- und Wirtschaftsverbände der Lega entsprechend umstrukturiert. So kam es 1996 zur Gründung der Gewerkschaft »Sindacato Padano« (SINPA) und aus ALIA entstand der »Verband vereinigter Unternehmer Padaniens« (PIU), der sich in erster Linie für die Interessen der mittelständischen Betriebe einsetzt.

SINPA propagiert eine Kooperation zwischen Arbeitern und Unternehmern auf kommunaler Ebene: »Der zentralistische römische Staat beutet die Beschäftigten aus. Arbeitgeber und Arbeitnehmer müssen sich gegen ihren einzigen Feind verbünden, nämlich Rom.«[1] Sie zeichnet sich durch eine Reihe spezifischer Forderungen aus:

---

1 Aus dem Pamphlet »Un sindacato per il Federalismo Liberista«, veröffentlicht 1992.

a) differenziertes Verhandlungssystem auf regionaler Ebene mit unterschiedlichen Tarifverträgen für Betriebe der Klein- und Großindustrie,

b) Lohndifferenzierung nach geographischen Gebieten,

c) Abschaffung der Besteuerung von Überstunden,

d) Errichtung von regionalen Rentenversicherungskassen.

SINPA verkündet das Recht der Arbeiter von »Padanien« »auf Wohnung, Beschäftigung, Gesundheit, Liebe, Familie und gewerkschaftliche Vertretung«. Das Recht auf Arbeit soll in der Form garantiert werden, daß bei der Stellenvergabe die Arbeitslosen von »Padanien« eine Priorität gegenüber Arbeitslosen aus anderen Regionen erhalten.

Die Ziele von SINPA sind besonders auf die in den Kommunen ansässigen Klein- und Mittelbetriebe abgestimmt. Arbeitgeber und Arbeitnehmer sollen sich gemeinsam für eine Gewinnsteigerung ihrer Betriebe und den Bestand der jeweiligen neuen örtlichen Industriebranche einsetzen. Der erfolgreiche Kleinunternehmer kann durchaus ein ehemaliger Fabrikarbeiter sein: Es wird ein Modell für soziales Verhalten entworfen, welches zur Einkommenssteigerung führen kann. An die Stelle der Konflikte zwischen Arbeitnehmern und Arbeitgebern tritt nach diesem Modell ein gemeinsames Bemühen zur Reduzierung der Steuerlast und der Krankenversicherungsbeiträge an den Staat; gleichzeitig soll der Ressourcentransfer in den Süden begrenzt werden.

Die Vorstellungen der Lega zur Interessenvertretung stießen bisher jedoch v. a. bei Wahlen auf Resonanz: In den Gebieten, wo das Produktionsmodell des ortsansässigen, in ein Netzwerk eingebundenen mittelständischen Betriebs vorherrscht, ist es der Lega gelungen, zum wichtigsten politischen Akteur in der lokalen Gesellschaft zu werden. Doch dieselben Arbeitnehmer und Arbeitgeber, die für die Lega stimmen, ziehen es zumeist vor, die Vertretung ihrer Interessen den traditionellen Gewerkschaften und Wirtschaftsverbänden zu überlassen. Daher konnten die Gewerkschaften und Arbeitgeberverbände der Lega bisher kaum Mitglieder gewinnen. Nur eine sehr kleine Zahl von Arbeitern und Büroangestellten, die für die Lega stimmen, traten der SINPA bei. Auch für Betriebsratswahlen kann die Lega nur wenige Kandidaten aufstellen, die dann einen entsprechend geringen Stimmenanteil erhalten.

4. »Nordismus« und Neopopulismus der Lega

Die Originalität der Lega besteht darin, daß es ihr gelang, eine Bewegung zu gründen, die sowohl Merkmale von typisch ethnisch-nationalistischen als auch Merkmale von populistischen Bewegungen aufweist (Biorcio 1997). Die Schwierigkeit, eine glaubwürdige Partei auf ethnischer Grundlage aufzubauen, meisterte Umberto Bossi mit Hilfe seines neopopulistischen Diskurses.

Von Anfang an orientierte sich das Interpretationsmuster der Lega am ethnisch-nationalistischen Protest, der den »binnenkolonialen« Status der norditalienischen Regionen anprangerte. Die Aktivitäten der Unabhängigkeitsbewegungen in den europäischen und einigen nichteuropäischen Ländern wurden von den Presseorganen der Lega stets aufmerksam verfolgt und unterstützt. Man bemühte sich um Kontakte zu einer Reihe ethnisch-nationalistischer Bewegungen in Frankreich (Bretonen, Okzitanier, Savoyarden), Spanien (Basken und Katalanen), Schottland und Belgien (Flamen).

Während der Phase, in der sich die Lega Nord auf die Unabhängigkeit von »Padanien« konzentrierte, wurde ein klassisches Assoziationsmuster wiederbelebt: die mythische Verklärung kultureller Traditionen mit dem Ziel der Schaffung einer neuen Nation und eines neuen Staates. Der Lega ging es darum, die Idee einer »padanischen« Nation nicht nur mit der Wahrung der Wirtschaftsinteressen der nördlichen Regionen zu begründen, sondern die Bewegung berief sich auch auf keltische Traditionen; es war die Rede von der symbolischen Gründung eines neuen, unabhängigen Staats mit eigenem Parlament und einer provisorischen Regierung, begleitet von ritualisierten Initiativen zur Förderung »patriotischer Gefühle« auf seiten der neuen Nation.

Die ethnisch-kulturellen Unterschiede zwischen den Regionen Norditaliens und den anderen italienischen Regionen sind jedoch zu unerheblich und folglich nicht ausreichend für einen Konsens, wie er in anderen ethnisch-nationalistischen Bewegungen Europas existiert. Unterstützung für ihr Programm hat die Lega Nord vielmehr dadurch gewonnen, daß sie das in Italien vorhandene populistische Protestpotential zu ihren Gunsten zu nutzen verstand. Zielscheibe der Angriffe war die traditionelle politische Kultur, welche die Themen, Repräsentanten und Konflikte prägte, die ihrerseits jahrzehntelang das politische Leben

Italiens beherrschten. Die verschiedenen Strömungen im italienischen Parteiensystem waren – mit Blick auf die politischen Diskurse und auf die Wählerschaft – entlang des Rechts-Links-Gegensatzes polarisiert. Er ermöglichte den Wählern die Reduktion der politischen Komplexität. In den achtziger Jahren war jedoch eine Generation herangewachsen, die den Kategorien dieser traditionellen Politik weitgehend distanziert gegenüberstand, d. h. zwischen Apathie und Protest schwankte, jedoch weiterhin ihr Stimmrecht ausübte – jedenfalls bis zu diesem Zeitpunkt.

Für diese Einstellungen bot die Lega eine Möglichkeit zur Kanalisierung, wobei sie den Gegensatz zwischen Links und Rechts und die religions- und klassenbezogenen Spaltungen, die das politische Leben Italiens historisch geprägt haben, herunterspielte. Im Diskurs der Lega kam es zu einer festen dichotomischen Verkürzung der politischen und sozialen Situation, indem behauptet wurde, daß die entscheidende Konfliktlinie zwischen dem Volk von »Padanien« einerseits und allen möglichen Feinden (Rom, der Süden, die römischen Parteien, die Faschisten, die Großkonzerne usw.) andererseits läge. In diesem von der Lega entworfenen Rahmen schienen sich mehrere Konfliktsituationen zumindest teilweise zu überlappen: das Nord-Süd-Gefälle, die Spannungen zwischen Bürger und politischer Klasse, zwischen Kleinbetrieben und Großindustrie, zwischen der Bevölkerung der Region und den nichteuropäischen Einwanderern sowie die Spannungen zwischen den »normalen Leuten« und den von der Norm abweichenden Bürgern (z. B. im Kontext von Kriminalität oder mangelnder Integration gleich welcher Art in das System gängiger Normen und Bräuche). Die auf diese Weise von der Lega-Rhetorik gezeichneten Polarisierungen haben zwei Hauptdimensionen: Die *horizontale* Dimension entspricht der potentiellen Spaltungslinie zwischen verschiedenen ethnischen Zugehörigkeiten bzw. Regionen; die *vertikale* Dimension folgt dem Gegensatz von »niedrig« und »hoch« in den verschiedenen Hierarchien sozialer Stratifikation. Durch die horizontale Polarisierung wird der Gegensatz zwischen Norden und Süden, durch die vertikale Polarisierung der Gegensatz zwischen der Bevölkerung und den verschiedenen Eliten herausgestellt. Abbildung 1 veranschaulicht die wesentlichen Aussagen der Lega entlang dieser beiden Dimensionen.

Entsprechend der *horizontalen* Polarisierung wird von der

Abb. 1: Die Polarisierungen der Lega-Rhetorik

HORIZONTALE POLARISIERUNG

		NORDEN	SÜDEN
VERTIKALE POLARISIERUNG		I	II
	NIEDRIG (Bevölkerung)	»Padanien« »gewöhnliches Volk« Klein- und Mittelbetriebe »padanische« Arbeiter	Migranten aus dem Süden nichteuropäische Einwanderer
		Europa	Afrika
		III	IV
	HOCH (Eliten)	Großindustrie Großfinanz große Massenmedien	römische Regierung römische Parteien Polo (Mitte-Rechts-Koalition)
			Ulivo (Mitte-Links-Koalition)
		Großkapital	Mafia

Lega ein Szenarium mit stark emotionalisierenden Assoziationen, d. h. der Gegensatz von Europa und Afrika, beschworen. Die norditalienischen Regionen und »Padanien« werden als Bestandteil der europäischen Staaten aufgeführt und unterscheiden sich dadurch von allem, was sich in der kollektiven Vorstellung der Bürger mit Afrika verbindet. Die Migranten aus dem Süden Italiens und die nichteuropäischen Einwanderer sind in den Diskursen der Lega eine potentielle Bedrohung für die Bevölkerung der norditalienischen Regionen. Die Eliten des Südens werden mit den Parteien und dem römischen Machtzentrum gleichgesetzt und in einen generellen Zusammenhang mit der Mafia gebracht.

Die *vertikale* Polarisierung spaltet den Norden in das »gewöhnliche Volk«, die Völker »Padaniens«, die Klein- und Mittelbetriebe und deren Beschäftigte auf der einen und in die Großindustrie, die Großfinanz und die Massenmedien auf der anderen Seite auf, wobei letztere in den Diskursen der Lega durchweg als mit der politischen Macht Roms verbündet hingestellt werden. Mit dieser Polarisierung werden typisch populistische Kategorien übernommen. Die Völker von »Padanien« erscheinen als homogene Einheiten, die eine starke, fast exklusive Gemeinschaft bilden; potentielle Ressentiments richten sich gegen die wirtschaftlichen, politischen und intellektuellen Oligarchien. Auf diese Weise wird ein fundamentaler Gegensatz zwischen einerseits der »rechtschaffenen« Bevölkerung, die harte Arbeit und effektive Privatinitiative als anerkannte Werte schätzt, und andererseits der politischen Klasse mitsamt den Mißständen in der öffentlichen Verwaltung hergestellt.

Das Modell der Lega ignoriert die religiöse Spaltung und versucht, die Klassenunterschiede populistisch zu nutzen: Arbeiter, Klein- und Mittelbetriebe, Handwerker und Händler sollen sich gegen das Großkapital und den kolonialistischen Stil des Staates zusammenschließen, der die Ressourcen der nördlichen Regionen zugunsten des Südens verschwendet. Der Diskurs der Lega stößt auf Zustimmung, weil die Idee von »Padanien« geschickt mit Themen und Kommunikationsstilen verknüpft wird, die für populistische Bewegungen typisch sind. Auf diese Weise hat die Lega auch die bisherigen Formen politischer Repräsentation in die Diskussion gebracht. So wird als Alternative zur traditionellen Wahl der italienischen Parteien die Wahl der Lega als plebiszitäre Unterstützung gepriesen.

5. Die politische Kultur der Lega und die repräsentative Demokratie

Der Lega ist es gelungen, sich eine Reihe von Themen anzueignen, die bereits in der Gesellschaft – wenn auch getrennt voneinander – präsent waren, diese Themen zu verknüpfen und in einen von der Bewegung vorgesehenen Kontext einzuordnen. Die Partei ist in der Lage, ihre Positionen so darzustellen, als ob es sich lediglich um Schlußfolgerungen des gesunden Menschenverstandes handele. Zum strategischen Aufbau der Lega haben maßgeblich die Sprache und die Herstellung neuer politischer Symbole beigetragen. Mehr noch als der Inhalt von Parteiprogrammen macht diese Sprache die besondere Identität des neuen politischen Akteurs aus. In Anlehnung an McLuhans berühmten Slogan könnte man sagen: »Die Sprache ist die Botschaft.« Der von der Lega geführte Diskurs erfüllt mehrere Funktionen, wobei v. a. zwei Brüche hervortreten: zum einen mit den sprachlichen Konventionen des Landes, zum andern mit der Sprache der politischen Klasse Italiens. Mit Hilfe der veränderten Sprache kann die Lega ihre wesentlichen Elemente genau beschreiben. Sie ist zur wirksamen Symbolträgerin für Zugehörigkeitsgefühle geworden.

Indem die Lega den politischen Kampf mit sprachlichen Mitteln führt, hat sie tiefliegende Dimensionen sozialer Identität erreicht, die in den Auseinandersetzungen der Parteien bislang keine Rolle spielten. Die sprachliche Neuorientierung wurde durch die Auswahl der Kommunikationsmittel verstärkt. Denn die Lega hat den Trend der Parteien, zunehmend das Fernsehen und auflagenstarke Zeitungen zur Kommunikation mit der Öffentlichkeit zu nutzen, umgekehrt. Sie bevorzugt statt dessen weniger aufwendige, traditionelle Wege der Kommunikation, bei denen der direkte Kontakt mit dem Bürger im Vordergrund steht. Nach den ersten Wahlerfolgen sicherten die neuen Themen der Lega ihr ohnehin einen privilegierten und noch immer andauernden Zugang zu den Medien. Doch ist das Verhältnis zwischen den Meinungsführern der Lega und den Massenmedien wegen des Vorwurfs der Unterwerfung derselben unter das Großkapital und die politischen Parteien immer konfliktbeladen gewesen.

Verschiedene traditionelle Symbole der italienischen Geschichte (Resorgimento, Garibaldi, Vaterland) sind von der Lega attackiert und verunglimpft worden. Sie hat neue Symbole kollektiver Identifikation erfunden – in Anknüpfung an bestimmte Aspekte von Geschichte und Geographie der norditalienischen Regionen. Der neue, durch Massenrituale eingeübte Symbolismus der Lega hat die Einstellungen ihrer Aktivisten und Anhänger geprägt und die Wahrnehmung des neuen politischen Akteurs in der Öffentlichkeit verstärkt – eine Wahrnehmung, die sich radikal von derjenigen der anderen Parteien unterscheidet.

Typische Merkmale der Lega-Kultur werden deutlich, wenn man die Einstellungen von Lega-Wählern mit denjenigen der größten politischen Parteien Italiens vergleicht, als da sind: die Demokratische Linkspartei PDS, die Zentrumspartei PPI, die Alleanza Nazionale und die Forza Italia. Die Einstellungen der Lega-Wähler sind tendenziell denjenigen der Wähler der rechten Parteien sehr nahe und kontrastieren mit den Einstellungen der

Tab. 3: Vertrauen zu repräsentativen Institutionen und Organisationen (1996; Angaben in Prozent)

	Abstimmungsverhalten					
	Lega Nord	AN	FI	PPI	PDS	Norditalien
Vertrauen zu:						
Politische Parteien	19,9	20,3	20,4	40,8	49,1	30,4
Parlament	30,2	27,9	31,3	70,2	72,0	47,7
Kommune	56,8	51,2	52,0	77,6	76,4	63,7
Region	56,3	48,8	54,0	75,9	71,5	61,5
EU	64,1	60,5	66,1	76,3	73,4	68,5
Gewerkschaften	38,5	29,1	29,6	70,6	69,0	49,8
Confindustria (Arbeitgeberverband	38,0	35,5	43,4	51,3	40,0	40,5
N.	352	151	304	197	382	1874

Quelle: Umfrage von Abacus-Sofres.

Wähler der Mitte-Links-Parteien. So herrscht sowohl bei den Wählern der Lega Nord als auch bei denjenigen der Alleanza Nazionale und der Forza Italia ein tiefes Mißtrauen gegenüber den politischen Parteien und dem Parlament (vgl. Tab. 3).

Das Vertrauen der Lega-Wähler zu den repräsentativen Institutionen auf regionaler und kommunaler Ebene hat zwar zugenommen, ist jedoch weitaus geringer als bei den Wählern der Mitte-Links-Parteien. Skepsis ist bei den Lega-Anhängern gegenüber diesen Institutionen noch immer verbreitet, obwohl sie doch stärker als die Institutionen auf nationaler Ebene auf die Bedürfnisse der Zivilgesellschaft eingehen.

Die Wähler der Lega, der Alleanza Nazionale und der Forza Italia teilen ihre kritische Einstellung gegenüber den herkömmlichen Organisationen, die sich für die Vertretung wirtschaftlicher

Tab. 4: Zusammenhang zwischen Abstimmungsverhalten und »Law and order« – Einstellungen in Norditalien (1996; Angaben in Prozent)

	Abstimmungsverhalten					
	Lega Nord	AN	FI	PPI	PDS	Norditalien
Notwendig:						
Stärkere Politiker für wichtige Entscheidungen	56,8	63,7	63,1	41,5	35,4	48,6
Todesstrafe für Schwerstverbrechen	64,7	62,0	53,4	20,5	30,6	43,2
Strengere Überwachung entlassener Strafgefangener	77,8	83,2	75,2	64,6	64,2	70,5
(N.)	352	151	304	197	382	1874

Quelle: Umfrage von Abacus-Sofres.

Interessen einsetzen: Das Vertrauen sowohl zu den Gewerkschaften als auch zu den in der Confindustria zusammengeschlossenen Arbeitgeberverbänden ist sehr gering.

Eine Konvergenz der Einstellungen bei Wählern der Lega und der Mitte-Rechts-Parteien läßt sich bei einigen Indikatoren erkennen, die den Wunsch nach Ordnung und Autorität zur Sprache bringen: So gibt es bei diesen Wählern eine vergleichsweise hohe Präferenz für starke Führungspersönlichkeiten in der Politik, wenn wichtige Entscheidungen anstehen; mehrheitlich wird von ihnen die Todesstrafe für Schwerstverbrechen gefordert; schließlich besteht bei über drei Vierteln von ihnen der Wunsch nach einer strengeren Überwachung entlassener Strafgefangener (vgl. Tab. 4). Diese Forderungen nach Autorität und »Law and order« gehen einher mit einem Gefühl sozialer Unsicherheit, das bei Wählern der Lega und der Mitte-Rechts-Parteien viel stärker ausgeprägt ist als bei den Wählern der Mitte-Links-Parteien.

Tab. 5: Zusammenhang zwischen Abstimmungsverhalten und Einstellungen gegenüber nichteuropäischen Einwanderern in Norditalien (1996; Angaben in Prozent)

	Abstimmungsverhalten					
	Lega Nord	AN	FI	PPI	PDS	Norditalien
Zunahme von Straftaten durch nichteuropäische Einwanderer	66,9	63,1	58,7	41,0	44,1	52,4
Zu viele nichteuropäische Einwanderer schaffen Probleme	58,1	58,1	47,1	30,1	25,6	40,2
Nichteuropäische Einwanderer sollen in ihre Heimatländer zurückkehren	52,6	54,7	43,5	32,8	26,3	38,7
(N.)	352	151	304	197	382	1874

Quelle: Umfrage von Abacus-Sofres.

Das Mißtrauen und das Gefühl sozialer Unsicherheit werden durch die Präsenz von Einwanderern aus nichteuropäischen Ländern verstärkt. Bei Wählern der Lega Nord und der Alleanza Nazionale gibt es ein höheres Maß an Ressentiments gegenüber diesen Immigranten. Fremdenfeindliche Einstellungen finden sich in verschiedenen Abstufungen bei mindestens zwei Dritteln der Lega-Wähler, zu einem etwas geringeren Teil auch bei denjenigen der Alleanza Nazionale (vgl. Tab. 5). Bei Wählern der Demokratischen Linkspartei PDS und der Zentrumspartei PPI sind solche Einstellungen viel weniger verbreitet.

Diese Fremdenfeindlichkeit gegenüber den nichteuropäischen Einwanderern dient der Lega dazu, sich eine Unterstützung in der Bevölkerung zu sichern – eine »Logik«, die sich auch andere populistische Parteien in Italien und Europa zu eigen gemacht haben. Zudem hat die aggressive Haltung der Lega Nord gegen-

Tab. 6: Zusammenhang zwischen Abstimmungsverhalten und Einstellungen zu wirtschaftlichen und sozialen Fragen in Norditalien (1996; Angaben in Prozent)

	Abstimmungsverhalten					
	Lega Nord	AN	FI	PPI	PDS	Norditalien
Notwendig:						
Steuersenkungen	86,3	85,2	88,5	70,2	67,2	76,7
Mehr Freiraum für Privatinitiativen	82,7	92,5	90,1	71,1	68,5	78,3
Kein Abbau der sozialstaatlichen Leistungen	61,0	55,2	57,0	53,5	58,1	58,4
Stärkung der Arbeitnehmerrechte	69,0	54,2	49,0	50,2	73,1	61,6
Weniger Streiks	59,3	69,3	72,2	55,9	45,0	56,2
(N.)	352	151	304	197	382	1 874

Quelle: Umfrage von Abacus-Sofres.

über Süditalien die ethnisch-regionale Unterscheidung zwischen den Bürgern der beiden Landesteile noch mehr verstärkt.

Abgesehen von den politischen Gegensätzen zwischen der italienischen Nation und der Nation von »Padanien« bestehen weitgehende Affinitäten zwischen Wählern und Anhängern der Lega Nord und der Alleanza Nazionale, wenn man verschiedene Indikatoren für typische Einstellungen in populistischen Bewegungen berücksichtigt, als da sind: die Forderung nach öffentlicher Ordnung und mehr staatlicher Autorität, die Einstellung gegenüber nichteuropäischen Einwanderern und das Mißtrauen gegenüber den politischen Parteien, dem Parlament und allen Institutionen der repräsentativen Demokratie.

Andererseits gibt es aber auch deutliche Differenzen zwischen Wählern der Lega Nord einerseits und des Mitte-Rechts-Spek-

Tab. 7: Zusammenhang zwischen Abstimmungsverhalten und Beteiligung an politischen Aktivitäten (1996; Angaben in Prozent)

	Abstimmungsverhalten					
	Lega Nord	AN	FI	PPI	PDS	Norditalien
Politikinteresse	18,8	39,0	36,1	41,2	51,6	37,5
Beschäftigung mit Politik ist langweilig.	49,5	34,6	43,8	27,1	25,8	38,0
Die Durchschnittsbevölkerung kann die Regierung nicht beeinflussen.	61,4	51,4	55,4	47,2	39,0	51,2
Leser von politischen Nachrichten in der Zeitung	57,4	61,5	59,0	70,3	75,3	63,6
Mitarbeit in Gewerkschaften	2,7	3,9	3,6	9,2	17,1	7,9
Mitarbeit in einer Partei	2,7	4,5	3,3	9,6	12,3	6,5
(N.)	352	151	304	197	382	1 874

Quelle: Umfrage von Abacus-Sofres.

trums andererseits. So unterscheiden sich die Lega-Wähler in wirtschaftlichen und sozialen Fragen von denjenigen der Forza Italia und der Alleanza Nazionale (vgl. Tab. 6). Die Unterstützung neoliberaler Forderungen durch Lega-Wähler – d. h. Steuersenkungen und mehr Freiraum für Privatinitiativen – verbindet sich mit der Forderung, die Sozialleistungen nicht abzubauen. Dies ist bei den Wählern der Lega Nord sogar weiter verbreitet als bei denjenigen der Demokratischen Linkspartei PDS.

Die große Mehrzahl der Lega-Wähler tritt für eine Stärkung der Arbeitnehmerrechte ein. Die Meinung, es sei notwendig, die Anzahl der Streiks zu senken, vertreten weit weniger Lega-Wähler als Wähler der Mitte-Rechts-Parteien. Erstere erachten den Schutz der Arbeitnehmerrechte und Sozialleistungen für Arbeitnehmer und untere Einkommensschichten als notwendig, lehnen Schlichtungsverfahren und die traditionellen Ziele der großen Gewerkschaftsverbände ab. Sie fordern, wie erwähnt, höhere Löhne und Gehälter sowie ein besonderes Recht auf Sozialleistungen für die Arbeiter der norditalienischen Regionen.

Viele Anzeichen bestätigen auch die für Lega-Wähler charakteristische Entfremdung von der Politik. Ihr Politikinteresse scheint im Vergleich zu demjenigen der Wähler der Mitte-Rechts- und der Mitte-Links-Parteien äußerst gering zu sein (vgl. Tab. 7). Dieser Mangel an Interesse geht einher mit einer negativen Einstellung zu inhaltlichen Fragen der Politik (»in der Politik gibt es nichts Neues, Beschäftigung mit Politik ist langweilig«) und mit Ohnmachtgefühlen bezüglich einer politischen Einflußnahme, die bei Lega-Anhängern viel häufiger anzutreffen sind als bei Wählern anderer Parteien. Mitwirkung bei parteipolitischen Aufgaben, Beteiligung an gewerkschaftlichen Aktivitäten und Verbandsarbeit oder an Initiativen vor Ort bei konkreten Problemen sind bei Lega-Anhängern äußerst gering. Nach dem Standpunkt der Lega verbinden sich mit Politik ausgesprochen negative Konnotationen bedingt durch Verfallserscheinungen wie z. B. »Parteienfilz« und Mißbrauch von Ämtern für persönliche Zwecke, wofür es in Italien viele Beispiele gibt.

6. Schlußfolgerungen

In vielen europäischen Ländern haben ethnisch-nationalistische, neopopulistische und neokonservative Bewegungen ein immenses Betätigungsfeld für sich entdeckt. In Italien wird dies von der Lega Nord genutzt. Seit 1994 konnten Berlusconi, die Forza Italia und die Alleanza Nazionale jedoch einen Teil dieses Areals erfolgreich für sich beanspruchen, mit dem Ergebnis, daß die Lega an Unterstützung verlor und in eine ernsthafte Krise geriet. Bossi verteidigte den spezifischen Charakter der Lega, indem er die Grundzüge ihrer Identität noch radikaler formulierte. Gegen die »Aristokratie Berlusconis« setzte er den volksnahen Charakter der Lega. Der von ihm unterstützte Neoliberalismus wurde als »Volkskapitalismus« deklariert und mit Positionen der Forza Ita-

lia kontrastiert. Zugunsten der angestrebten Unabhängigkeit von
»Padanien« gab die Lega ihren föderalistischen Plan auf. Mit einer Reihe von Großdemonstrationen und Massenritualen gelang
es ihr, Aktivisten und Anhänger auf diese neue Perspektive einzustimmen.

Der Wiederaufschwung der Lega im Zeichen dieser neuen, radikaleren Perspektive verlief erfolgreich, denn die Spannungen
und Probleme, auf die Bossi zurückgreifen konnte, als er die Bewegung aufbaute und zum Erfolg führte, existieren weiterhin. Es
hat auch nicht den Anschein, als ob sie in absehbarer Zukunft verschwinden würden. In der Bevölkerung finden die politischen
Parteien selbst nach dem Niedergang der politischen Klasse und
der Transformationen des Parteiensystems nur eine schwache
Resonanz. Die Kluft zwischen dem Norden und dem Süden Italiens ist wieder aufgebrochen, verschärft durch die Probleme der
europäischen Integration und des wachsenden internationalen
Wettbewerbs. Vor diesem Hintergrund kann es durchaus vorteilhaft und vernünftig erscheinen, wenn die norditalienischen Regionen in der Zukunft eine autonome Regelung anstreben, und
zwar unter Aufkündigung aller Verpflichtungen nationaler Solidarität. Eine solche Perspektive könnte besonders für diejenigen
Bevölkerungsschichten attraktiv sein, welche die Lega als ihre
Zielgruppen betrachtet: Arbeiter und mittelständische Unternehmer, Handwerker und Kaufleute und generell die weniger gebildeten Schichten der Bevölkerung in den norditalienischen Randgebieten.

Die neue politische Strategie der Lega drückt sich im geschickten und häufigen Gebrauch von Schlüsselbegriffen wie »Selbstbestimmung«, »Unabhängigkeit« und »Sezession« aus. Die Selbstbestimmung wird als optimale Verwirklichung des Lega-Plans
dargestellt, weil mit ihr ein universell anerkanntes Recht zur Geltung kommt, auch wenn die konkrete Umsetzung mit Schwierigkeiten verbunden sein dürfte. Mit ihrem Streben nach Unabhängigkeit läßt sich die Lega Nord in den großen Kreis der ethnischnationalistischen Bewegungen einreihen, die eine Anerkennung
ihrer kulturellen Identität und das Recht auf Selbstverwaltung für
sich beanspruchen, ohne dabei unbedingt die Errichtung eines
unabhängigen Staates zu fordern. Anhänger der Lega verweisen
immer wieder auf vergleichbare Beispiele wie etwa die Tschechische Republik und die Slowakei, Belgien, Québec und Katalo-

nien, wo der Kampf um Unabhängigkeit zu sehr verschiedenen Ergebnissen führte. Die Absicht politischer Abspaltung steht schließlich für die radikalste Zielvorstellung der Lega. Vom Begriff der Sezession gehen die stärksten verbalen Impulse aus, da er direkt auf die potentielle Gewalt und Dramatik eines Zusammenbruchs der nationalen politischen Gemeinschaft anspielt. Der Gedanke der Sezession hat aber v. a. symbolische Bedeutung, was wiederum typisch für den Stil der Lega ist: Sie erzeugt starke emotionale Reaktionen und bietet griffige Umschreibungen für abstrakte Begriffe wie Selbstbestimmung und Unabhängigkeit an.

Zur langfristigen Festigung ihrer Identität und Organisationsstruktur hat die Lega beträchtliche politische und organisatorische Kräfte in das Projekt »Padanien« investiert. Das rapide Wachstum der Bewegung in den Jahren 1989 bis 1992 machte es ihr zunächst unmöglich, ihre politische Identität zu stabilisieren und sich sozialstrukturell zu verwurzeln. Daher entstanden in der Folgezeit Schwierigkeiten, die offenbar wurden, als sie sich der vom Mitte-Rechts-Spektrum getragenen Polo-Koalition anschloß und Verantwortung in der Regierung übernahm. Diese schwierigen Startbedingungen könnten sich in Zukunft ändern, wenn sich die Identifikation der Lega mit dem im Norden endemischen Nationalismus weiter festigt.

Die politischen Unabhängigkeitsbestrebungen der Lega existieren gegenwärtig auf rein symbolischer Ebene. Keinesfalls soll eine bestimmte Schwelle überschritten werden, da die Regierung hierauf mit repressiven Maßnahmen antworten könnte. Andererseits wird diese Schwelle immer wieder ins Gespräch gebracht mit dem Ziel, die Aufmerksamkeit für das Projekt »Padanien« wachzuhalten. So gesehen verfährt die Lega nach einem Handlungsprinzip, das auch in anderen gemeinschaftsorientierten Bewegungen anzutreffen ist, die ihre Ressourcen zuallererst in die Schaffung einer Identität investieren, für eine uneingeschränkte Zustimmung ihres Vorhabens sorgen und ein ganz eigenes Verständnis von Politik und Gesellschaft vertreten, das kaum eine Möglichkeit zum Austausch mit anderen politischen Akteuren und Institutionen bietet (Wieviorka 1991).

Aus Meinungsumfragen läßt sich ablesen, daß das Thema der Sezession inzwischen einen festen Platz in der politischen Debatte eingenommen hat und zu Stellungnahmen zu deren möglichen Vorteilen drängt. Fast ein Drittel der Bevölkerung in den nördlichen Regionen sieht in der Abspaltung Vorteile, hält sie aber nicht unbedingt für wünschenswert. Separatistisches Gedankengut stößt jedoch nicht nur bei Lega-Wählern auf Zustimmung; es wird teilweise auch von anderen Bevölkerungsteilen aktiv unterstützt. Die Wähler der nördlichen Regionen, die 1994 für die Mitte-Rechts-Koalition stimmten, befinden sich gegenwärtig in einem Entscheidungskonflikt, d. h., sie sind gleichermaßen empfänglich für den von der Lega im Norden propagierten Nationalismus, den von der Alleanza Nazionale vertretenen Nationalismus und die unspezifischen neoliberalen Ideen der Forza Italia. Angesichts der politischen, wirtschaftlichen und gesellschaftlichen Szenarien am Ende dieses Jahrhunderts scheint die Politik der Lega gewisse Vorteile zu bieten, und zwar aus zweierlei Gründen, die sich auf den ersten Blick zu widersprechen scheinen: Das Projekt »Padanien« befindet sich offenbar im Einklang mit den weltwirtschaftlichen Entwicklungstendenzen und könnte zugleich einen optimalen Schutz vor den unerwünschten Auswirkungen eben jener Tendenzen bieten.

In dem von der Lega-Spitze geführten Globalisierungsdiskurs wird v. a. der erste Aspekt betont. Danach überzeugt das Projekt »Padanien« nicht nur, weil es einen sicheren Weg nach Europa ermöglicht, sondern auch, weil es für die Nutzung der wirtschaftlichen Vorteile der Globalisierung einen wertvollen Aktivposten darstellt. Als besonderer Fall könnte die Sezession Ausdruck der weltweiten Tendenz sein, geographisch begrenztere »Wirtschaftseinheiten« zu bilden, als sie der Nationalstaat mit seiner immensen Dimension stellt. Letzterer ist verletzbarer als die kleineren Wirtschaftseinheiten mit ihren regionalen Grenzen der Solidarität.

Zweitens könnte man in den Zielen und in der Handlungslogik der Lega einen ausgezeichneten Schutz vor den lokalen Auswirkungen der Produktionsauslagerungen, der Internationalisierung der Märkte und Finanzen sowie der Mobilität von Arbeit sehen. Vielleicht ist es so, daß ethnozentrische Schlagworte und Themen wie der bevorzugte Zugang zu einem Arbeitsplatz und zu sozialstaatlichen Leistungen für die Bürger von Padanien auf größeres Vertrauen stoßen als das, was der italienische Staat anzubieten hat. In der Auseinandersetzung mit komplexen Problemen, deren Lösung schwierig erscheint, könnten sich die populistischen Vereinfachungen der Lega als besonders effektiv erweisen.

Das Projekt »Padanien« könnte daher von diesen beiden nebeneinander bestehenden und nur scheinbar gegensätzlichen Einstellungen beflügelt werden: einerseits Vertrauen auf wettbewerbsfähige Fachkompetenzen im dynamischen Sektor der Klein- und Mittelbetriebe sowie in einigen industriellen Bereichen und andererseits weitverbreitete Ängste in der Bevölkerung vor den Auswirkungen der Globalisierung, die dem Nationalstaat offenbar Probleme bereitet. Die Verheißung, die sich mit »Padanien« verbindet, weckt daher Hoffnungen sowohl bei jenen, die sich zu den Gewinnern zählen, als auch bei jenen, die befürchten, im Zeitalter wirtschaftlicher Globalisierung und globaler Kommunikation zu den Verlierern zu gehören.

Literatur

Anastasia, B./Corò, G.: *Evoluzione di un' economia regionale. Il Nordes dopo il successo.* Portogruaro 1996.

Belussi, F. (Hg.): *Nuovi modelli di impresa, gerarchie organizzative ed imprese a rete.* Milano 1992.

Biorcio, R.: *La Padania promessa. La storia, le idee e la logica d'azione della Lega Nord.* Milano 1997.

Canovan, M.: *Populism.* London 1981.

Confalonieri, M.A.: *Identità, interessi e carisma nei movimenti populisti: la Lega Nord e il Poujadismo,* in: Quaderni di Scienza politica 3/1996, S. 53-85.

Diamanti, I.: *La Lega. Geografia, storia e sociologia di un nuovo soggetto politico.* Roma 1993.

Diani, M.: *Linking Mobilisation Frames and Political Opportunities: Insight from Regional Populism in Italy,* in: American Sociological Review vol. 61/1996, S. 1053-1069.

Ionescu, G./Gellner, E.: *Populism, its Meanings and National Characteristics.* London 1970.

Kitschelt, H./McGann, A.J.: *Blending New Right Appeals in a Broad Populist Antiestablishment Strategy, Austria and Italy,* in: dies.: *The Radical Right in Western Europe.* Ann Arbor 1992, Kap. 5.

Mannheimer, R. (Hg.): *La Lega Lombarda.* Milano 1991.

Melucci, A./Diani, M.: *Nazioni senza stato.* Milano 1992.

Smith, A.D.: *The Ethnic Revival.* Cambridge 1981.

Taggart, P.A.: *The New Populism and the New Politics.* London 1996.

Wieviorka, M.: *L' espace du racisme.* Paris 1991.

III.
»Sonderfall« Deutschland?

Detlef Oesterreich
Massenflucht in die Sicherheit?

*Zum politischen Verhalten autoritärer Persönlichkeiten
Theoretische Überlegungen und Ergebnisse von vier
empirischen Untersuchungen*

Zu Beginn dieses Jahrhunderts hatte eine psychologische Disziplin Konjunktur, die nach dem Zweiten Weltkrieg ausgestorben zu sein schien und jetzt wieder an Bedeutung gewinnt: die Massenpsychologie. Berühmte Werke wie Le Bons *Psychologie der Massen*, Ortega y Gassets *Aufstand der Massen* oder Freuds *Massenpsychologie* befaßten sich mit den Gründen der Entstehung von Massenbewegungen, von Verhalten in Massen und v.a. dem Problem der Beherrschbarkeit von Massen. In den dreißiger Jahren hat die Nachfolge der Massenpsychologie eines der einflußreichsten – in mancher Hinsicht aber auch problematischsten – psychologischen Konzepte übernommen: das Autoritarismuskonzept. Mit seiner Hilfe sollte das Verhalten von Individuen in Massen verständlich gemacht werden, insbesondere die Orientierung der deutschen Arbeiterschaft zum Nationalsozialismus in der Zeit der Weltwirtschaftskrise.

So neu die Massenpsychologie um die Jahrhundertwende auch gewesen sein mag, muß man doch sehen, daß die ihr und auch dem später entwickelten Autoritarismuskonzept zugrundeliegende zentrale Frage bereits sehr viel früher gestellt worden ist. Es ist dies die Frage nach den Bedingungen einer freiwilligen Unterordnung unter gesellschaftliche Herrschaft. Marcuse und Fromm haben in der Studie des Frankfurter Instituts für Sozialforschung über *Autorität und Familie* dargelegt, daß stabile und reibungslos funktionierende Herrschaftsverhältnisse eine freiwillige Unterordnung der Beherrschten erfordern. Eine Herrschaft, die auf reiner Gewalt und Unterdrückung basiere, sei, wenn schon nicht unmöglich, so doch sehr instabil und v.a. ineffizient (Marcuse 1936, S. 136; Fromm 1936, S. 84).

Die Frage nach den Gründen einer freiwilligen Unterwerfung unter Herrschaft läßt sich leicht bis in die Philosophie der Aufklärung zurückverfolgen. Schon im revolutionären Aufbruch des ausgehenden 18. Jahrhunderts wurde erkannt, daß ein Verständnis von gesellschaftlicher Herrschaft ausschließlich mit Hilfe sozioökonomischer Ansätze schwierig ist, vielmehr bedarf es der Ergänzung durch einen psychologischen Ansatz.

So verweist Kant in seiner Schrift »Beantwortung der Frage: Was ist Aufklärung?« auf psychologische Faktoren zur Erklärung gesellschaftlicher Herrschaft. Er meint, die Akzeptanz von Herrschaft von Kirchen und Fürsten sei durch die menschliche Unmündigkeit bedingt, die er als Faulheit und Feigheit der Individuen beschreibt. Unmündigkeit sei bequem, weil sie die Anstrengung des Gebrauches des eigenen Verstandes vermeide. Die Menschen würden sich sogar so sehr an ihre Unmündigkeit gewöhnen, daß sie ihnen »beinahe zur Natur« würde, ja sie gewännen sie letztlich »sogar lieb« (Kant 1977, S. 54).

Die Massenpsychologie setzt zur Erklärung der Beherrschbarkeit von Massen an der Beobachtung an, daß Menschen in größeren Ansammlungen, in sog. Massen, sich anders verhalten als allein oder in kleineren Gruppen. In Massen scheinen sie dem Beobachter weniger vernünftig, emotionaler und leichter beeinflußbar, d. h. beherrschbar zu sein. Mit diesen Beobachtungen wurde ein erstes empirisches Teilstück für eine psychologische Theorie gesellschaftlicher Herrschaft bereitgestellt. Die Massenpsychologie beschrieb erstmals Mechanismen, die Menschen (zumindest in Massen) veranlassen, sich bestimmten Denkmustern und Verhaltensweisen anzuschließen und sich damit letztlich freiwillig Herrschaft zu beugen. Es war die Theorie des Autoritarismus, die diesen Beobachtungen eine psychologische Theorie unterlegte.

1. Die ideengeschichtlichen Voraussetzungen des Autoritarismusproblems

Für die Theorie des Autoritarismus sind drei theoretische Traditionen von besonderer Bedeutung: der historische Materialismus, die Psychoanalyse und die Massenpsychologie. Alle wichtigen Beiträge zur Entwicklung des Konzeptes bis zur Mitte des 20. Jahrhunderts, wie die von Reich (1933), Horkheimer, Fromm und Marcuse (1936) sowie Adorno u. a. (1950), sind sowohl marxistisch, massenpsychologisch als auch psychoanalytisch beeinflußt.

1.1 Der Historische Materialismus

Marx hat den bei Kant formulierten Gedanken, daß eine auf der Herrschaft einer Minderheit beruhende Gesellschaftsordnung sich in ihren Bürgern willfährige Untertanen schaffen müsse, aufgegriffen. In der *Deutschen Ideologie* hat er die für die Autoritarismustheorie der dreißiger Jahre bestimmende Deutung, daß die Gedanken der herrschenden Klasse in jeder Epoche zugleich die herrschenden seien, formuliert (Marx 1973, S. 183). Dies beinhaltet die Vorstellung, daß die Verfügung über die Produktionsmittel letztlich auch eine Verfügung über die Gedanken der Menschen sei.

Allerdings basiert für Marx die Orientierung an Autorität nicht nur auf der Herrschaft von Ideologie durch Manipulation der Gedanken und Gefühle der Arbeitenden, sondern er geht primär davon aus, daß das Autoritätsverhältnis im Kapitalismus produktionstechnisch begründet ist. Wegen der hochgradig arbeitsteiligen Produktion erfordert der kapitalistische Produktionsprozeß, insbesondere in seiner hochindustrialisierten Phase, Koordination und Leitung. Autorität erwächst notwendig aus den Produktionsbedingungen. Engels hat drastisch darauf hingewiesen, daß eine Beseitigung von autoritären Befehlsstrukturen im modernen Industriebetrieb mit dessen Abschaffung gleichzusetzen sei (Engels 1964, S. 306).

Die Arbeitenden sehen dies nach Marx jedoch zwangsläufig anders: Der Kapitalist leitet ja nicht nur den Produktionsprozeß, sondern er besitzt auch die Produktionsmittel. Von daher erscheint den Arbeitenden die aus der Leitungsfunktion resultierende Autorität des Kapitalisten als dessen persönliche Autorität. Marcuse hat darauf hingewiesen, daß hier eine falsche Personifizierung stattfindet: Der Kapitalist verfügt von vornherein über Autorität, weil er die Produktionsmittel besitzt und muß sich diese Autorität nicht erst erarbeiten, indem er den Produktionsprozeß leitet (Marcuse 1936, S. 208).

Man könnte sagen, Marx formuliere seine Theorie des Autoritätsverhältnisses in zwei Schritten. Erstens: Weil der Kapitalist die Verfügungsgewalt über die Produktionsmittel hat, wird er zum Produktionsleiter und damit zur Autorität. Zweitens: Diese Autorität, die ursprünglich nur auf dem äußerlichen Attribut seiner Macht, nämlich der Verfügungsgewalt über die Produktionsmittel, basiert, entwickelt sich in der Wahrnehmung der abhängig Arbeitenden zu einem persönlichen Charaktermerkmal, zu einer Eigenschaft, die ihm per se zukommt.

Der zweite Schritt, der quasi eine psychologische Theorie des Umganges mit Machtverhältnissen einschließt, ist von Marx noch nicht explizit formuliert worden. Er beinhaltet aber, daß, wenn die Machtverhältnisse den Beherrschten keine andere Wahl ließen, sie sich – zumindest begrenzt – psychisch mit diesen Machtverhältnissen arrangieren würden.

1.2 Die Massenpsychologie von Le Bon

Das Aufkommen der wissenschaftlichen Psychologie ermöglichte erstmals eine systematische Beschäftigung mit der psychologischen Dimension der Frage gesellschaftlicher Herrschaft. Die ersten spezifisch psychologischen Theorieansätze zu diesem Thema, lange noch vor dem seit den zwanziger Jahren politisch immer drängender werdenden Faschismusproblem, hat die Massenpsychologie entwickelt. Das Verhältnis des einzelnen zu gesellschaftlicher Herrschaft wurde im Problemzusammenhang des Verhaltens von Individuen in Großgruppen behandelt.

Le Bons *Psychologie der Massen* stellt die differenzierteste und am bekanntesten gewordene massenpsychologische Theorie dar (Le Bon 1982). Le Bons Analysen haben zwei Ziele: Zum einen will er Aufklärung darüber, was Individuen bewegt, wenn sie sich in Großgruppen zusammenfinden, zu Massen zu werden, zum anderen will er klären, warum sie, wenn sie Teil einer Masse geworden sind, unvernünftig und in ihrem Sozialverhalten sowohl unterwürfig als auch blindwütig aktiv und zerstörerisch werden.

Nach Le Bon sind die Hauptmerkmale des einzelnen in der Masse die Aufgabe seiner bewußten Persönlichkeit, die Dominanz unbewußter Regungen, die Ausrichtung der Gedanken und Gefühle durch Beeinflussung und Übertragung in die gleiche Richtung sowie das Bedürfnis zur unverzüglichen Verwirklichung der eingeflößten Ideen. Der Mensch wird zu einem fremdgesteuerten Automaten, dessen bewußte Persönlichkeit schwindet und dessen Gedanken und Gefühle in die ihm vorgezeichnete Richtung gehen (ebd., S. 17).

Diffuser ist Le Bons Erklärung von Massenphänomenen. Entscheidend für eine Deformation des Individuums in der Masse sind neben der Entwicklung einer Art von Gemeinschaftsgefühl und einer Aufgabe eigener Interessen v. a. die Unterordnung unter einen Führer.

Nach Le Bon gerät ein Individuum, das »lange Zeit im Schoße einer wirkenden Masse eingebettet war« (ebd., S. 16), in einen hypnoseähnlichen Zustand. Es ist dies ein Zustand,

»der sich sehr der Verzauberung nähert, die den Hypnotisierten unter dem Einfluß des Hypnotiseurs überkommt. Da das Verstandesleben des Hypnotisierten lahmgelegt ist, wird er der Sklave seiner unbewußten Kräfte, die der Hypnotiseur nach seinem Belieben lenkt. Die bewußte Persönlichkeit ist völlig ausgelöscht, Wille und Unterscheidungsvermögen fehlen [...]« (ebd.).

Diese Idee eines hypnoseähnlichen Zustandes verweist neben den gruppendynamischen Prozessen, die in der Masse selbst stattfinden, auf die Bedeutung eines Führers (Hypnotiseurs).

Die Macht, die ein Führer über die Massen gewinnt, beruht nach Le Bon v. a. auf seinem »Nimbus«, einer Macht über andere (ebd., S. 92). Der Nimbus kann auf hoher sozialer Stellung, Titel oder Vermögen beruhen, kann aber auch Bestandteil der Persönlichkeit des Führers sein. Im letzteren Sinne ist es eine die Massen verzaubernde, quasi hypnotische Fähigkeit:

»Die wenigen Menschen, die ihn [den Nimbus] besitzen, üben einen wahrhaft magnetischen Zauber auf ihre Umgebung aus, auch auf sozial Gleichgestellte, und man gehorcht ihnen, wie die wilde Bestie dem Bändiger gehorcht, den sie so leicht verschlingen könnte« (ebd., S. 95).

1.3 *Die Psychoanalyse von Freud*

Freud, der Le Bons Beschreibung der Massenphänomene für seine eigene Massenpsychologie weitgehend übernimmt, kritisiert an Le Bon v. a. dessen ungenügende Aufklärung über das Verhältnis von Führern und Geführten (Freud 1974, S. 19). Den Grund für diesen Mangel sieht er v. a. im Fehlen eines theoretischen Konzeptes, daß diese Beziehung erklären könnte. Während für Le Bon die Autorität des Führers weitgehend eine persönliche Eigenschaft ist (der »Nimbus«), betont Freud v. a. die Bedeutung der Beherrschten selbst. Für ihn begründet sich Autorität aus den Bedürfnissen der Beherrschten.

Individuen binden sich deshalb an einen Führer, weil sie sich mit ihm identifizieren. Ein Führer gewinnt nur deshalb Autorität, weil er die Bedürfnisse der von ihm Beherrschten zu befriedigen scheint. Diese Formulierung ist allerdings keine Freudsche Formulierung, obwohl sie dem Kern seiner Idee durchaus entspricht.

Freud selbst argumentiert in seiner Analyse von Massenphänomenen weniger psychologisch, sondern anthropologisch. Massen sind für ihn ein »Wiederaufleben der Urhorde« (ebd., S. 63). Im Anschluß an Darwin sieht Freud die Urform der menschlichen Gesellschaft in einer von einem starken Männchen unumschränkt beherrschten Horde (ebd., S. 62). Wenn Menschen sich nun zu Massen zusammenfinden, bricht in ihrem Verhalten atavistisch diese Urhorde hervor. Ein »überstarker einzelner« übernimmt die Leitung und die anderen folgen.

Trotz solcher dem Zeitgeist entsprechenden anthropologischen Erklärungen ist an Freuds Ansatz als entscheidendem Fortschritt gegenüber Le Bon festzuhalten, daß Freud Autorität nicht auf der Seite der Herrschenden sieht, sondern an die Bedürfnisstrukturen der Beherrschten bindet.

1.4 Zur Entwicklung des Autoritarismuskonzepts

Le Bons und Freuds Theorien der Massenseele sind keine persönlichkeitspsychologischen Theorien. Sie beschreiben zwar psychologische Mechanismen, die Herrschaftsverhältnisse ermöglichen sowie das Verhalten von Individuen unter Herrschaft, beziehen sich dabei jedoch nicht auf individualpsychologisch unterschiedliche persönliche Voraussetzungen der Individuen, sondern auf die Wirkmechanismen, denen allgemein gesehen Individuen in Massen ausgesetzt sind. Ihre Theorien sind deshalb eher Theorien des autoritären Verhaltens, beschränkt auf das Verhalten in Massen.

Die in den dreißiger Jahren entwickelten Autoritarismustheorien favorisieren demgegenüber einen sozialisationstheoretischen Ansatz. Die älteren Arbeiten beschreiben psychologische Mechanismen der Autoritätsunterwerfung, die neueren Arbeiten gehen von einem für diese Haltung typischen Persönlichkeitsbild aus. Es wird nicht länger potentielles Verhalten aller Individuen, sofern sie sich in Massen zusammenfinden, beschrieben, sondern individualpsychologisch differenziert das Verhalten einzelner. Die autoritäre Persönlichkeit ist der Typus, der sich so verhält, wie Le Bon und Freud das Verhalten von Menschen in Massen analysiert haben.

Ich habe die Geschichte des Konzepts der autoritären Persönlichkeit an anderer Stelle ausführlich dargestellt (Oesterreich 1996). Das Fazit dieser Analysen, die an dieser Stelle nicht noch einmal dargestellt werden sollen, ist, daß das traditionelle Autoritarismuskonzept von Reich (1933) über Fromm (1936), Adorno u. a. (1950), Rokeach (1960) und Altemeyer (1981) wissenschaftlich nicht zu halten ist. Dies liegt z. T. an seiner unklaren, in der Sprache der Psychoanalyse formulierten Theorie, v. a. aber an der desolaten Forschungslage. Die Autoritarismusforschung hat weit über 2000 Publikationen hervorgebracht. Es gibt aber bisher keine gesicherten Erkenntnisse: Zu fast allen Befunden existieren Gegenbefunde. Diese unbefriedigende Forschungslage hat zu vielfältigen Revisionen der Autoritarismusskala und letztlich auch des Konzepts selbst geführt, ohne daß die revidierten Skalen und Konzepte bisher deutlich konsistentere Forschungsergebnisse hervorgebracht hätten. In seiner äußerst pessimistischen Kritik der Autoritarismusforschung bezeichnet Altemeyer den Erkenntnisstand als praktisch Null (Altemeyer 1981, S. 112), und Ray meint, die Erkenntnisse seien nicht weiter gediehen, als sie zu dem Zeitpunkt waren, an dem die kalifornische Forschergruppe mit ihren Arbeiten begann (Ray 1976, S. 312).

2. Das Konzept der autoritären Reaktion

Ich meine, daß die Konzentration der Autoritarismusforschung seit den dreißiger Jahren auf ein Persönlichkeitskonzept den Blick vor der Tatsache verstellt hat, daß »autoritäres« Verhalten keineswegs an autoritäre Persönlichkeiten gebunden ist, sondern auch situationsspezifisch möglich ist. Diese Erkenntnis ist keineswegs neu, denn sie ist – obwohl nicht in dieser Terminologie formuliert – die Grundannahme der Massenpsychologie.

Es gibt eine Orientierung an Autorität, die unabhängig vom Vorhandensein autoritärer Persönlichkeitsmerkmale ist, die vielmehr situationsspezifisch erzeugt wird. Eine Orientierung an Autorität (ich habe dafür den Begriff einer autoritären Reaktion verwendet) tritt immer dann ein, wenn Menschen mit ihren eigenen Möglichkeiten nicht weiter wissen. In Situationen, die überfordern, die den einzelnen verunsichern, verhalten sich alle Menschen »autoritär«, indem sie sich in den Schutz von Sicherheit bietenden Instanzen flüchten (seien dies nun Individuen, soziale Gruppen oder auch Ideen), sich an diese Instanzen klammern und sich ihnen unterordnen (Oesterreich 1996). Durch diesen Mechanismus werden sie für das Individuum zu Autoritäten.

Unter Autorität kann vielerlei verstanden werden. Aus der Sicht des hier vertretenen Ansatzes entsteht Autorität im Individuum selbst. Sie ist das Ergebnis einer Attribution, deren motivationale Grundlage Angst und Verunsicherung sind. In ähnlicher Weise hat dies (wie bereits darauf hingewiesen) Freud in seiner Massenpsychologie formuliert (Freud 1974). Damit ist Autorität aus hiesiger Sicht zweierlei nicht: Sie ist kein sozialer oder gesellschaftlich definierbarer Tatbestand, wie es z. B. soziale Schicht oder sozialer Status sind, und sie ist keine individuelle Eigenschaft, kein spezifisches Vermögen, über andere Herrschaft zu gewinnen, wie es Le Bon mit seinem Konzept des »Nimbus« beschrieben hat (Le Bon 1982).

Die Flucht in die Sicherheit von – allgemein gesprochen – Instanzen, von denen eine wirkungsvolle Unterstützung und damit ein Abbau der eigenen Angst, Verunsicherung und Orientierungslosigkeit erwartet wird, die autoritäre Reaktion, ist eine Basisreaktion menschlichen Verhaltens. Sie bestimmt v. a. den Sozialisationsprozeß von Kindern. Kinder sind noch nicht in der Lage, ihr Leben selbst zu bewältigen und ihre Umwelt mit eigenen Kognitionen zu strukturieren. Sie sind von daher auf Hilfe und Unterstützung angewiesen. Diese bieten im Sozialisationsprozeß primär die Eltern oder andere für die Betreuung des Kindes verantwortliche Personen. Später übernehmen eine solche Schutz- und Orientierungsfunktion auch soziale Gruppen, Institutionen, Ideen, Werte und Normen.

In einem gelingenden Sozialisationsprozeß wird die Notwendigkeit eines Rückgriffs auf den Mechanismus der autoritären Reaktion von Kindern durch den Aufbau einer eigenständigen Umweltstrukturierung Stück für Stück abgebaut, wobei es von den Bedingungen des Sozialisationsprozesses abhängt, in welchem Maße dies gelingt. Aber auch Erwachsene sind gezwungen, autoritär zu reagieren, wenn sie Situationen gegenüberstehen, die sie überfordern. Eine solche Überforderung tritt bei Erwachsenen unterschiedlich schnell auf, je nachdem, in welchem Maße sie stabile und autonome Strukturierungen ihrer sozialen Umwelt entwickelt haben.

Belege für die Existenz einer autoritären Reaktion auch bei Erwachsenen lassen sich v. a. bei menschlichem Verhalten in Extremsituationen, aber auch allgemeinen Krisensituationen finden. So berichtet Bettelheim aus seinen Erfahrungen im Konzentrationslager, daß der situative Druck dort so groß gewesen sei, daß die meisten der Lagerinsassen sich ihren Wärtern nicht nur vollständig unterwarfen, sondern sogar deren Ideologie von der Minderwertigkeit der jüdischen Rasse übernahmen (Bettelheim 1960). Bettelheim betont, dies sei keineswegs bloßes *compliance*-Verhalten im Sinne einer vordergründigen Anpassung gewesen, sondern es hätte bei den meisten Häftlingen einer durch die Verhältnisse erzwungenen inneren Überzeugung entsprochen. Die Situation, in der sie sich befanden, war in einem solchen Maße angsterzeugend, daß sogar Schutz bei jenen gesucht wurde, die für diese Angst verantwortlich waren.

Auch experimentell konnte durch situativen Druck, der stark verunsichert, »autoritäres« Verhalten erzeugt werden. In den Milgramschen Gehorsamkeitsexperimenten ließen sich die Versuchspersonen in einem fiktiven Lernexperiment zu brutalen Bestrafungen drängen (Milgram 1974). Dabei waren Milgrams Versuchspersonen weder mehrheitlich Sadisten noch autoritäre Persönlichkeiten (Elms/Milgram 1966).

Aber auch in weniger extremen Situationen lassen sich Orientierungen an Autorität nachweisen. Eine Reihe amerikanischer Untersuchungen ist der These nachgegangen, daß in Krisenzeiten die Orientierung an Autorität zunimmt. Untersucht wurde dies u. a. anhand der Anzahl der Übertritte in autoritäre und weniger autoritäre Kirchen. In Krisenzeiten wurden sehr viel mehr Übertritte zu autoritären Kirchen beobachtet (Sales 1972). Umgekehrt wurde beim Übergang von einer Krisenzeit zu einer Zeit größerer Stabilität ein Abbau von Orientierungen an Autorität festgestellt (Doty/Peterson/Winter 1991).

3. Autoritäre Reaktion und politisches Verhalten

Der Denkansatz einer autoritären Reaktion läßt sich, wie auch schon die zuletzt genannten Beispiele für »autoritäres« Verhalten in Krisenzeiten zeigen, auf die Entwicklung politischer Orientierungen und politischen Verhaltens anwenden. In politischen Krisensituationen wird denjenigen vertraut, die Schutz und Sicherheit anbieten können. Dies sind in der Regel die gesellschaftlich Mächtigen, die Regierenden und die sie stützenden Parteien. Im Ruf nach einer starken Regierung, die nun endlich einmal durchgreife, einem starken Mann an der Spitze, äußert sich ein solches Bedürfnis nach Schutz und Sicherheit.

Die autoritäre Reaktion führt grundsätzlich zu einer Orientierung an denen, die Macht zu haben scheinen. Daraus folgt, daß in kritischen Situationen zuerst ganz sicher keine Orientierung an politisch extremen Gruppierungen stattfindet. Solche Gruppen repräsentieren nicht die gesellschaftliche Macht und haben nur ein geringes Schutzpotential. Eine Orientierung an extremen politischen Gruppen kann erst dann erfolgen, wenn die Schutz und Sicherheit bietenden Autoritäten, auf die sich zuerst die Hoffnungen gerichtet haben, versagen, wenn sie die in sie gesetzten Erwartungen nicht erfüllen, wenn z. B. die Krisensituation, aus der sie führen sollten, sich noch verschärft. Der Zerfall der Weimarer Republik, der Autoritätsverlust der sie tragenden Persönlichkeiten und Parteien haben sicherlich zu der politischen Radikalisierung im Zuge der ökonomischen und politischen Krisensituation Ende der zwanziger und Anfang der dreißiger Jahre beigetragen.

Eine grundsätzliche Schwierigkeit ist, verbindlich zu definieren, was Krisen sind. Sicherlich sind Krisen nicht nur durch objektive Merkmale zu definieren, sondern auch durch deren subjektive Wahrnehmung und Verarbeitung.

Ich denke, man muß unterscheiden zwischen Konflikten und Krisen, die nur die Interessen von Individuen berühren (wie z. B. gesellschaftliche Verteilungskonflikte), und solchen, die von den Individuen als beängstigende und verunsichernde Situationen erlebt werden, wie z. B. Angriffe auf die eigenen Werte und die psychische Identität. Letzteres ist der Fall im Zusammenhang mit Diskriminierungen, Ausgrenzungen und Statusbedrohungen.

Zweifellos mischen sich in den meisten Konflikt- und Krisensituationen die Elemente konfligierende Interessen und psychische Verunsicherung. Im Zuge der Eskalation von Konflikten treten in der Regel Emotionalisierungen auf. Um ein Beispiel zu geben: Ein Lohnarbeitskampf zwischen Gewerkschaften und

Arbeitgebern kann durchaus in Gewalt eskalieren. Dennoch bleibt er in erster Linie ein Interessenkonflikt, der trotz starker Emotionen die Individuen in der Regel nicht in ihrer psychischen Identität bedrohen wird. Allein schon die Einbindung in eine solidarische Gemeinschaft (die im Arbeitskampf stehende Gewerkschaft) verhindert solche Identitätsgefährdungen.

Anders ist die Situation bei Erfahrungen sozialer Ohnmacht, sozialer Diskriminierung oder der Antizipation eines Statusverlustes. Solche Erfahrungen sind psychisch bedrohlich. Sie stellen das Selbstbild in Frage, verrücken die gewohnte Welt, bedrohen die Identität. Krisenerfahrungen dieses Typus aktivieren ein Bedürfnis nach emotionaler Unterstützung, nach Schutz und Sicherheit, nach Orientierung, Sinngebung, individueller Aufwertung.

In solchen Situationen suchen sich Menschen Autoritäten, die für das Individuum zu Hoffnungsträgern werden. In welchem Maße in einer Konflikt- oder Krisensituation ein Bedürfnis nach Autorität entsteht, hängt also davon ab, wie stark diese Situation die psychische Stabilität des einzelnen bedroht oder aber nur auf dem Aushandeln unterschiedlicher Interessen beruht.

Das Denkmodell der parlamentarischen Demokratie geht davon aus, daß die jeweilige Opposition gewählt werde, wenn das Vertrauen in die Regierenden verbraucht ist. Im Rahmen von Krisen, wie sie sich z. B. im Rahmen von wirtschaftlichen Konjunkturschwankungen ergeben, hat sich die Richtigkeit dieses Modells oft bestätigt. In schweren Krisensituationen, wobei sicher noch genauer zu definieren ist, was »schwer« heißt, entwickeln sich die Dinge jedoch anders. Dies haben das Beispiel des Endes der Weimarer Republik und viele Krisen, die letztlich zu politischen Umbrüchen geführt haben, gezeigt. In solchen Situationen werden die traditionelle parlamentarische Opposition ebenso wie die Regierung als Teil des politischen Establishments angesehen, als Teil der herrschenden politischen Klasse, die versagt hat. Die Opposition ist dann nicht mehr die Alternative, die die abgewirtschaftete Autorität der Regierung ersetzen könnte. In solchen Situationen erhalten politisch extreme Gruppen eine Chance.

Über die Erklärung einer politischen Radikalisierung infolge des Versagens von Autoritäten in Krisen hinaus bedarf es des weiteren der Erklärung, welche Art von Extremismus zum Zuge kommt. Dazu bedarf es einer Analyse der allgemeinen politischen Situation, des politischen Klimas und des Typus der in der Krisensituation anstehenden politischen Probleme.

Daß derzeit dem Linksradikalismus, relativ gesehen, geringere Chancen eingeräumt werden können, hat Gründe, die sowohl mit dem weltweiten Zusammenbruch des Staatssozialismus zusammenhängen, der sozialistische Ideen äußerst unattraktiv hat werden lassen, als auch mit der Struktur der gegenwärtigen Krisensituation.

Die Krise der Jahre nach der deutschen Vereinigung war nicht nur eine schwere Wirtschaftskrise, sondern zusätzlich eine Identitätskrise, in der die Menschen nach neuen Werten und Orientierungen verlangten. Zu denken ist hier an die vielfältigen Probleme der Ostdeutschen, sich mit der bundesrepublikanischen Gesellschaft zu identifizieren, aber auch an das für alle Deutschen bestehende Orientierungsproblem, welche Rolle das wiedervereinigte Deutschland in Zukunft in der Welt spielen könne, sowie welchen Verlust an nationaler Identität die europäische Integration nach sich ziehen könne. Rechte Ideologie stellt hier eine emotionale Identifikation mit nationaler Größe als Orientierungshilfe bereit.

Auch das Asylbewerberproblem der Jahre 1991 bis 1993 hat eine rechtsextreme Lösung der Krise stärker nahegelegt als eine linksextreme. Gegen die angebliche Bedrohung durch Ausländer, die Deutschland überfremdeten, den Deutschen ihren Wohlstand streitig machten, ihnen Arbeitsplätze und Wohnraum wegnähmen und zudem von deutscher Sozialhilfe lebten, hilft rechte Ideologie sehr viel besser als linke: Sie bietet die einfache und wirksame Lösung der Ausgrenzung.

4. Die empirischen Untersuchungen

In vier empirischen Untersuchungen von 1991 bis 1997 habe ich versucht, den hier vorgetragenen Ansatz zu überprüfen. Dabei wurden zwei Ziele verfolgt:

Erstens sollte nachgewiesen werden, daß in Krisensituationen, in denen politische Autoritäten versagen, extremistische Tendenzen entstehen, wobei es aufgrund der Rahmenbedingungen der Jahre 1990 bis 1997 rechtsextremistische Tendenzen sind. Soziale

Gruppen, die von der Krisensituation am stärksten betroffen sind, müßten danach die stärksten rechtsextremistischen Tendenzen entwickeln.

Zweitens sollte die Annahme widerlegt werden, daß der Rechtsextremismus im Osten Deutschlands nach der Wiedervereinigung eine Spätfolge des Sozialismus ist. Konkret wird die These aufgestellt, daß das totalitäre Regime der DDR nicht in stärkerem Maße autoritäre Persönlichkeiten hervorgebracht hat als das freiheitliche der Bundesrepublik Deutschland.

In allen vier Untersuchungen wurden Jugendliche im Alter von 16 bis 21 Jahren befragt. Die erste Untersuchung wurde im Frühjahr 1991 durchgeführt, die zweite im Frühjahr 1993, die dritte im Frühjahr 1995 und die vierte im Frühjahr 1997. An der ersten Untersuchung nahmen rund 1400 Schüler (798 in Ostberlin und 600 in Westberlin) teil, an der zweiten rund 600 Schüler (330 in Ostberlin und 269 in Westberlin), an der dritten 410 (223 in Ostberlin und 187 in Westberlin) und an der vierten 408 (235 in Ostberlin und 173 in Westberlin). Für alle Untersuchungen wurden zwei soziale Gruppen von Jugendlichen ausgewählt, die zwischen Ost und West gut miteinander verglichen werden können: Gymnasiasten und Berufsschüler überwiegend aus dem Baugewerbe (zu Überlegungen hinsichtlich der Repräsentativität siehe Oesterreich 1993).

Beide genannten Annahmen wurden für die Untersuchungspopulation bestätigt: Ostberliner Schüler sind 1991 nicht autoritärer als Westberliner Schüler und weisen auch keine stärkeren rechtsextremistischen Tendenzen auf (Oesterreich 1993). 1993 lassen sich demgegenüber bei den Ostberliner Berufsschülern (der Gruppe mit den stärksten Krisenerfahrungen) deutlich gestiegene Werte für rechtsextremistische Orientierungen aufzeigen, während sich die Meßwerte für die Westberliner Berufsschüler und beide Gymnasiastengruppen kaum veränderten (Oesterreich 1997). 1995 sind die Rechtsextremismuswerte der Ostberliner Berufsschüler signifikant gesunken, 1997 wieder signifikant gestiegen.

4.1 *Rechtsextremismus*

Zur Bestimmung rechtsextremistischer Orientierungen wurde ein Maß verwendet, das in der Version von 1991 zwölf Items enthält, in den Untersuchungen von 1993, 1995 und 1997 jeweils 16 Items. Da die Items nicht in allen Untersuchungen identisch sind, konnte für einen Vergleich der Entwicklung rechtsextremistischer Orientierungen zwischen 1991 und 1997 nur auf zehn Items zurückgegriffen werden. Während die längeren Versionen jeweils Reliabilitäten um r = 0.90 aufweisen, ist die Reliabilität des zehn Items umfassenden Maßes wegen der kleineren Anzahl von Items etwas geringer. Sie beträgt in allen vier Untersuchungen um r = 0.85. Die Items sind in Tabelle 1 aufgelistet. Sie zeigt detailliert auf der Ebene einzelner Items die Entwicklung rechtsextremistischer Orientierungen, Grafik 1 als zusammenfassende Übersicht die Entwicklung auf der Ebene des Gesamtmaßes. Als Zustimmung zu den rechtsextremistischen Aussagen wurden die beiden Ankreuzungen der Kategorien »stimmt genau« und »stimmt« einer Fünf-Punkte-Skala gewichtet.

Grafik 1 zeigt die Entwicklung rechtsextremistischer Orientierungen zwischen 1991 und 1997. Sie verdeutlicht die Radikalisierung der politischen Orientierungen bei den Ostberliner Berufsschülern zwischen 1991 und 1993, ihre Liberalisierung zwischen 1993 und 1995 sowie den erneuten Anstieg rechtsextremistischer Orientierungen zwischen 1995 und 1997. Die Differenz zwischen 1991 und 1993 ist hochsignifikant ($p < 0.001$). Wegen der deutlich geringeren Befragtenzahl in den Untersuchungen von 1993, 1995 und 1997 ist die Differenz zwischen den Befragungen von 1993 und 1995 nur am Fünf-Prozent-Niveau signifikant ($p < 0.05$), die Differenz zwischen 1995 und 1997 verfehlt die Signifikanzgrenze. Veränderungen der Orientierungen in den anderen Befragtengruppen sind allesamt nicht signifikant.

Ein sehr viel dramatischeres Bild der Entwicklung zeigt sich, wenn man nicht die rechtsextremistischen Orientierungen insgesamt betrachtet, sondern gesondert diejenigen der Ausländerfeindlichkeit. Dies sind von den insgesamt zehn Items vier. Anstieg und Abstieg rechtsextremistischer Orientierungen bei den Ostberliner Berufsschülern werden hier sehr viel plastischer. Alle Veränderungen zwischen den vier Untersuchungszeitpunkten sind am Ein-Prozent-Niveau signifikant, während keine der Veränderungen in den anderen drei Untersuchungsgruppen auch nur in die Nähe der Fünf-Prozent-Signifikanz gerät; d. h., Veränderungen von Ausländerfeindlichkeit finden sich ausschließlich bei der Gruppe der Ostberliner Berufsschüler. Es läßt sich zwar bei

Grafik 1: Entwicklung rechtsextremistischer Orientierungen 1991 bis 1997 (Zustimmung zu rechtsextremistischen Aussagen in Prozent)

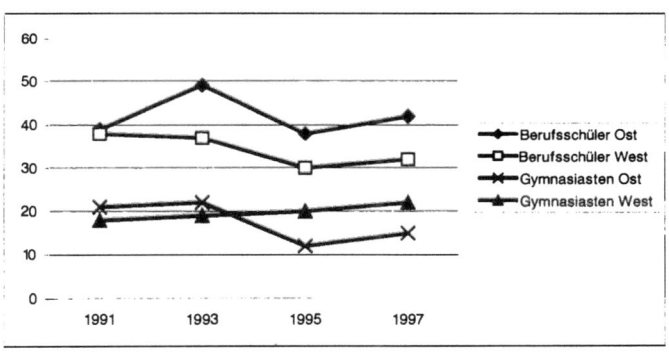

Grafik 2: Entwicklung ausländerfeindlicher Orientierungen 1991 bis 1997 (Zustimmung zu ausländerfeindlichen Aussagen in Prozent)

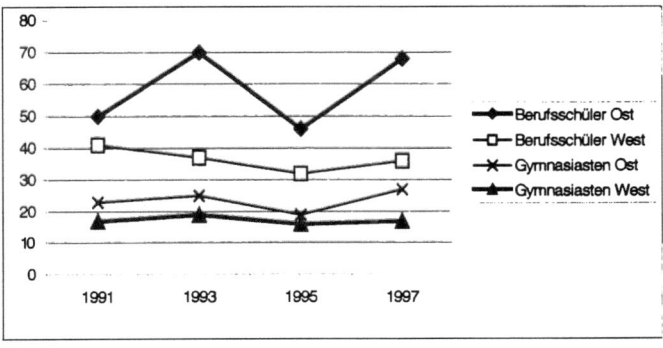

Tab. 1: Rechtsextremistische Orientierungen von 1991 bis 1997 (Zustimmung zu den folgenden Aussagen in Prozent)

		Berufsschüler				Gymnasiasten			
		1991	1993	1995	1997	1991	1993	1995	1997
Deutschland sollte wieder eine führende Rolle in der Welt übernehmen.	Ost West	57,1 53,7	65,8 48,6	60,8 41,3	62,7 43,8	26,9 28,7	26,2 17,1	22,2 33,3	27,4 37,3
Es muß Ziel der deutschen Politik bleiben, die verlorenen Gebiete jenseits von Oder und Neiße wiederzugewinnen.	Ost West	23,9 21,7	26,7 15,6	33,3 17,5	30,1 20,3	4,1 4,2	6,2 0,8	1,2 6,7	3,6 13,6
Die Entwicklungshilfezahlungen an Länder der Dritten Welt sollten eingestellt und das Geld für den Aufbau der ehemaligen DDR verwendet werden.	Ost West	32,4 25,3	56,9 23,9	42,5 30,0	60,2 34,4	11,2 7,9	9,2 8,5	7,4 7,8	7,1 9,8
Deutschland darf nicht zum Einwanderungsland für Asylanten aus dem Osten und der Dritten Welt werden.	Ost West	65,7 58,7	87,7 63,3	52,3 52,5	81,9 51,6	42,2 35,6	51,3 41,1	33,3 33,3	41,7 37,3
Bei der Einstellung von Arbeitskräften sollten Deutsche grundsätzlich Ausländern vorgezogen werden.	Ost West	53,1 40,1	64,6 24,8	41,8 17,5	63,9 28,1	18,7 6,5	14,9 7,8	11,1 4,4	14,3 5,9
Die PDS muß verboten werden.	Ost West	32,2 46,0	28,3 46,8	26,1 28,8	7,2 25,0	12,6 26,4	14,9 22,5	2,5 31,1	7,1 23,5
Wenn die Mitarbeiter der Stasi nicht vor Gericht gestellt werden, muß man Selbstjustiz üben.	Ost West	24,1 30,5	16,7 30,3	14,4 11,3	10,8 23,4	9,2 6,5	4,6 7,8	2,5 2,2	3,6 7,8

Tab. 1: Fortsetzung

		Berufsschüler				Gymnasiasten			
		1991	1993	1995	1997	1991	1993	1995	1997
Die Polizei muß schärfer gegen Chaoten und Terroristen vorgehen.	Ost West	75,5 79,6	83,3 81,7	60,1 63,8	65,1 67,2	54,8 56,5	67,7 78,3	35,8 73,3	44,0 64,7
Die Verbrechen des Nationalsozialismus sind in der Geschichtsschreibung weit übertrieben worden.	Ost West	15,1 15,8	26,7 22,4	23,5 13,8	21,7 7,8	4,4 2,8	4,6 1,6	1,2 1,1	2,4 7,8
Hitlers Fehler war, den Zweiten Weltkrieg anzufangen. Ansonsten waren die Nationalsozialisten vernünftige Leute.	Ost West	17,6 16,3	29,2 16,5	29,4 16,3	32,5 18,8	3,7 2,8	2,6 –	1,2 2,2	– 2,0
Durchschnittliche Zustimmung zu den 10 Items.	Ost West	39,7 38,8	48,7 37,4	38,4 29,3	43,6 32,0	18,8 17,8	21,4 19,1	11,8 19,5	15,1 21,0

allen Gruppen zwischen 1993 und 1995 ein Abfall rechtsextremistischer Orientierungen sowie ein erneuter Anstieg zwischen 1995 und 1997 beobachten, doch nur bei den Ostberliner Berufsschülern ist er signifikant.

Die unterschiedliche Entwicklung der rechtsextremistischen Orientierungen in den vier Untersuchungsgruppen wirft zwei Fragen auf:

1. Warum sind nicht auch bei den Westberliner Jugendlichen die Rechtsextremismuswerte 1993 höher?

2. Warum gibt es nicht auch bei den Ostberliner Gymnasiasten 1993 einen Anstieg der Rechtsextremismuswerte?

Ad 1. Auch in Westdeutschland hat es in den Jahren 1992 und 1993 ein Versagen von Autoritäten im Zusammenhang einer schweren Krise gegeben. Während diese Krisensituation sich auf der Ebene eines dramatischen Anstiegs rechtsextremer Straftaten durchaus widerspiegelt, zeigt sich eine solche Entwicklung auf der Ebene der in meinen Untersuchungen gemessenen Einstellungen nicht.

Dazu sind zwei Bemerkungen zu machen: Erstens sind die Krisenerfahrungen der Ostberliner Berufsschüler sehr viel intensiver als diejenigen der Westberliner. Im Westen war das wesentliche Problem der starke Zustrom von Asylbewerbern in einer Situation ökonomischer Krise. Dies erzeugte eine massive Ablehnung dieser Asylbewerber bis hin zur Anwendung von Gewalt. Im Osten mußte darüber hinaus der Zusammenbruch der eigenen Identität bewältigt werden, die Erkenntnis, daß die Versprechungen des Jahres 1990 nicht eingelöst wurden, und das Bewußtsein, im vereinten Deutschland nur Bürger zweiter Klasse zu sein (Der Spiegel 1991).

Zweitens spielt der Zeitpunkt der Untersuchung Ende Mai/Anfang Juni 1993 eine bedeutende Rolle. Der Mai 1993 war zugleich Höhepunkt und Umbruch der Welle der Übergriffe gegen Ausländer. Der Mordanschlag von Solingen vom 28. Mai 1993 hatte große Betroffenheit ausgelöst und verbreitet zur Auffassung geführt, daß so mit Menschen nicht umgegangen werden könne. Es kam zu einer breiten Welle der Ablehnung von Gewalt gegenüber Ausländern, während vorher diese Ablehnung oft nur verbal war und das Vorgehen gegenüber Ausländern klammheimlich gutgeheißen wurde. Es läßt sich zeigen, daß Jugendliche, die vor dem 28. Mai 1993 befragt wurden, höhere Rechtsextremismuswerte haben als Jugendliche, die nach diesem Zeitpunkt befragt wurden. Dies bedeutet, daß insgesamt die Rechtsextremismuswerte der 1993er-Studie eher unterschätzt sind.

Ad 2. Ostberliner Gymnasiasten weisen 1993 gegenüber 1991 keine erhöhten Rechtsextremismuswerte auf, obwohl sie von der Krise natürlich auch betroffen sind. Hierzu sind ebenfalls zwei Bemerkungen zu machen: Erstens haben die Gymnasiasten weniger Krisenerfahrungen als die Berufsschüler. Sie sind von der ökonomischen Krise und der Perspektivlosigkeit, keine Arbeitsstelle zu finden, sehr viel weniger betroffen. Sie haben je nach Altersgruppe noch ein bis drei Jahre Schule vor sich und können danach auf einen Studienplatz hoffen, so daß das Problem einer möglichen Arbeitslosigkeit erst einmal in weiter Ferne zu liegen scheint. Berufsschüler trifft das Problem der Arbeitslosigkeit dagegen in ihrer Biographie sehr viel früher.

Zweitens spielt auch hier wieder das Argument des Zeitpunkts der Untersuchung eine Rolle. Während die Berufsschüler teils vor, teils nach dem Mordanschlag von Solingen befragt wurden, fand die Befragung aller Ostberliner Gymnasien erst Anfang Juni 1993 statt, also nach dem Mordanschlag. Es ist davon auszugehen, daß die Rechtsextremismuswerte der Jugendlichen höher liegen würden, wenn die Untersuchung eine Woche früher durchgeführt worden wäre.

Zusammenfassend läßt sich festhalten, daß der krisentheoretisch postulierte Anstieg der Rechtsextremismuswerte bei der von der Krisensituation am stärksten betroffenen Gruppe der drei Untersuchungen, nämlich den Ostberliner Berufsschülern, zwischen 1991 und 1993 deutlich zu beobachten ist, während es danach zu einer Relativierung rechtsextremistischer Positionen gekommen ist.

4.2 Autoritäre Persönlichkeitsmerkmale

Autoritäre Persönlichkeitsmerkmale wurden mit der neu entwikkelten Autoritarismusskala gemessen, die keine Einstellungsitems enthält, sondern sich auf Fragen zum persönlichen Verhalten und Erleben konzentriert (Oesterreich 1998). Diese Skala umfaßt in der Fassung von 1991 16 Items (dargestellt in Oesterreich 1993), in den Versionen von 1993 bis 1997 jeweils 26 Items (Oesterreich 1998). Da im Zuge der Entwicklung der Skala eine

Reihe der 1991 verwendeten Items in den späteren Versionen weggelassen oder deutlich umformuliert wurden, reduziert sich die Anzahl der für einen Vergleich zur Verfügung stehenden Items auf zehn. Die Reliabilität dieser Skala liegt bei r = 0.73. Die Veränderungen, die mit dieser Skala zwischen 1993 und 1997 gemessen werden, sind in ihrem Verlauf identisch mit denen, die mit den längeren 26 Items umfassenden Skalen gemessen werden.

Einstellungen und politische Orientierungen ändern sich in Folge politischer Ereignisse relativ schnell. Individuelle Charaktereigenschaften sollten dagegen eine höhere Stabilität aufweisen. Bezüglich autoritärer Charaktermerkmale ist also zu erwarten, daß sie den Schwankungen der politischen Orientierungen der Jahre 1991 bis 1997 sehr viel weniger unterliegen. Zweitens erwarten wir im Zusammenhang mit der Einschätzung, daß die DDR nicht in stärkerem Maße autoritäre Persönlichkeiten hervorgebracht hat als die Bundesrepublik, keine signifikanten Unterschiede zwischen Ost- und Westberliner Jugendlichen. Beide Annahmen wurden bestätigt.

So sind autoritäre Persönlichkeitsmerkmale in den sechs Jahren von 1991 bis 1997 in allen Untersuchungsgruppen vergleichsweise stabiler als die rechtsextremistischen Orientierungen. Die stärkste Veränderung ist ein Absinken der Autoritarismuswerte bei den Ostberliner Gymnasiasten von 1993 zu 1995 (vgl. Grafik 3). Auch diese Differenz liegt jedoch unterhalb der Fünf-Prozent-Signifikanzgrenze.

Zweitens bestätigt sich die Vermutung, daß Jugendliche in Ost und West nicht signifikant voneinander unterschiedene Autoritarismuswerte haben. Diese Hypothese war die zentrale Annahme meiner Studie von 1991 (Oesterreich 1993) und konnte in der damaligen Untersuchung voll bestätigt werden. Die Untersuchungen der Jahre 1993 und 1995 sind unter diesem Gesichtspunkt nochmalige Bestätigungen dieser Annahme. Die Ergebnisse lassen sich als Beleg für die These ansehen, daß autoritäre Persönlichkeiten kein Spezifikum autoritärer oder totalitärer Gesellschaften sind. Aus der Sicht der hier vertretenen Theorie der autoritären Reaktion entstehen autoritäre Persönlichkeiten vielmehr dann, wenn lebensgeschichtlich große Verunsicherungen erzeugt werden. Die Gesellschaft der DDR war aber keineswegs in stärkerem Maße verunsichernd als diejenige der Bundesrepublik.

Grafik 3: Entwicklung autoritärer Persönlichkeitsmerkmale 1991 bis 1997 (Zustimmung zu autoritäre Persönlichkeitsmerkmale indizierenden Aussagen in Prozent)

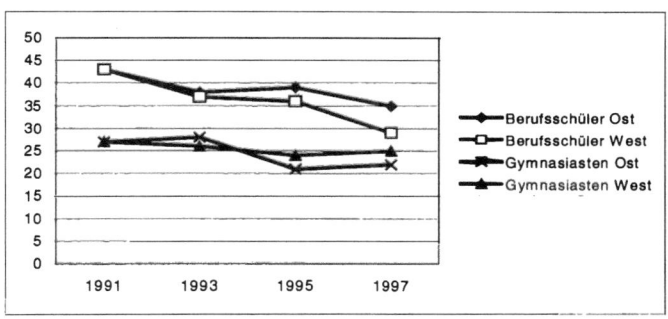

5. Zusammenfassende Überlegungen

In politischen Krisensituationen suchen Menschen Schutz bei denen, die dazu in der Lage zu sein scheinen und diesen Schutz auch anbieten. Sie werden für das Individuum zu Hoffnungsträgern, zu Autoritäten. Versagen diese Autoritäten, erfüllen sie die von den Schutzsuchenden erhofften Erwartungen nicht, dann treten politische Radikalisierungen ein.

Die Welle rechtsextremistischer Gewalt im Deutschland der Jahre 1991 bis 1993 kann auf ein solches Versagen von Autoritäten in einer schweren Krisensituation zurückgeführt werden. Krise bedeutet in diesem Zusammenhang nicht nur ökonomische Krise, sondern insbesondere für die Menschen im Osten Deutschlands auch Identitätskrise. Das Versagen von Autorität meint die nicht eingehaltenen Versprechungen der Bonner Regierung, den Osten Deutschlands in »blühende Landschaften zu verwandeln« sowie die Kosten der deutschen Vereinigung ohne Steuererhöhungen zu finanzieren. In vier empirischen Untersuchungen konnte gezeigt werden, daß sich bei Ost- und Westberliner Jugendlichen diejenigen, die von dieser Krisensituation am stärksten betroffen waren, die radikalsten politisch rechten Einstellungen entwickelt haben. Infolge des Abflauens zumindest der ökonomischen Krise in den Jahren 1994 und 1995 haben sich die rechtsextremistischen Orientierungen zurückentwickelt und, nachdem der Osten Deutschlands erneut in eine extreme Krisensituation geraten ist, zwischen 1995 und 1997 wieder verstärkt. Die gleiche Entwicklung läßt sich auf der Ebene einer Analyse rechtsextremistischer Gewalttaten belegen.

Die Konsequenzen, die diese Ergebnisse für politisches Handeln nahelegen, bieten gleichermaßen erfreuliche wie unerfreuliche Perspektiven. Erfreulich ist, daß die Entwicklung rechtsextremistischer Tendenzen durchaus von politischem Handeln abhängig zu sein scheint, also nicht eine Art unausweichliches Schicksal der modernen Industriegesellschaft mit ihren Entfremdungserscheinungen widerspiegelt. Unerfreulich ist dagegen, daß dieses politische Handeln in unserer Gesellschaft in den letzten Jahren versagt zu haben scheint. Ohne die im Interesse von Machterhalt propagierten falschen Versprechungen von blühenden Landschaften, gleichberechtigter Integration der Ostdeutschen in die bundesrepublikanische Gesellschaft und Bewältigung der Wiedervereinigung ohne Steuererhöhungen hätten die ökonomischen Krisenerfahrungen der letzten Jahre nicht zu einem so starken Anwachsen rechtsextremistischer Gewalt und Orientierungen geführt.

Literatur

Adorno, Th. W./Frenkel-Brunswick, E./Levinson, D. J./Sanford, R. N.: *The Authoritarian Personality.* New York 1950.

Altemeyer, B.: *Right-Wing Authoritarianism.* Manitoba 1981.

Bettelheim, B.: *The Informed Heart: Autonomy in a Mass Age.* New York 1960.

Doty, R. M./Peterson, B. E./Winter, D. G.: *Threat and Authoritarianism in the United States, 1978-1987,* in: *Journal of Personality and Social Psychology* 61, 4/1991, S. 629-640.

Elms, A. C./Milgram, S.: *Personality Characteristics Associated with Obedience and Defiance toward Authoritative Command,* in: *Journal of Experimental Research in Personality* 1/1966, S. 282-289.

Engels, F.: *Von der Autorität,* in: *MEW* 18. Berlin 1964.

Freud, S.: *Massenpsychologie und Ich-Analyse,* in: Freud, S.: *Fragen der Gesellschaft, Ursprünge der Religion.* Studienausgabe Bd. 9. Frankfurt/M. 1974.

Fromm, E.: *Sozialpsychologischer Teil*, in: Horkheimer, M. u. a. (Hg.): *Studien über Autorität und Familie*. Paris 1936.

Kant, I.: *Beantwortung der Frage: Was ist Aufklärung?* in: ders.: *Schriften zur Anthropologie, Geschichtsphilosophie, Politik und Pädagogik* 1. Werksausgabe Bd. 11. Frankfurt/M. 1977.

Le Bon, G.: *Psychologie der Massen*. Stuttgart [15]1982.

Marcuse, H.: *Ideengeschichtlicher Teil*, in: Horkheimer, M. u. a. (Hg.): *Studien über Autorität und Familie*. Paris 1936.

Marx, K.: *Deutsche Ideologie*, in: *MEW* 3. Berlin 1973.

Milgram, S.: *Obedience to Authority: An Experimental View*. London 1974.

Oesterreich, D.: *Autoritäre Persönlichkeit und Gesellschaftsordnung. Der Stellenwert psychischer Faktoren für politische Einstellungen – eine empirische Untersuchung von Jugendlichen in Ost und West*. Weinheim 1993.

Ders.: *Flucht in die Sicherheit. Zur Theorie des Autoritarismus und der autoritären Reaktion*. Leverkusen 1996.

Ders.: *Krise und autoritäre Reaktion. Drei empirische Untersuchungen zur Entwicklung rechtsextremistischer Orientierungen bei Jugendlichen in Ost und West von 1991 bis 1995*, in: *Gruppendynamik* 3/1997, S. 259-272.

Ders.: *Ein neues Maß zur Messung autoritärer Charaktermerkmale*, in: *Zeitschrift für Sozialpsychologie* 1/1998, S. 56-64.

Ray, J.J.: *Do Authoritarians Hold Authoritarian Attitudes?*, in: *Human Relations* 29, 1976, S. 307-325.

Reich, W.: *Massenpsychologie*. Berlin 1933.

Rokeach, M.: *The Open and Closed Mind*. New York 1960.

Sales, S. M.: *Economic Threat as a Determinant of Conversion Rates in Authoritarian and Nonauthoritarian Churches*, in: *Journal of Personality and Social Psychology* 3/1972, S. 420-428.

Michael Vester
Wer sind heute die »gefährlichen Klassen«?
Soziale Milieus und gesellschaftspolitische Lager im Wandel

> »*Nicht* – wie diejenigen glauben, welche hypnotisiert in die Tiefen der Gesellschaft starren – bei den *Massen* liegt die Gefahr. Nicht eine Frage nach der *ökonomischen* Lage der *Beherrschten*, sondern die vielmehr nach der *politischen* Qualifikation der *herrschenden und aufsteigenden Klassen* ist auch der letzte Inhalt des *sozial*politischen Problems.«
>
> *Max Weber 1895, S. 23*

Mit diesen Worten seiner Freiburger Antrittsrede wandte sich Max Weber gegen eine intellektuelle Hauptströmung seiner Zeit, die die Gefahr für die Zivilisation und die etablierte Ordnung bei den nach politischer Beteiligung drängenden Volksmassen sah. Das Datum der Rede, der Mai 1895, verrät, daß die Zuhörenden noch die empörten öffentlichen Reaktionen auf die Maidemonstrationen der Arbeiter im Ohr hatten, die im 19. Jahrhundert das Drohende der sog. »gefährlichen Klassen« symbolisierten.

Weber lenkt den Blick zurück auf die politisch Verantwortlichen der bürgerlichen Klassen und der Arbeiterbewegung. Bei ihnen liege es, in wirtschaftlichen Übergangsperioden die gefährlichen sozialen Desintegrationstendenzen durch wirksame sozialpolitische Konzepte und eine umfassende politische Erziehungsarbeit zu bändigen. Die Gefahr sah Weber daher darin, daß es den politischen Repräsentanten des Bürgertums und der Arbeiterbewegung seiner Zeit an der hierfür nötigen politischen Kompetenz und Reife fehlte (Weber 1895, S. 20-25).

Mit dem Aufstieg der faschistischen Bewegungen nach dem Ersten Weltkrieg geriet eine dritte Perspektive in den Vordergrund, die These der ›Gefahr aus der Mitte‹. Sie sieht die Gefahr bei den kleinbürgerlichen Schichten, die durch die wirtschaftlichen Umbrüche entwurzelt sind und faschistisch mobilisiert werden können.

Der Frage, wo das Potential von sog. »gefährlichen Klassen«

liegt – unten, oben oder in der Mitte der Gesellschaft –, möchte ich hier systematisch und anhand neuerer empirischer Untersuchungen nachgehen. Unsere Befunde belegen durchaus das Vorhandensein autoritärer und rechtsradikaler Potentiale, aber sie präzisieren sie auch. Sie zeigen, daß autoritäre Potentiale nicht pauschal und automatisch »unten« oder in der »Mitte« der Gesellschaft »ausgebrütet« werden, wenn wirtschaftliche Krisen oder sozialer Zerfall eintreten. Diese Potentiale, die sich bei etwa einem Fünftel der Bevölkerung finden, haben vielmehr, wie ich entwickeln möchte, einen spezifischen und abgrenzbaren Ort auf *jeder* Etage der Gesellschaft, unten und in der Mitte, aber ebenso auch oben.

Aber das heißt nun nicht, daß die autoritären Potentiale »überall« sind. Vielmehr haben sie einen festen (und langfristig auch schrumpfenden) Ort in bestimmten »Klassenmilieus« am rechten und unteren Rand des sozialen Raums (vgl. Abb. 4). *Sie entstehen dabei nicht aus bestimmten ökonomischen Lagen, sondern bei bestimmten Mentalitätstypen*. Unsere empirischen Untersuchungen bestätigen, auch mit repräsentativen Daten, daß *die heute wieder häufigeren Lagen der Deklassierung oder Anomie je nach Mentalität und Milieutradition sehr verschieden, sowohl autoritär oder resignativ als auch solidarisch oder demokratisch, verarbeitet werden.*

1. Legenden der Massengesellschaft:
»Gefahr von unten« und »Gefahr aus der Mitte«

Damit möchte ich eine Alternative zu denjenigen Szenarien entwickeln, auf die heute – wie eh und je – nicht wenige Intellektuelle mit wohligem Gruseln verweisen. Zu diesem Szenario allgemeiner gesellschaftlicher Desintegration in einer fragmentierten Massengesellschaft werden v. a. vier Erscheinungen gerechnet:

1. Die Fragmentierung der Erfahrungen: Die Lebensverhältnisse werden komplexer und vielfältiger und fügen sich in kein Gesamtbild mehr.

2. Die Pluralisierung der Lebensformen und Milieus: Die sozialen Gruppen stehen zunehmend unverbunden nebeneinander.

3. Die zunehmende Individualisierung: Der soziale Zusammenhalt auch innerhalb der sozialen Gruppen zerfällt.

4. Das Schwinden der großen Deutungssysteme der weltan-

schaulichen und kirchlichen Lager: Anstelle von Traditionen und Zwängen werden die Individuen selber zu Steuerungsinstanzen.

Insgesamt erscheint dies als eine zwiespältige Entwicklung, die den einzelnen mehr Selbstbestimmung, aber auch mehr Überforderung bringt. Anscheinend entsteht eine Gesellschaft von orientierungslosen Nomaden: eine Gesellschaft der *Anomie*.

Unsere Befunde und Argumente können diese Erscheinungen weder leugnen noch verharmlosen. Aber sie können zweierlei belegen: Zum einen handelt es sich nicht um allgemeine, sondern um spezifisch lokalisierbare Trends, denen auch Gegentendenzen gegenüberstehen. Zum anderen wohnt auch autoritären Potentialen der Alltagsmentalitäten keine unbedingte Tendenz inne, sich automatisch in Gewaltakte gegen Minderheiten oder politische Rechtsentwicklungen umzusetzen. Dies geschieht und kann geschehen, aber nur dann, wenn das *Feld der politischen Öffentlichkeit und die Eliten* der Gesellschaft solche Artikulationen zulassen oder gar populistisch mobilisieren.

Dies war 1932 der Fall, als die Nationalsozialisten exakt die 37 % an kleinbürgerlich-autoritären Wählern für sich gewinnen konnten, die durch Erosion der deutschnationalen und rechten Parteien von diesen nicht mehr gebunden werden konnten. Sicher wählten auch Arbeiter, Angestellte, Mittelständler und Teile der oberen Klassen die Nazis, aber doch nur diejenigen, die bereits zum autoritären Potential gehörten, während die katholische Zentrumspartei und die Arbeiterparteien ihre Prozentsätze an den gleichen sozialen Gruppen hielten. Dies bestätigt, daß die *Klassenstruktur nicht nur vertikal*, von den Arbeitern bis zu den oberen Klassen, gegliedert ist. Sie ist, wie in diesem Aufsatz noch genauer entwickelt werden wird, *auch horizontal* in verschiedene Fraktionen – traditionelle und moderne, autoritäre und demokratische – *gegliedert*. Die Erfahrung von 1932 bestätigt zwar, daß die Mobilisierbarkeit autoritärer Potentiale von der »*politischen* Qualifikation der *herrschenden und aufsteigenden Klassen*«, wie Weber es sagt, abhängt. Aber die Erfahrung zeigt auch, daß die bis heute eingetretene Reduzierung des autoritären Wählerpotentials auf etwa 20 % nichts daran ändert, daß das Auftreten populistischer Parteien – wie in Frankreich und Österreich – oder populistischer Unterströmungen in den großen Volksparteien – wie bei uns – das allgemeine öffentliche und politische Klima bedroht.

2. Autoritarismus und Klassenlagen im sozialen Raum

Ich möchte mich hier nicht mit den Masse-Elite-Schemata auseinandersetzen, die den Szenarien der Desintegration zugrundeliegen und die einer voreingenommenen »Perspektive von oben« entsprechen. Vielmehr möchte ich hier zu derjenigen Perspektive zurückkehren, die in der klassischen Mentalitätstheorie von Max Weber (1964) und Theodor Geiger (1932) angelegt war und die inzwischen insbesondere von Pierre Bourdieu (1982) zu einem umfassenden Konzept entwickelt worden ist. Sie liegt auch unseren empirischen und theoretischen Untersuchungen zugrunde (Vester u. a. 1993, 2000). Sie geht nicht von intellektuellen Idealen eines sozialen Bewußtseins aus, sondern versucht, die Kultur des Alltagshandelns der verschiedenen sozialen Gruppen überhaupt erst einmal zu verstehen. Dabei geht es darum, die impliziten Prinzipien der Alltagspraxis der verschiedenen sozialen Gruppen herauszuarbeiten, die unsichtbaren Strukturen der sozialen Beziehungen zu thematisieren und immer wieder die eigenen verzerrenden, abwertenden oder idealisierenden Perspektiven zu reflektieren.

Diese Muster des alltäglichen Beziehungshandelns, des Geschmacks, der Lebensstile, der Wahrnehmungen und der Weltdeutungen können wir mit Max Weber als Typen der »Lebensführung«, mit Theodor Geiger als »Mentalitäten« oder mit Pierre Bourdieu als »Habitus« bezeichnen. Daß solche Grundhaltungen nach sozialen Gruppen oder Milieus verschieden sind, ist kaum umstritten. Ebenso besteht Einigkeit in der Beobachtung, daß die Menschen die Eigenheiten ihres Geschmacks und ihrer Lebensart aktiv einsetzen, um sich bestimmten Gruppen zuzuordnen und von anderen abzugrenzen. Auch werden die Mentalitätsformen relativ selbstverständlich nach Altersklassen, Geschlechtsgruppen oder auch ethnischer und regionaler Herkunft unterschieden. Kontrovers – jedenfalls in Deutschland – ist dagegen, ob die Mentalitätstypen auch bestimmten Gesellschaftsklassen zugeordnet werden können.

Für Verwirrung gesorgt hat hier lange die sog. Widerspiegelungstheorie, die davon ausgeht, daß sich im sozialen Bewußtsein ausschließlich die rationalen Interessen widerspiegeln, die ein Mensch aufgrund seiner Stellung im wirtschaftlichen oder beruflichen System hat. Im Vulgärmarxismus war sie mit der ›geschichtsphilosophischen‹ Erwartung verbunden, daß die Arbeiter durch den praktisch erfahrenen Interessengegensatz zu den Kapitalisten auch ihren welthistorischen Gegensatz zum kapitalistischen Gesamtsystem begreifen lernen und zum Subjekt einer sozialistischen Revolution werden würden. Diese Erwartung wurde durch die Oktoberrevolution, den Aufstieg des Faschismus und schließlich die ›Integration‹ der Arbeiter im Nachkriegskapitalismus gründlich enttäuscht. Bei vielen schlug sie ins Gegenteil um, bei den kulturkritischen Neomarxisten in eine Theorie der Anpassung, Fragmentierung und Manipulation. Durch die Erosion der proletarischen Wohnviertel, Institutionen und Lebensweisen hätte die Arbeiterklasse ihren Zusammenhalt verloren, so daß sie wehrlos den herrschenden Bildungseinrichtungen, der Konsumwerbung und der Kulturindustrie ausgeliefert sei (u. a. Marcuse 1967, Anderson/Blackburn 1965) und entweder verbürgerlichen oder irrational werden würde. Sämtliche Annahmen waren Ableitungen aus Strukturen und ohne eigene empirische Basis.[1]

Die drei Erklärungsansätze – das Theorem der rationalen Interessenspiegelung, das Theorem der Erosion der Klassenmilieus und der Klassenidentitäten und das Theorem der kulturellen Hegemonie der herrschenden Klasse – sind mit der Diskreditierung der Marxismen keineswegs verschwunden. Sie sind vielmehr in ganz unmarxistischen Kontexten wiedergekehrt, etwa als soziologisches Theorem des *rational choice*, als Vulgärtheorie der sozialen Erosion und der Individualisierung oder als eine der gängigen Manipulationstheorien. Und sie waren auch schon *vor* Marx unter den Intellektuellen, die die industrielle Revolution und die sozialen Klassen beobachteten, verbreitet. Die Zählebigkeit dieser drei Varianten der Theorie der Bewußtseinsbildung legt die Vermutung nahe, daß sie gar nicht aus marxistischen oder

1 Selbst große empirische Untersuchungen wie die von Goldthorpe/Lockwood 1971, die überzeugend nachwiesen, daß trotz all dieser Einflüsse die »Wohlstandsarbeiter« die Grundmuster der Arbeiterkultur beibehalten haben, wurden nicht akzeptiert. Direkte Untersuchungen von Mentalitäten und Lebensstilen sind von den erwähnten Varianten der marxistischen Tradition nicht durchgeführt worden. Davon unterscheiden sich die Historiker und Kulturhistoriker der marxistischen Tradition wie Rosa Luxemburg, Arthur Rosenberg, Marc Bloch, Raymond Williams, E. P. Thompson und viele andere, die komplexen historischen Konstellationen gerecht zu werden versuchten.

anderen Gedankensystemen, sondern aus den Habitusschemata des intellektuellen Feldes erklärbar sind.

Die neuere Soziologie der Lebensstile bricht mit diesen Schemata, wenn sie die Merkmale der Lebensstile zum Gegenstand eigenständiger empirischer Untersuchungen macht und aus den Mustern, nach denen Menschen diese Merkmale kombinieren, auch sinnvolle, realitätsnahe Stiltypen bildet (vgl. v. a. Lüdtke 1989, Hradil 1992, Schulze 1992). Sie kann auch nachweisen, daß diese Verhaltenstypen nicht auf eine Logik rationaler Interessen von Inhabern bestimmter Klassenpositionen zurückgeführt werden können. Bis zu diesem Punkt stimmen wir mit der Lebensstilforschung überein. Denn die komplexe symbolische Welt sozialer Vorstellungen umfaßt nach unseren Befunden viel mehr als nur ökonomische Interessen und kann daher auch nicht auf utilitaristische Nützlichkeitskalküle reduziert werden.

Unsere Kritik setzt jedoch dann ein, wenn daraus geschlossen wird, daß die empirischen Stiltypen und kulturellen Schemata *überhaupt nicht* (auch nicht indirekt oder mit einer gewissen Wahrscheinlichkeit) ungleichen Klassenzugehörigkeiten zugeordnet werden können. Begründet wird dies mit der These der »Entkoppelung«, nach der sich die Mentalitäten infolge der Individualisierung von den früher für sie typischen sozialen Lagen entfernt hätten. Diese These basiert auf einer sehr wichtigen Erfahrung der Forschung. Wie Niethammer u. a. in ihrer großen Ruhrgebietsstudie ausführen, erleiden Forscher, die sich »von prästrukturierenden Begriffen abhängig machen, [...] zunächst einen *Enttypisierungsschock*. Die konventionellen Annahmen und strukturierenden Begriffe scheinen in der Alltagserfahrung zu zerbröseln.«[2]

Die Erfahrung, daß vorgefaßte Begriffe der Wissenschaft oder des Alltags scheitern, kann in der Art der Typenbildung begründet sein. Wenn diese sich nur an äußeren Merkmalen, an naiven Genrebildern oder logischen Idealkonstrukten festmachen, müs-

---

2 Niethammer 1983, Bd. 1, 11 (H. v. uns). Erläuternd heißt es: »Dann erlebt man seinen ›Enttypisierungsschock‹: Da gibt es Kommunisten, die gewissenhafte Kirchgänger sind, Sozialdemokraten, die den Katholischen Arbeiterverein gründen, Zentrumsleute, die mit Kommunisten Skat spielen und den ›Kapitalisten eins auswischen‹ wollen. Da gibt es auch Wanderer zwischen den politischen Lagern [...]. Und dann gibt es die große Mehrheit, die politisch desinteressiert ist, die der großen Politik fernsteht [...]« (S. 59f.).

sen sie spätestens bei historischen Weiterentwicklungen der Mentalitäten versagen. Denn ein äußerer Gestaltwandel kann durchaus mit der Beibehaltung der tieferen Grundstrukturen, der sog. »Syndrome«, der Ethiken der Lebensführung verbunden sein.

Unsere Methode besteht daher nicht darin, von *erwerbsstatistischen Gruppen* (etwa Arbeitern, Angestellten usw.) auszugehen und dann zu fragen, ob sie einem vorgegebenen Katalog von Mentalitätstypen »zugeordnet« werden können. Sie besteht auch nicht darin, aus Kombinationen äußerer Merkmale und Einstellungen *kulturelle Erscheinungstypen* zu bilden, um sie dann ebenfalls vorgegebenen Typen zuzuordnen. Sie besteht darin, hinter den äußeren Merkmalen und Einstellungen die *impliziten Strukturen*, d. h. *»Syndrome« oder »Ethiken« der alltagspraktischen Lebensführung*, zu suchen. Jede dieser Ethiken der Lebensführung enthält auch explizite und implizite *soziale Distinktionsschemata*, d. h. Wahrnehmungs- und Handlungsmuster, die regeln, wie ein Geschmack, ein Arbeitsethos oder ein Gesellungsstil sich abgrenzt und wie mit den Ungleichheiten aller Art (nach Geschlecht, Altersgruppen, Gesellschaftsklassen usw.) umzugehen ist.

In Kenntnis dieser Alltagsethiken und Distinktionsschemata können wir jeden kulturellen Typus im Raum sozialer Klassen verorten. Es ist dazu nicht erforderlich zu fragen, welche soziale Lage oder Erwerbsposition ein Mensch hat. (Das können wir auf spätere Untersuchungsphasen verschieben.) Voraussetzung ist aber, daß wir die Handlungsmaximen eines Typus vollständig genug – und nicht nur in einzelnen Zügen oder Dimensionen, wie dies z. B. Inglehart (1977), Adorno u. a. (1950) und Schulze (1992) tun – untersuchen.

Der Stellenwert jedes Mentalitätszugs hängt vom Zusammenwirken mit den anderen Zügen der Mentalität ab. Ansätzen, die nur eine oder nur wenige Dimensionen einbeziehen, können daher wahrscheinliches soziales Verhalten nicht zuverlässig prognostizieren. Wenn z. B. Adorno u. a. (1950) nur die Achse »autoritätsgebunden–selbstbestimmt« vorsehen, können sie nicht erklären, warum Autoritarismus dann nicht zur Anfälligkeit für faschistische Propaganda geführt hat, wenn er mit einer ausgeprägten religiösen Bindung kombiniert war wie bei den Wählern der katholischen Zentrumspartei. Wenn Inglehart (1977) sich auf die Achse »Materialismus–Postmaterialismus« beschränkt, kann er die Alltagsethik der traditionellen Facharbeiter nicht erfassen, die eine »materialistische« Orientierung mit asketischen, leistungs- und bildungsorientierten Zügen ausbalanciert. Alltagsethiken beziehen sich nie allein auf den Lebensbereich der Freizeit und des Konsums, sondern auch auf denjenigen der Arbeit und des Lernens, nicht nur auf das Individuum, sondern auch auf seine Vergemeinschaftungen, nicht nur auf seine privaten Beziehungen, sondern auch auf die Ebenen gesellschaftlicher und politischer Partizipation.

Wird mehrdimensional erhoben oder befragt, so werden auch die expliziten oder impliziten Einstellungen, die das Beziehungshandeln zwischen ungleich positionierten Menschen regeln, erkennbar. Um diese zu verorten, benötigen wir jedoch eine Theorie und Methodologie des sozialen Raums, die mehr Dimensionen und Ebenen hat als das gängige Schema vertikaler ökonomischer Ungleichheit. Die *vertikale Achse* sozialer Ungleichheit, auf die sich die herkömmlichen Klassen- und Schichttheorien beschränken, erlaubt es zwar, das vertikale Abgrenzungsverhalten zwischen den »feinen« Leuten oben, den aufstrebenden Leuten in der Mitte und den einfachen und bescheidenen Leuten unten im sozialen Raum usw. dingfest zu machen. Aber alle Versuche, auch andere Unterschiede, insbesondere zwischen den *autoritären* und den *demokratischen* Verhaltensdispositionen, auf der vertikalen Achse festzumachen, sind definitiv gescheitert.

Vulgärmarxistische Erklärungen, die die Unterdrücker oben und die Demokraten unten in der Gesellschaft sehen, können nicht erklären, warum es radikaldemokratische Fraktionen in den oberen Klassen und Anhänger autoritärer oder faschistischer Regime in den mittleren und unteren Klassen gegeben hat. Wer, wie Lipset (1962), dieses Schema einfach umdreht und den Totalitarismus unten, bei den Arbeitern, und die Demokratie oben, bei den Gebildeten, verortet, kann wiederum nicht erklären, warum es so große demokratische Arbeiterbewegungen gegeben hat und gibt. In den Untersuchungen von Erich Fromm (1983) und Adorno u. a. (1950) wurde sogar überhaupt kein spezifischer Ort autoritärer und faschistoider Dispositionen im vertikalen Klassen- und Schichtgefüge gefunden, so daß angenommen wurde, daß Potentiale faschistischer Mobilisierbarkeit in allen sozialen Klassen verbreitet seien.

Des Rätsels Lösung zeigt sich, wenn wir eine *zweite Achse* im sozialen Raum bilden, auf der wir die Unterschiede zwischen *autoritätsgebundenem* (hierarchischem, konventionalistischem, restriktivem) Verhalten einerseits und *selbstbestimmtem* (demokratischem, autonomem, tolerantem) Verhalten andererseits verorten können. Die von Bourdieu eingeführte *horizontale Achse* macht dies möglich. Die Autoritätsgebundenheit kann zum rechten Pol des sozialen Raums hin, das Selbstbestimmte zum linken Pol hin verortet werden. Auch wenn wir damit nicht alle Probleme der Verortung lösen, so sehen wir doch, daß es auf jeder vertikalen Stufe der Gesellschaft so etwas wie mehrere Fraktionen gibt. Das heißt, alle sozialen Klassen – obere, mittlere und untere – teilen sich in ein Spektrum von Untergruppen, die sich im Alltag wie auch politisch zwischen reaktionären, autoritären, konservativen, liberalen und radikaldemokratischen Einstellungsmustern aufgliedern.

Die Gefahr rechtsradikaler Mobilisierung ist insofern keine »*Gefahr aus der Mitte*«, wie dies in seinem gleichnamigen Buch Jürgen Trittin (1993) auf der Grundlage unserer Untersuchungen vermutet hat, sondern aus rechts positionierten Minderheitensegmenten der Mitte, aber auch oben und unten in der Gesellschaft.

Wir haben bis jetzt die sozialen Gruppen ausschließlich nach ihrer Mentalität im sozialen Raum lokalisiert. Wir haben dabei bewußt unbeachtet gelassen, mit welcher ökonomischen Position im sozialen Raum die Mentalitätstypen jeweils verbunden sind, um nicht in den Denkfehler einer deterministischen Ableitung des Habitus zu verfallen. Wenn wir jetzt, gleichsam wie zwei Folien aus Pergamentpapier, den Raum des Habitus über den Raum der »objektiven« sozialen Lagen legen, dann erkennen wir, daß die beiden Ebenen zwar nicht geometrisch exakt, aber doch locker zusammenhängen. Die Logik dieses Zusammenhangs ist allerdings nicht nach einem einfachen Schema zu erschließen.

Am deutlichsten ist der Zusammenhang noch auf der vertikalen Achse, der *Rangachse*. Der distinktive oder vornehme Stil entspricht typischerweise einer Zugehörigkeit zur Elite von Bildung und hohem Einkommen, der prätentiöse oder strebende Stil den mittleren Lagen, der bescheidene oder an eingeschränkte Chancen gebundene Stil den unteren Lagen.

Auf der horizontalen Achse, der *Kulturachse*, ist die Korrelation der Ebenen etwas undeutlicher. Rechts, am »materiellen Pol«, hängt der soziale Rang von den ökonomischen Machtmitteln (dem »ökonomischen Kapital«) ab. Links, am »intellektuellen

Pol«, hängt der soziale Rang von Bildung und Ausbildung (dem »kulturellen Kapital«) ab. So sind rechts auch die historisch älteren Produktionsweisen, in denen (oft, aber nicht immer) die Autoritäts- und Standeshierarchien stärker ausgeprägt sind, anzutreffen und links die moderneren Betriebsformen, in denen der soziale Rang (oft, aber nicht immer) eher durch persönliche Leistung als durch Machtpositionen erworben wird. Dies erklärt ein Stückweit, warum in der rechten Zone autoritäres Hierarchiedenken und in der linken Zone autonomes Reflexionsdenken häufiger vorgefunden werden kann. Aber es gibt auch sehr autoritäre Hierarchien in modernen Betrieben und sehr selbstbestimmte Strukturen bei kleinen Selbständigen. Entscheidend ist hier also nicht das kulturelle und ökonomische Kapital an sich, sondern ob die damit verbundene *»Struktur der sozialen Beziehungen«* (Thompson) autoritär oder demokratisch, hierarchisch oder an individueller Kompetenz und Verantwortung orientiert ist!

Für unsere Frage nach den autoritären Potentialen hilft uns die horizontale Achse also weiter, aber sie läßt auch Probleme offen. Wie auch die später noch darzulegenden empirischen Befunde bestätigen, können wir den Schwerpunkt autoritärer Dispositionen eindeutig rechts im sozialen Raum erwarten, und zwar in allen sozialen Lagen, oben, in der Mitte wie unten. Aber wir finden, wie wir sehen werden, auch eine gewisse Streuung der autoritären Potentiale nach links und der demokratischeren Potentiale nach rechts im sozialen Raum.

Diese Ausnahmen und Unschärfen in der Landkarte der Mentalitäten können, bis zu einem gewissen Grade, mit Hilfe der dritten Achse des Bourdieuschen sozialen Raums erklärt werden, der *historischen Zeitachse*. Denn die Mentalitäten ergeben sich ja nicht direkt aus den aktuellen Berufspositionen der Menschen. Dies ist schon deshalb nicht möglich, weil die subtilen Muster des Habitus sich nicht erst am Arbeitsplatz oder im Beruf, sondern schon in sehr früher Kindheit auszubilden beginnen, also direkt innerhalb der Vergemeinschaftungen der Milieus tradiert, entwickelt und auch modifiziert werden. Dieser Umstand verweist zugleich darauf, daß die Grundmuster von Mentalitäten einem Trägheitseffekt (Geiger) oder Hysteresis-Effekt (Bourdieu) unterliegen, also sich nur sehr langsam, von einer Generation zur anderen und dann auch selten grundsätzlich verändern. Unsere Interviews und Fallstudien bestätigen diese These, daß der Habitus historisch keine Auflösungen, sondern »Metamorphosen« erfährt. Der Generationenkonflikt und die Komplementarität der Charaktere in den Familien und ihren Stammbäumen geben diesen Umformungen nur häufig eine dramatische Inszenierung: Der Apfel fällt – aber nicht weit vom Stamm.

Durch diese Befunde gelangten wir zu dem Konzept der sog. *Milieu-Stammbäume*. Es stützt sich auf die Beobachtung, daß die raschen Veränderungen der neuzeitlichen Wirtschafts- und Staatssysteme die sozialen Milieus zwingen, »Umstellungsstrategien« (Bourdieu) zu entwickeln, die es ihren jüngeren Generationen erlauben, den sozialen Status der Eltern in einem anderen, aber doch ähnlich strukturierten beruflichen Feld aufrechtzuerhalten, zu reproduzieren. Diese Reproduktionsstrategien zielten häufig auf (vorwiegend *horizontale*) *Wanderungen* im sozialen Raum. Je nach den Möglichkeiten des Habitus werden vorwiegend homologe, strukturähnliche Wanderungsziele gesucht. So geht die Wanderung vom ungelernten Landarbeiter zum ungelernten Bau- oder Fabrikarbeiter, vom subalternen Händler zum subalternen Angestellten oder Beamten, vom qualifizierten Handwerker oder Bauern zum qualifizierten Facharbeiter oder Angestellten, vom adeligen Grundbesitzer zum modernen Agrar- oder Industriemanager usw. Zugleich sind diese Wanderungen, wie der Arbeitsmarkt, auch geschlechtsspezifisch geteilt, wie z. B. die Wanderung von männlichen Handwerkern in männliche Facharbeiterberufe oder von weiblichen mithelfenden Familienangehörigen in helfende und ausführende Frauenberufe.

Diese »Milieumobilität« hat nun zwei Konsequenzen. Zum einen nehmen die Milieuwanderer ihren alten (bildungsfernen oder bildungsnahen, autonomen oder hierarchieorientierten, männlichen oder weiblichen usw.) Habitus mit in die moderneren sozialen Positionen. Autoritäre Dispositionen wandern also teilweise nach links im sozialen Raum, mit der Konsequenz, daß es zu Anpassungsproblemen zwischen Habitus und Handlungsfeld kommt. Wir werden unten solche teilweise modernisierten Zweige alter Milieustammbäume darstellen, beispielsweise das »moderne bürgerliche Milieu«, das die modernen Leistungsorientierungen und Lebensstile mindestens äußerlich übernimmt, aber im privaten und politischen Autoritätsverhalten einzelnen autoritären Zügen des kleinbürgerlichen Herkunftsmilieus verhaftet bleibt. Zum anderen können diese Anpassungen zwischen

Habitus und Feld auch scheitern. Wenn die in einem Habitus angebahnten Lebenspläne im Falle wirtschaftlicher Krisen, in denen Prekarität und Massenarbeitslosigkeit nicht kompensiert werden, auch mißlingen, kann es – je nach Disposition – zur Verzweiflung, Resignation oder auch autoritären Entwicklungen kommen.

3. Das Gesamtfeld der Klassenmilieus in der Bundesrepublik

Der Zusammenhang zwischen dem ökonomischen Strukturwandel und der Mobilität sozialer Milieus läßt sich am Beispiel der Geschichte der Bundesrepublik als historischer Prozeß darstellen, der in seinen Grundmustern einer »sozialstrukturellen Völkerwanderung« glich. Auf Jahrzehnte sozialer Öffnungen sind Jahrzehnte sozialer Schließungen gefolgt. Lange konnten Milieus, deren ökonomische Basis erodierte, ihre jüngeren Generationen in solche Regionen und Wirtschaftsbranchen schicken, die Zuwanderer suchten. In der heutigen Situation eines Wachstums ohne Arbeitsplätze, die den Stagnationsprognosen von Jean Fourastié und John Maynard Keynes entspricht, erreichen viele dieser Bewegungen ihr ursprüngliches Ziel nicht mehr. Die Landkarten der lebensweltlichen Milieus der Bundesrepublik (vgl. Abb. 1 und 2) sind gleichsam der geronnene und heute erneut in Bewegung geratene Ausdruck dieser historischen Wanderungen.

Die abgebildeten zehn bzw. zwölf einzelnen Milieus lassen sich einerseits nach Untertypen weiter unterteilen. Andererseits lassen sie sich, nach der Ähnlichkeit ihrer Habitusstrukturen, zu sechs großen ›Milieu-Formationen‹ gruppieren, die in unseren Abbildungen fett umrahmt sind. Diese verteilen sich im sozialen Raum Bourdieus auf zwei große Zonen, die wir hier als Zonen der »Volksklassen« und der »hegemonialen Klassen« bezeichnen.

Die unteren vier Fünftel des sozialen Raums werden hauptsächlich von den Milieus der »Volksklassen« eingenommen, die etwa den »classes populaires« bei Bourdieu oder den »Nicht-Dienstklassen« bei Goldthorpe entsprechen. Daß für diese knapp 80 % nicht der Begriff Arbeiterklasse (und nur sehr bedingt der Begriff Arbeitnehmer) gewählt werden kann, liegt an ihrer ökonomisch heterogenen Zusammensetzung. Die Volksklassen um-

Abb. 1: Die Milieus der alltäglichen Lebensführung im sozialen Raum Westdeutschlands 1982

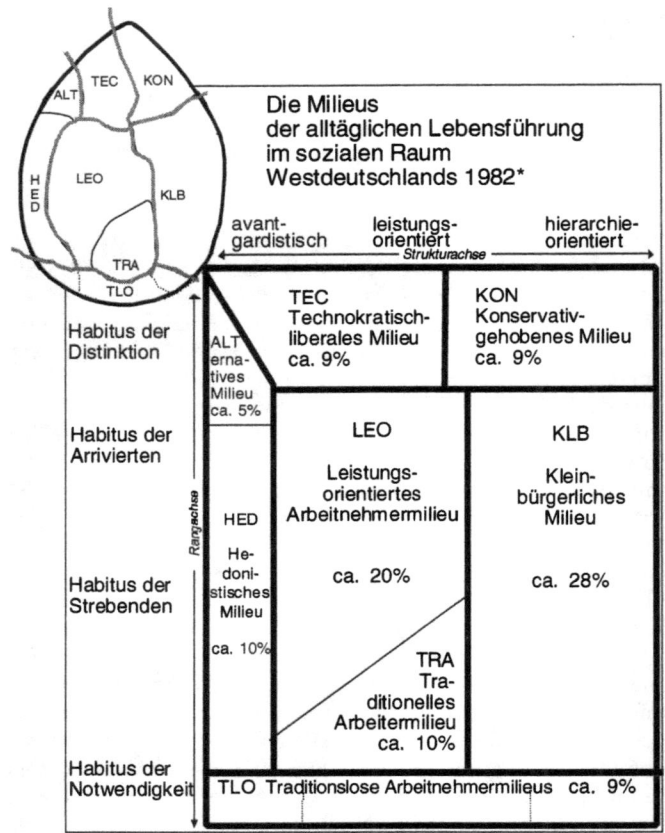

* Größengerechte Rangordnung nach Vester u. a. 1993/2000, Becker u. a. 1992, Flaig u. a. 1993 und Der Spiegel 1996 im Raum des Habitus nach Bourdieu 1982.

Abb. 2: Die Milieus der alltäglichen Lebensführung im sozialen Raum Westdeutschlands 1995

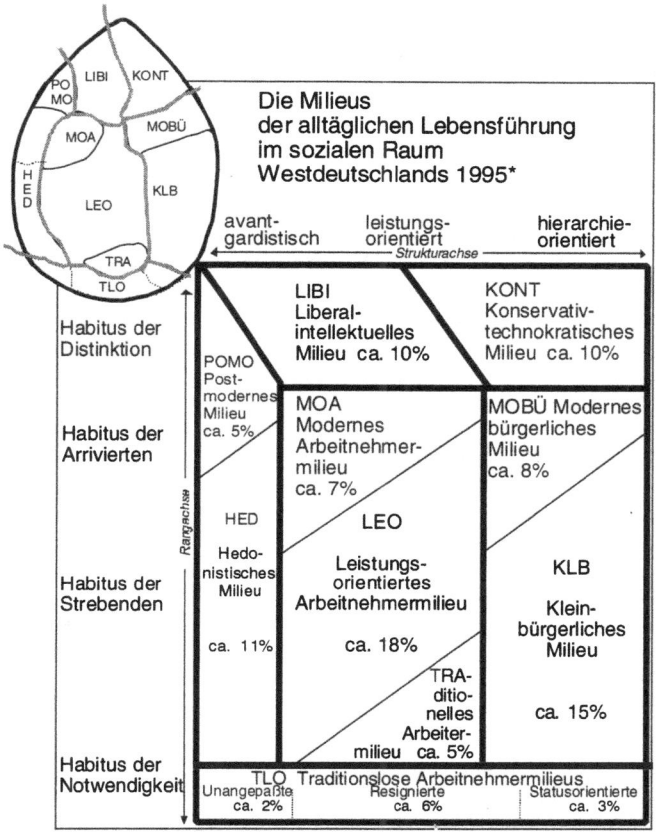

* Größengerechte Rangordnung nach Vester u. a. 1993/2000, Becker u. a. 1992, Flaig u. a. 1993 und Der Spiegel 1996 im Raum des Habitus nach Bourdieu 1982.

fassen mindestens sechs verschiedene Erwerbsgruppen, und zwar nicht nur alle Arbeiter und alle mithelfenden Familienangehörigen, sondern auch alle mittleren und niederen Angestellten, Beamten und Selbständigen. Diese Zusammensetzung könnte suggerieren, daß die sechs Erwerbsgruppen in der Reihenfolge dieser Aufzählung hierarchisch übereinandergeschichtet seien, unten die Arbeiter, oben die Selbständigen. Tatsächlich aber bilden die sechs Erwerbsgruppen, gemessen an ihrem ökonomischen und kulturellen Kapital, eher ein horizontales Nebeneinander. Sie erweisen sich als *berufsständische* Kategorien, insofern sie Gruppen zusammenfassen, die nach Ausbildung und Einkommen gleichsam als Säulen nebeneinander stehen.

Nach diesen Dimensionen ist das Feld der Volksklassen in sich weiter vertikal unterteilt. Die vertikale Stufung besteht weniger *zwischen* den Berufsgruppen als *innerhalb* der Berufsgruppen. Jede von ihnen ist mindestens zweigeteilt, nach mittleren und niederen Einkommens- und Ausbildungsstufen. Diese Teilung der »Volksklassen« nach den Bourdieuschen Kapitalsorten ist als Indikator für Milieugrenzen brauchbarer als die berufsständischen Kategorien der Statistik. Beispielsweise setzt sich das »leistungsorientierte Arbeitnehmermilieu« hauptsächlich aus qualifizierten Arbeitnehmergruppen und Nachbargruppen kleiner Selbständiger zusammen. Nach unten grenzt es sich gegen Milieus ab, in denen deutlich geringere Qualifikationen und Einkommen vorherrschen. Diese Grenze ist symbolisch hoch bedeutsam. Denn sie bezeichnet klassenkulturell den Unterschied zwischen dem Habitus der »respektablen« und dem der »weniger respektablen« Milieus und Berufsgruppen.

Um diese Grenze der *Respektabilität* wurden in der Geschichte der Bundesrepublik die wichtigsten Auseinandersetzungen geführt. Durch die seit den fünfziger Jahren erkämpfte *soziale Teilhabe* (an Wohlstand, Bildung und sozialer Sicherung) wurde die große Mehrheit der Arbeitnehmer und kleinen Selbständigen in diese soziale Mitte der Respektabilität integriert. Ebendieses Sozialmodell steht heute wieder zur Disposition.

Zugleich wird heute die Grenze der *Distinktion* und der *Hegemonie*, die die Zone der oberen 20 % von den Volksklassen trennt, wieder schärfer gezogen. Diese Zone wird von den beiden hegemonialen Milieu-Formationen eingenommen, den höheren Milieus der Bildung und des Besitzes, die annähernd den Fraktionen der »classe dominante« bei Bourdieu und der »Dienstklassen« bei Goldthorpe entsprechen.

Die Milieus lassen sich nicht nur sozialräumlich, sondern auch historisch verstehen. Fünf der sechs Milieu-Formationen entsprechen bestimmten historischen Traditionslinien, aus denen auch die Gemeinsamkeiten ihrer Habitus-Strukturen erklärt werden können. Diese Traditionslinien haben sich, entsprechend den historischen Erfahrungen, in kleinere Milieus aufgefächert, so daß wir sie auch als »Milieu-Stammbäume« bezeichnen können. – Die sechste Milieu-Formation hat eine noch wenig erforschte, eher heterogene Herkunft.

Die sechs Milieu-Formationen haben sich seit den fünfziger Jahren etwa wie folgt über die verschiedenen Zonen des sozialen Raums (vgl. Abb. 1 und 2) verteilt:

1. Der Stammbaum des *traditionellen Arbeitermilieus* (etwa 30 %) ist in seinem historischen Kern stark geschrumpft, wird aber in der mittleren und jüngeren Generation durch das große »leistungsorientierte Arbeitnehmermilieu« und das rasch wachsende »neue Arbeitnehmermilieu« repräsentiert, die beide in die respektable Mitte aufgestiegen sind.

2. Der Stammbaum des *traditionslosen Arbeitermilieus* (etwa 12 %) ist kaum über die Grenze der Respektabilität hinausgewachsen. Nur kleine Teilgruppen haben sich in respektable Ausbildungs- und Berufsstufen hineinarbeiten können.

3. Der Stammbaum des *kleinbürgerlichen Milieus* (etwa 23 %) konzentriert sich in der Zone konventioneller Enge, rechts in der respektablen Mitte, hat aber auch in der mittleren Generation einen etwas moderneren arbeitnehmerischen Zweig, das »moderne bürgerliche Milieu«, hervorgebracht.

4. Am Stammbaum des *konservativ-großbürgerlichen Milieus* (etwa 10 %) überwiegen nach wie vor die diskret-exklusiven Haltungen, obwohl sich die Akzente technokratischer Modernisierung in der jüngeren Generation der Führungskräfte verstärken.

5. Am Stammbaum der *führenden Bildungsmilieus* (etwa 10 %) konkurriert die bildungshumanistische Ursprungsgruppe mit modernen, kritischen Trendsettern in leitenden und freiberuflichen Stellungen und radikal zivilisationskritischen Strömungen.

6. Die Formation *hedonistischer und postmoderner Milieus* am linken mittleren Rand des sozialen Raums (etwa 16 %) ist viel

thematisiert, aber in ihrer Herkunft wenig untersucht. Möglicherweise entstand sie aus jungen, individualisierten Abkömmlingen aus allen Milieustammbäumen, deren Gemeinsamkeit v. a. aus der negativen Abgrenzung gegen die konventionellen Verhaltenszwänge stammte.

4. Die Milieulandkarte als Ausdruck der Entwicklungsphasen der BRD

Daß die sozialen Milieus von Generation zu Generation neue Zweige bildeten, kann wesentlich als Verarbeitung des politisch-ökonomischen Strukturwandels verstanden werden. Hier lassen sich vier Phasen unterscheiden.

1. Teilhabe: In den fünfziger und sechziger Jahren erlangten insbesondere die Arbeitermilieus eine neue Stufe der Teilhabe am ›Wirtschaftswunder‹ durch Arbeitszeitverkürzungen sowie höhere Lohn-, Konsum-, und Sozialstandards, die v. a. gewerkschaftlich erkämpft wurden (sog. ›Fordismus‹). Während die traditionellen Agrar- und Industrieberufe der körperlichen Arbeit radikal schrumpften, wuchs die *Mitte* der industriellen Facharbeiter und qualifizierten Angestellten. Dies führte zum »sozialgeschichtlichen Kontinuitätsbruch« (Mooser 1984) der sechziger Jahre. Es entstand eine *interessenbewußte »Arbeitnehmergesellschaft«* (Lepsius 1973b, S. 308), in der die historischen Differenzen zwischen Arbeitern und Angestellten, Protestanten und Katholiken und den verschiedenen Berufs- und Regionalmilieus erheblich abnahmen. Verbindend waren ein gemeinsames Selbstbewußtsein, gegründet auf Fachkönnen, erkämpfte Rechte und die Überwindung der proletarischen Lebensweise der Unsicherheit, Not, Enge und Unterordnung (Niethammer 1983 ff.).

Im Gegensatz zu den Theorien, die diese ›Entproletarisierung‹ als ›Verbürgerlichung‹ der Arbeiter oder Entstehung einer ›nivellierten Mittelstandsgesellschaft‹ interpretierten, entstand ein modernes, *›meritokratisches‹ Bewußtsein, der Stolz auf die eigene Arbeitsleistung, für die eine umfassende Teilhabe an den sozialen Chancen verlangt wurde.* Der »*Fahrstuhleffekt*« (Beck 1986), mit dem die materiellen, sozialen und kulturellen Standards aller sozialer Schichten angehoben wurden, ließ zwar die relativen Ungleichheiten zwischen ihnen fortbestehen. Gleichwohl erlaubte diese Chancenöffnung oder »Optionssteigerung« erhebliche Öffnungen des Horizonts der Mentalitäten.

2. *Individualisierung*: In der jüngeren Generation, die in den neuen Sozial- und Kulturstandards groß wurde, erreichte dieser »Wertewandel« in den sechziger und siebziger Jahren eine neue Stufe der Mentalitätsentwicklung, die sog. »Individualisierung«. Nach den »objektiven« Klassenverhältnissen änderten sich nun auch die »kulturellen« Klassenverhältnisse. Das enorme Schrumpfen der traditionalen Agrar- und Industrieberufe und die ebenso starke Zunahme der Berufe mit hohem Bildungskapital war die Grundlage der Öffnung des Bildungssystems und einer Wanderung von Millionen von jüngeren Männern und Frauen in neue soziale und kulturelle Milieuerfahrungen. 1950 bis heute wuchsen die »neuen Berufe« (Vester u. a. 1993, S. 278 ff.) mit ihren größeren Erfahrungshorizonten auf das Fünffache, die Zahlen der Studierenden auf das Dreizehnfache.

Der »Wertewandel« ergab sich freilich nicht evolutionär und automatisch. Er entstand aus alltagskulturellen Konflikten. Zunächst herrschte noch das paternalistische Modell, das die Frauen strukturell benachteiligte und die Bewegungen der Jugend-, Musik- und Intellektuellenkultur wie auch des politischen Protestes feindselig ausgrenzte. Trotz des wachsenden gesellschaftlichen Reichtums überdauerten, als autoritärer *»cultural lag«*, die restriktiven Macht-, Kultur- und Moralverhältnisse der Mangelgesellschaft, die zum wachsenden Reichtum der »Überflußgesellschaft« (Galbraith 1963) in Widerspruch gerieten. Die Bewegungen der Schüler, Lehrlinge und Studierenden der sechziger Jahre entstanden insofern aus der praktischen Erfahrung eines nicht legitimierbaren Widerspruchs wachsender und doch verweigerter Freiheitspotentiale. Das Wachstum neuer Jugendkulturen und »urbaner Lebensstile«, ertrotzt gegen die kulturellen und politischen Restriktionen »von gestern«, motivierte nachhaltige Mentalitäts- und Verhaltensänderungen in den jüngeren Generationen *aller* Milieus (Geiling 1996).

In vielen Sozialmilieus wurden die Werte der Selbstbestimmung, der Selbstverwirklichung und auch der sozialen Mitverantwortung wesentlich. Nach der vorliegenden Forschung bedeutet *Individualisierung* hier v. a. *mehr Selbstbestimmung*, d. h. (a) *»Kompetenzerweiterung«* durch Bildungsreformen und erweiterte Erfahrungshorizonte; (b) *»partizipatorische Revolution«*, jene unglaublich gewachsene Bereitschaft zur Mitbestimmung am Arbeitsplatz, in Bürgerinitiativen und in direkter Politik, verbunden mit Mißtrauen gegenüber der institutionellen Politik; (c) »*Selbstverwirklichung*«, nicht nur in ihren hedonistischen Varianten, sondern, besonders bei den Frauen, als emanzipatorische Entwicklung der Person. Individualisierung bedeutete also weniger den Zerfall als den Formenwandel sozialer Zusammenhänge: insbesondere den Versuch, konventionelle Formalisierungen zu überwinden.

3. Diskriminierung: Die sozialen Ungleichheiten verstärkten sich wieder mit der Abflachung des Wirtschaftswachstums in den siebziger Jahren. Als mit der Ölkrise von 1973 die Grenzen des Wachstums deutlich wurden, kam es nach und nach wieder zu mehr betrieblichen Rationalisierungen, Herabstufungen oder Entlassungen von Arbeitskräften, zu Stellenstreichungen im Bildungs- und Sozialsystem und zu anderen »Sparmaßnahmen«. Die Lasten wurden nicht nach dem Prinzip der Chancengleichheit auf alle verteilt. Während der Kern der Arbeitnehmergesellschaft noch gesichert blieb, wurden die sozialen Benachteiligungen an die *Gruppen mit geringer Verhandlungsmacht* weitergegeben, die nicht im herrschenden Machtkartell, dem »korporatistischen Dreieck« von Kapital, Arbeit und Staat (Kreckel 1992), repräsentiert waren. Zu ihnen gehörten insbesondere Frauen, Ausländer, Alte, Angehörige bildungsferner Milieus. Sozialpolitiker und Soziologen sprachen von der »*neuen sozialen Frage*« (Geißler 1976) bzw. den »*neuen sozialen Ungleichheiten*« (Hradil 1987b). Neu waren diese Diskriminierungen nicht. Diese Gruppen waren in der Sozialstruktur ohnehin seit je doppelt diskriminiert: durch ihren Erwerbsstatus und ihren Vergemeinschaftungsstatus. Die Benachteiligung im Erwerbssystem war nur eine Fortsetzung der »Minorisierung«, d.h. der untergeordneten Stellung, die Frauen, Ausländer, Fremde, ›Ungebildete‹ usw. ohnehin in vielen Vergemeinschaftungen (der Familie und anderen Lebenszusammenhängen) hatten.

Diskriminiert wurden außer ihnen auch große Teile der jüngeren Generation, die durch die Bildungsreformen besser ausgebildet waren, aber beruflich vor verschlossenen Türen standen. Sie wurden zur »*geprellten Generation*« (Bourdieu 1982, S. 241 ff.). Der sog. »Radikalenerlaß« der Bundesregierung machte zudem vielen Angst, wegen linker Aktivitäten verfolgt bzw. vom Öffentlichen Dienst ferngehalten zu werden.

Der Schub sozialer und politischer Diskriminierungen kann strukturell als Abwehr gesellschaftlicher Innovationen und auch des Generationenwechsels verstanden werden. Er grenzte gleichzeitig so viele Gruppen aus, daß die »*neuen sozialen Bewegungen*« und die »*neuen sozialen Milieus*« entstanden. Die auf die Jugendkultur und die Studentenproteste der sechziger Jahre zurückgehenden neuen sozialen Bewegungen strebten neuen Höhepunkten entgegen. Während die alten sozialen Bewegungen die soziale Verteilungsgerechtigkeit im Kapitalismus thematisiert hatten, kritisierten die »*neuen sozialen Bewegungen*« die öffentlichen Institutionen und die politischen Eliten. Entsprechend thematisierten sie auch universalistische, zivilisationskritische und radikaldemokratische Fragen: die Gleichstellung von Frauen, Ausländern und anderen Gruppen, die Risiken des Fortschritts und des Wirtschaftswachstums sowie Ökologie, Frieden und Bürgerrechte.

4. Spaltung der Mitte: »*Gewinner*«, »*Verunsicherte*« und »*Prekäre*«. Als die weltmarktvermittelten Strukturkrisen seit etwa Mitte der achtziger Jahre verstärkt die Trägerbranchen des früheren Wirtschaftswunders erfaßten, wurde die »alte soziale Frage«, der *Gegensatz von Kapital und Arbeit*, wieder aktuell. Damit begann auch die Mitte der Arbeitnehmergesellschaft erneut in Gewinner und Verlierer der Modernisierung auseinanderzudriften. Entsprechend haben sich die Klassenschranken schrittweise wieder verfestigt. Verschiedene Praktiken sozialer »Schließung« (Max Weber) versperrten Aufstiegswege und vergrößerten die Zonen sozialer Prekarisierung. Damit entstanden *neue vertikale soziale Scheren*. In vielen Milieus schrumpft der Anteil der sozial Gesicherten, während die Anteile der privilegierten Modernisierungsgewinner, der Verunsicherten und der Modernisierungsverlierer zunehmen. Was dadurch wächst, ist *nicht eine zusammenhängende Unterklasse*, sondern ein heterogenes Feld von sozial benachteiligten Gruppen im unteren und mittleren Teil der Gesellschaft, die als Milieu- und Mentalitätsgruppen nicht zusammengehören: durch diskontinuierliche bzw. prekäre Erwerbsbiographien verunsicherte Facharbeiter und qualifizierte Angestellte; benachteiligte Frauen in den verschiedensten sozialen Lagen und Positionen; Teile einer »neuen Unterklasse« von schlecht Ausgebildeten, am Rande zu prekärer Beschäftigung oder Dauerarbeitslosigkeit; Ausländer und Zuwanderer; durch die persönliche

Situation (konkret: den »Vergemeinschaftungsstatus«) Benachteiligte, z. B. Kranke ohne soziale Netze, Alleinerziehende, Durchschnittsverdienende mit Kindern, durch die Strukturkrisen freigesetzte Ältere usw.

Seit Beginn der neunziger Jahre hat sich diese Schere der objektiven Lebenslagen, wie neue Erhebungen des Sinus-Instituts aus dem Jahre 1995 (Der Spiegel 1996) zeigen, schließlich auch deutlicher in *subjektive Abgrenzungen* zwischen oben und unten übersetzt. In den Milieu-Formationen der Mitte haben sich nach oben drei modernere Milieus herausdifferenziert, das »moderne bürgerliche Milieu«, das »Moderne Arbeitnehmermilieu« und in gewissem Sinne auch das »postmoderne Milieu« (vgl. Abb. 2). Sie gehören eher zu den Gewinnern des sozialen Strukturwandels. So teilt sich die Mitte nach den Mentalitätsformen in zwei Stufen, eine etablierte und eine verunsicherte Mitte.

Nach den Formen der äußeren sozialen Lage (nach Hübinger 1996) teilt sich in der verunsicherten Mitte, durch die sog. »Wohlstandslinie«, nochmals eine Gruppe nach unten ab: die Gruppe des »prekären Wohlstands«. Für die gesamte Gesellschaft ergibt sich danach die Hypothese einer Teilung in fünf Stufen:

– ca. 20% gut gesicherte und teilweise zunehmend privilegierte Angehörige der *Milieus der Oberklasse*;

– ca. 20% »*Modernisierungsgewinner*« (»*etablierte Mitte*«) mit relativ gut gesicherten Lagen und selbstsicheren Mentalitäten;

– ca. 20-25% »*Verunsicherte*« in noch sicheren Lagen, aber mit eher engen oder unsicheren Einkommens- und Erwerbsperspektiven (Gruppen mit neuerdings aktiveren gewerkschaftlichen Protesthaltungen);

– ca. 25-30% in der Zone des »*prekären Wohlstands*« (Hübinger 1996), nahe an der Armutsgrenze, von denen ein Teil schon bei geringfügigen Verschlechterungen zeitweilig unter die Armutsgrenze sinken kann, so daß sich die Gruppe der dauerhaften Armut durch vorübergehend Arme auf ein gutes Drittel der Gesellschaft erhöht;

– bis zu ca. zehn Prozent (Hübinger 1996) in der Zone der *dauerhaften Armut*.

Diese Stufung ist insofern hypothetisch, als die Caritas-Studie von Hübinger Lagetypen verwendet, die nicht deckungsgleich mit Milieutypen sind. Empirische Studien, die davon ausgehen, daß Prekarität, Arbeitslosigkeit und Armut je nach Milieu recht verschieden verarbeitet werden, stehen noch aus.

Wo wir bei zunehmender sozialer Unsicherheit mit demokratischen und wo wir mit autoritären Verarbeitungsformen rechnen müssen, hängt wesentlich von den für die verschiedenen Milieu-Stammbäume charakteristischen Mentalitätsdispositionen ab. Sie sollen hier näher beschrieben werden.

5. Die »Stammbäume« der Arbeitermilieus in den Volksklassen: Die Grille und die Ameise

Die *sozialstatistische* Kategorie der »*Arbeiter*« verteilt sich weitgehend auf die sieben bzw. neun verschiedenen, aber benachbarten Milieus im unteren Teil des sozialen Raums (vgl. Abb. 1 und 2). Nicht alle dieser Milieus gehören ihrer Mentalität nach zum engeren Formenkreis der Arbeitermilieus. Vielmehr entstammen zwei von ihnen, das kleinbürgerliche und (teilweise) das hedonistische Milieu, offensichtlich den bürgerlich-ständischen Traditionen der »kleinen Leute«. Denn ihr Weltbild ist hierarchisch und gefärbt durch eine teilweise idealisierende innere Identifikation mit den Werten der Leitmilieus der oberen Klassen.

Dies gilt nicht für die übrigen Milieus der Volksklassen, die überwiegend zum engeren Formenkreis der *Arbeitermilieus* gehören. Zwar orientieren auch sie sich an den oberen Leitmilieus, aber mit einem feinen, oft übersehenen Unterschied. Die Identifikation mit oberen Milieus ist eher äußerlich und durch Skepsis gefärbt. Sie ist mehr oder minder realistisch zweckgerichtet, »instrumentell«. Dies macht auch den feinen Unterschied zu den erwähnten beiden statusorientierten Nachbarmilieus aus.

Zwar ist Status oder, genauer gesagt, äußeres Ansehen auch den Arbeitermilieus nicht gleichgültig. Aber über allen anderen Lebenszielen steht der Zusammenhalt der Gemeinschaft und die Sorge für die Nachkommen (»proles«), die dem Proletariat seinen Namen gegeben hat. Dies wird oft in der Art verkannt, daß Arbeit, Leistung und Individualität unwichtig seien. Tatsächlich sind sie der Gesamtstruktur des Habitus nur anders zugeordnet.

Im Rahmen dieser gemeinsamen Lebensziele verfolgt jede der beiden nachfolgend dargestellten Hauptvarianten der Arbeitermilieus eine deutlich andere Strategie. Die Arbeitermilieus teilen sich nach zwei sehr alten Traditionslinien der Volksklassen, die nicht erst mit der Industrialisierung entstanden sind. Sie finden sich schon in der Aesopschen Fabel von der lebenslustigen Grille und der emsigen Ameise, und auch in der sozialgeschichtlichen Forschung werden sie unter verschiedenen Bezeichnungen voneinander abgegrenzt.[3]

Die erste Traditionslinie, ausgehend vom *Traditionellen Arbeitermilieu*, bevorzugt aktive Strategien, in denen *Selbstdisziplin und persönliche Verantwortung* eine besondere Rolle spielen. Sie bestehen in der planmäßigen Organisierung einer verläßlichen Gemeinschaft, eines bescheidenen Lebensstils und einer unermüdlichen Arbeitsamkeit, durch die man sich dann aber auch das Recht, das Erarbeitete zu genießen, verdient. Die Maxime, das Leben planvoll und asketisch zu führen und Erfüllung nicht nur in Familie und Vergemeinschaftung, sondern auch in guter Facharbeit zu suchen, entspricht einem Grundzug der protestantischen oder rationalen Ethik der Handwerkerkultur, die Max Weber (1964, S. 368ff.) beschrieben hat.

In der Geschichte der Bundesrepublik hat sich das Stamm-Milieu mehr oder minder in drei »Generationen« differenziert. Die Generation der »Großeltern«, das eigentliche Traditionelle Arbeitermilieu, hat um 1950 vermutlich mehr als 25 % der Bevölkerung umfaßt und ist seitdem auf etwa fünf Prozent geschrumpft. Seine Abkömmlinge haben sich in zwei modernere Arbeitnehmermilieus aufgefächert.

Die Generation der »Eltern«, repräsentiert im »Aufstiegsorientierten« oder präziser: »Leistungsorientierten Arbeitnehmermilieu«,[4] ist offensichtlich v. a. in den Wachstumsjahren der Bundesrepublik entstanden. Es besteht hauptsächlich aus gut ausgebil-

---

3 Thompson 1987 (S. 255-292) unterscheidet, wie andere Autoren, um 1800 »respektable« und »nichtrespektable« Handwerker, Lucas 1976 um 1900 die rationale Facharbeiterkultur von Remscheid und die spontane Kultur der angelernten Bergarbeiter von Hamborn. Entsprechend grenzen Popitz u. a. 1957 (S. 193-215) für die 1950er Jahre das Gesellschaftsbild der »progressiven Ordnung« vom Gesellschaftsbild der »unabwendbaren Dichotomie« ab.

4 Die Aufstiegsorientierung ist bei diesem Milieu kein verselbständigtes Lebensziel, sondern eng an das Leistungsprinzip gebunden und meint daher v. a. Teilhabe an der gesellschaftlichen Wohlstandsentwicklung. Insofern war die frühere Bezeichnung als »aufstiegsorientiertes Milieu« mißverständlich.

deten modernen Arbeitnehmern, insbesondere (vorwiegend männlichen) Facharbeitern und (vorwiegend weiblichen) qualifizierten Angestellten sowie einigen kleineren beruflichen Nachbargruppen im sozialen Raum. Der Habitus der meisten »Leistungsorientierten« erinnert noch an die asketische Leistungsmoral des Elternmilieus, aber der meritokratische Anspruch, dafür auch durch stärkere Teilhabe am Wohlstand belohnt zu werden, ist deutlicher ausgeprägt. Von den kleinbürgerlichen Aufsteigern unterscheiden sie sich dadurch, daß sie die Chancengleichheit aller Arbeitenden, ohne Ansehen des Geschlechts, des Herkunftslands usw. betonen.

Die Mehrheit der »Leistungsorientierten« gehört, nach neuen Befunden (Der Spiegel 1996) immerhin 18 % der Bevölkerung, zu den verläßlichen Vertretern von Chancengleichheit und Demokratie. Sie hält nach wie vor an dem in der Leistungsethik begründeten sozialen Egalitarismus fest, obwohl die Hälfte von ihnen äußerst frustriert von der Erfahrung ist, daß Leistung heute nicht mehr vor Arbeitslosigkeit und Prekarisierung schützt. Sie setzen diese Frustration aber nicht in Vorurteile um, sondern in rationale Kritik an der herrschenden Wirtschaftspolitik.

Die demokratisch-emanzipatorischen Züge sind in der Enkelgeneration des traditionellen Arbeitermilieus, dem rasch wachsenden *modernen Arbeitnehmermilieu* (von 1991 bis 1995 von 5 % auf 7 %), noch deutlicher artikuliert. Es hat unter den Bedingungen erweiterter sozialer Chancen das Verhaltensrepertoire des »innengeleiteten« traditionellen Arbeitermilieus weiterentwickelt und kombiniert nun das Ethos guter Facharbeit und methodischer Lebensführung mit dosierten Momenten des Hedonismus und der Individualisierung. Im Beruf besteht der Ehrgeiz, sich lebenslang fachlich weiterzuentwickeln und verantwortungsvolle Tätigkeiten auszuüben. Aufgeschlossenheit für Neues und auch unkonventionelle Lebensformen werden mit dem ererbten Sinn für die eigenen Grenzen ausbalanciert. Das Aufstiegsstreben begrenzt sich oft auf Fachhochschulabschlüsse und auf Berufsgruppen moderner technischer und sozialer Fachintelligenz. Denn neben dem Aufstieg muß Raum bleiben für vielfältige gesellige Beziehungen mit Gleichaltrigen, aber auch mit ihren Herkunftsfamilien in traditionelleren Arbeitnehmermilieus.

In der zweiten großen Traditionslinie, verkörpert im *traditionslosen Arbeitnehmermilieu* (12 %), überwiegen passive Strategien der *Anlehnung und Entlastung*. Arbeit ist ein notwendiges Übel, eine methodische Lebensplanung oder höhere Bildung sind wenig sinnvoll, da die Umstände von oben bestimmt und kaum beeinflußbar sind. So ist es besser, den Tag zu genießen sowie gegebene Gelegenheiten und auch Protektion von oben geschickt zu nutzen. Soziale Ungleichheit und Hierarchie werden hingenommen – und für Anlehnungsstrategien ausgenutzt. Dies entspricht den historischen Wurzeln des »Traditionslosen« in den unterständischen dörflichen und städtischen Milieus der vorindustriellen Zeit (vgl. u. a. Conze 1966). Gegen die Risiken einer Destabilisierung wirken Strategien des *»Mithaltens«* mit den Standards der Sicherheit, des Konsums und der Anerkennung in der breiten Mitte der Gesellschaft. Hierzu verhelfen, anstelle einer innengeleiteten Leistungsmoral, *außengeleitete Formen des Selbstzwangs*, verkörpert in der Anlehnung an stabile Lebenspartner, Arbeitskollektive, die Gewerkschaft, staatliche Hilfen usw.

Zwar hat sich auch dieses Milieu in der Geschichte der Bundesrepublik in drei generationenspezifische Untergruppen weiterentwickelt. Aber die Beteiligung an den historischen Chancen der »Teilhabe« und der »Individualisierung« hat bei weitem nicht das gleiche Ausmaß erreicht wie bei den Abkömmlingen des traditionellen Arbeitermilieus. Während diese, aufgrund ihrer grundsätzlich besseren Ausstattung mit kulturellem und sozialem Kapital, die Chancen des Wirtschaftswachstums erfolgreich nutzen konnten, blieben die »Traditionslosen« auf ihre Anlehnungsstrategien verwiesen.

Einer kleinen Untergruppe, die wir die *»respektablen Traditionslosen«* nennen (um 3,5 %), gelang es immerhin in den Wachstumsjahren, es mit der Anlehnung an die kleinbürgerlichen Varianten der Respektabilität, Arbeitsorientierung und Pflicht zu beachtlicher Stabilität zu bringen. Eine andere Untergruppe, die der *»unangepaßten Traditionslosen«* (um 2,3 %), lehnt sich an die Werte des konsum- und erlebnisorientierten »hedonistischen Milieus« in der gesellschaftlichen Mitte an und zeigt wenig Respekt vor den kleinbürgerlichen Werten, der Hochkultur, dem Staat und der Kirche. Die verbleibende Hälfte hat es dagegen nicht geschafft. Wir können sie *»resignierte Traditionslose«* (um 6,4 %) nennen. Sie repräsentieren jene, bei denen die Strategien der Respektabilität an äußeren Schwierigkeiten gescheitert sind und die sich, als *underdogs*, verbittert damit abfinden müssen, daß ihnen die Gesellschaft kaum Perspektiven bietet. Immerhin war das Gesamtmilieu der Traditionslosen, vermutlich durch den Zustrom von Absteigern oder Gescheiterten, 1992 schon um ein Drittel größer als 1982: Es war von neun auf zwölf Prozent der Bevölkerung angewachsen.

In jeder dieser drei Untergruppen gibt es einen Prozentsatz mit *autoritären Verhaltensdispositionen*, die dem hierarchischen Anlehnungsdenken des traditionslosen Arbeitermilieus entsprechen. Aber diese Dispositionen und die damit verbundene Ausländerfeindlichkeit sind nicht etwa bei den perspektivlosen und frustrierten »Resignierten«, die anomischen Erfahrungen am nächsten scheinen, am meisten ausgeprägt. Diese sehen vielmehr in einer gewerkschaftlich-arbeitnehmerischen Orientierung eine Stabilisierungsmöglichkeit. Vorurteile sind eher bei den rebellischen »Unangepaßten« und den eher kleinbürgerlichen »Respektablen« besonders verbreitet. Auch hier finden wir also bestätigt, daß Autoritarismus nicht der Intensität sozialer Frustrationen, sondern den in der Mentalität angelegten Deutungsmustern entspricht.

6. Milieuformationen der alten und der neuen kleinbürgerlichen Volksklassen: Konventionelle Statusorientierung und statusorientierter Antikonventionalismus

Dies zeigt sich auch am dritten Milieu-Stammbaum, dem des *»kleinbürgerlichen Milieus«*. Er umfaßt Arbeiter, Angestellte und kleine Selbständige, die überwiegend in stärker hierarchisierten traditionellen Berufsgruppen mit eher bescheidenen Einkommen arbeiten. Dies korrespondiert mit einer sehr konventionellen Mentalität, die bei einem Drittel der Gruppe mit einem relativ harten und kompromißlosen Autoritarismus verbunden ist. Allerdings ist das klassische kleinbürgerliche Milieu, das 1982 noch 28% umfaßte, heute um 13% kleiner.

Von diesen Abwanderern finden sich heute die meisten im *»modernen bürgerlichen Milieu«* (8%) wieder, das seine autoritären Haltungen durch die liberale Aura eines modernen Lebensstils mildert. Im Arbeitsleben vertritt es Werte des ›leistungsorientierten Arbeitnehmermilieus‹, privat und politisch einen *patriarchalischen Autoritarismus und ethnozentrische Vorurteile*.

Die übrigen Abwanderer sind möglicherweise, als jugendliche Rebellen gegen die kleinbürgerliche Enge, zum hedonistischen Milieu am linken Rand des sozialen Raums übergewechselt.

Mit der Erosion des engeren kleinbürgerlichen Milieus sind auch die extremen autoritären Potentiale in unserer Gesellschaft kleiner geworden. Aber sie sind noch vorhanden, verkörpert im Typus der »autoritären Arbeiter« und in den autoritären kleinen Angestellten und Selbständigen, die in Frankreich oder Österreich rechtspopulistisch wählen würden und bei uns überwiegend von den populistischen Unterströmungen der großen Volksparteien SPD und CDU/CSU gebunden werden sollen.

Die *hedonistisch-postmoderne Formation* am linken Rand des sozialen Raums ist mit 16 % keine unwichtige Randgruppe. In verschiedenen Zügen entspricht sie dem, was Bourdieu (1982) als »neues Kleinbürgertum« desillusionierend beschrieben hat. Indem Bourdieu feststellt, daß diese Gruppe sich aus Abkömmlingen der hegemonialen und der mittleren Klassen zusammensetzt, hat er auch eingeräumt, daß sie nicht nur aus dem (oben auch von uns beschriebenen) alten Kleinbürgertum stammen. Nach unserer Vermutung ist diese Formation in Deutschland (wo auch möglicherweise eine breitere Stichprobe befragt wurde als in Frankreich) noch heterogener. Solange eine eingehende Untersuchung nicht vorliegt, bleiben wir jedoch auf Vermutungen angewiesen. Wahrscheinlich repräsentiert die Formation nicht Zweige ein und desselben Milieu-Stammbaums, da ihre Lebensstile keine gemeinsamen klassenkulturellen Wurzeln erkennen lassen. Ihr Zusammenhang ist vielmehr negativ definiert, durch die starke Ablehnung des Notwendigkeitssinns, der (in verschiedenen Kombinationen) praktisch alle anderen Milieukulturen der Gesellschaft kennzeichnet.

Die Angehörigen des sog. »*hedonistischen Milieus*« (jetzt bei 11 %) betonen den Antikonformismus, die persönliche Autonomie und den hedonistischen Genuß der aufregenden neuen Möglichkeiten des Lebensstils und des Konsums. Sie scheinen insofern einen zeitlich verlängerten jugendkulturellen Protest gegen den Habitus ihrer Eltern zu repräsentieren, ganz gleich, ob es sich dabei um das kleinbürgerliche Sicherheitsdenken, die großbürgerliche Geordnetheit der Verhältnisse, den balancierenden Realismus der modernen Arbeitnehmer oder die Resignation der traditionslosen Arbeiter handelt. Es ist durchaus nicht unwahrscheinlich, daß das Milieu sich aus denjenigen Zweigen der Milieu-Stammbäume der *Volksklassen* rekrutiert, die sich als radikal adoleszente Rebellion gegen die Notwendigkeit und die engen Perspektiven von Harmonie, Sicherheit, Zukunftsplanung und Sparsamkeit entwickelten.

Allerdings bleibt dies Anspruch, da die realen sozialen Lagen dieser Gruppe häufig prekär sind. Da sich ihre Angehörigen in den Altersgruppen bis Anfang 30 konzentrieren, haben viele die Lebensphasen der Ausbildung und der vorübergehenden Jobs noch nicht hinter sich gelassen. Die Gruppe teilt sich zunehmend in Gewinner und Verlierer der ökonomischen Umstrukturierungen, so daß auch eine Wahrscheinlichkeit der Rückkehr zu den elterlichen Tugenden besteht.

Das sog. »*postmoderne Milieu*« (etwa 5 %) scheint sich anders zu rekrutieren. Es entstammt mindestens teilweise Elternhäusern der oberen Klassen. Sein narzißtischer Stil distinktiver Grandiosität und anscheinender Selbstsicherheit erinnert an einen Seiltänzer mit Netz. Auf dieses Milieu trifft Bourdieus Darstellung der Prätentiosität des »neuen Kleinbürgertums« am ehesten zu. Als Leitmilieu, dem das »hedonistische Milieu« nachstrebt, repräsentiert es auch Züge der gesamten Formation am linken Rand der Mitte.

7. Milieu-Stammbäume der hegemonialen Klassen

Wenn wir uns den oberen 20 % der Gesellschaft zuwenden, erkennen wir mindestens zwei Stammbäume, die sich bei näherem Hinsehen in eine eindrucksvolle Vielfalt von Zweigen und Ästen aufteilen. Dabei muß bedacht werden, daß es sich nicht um die herrschende Klasse im engeren Sinne, die Spitzenmanager der Wirtschaft und der Macht, handelt. Diese werden auf etwa drei Prozent der Gesamtbevölkerung geschätzt. Die übrigen Gruppen des oberen Fünftels üben ihre Hegemonie eher auf komplexe und differenzierte Weise, oft symbolisch aus.

Die intellektuellen und akademischen Gruppen am kulturellen Pol des sozialen Raums sehen sich vom konservativen – und am rechten Rand ausgesprochen autoritären – Macht- und Eigentums-Pol dominiert. In Abgrenzung dagegen betonen sie ihre Distanz gegenüber dem Materialismus, der intellektuellen Kurzsichtigkeit und den exklusiven Herrschafts- und Lebensstilen der konservativen Elitefraktionen. Entsprechend verstehen sie sich selbst als den kritischen Teil der hegemonialen Milieus, der einen universalistischen Humanismus vertritt und sich verantwortlich fühlt für Frieden, Menschenrechte und Demokratie sowie die sozialen und ökologischen Konsequenzen des wirtschaftlichen Fortschritts. Als Verkörperungen des geistigen Fortschritts gehen sie freilich nicht so weit, ihre eigene Berechtigung, anderen den Weg zu zeigen, anzuzweifeln. Ihre distinktiven Lebensstile, die sich oft auch durch Momente wohlwollender und karitativer Herablassung selbst zu dementieren suchen, drücken aus, daß sie nicht mit der »Masse« verwechselt werden wollen, der sie »dienen«.

Am linken Pol der oberen Milieus hat sich seit 1982 eine charakteristische Verschiebung ereignet. Das (links)alternative Milieu hat sich durch seine Wende zur Realpolitik überwiegend mit dem ›technokratisch-liberalen Milieu‹ verschmolzen, in welchem nun die intellektuell-kritische Komponente an Gewicht gewonnen hat. An seiner Stelle hat sich am linken Pol dann das erwähnte ›postmoderne Milieu‹ entwickelt, das teils auf die Oberklassenkultur der schönen Künste, teils auf die Kultur von Gruppen zurückgeht, die aus den entsprechenden Zweigmilieus der Volksklassen aufsteigen.

8. Die gesellschaftspolitischen Lager: Zwischen Individualisierung und Rechtspopulismus

Die Milieu-Stammbäume zeigen uns Verhaltenspotentiale des vorpolitischen Alltags, die sich v. a. in der Privatsphäre und in den unmittelbaren Vergemeinschaftungen äußern. Nach den Daten unserer repräsentativen Befragung (Vester u. a. 1993) streuen die autoritären Potentiale über den ganzen sozialen Raum, aber sie kommen am rechten Rand des Raums und in den ›traditionalsten‹ Zweigen der Stammbäume weit häufiger vor als anderswo.

Mit dieser statistischen Wahrscheinlichkeit wissen wir jedoch nicht, welche dieser Potentiale öffentlich und politisch mobilisierbar sind. Autoritäre Schemata der *Alltagssphäre* setzen sich nicht automatisch und unmittelbar in die *weltanschauliche und politische Sphäre* um. Sie können beispielsweise auch fest in nichtfaschistische Weltanschauungen eingebunden sein, solange diese dem Bedürfnis nach Hierarchie, Unterordnung, Feindbildern usw. entgegenkommen. Eine solche Einbindung finden wir nicht nur in konservativen Religions-, Vereins- oder Parteimilieus, sondern auch in autoritären (oder ›fundamentalistischen‹) Teilmilieus des liberalen oder linken Spektrums. So erwiesen sich konservative Christen, patriarchalische Liberale, rechte Sozialdemokraten, doktrinäre Linke oder linientreue Kommunisten so lange als völlig immun gegen rechtsextreme Mobilisierungen, wie die Bindekraft ihrer ›weltanschaulichen Lager‹ und der diese verkörpernden Eliten intakt blieb.

Zerfallen aber diese Einbindungen, so werden Handlungsoptionen frei, die anders mobilisiert und repräsentiert werden können. Das klassische Beispiel hierfür war der Bindungsverlust des deutschnationalen Parteienlagers in der Weimarer Republik, das die 37% Wähler freisetzte, die bis 1932 von den Nazis mobilisiert und repräsentiert werden konnten (und im Dritten Reich in vielfältige Alltagsorganisationen eingebunden werden sollten). Nach dem Zweiten Weltkrieg konnten die beiden großen Volksparteien aufgrund der Vollbeschäftigung und der sozialstaatlichen Sicherungen viel von diesem Potential autoritärer Arbeiter und Kleinbürger binden. Überdies ist inzwischen dessen harter Kern durch den Werte- und Mentalitätswandel auf wenig mehr als 20% geschrumpft.

Dennoch hat es in der Geschichte der Bundesrepublik immer wieder Wellen rechtsradikaler Wahlerfolge oder Gewalttakte gegeben. Diese Symptome zeigten sich v. a. dann, wenn Schübe der Arbeitslosigkeit, der Prekarisierung sozialer Lagen, der Zuwanderung usw. das Vertrauen in die soziale Sicherheit destabilisierten. Der letzte dieser Schübe setzte nach 1989 mit der deutschen Vereinigung und der Öffnung der europäischen Grenzen ein. Viele sahen die Integrationskraft des Modells der ›Arbeitnehmergesellschaft‹ nachhaltig in Frage gestellt. Etwa die Hälfte der Westdeutschen reagierte mit der Angst, den eigenen Wohlstand mit zu vielen anderen teilen zu müssen, dem sog. ›Wohlstands-Chauvinismus‹ gegenüber Ostdeutschen und Zugewanderten. Etwa ein Fünftel sympathisierte mit der bald einsetzenden großen Welle von Tausenden von Brand- und Gewaltanschlägen gegen Ausländer, die sich nicht zuletzt in Städten mit benachteiligten Wohnvierteln konzentrierten. – Bildete sich hier, wie bereits in Frankreich und Österreich, ein neues rechtsradikales Lager aus?

Auch ein Gegenlager auf der anderen Seite des politischen Spektrums rührte sich. Gegen die Brandanschläge entstand eine erhebliche Gegenmobilisierung mit pazifistisch-humanistischen Zielsetzungen, symbolisiert durch Tausende von Lichterketten. Weitere Mobilisierungswellen mit zivilgesellschaftlicher und universalistischer Tendenz schlossen sich an. Bis zur Mitte der neunziger Jahre standen soziale Konflikte im Vordergrund, die sich um die Multikulturalität, um den Frieden am persischen Golf, um die karitative Hilfe für Krisenregionen wie Bosnien und um ökologische Fragen, um die Gleichstellung der Frauen, um Bürgerrechte und um die »Bürgergesellschaft« drehten. – War nun der alte soziale Konflikt zwischen Kapital- und Arbeitnehmerinteressen und Gewerkschaften endgültig durch die neue Konfrontation zwischen autoritären und avantgardistisch-zivilgesellschaftlichen Kräften abgelöst?

Die neuen Mobilisierungen kamen in der Tat nicht aus der Mitte, sondern von diesen zwei gegensätzlichen Lagern, die seit den siebziger Jahren außerhalb und auf Kosten der Mitte gewachsen waren. Die Lager der Mitte verhielten sich zu diesen Fragen eher reaktiv. Ihre Initiative konzentrierte sich auf andere Themen, insbesondere die sog. Standort-Debatte. Darin ging es zwar durchaus um den Gegensatz zwischen Kapital und Arbeit, aber der Konflikt wurde ganz überwiegend zwischen den Eliten und in den Medien geführt und schien die Lager nicht mehr direkt mobilisieren zu können. Dabei war das bürgerliche Lager lange in der Offensive; es führte seine nachhaltige Medienkampagne für eine weitere neoliberale Deregulierung der arbeitsrechtlichen und sozialstaatlichen Sicherungen. Die sozialdemokratisch-gewerkschaftliche Mitte befand sich demgegenüber so in der Defensive, daß sie ihre angestammten Klientele für Bundestagswahlen oder bedeutendere Streiks nicht mehr mobilisieren zu können schien. – War das alte arbeitnehmerische Lager nun vollständig demobilisiert?

Der Pegel der ›politischen Verdrossenheit‹ schien in diese Richtung zu weisen. 1980 noch bei wenig mehr als zehn Prozent, stieg er auf mehr als 60 % der Bevölkerung. Schnell fertige Diagnosen führten dies auf die zunehmende ›Individualisierung‹ zurück, durch die alle ›entpolitisiert‹ sind, weil sie nur an sich und nicht ans Gemeinwohl denken. Unsere repräsentative Befragung von 1991[5] zeigt im Gegenteil, daß die Krise der Repräsentation eher die Krise der Repräsentierenden als der Repräsentierten, eher der Eliten als der Bürger war. Neben dem zufriedenen bürgerlichen Lager fanden wir drei ›politisch verdrossene‹ Lager: die Lager der ›Avantgarde‹ und der ›Deklassierten‹ außerhalb der Mitte und das enttäuschte Arbeitnehmerlager innerhalb der Mitte.

Abb. 3: Gesellschaftspolitische Lager in Westdeutschland 1991

Gesellschafts- politische Lager in Westdeutschland	Gesellschaftsbild und Ordnungs- vorstellungen	Verarbeitung des sozialen Struktur- wandels
(1) Lager der ›Avantgarde‹ (ca. 24%)	Zivilgesellschaft und soziale Integration: aktive Teilnahme	›Individualisierte‹ jüngere Milieus: idea- listisches Engagement
(2) Moderne Mitte: Arbeitnehmer- Lager (ca. 25%)	Wirtschaftlicher Fortschritt und soziale Gerechtigkeit: institutionalisierte Teilhabe	Moderne Arbeitneh- mermilieus: prag- matisch-skeptisches Reforminteresse
(3) Konservative Mitte: Bürger- liches Lager (ca. 24%)	Einordnung in die ständische Hier- archie: Sicherheit	Gesicherte traditio- nelle Milieus: Zufriedenheit mit den Autoritäten
(4) Lager der ›Deklassierten‹ (ca. 27%)	Passive Perspektive einer ›Zweidrittel- gesellschaft‹: Exklu- sion oder Anlehnung	Sozial benachteiligte Modernisierungs- verlierer: autoritäre Ressentiments

5 Die Fragen der sozialen Gerechtigkeit, der Gleichstellung der Frauen, der Multikulturalität, der sog. »politischen Verdrossenheit« und der Bereit- schaft, sich selber in alten oder neuen Formen politisch zu engagieren, haben wir in unserer Repräsentativbefragung über einen sog. »Politikstil-Indika- tor« mit 44 Statements thematisiert. Aus den Cluster- und Faktorenanalysen ergaben sich sieben gut unterscheidbare »Politikstile«, die wir dann auch be- stimmten sozialen Lagen, Milieus und auch Formen des sozialen Zusam- menhalts zuordnen konnten (Vester u. a. 1993/2000). Insgesamt ließen sich die Politikstile den vier hier dargestellten Lagern zurechnen.

Von den vier Lagern (vgl. Abb. 3), die 1991 jeweils etwa 25% der Bevölkerung umfaßten, ist das erste weitgehend eine ›Neubildung‹, die sich in den sozialen Konflikten seit 1968 von der Mitte abgegrenzt hat, und das vierte teilweise ein ›Zerfallsprodukt‹, das durch die nachlassende Bindungskraft der Mitte entstanden ist.

Wenn wir sie den einzelnen Milieus im sozialen Raum zuordnen, sehen wir, daß die vier gesellschaftspolitischen Lager, die auch weltanschauliche Lager sind,[6] eine bestimmte Konfiguration bilden (vgl. Abb. 4). Dabei ist es bemerkenswert, daß die *cleavages* oder ›Konfliktlinien‹ zwischen den Lagern nicht den konventionellen Vorstellungen sozialer Trennlinien entsprechen. Sie sind nicht vertikal gestuft, wie es der Vorstellung eines Interessengegensatzes zwischen Kapital und Arbeit oder Oben und Unten entspricht. Und sie sind auch nicht mit dem Rechts-Links-Gegensatz der politischen Parteilager identisch. Vielmehr scheinen beide Teilungsprinzipien (oben–unten wie rechts–links) zusammenzuwirken! Insgesamt verteilen und überlappen sich die einzelnen Gruppen in der Art eines Kräftefeldes. In diesem Feld bilden die vier Lager eine Figur von zwei Gegensatzpaaren, d. h. zwei Antipoden und zwei Rivalen:

– Die Erosion der Bindungskraft der Mitte, aber auch neue soziale Bewegungen und Konflikte haben an den *äußeren Polen* der Gesellschaft zwei neue Lager gestärkt, die sich wie Antipoden gegenüberstehen. Am modernen Pol haben der Wertewandel und die neuen sozialen Bewegungen seit 1968 ein Avantgarde-Lager selbstbewußter, ›individualisierter‹ Bürger entstehen lassen. Um dessen Mobilisierung müssen die SPD und der moderne Unionsflügel mit den ›Grünen‹ konkurrieren. Am entgegengesetzten Pol ist ein Lager von ›Modernisierungsverlierern‹ entstanden, die mit starken Ressentiments auf die Parteien, die ausländischen Zuwanderer und alles Moderne blicken. Um die Mobilisierung dieses Lagers müssen die großen Parteien immer wieder heftig mit rechtsextremen Parteien – und den ›Nichtwählern‹ – konkurrie-

---

6 Die Lager sind durch die 44 gesellschaftspolitischen Statements des in der vorhergehenden Fußnote erwähnten »Politikstil-Indikators« ermittelt worden. Jedem Lager können aber bestimmte illustrierende Variablen aus unserer Befragung zugeordnet werden, die auf allgemeinere weltanschauliche Orientierungen hinweisen. Die Lager entsprechen insofern auch den großen weltanschaulichen Orientierungen.

ren. Sie sind versucht, diese Wähler mit Konzessionen an einen rechten Populismus zurückzugewinnen.

– Die beiden konkurrierenden Lager der gesellschaftspolitischen *Mitte* repräsentieren heute nur noch die knappe Hälfte der Bevölkerung. Viele enttäuschte Ältere und kritische Jüngere haben sich zu den äußeren Lagern hin orientiert. Gleichzeitig hat die Modernisierung der Arbeits- und Lebensverhältnisse Verschiebungen zwischen den Lagern der Mitte ausgelöst. Die konservative Mitte hat etwa sieben Prozent, meist jüngere Arbeiter und Angestellte, an die moderne Mitte verloren. Insgesamt sind die beiden Lager der Mitte zwar noch die Hochburgen der CDU/CSU und der SPD, aber diese können ihre potentiellen Anhänger nicht mehr so leicht mobilisieren.

Die beschriebene geometrische Figur ist nicht nach dem Schubladenprinzip zu verstehen. Die Figur beschreibt nur die *Schwerpunkte* breit gestreuter und vielfältig differenzierter Felder.[7] Die Merkmale eines Lagertypus sind nicht »Substanz-Eigenschaften«, die sich aus einer bestimmten Milieuzugehörigkeit ergeben (etwa: »Arbeiter sind Linkswähler«). Sie sind »Beziehungs-Eigenschaften« innerhalb eines dynamischen Feldes gesellschaftlicher Spannungen und Kämpfe (etwa: »gewerkschaftliche Kampferfahrung fördert eher linkes als konservatives Wählen«). Beispielsweise war die von uns für 1991 festgestellte starke Enttäuschung in drei der vier Lager kein Zustand, sondern ein Prozeß, d. h. Ausdruck eines veränderlichen Kräfteverhältnisses im Feld der gesellschaftspolitischen Auseinandersetzungen: Die langfristig und sehr professionell organisierte neolibe-

---

7 So sind beispielsweise moderne Alltagsmilieus mit modernen Lagern und mit progressiven Parteien nicht völlig deckungsgleich, aber sie überschneiden sich mit ihnen in besonderem Maße. Die weltanschaulichen Lager rekrutieren sich aus verschiedenen Alltagsmilieus, wenn auch jeweils mit Schwerpunkten in ganz bestimmten Milieus bzw. Zonen des sozialen Raums. Die großen Volksparteien vereinigen ihrerseits in sich Gruppen, die verschiedenen weltanschaulichen bzw. ideologischen Lagern angehören, ebenfalls mit Schwerpunkten in bestimmten Zonen des sozialen Raums. So zählen z. B. zum Lager der »Avantgarde« zwischen 37 % und 55 % der Angehörigen der moderneren Alltagsmilieus (›Alternative‹, ›Hedonisten‹, ›moderne Arbeitnehmer‹, ›technokratisch-Liberale‹) und immerhin zwischen 10 % und 20 % der Angehörigen der übrigen Milieus. Ähnlich streuen die Parteisympathien. Aus dem Lager der »Individualisierung« mobilisieren die Sozialdemokraten ca. 40 %, die Grünen ca. 30 % und die CDU/CSU ca. 20 %. – Dieses Beispiel gilt sinngemäß auch für die anderen Lager.

Abb. 4: Die weltanschaulichen Lager im sozialen Raum Westdeutschlands 1995

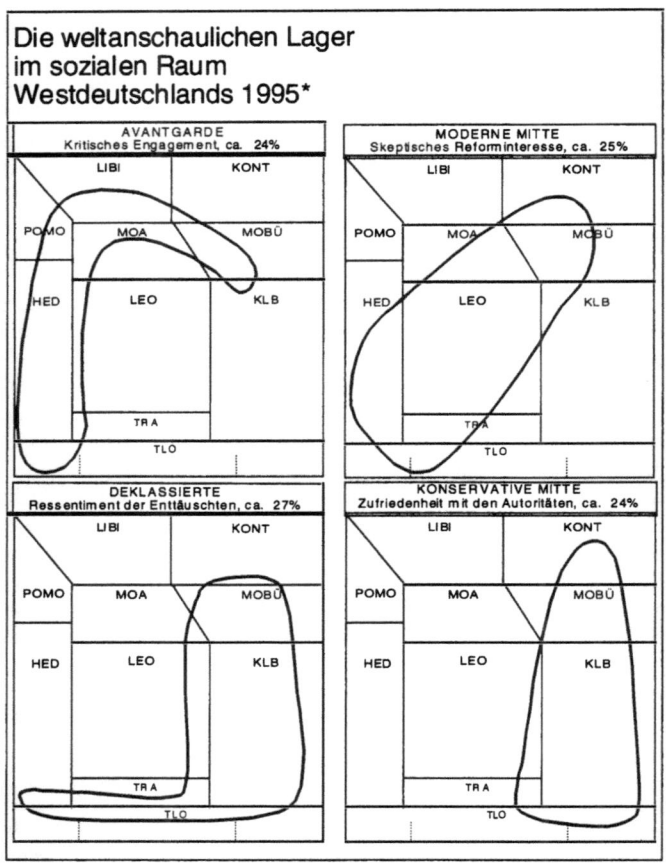

* Größengerechte Rangordnung nach Vester u. a. 1993/1999, Becker u. a. 1992, Flaig u. a. 1993 und Der Spiegel 1996 im Raum des Habitus nach Bourdieu 1982.

rale Medienoffensive hatte das bürgerliche Lager stark mobilisiert und das Arbeitnehmerlager in die Defensive gedrängt und demobilisiert. – Im Jahre 1998 hatte die Kampagne der Gegenseite für die neue Mitte diese Situation zeitweilig umgekehrt.

9. Antipoden: Die Lager der Avantgarde und der Ausgegrenzten

Die beiden äußeren Lager haben sich seit dem Ausgang der sechziger Jahre um bereits vorhandene historische Kerne neu gebildet. Mit ihnen verschoben sich zwei ältere gesellschaftspolitische Trennlinien oder *cleavages*, durch die sich die Mitte der Gesellschaft einerseits von den deklassierten unterständischen Milieus und andererseits von den zivilisationskritischen humanistischen Intelligenzmilieus abgrenzte. Schon nach ihrer Größe stellen die beiden Lager heute weit mehr dar als diese beiden historischen Lager der ›Exklusivität‹ und der ›Exklusion‹. Sie repräsentieren die fortgeschrittensten und die zurückgelassensten Zonen, die Gewinner und die Verlierer des Prozesses sozialstruktureller Modernisierung.

Das Verhältnis zwischen beiden wird noch deutlicher, wenn wir sie im sozialen Raum Bourdieus verorten. Sie bilden ein *diagonales* Gegenüber. Bourdieu (1982, S. 707) hat diese »systematische Verzerrung« oder Drehung des politischen Raumes auch für Frankreich beobachtet. Wir selbst fanden links oben im sozialen Raum einen »*progressiv-privilegierten*« *Pol* und rechts unten einen entsprechenden »*reaktionär-unterprivilegierten*« *Pol*. Offenbar wirken hier vertikale Trennlinien (Rangstufen) und horizontale Trennlinien (Modernitätsgrade) zusammen. So finden wir am linken Rand des sozialen Raums die modernen, besser ausgebildeten Jüngeren und am oberen Rand die Wohlhabenderen. Sie haben, auf verschiedene Weise, die besseren materiellen und kulturellen Ressourcen und sozialen Netzwerke, ohne die das eher unbeschwerte ›gute Leben‹ und ein gesellschaftliches Engagement für ›postmaterialistische Werte‹ nicht möglich wären. Am anderen Pol gelten die entgegengesetzten Bedingungen. Zurückgebliebene Ausbildungsstandards und materielle Ressourcen, unsichere soziale Netze und Zukunftsperspektiven signalisieren einen Teufelskreis der ›*Exklusion*‹ aus allem, was gesellschaftlich erstrebenswert ist.

Das Lager der »*kritisch Engagierten*« konzentriert sich in den obersten und modernsten Milieus. Gerade diese moderne Avantgarde der Bevölkerung auf der Sonnenseite der Modernisierung ist nicht in ich-bezogene einzelne zerfallen, sondern sozial und politisch besonders motiviert. Als jüngere Generation in moderneren Berufen und Ausbildungen hat sie deutlich überdurchschnittliche Standards in Bildung, Geselligkeit, sozialer Solidarität und politischer Partizipation und in der Bereitschaft zur Eigenverantwortung. Sie ist geprägt durch die neuen sozialen Bewegungen und kritisch engagiert für politische und soziale Gleichstellungen.

Beck und Giddens sehen darin Anzeichen eines Epochenbruchs, der *Ablösung* der Wertmuster der Arbeiterbewegung (materielle Sicherheit und Teilhabe am ›Fortschritt‹) durch ›postmaterialistische‹ Werte, d. h. ökologische, pazifistische, bürgerrechtliche und individuelle emanzipatorische Ziele.

Unsere Daten legen eine andere Erklärung nahe: die *Parallelität* beider Wertmuster. Im Lager kommen zwei Teilgruppen zusammen, die dies ausdrücken. Von diesen vertreten nur die »*Radikaldemokraten*« (um 10,8 %) vorrangig ›*postmaterialistische*‹ Werte. Dies kann u. a. aus ihrer Herkunft erklärt werden. Sie entstammen überwiegend höheren bildungshumanistischen Milieus, denen Gewerkschaften, nichtideelle Ziele und kollektive Interessenvertretung seit je eher fernliegen oder gar suspekt sind. Sie bevorzugen eher die karitative Hilfe für die Ausgeschlossenen, die Antipoden ihres Milieus, im eigenen Land und der Dritten Welt. – Die verpönten ›*solidaristischen*‹ Ziele werden dagegen von der zweiten Teilgruppe, den »*Sozialintegrativen*« (um 12,8 %), deutlich vertreten, übrigens meist in Verbindung mit ›postmaterialistischen‹ Werten. Auch dies kann aus der sozialen Herkunft erklärt werden. Die Sozialintegrativen sind meist aus Volksklassenmilieus mit solidarischen Traditionen aufgestiegen. Ihre Eltern und Großeltern gehörten insbesondere den Milieus der Arbeiterintelligenz und der qualifizierten Angestellten an.

Der Unterschied dieser beiden Klassenkulturen ist historisch nichts Neues. Er drückt sich auch im politischen Beteiligungsverhalten der beiden Gruppen aus. Die erste Gruppe engagiert sich unbefangen – und kritisch – auch in der etablierten Politik und Repräsentation, wie dies für ›Elitemilieus‹ üblich ist. Die zweite Gruppe hält solche Karrieren eher für korrumpierend und engagiert sich vorwiegend an der ›Basis‹. Dies entspricht der Tradition skeptischer Distanz gegenüber der ›großen Politik‹, die im arbeitnehmerischen Lager der modernen Mitte überwiegt. – Damit mag auch zusammenhängen, daß es der Partei der ›Grünen‹, sofern sie mehr den elitären postmaterialistischen Habitus verkörpert, nicht gelungen ist, die Mehrheit des Lagers zu mobilisieren. Sie sind in dem Lager bei Wahlen zwar überdurchschnittlich vertreten, müssen aber mit ca. 30 % hinter der SPD (ca. 40 %) zurücktreten und auch mit dem progressiven CDU-Flügel (ca. 20 %) teilen.

Auch eine andere Annahme von Beck und Giddens muß zurechtgerückt werden. »Individualisierung« bedeutet für dieses Lager mehr Selbstbestimmung und nicht die Zerstörung des sozialen Zusammenhalts. Insgesamt scheint es so, daß die individualistischen Akzente der »Radikaldemokraten« und die solidaristischen Akzente der »Sozialintegrativen« gerade keinen Epochenbruch, sondern die Hartnäckigkeit von zwei verschiedenen klassenkulturellen Herkunftslinien bestätigen.

Der *Zerfall sozialer Bindungen* ist nach unseren Befunden nicht ein Symptom der sich modernisierenden, sondern – wie seit je – derjenigen Gruppen, die mit der Modernisierung nicht mithalten können. Der Umfang dieser *deklassierten* Bevölkerungsgruppen ist heute auf ein *Viertel der Bevölkerung* angewachsen. Sie umfassen v. a. die ältere Generation aus traditionellen Berufsgruppen, aber auch schlecht ausgebildete Jüngere aus benachteiligten Milieus. Beide leben in reduzierten sozialen Netzen und Standards, fühlen sich sozial ausgegrenzt und grenzen andere ebenfalls aus. Sie beanspruchen für sich soziale Gerechtigkeit, aber sie wollen diese nicht universal gelten lassen. Ihre Enttäuschung verarbeiten sie mit *Ressentiments* gegen Schwächere, gegen Ausländer und gegen Menschen mit moderneren Lebensstilen, aber auch gegen »die Politiker«, die ihrer Patronatsrolle nicht gerecht werden.

Das Wachstum des Lagers läßt sich an seinen beiden Teilgruppen ablesen. Die überdurchschnittliche politische Resignation der Gruppe der »*Enttäuscht-Apathischen*« (um 13,4 %) kann aus der Herkunft aus den älteren Milieus ungelernter Arbeitnehmer und kleiner Selbständiger erklärt werden, in denen sich der Habitus des *underdog* schon lange verfestigen konnte. Die Herkunft der anderen Teilgruppe, der »*Enttäuscht-Aggressiven*« (um 13,8 %), deutet auf umfangreiche neue Deklassierungsprozesse hin. Zu ihnen gehören insbesondere auch neue Absteiger aus der

Mitte, die sich durch eine frische Wut über ihre Situation auszeichnen und diese oft in Sympathien mit aktivem Protest bzw. Gewaltakten von rechts umsetzen.

Erstaunlicherweise drückt sich diese offen autoritäre und nicht selten gewaltbejahende Haltung keineswegs durchgehend in der Wahl rechtsextremer Parteien aus. Zwar hat immerhin ein Fünftel der »Deklassierten« besondere Rechtssympathien, v. a. in bestimmten Großstadtvierteln. Die große Mehrheit hält sich aber realistischerweise noch an die, die sie als Angehörige der Aufbaugeneration der Bundesrepublik schon immer gewählt haben und die sie auch politisch effektiv vertreten können. Das Lager ist, solange die jüngere Generation in ihm noch geringer wiegt, eine ausgesprochene Hochburg der SPD und der CDU/CSU, wenn auch mit der Gefahr, immer wieder Stimmen an rechtsextreme Parteien oder die Nichtwähler zu verlieren. Dies hat auch damit zu tun, daß die rechtsextremen Parteien in Deutschland bisher noch nicht wieder eine politische Lagerstruktur mit respektierten Eliten und flächendeckenden organisatorischen und medialen Infrastrukturen entwickeln konnten.

Ebendies ist ihren Antipoden, zu deren Identität die Verhinderung des Faschismus und des Elends gehört, gelungen, allerdings nicht in parteipolitischer Form. Das kritisch engagierte Avantgardelager ist inzwischen ein fester Bestandteil der »legitimen Kultur«. In den großen Intelligenzmilieus der kulturellen und administrativen Funktionseliten sind sie sicher verankert. Von hier aus können sie – wie etwa die Mobilisierungen von Greenpeace, der Lichterketten, für die Frauengleichstellung usw. zeigten – ihre Wirkung kompetent multiplizieren. Entsprechend können auch die ›Grünen‹ hier kein Monopol entwickeln: Das Lager ist bereits vielfältig öffentlich repräsentiert.

10. Rivalen: Die Lager der neuen und der alten Mitte

In der Dynamik zwischen den beiden Lagern der Mitte drückt sich die Konkurrenz zwischen den eher konservativen und den eher egalitären Traditionslinien der politischen Kultur aus. Verstärkt worden ist diese Dynamik durch den wirtschaftlichen Strukturwandel, der in der Mitte erhebliche berufliche Mobilitäten in Berufe mit höheren Qualifikationsniveaus, aber zugleich auch Abstiege und Diskontinuitäten und damit auch Verunsicherungen ausgelöst hat. Gleichwohl scheint der soziale Zusammenhalt relativ stabil und die Mentalitätshaltung selbstbewußt geblieben zu sein. Zwar verlieren die Lager der Mitte auch kleinere Gruppen an die äußeren Lager. Aber die Haupttendenz liegt in Wanderungen von der alten zur neuen Mitte.

Die Mitte kann nicht mit dem destrukturierten Treibsand einer amerikanischen *middle class*, die zur abhängigen Klientel der Oberklasse wird (vgl. Galbraith 1992), gleichgesetzt werden. Zwar beruht auch der Zusammenhalt der beiden Lager auf *vertikalen Klientel-Patronats-Beziehungen*, aber diese sind nicht nur von oben strukturiert. Die Lager bilden zwar, wie die Raumdiagramme zeigen, zwei Säulen, an deren Spitze einerseits die konservativen und andererseits die reformorientierten Elitemilieus stehen, die die kulturelle und politische Hegemonie ausüben. Aber die Klientele haben, wie unsere Erhebung belegt, zugleich auch eigene strukturierte Zusammenhänge ebenso wie klare Konzepte sozialer Gerechtigkeit. Die sog. politische Verdrossenheit ist nicht ein Ausdruck mangelnden politischen Bewußtseins und Verantwortungsgefühls, sondern der Krise der Repräsentation. Sie beruht auf der Enttäuschung über Elitemilieus, die sich nur schwer verjüngen und modernisieren können und daher die Kultur der Repräsentierten nicht mehr zureichend verstehen und repräsentieren. Versuchen sie dann, die Mobilisierungsschwäche mit gewollt modernistischen oder gewollt populistischen Werbegesten zu überbrücken, so wirkt dies nur aufgesetzt. Die Menschen wollen ihre solidaristischen bzw. konservativen Grundwerte nicht aufgeben, sondern ernsthaft modernisieren.

Zum Zeitpunkt unserer Befragung umfaßte derjenige Teil der *konservativen Mitte*, der von dieser Krise nicht erfaßt war, noch etwa 24%. Dieser zufriedene Kern des Lagers lebte aus konservativ-ständischen Traditionen in sozial sicheren und überschaubaren Zusammenhängen und paternalistischen Hierarchien – mit dem typischen Gesellschaftsbild abgestufter Rechte, in dem auch für die dominierten sozialen Gruppen gesorgt wird: Arbeitnehmer sollen gesichert sein, aber ohne eine ›Anspruchsinflation‹; Frauen sollen ihren Status haben, aber nicht unbedingt berufstätig sein; Ausländer sollen akzeptiert werden, aber nicht unbedingt das Wahlrecht genießen usw.

Das Lager unterteilt sich in zwei Teilgruppen. Die »*Traditio-*

nell-Konservativen« (um 13,8%), eine Art Leit- oder Patronatsgruppe des Lagers, sind vorwiegend gut situiert und haben streng konservative und hierarchische Ordnungsvorstellungen. Die »*Gemäßigt-Konservativen*«, die praktisch die arbeitnehmerische Klientel der Leitgruppe bilden, sind konservativ, aber doch oft gewerkschaftlich organisiert, und treten für die Sicherung der Arbeitnehmer und der sozial Schwachen ein. Sie umfassen um 17,6%, befinden sich aber in einem Teilungsprozeß. Ihre traditionelle Kerngruppe, immerhin noch ca. elf Prozent, ist dem konservativen Weltbild noch recht fest verbunden. In ihrer Mehrheit neigen die Patronatsgruppe wie die traditionelle Klientelgruppe überdurchschnittlich der CDU/CSU und der FDP zu, in der Minderheit dem sozialpartnerschaftlichen rechten SPD-Flügel.

Allerdings löste sich schon 1991, wie unsere statistische Analyse belegt (Müller 1992), eine moderne Fraktion von ca. sieben Prozent von dem traditionellen Kern der »*Gemäßigt-Konservativen*« ab. Sie steht in einem nachhaltigen Prozeß der »*Enttraditionalisierung*« (vgl. Beck 1983). Durch moderne Arbeits- und Lebensverhältnisse ist sie von der engen und hierarchischen Alltagsmoral ihrer Elternmilieus abgerückt. Sie ist überdurchschnittlich politisch interessiert und hat weit weniger Vorbehalte gegen unkonventionelle Politikformen, gegen die Frauengleichstellung und gegen das Ausländerwahlrecht als die Kerngruppe der »*Gemäßigt-Konservativen*«. Sie können somit der *weiteren modernen Mitte* zugerechnet werden. Dies zeigt sich auch an ihren beiden Teilgruppen. Die erste repräsentiert ein jüngeres Milieu konservativer Herkunft. Dieses ist mehrheitlich katholisch und CDU/CSU-orientiert, aber in moderner Interpretation: erlebnisorientiert im Lebensstil, gut ausgebildet (oft Angestellte und Beamte) und z. T. auch offen für rotgrüne oder große Koalitionen. Die andere Gruppe steht mehrheitlich eher für ein facharbeiterisch-sozialdemokratisches Milieu, das aus seinem Klassenethos heraus den akademischen ›Grünen‹ nicht traut, aber sich zugleich vom engen konventionellen Lebensstil der Eltern abgrenzt.

An dieser sich enttraditionalisierenden Mitte ist deutlich zu erkennen, worum es bei dem Erosionsprozeß geht, der seit den achtziger Jahren in ganz Westeuropa die konservative Mitte schrumpfen läßt. Die widersprüchliche Mischung von konservativen und modernen Einstellungen erklärt zudem, warum sie in der Bundesrepublik bisher eher für das bürgerliche Parteienlager und im Wahljahr 1998 für das Lager der »neuen Mitte« mobilisierbar waren – und warum diese Mobilisierung auch einen erklärten ›Lagerwahlkampf‹, der Schwankende ins Stammlager zurückgetrieben hätte, vermeiden wollte.

Die *eigentliche moderne Mitte* (um 17,7%) ist dagegen nicht aus Wanderern zwischen den Lagern entstanden, sondern bildet schon sehr lange den aufgeklärten und bildungsorientierten Teil der mittleren Volksklassen. Nach unserer Statistik besteht sie v. a. aus der mittleren Generation der Arbeitnehmer in mittleren Einkommens- und Bildungsstufen und in den modernisierten Arbeiter- und Angestelltenberufen. Die soziale Lage dieser Arbeitnehmergeneration des Wirtschafswunders wird seit den achtziger Jahren durch die wirtschaftlichen und sozialstaatlichen Umstrukturierungen zunehmend verunsichert. Zum Zeitpunkt unserer Befragung von 1991 wirkte sich diese Enttäuschung v. a. als politische Demobilisierung aus: als starke *Desillusionierung und skeptische Distanz* gegenüber allen (!) Parteien, Institutionen und der ›sozialen Marktwirtschaft‹. Grundwerte und sozialer Zusammenhalt waren dagegen intakt geblieben. Ihre Standards an sozialem Zusammenhalt, Toleranz, Solidarität und demokratischen Werten (»Leben und leben lassen!«) lagen deutlich über dem Bevölkerungsdurchschnitt. Die Enttäuschung wurde nicht mit Demoralisierung und mit Ressentiments gegen Schwächere, sondern mit skeptischem Selbstbewußtsein verarbeitet. Dies entspricht den *Traditionen der europäischen Arbeiter- und Volksbewegungen,* die ihre Rechte und ihre Teilhabe am gesellschaftlichen »Fortschritt« nicht von oben empfangen, sondern aus eigener Kraft erarbeitet und erkämpft haben. Hier kehren diejenigen Züge des klassischen Arbeiterbewußtseins wieder, die sich auf die Erfahrung der Unsicherheit und das Mißtrauen gegen Gott, Kaiser und Tribun stützen.

Diese Disposition äußerte sich 1991 erheblich anders als 1998. Damals, als die Unzufriedenheit von keiner gesellschaftspolitischen Perspektive (etwa der Gewerkschaften oder der SPD) strukturiert werden konnte, herrschte eine vollständig defensive, auf die Restauration des erodierenden Sozialstaats gerichtete Stimmung vor.

11. Die »neue Mitte« und die Verantwortung der Politik

Insgesamt zeigt das Panorama der vier gesellschaftspolitischen Lager, wie schwierig eine politische Mobilisierung in den frühen neunziger Jahren war: Erosion der konservativen Mitte, Desillusionierung der modernen Mitte, ein neues Avantgarde-Lager außerhalb der Mitte und Verdrossenheit bei den Deklassierten. Das Wahlergebnis von 1998 zeigt dagegen, daß Rot-Grün anscheinend heute wieder in allen Lagern für sich mobilisieren kann. – Doch wie breit und wie stabil ist diese Mobilisierung wirklich?

Die Mobilisierung gegen die neoliberale Offensive hatte erst nach und nach Erfolg. Erste Zeichen waren die großen französischen Massenstreiks Ende 1995 und die Protestkampagne des DGB vom Sommer 1996. Die Regierung Kohl vertraute gleichwohl weiter auf die Defensivität des Arbeitnehmerlagers und setzte ihre langjährige neoliberale Salamitaktik kleiner Abstriche an der sozialen Sicherheit fort. Doch als sie im Herbst 1996 die Einschränkungen der Lohnfortzahlung für Kranke beschloß, rührte sie an ein Ergebnis früherer Kämpfe, das das Ende proletarischer Not und Unsicherheit symbolisierte. Völlig unerwartet kam es zu heftigen Arbeiterprotesten, die eine anhaltende gewerkschaftliche Mobilisierung zur Verteidigung der seit den fünfziger Jahren erkämpften sozialen Teilhabe einleiteten.

1998 gewann die Politik einer modernisierenden Mitte die Initiative zurück. Die eher zufällige Wahlkampfparole der »neuen Mitte« sprach mit dem Doppelsignal »Innovation und Gerechtigkeit« erfolgreich das Wertesystem des Lagers der modernen Mitte an. Die Wahlniederlage der bürgerlichen Parteien ließ deutlich werden, daß der Erosionsprozeß, der die Konservativen schon in den meisten anderen hochentwickelten Ländern die Regierungsmacht gekostet hatte, auch an Deutschland nicht vorübergegangen war.

Nach den vorliegenden Wahlanalysen gewann die SPD v. a. frühere CDU/CSU-Wähler, Grün-Wähler und Nichtwähler für sich. Der Stimmenzuwachs (von 36,4 % auf 40,9 %) kam v. a. aus der modernen Arbeitnehmermitte; die SPD verbesserte sich bei den Arbeitern auf 48 % (bei den gewerkschaftlich organisierten Arbeitern sogar auf 61 %), bei den Angestellten auf 42 % (CDU/CSU 31 %).

Die CDU/CSU verlor nicht nur hier, wie dies an den Verlusten bei den modernen Arbeitnehmern und den Frauen deutlich wird. Sie verlor auch bei den Arbeitnehmern der konservativen Mitte und bei den Deklassierten, wie sich an den Einbußen bei den über 45jährigen und den Frauen über 60 zeigt.

Die ›Grünen‹ (6,7 %) hatten zwar in der neuen Mitte verloren, waren aber in ihrer Hochburg, dem Avantgarde-Lager, besonders erfolgreich. Im Westen lagen sie (ähnlich der PDS im Osten) bei den jüngeren, besser gebildeten Frauen, bei den Angehörigen von Dienstleistungs- und Verwaltungsberufen und ebenso in der Generation zwischen 18 und 44 Jahren erheblich über ihrem Durchschnitt.

Ein Schwachpunkt wird in den meisten Wahlanalysen allerdings übersehen: Das Lager der Deklassierten konnte nur begrenzt mobilisiert werden, was für eine an moderne Leistungsträger adressierte Kampagne auch nicht erstaunlich ist. Die SPD konnte hier zwar frühere CDU-Wähler gewinnen, aber kaum den überdurchschnittlich hohen Anteil der resignierten Nichtwähler mindern. Während die Wahlbeteiligung der gesamten Wahlbevölkerung um gut drei Punkte auf 82,3 % anstieg, lag sie in vielen großstädtischen Problemvierteln um 75 %. Im Bundesdurchschnitt blieben die Rechtsextremen zwar unter der Fünf-Prozent-Hürde. Aber sie erreichten doch vier Prozent, bei den Arbeitslosen sogar sieben Prozent und bei den Männern unter 24 Jahren elf Prozent, und sie machten der SPD 15 000, der Union 222 000 Stimmen abspenstig.

Mit den neuen Mehrheiten ist, in ganz Europa, noch keine dauerhafte Stabilität und Integration erreicht. Die Verantwortung dafür liegt aber nicht bei sozialen und ökonomischen ›Naturgesetzen‹ der Individualisierung und der Globalisierung. Sie liegt bei der Politik.

Einerseits trifft das – eingangs zitierte – Szenario der Fragmentierung sozialer Zusammenhänge und des Zerfalls der großen Deutungssysteme als allgemeingültige Diagnose nicht zu. Drei der vier weltanschaulichen Lager haben relativ konturierte Orientierungsmuster, auch wenn diese sich in der Umstellung auf ein System größerer sozialer und wirtschaftlicher Unsicherheiten befinden. Im vierten Lager, bei den deklassierten *Modernisierungsverlierern*, hängen die soziale Desintegration und die Anfälligkeit für den Rechtspopulismus mit dem Versagen von Politik bei der Regulierung sozialer Verteilungs- und Integrationsprobleme zusammen. Die Massenarbeitslosigkeit, die sich v. a. in diesen Milieus verfestigt hat, bleibt in der Tat ein Prüfstein für die rot-grüne Koalitionsregierung.

Andererseits sind auch die soziokulturell stabil gebliebenen Milieus der Zunahme *unsicherer Lagen in der Mitte* ausgesetzt. Dies kann durch einfache steuerpolitische Umschichtungen nicht wesentlich geändert werden. Die sozialdemokratisch geführten Regierungen in Europa werden ihre neu mobilisierte Klientel nachhaltig enttäuschen, wenn sie nicht auch den engen haushaltspolitischen Spielraum, der in den Kriterien von Maastricht und neoliberalen Zentralbankpolitiken festgeschrieben ist, erweitern.

In der öffentlichen Meinung herrscht immer noch das von der neoliberalen Kampagne eingebrannte demagogische Tabu, daß staatliches Schuldenmachen unseriös sei, weil es zu hohe Kosten für den Produktionsstandort Deutschland mit sich bringe. Propagiert wird eine Deflationspolitik, die schon einmal – unter dem christlich-konservativen Reichskanzler Brüning 1930-1932 – eine staatlich induzierte Nachfragesteigerung verhindert und die Arbeitslosigkeit erhöht hatte. Dies wird heute nicht mehr einen rechtsextremen Wahlsieg befördern, wie damals bei den Nazis. Die Drohung schockartiger rechtsextremer Einzelerfolge aber bleibt und setzt auch die großen Volksparteien von rechts unter Konkurrenzdruck, solange konjunkturelle Aufschwünge, wie z. B. der im Jahr 2000 wirksam gewordene Exportboom, der unteren Mitte und den bisherigen Modernisierungsverlierern nicht auch zugute kommen.

Aus der langen Stagnation der dreißiger Jahre hat eine staatliche Politik der Nachfragesteigerung[8] herausgeführt, die mit dem Namen des liberalen Ökonomen John Maynard Keynes verbunden wird. Weniger erinnerlich ist, daß dieser Aufschwung, insbesondere in Skandinavien, in den USA und in England, mit einer großen Mobilisierung der demokratischen Volksklassen (der Bewegungen der Gewerkschaften, der Frauen, der kleinen Unternehmer, der ethnischen Minderheiten, der benachteiligten Regionen usw.) für neue Produktions-, Mitbestimmungs- und Selbsthilfekonzepte verbunden war.

Dieses doppelte Konzept – Nachfragepolitik und Mobilisie-

---

8 Die Investitionsprogramme, mit denen die Nazis die Arbeitslosigkeit minderten, waren – in ihren zivilen Teilen – schon in der Weimarer Republik konzipiert, aber durch die Politik Brünings blockiert worden.

rung der Bürger – kann angesichts der internationalen Verflechtungen heute nicht mehr im nationalen, wohl aber im größeren Rahmen der EU erneuert werden. Hier drohen zwei Gefahren. Die eine liegt darin, daß von den Bastionen des Neoliberalismus – insbesondere vom Zentralbankensystem – eine neue Nachfragepolitik und die Erweiterung des Spielraums der öffentlichen Kreditaufnahme blockiert wird, wie einst bei Brüning. Die andere Gefahr wäre, daß das korporatistische Institutionensystem, das Zusammenwirken von staatlichen und von Verbändedemokratien, sich nicht genügend für die Beteiligung neuer sozialer Kräfte, die in den immer noch überalterten, männlich und deutschkulturell dominierten Partei-, Verbands-, Kirchen-, Bildungs- und Verwaltungsapparaten wenig vertreten sind, öffnet.

Max Webers eingangs zitierte Einschätzung können wir auch heute bestätigt finden: Gefahren der Entwicklung – auch solche der sozialen Desintegration und rechtsextremer Potentiale – gehen nicht von der ›Masse‹ der Bevölkerung aus. In der politischen Qualifikation der alten und der neuen Eliten liegt das Problem.

Literatur

Adorno, Th. W./Frenkel-Brunswick, E./Levinson, D. J./Sanford, R. N.: *The Authoritarian Personality*. New York/Evanston/London 1950.
Anderson, P./Blackburn, R. (Hg.): *Towards Socialism*. London 1965.
Beck, U.: *Risikogesellschaft. Auf dem Weg in eine andere Moderne*. Frankfurt/M. 1986.
Ders.: *Kapitalismus ohne Arbeit*, in: *Der Spiegel*, 13. 5. 1996, S. 140-146.
Ders.: *Jenseits von Stand und Klasse?*, in: Kreckel, R.: *Soziale Ungleichheiten*. Göttingen 1983, S. 35-74.
Becker, U./Becker, H./Ruhland, W.: *Zwischen Angst und Aufbruch. Das Lebensgefühl der Deutschen in Ost und West nach der Wiedervereinigung*. Düsseldorf 1992.
Bourdieu, P.: *Die feinen Unterschiede*. Frankfurt/M. 1982 (orig. 1979).
Ders: *Sozialer Raum und ›Klassen‹. Leçon sur la leçon*. Frankfurt/M. 1985 (orig. 1982).
Conze, W.: *Vom »Pöbel« zum »Proletariat«*, in: Wehler, H.-U. (Hg.): *Moderne deutsche Sozialgeschichte*. Köln/Berlin 1966, S. 111-136.
Fromm, E.: *Arbeiter und Angestellte am Vorabend des Dritten Reiches. Eine sozialpsychologische Untersuchung*. München 1983.

Flaig, B. B./Meyer, Th./Ueltzhöffer, J.: *Alltagsästhetik und politische Kultur*. Bonn 1993.

Galbraith, J. K.: *Gesellschaft im Überfluß*. München/Zürich 1963 (orig. 1958).

Ders.: *Die Herrschaft der Bankrotteure. Der wirtschaftliche Niedergang Amerikas*. Hamburg 1992.

Geiger, Th.: *Die soziale Schichtung des deutschen Volkes*. Stuttgart 1932.

Geiling, H.: *Das andere Hannover. Jugendkultur zwischen Rebellion und Integration in der Großstadt*. Hannover 1996.

Geißler, H.: *Die neue soziale Frage*. Freiburg 1976.

Geißler, R. (Hg.): *Soziale Schichtung und Lebenschancen in Deutschland*. Stuttgart 1994.

Goldthorpe, J./Lockwood, D.: *Der »wohlhabende Arbeiter« in England*, 3 Bde. München 1970/1971 (orig. 1968/1969).

Hradil, St.: *Sozialstrukturanalyse in einer fortgeschrittenen Gesellschaft. Von Klassen und Schichten zu Lagen und Milieus*. Opladen 1987a.

Ders.: *Die »neuen sozialen Ungleichheiten« und wie man mit ihnen (nicht) theoretisch zurechtkommt*, in: Giesen, B./Haferkamp, S.: *Soziologie der sozialen Ungleichheit*. Opladen 1987b.

Ders. (Hg.): *Zwischen Bewußtsein und Sein. Die Vermittlung »objektiver« und »subjektiver« Lebensweisen*. Opladen 1992.

Hübinger, W.: *Prekärer Wohlstand. Neue Befunde zu Armut und sozialer Ungleichheit*. Freiburg i. Brsg. 1996.

Inglehart, R.: *The Silent Revolution. Changing Values and Political Styles among Western Publics*. Princeton 1977.

Kreckel, R.: *Politische Soziologie sozialer Ungleichheit*. Frankfurt/New York 1992.

Lepsius, M. R.: *Parteiensystem und Sozialstruktur: Zum Problem der Demokratisierung der deutschen Gesellschaft*, in: Ritter, G. A. (Hg.): *Deutsche Parteien vor 1918*. Köln 1973a.

Ders.: *Wahlverhalten, Parteien und politische Spannungen*, in: *Politische Vierteljahresschrift*, 1973b, S. 295-313.

Lipset, S. M.: *Soziologie der Demokratie*. Neuwied/Berlin 1962.

Lucas, E.: *Arbeiterradikalismus*. Frankfurt/M. 1976.

Lüdtke, H.: *Expressive Ungleichheit. Zur Soziologie der Lebensstile*. Opladen 1989.

Marcuse, H.: *Der eindimensionale Mensch. Studien zur Ideologie der fortgeschrittenen Industriegesellschaft*. Darmstadt/Neuwied 1967.

Mooser, J.: *Arbeiterleben in Deutschland 1900-1970*. Frankfurt/M. 1984.

Müller, D.: *Zu den politischen Haltungstypen und den Gesellungstypen. Arbeitspapier zum Buch »Soziale Milieus im gesellschaftlichen Strukturwandel«*. Hannover 1992.

Niethammer, L. (Hg.): *Lebensgeschichte und Sozialkultur im Ruhrgebiet*, 3 Bde. Berlin/Bonn 1983.

Popitz, H./Bahrdt, H.-P./Jüres, E./Kesting, H.: *Das Gesellschaftsbild des Arbeiters*. Tübingen 1957.
Riesman, D./Denney, R./Glazer, N.: *Die einsame Masse. Untersuchungen zum Wandel des amerikanischen Charakters*. Reinbek 1958.
Schulze, G.: *Die Erlebnisgesellschaft*. Frankfurt/M. 1992.
SPD: *Planungsdaten für die Mehrheitsfähigkeit der SPD. Ein Forschungsprojekt des Vorstandes der SPD*. Bonn 1984.
Spiegel Verlag/manager magazin (Hg.): *Spiegel-Dokumentation Soll und Haben 4*. Hamburg 1996.
Thompson, E.P.: *Die Entstehung der englischen Arbeiterklasse*, 2 Bde. Frankfurt/M. 1987 (orig. 1963).
Trittin, J.: *Gefahr aus der Mitte. Die deutsche Politik rutscht nach rechts*. Göttingen 1993.
Vester, M./von Oertzen, P./Geiling, H./Hermann, Th./Müller, D.: *Soziale Milieus im gesellschaftlichen Strukturwandel: zwischen Integration und Ausgrenzung*. Köln 1993/Frankfurt/M. 2000.
Weber, M.: *Wirtschaft und Gesellschaft. Grundriß der verstehenden Soziologie*. Köln/Berlin 1964.
Ders.: *Der Nationalstaat und die Volkswirtschaftspolitik*. Akademische Antrittsrede (Freiburg, Mai 1895), in: ders.: *Gesammelte Politische Schriften*. Tübingen 1988.
Young, M.: *Es lebe die Ungleichheit*. Düsseldorf 1961 (orig. 1958).

Ursula Birsl/Peter Lösche
(Neo-)Populismus in der deutschen Parteienlandschaft.
Oder: Erosion der politischen Mitte

1. Was heißt »Neopopulismus«?

Der Begriff »Populismus« ist nur schwer zu fassen. Er ist alltagssprachlich geformt, wird im politischen Kontext zumeist in einer mehr oder weniger starken negativen Konnotation verwendet. »Populismus« wird in aller Regel politischen Akteuren und Parteien von ihren politischen Gegnern dann vorgeworfen, wenn sie angeblich oder tatsächlich mit emotionalisierbaren Formeln, Argumenten, Politikvorstellungen auf »Stimmungsmache«, primär auf Stimmenfang aus sind. Ob der Vorwurf zutrifft oder nicht, spielt dabei häufig nur eine untergeordnete Rolle. Er dient der Abqualifizierung des politischen Kontrahenten, bleibt ohne erkennbare inhaltliche Konturen und ist insofern ein politischer Kampfbegriff. Auch aus wissenschaftlicher Perspektive bleibt der Begriff unscharf. »Populismus« ist ein uneinheitliches, sozialhistorisches Phänomen, das etwa das »Populist Movement« in den Vereinigten Staaten im ausgehenden 19. Jahrhundert und populistische Bewegungen in Lateinamerika ebenso umschließt wie die Narodniki im zaristischen Rußland.

In der Rechtsextremismusforschung erfreut sich der Begriff neuerdings einiger Beliebtheit. Er taucht auch in den Varianten von Rechtspopulismus und Neopopulismus auf. Gemeint sind dann radikal rechte Bewegungen, intellektuelle Zirkel, Gruppierungen und Parteien in westlichen Ländern, die in der Lage sind, komplexe politische und gesellschaftliche Sachverhalte in einfache plakative Formeln umzuwandeln,[1] und die sich nicht ohne weiteres dem dumpfen, alten Rechtsextremismus der Nachkriegszeit zuordnen lassen. Einige – wie die sog. »Neue Rechte« – gelten ideologisch, aber auch personell als Scharniere zwischen Konservatismus und Rechtsextremismus (vgl. Gessenharter

---

[1] Vgl. hierzu und zum Erstarken radikal rechtspopulistischer Parteien in westeuropäischen Ländern Betz 1996.

1989). Ganz allgemein finden sich in den Ideologemen und Ideologien des Neopopulismus, die vermeintlich oder tatsächlich klassen- bzw. schichtenübergreifend wirken, folgende Elemente:

1. Ethnischer oder/und nationalistischer Kollektivismus mit zuweilen aggressiver Fremdenfeindlichkeit. Dieser richtet sich nicht nur gegen Ausländerinnen und Ausländer, sondern auch gegen andere Minderheiten (Obdachlose, Behinderte) und Religionen wie etwa das Judentum oder den Islam.

2. Naturalistisch begründete antiemanzipatorische soziale Ordnungsvorstellungen.

3. Obrigkeitsstaatliches, autoritäres Denken; Strategien gesellschaftlicher Integration mit Hilfe eines charismatischen Führers oder einer gesellschaftlichen und politischen Führungselite; deren plebiszitäre Legitimation.

4. Ablehnung von Parteiendemokratie, Meinungsfreiheit, Pluralismus.

5. Neigung zu verschwörungstheoretischen Deutungen von Geschichte und Politik.

Die Kategorie *Neo*populismus auf soziale und politische Phänomene in Deutschland anzuwenden ist insofern in der Vergangenheit ungewöhnlich gewesen, als es hier keine zu den Vereinigten Staaten im ausgehenden 19. Jahrhundert und in den 1920er Jahren vergleichbare populistische Bewegung oder Partei von einiger Bedeutung gegeben hat. Der Begriff ist denn auch aus dem amerikanischen Kontext übernommen worden. Dort sind damit heute in aller Regel die neue christliche Rechte wie die Moral Majority oder Christian Coalition, aber auch die selbsternannten Milizen und andere rechte Organisationen und Milieus gemeint, also Gruppierungen und Organisationen, die – zumindest bislang – in der Bundesrepublik kaum in Erscheinung getreten sind.

Dennoch kann dieser Begriff für bestimmte politische Phänomene in Deutschland fruchtbar gemacht werden. Denn »Neo« an populistischen Bewegungen und Organisationen im deutschen Kontext bedeutet, daß sie nicht wie früher antimonopolistisch auftreten, sondern Anleihen beim wirtschaftlichen Neoliberalismus aufnehmen. Das Antiintellektuelle ist spürbar abgeschwächt, gerade auch dann, wenn es um die sog. »Neue Rechte« geht, die in intellektuellen Zirkeln über eine neue Weltordnung, ein neues Gesellschaftsgefüge und kulturelle Hegemonie von rechts philosophiert. Neopopulismus darf aber dennoch nicht dahingehend falsch verstanden werden, als daß wir es mit neuen Ideologien zu tun hätten. Insbesondere im Feld des Konservatismus kann eine Wiederbelebung alter (technokratisch-)konservativer Stammkulturen festgestellt werden, die hinter den neoliberal-konservativen Diskurs zu Beginn der achtziger Jahre zurückfällt. Dieser scheint zumindest zur Zeit eher obsolet zu sein.

Wir vertreten im folgenden die These, daß Neopopulismus in der kompakten, unsere fünf Kriterien aufnehmenden Definition nur in kleineren Parteien wie der DVU, den »Republikanern« oder der NPD und in politisch und gesellschaftlich relativ marginalen Organisationen des neonazistischen Spektrums zu finden ist. Hingegen sind Spuren(elemente) des Neopopulismus, gerade was Antipluralismus, Antiparteien- und Antiverbändeaffekt angeht, in fast allen etablierten, im Bundestag vertretenen Parteien zu finden. Dies gilt insbesondere dann, wenn sie sich mit Ideologemen des Neoliberalismus und Konservatismus verbinden. Diese neopopulistischen Elemente gewinnen dadurch eine neue Qualität. Sie haben sich gleichsam als »Unterströmung« im Parteiensystem plaziert. Hier finden sich griffige Politikformeln, die widersprüchliche gesellschaftliche Interessen und Forderungen verdecken und so angelegt sind, daß auseinanderdriftende gesellschaftliche Segmente integriert und auf diese Weise auch Wählerkoalitionen geschmiedet werden sollen. So finden sich in CDU wie SPD rechtspopulistische Positionen und auch deren Repräsentanten. Sie werden aber jeweils aufgrund der segmentiert-heterogenen Struktur dieser Großparteien konterkariert und ausbalanciert, so daß weder CDU noch SPD gegenwärtig oder künftig als neopopulistische Gesamtparteien auftreten (dürften). Anders sieht es hingegen mit der von Mitgliederzahl und Organisation her kleineren, sozial homogeneren FDP aus, die unter bestimmten Bedingungen sich nach dem Vorbild der »haiderisierten« FPÖ zu einer neopopulistischen Partei umformen könnte. Das überraschende ist, daß rechter Neopopulismus oder auch Rechtsextremismus trotz einer mittlerweile über 20 Jahre anhaltenden Periode von wachsender Massenarbeitslosigkeit, zunehmender Armut und sozialer Polarisierung, also einer langen Phase der »Schlechtwetterdemokratie«, parteilich bisher auf Dauer und auf der Grundlage einer breiteren Wählerbasis nicht Fuß zu fassen vermochte. Dies gilt im historischen Längsschnittvergleich der deutschen Geschichte wie im internationalen Vergleich mit anderen postindustriellen Gesellschaften wie Frankreich, Italien, den Niederlanden, Dänemark, aber auch den USA. Die in diesem Zusammenhang interessante Frage ist diejenige nach den hierfür maßgebenden Gründen, der wir allerdings in diesem Beitrag nur andeutungsweise nachzugehen vermögen.

Die von uns im folgenden hervorgehobenen antipluralistischen neopopulistischen Spuren(elemente), diese »Unterströmung« im deutschen Parteiensystem, hat bisher sozialwissenschaftlich und auch politisch kaum Beachtung gefunden. Sie ist nicht oder nur z. T. identisch mit einer der bekannten Ausformungen des Konservatismus, Rechtsradikalismus oder Rechtsextremismus. Sie wird v. a. durch ihren Antiparteien- und Antiverbändeaffekt, durch ihren latenten Antipluralismus charakterisiert. Gerade darin aber mag die Gefahr für eine Demokratie liegen, die sich – wie die bundesrepublikanische – an den Kriterien eines offenen, pluralistischen politischen Systems mißt.

2. Zur Ideologisierung von Politik – die Erosion der politischen Mitte

In den ideologischen Erscheinungsformen können idealtypisch drei Spielarten des antipluralistischen Neopopulismus unterschieden werden: Die *erste Spielart* nimmt Anleihen an alte, v. a. technokratisch-konservative und konservativ-revolutionäre Ideologeme auf. Diese Denkrichtungen haben aber die Dumpfheit verloren, von denen sie in den zwanziger, dreißiger und auch noch in den sechziger Jahren beherrscht wurden. Ein markantes Merkmal liegt in der Betonung von Gemeinwohl und Gemeinsinn sowie von Nationalismen. Auch der *zweiten Variante* dieses Phänomens, dem Neoliberalismus, sind technokratische Ideologeme nicht fremd. Gemeinwohlappelle und Nationalismen sind allerdings nicht anzutreffen. Dieser technokratische Liberalismus zeichnet sich im wesentlichen durch eine ideologische Überhöhung von Markt und Leistung aus, vermischt mit sozialdarwinistischen Anklängen. Diesen beiden Spielarten ist gemein, daß sie differenzierteren gesellschaftspolitischen Leitbildern und einem eher hintergründigen, verdeckten Neopopulismus mit antipluralistischer Tendenz und einem ausgeprägten Antiverbändeaffekt folgen. Die *dritte Spielart* hingegen ist ein kruder, vordergründiger, offener Neopopulismus, in dem in der Gesellschaft latente Vorurteilsstrukturen direkt mobilisiert werden, wie sie sich in den fünf Merkmalen unserer Definition finden.

Obwohl neopopulistische Ansätze das Parteiensystem unterströmen, Spuren(elemente) fast in allen etablierten Parteien[2] anzutreffen sind, kommt dabei noch kein ›Einheitsbrei‹ heraus. Die Politikkonzepte und politischen Strategien unterscheiden sich z.T. erheblich, sind klar konturiert. Im folgenden wollen wir versuchen, diese Unterschiede wie auch Gemeinsamkeiten am Beispiel der Schriften von Wolfgang Schäuble und Wolfgang Gerhardt deutlich zu machen. Durch sie läßt sich besonders eindringlich veranschaulichen, daß CDU und FDP durchaus in einigen zentralen Punkten politisch-taktische Übereinstimmungen finden können, die politisch-ideologischen Ziele jedoch recht gegensätzlich sind. Natürlich repräsentieren beide Politiker nicht vollständig ihre Parteien, sie können jedoch als wichtige Wortführer in der Politik ihrer Parteien angesehen werden und, was auch noch für Wolfgang Schäuble nach seinem Rücktritt als Partei- und Fraktionsvorsitzender gilt.

Im Anschluß daran beschäftigen wir uns mit dem weitverbreiteten Antipluralismus, der sich vorrangig gegen Verbände oder auch das Institutionensystem insgesamt wendet. Er stellt zwar keine eigene Spielart des Neopopulismus dar, erfreut sich aber gerade mit diesem antiinstitutionellen Affekt starker Popularität und birgt mit Blick auf die Verbändedemokratie in der Bundesrepublik besondere Gefahren.

Aber auch die dritte Spielart, der krude und vordergründige Neopopulismus, ist nicht zu unterschätzen. Er läßt sich nicht auf die rechten Ränder des politischen Spektrums begrenzen, sondern hat die politische Mitte, d.h. die etablierten Parteien im Bundestag, längst erreicht. Der Frage, ob damit auch die Gefahr einer »Haiderisierung« einer Partei oder Gruppierung des etablierten Parteiensystems zunimmt, wenden wir uns zum Abschluß zu.

Zentral wird bei dieser Auseinandersetzung mit den Spielarten

---

2 Bündnis 90/Die Grünen sind diese Schritte bislang nicht gegangen, obwohl ein Strategiepapier von jungen Grünen unter 30 Jahren einen Hauch von Neoliberalem aufweist (vgl. Wagner 1997). Die Bündnisgrünen sind zu einer eher sozialliberalen Partei mit wirtschaftsliberalen Anklängen geworden.

des Neopopulismus sein, wie einige ihrer Politikkonzepte von der gesellschaftlichen Situation abgehoben, ideologisiert sind, wie sich diese, trotz ihrer Abgrenzungen untereinander, ergänzen und verstärken können, auf welche Art und Weise sie auf die politische Mitte wirken und wie diese wiederum im Begriff ist, zunehmend zu erodieren.

2.1 *Der technokratische Neoliberalismus*

Wolfgang Gerhardts 1997 erschienenes Buch *Es geht. Wir haben alle Chancen* kann als ein Versuch verstanden werden, eine politische Standortbestimmung für die FDP vorzunehmen. Es setzt Schwerpunkte bei der Rolle des Marktes und des Staates sowie bei dem für den Liberalismus zentralen Begriff der »Freiheit«. Alle drei Kategorien sollen sich zu einem Grundverständnis von Liberalismus zusammenfügen. Ausgangspunkt von Gerhardts Überlegungen ist jedoch nicht die Freiheit des einzelnen, sondern der Markt und die marktwirtschaftliche Entwicklung im internationalen Kontext, sprich: die Globalisierung. Entsprechend wirtschaftsliberalem Denken ist der Markt gesellschaftliches Steuerungsinstrument, dessen Potentiale nicht (sozial)staatlich oder durch Interessenverbände beschnitten werden dürfen. Ins Visier von Gerhardts Kritik sind insbesondere die Gewerkschaften und die Wohlfahrtsverbände, die »Sozialingenieure«, sowie die Systeme der sozialen Sicherung gerückt. Er definiert die soziale Marktwirtschaft dann auch ganz anders, als wir sie aus der sozialdemokratischen oder sozialliberalen Ära kennen: »Soziale Marktwirtschaft bedeutet nicht Marktwirtschaft plus Umverteilung. Soziale Sicherheit entsteht, wenn Marktwirtschaft funktioniert« (ebd., S. 191). Das, was die freien Kräfte – wenn sie denn wirklich frei wären – des Marktes v. a. im Zeitalter der Globalisierung hervorbringen, wird ganz in der Tradition technokratischen Denkens als »Tatsachen«, als Sachzwänge begriffen (ebd., S. 9, 13, 44). Gemeint ist: Der Markt und die Globalisierung sind die regulierenden Faktoren. Sie regulieren die Gesellschaft und aus ihnen kommen die sozialen Entwicklungspotentiale, die weder die Politik, der Staat noch die Individuen produzieren können. Oder zugespitzt formuliert: Der Markt kompensiert die politischen und menschlichen Unzulänglichkeiten. Dazu ein Beispiel: Einer »Wirtschaftspolitik, die auf die Marktkräfte setzte, [verdanken] wir nicht nur den Wohlstand in Westdeutschland, sondern auch die Kraft, die Verwüstungen in den östlichen Bundesländern zumindest materiell wesentlich schneller zu heilen, als dies beispielsweise in unseren ehemals sozialistischen Nachbarländern möglich ist« (ebd., S. 75).[3] Ein solches Verständnis von Markt erinnert an Elemente des technokratischen Denkens im Konservatismus, wie es sich auch bei Schäuble zeigt (vgl. zum technokratischen Denken im Konservatismus Grebing 1971, Greiffenhagen 1971). Der Unterschied zwischen beiden ist allerdings, daß in dieser neoliberalistischen Variante ungezügelter Fortschrittsglaube enthalten ist, während in den technokratischen Vorstellungen von Schäuble Ängste über eine Bedrohung des Staates durch die Marktkräfte und Skepsis mit Blick auf die gesellschaftlichen Folgen dominieren.

Entsprechend der Maxime ›freie Entfaltung der Marktkräfte‹ setzt Gerhardt nicht etwa allein auf die Deregulierung der industriellen und Arbeitsbeziehungen oder von sozialen Sicherungsrechten. Sein Ziel ist sehr viel weitergehender: Ihm geht es um eine Entstaatlichung und Deinstitutionalisierung, ja um eine Politik der Deinstitutionalisierung, die sowohl sozialstaatliche Einrichtungen, das Tarifvertragssystem (das »Tarifkartell«; ebd., S. 34f.) als auch die Verbändedemokratie abbauen will. Die gesetzlichen Sozialversicherungsträger sind danach »staatlich regulierte Zwangsysteme« (ebd., S. 134), es »sind die kollektiven Zwangsysteme, die den Bürger entmündigen und Solidarität als Aufgabe staatlich engagierter Sozialingenieure betrachten« (ebd., S. 59). Vom Sozial-»System profitiert lediglich ein Heer von Bürokraten und selbsternannten Sachverwaltern sozialer Belange« (ebd., S. 122), womit in erster Linie die Wohlfahrtsverbände, aber auch die Kirchen gemeint sein dürften (ebd., S. 29, 38). Der Sozialstaat ist »dafür verantwortlich, daß immer mehr Menschen

3 An dieser Stelle soll nicht ausführlicher auf die Frage eingegangen werden, welchen Wahrheitsgehalt diese Vermutung hat. Es soll der Hinweis genügen, daß gerade die neuen Bundesländer recht ungeeignet sind, die Erfolge einer neoliberalen Wirtschaftspolitik zu beschwören. Denn in Ostdeutschland hat sich bislang weder eine Marktwirtschaft noch eine Wirtschaftsstruktur etablieren können. Das Ende der Deindustrialisierung ist noch nicht eingeleitet, neue Wirtschaftszweige haben sich nur rudimentär entwickelt. So gibt es kaum ein Unternehmen, das nicht öffentlich direkt oder indirekt durch Infrastrukturmaßnahmen (z. B. bei den Standorten im Chemiedreieck Bitterfeld, Merseburg, Halle, den sog. ›Chemieparks‹) subventioniert wird.

(nach seinen eigenen Kriterien) bedürftig werden. Unser jetziger Sozialstaat löst soziale Probleme nicht, sondern verschärft sie, und er verbürokratisiert menschliche Schicksale« (ebd., S. 114). Die Wohlfahrtsverbände, die Gewerkschaften, die »stärksten Interessengruppen – oft auch die lautstärksten« – konterkarieren auf Kosten des »Allgemeinwohls« staatliches Handeln (ebd., S. 75). Sie haben nach Gerhardt in Wirklichkeit nicht die sozialen Belange, die Interessen ihrer Klientel im Auge, sondern wollen nur die gesellschaftliche Definitionsmacht ihrer Funktionärskörper und die Existenz ihrer Organisationen sichern, und zwar unabhängig davon, ob es dafür noch eine Legitimation gibt. Es geht ihnen also nur um Eigennutz (ebd., S. 28 f., 38):

»Zur Durchsetzung von Ansprüchen aller Art gegen den Staat und gegen die Allgemeinheit existiert ein dichtes Geflecht von Organisationen, die einmal errungene Positionen in wechselnden Bündnissen mit Zähnen und Klauen verteidigen. Um Einzelinteressen wirksam zur Geltung zu bringen, ist es ratsam, zunächst den eigenen Nachholbedarf herauszustellen [...]. So gesehen muß man schon ein männlicher heterosexueller Großindustrieller ohne Kinder sein, um in diesem reichen Land nicht zu wenigstens einer Gruppe von Benachteiligten zu gehören« (ebd., S. 27).

Dieser Mechanismus wird jedoch nicht erkannt, denn »unter dem Einfluß von Kräften, die Macht über das Denken von Menschen haben, gelingt es vielen leider nicht, die Wirklichkeit zu erfassen« (ebd., S. 75).

Der Bürger wird nach diesem ideologischen Grundverständnis durch die Verbände und durch den Sozialstaat entmündigt. Er ist seiner Freiheit beraubt und kann seine Leistungsfähigkeit nicht frei entfalten. Unter dem Motto »Keine Angst vor der Freiheit« geht es dann auch in erster Linie um eine ›Freiheit der Leistung und Stärke‹; die Freiheit verwirklichen »können nur Menschen, die bereit sind, in Freiheit zu leben, die das Risiko und die Mühe nicht scheuen, das Schicksal in die eigenen Hände zu nehmen. Eine geschriebene Verfassung reicht nicht, wenn Menschen nicht in der Lage sind, eigene Entscheidungen auf ihre Folgen zu beziehen und eine kulturelle Tradition der Freiheit zu leben« (ebd., S. 56). Gerhardt meint damit nicht Individualität und Individualismus, auch nicht allein Selbsthilfe vor staatlichem Handeln – Kategorien, die dem traditionellen Liberalismus eigen sind. Für ihn gehen in den Freiheitsbegriff gesellschaftliche Ordnungsprinzipien und soziale Differenzierung ein: Soziale Unterschiede definieren sich nach Leistungsbereitschaft und Leistungsstärke des einzelnen, wobei die Stärkeren, die »Leistungsträger«, eine gesellschaftliche Verantwortung in einem für sie kalkulierbaren Umfang tragen. In diesem Zusammenhang definiert er das ›Soziale‹ und die ›Gerechtigkeit‹ neu und wendet sich gegen Gleichheitsvorstellungen:

»Wer das Ziel der Gleichheit aller verfolgt, überstrapaziert damit den Begriff des Sozialen und die Geduld der Leistungsträger [...]. Ein realistischer Begriff des Sozialen sollte den Ausgleich zwischen den unterschiedlich starken Gliedern der Gesellschaft so gestalten, daß er von allen Beteiligten als gerecht empfunden wird – auch von denen, die mehr als die anderen geben müssen. Nur so kann es gelingen, die produktiven Kräfte der Leistungsbereitschaft und Leistungsfreude zum Nutzen der Allgemeinheit zu mobilisieren. Wer diese Grundregel mißachtet, handelt letztlich unsozial, denn er gefährdet selbst den Minimalbegriff des Sozialen, die Sicherung des Existenzminimums für die Schwächsten. Die Schwachen in einer Gesellschaft werden eben nicht geschützt, wenn man die Starken in einer Gesellschaft fesselt« (ebd., S. 66f.).

Was allerdings Leistung ist und damit auch Freiheit, definieren konsequenterweise die Gesetze des Marktes. Dieser »Grundwert« der (Leistungs-)Freiheit rangiert auf der Grundwerteskala ganz oben, vor Gleichheit und Gerechtigkeit. Diese drei Werte sieht Gerhardt in einem »Dreieck« angeordnet – vermutlich, um zu verhindern, von Vorrangigkeit oder Nachrangigkeit sprechen zu müssen: An der Spitze des Dreiecks befindet sich die Freiheit, an den unteren Enden der Schenkel sind jeweils Gerechtigkeit und Gleichheit plaziert, sie haben nur eine dienende Funktion für die Freiheit. Das Dreieck ist nicht drehbar. Damit will er sich auch von der SPD und der CDU abgrenzen, die diese drei Werte als gleichberechtigt bzw. gleichwertig ansähen (ebd., S. 54). In diesem Verständnis von Freiheit als Freiheit der Leistungsbereitschaft, -stärke und -freude, nach dem die Gesellschaft nach Leistungsträgern und Leistungsgeminderten, nach Starken und Schwachen gegliedert und hierarchisiert sein soll, spiegelt sich ein sozialdarwinistisch angehauchtes Menschen- und Gesellschaftsbild. Dieses Verständnis ist über die Entstaatlichung und Deinstitutionalisierung sozialer Beziehungen mit Bildern einer atomisierten Gesellschaft verflochten, die den Vorstellungen aus der Ära Reagan/Thatcher nicht fremd sind (vgl. hierzu auch Gessenharter 1997, S. 159).

Zusammenfassend formuliert: Nach dieser Ideologie des Neoliberalismus, der recht eindeutig neopopulistische, nämlich antipluralistische Spuren(elemente) enthält, sind krisenhafte Erscheinungen im wirtschaftsstrukturellen Wandel, sind Phasen wirtschaftlicher Rezession, sind Massenarbeitslosigkeit und Armut Produkte von Sozialstaatlichkeit und generell eines zu starken, intervenierenden Staates. Sie sind ein Ergebnis der Institutionalisierung sozialer Beziehungen, also auch der Verbändedemokratie und der Tarifautonomie. Das Konzept, das Gerhardt dieser Entwicklung entgegenstellen will, heißt erstens Entstaatlichung mit dem Ziel eines schwachen Staates, der die Sachzwänge des Marktes akzeptiert, ihm die gesellschaftliche Regulierung überläßt, ein Staat, der sich darauf beschränkt, die Rahmenbedingungen zur Verfügung zu stellen, damit sich die Marktkräfte ungehemmt entfalten können.[4] Das Gegenkonzept zielt zudem zweitens auf eine Deinstitutionalisierung im Bereich der sozialen Sicherung und im Verbändesystem. Soziale Sicherung wird danach durch Markt und »Leistung« gesteuert, Interessenvertretung über Verbände durch (Leistungs-)Freiheit des einzelnen ersetzt. Es handelt sich um eine neue Leistungsethik, die bei Gerhardt »Verantwortungsethik« heißt, die die wohlfahrtsverbandliche und sozialstaatliche »Gesinnungsethik« ersetzen soll (Gerhardt 1997, S. 51). Markt und Leistung werden so zu mystischen Größen in dieser Ideologie. Oder zugespitzt formuliert: Diese neo- bzw. wirtschaftsliberale Ideologie wird von einem technokratischen Marktverständnis beherrscht, deshalb kann hier auch von einem *technokratischen Neoliberalismus* gesprochen werden. Der Freiheitsbegriff erinnert wiederum nicht an einen liberalen, sondern konservativen Freiheitsbegriff des letzten Jahrhunderts. Für ihn ist prägend, daß Gleichheit der Freiheit als Widerspruch entgegengestellt wird; angegriffen werden soll dabei das Egalitätsprinzip. Das entspricht Gerhardts Dreiecksmodell mit der hierarchischen Anordnung der Grundwerte »Freiheit«, »Gleichheit« und »Gerechtigkeit«. Dieses Denken hat Karl Mannheim 1927 als romantisch-konservative Freiheitsidee beschrieben (vgl. Mann-

---

4 Hierzu auch Hermann Otto Solms, ehemaliger FPD-Fraktionsvorsitzender im Bundestag, in der Standortdebatte: »Wirtschaft und Arbeitnehmer müssen *von der Bürde des Staates*, der etwa die Hälfte des von allen Bürgern insgesamt Erwirtschafteten für sich beansprucht, *entlastet werden* [...]« (Wochenschau 1997, S. 40, Hervorh. durch d. Verf.).

heim 1974, S. 35 f.). So ließe sich auch erklären, warum Gerhardt gegen Sozialstaatlichkeit zu Felde zieht, denn in ihr müßte er demnach ein Egalitätsverständnis verborgen sehen, das seiner Freiheitsidee und seinem Menschenbild entgegenstünde. Zur romantisch-konservativen Ideologie noch einmal Karl Mannheim: »Es heißt: die Menschen sind ihrer Veranlagung nach, in ihrem innersten Sein *ungleich*, und die Freiheit besteht darin, daß alles und jeder, seinem innersten Prinzip entsprechend, das ihm eigentümliche Wachstumsgesetz in sich entfalte« (ebd.).

2.2 Konservatives Denken heute, oder: Vorwärts zurück in die Vergangenheit

In Wolfgang Schäubles konservativem Denken, dessen Programm er unter dem Titel *Und der Zukunft zugewandt* (1995)[5] formuliert hat, gibt es durchaus Übereinstimmungen mit den Vorstellungen von Wolfgang Gerhardt. Diese Übereinstimmungen finden sich insbesondere in der Annahme, daß der »Betreuungsstaat« zu Freiheitsverlusten führt, und im ausgeprägten Antiverbändeaffekt. Schäubles Bannstrahl trifft ebenfalls v. a. die Gewerkschaften, die Wohlfahrtsverbände und sozialen Dienste, die er als »Sozialbesitzstandsverwalter« (ebd., S. 107) charakterisiert. »Heute ist der staatliche Betreuungseingriff in die Lebenswirklichkeit der Regelfall – mit der kuriosen Pointe, daß dies zunächst vom einzelnen noch nicht als Freiheitsverlust, sondern als Entlastung empfunden wird« (ebd., S. 99). Der Staat ist vom »Leviathan zur Milchkuh«, zum »hypertrophe[n] Staat« (ebd., S. 92) mutiert. So ist »ein breites Feld durch geistig-moralische Führung der Politik zu bestellen [...]. Gruppenegoismen und Besitzstandsdenken sind aufzubrechen. Schon deshalb muß der Umverteilungsprozeß, den es einzuleiten gilt, zuerst eine Umverteilung der politischen Aufmerksamkeit sein« (ebd., S. 87) und nicht der sozialen Umverteilung, für die Schäuble ähnlich vehement wie

5 Im Frühjahr 1998 hat Wolfgang Schäuble eine weitere Schrift unter dem Titel *Und sie bewegt sich doch* vorgelegt. Sie unterscheidet sich in den programmatischen und ideologischen Grundsätzen nicht von der hier diskutierten Veröffentlichung. Das Buch ist zwar keine Wahlkampfschrift des damaligen CDU/CSU-Fraktionsvorsitzenden, aber dennoch vom Bundestagswahlkampf beeinflußt. Deshalb stützt sich die ideengeschichtliche Auseinandersetzung mit Schäubles Politikentwürfen auf die grundsätzlicher angelegte Publikation von 1995.

Gerhardt, wenn auch aus anderen Gründen, einen Handlungsbedarf abstreitet: »Allen zweifelhaften Armutsstatistiken des DGB oder des Paritätischen Wohlfahrtsverbandes zum Trotz müssen nicht Verelendung oder Massenarmut unsere Hauptsorge sein, sondern die Folgen des allgemeinen Wohlstands, der erst den ungemeinen Individualisierungsschub unserer Gesellschaft ermöglichte« (ebd., S. 115). Und: »Schon jetzt haben wir eine – nicht offen eingestandene – Art der staatlich gewährten finanziellen Grundsicherung, z. B. für Arbeitsunwillige« (ebd., S. 107).

Diese Diagnose mag angesichts der sozialen Entwicklung in Deutschland recht zynisch klingen, ist aber in der Logik dieser Ideologie durchaus konsequent:

1. Der allgemeine Wohlstand in Deutschland hat danach ein Niveau erreicht, wonach Klassen- und Schichtengrenzen aufgehoben sind, Klassenantagonismen und Interessengegensätze existieren nicht mehr, die Gesellschaft hat sich zur »nivellierten Mittelstandsgesellschaft« (Schelsky) entwickelt. Eine Interessenpluralität gibt es also im Grunde nicht mehr, eine Vertretung von Interessen wird damit überflüssig.

2. Jeder hat die Chance, aus seinem Leben etwas zu machen und nützlich zu sein.

3. Diese Möglichkeiten, die die Gesellschaft nach Schäuble ausreichend bereithält, werden aber nicht gewürdigt und nicht genutzt. Statt dessen führt ›Besitzstandsdenken‹ zu einer nachlassenden Bereitschaft, beispielsweise auch unter dem ›gewohnten‹ Niveau zu arbeiten – und zwar nicht nur für das eigene Auskommen, sondern auch für die Gemeinschaft.

4. Wohlstandschauvinismus verhindert zudem, daß diejenigen, die mehr haben, auch abgeben; eine soziale Umverteilung findet nicht mehr ›naturwüchsig‹ statt. Die letzten beiden ›Phänomene‹ sind nach dieser Auffassung das Ergebnis der Individualisierung, sie bedroht den Gemeinschaftsgedanken. Das Ganze ist aber wiederum das Produkt der Wohlstandsentwicklung. Arbeitslosigkeit und Sozialhilfebedürftigkeit haben danach mentale und keine sozioökonomischen Ursachen. Kurzum: Eine staatlich gesteuerte soziale Umverteilung macht keinen Sinn. Dieser Teufelskreis ist nur zu durchbrechen, wenn der Individualisierung ein ›neuer‹ Glaube an eine Gemeinschaft entgegengestellt wird – dieser Glaube an Gemeinschaft wird von Schäuble gleichgesetzt mit ›Solidarität‹.

Es bedarf demnach einer neuen Moralität durch die Reaktivierung tradierter Werte, also einer politischen Umverteilung. Dieses Konzept erinnert an eine andere Epoche der bundesrepublikanischen Geschichte, es erinnert an Ludwig Erhards »formierte Gesellschaft«. Deren antipluralistische Elemente fielen bereits damals ins Auge. Das Konzept wurde wesentlich von Politikberatern des Kanzlers wie Rüdiger Altmann, Johannes Groß, Hans Klein und Rudolf Wildenmann formuliert. So hatte der selbsternannte »Volkskanzler« in seiner Regierungserklärung 1965 erläutert:

»Von der pluralistischen Gesellschaft, die immer mehr den Gruppeninteressen gehorcht, müssen wir loskommen, indem wir Bewußtsein und Gewissen des einzelnen schärfen und deutlich machen, daß der einzelne nicht für sich allein Vorteile gewinnen kann, sondern nur dann, wenn es dem anderen gutgeht. Alles, was dem eigenen Wohl dient, muß seinen Niederschlag in dem Wohl des Ganzen finden [...]. Wenn wir die Entwicklung von der Klassengesellschaft bis zu unserer heutigen Gesellschaftsordnung verfolgen, dann wird deutlich, daß wir uns in einem Übergang von der pluralistischen Gesellschaft hin zu einer formierten Gesellschaft befinden, die sicher auch pluralistische Züge zeigt, aber den Pluralismus anders ordnet, ihm einen anderen Ausdruck und einen neuen sittlichen Gehalt gibt« (zit. nach Kleßmann 1988, S. 194).

Erhard griff hier auf »obrigkeitsstaatliche Vorbelastungen der deutschen politischen Kultur« zurück, wenn er mit einem »scheinbar plebiszitären Demokratieverständnis den Antiparteienaffekt und Antiverbändeaffekt der Deutschen zum Ausdruck brachte und darüber hinaus noch nährte« (Jäger 1984, S. 24; vgl. auch Kleinmann 1993, S. 243 ff.). Er ging von einem vorgegebenen Gemeinwohl und einheitlichen Volkswillen aus. Erhard erkannte damals aber noch die Einzel-, Gruppen- und Verbandssowie Parteiinteressen an, er respektierte also die Realität intermediärer Institutionen, glaubte allerdings, daß diese sich in »das Gemeinwohl« vorab einordnen ließen.

Es gibt noch eine weitere Parallele zwischen dem neoliberalen und konservativen Denken, zwischen Wolfgang Gerhardt und Wolfgang Schäuble: Sie liegt im technokratischen Grundverständnis von Markt und Technik. Bei Wolfgang Schäuble trifft man allerdings wieder auf ein Grundverständnis älteren Datums; es steht direkt in der ideengeschichtlichen Tradition des alten technokratischen Konservatismus des Anthropologen Arnold

Gehlen und des Staatsrechtlers Ernst Forsthoff. Beide gelten neben Helmut Schelsky und auch Hans Freyer als die wichtigsten Vertreter dieser konservativen Denkrichtung. Das erstaunt, weil der Konservatismus, gerade auch dessen technokratische Variante, in Deutschland zu Beginn der achtziger Jahre eine Art ›Modernisierung‹ durchgemacht hatte. Zu den ›Modernisierern‹ zählten Kurt Biedenkopf und v. a. Lothar Späth, der zur damaligen Zeit noch Ministerpräsident von Baden-Württemberg war. Eine von seiner Landesregierung eingesetzte Kommission hatte sich mit den »Zukunftsperspektiven gesellschaftlicher Entwicklung« zu befassen. Die Kommission, die in der Folgezeit recht doppeldeutig als »Zukunftskommission« betitelt wurde, legte im November 1983 ihren Bericht vor und dominierte damit fortan die ›Modernisierungsdebatte‹, und zwar sowohl hinsichtlich der ›Modernisierung‹ der Gesellschaft als auch des Konservatismus. Lothar Späth stieß mit dem Kommissionsbericht endgültig die öffentliche Debatte um Deregulierung und Flexibilisierung sowie die Öffnung und positive Hinwendung des Konservatismus zur technologischen Entwicklung, zur »wissenschaftlich-technischen Zivilisation« (Kommissionsbericht 1983, S. 9) und zu Elementen des Neoliberalismus an. Das technokratische Paradigma wurde neu beschworen, aber auch neu und positiver bewertet: Dabei geht es um die »wechselseitige[n] Anpassung von Mensch und Technik [...]. Es lassen sich [...] Wirkungspotentiale bestimmen, die sich aus den *typischen Eigenschaften einer Technologie* ergeben. Diese sind für neue Informationstechnik u. a.: ihre außerordentliche Flexibilität, *ihre Eigenschaft als technischer Verstärker menschlicher Intelligenz* und menschlicher Kommunikation [...]« (ebd., S. 19, Hervorh. durch d. Verf.). Diese ›Modernisierungsdebatte‹ wurde als Paradigmenwechsel im Konservatismus klassifiziert, der fortan den Zusatz »Neo« erhielt. Es schien so, als könne konservatives Denken hierhinter nicht mehr zurückfallen. Doch der Politikansatz dieses Neokonservatismus hatte lange Zeit seine Dominanz im konservativen Diskurs verloren. Seine Protagonisten waren in der CDU letztendlich unterlegen bzw. abgeschoben worden, nicht zuletzt von ihren Kontrahenten Helmut Kohl und Wolfgang Schäuble. So verwundert es nicht, daß bei Schäuble keine Variationen dieses technokratischen Neokonservatismus mehr zu finden sind, sondern vielmehr die alte (reine) konservative ›Lehre‹. Es bleibt allerdings abzuwarten, wie das Kräftespiel zwischen den ›Modernisierern‹ und den Traditionalisten in der CDU nach dem Führungswechsel ausgehen wird. Denn die sächsische Landesregierung unter Kurt Biedenkopf hatte gemeinsam mit der bayerischen wieder eine »Zukunftskommission« eingesetzt, deren Bericht Ende 1997 vorgelegt wurde. Dieser geht weit über denjenigen von 1983 hinaus und beschwört einen ›neoliberalen Konservatismus‹. In ihren Empfehlungen setzt die Kommission auf eine noch umfassendere Deregulierung und Deinstitutionalisierung der sozialen Beziehungen als Gerhardt es zu formulieren gewagt hat.

Zurück zu Schäuble: Die Übereinstimmungen mit dem technokratischen Neoliberalismus erschöpfen sich in den eingangs genannten Punkten. Selbst diese sind ideologisch vollkommen anders verankert. So fordert Schäuble eine Neubewertung von Subsidiarität, die durch eine Zurücknahme sozialstaatlicher und rechtlicher Regelungen befördert werden soll (vgl. Schäuble 1995, S. 86 ff.). Während Gerhardt beispielsweise durch den Ausbau des Sozialstaats den Staat zu einem ›Interventionsstaat‹ mutiert sieht, meint Schäuble hingegen, er hätte sich zu einem hypertrophen Staat entwickelt und sei dadurch geschwächt worden. Wie Arnold Gehlen und Ernst Forsthoff, auf die er sich konsequenterweise beruft, sieht er den Staat bedroht, seine Autorität untergraben, und das v. a. von Verbänden, die Arbeitgeberverbände eingeschlossen:

»Der Staat befindet sich in einem permanenten Belagerungszustand durch starke Vertreter von Gruppenegoismen, gegen deren Ansprüche er sich nicht wehren kann und oftmals auch nicht wehren will. Ruhe und Staatsbejahung erkauft er sich durch Nachgiebigkeit; er ist zu schwach, um sich gegen seine Überforderung zu wehren; er ist zu angepaßt und introvertiert, um seine eigentliche Staatsidee zu verteidigen und zu vermitteln«,

oder anders formuliert: »Gulliver« liegt »in Fesseln« (ebd., S. 98 f.). Was Schäuble unter »eigentlicher Staatsidee« oder einer Rückbesinnung des Staates »auf seine eigentlichen Aufgaben« (ebd., S. 108) versteht, bleibt unscharf. Er spricht von der Rolle des Staates als »Schutzgemeinschaft« und meint dabei v. a. äußere und innere Sicherheit. Was er will, ist hingegen klar: den »Autoritätsschwund« des Staates stoppen und umkehren. In einem Zitat von Forsthoff aus dem Jahr 1955, das er heranzieht, wird noch deutlicher, worauf er hinaus will:

»Wir haben zuviel Staat in der durch ein problematisches Gleichheitsstreben und fachmännischen Perfektionsdrang ausgeweiteten Gesetzgebung und Verwaltung. Wir haben zuwenig Staat in allem, was die Behauptung unserer äußeren und inneren Sicherheit betrifft, wir haben zuwenig Staatsgesinnung. Wir haben deshalb zuviel und zuwenig Staat – jeweils an der falschen Stelle« (zit. nach ebd., S. 109).

Kurzum: Der starke Staat steht an. Um ihn aber auf Stärke zu konditionieren, hat er seine Staatstätigkeiten zu reduzieren. Das heißt: Er konzentriert, bündelt seine Kräfte; der Staat soll von ›überflüssigen‹ Handlungsfeldern v. a. im Sozialstaatsbereich befreit, Gulliver sollen also die Fesseln abgenommen werden. Der Staat konzentriert sich auf »Schutz«, gemeint ist aber die starke Hand eines Staates, der Handlungsgrenzen enger zieht, seine Mitglieder zur »Staatsgesinnung« erzieht, sie von oben einbindet in ein Konzept oder auch Korsett von Gemeinschaft, denn: »Maßstäbe und Selbstrechtfertigungsmechanismen einer fragwürdigen Individualmoral stechen legitime Forderungen nach Gemeinschaft aus« (ebd., S. 96).

Schäuble spricht denn auch gerne von »staatlicher Gemeinschaft«, deren Grundlage die »Nation« ist. Der Staat, die staatliche Gemeinschaft, die Nation, aber auch die Familie sind die entscheidenden identitätsstiftenden Werte für die Zukunft. Diese gilt es neu zu beleben, damit die auseinanderdriftende Gesellschaft zusammengehalten, der Individualisierung und Pluralisierung von Lebensstilen entgegengewirkt und dieser Entwicklung sozusagen übergesellschaftlich eine Sinngebung entgegengestellt werden kann. Diese Sinngebung soll die gesellschaftliche und politische Klammer bilden, in der Identität gestiftet wird: »Für die staatliche Gemeinschaft haben Institutionen – wie z. B. die Verfassungsorgane oder andere staatliche Einrichtungen – orientierende und verhaltensleitende Kraft, sie wirken integrierend und identitätsstiftend«. Weiter heißt es:

»Die Identifizierungs- und Akzeptanzgrundlage für den Staat aber ist die Nation [...]. Dieses Bewußtsein von Nation und ihrer identitätsstiftenden Wirkung ist keine politische Umweltverschmutzung, zumal niemand, der noch alle fünf Sinne halbwegs beisammen hat, die Gespenster der Vergangenheit aus ihren Grüften befreien möchte. Es ist vielmehr notwendige Bedingung auch für den Zusammenhalt und ein gedeihliches Vorankommen in Europa« (ebd., S. 47).

Die geistig-moralische Wende ist für Schäuble fast eine gesellschaftliche Überlebensfrage, um künftige Herausforderungen, einschließlich diejenigen der Globalisierung und der europäischen Integration, meistern zu können. Deshalb galt es nach dem Regierungswechsel 1982, in Bonn zwingend diese Wende einzuleiten. Sie sei v. a. eine »Wende zur Zuversicht« nach langer Phase resignativer und mutloser Stimmungslage gewesen, »die wir erreicht haben, indem wir die Gemeinschaft, die Familie, auch das Vaterland wieder gestärkt und zu positiven Begriffen gemacht haben« (ebd., S. 65).

Die »Nation« ist bei Schäuble eine, man könnte sagen: naturwüchsig entstandene »Schutzgemeinschaft«. Erst der historische Nationalismus und die »Verbiegung des Begriffs« Nation durch die Nationalsozialisten hätten zu seiner »Denaturierung« geführt (ebd., S. 217f.). Trotz dieser »Denaturierung« und der Nachkriegszeit »hat sich die Nation als etwas so Geschichtsträchtiges erwiesen, daß sie auch diese letztlich vernichtende Katastrophe überstehen konnte« (ebd., S. 218). Helga Grebing sieht darin eine deutsch-nationale Position und das 19. Jahrhundert »pur« wiederauferstehen. Diese Position »läßt sich nur mühsam auf Distanz halten vor nationalistischer Vereinnahmung, hat nichts zu tun mit dem Anforderungsprofil an die Nationalstaaten im Übergang zum Europa im 21. Jahrhundert« (Grebing 1995, S. 213).

Als Fazit bleibt: Auch Schäuble argumentiert antipluralistisch, seine Überlegungen verraten immer wieder seinen Antiverbändeaffekt. Die besondere Brisanz liegt dabei in der Verbindung antipluralistischer Argumentationsmuster mit der Überbetonung von Nation als »Schutzgemeinschaft«. Damit werden die Grenzen zu neurechten, konservativ-revolutionären Ideologien fließend. Der Nationbegriff öffnet Tür und Tor zu einem nationalistischen Kollektivismus. Dieser und der Antipluralismus gehören zu den Indikatoren, die wir eingangs zur Definition von neopopulistischen Ideologemen herangezogen haben. Eine solche Kritik hat Schäuble bereits vorausgesehen, er merkt an, »wie manche unserer linken Intellektuellen aufschreien werden« (Schäuble 1995, S. 198), wie sie ihn als »konservativen Revolutionär« oder nach einer »habermäßige[n]« (ebd.) Formulierung gar als »gefährlichen Nationalkonservativen« bezeichnen werden (ebd., S. 199). Die genaue Interpretation des Textes bestätigt aber exakt die Kritik, die Schäuble präventiv abzuwehren meint.

2.3 Antipluralistische Affekte: ein weitverbreitetes Phänomen

Fragmente der beiden neoliberalen und konservativen Denkrichtungen, wie sie am Beispiel von Gerhardt und Schäuble entwickelt wurden, sind in der Bundesrepublik heute und über die Parteigrenzen hinweg relativ verbreitet. Besondere Popularität genießen die Gemeinschafts- und Gemeinwohlideologie und der Antiverbändeaffekt, der z. T. eindeutige antipluralistische Züge trägt. Deren Vertreter sind keineswegs immer der technokratischen und nationalkonservativen Politikkonzeption verhaftet, wie sie Schäuble vertritt, auch wenn sie selbst Konservative sind. Diese übernehmen allerdings eine Scharnierfunktion zur politischen Mitte, sie tragen dazu bei, entsprechende Ideologiefragmente gesellschaftsfähig, ja hegemonial werden zu lassen.

Was gemeint ist, wollen wir an einigen markanten Beispielen ausführen. Da ist die medial intensiv vorbereitete »Berliner Rede« des ehemaligen Bundespräsidenten im April 1997 (*Der Tagesspiegel*, 27. 4. 1997) zu nennen, in der Roman Herzog seine Vorstellungen über Konfliktregulierung und Interessenvertretung in Zeiten sozialer Krisen entwickelt hat. Er sieht in den Kontroversen um die Sicherung der Renten, des Gesundheitssystems, um den Abbau der Massenarbeitslosigkeit oder die Steuerreform »Veto-Gruppen« am Werk, die »Sonderinteressen« über den »Gemeinsinn« und die »Gemeinschaft« stellen. Diese »Veto-Gruppen« erreichten, »daß über Probleme nur noch geredet, aber nicht mehr gehandelt wird«. Die Kritik trifft aber nicht nur die politischen Akteure und Interessenvertreter, sondern jeden, der nach Auffassung von Herzog allzu oft versucht,

»dem Zwang zu Veränderungen auszuweichen, indem man einfach nach dem Staat ruft [...]. Mit dem rituellen Ruf nach dem Staat geht ein – wie ich finde – gefährlicher Verlust an Gemeinsinn einher. Wer hohe Steuern zahlt, meint allzu leicht, damit seine Verpflichtungen gegenüber der Gemeinschaft abschließend erfüllt zu haben. Vorteilssuche des einzelnen zu Lasten der Gemeinschaft ist geradezu ein Volkssport geworden.«

So sagt Herzog dann auch konsequenterweise: »Alle sind angesprochen, alle müssen Opfer bringen, alle müssen mitmachen: [...] die Interessengruppen in unserem Land, indem sie nicht zu Lasten des Gemeininteresses wirken. Die Bürger erwarten, daß jetzt gehandelt wird. Wenn alle die vor uns liegenden Aufgaben als große gemeinschaftliche Herausforderung begreifen, werden wir es schaffen.« Weiter heißt es: »Und ich glaube daran, daß die Deutschen ihre Probleme werden lösen können. Ich glaube an ihre Tatkraft, ihren Gemeinschaftsgeist, ihre Fähigkeit, Visionen zu verwirklichen.« Mit Blick auf die Politik glaubt der Bundespräsident: »In Zeiten existentieller Herausforderung wird nur der gewinnen, der wirklich zu führen bereit ist, dem es um Überzeugung geht und nicht um politische, wirtschaftliche oder mediale Macht.«

In das gleiche Horn bläst auch Gerhard Schröder, damals noch Ministerpräsident von Niedersachsen, in einem *Spiegel*-Beitrag. Er kritisiert die Unfähigkeit »der Eliten, das als richtig Erkannte durchzukämpfen, sich notfalls dafür verprügeln zu lassen«. »Leadership« nenne man das in Amerika. Auch Schröder beklagt das »Gestrüpp organisierter Interessen«, die »Veto-Gruppen«, die Chaos anstiften – und preist »Optimismus« und »Visionen« als Therapie (*Der Spiegel*, 19. 5. 1997, S. 92f.). Und *Der Spiegel* kommentiert das Scheitern der ersten Runde zur Steuerreform 1997 im Vermittlungsausschuß folgendermaßen: »Die Republik ist erstarrt, ihre Strukturen sind verkrustet, die Parteien zu Machtapparaten verkommen. Einflußreiche Interessengruppen verhindern jede Reform oder verwässern sie [...] bis zur Unkenntlichkeit.« Ferner: »Regierung und Opposition haben eine Chance verspielt, es war die letzte für lange Zeit: zu beweisen, daß sie sich der Probleme des Landes annehmen, daß sie das Gemeinwohl vor die eigenen Machtinteressen stellen« (*Der Spiegel*, 4. 8. 1997, S. 63).

Worauf läuft eigentlich das Beschwören von »Gemeinwohl«, »Gemeinsinn«, »Gemeinschaft« und »Leadership«, das Verteufeln von »Veto-Gruppen« und »Gestrüpp organisierter Interessen« hinaus? Man gewinnt den Eindruck, als sollten gesellschaftliche Konflikte nicht mehr durch politische und soziale Interessenvertretungen, also durch die Parteien, Gewerkschaften und Arbeitgeberverbände, im demokratischen Widerstreit verhandelt und, wenn möglich, ausgeglichen werden. V. a.: Was ist eigentlich »das Gemeinwohl«, wer definiert es? »Das Gemeinwohl« kennt niemand im voraus. Erst im nachhinein, nach einem langwierigen, schwierigen Prozeß von Verhandeln in und außerhalb der Institutionen, von Geben und Nehmen zwischen den Parteien, Verbänden und Interessen, kann rückblickend gesagt werden, was denn »das Gemeinwohl« sei – oder sich als solches darstellt. Einen Konsens zu finden ist wahrlich ein Kunststück, wenn es um »das Eingemachte«, um den staatlichen Haushalt und die Steuern, um ökonomische und soziale Verteilung geht. Da bedarf es vieler Kompromisse, die nicht als »faule« diffamiert werden.

Die hier eingebrachten Argumente klingen nach alter, von Ernst Fraenkel in den sechziger Jahren in Deutschland vertretener Pluralismustheorie (Fraenkel 1964) – und sie stammen genau daher. Gerade in Zeiten sich auftürmender sozialer Probleme, ja auch in Krisen, ist sie aktuell. Die Gefahr für die bundesrepublikanische Demokratie besteht nicht so sehr darin, daß sie durch den kruden vordergründigen populistischen Appell der Agitatoren, deren Absicht leicht durchschaubar ist, erschüttert wird, sondern darin, daß sie hintergründig durch das autoritär-obrigkeitsstaatliche Beschwören von »Gemeinwohl« und »Gemeinsinn« gerade durch diejenigen, die zu den konsequentesten Verfechtern pluralistischer Demokratie zählen müßten, unterhöhlt wird.

Die Gefahr der Aushöhlung pluralistischer Demokratie durch neopopulistische Fixierung auf Gemeinschaft und Gemeinwohl wird nicht nur verstärkt, sondern erhält eine ganz neue Qualität, ja wird zu einem explosiven Gemisch, wenn Ideologeme des Neoliberalismus hinzukommen. Folgt man diesen, dann ist – wie wir an der Schrift von Gerhardt gezeigt haben – die Gesellschaft gleichsam atomisiert in eigenverantwortliche, autonom handelnde, ihre Interessen erkennende und entsprechend durchsetzende Individuen, die des genossenschaftlichen, organisierten, parteilichen oder verbandlichen Zusammenschlusses und der Kooperation mit anderen nicht bedürfen. Dies ist eine radikal-individualistische Vorstellung, die im Frühliberalismus des ausgehenden 18. Jahrhunderts gegen verharschte feudalistische Strukturen, in die der einzelne eingebunden war, entwickelt worden ist und die sich in dieser Form auch im Individualanarchismus etwa eines William Godwin findet. In diesem Gesellschafts- und Politikkonzept fehlt es an intermediären Institutionen, die zwischen atomisierter Gesellschaft und dem Abstraktum (staatlicher) Gemeinschaft und Gemeinwohl vermitteln, es mangelt an Vereinen, Verbänden und Parteien, die im Kernbereich pluralistisch-demokratischer Theorie und Praxis verortet sind. Genau in diesem Zusammenhang erlangen die oben erwähnten mehr oder minder latenten bzw. aktualisierten Elemente von Antipluralismus, Antiparteien- und Antiverbändeaffekt eine Zuspitzung, die in eine neue Qualität umschlägt.

Sie werden noch dadurch in demokratiebedrohlicher Weise verstärkt, daß in der politisch-gesellschaftlichen Wirklichkeit ebendiese intermediären Institutionen zunehmend geschwächt werden und wir es im Verbändesystem mit einem mittelstarken Erosionsprozeß zu tun haben, der von den beiden großen Kirchen über die Parteien bis hin zu den Sportvereinen und Tarifpartnern reicht. Der Erosionsprozeß wird nach der deutschen Vereinigung durch die Situation in den neuen Bundesländern zudem noch beschleunigt: Eine Verbändestruktur als Grundlage auch für eine Verbändedemokratie hat sich hier bislang nicht entwickelt. Die politischen Parteien können sich in den neuen Bundesländern kaum Mitgliederparteien nennen, ein zu Westdeutschland vergleichbares Parteiensystem hat sich nicht herausgebildet. Alle Indizien weisen zudem darauf hin, daß sich das auch künftig kaum grundlegend ändern wird. Wir erfahren im politischen System der Bundesrepublik einen ungeahnt tiefgehenden strukturellen Wandel, gerade was Institutionen angeht (vgl. hierzu Birsl/Lösche 1998). Die Kirchen übernehmen konkurrenzlos und in fast allen Alterskohorten mit den Parteien sowohl in West- als auch in Ostdeutschland die »Spitzenpositionen«, wenn es um Institutionen mit den geringsten Vertrauenswerten geht (vgl. Birsl/Falter 1995). Die Gewerkschaften genießen demgegenüber zwar durchweg, auch bei Jugendlichen (vgl. Jugend 97, Shell-Jugendstudie '97), ein recht hohes Ansehen, leiden aber unter Mitgliederschwund und müssen sich neu organisieren, indem sie beispielsweise die Zuständigkeiten der Einzelgewerkschaften neu definieren, um den Veränderungen in der Wirtschaftsstruktur Rechnung tragen zu können. All das schwächt ihre Handlungsfähigkeit. Im Vergleich zu den Arbeitgebern befinden sie sich aber noch in einer recht komfortablen Situation, denn in deren Verbänden kann fast von einer Verbandsflucht und einer Flucht aus dem Tarifverhandlungssystem gesprochen werden (vgl. Funder/Seitz 1997, S. 64). Damit werden die verbandlich organisierten industriellen Beziehungen vor eine harte Bewährungsprobe gestellt, deren Ausgang noch ungewiß ist. Zumindest kann allgemein von tendenzieller Deinstitutionalisierung gesprochen werden (vgl. hierzu auch Baethge 1995, Dörre 1995).

2.4 Kruder Neopopulismus und Gefahren der ›Haiderisierung‹

Wenn es um die organisatorischen Träger von neopopulistischen Ideologien geht, fällt der Blick in aller Regel zuerst auf die extreme Rechte, v. a. auf »Die Republikaner«, auf NPD und DVU. Das scheint angebracht zu sein, auch wenn diese Parteien nur gelegentlich öffentlichkeitswirksame Wahlerfolge erzielen wie »Die Republikaner« mit 9,1 % bei den Landtagswahlen in Baden-Württemberg 1996 oder noch spektakulärer 1998 die DVU in Sachsen-Anhalt mit einem Stimmenanteil von fast 13 %. Zumeist ist die parlamentarische Arbeit dieser Parteien recht erfolglos; sie sind zerstritten und zersplittert, aber sie sind nach wie vor in der Lage, Wählerinnen und Wähler trotz allem zu mobilisieren. Jedoch herrscht in der Rechtsextremismus-Forschung mittlerweile die Meinung vor, daß nicht unbedingt diese Parteien es sind, von denen die größeren gesellschaftlichen und politischen Gefahren ausgehen, sondern diese vielmehr bei der Neuen Rechten gerade wegen ihrer Scharnierfunktion ins etablierte Parteienspektrum liegen. Ihre Vertreter – Vertreterinnen gibt es bislang nur wenige – sind in den im Bundestag befindlichen Parteien, in kleinen intellektuellen Zirkeln, in Universitäten und in der Publizistik anzutreffen. Die Stammkultur dieser Neuen Rechten geht u. a. zurück auf die sog. »Konservative Revolution« der Weimarer Republik, auch auf Evolutionstheorien wie die von Konrad Lorenz formulierte (vgl. Birsl 1994, S. 21 ff.). Sie haben ihre Partner in anderen europäischen Ländern wie etwa Frankreich, Österreich, der Schweiz, Dänemark, aber auch in den USA. Ihre Strategie ist es vorrangig, ihre Ideologeme kulturell hegemonial werden zu lassen. Eine organisatorische Bündelung, wie sie im Front national in Frankreich oder in der österreichischen FPÖ stattgefunden hat, wäre erst der zweite Schritt.

Die ideologiekritische Auseinandersetzung mit der Schrift von Wolfgang Schäuble hat gezeigt, daß zentrale Aspekte dieser Ideologeme auch Bestandteile der Politikvorstellungen in den etablierten Parteien sind. Es wäre allerdings schwierig, den Beweis anzutreten, daß das deshalb der Fall ist, weil die Strategie der Neuen Rechten aufgeht, kulturelle Hegemonie zu erlangen. Der neoliberale Diskurs in der Lesart von Wolfgang Gerhardts Buch, der kaum inhaltliche Berührungspunkte zu neurechtem Denken aufweist, öffnet wiederum andere Tore in Richtung Rechts: Er befördert mit seinen Vorstellungen von einer atomisierten Gesellschaft Gegenkonzeptionen, in denen Sinnstiftung über Gemeinschaft, Nation und Vaterland eine zentrale Rolle spielt, wie dies bei der Neuen Rechten (vgl. Fröchling/Gessenharter 1995, S. 284), aber auch in der Ideologie von Wolfgang Schäuble der Fall ist. Außerdem provoziert der Neoliberalismus eine Gegenbewegung von der äußersten extremen Rechten gegen den »kapitalistischen Liberalismus« und für einen »nationalen Sozialismus«. Dies ist eine Argumentation, die v. a. in den neuen Bundesländern von kleinen rechtsextremistischen, oder präziser: neonazistischen Gruppierungen vertreten wird. Diese versuchen postum, den Staatssozialismus der ehemaligen DDR eben zu diesem »nationalen Sozialismus« umzudefinieren. Deshalb ist für sie die PDS als Nachfolgeorganisation der SED eine durchaus wählbare Partei. Dadurch entsteht die paradoxe Situation, daß die PDS, deren Programmatik eher sozialdemokratisch orientiert ist, neonazistisches Wählerinnen- und Wählerpotential zu binden vermag. Hierin dürfte auch einer der Gründe zu suchen sein, daß PDS-Wählerinnen und Wähler zwar ihre Erststimme der Ostpartei zugute kommen lassen, aber kein Problem damit haben, die Zweitstimme der DVU zu geben, wie es bei der Landtagswahl in Sachsen-Anhalt 1998 geschehen ist.[6]

Gezielte ›Integrationsversuche‹ nach rechts meinen hingegen CDU- und auch SPD-Politiker unternehmen zu müssen. Sie treten gegenüber den rechtsextremistischen Parteien und untereinander in einen Wettbewerb, indem sie z. T. Schlagworte und Positionen des kruden Neopopulismus aufnehmen. Die sog. Asylrechtsdebatte ist hierfür exemplarisch gewesen und war wohl nur das erste Kapitel eines Fortsetzungsromans.

CDU, CSU und SPD sprechen zuweilen bewußt ressentimentgeladene, angstbesetzte, emotionale »Bauchthemen« an, dann zu-

---

6 Das traf auf 23 % der Wählerinnen und Wähler zu, die mit ihrer Zweitstimme für die DVU votiert haben. Hoch sind diesbezüglich auch die Ergebnisse für die CDU und SPD (vgl. Forschungsgruppe Wahlen über Neu/Wilamowitz-Moellendorff 1998, S. 6). Doch dürften die Motive für dieses Wahlverhalten recht unterschiedlich sein. Da die beiden großen Volksparteien entweder im Bund oder auf Landesebene in der Regierungsverantwortung stehen, wird ihnen gegenüber eher Protest bekundet (wobei allerdings die Frage bleibt, warum der Protest sich durch eine Rechtswahl äußert). Dieses Motiv kann bei einer Oppositionspartei wie der PDS kaum angenommen werden.

meist kombiniert – und das ergibt eine äußerst explosive Mischung – mit konkreten sozialen und politischen Problemen. Ziel ist es, diese Themen im Wahlkampf nicht den rechtspopulistischen Parteien wie Republikanern, DVU oder dem Bund Freier Bürger zu überlassen. Indizien sprechen dafür, daß entsprechende Reden, Interviews und Äußerungen keine »Ausrutscher« sind, sondern (wahlkampf)strategisch geplant werden. Als Beispiele lassen sich nennen: Ausländer- und Jugendkriminalität, ›neue‹ Law-and-order-Politik der SPD in den Wahlkämpfen 1997/98 von Henning Voscherau in Hamburg und Gerhard Schröder in Niedersachsen, hier auch mit Blick auf die Bundestagswahl 1998; Debatte um die Verschiebung des Euro, losgetreten in der Union von Edmund Stoiber; Verdrängen der nationalsozialistischen Vergangenheit und der unrühmlichen Rolle der Wehrmacht im Zweiten Weltkrieg, besonders aggressiv vorgetragen in der Rede von Peter Gauweiler gegen die Eröffnung der Wehrmachtsausstellung im Münchner Rathaus im Frühsommer 1997.

Diese ressentimentgeladenen und angstbesetzten, zur Mobilisierung von Wählerinnen und Wählern vermeintlich geeigneten Themen und Probleme könnte man als Ausdruck eines kruden, relativ leicht durchschaubaren Neopopulismus charakterisieren. Sie haben kaum etwas mit der neuen Qualität des oben gekennzeichneten hintergründig-differenzierten, antipluralistischen Neopopulismus zu tun.

Der Umgang mit der politischen Rechten – ob nun mit der kruden-populistischen oder der hintergründig-differenzierten Rechten – ist in der Geschichte der Bundesrepublik äußerst ambivalent:

»In der Auseinandersetzung mit den Rändern führte die [politische] ›Mitte‹ nämlich selten einen auf die Selbstverständigung gerichteten öffentlichen politisch-normativen Diskurs: vielmehr betrieb sie entweder Ausgrenzung der Ränder mittels streng juristischer Verfahren oder ignorierte, oft aus falsch verstandener Liberalität, einfach die von den Rändern in die Öffentlichkeit gebrachten Themen oder schloß sich opportunistisch der ›rechten‹ Meinung an, etwa im Falle der sogenannten Ausländerkriminalität« (Fröhling/Gessenharter 1995, S. 278).

Damit hat die politische Mitte selbst das Vordringen der Neuen Rechten gefördert, der es immer wieder gelingt, diese nicht bearbeiteten Ressentiments und neopopulistischen Ideologeme zu thematisieren und in die Reihen der etablierten Parteien zu tragen. Um es deutlicher zu sagen: Die äußerste Rechte befindet sich nicht mehr am Rand des politischen Spektrums, sondern in dessen Mitte.

Gerade im Anschluß an unsere Darlegung, daß sich auch Momente eines kruden Neopopulismus in unserer Parteienlandschaft finden, ist zu fragen, ob eine der etablierten demokratischen Parteien sich zu einer nach unseren Kriterien explizit populistischen Partei entwickeln, also – mit Blick auf unseren österreichischen Nachbarn – einen Prozeß der ›Haiderisierung‹ durchlaufen könnte.

Obwohl neopopulistische Stimmen aus beiden großen deutschen Parteien zu hören sind, ertönt zu ihnen doch immer und umgehend innerparteilicher Widerspruch, werden neopopulistische Ansätze und Tendenzen konterkariert und ausbalanciert. CDU und SPD stellen nämlich so etwas wie Koalitionen verschiedener Flügel, Richtungen, Interessengruppen, Regionen und Akteure dar. Sie bilden ein kompliziertes, pluralistisches System, in dem das innerparteiliche Machtgleichgewicht immer wieder neu austariert wird und in dem Macht nicht von einer kleinen Gruppe – nach dem Vorbild Haiders in der FPÖ – im schnellen Zugriff okkupiert werden kann. Theoretisch denkbar ist, daß nach einer vernichtenden Niederlage der CDU oder SPD bei einer Bundestagswahl von einer innerparteilichen Fraktionierung die populistische Karte ausgereizt und – wenn sich Widerstand in der Partei zeigt – überreizt würde und diese Gruppierung dann aus der Großpartei austräte, um selbständig ihr rechtes Glück zu suchen. Dies ist aber deswegen höchst unwahrscheinlich, weil Parteiabspaltungen in der bundesrepublikanischen Geschichte stets in die politische Bedeutungslosigkeit geführt haben.

Rechtspopulistische Strategien könnten systematisch und kontinuierlich nur von einer kleineren Partei verfolgt werden. Nur sie kann mit ihren wenigen Mitgliedern und einer vergleichsweise homogenen sozialen oder regionalen Basis in kurzer Zeit »auf Vordermann« gebracht, »haiderisiert« oder »bossisiert« werden, d. h. den Weg an den rechten Rand des Parteienspektrums einschlagen. Wie rasant eine kleine Partei in kürzester Zeit sich auf ein spezifisches Profil umzustellen vermag, hat die FDP in wenigen Monaten vor den Landtagswahlen vom März 1996 gezeigt, indem sie als »Steuersenkungspartei für Besserverdienende« endgültig sozialliberale Relikte einschließlich des Freiburger Kreises an den Rand drängte. Die CSU hingegen kann durch ihre enge Verbindung zur CDU, gleichsam als christdemokratisch-bayerische Variante, durch ihre soziale Vielfalt und ihre, für eine Regionalpartei große Mitgliederzahl kaum als »kleinere« Partei wie die FDP gesehen werden, die sich einer »Bossisierung« öffnete, trotz markanter und republikweit tönender, gelegentlich neopopulistischer Radikalsprüche.

›Haiderisierung‹ funktioniert nur aus der Opposition heraus, gegen »die da oben«, gegen das »Bonner Machtkartell«, gegen »die Bonzen und Diätenjäger«. Populisten müssen die rhetorische Fackel des Protestes immer neu entflammen, ihre Kampagnen dynamisieren und zuspitzen. Das geht nicht als Regierungspartei, auch nicht als »Korrektiv« in einer Koalitionsregierung. Dort wird nämlich Konsens gesucht. Es werden Kompromisse geschlossen, die als »faule« leicht zu denunzieren sind. Selbst wenn die FDP das Zeug zu populistischer Agitation in sich trüge, ist sie heute ein möglicher Koalitionspartner in einem »Machtkartell«, das eigentlich zu attackieren wäre. Käme eine große Koalition, flöge die FDP aus dem Bundestag heraus – dann mag für sie die Stunde der ›Haiderisierung‹ schlagen.

Ferner bedarf es eines Themas, dessen sich eine neopopulistische Partei instrumentell bedienen können müßte, um die frustrierten Facharbeiter und Handwerker, die mittleren Angestellten und die Rentner auf einen »gemeinsamen Nenner« zu bringen. Angesagt sind Themen »aus dem Bauch«, durch die Vorurteile mobilisiert werden. Bei diesen »weichen« Themen geht es um Mentalitäten, Einstellungen, auch Verhaltensweisen, nicht um soziale und wirtschaftliche Interessen, die eine rechtspopulistische Wählerkoalition sprengen würden. Themen wie »Ausländer«, »Kriminalität« und »Euro« liegen in der Luft, haben aber bisher nicht so gezündet, daß sich eine rechtspopulistische Partei auf längere Zeit hätte etablieren können wie in anderen europäischen Ländern. Dabei geht es nicht um die Sache selbst: Vielmehr werden Ängste und (DM-)Nationalismus angesprochen.

Außerdem bedarf es zur ›Haiderisierung‹ eines Haiders, einer charismatischen Persönlichkeit, die volkstümlich, nicht allzu elitär, die dynamisch, autoritär und ein wenig intellektuell zugleich, mit hemmungsloser Rhetorik, aber auch mit differenzierenden Zwischentönen auftritt, um frustrierte Facharbeiter, Angestellte, Handwerker und kleine Selbständige zu sammeln, zu bündeln und zusammenzuhalten. Gerade populistische Parteien bedürfen einer derartigen Persönlichkeit zur Integration nach innen und zur Anziehung von neuen Wählerinnen und Wählern nach außen. Doch weit und breit ist heute ein deutscher Haider nicht zu erkennen. Peter Gauweiler scheint zu marginalisiert, um eine breitere Wirkung zu erzielen. In der FDP geben momentan nur ›Yuppies‹ und grau wirkende ›Ministerialdirigenten‹ den Ton an.

Auch der hessische Landtagsabgeordnete Heiner Kappel, ein ehemaliges FDP-Mitglied, sowie der frühere Generalbundesanwalt Alexander von Stahl, die beide eine ähnliche ›charismatische‹ Ausstrahlung haben wie die Wortführer bei der FDP, vermögen es nicht, das rechte Potential durch die »Liberale Offensive« zu bündeln. Diese Gruppierung wurde nur von einer Minderheit in der FDP getragen, allerdings einer nicht zu unterschätzenden, wie die Situation der Partei in einigen Berliner Bezirken zeigt, wo dieser nationalliberale Flügel durchaus Mehrheiten mobilisieren konnte. Die FDP profitiert zur Zeit noch davon, daß die »Liberale Offensive« neue Initiativen immer wieder ›in den Sand setzte‹. Ein Beispiel dafür war die rechtspopulistische Initiative »Stimme der Mehrheit« (gemeint ist: ›Stimme der *schweigenden* Mehrheit‹), an der sich auch bekannte Sozialwissenschaftler wie der Soziologe Erwin K. Scheuch oder der Politikwissenschaftler Klaus Hornung und Publizisten sowie ausgewiesene Neue Rechte wie Karlheinz Weißmann beteiligten. Darauf beschränkt sich allerdings das rechte Potential in der FDP nicht. Man denke nur an die recht weitverbreiteten Anhängerinnen und Anhänger von FPÖ-Chef Jörg Haider in Baden-Württemberg und an die radikal-populistische Abspaltung »Bund Freier Bürger« um den ehemaligen bayerischen FDP-Vorsitzenden Manfred Brunner (vgl. hierzu Fröchling/Gessenharter 1995, S. 282).

Schließlich müßte eine rechtspopulistische Partei versuchen, sich von der eigenen deutschen Geschichte gleichsam zu lösen, um Assoziationen mit dem Nationalsozialismus zu vermeiden und dennoch die Klaviatur von Ressentiments und Ängsten zu spielen. Das Problem für eine derartige Partei bestünde gerade darin, daß rechtspopulistische Rhetorik und Mobilisierung von Vorurteilen, der Appell an den »inneren Schweinehund«, gerade Anklänge und Erinnerungen an das Tausendjährige Reich wecken und dadurch Widerspruch, ja Widerstand im eigenen Land und bei unseren Nachbarn entfachen würden (zur »Haiderisierung« der FDP vgl. Lösche/Walter 1995, S. 209ff.).

Als Ergebnis bleibt also, daß am ehesten die FDP in der deutschen Parteienlandschaft das Potential hat, sich zu einer neopopulistischen Partei zu entwickeln, »haiderisiert« zu werden – allerdings bestimmte, d. h. die gerade genannten konkreten Bedingungen vorausgesetzt.

3. Fazit

Eingangs haben wir die These formuliert, daß neopopulistische Spuren(elemente) in fast allen etablierten und im Bundestag vertretenen Parteien anzutreffen sind und diese sich als Unterströmung im Parteiensystem plaziert haben. Drei Spielarten neopopulistischer Spuren(elemente) lassen sich finden, die wir aus heuristischen Gründen gleichsam idealtypisch herausgearbeitet haben. Die ersten beiden Spielarten sind mit ihren Anleihen an technokratisch-konservative, nationalistische sowie technokratisch-neoliberale Ideologien insbesondere bei der CDU und FDP erkennbar; v. a. Wolfgang Schäuble und Wolfgang Gerhardt können als deren Protagonisten bezeichnet werden. Diese Spielarten prägen die Programmatik der beiden Parteien. Interessant und auffällig ist, daß die Grundpositionen in einem erstaunlichen Umfang ideologisiert sind.

Es werden Bilder von Gesellschaft und Staat entworfen, die von der tatsächlichen sozialen und ökonomischen Entwicklung abgehoben sind. Die sog. »geistig-moralische Wende« nach der Regierungsübernahme durch CDU/CSU 1982 war mehr als der Versuch, über tradierte Wertvorstellungen von Nation, Vaterland, Gemeinschaft und Familie Sinnstiftung zu produzieren und dadurch Gesellschaft und Staat umzubauen. Vielmehr sind in Wirklichkeit diese Wertvorstellungen zentrale Eckpfeiler konservativer Ideologeme und nicht nur Mittel zum Zweck des Umbaus gewesen. Sie sind in den achtziger Jahren von der Politikwissenschaft häufig in ihrer Bedeutung unterschätzt worden. Im Unterschied zu den Christdemokraten haben die Liberalen ein gänzlich anderes Verständnis von geistig-moralischer Wende. Sie setzen vorrangig auf eine Atomisierung der Gesellschaft, das Beschwören von Nation und Gemeinschaft ist nicht ihre Sache. Ihr gesellschaftliches Steuerungsinstrument ist der Markt. Unter Freiheit ist – etwa nach Gerhardts Interpretation – Freiheit der Leistung zu verstehen, die sich allerdings den Marktgesetzen unterzuordnen hat. In drei Punkten findet dieses neoliberale Denken dennoch einen gemeinsamen Nenner mit den Konservativen: erstens im technokratischen Verständnis von Marktentwicklung und der Rolle des Staates. Der Markt setzt die Rahmenbedingungen, die Sachzwänge, auf die der Staat bestenfalls reagieren kann. Er kann nicht steuernd in das Marktgeschehen eingreifen. Zweitens gibt es Übereinstimmung im Antiverbändeaffekt und drittens im Beschwören von Eigenverantwortung versus »Betreuungsstaat«. Kennzeichnend für den Neoliberalismus ist jedoch, daß er einen ›schwachen Staat‹ präferiert, während im konservativen Denken der ›starke Staat‹ das Ziel ist. Bereits in diesem Unterschied wird deutlich, wie schwer es ist, dieses neoliberale Denken, das durchaus in wichtigen Punkten als neopopulistisch zu bezeichnen ist, auf der politischen Rechts-Links-Achse zu verorten. Es ist strenggenommen weder nur rechts, schon gar nicht links, es bewegt sich aber auch nicht in der politischen Mitte. Für die Gefahren, die von diesem Denken ausgehen können, fehlt also bislang die treffende ›Etikettierung‹, die politikwissenschaftliche Kategorisierung.

Die dritte Spielart des Neopopulismus ist die des kruden und vordergründigen Rechtspopulismus. Sie findet sich bei den Zwergen am rechten Rand, bei DVU, NPD und den »Republikanern«, punktuell auch in den Randbereichen der Unionsparteien und der FDP. Dabei ist die FDP unter den etablierten jene Partei, die – wie wir gesehen haben – am ehesten unter bestimmten Bedingungen sich rechtspopulistisch wenden, sich haiderisieren könnte.

Auch einige populäre Politiker bedienen sich neopopulistischer Schlagworte, v. a. in Wahlkämpfen. In diesem Rahmen reicht der krude Neopopulismus bis in die SPD hinein, bei der ansonsten die Programmatik davon noch weitgehend unberührt ist. Bei der SPD tut sich allerdings im Vergleich zu den anderen Parteien wesentlich häufiger und tiefer ein Graben zwischen Programmen und der praktischen Politik auf. Die Asylrechtsänderung, die Lockerung des Grundrechtes auf Unversehrtheit der Wohnung (»Großer Lauschangriff«) und die Stellungnahmen zur Jugend- und Ausländerkriminalität sind hierfür herausragende Beispiele. Aber auch ein gewisser Antiverbändeaffekt, ja Antipluralismus ist in Äußerungen einiger prominenter SPD-Politiker spürbar.

Gerade diesem Antipluralismus ist besondere Aufmerksamkeit zu schenken. Denn er fällt in Gestalt des Antiverbändeaffektes mit einer zunehmenden Erosion institutionenbezogener Politik zusammen. Die Verbände sind heute von ihrer sozialen Basis her ohnehin schon geschwächt. Die Folgen antipluralistischer Rhetorik können unter demokratietheoretischen Gesichtspunkten allerdings dramatisch sein: Politische und soziale Partizipation der einzelnen wird in der repräsentativen Demokratie durch Verbände und andere Institutionen ermöglicht. Außerhalb dieser Institutionen ist eine politische und gesellschaftliche Teilhabe kaum realisierbar. Wird der Deinstitutionalisierungsprozeß politisch-ideologisch und aus populistischen Beweggründen forciert, ohne daß sich neue Möglichkeiten und Formen von politischer und gesellschaftlicher Partizipation ergeben, kann ein Vakuum entstehen, in das neopopulistische Ideologien und Organisationen stoßen.

Die Erosion der politischen Mitte erfolgt heute von zwei Seiten: erstens durch die Schwächung der sozialen Basis von Institutionen in der Verbändedemokratie und zweitens durch die neopopulistische Unterströmung des Parteiensystems, die sich nicht allein auf dessen rechten Rand beschränkt, sondern auch dessen Zentrum erfaßt hat.

Literatur

Baethge, M.: *Übergänge wohin? Zur Reinstitutionalisierung der Gesellschaft im Spannungsfeld von Innovation und Sozialität*, in: *Im Zeichen des Umbruchs, Beiträge zu einer anderen Standortdebatte*, hg. vom Soziologischen Forschungsinstitut Göttingen. Opladen 1995, S. 33-48.

Betz, H.-G.: *Radikaler Rechtspopulismus in Westeuropa*, in: Falter, J. W./Jaschke, H.-G./Winkler, J. R. (Hg.): *Rechtsextremismus, Ergebnisse und Perspektiven der Forschung*, PVS-Sonderheft 27, Köln 1996, S. 363-375.

Birsl, U./Falter, J. W.: *Es ist kein politisches Desinteresse bei Jugendlichen – Der veränderte Zugang zur Politik von jungen Frauen und Männern in Ost- und Westdeutschland*, in: *Frankfurter Rundschau* (Dokumentation), 11.11.1995.

Dies./Lösche, P.: *Parteien in West- und Ostdeutschland: Der gar nicht so feine Unterschied*, in: *Zeitschrift für Parlamentsfragen* 1/1998, S. 7-24.

Birsl, U.: *Rechtsextremismus: weiblich-männlich?* Opladen 1994.

Der Spiegel, 19. 5. 1997, S. 92f.
Der Spiegel, 4. 8. 1997, S. 63.
Der Tagesspiegel, 27. 4. 1997.
Dörre, K.: *Nach dem Ende des Wachstumspaktes: Auf der Suche nach einer neuen Geschäftsgrundlage für industrielle Beziehungen*, in: *Im Zeichen des Umbruchs, Beiträge zu einer anderen Standortdebatte*, hg. vom Soziologischen Forschungsinstitut Göttingen. Opladen 1995, S. 155-170.
Fischer, J.: *Risiko Deutschland, Krise und Zukunft der deutschen Politik*. Köln 1994.
Fraenkel, E.: *Deutschland und die westlichen Demokratien*. Stuttgart 1964.
Fröhling, H./Gessenharter, W.: *Rechtsextremismus und Neue Rechte in Deutschland*, in: Österreichische Zeitschrift für Politikwissenschaft 3/1995, S. 275-290.
Funder, M./Seitz, B.: *Unternehmens(re)organisation und industrielle Beziehungen im Maschinenbau. Ergebnisse einer repräsentativen Studie*, in: *WSI-Mitteilungen* 1/1997, S. 57-64.
Gerhardt, W.: *Es geht. Wir haben alle Chancen*. München 1997.
Gessenharter, W.: *Die »Neue Rechte« als Scharnier zwischen Neokonservatismus und Rechtsextremismus in der Bundesrepublik*, in: Eisfeld, R./Müller, I. (Hg.): *Gegen Barbarei. Essays Robert M. W. Kempner zu Ehren*. Frankfurt/M. 1989, S. 424-452.
Ders.: *Herausforderungen zur Jahrtausendwende: Kann »Nation« die Antwort sein?*, in: Butterwege, Ch. (Hg.): *NS-Vergangenheit, Antisemitismus und Nationalismus in Deutschland. Beiträge zur politischen Kultur der Bundesrepublik und zur politischen Bildung*. Baden-Baden 1997, S. 141-171.
Grebing, H.: *Positionen des Konservatismus in der Bundesrepublik*, in: dies./Greiffenhagen, M./von Krockow, C./Müller, J. B. (Hg.): *Konservatismus – eine deutsche Bilanz*. München 1971, S. 33-66.
Dies.: *Nationale Identität oder zivilisatorische Integration in Europa*, in: Jansen, Ch./Niethammer, L./Weisbrod, B. (Hg.): *Von der Aufgabe der Freiheit. Politische Verantwortung und bürgerliche Gesellschaft im 19. und 20. Jahrhundert*, Festschrift für Hans Mommsen. Berlin 1995, S. 203-216.
Greiffenhagen, M.: *Das Dilemma des Konservatismus in Deutschland*, in: Grebing, H./Greiffenhagen, M./von Krockow, C./Müller, J. B. (Hg.): *Konservatismus – eine deutsche Bilanz*. München 1971, S. 7-32.
Herzog, R.: *Aufbruch ins 21. Jahrhundert – Wir brauchen wieder Visionen*, Ansprache zum Auftakt der Reihe »Berliner Reden« im Hotel Adlon, in: *Der Tagesspiegel*, 27. 4. 1997, S. 6f.
Jäger, W.: *Wer regiert die Deutschen? Innenansichten der Parteiendemokratie*. Zürich 1984.
*Jugend '97. Zukunftsperspektiven-Gesellschaftliches Engagement-Politi-

sche Orientierungen, Jugendwerk der Deutschen Shell (Hg.): 12. Shell-Jugendstudie. Opladen 1997.

Kleinmann, H.-O.: *Geschichte der CDU. 1945-1982.* Stuttgart 1993.

Kleßmann, Ch.: *Zwei Staaten, eine Nation. Deutsche Geschichte 1955-1970.* Göttingen 1988.

Lösche, P./Walter, F.: *Die FDP. Richtungsstreit und Zukunftszweifel.* Darmstadt 1995.

Mannheim, K.: *Das konservative Denken*, in: Schuhmann, H.G. (Hg.): *Konservativismus.* Köln 1974, S. 24-75 (Ersterscheinung in: *Archiv für Sozialwissenschaft und Sozialpolitik* 57/1927).

Neu, V./Wilamowitz-Moellendorff, U. v.: *Die DVU bei der Landtagswahl in Sachsen-Anhalt vom 26.4.1998*, Arbeitspapier der Konrad-Adenauer-Stiftung. Sankt-Augustin, April 1998.

Schäuble, W.: *Und der Zukunft zugewandt.* München 1995.

Ders.: *Und sie bewegt sich doch.* Berlin 1998.

Wagner, M.: »*Verkrustete Strukturen in der Politik aufbrechen*«. *Für einen neuen Generationenvertrag*, in: *Frankfurter Rundschau* (Dokumentation): *Junge Grüne machen den satten Achtundsechzigern Dampf*, 8.9.1997, S. 10.

Wochenschau II, Nr. 1, Januar/Februar 1997.

Zukunftsperspektiven gesellschaftlicher Entwicklungen. Bericht der Kommission »Zukunftsperspektiven gesellschaftlicher Entwicklungen« im Auftrag der Landesregierung von Baden-Württemberg. Stuttgart, November 1983.

IV.
Globalisierung und die Zukunft der Demokratie

Mathias Bös
›Community building‹ im Internet: Entgrenzung und neue Grenzverläufe für politische Extremismen in der globalen Kommunikation[*]

»Die offiziellen Rechten und Linken begeben sich zunehmend in eine ideologische Umarmung, [...] v. a. in den Bereichen ihrer machtstrukturellen, besonders ihrer egalitären, ökonomischen und universalistischen ›Werte‹. Dieses Netz will etwas dagegen tun. Wir wollen aufzeigen, daß sich eine neue Trennungslinie entwickelt, zwischen den Anhängern des Kosmopolitismus und den Verfechtern der ethnokulturellen Identität.«

So heißt es auf der wohl bekanntesten deutschen rechtsextremen Homepage des Thulenetzes (September 1997). Entgrenzungsängste werden mit egalitären, ökonomischen und universalistischen Werten gleichgesetzt und eine ethnokulturelle Identität als Reaktion gefordert. Hier spiegelt sich holzschnittartig der Diskurs einer zunehmend wahrgenommenen Weltgesellschaft, wie sie unter dem Label Globalisierung immer wieder thematisiert wird.

Doch neben diesem ›Gewahr-Werden‹ globaler Prozesse bezieht sich Globalisierung auch auf die tatsächliche Verdichtung von Austauschprozessen auf globaler Ebene, die selbst allerdings auch wieder Grenzen hervorbringen (Robertson 1995). Auch diese reale Vernetzung, wie wir sie im Internet sehen, wollen sich extremistische Gruppen zunutze machen:

»Mit Mailboxen wollen wir eine Gegenöffentlichkeit schaffen – politisch, national. Wir nutzen die Neuen Medien politisch und nationalistisch – deshalb organisieren wir uns mit dem Ziel, die Idee eines eigenen, dezentralen Datennetzes zu verwirklichen« (Thulenetz, September 1997).

Darüber hinaus sei das Internet eine Möglichkeit, aus dem »rechten Ghetto« herauszukommen und neue Anhänger zu werben.

Globalisierungsprozesse werden also auch in den Augen von Rechtsradikalen zu Gründen für neue Konfliktlinien. Globale

---

[*] Für anregende Kommentare zu einer früheren Version des Textes danke ich Uta Gerhardt.

Kommunikation in Form von Computernetzen soll für Rechtsradikale eine neue Chance der Vernetzung und der Öffentlichkeitsbildung sein. Diese Formen der Kommunikation im Internet könnten zu neuen Vergemeinschaftungsformen auch bei Rechtsradikalen führen. In den Sozialwissenschaften werden Prozesse der Gemeinschaftsbildung über neue Kommunikationsmedien unter dem Stichwort ›community building‹ thematisiert. Wie sind nun vor dem Hintergrund sozialwissenschaftlicher Erkenntnisse diese Aussagen von Rechtsradikalen zu werten?

Betrachtet man die Entwicklung des Internets in den letzten Jahren, so lassen sich drei Kernaussagen bilden:

1. Computernetzwerke breiten sich aus und differenzieren sich, dabei bringen sie zugleich geschlossene und offene Kommunikationsformen hervor.

2. Das Internet selbst ist keine Community und bildet keine politische Weltöffentlichkeit.

3. In Computernetzen gibt es viele kleine – auch rechtsradikale – Communities. Die Relevanz rechtsradikaler Kommunikation in Computernetzen wird überschätzt.

Im folgenden werde ich kurz auf die Struktur und Entwicklung des Internet hinsichtlich seiner Ausweitung, Ausdifferenzierung und seiner typischen Nutzung eingehen. Darauf aufbauend soll verschiedenen Prozessen des Community building im Internet nachgegangen werden, etwa über bidirektionale und asynchrone Kommunikation, gemeinsame Interessen, gemeinsame Regeln, wechselseitige Unterstützung, bestimmte Mitgliedschaften. Zum Schluß wird diskutiert, ob das Internet wirklich eine neue Weltöffentlichkeit und eine wichtige Chance neuer rechtsradikaler Kommunikation darstellt.

1. Struktur und Entwicklung des Internet

Das Internet ist ein Kind der Wissenschaft und der Universitäten. Zwei Ursprünge sind dabei zu unterscheiden (Castells 1996): zum einen Wissenschaftler, die in den sechziger und siebziger Jahren Großrechnernetze zu wissenschaftlichen und militärischen Zwecken aufbauten. Und zum anderen Studierende, die Ende der siebziger Jahre die Telefonleitung zur Computerkommunikation zu nutzen begannen und so kleine PC-gestützte Netze aufbauten.

Beides integrierte sich in den Achtzigern zu dem, was heute als Internet bezeichnet wird. Besonders seit Ende der achtziger Jahre unterliegt dieses Netzwerk einem rapiden Wachstum, das sich seit der Einführung des World Wide Web zu Beginn der Neunziger noch weiter verstärkt. Obwohl Statistiken über das Internet notorisch invalide sind, kann heute von etwa 20 bis 30 Mio. Nutzern (Castells 1996, Stegbauer 1996) weltweit ausgegangen werden.

1.1 Ausweitung des Internets

Betrachten wir kurz den Prozeß der *Ausweitung*. Wie eben schon angedeutet, weitet sich das Internet mit zeitweise exponentiellem Wachstum aus. Die Ausweitung verläuft räumlich und sozial sehr heterogen (vgl. Bös/Stegbauer 1996). Die *räumliche Ausweitung* bedeutet v. a. eine Verdichtung von Netzen in den industrialisierten Gebieten der Welt. So wie sich auch andere Globalisierungsprozesse nicht gleichmäßig wie Grießbrei über den Globus verteilen, zeigt auch das Internet eher eine typische Zentrum-Peripherie-Architektur, bei der es die Zentren sind, die immer dichter miteinander verknüpft werden. Dieses Muster wiederholt sich auch bei rechtsradikalen Sites. Diese sind überwiegend in Nordamerika und Westeuropa angesiedelt, wobei der ehemalige Ostblock langsam »aufholt« (s. Abb. 1).

Ähnlich heterogen ist die Ausweitung innerhalb der Industriestaaten. So wird das Netz von unterschiedlichen Bevölkerungsgruppen unterschiedlich stark genutzt, der typische Nutzer ist wohl immer noch der weiße, männliche, westliche Student. Schon der Computerbesitz als basale Voraussetzung für die Nutzung des Internet kovariiert stark mit der Schulbildung (Stegbauer 1996). Darüber hinaus sind es auch typische Kommunikationsinseln wie Großbetriebe oder Universitäten, über die Menschen mit dem Internet in Kontakt kommen. Sowohl auf internationaler wie auf nationaler Ebene bedeutet also die Ausweitung des Internet eher eine Verstärkung spezifischer Ungleichheitsstrukturen, als daß es auf deren Abbau hinarbeiten würde.

1.2 Ausdifferenzierung des Internet

Wie bereits gesagt hat das Internet zwei Wurzeln, die Großrechner- und die PC-Welt. Schon zu Beginn der sechziger Jahre wird

Abb. 1: Weltkarte des Internets 1999

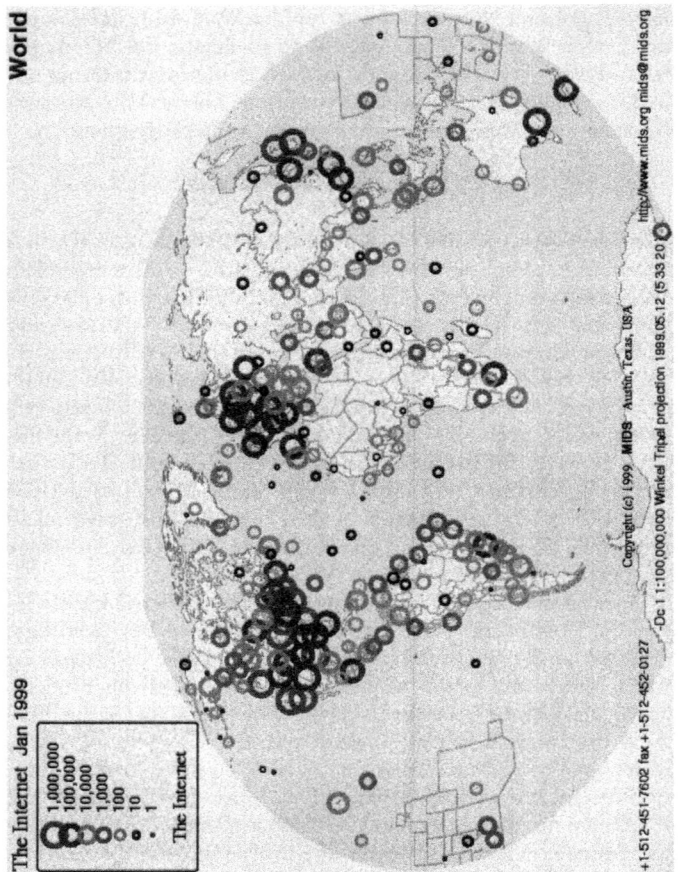

Quelle: http://www.mids.org mids@mids.org; © MIDS, Austin, Texas/USA.

das Grundprinzip der Rechnerkommunikation mathematisch entwickelt: das ›paket switching‹. Es wird nicht – wie etwa beim Telefon – eine Leitung nur zur Kommunikation zwischen zwei Partnern verwendet, sondern wie beim Paketsystem der Post wird die technische Infrastruktur parallel von Informationspäckchen genutzt, die beim jeweiligen Empfänger angenommen werden.

Zu Beginn werden v. a. über das Terminalprogramm Telnet der Zugriff auf Rechner-Ressourcen geteilt und über das File Transfer Protokoll (FTP) Daten ausgetauscht. Dies geschieht z. B. auf dem ARPANET (Advanced Research Projects Agency des US Defense Departments). Anfang der achtziger Jahre entsteht aus verschiedenen Netzen, die auf das TCP/IP (Transmission Control Protocol/Internet Protocol) umstellen, das Internet. Prominenter Kommunikationsdienst ist schon hier die E-Mail, die das schnelle Verschicken elektronischer Briefe an alle am Netz Angeschlossenen erlaubt.

Zwei wichtige Kommunikationsformen, die das asynchrone Kommunizieren vieler mit vielen ermöglichen, sind die Newsgroups und die Listserver. 1976 wird das UUCP (Unix-to-Unixcopy Protokoll) in Rechnerbetriebssysteme eingebaut, und 1979 entsteht das USENET (Unix User Network). Heute wird das USENET meist mit NNTP (NetNews Transfer Protokoll über TCP/IP) betrieben. Hier können in verschiedenen Newsgruppen Beiträge gelesen oder geschrieben werden. Der Nutzer ruft die »Kopfzeilen« der Nachrichten ab und entscheidet, welche er liest und ob er antwortet. Listserver sind ähnliche, aber etwas geschlossenere Kommunikationsformen. Teilnehmer müssen sich in einer Liste eintragen, um die Nachrichten der jeweiligen Gruppe zu bekommen. Listserver entstehen v. a. im BITNet (Because it's Time Network von 1981).

Als Demokratisierung der Netzwerkwelt ist wohl die Einführung von Modems zur Kommunikation zwischen PCs und mit Großrechnern zu bezeichnen. Es entstehen neue Kommunikationsweisen, wie Ende der siebziger Jahre die Bulletin Board Systems (BBS), die im Deutschen interessanterweise Mailboxen heißen. BBS emulieren Zettelbretter mit Nachrichten und Diskussionsgruppen, auf die jeder, der im BBS angemeldet ist, Zugriff hat. Die Zugriffsart, etwa welche Gruppen gelesen werden dürfen, kann dabei vom Systembetreiber unterschiedlich zugewiesen werden. Die bekannteste Software ist hier wohl Fido BBS,

Abb. 2: Konzeptkarte des Internets in den neunziger Jahren

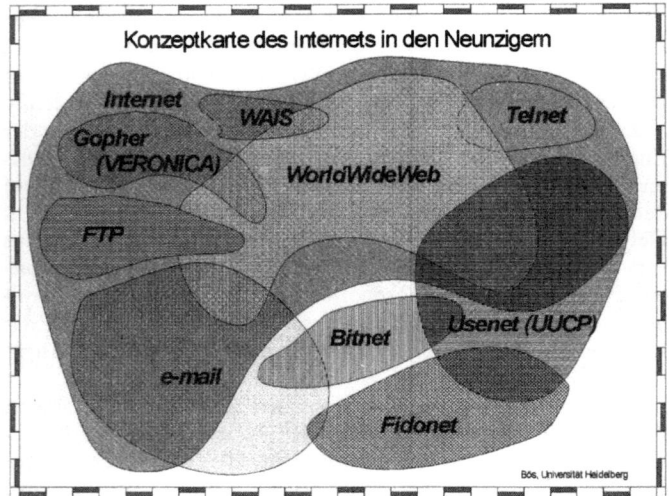

Quelle: Bös 1997, Universität Heidelberg.

das nach dem Hund von Tom Jennings, dem Programmautor, benannt ist. Es läuft auf jedem IBM-kompatiblen PC, und es können getrennte Netze implementiert werden.

Seit Beginn der neunziger Jahre änderte sich die Informationsstrukturierung des Internet dramatisch. Das Internet selbst wird als Informationspool begriffen, den es über verschiedene Zugriffsweisen zu strukturieren gilt, z. B. WAIS (Wide Area Information System, 1990) oder Gopher (mit VERONICA Very Easy Rodent Oriented Net Wide Index to Computerized Archives, 1991). Am bekanntesten ist sicherlich das am CERN (Nuklear-Forschungszentrum, Genf) entwickelte World Wide Web. Mit der Einführung sog. Browser (1993) werden verschiedene Zugriffsmöglichkeiten integriert und mit der Hypertext-Markup-Language ein Protokoll gefunden, das Wort, Bild und Ton integriert. Das Konzept der ›Links‹ ermöglicht das Surfen zwischen verschiedenen Seiten im Informationsraum des Internet. Gerade diese neuen Formen der Informationsstrukturierung und des Informationszugriffs haben zu einer immensen Expansion und Ausdifferenzierung des gesamten Informations- und Kommunikationsraums Internet geführt (s. Abb. 2). Dies bemerkt man auch an rechtsradikalen Angeboten: Hatte die amerikanische Page ›Stormfront‹ 1995 nur sechs andere Sites als Links zu verbuchen, so sind es 1997 schon 50.

1.3 Typische Nutzung des Internet

Gibt man in einer deutschsprachigen Suchmaschine (Fireball von Gruner und Jahr, September 1997) das Wort ›Hitler‹ ein, so ist unter den ersten 30 Einträgen genau dreimal ein Verweis auf eher rechtsradikale Seiten zu finden. Ein Verweis war nicht mehr *up to date*, und die beiden anderen bezogen sich auf das Thulenetz. Alle anderen Einträge betrafen aufklärende Schriften, Ausstellungen, Diskussionsveranstaltungen. Stößt man dann auf deutsche Seiten rechtsradikalen Inhalts im Internet, so sind diese meist schon so designed, um mit Leuten außerhalb der Szenen in Kontakt zu treten. Dies, gepaart mit einer recht genauen Kenntnis darüber, was gerichtlich verbietbar ist und was nicht, führt dazu, daß eher »harmlose Texte« im deutschen Teil des Internets stehen. Trotzdem wird das Internet in bezug auf Rechtsradikalismus oft zum Gegenstand der öffentlichen Diskussion, so wie es übrigens Ende der achtziger Jahre rechtsradikale Computerspiele waren, von denen heute kaum noch jemand spricht.

Radikale, etwa sog. revisionistische Texte, sind im Internet allerdings sehr leicht von meist US-amerikanischen Pages zu holen, etwa von Stormfront. Innerhalb der deutschen rechtsradikalen Internetszene sind diese Gruppen aufgrund eines immer wieder offen oder latent aufscheinenden Antiamerikanismus allerdings weniger gern gesehen. Diese weltweite Kommunikation darf jedoch nicht als organisiertes Handeln mißverstanden werden. Allerdings verfallen Journalisten medienwirksam oft dem Vernetzungsgrößenwahn gerade rechtsextremer Gruppen und kolportieren die weltweite Abrufbarkeit solcher Texte schon als weltweite Mobilisierung. Allein das Vorhandensein eines Textes impliziert jedoch nicht, daß er auch schon in einer bestimmten Weise wirkt. Das Internet selbst ist, gerade wegen seiner großen Offenheit, für die Organisation politischen Handelns von Radikalen eher uninteressant. Es kann aber für allgemeine Nachrichten verwendet werden. Als am 18. September 1997 die rechtsextreme Mailbox Janus BBS aufgrund der Beschlagnahmung durch die Polizei offline gehen mußte, konnte dies kurz danach im Internet mitgeteilt werden.

Dem Internet kann wohl kaum eine tragende Funktion für die Konstitution von Öffentlichkeit zugeschrieben werden, wie sie traditionell der Zeitung oder auch dem Fernsehen zugesprochen wurden. So fraglich diese Idee inzwischen schon bei den alten Medien geworden ist, für das Internet ist sie kaum anwendbar. Aufgrund des hohen Ausdifferenzierungsgrades ist in keiner Weise davon auszugehen, daß alle Netzuser über ähnliche Informationen verfügen oder gar ähnliche Meinungsäußerungen rezipieren.

Dieser kurze Überblick sollte gezeigt haben, daß das Internet kein homogener Informationsraum ist. Das Internet weitet sich aus und die Informationsmenge nimmt zu. Gerade das World Wide Web fördert die Visualisierung von Information und die vielen bunten Pages – gerade auch kommerzieller Anbieter – verführen zu einer überwiegend unidirektionalen Kommunikationsform im Internet. Die vielen kurz angesprochenen, durch technische Protokolle unterstützten Kommunikationsweisen lassen sich auf dem Kontinuum zwischen offener und geschlossener Kommunikation ansiedeln. Eher geschlossene Kommunikationsweisen sind sicherlich E-Mail und BBS, eine Mittelstellung nehmen Listserver und Newsgroups ein, während das WWW im Moment noch weitgehend offen strukturiert ist. Zwar sind rechtsradikale Pages im deutschen und internationalen Bereich des Internet abrufbar, doch ist deren Anzahl in Relation zu anderen Informationsangeboten eher gering, und sie werden kaum für die Organisation politischer Aktionen verwendet.

2. Community building im Internet

Wieso kommt jemand bei diesem oben geschilderten, heterogen die Welt umspannenden, immer größer und komplexer werdenden Moloch, der zu einer riesigen Abrufmaschine von Bildern und Informationen mutiert, auf die Idee, von *Community building* zu reden? Oder wie Howard Rheingold – einer der Gurus der Internet-community – es ausdrückt: »whenever [computer mediated communication] technology becomes available to people anywhere, they inevitably build communities with it« (Rheingold 1994, S. 6 nach Scime 1994, S. 1).

2.1 Bidirektionale Dienste und Many-to-many-Kommunikation

Diese Aussage wird etwas plausibler, wenn man die bidirektionalen Medien im Internet betrachtet. Historisch auch für das Internet wichtig ist dabei das Konzept der BBS. Dies ist eine Form computervermittelter Kommunikation, bei der Nachrichten für eine Gruppe von Teilnehmern lesbar gemacht werden, die sich meist um ein bestimmtes Thema drehen, dem sich die Diskussionsgruppe gewidmet hat. Diese Netze werden oft mit einer auf dem FidoNet beruhenden, frei zugänglichen Mailboxsoftware betrieben. Auch das Thulenetz ist ein solches Netz von Computern, dabei ist die Anzahl der etwas über zehn Mailboxen des Thulenetzwerkes im Vergleich zu anderen FidoNets sehr gering.

Das Internet selbst bringt insofern eine neue Qualität in die Welt technisch vermittelter Kommunikation, als es kein anderes Medium gibt, welches – zumindest potentiell – die Kommunikation aller mit allen zuläßt. Während Massenmedien wie Radio oder Fernsehen eine One-to-many-Struktur aufweisen oder das Telefon durch ein One-to-one charakterisiert ist, so ist das Internet ein Many-to-many-Medium. Jeder, der willens und dazu in der Lage ist, kann selbst zum Kommunikationsanbieter werden, sich in Diskussionen einklinken oder andere mit Anfragen beregnen (Bös/Stegbauer 1996). Ob Computernetzwerke jedoch mit der Setzung technischer Standards und einer potentiellen Many-to-many-Kommunikation schon so etwas wie eine Internetcommunity oder gar eine World-community hervorbringen, ist mehr als fraglich. Als die Internet-community zu Beginn der achtziger Jahre noch ein relativ kleiner Verbund von Großrechnerbenutzern war, haben sich viele der Nutzer zweifellos als Zugehörige zu einer Community empfunden. Doch mit der Expansion des Internets zum globalen Netz ging dies verloren.

2.2 Gemeinsames Interesse

Bulletin Board Systems werden meist mit sehr programmatisch gehaltenen Zielformulierungen gegründet.

»Das THULE-NETZWERK geht auf die Idee zurück, zu einer kulturellen Renaissance die intellektuellen sowie ethischen Alternativen zu erarbeiten und zu verbreiten, die unsere Neue Schule zur geistigen, ideologischen und politischen Wiedergeburt Europas einsetzen will.«

In Mailboxen bilden Gruppen von Computer-Nutzern mit *gemeinsamen Interessen* einen Kommunikationszusammenhang. Die ersten Mailboxnetze drehten sich meist direkt um das Thema Computer. Heute gibt es sie mit allen erdenklichen Zielsetzungen, sie beruhen jedoch meist auf Gruppen, die es auch ohne diese Computernetze geben würde.

Darüber hinaus entwickelte sich eine kaum noch überschaubare Zahl von verschieden strukturierter bidirektionaler Kommunikation im Internet. Etwa Listserver und Newsgroups, die zu Themen wie Soziales, Rock 'n' Roll, Religion oder Fächern wie Soziologie oder Biochemie einen Informationsaustausch und Diskussion ermöglichen. Etwas direkter im Austausch sind Chats, in denen einfach direkt über Tastatur und Bildschirm miteinander getalkt wird. Immer stärker werden auch sog. Multi-User-Environments geschaffen. Ursprünglich ermöglichten sie das gemeinsame Spielen von Rollenspielen im Internet, sind aber inzwischen in allen erdenklichen Versionen implementiert, etwa Gruppen wie MUSE (DuVal Smith 1997), die mit explizitem pädagogischen Anspruch das Verhalten von Jugendlichen beeinflussen wollen.

Natürlich ist es gerade für radikale Gruppen auch von Interesse, über Netze politische Aktionen zu koordinieren. Die Effektivität von Mailboxen darf jedoch nicht überschätzt werden. Wenn das Internet aus Sicherheitsgründen nicht verwendet werden kann, dann brauchen Nachrichten in Bulletin Board Systems 24, manchmal sogar 48 Stunden, um wirklich überall lesbar zu sein. Mit ein paar Handys und einer schlichten Telefonkette ist hier illegales Handeln sicher effektiver zu organisieren. Handelt es sich um weniger ›extreme‹ Informationen, so steht zu vermuten, daß davon bestenfalls eine Selbstbestätigung der schon gefestigten Gruppe ausgeht.

2.3 Gemeinsame Regeln

Neben gemeinsamen Interessen finden sich in diesen Strukturen auch *gemeinsam anerkannte Regeln*. Die meisten Listserver und Newsgroups sind moderiert, d. h. Nachrichten werden geprüft, ob sie in den gemeinsamen Kontext passen oder tatsächlich für alle von Interesse sind. In manchen Newsgroups im Internet bekommen Rechtsradikale Schreibverbot, d. h., sie dürfen nur noch lesen. Im großen FidoNet sind neofaschistische Äußerungen verboten. Teilnehmer, die nicht danach handeln, werden ausgeschlossen. Gerade für rechtsradikale Netze ist es besonders wichtig, Gerichten keine Handhabe zu geben, so daß recht genaue Regeln bestehen, welcher Wortwahl zu folgen ist.

Im Normalfall ist es gerade bei Listservern oder Mailboxen nicht möglich, einfach eine Nachricht zu plazieren, sondern man muß selbst eingetragenes Mitglied sein, um etwas senden zu können. In einigen Diskussionsgruppen werden Teilnehmer, die nicht zur Diskussion beitragen, nach einiger Zeit wieder ausgeschlossen. In manchen BBS ist es auch üblich, die erlaubte Verweildauer im Board von der Anzahl oder Qualität der Beiträge abhängig zu machen (Wieser 1997). In den meisten Gruppen gibt es auch eine explizite Netiquette, die man gelesen haben muß, um sich adäquat verhalten zu können: Etwa nicht zu oft in Großbuchstaben schreiben, da dies im Internet das Äquivalent zum Schreien ist. Es gibt auch oft eine FAQ-Datei (*Frequently Asked Questions*). Hier sind immer wieder zu beantwortende Fragen gespeichert, so daß die Diskussionsgemeinschaft nicht mit überflüssigen Fragen belastet wird. In nichtmoderierten computergestützten Kommunikationszusammenhängen kann ein Regelbruch mit dem sog. ›flaming‹ beantwortet werden: Der Betreffende wird mit E-Mails überflutet, so daß sein Zugriff auf das Netz unmöglich wird. Die Überflutung mit Kommunikation ist also hier eine Ausschlußstrategie.

2.4 Wechselseitige Unterstützung

In vielen Gruppen herrscht ein sehr persönlicher Tonfall, jeder einzelne hat das Gefühl, Mitglied einer Gruppe zu sein. So wird über Krankheiten oder andere persönliche Dinge geredet. Auch ganz allgemeine ›Lebenshilfe‹ wird gegeben, wenn etwa Verhaltensregeln diskutiert werden, wie man sich bei einer Verhaftung zu verhalten habe. Es können Informationen erfragt und gegeben werden. So schreibt ein Teilnehmer einer solchen Gruppe: »I was able to and did answer her query, just one small pay back for the many times that I have received help from my fellow citizens of ›cyberville‹« (Scime 1994, S. 5).

Die Computergemeinschaft wird über die *wechselseitige Unterstützung* auch selbst als Eigenwert empfunden. Wichtig ist es, z. B. Mitglied in MUSE zu sein, weit weniger wichtig ist es, welche anderen daran teilnehmen. Zugehörigkeit wird als von den jeweiligen Personen abgelöst definiert. Da jedoch normalerweise nicht persönlich (im Jargon IRL, ›In Real Life‹, genannt) miteinander interagiert wird, bleibt immer ein größerer Rest an Unsicherheit über die Authentizität des anderen als in der Face-to-face-Kommunikation. Diese »Entpersönlichung« wird oft auch als Vorteil dieser Art der Kommunikation beschrieben, da man von Vorurteilen und Stereotypen frei sei. Diese Abwesenheit sozialer Marker wird aber gerade auf offenen Foren kompensiert, indem z. B. Usern, die über bestimmte Provider auf das Netz zugreifen, mit großer Distanz begegnet wird.

2.5 Mitgliedschaft

Das zuletzt Gesagte weist auf ein weiteres Merkmal jeder Community hin: die Definition von *Mitgliedschaft*. In bezug auf viele Multi-User-Umgebungen und ganz sicher auch bei den Bulletin Boards ist diese gegeben. Hier gibt es auch spezifische Statusdifferenzierungen zwischen unterschiedlich berechtigten Teilnehmern und verschiedenen Organisatoren oder »SysObs«. Bei Listservern gibt es manchmal implizit oder explizit die Voraussetzung, auch einer bestimmten Organisation anzugehören. Bei Newsgroups ist Mitgliedschaft nur sehr schwach ausgeprägt, jeder der kann und will, hat die Möglichkeit daran teilzunehmen.

Innerhalb der Mailboxen ist es möglich, klar abgeschottete Benutzerebenen zu definieren. Um an sensiblere Informationen heranzukommen, muß sich der Teilnehmer beim Betreiber anmelden, was meist dazu führt, daß bei rechtsradikalen Mailboxen die Personalien überprüft werden, um ›Spione‹ abwehren zu können. Die Kommunikationssicherheit ist dabei immer ein beliebtes Thema innerhalb von Mailboxen. Zumal im Thulenetz durch die Unvorsichtigkeit einiger Betreiber Mitgliederkarteien der Polizei bekannt wurden. Fast paranoide Verfolgungsängste der Kommunikationsteilnehmer werden immer wieder zur Festigung der Gruppenkohäsion verwendet:

»Wer sich jetzt einschüchtern läßt, überläßt dem Gegner das Feld und läßt sein Land im Stich. Und nur, wer genug Mut und Kraft hat, auch in diesen Zeiten für das zu kämpfen, was er für richtig hält, kann ein wertvoller Mitstreiter sein« (Thulenetz, September 1997).

2.6 Fehlt der virtuellen Gemeinschaft etwas?

Ein Zusammenhalt durch gemeinsame Interessen, gemeinsame Regeln des Sozialkontakts und Chancen, Regelbrüche zu ahnden, sowie wechselseitige Unterstützung und teilweise Mitgliedschaftsdefinitionen, all das sind Charakteristika für Communities. Stärkere Kriterien, die oft zur Definition einer Community herangezogen werden, etwa räumliche Nähe, direkte Kommunikation, ein gewisses Maß an Autonomie hinsichtlich gemeinsamen Wirtschaftens, politischer Zielsetzungen oder der Produktion von Mitgliedern werden jedoch nicht erfüllt, obwohl dies natürlich immer als Konnotation bei der Erwähnung des Community-Begriffes mitschwingt. Falls diese stärkeren Kriterien einer Community zu finden sind, etwa im Umkreis einzelner rechtsradikaler Mailboxen, so bestehen diese in Verbindung mit oft schon vor oder außerhalb des Computernetzes gebildeten Gruppen. Communities in Computernetzen sind hier gleichsam nur die Spiegelung klassischer Vergemeinschaftungsformen. Allerdings darf auch bei Mailboxsystemen die Aktivität der Teilnehmer nicht überschätzt werden. So besagt eine Untersuchung in den USA von 1993, daß nur 18 % aller Nutzer wöchentlich oder öfter auf eine Mailbox zugreifen (vgl. Castells 1996, S. 359).

Die Chance globaler Kommunikation via Internet erzeugt also v. a. Communities – im Plural. Diese Communities sind aber oft angestoßen, präformiert oder schon existent außerhalb von Computernetzen. Globalisierung als wahrgenommener Prozeß struktureller globaler Verknüpfung erzeugt auch eine segmentäre Differenzierung in viele kleine, relativ strukturgleiche Einheiten. Generell kann also gesagt werden:

»What is common to CMC [computer mediated communication] is that, according to the few existing studies on the matter, it does not substitute for other means of communication nor does it create new networks: it reinforces the preexisting social patterns« (ebd., S. 363).

3. Internet als Chiffre der Weltgesellschaft

Das Internet ist eine *der* Chiffren für eine entstehende Weltgesellschaft. Damit eignet sich das Internet für viele Projektionen. Seien es rechtsradikale Splittergruppen, die im Internet verkünden, mit der weltweiten Abrufbarkeit ihrer populistischen Parolen auch eine weltumspannende Bewegung zu sein. Oder die an Schlagzeilen orientierte Besorgnis ›investigativer‹ Journalisten, die im Internet die weltumspannende Kommunikationsbasis des Terrors wiedererkennen. Beide Imaginationen zeigen die Grundstruktur von Globalisierungsprozessen. Globalisierung bezieht sich nicht nur auf die höhere Dichte globaler Austauschprozesse, sondern auch auf ein immer stärkeres Gewahr-Werden dieser Prozesse.

Unzweifelhaft ist neben der Entstehung globaler Problemlagen, wie etwa ökologischer Probleme, die zunehmende wirtschaftliche, kommunikative oder demographische Vernetzung der Welt. In dieses Syndrom von Prozessen gehört sicher auch das Internet. Auf diesem Hintergrund ist eine World community als integrative Struktur geradezu gefordert. Oder wie Smelser (1997, S. 94) es formuliert:

»The logic of this argument is both functionalist and normative: if the world has become more systematic in all other respects, then it is essential that it becomes systemic as a community, if for no other reason than to provide better regulation of the systemic. However, dominant contemporary forces seem to press toward the development of subnational rather than supranational communities.«

Ansätze einer World community im Sinne einer integrativ-normativen Struktur sind natürlich vorhanden, vom internationalen Handelsrecht bis zu den Vereinten Nationen können hier zahlreiche Beispiele genannt werden. Die Beispiele, in denen Solidaritätszumutungen auf internationalem Level erheblich schwerer durchzusetzen sind als auf dem nationalen, sind aber ebenso zahlreich.

Auch das Internet bietet hier keinen Lichtblick. Dem Internet kann wohl kaum eine tragende Funktion für die Konstitution von Öffentlichkeit zugeschrieben werden, wie sie traditionell der Zeitung, aber auch dem Fernsehen zugesprochen wurden. Das Internet ist auf keinen Fall eine moderne Version der athenischen Agora, dem Marktplatz, wo jeder mit jedem Meinungen austauschen kann. Es gibt vielmehr Tausende von kleinen Agoren, die auch gut funktionieren. Sie funktionieren v. a. deshalb, weil sie den Teilnehmerkreis teilweise schließen. Je offener die Kommunikation im Internet wird, desto unidirektionaler wird sie und desto weniger hat sie mit einem Modell diskursiver oder klassisch massenmedialer Meinungsbildung zu tun. Innerhalb dieser vielen Marktplätze tummelt sich zwar auch einiges an radikaler Kommunikation, dies jedoch in relativ geringer Zahl, schwach frequentiert und kaum verbunden mit der Organisation politischen Handelns.

Das bis jetzt Gesagte sollte die Kernaussagen meines Aufsatzes plausibel gemacht haben:

1. Computernetzwerke breiten sich aus und differenzieren sich, dabei bringen sie zugleich geschlossene und offene Kommunikationsformen hervor.

2. Das Internet selbst ist keine Community und bildet keine politische Weltöffentlichkeit.

3. In Computernetzen gibt es viele kleine – auch rechtsradikale – Communities. Die Relevanz rechtsradikaler Kommunikation wird in Computernetzen überschätzt.

Extremistische Kommunikation im Internet zeigt kaum neue Qualitäten. Trotzdem scheint mir gerade unter dem Schlagwort Globalisierung eine Entwicklung besonders erwähnenswert: Neben der auch in anderen Medien zunehmend populistischer werdenden Argumentation beginnen Rechtsradikale sich in den Globalisierungsdiskurs einzuklinken. »Für eine heterogene Welt homogener Völker« (Widerstand BBS, nach Wieser 1997), so lautet das Eingangszitat einer einschlägigen rechtsradikalen Mailbox. Bestimmte Inhalte extremistischer Kommunikation lassen sich scheinbar besonders gut mit Globalisierungsprozessen wie dem Internet verknüpfen, gerade weil Globalisierung eben immer auch Heterogenisierungsprozesse mit spezifisch lokalen Bezügen beinhaltet.

Da Regionalisierung, Fragmentierung und die Entstehung neuer Grenzstrukturen die inhärente Dynamik jedes Globalisierungsprozesses kennzeichnen, müssen diese Aspekte auch genauso von demokratischen Diskursen aufgenommen werden. Phänomene wie Ethnisierung, Polarisierung und nationalstaatliche Schließungen dürfen rhetorisch nicht einer immer dynamischer werdenden Rechten überlassen werden.

Literatur

Bös, M./Stegbauer, C.: *Das Internet als Globalisierungsprozeß: Zur Dialektik weltweiter Entgrenzung*, in: Hradil, S. (Hg.): *Differenz und Integration: Die Zukunft moderner Gesellschaften.* Dresden 1996, S. 650-662.

Castells, M.: *The Rise of the Network Society.* Cambridge 1996.

DuVal Smith, A.: *Problems of Conflict Management in Virtual Communities*, in: Kollock, P./Smith, M. (Hg.): *Communities in Cyberspace.* Berkeley 1997. Auch: http://mcsd.cgc.maricopa.edu/anna/cinc.htm.

Rheingold, H.: *Virtuelle Gemeinschaft: Soziale Beziehungen im Zeitalter des Computer.* Bonn 1994.

Robertson, R.: *Glocalization: Time-Space and Homogeneity-Heterogeneity*, in: Featherstone, M./Lash, S./Robertson, R. (Hg.): *Global Modernities.* London 1995, S. 25-44.

Scime, R.: *»Cyberville« and the Spirit of Community: Howard Rheingold Meets Amitai Etzioni*, gopher://gopher. well. sf.ca.us/oo/Comunity/cyberville 1994.

Smelser, N.J.: *Problematics of Sociology.* Berkeley 1997.

Stegbauer, C.: *Euphorie und Ernüchterung auf der Datenautobahn.* Frankfurt/M. 1996.

Wieser, M. A.: *Rechtsextremismus und Computerkultur*, Dissertation. Klagenfurt 1997.

Volker Heins
Wirtschaftswunder durch Demokratieverzicht?
Westliche Asienbilder im Zeitalter der Globalisierung

Auf einer ganz gewöhnlichen Tagung über Perspektiven der Dritten Welt nach dem Abschluß der jüngsten Runde der GATT-Verhandlungen trug sich das folgende interkulturelle Verwirrspiel zu. Die Veranstalter, zumeist Aktivisten aus dem linksalternativen Milieu, hatten eine junge Inderin von der Universität Delhi eingeladen, die sich zu jener Zeit in Deutschland aufhielt. Sie hielten es für ausgemacht, daß die junge Frau eine typische »Dritte Welt«-Position vertreten und sich polemisch zu den Machenschaften des US-Kapitals oder der Weltbank äußern würde. Um so größer war daher die Verlegenheit, als die indische Doktorandin das GATT-Abkommen und die positiven Wirkungen der wirtschaftlichen Öffnung ihres Landes in den Vordergrund rückte. Aber auch die in Europa unerfahrene Inderin geriet in Verlegenheit, als sie merkte, daß der Versuch ferner Länder, wirtschaftliche Erfolge nach westlichem Vorbild zu kopieren, im Westen nicht unbedingt Applaus erntet. Das betont fremdenfreundliche Publikum mochte nichts von den Anstrengungen des »Orients« hören, uns ähnlich zu werden. Indem somit weder das Bild der deutschen Tagungsteilnehmer von der kämpferischen Drittwelt-Intelligenz noch die Erwartung der Inderin bestätigt wurde, daß man sich im Westen über nichteuropäische Modernisierungserfolge immer freuen würde, lieferte die Tagung ein Beispiel für die Steuerung von interkulturellen Wahrnehmungen durch zugrundeliegende »moralische Weltkarten« sowie für den Streß, dem diese subjektiven Weltkarten in Zeiten der Globalisierung ausgesetzt sind.

Der folgende Beitrag dreht sich um die Moral von dieser Geschichte, die wenig zu tun hat mit der tragischen Vision eines »Kampfes der Kulturen«, wie sie der amerikanische Politikwissenschaftler Samuel Huntington (1996) entworfen hat. Tatsächlich scheint mir die Realität vieler Aspekte des globalen kulturellen Austauschs unter den Bedingungen beschleunigter wirtschaftlicher und technologischer Globalisierung nicht durch tragische Konfrontation, sondern durch eine Vielzahl ironischer Mißverständnisse und Perspektivenwechsel gekennzeichnet zu sein. Der erwähnte Auftritt einer Asiatin, die von Westlern als irritierend ultrawestlich wahrgenommen wird, läßt sich auch auf die großen politischen Diskurskonstellationen in Westeuropa übertragen – mit dem Unterschied, daß im Zeichen der »Standortdebatte« das östliche Asien vielfach als Vorbild gefeiert wird. Die Standortdebatte wird durchzogen von Argumentationsmustern und Diskursstrategien, die zwar kulturkämpferisch sind, jedoch in einem ganz anderen Sinne, als es Huntington beschrieben hat. Auf den nächsten Seiten möchte ich diese sich abzeichnenden neuen Kulturkämpfe näher bestimmen. Nach einer knappen begrifflichen Klärung werde ich einflußreiche Typen westlicher Selbstverortung im Verhältnis zum »Osten« bzw. zu »Asien« unterscheiden und an Beispielen illustrieren, bevor ich mit einigen allgemeinen und vorläufigen Hypothesen über Demokratie und Autoritarismus in einer globalisierten Welt schließe.

1. Das Andere des Westens: Zum Konzept der moralischen Weltkarten

Unter »moralischen Weltkarten« verstehe ich Deutungsleistungen, die es Kollektiven ermöglichen, durch imaginäre Einteilungen und Grenzziehungen die Welt verständlich zu machen und Orientierung zu finden. Zu sagen, daß moralische Weltkarten imaginär sind, heißt nicht, daß es sich bei ihnen um Illustrationen oder bloße Gedankenstützen handelt. Sie verkörpern vielmehr eine bestimmte, emotional gefärbte Art und Weise, über die Welt ›Bescheid zu wissen‹ und sie durch gemeinsame Anstrengungen der Einbildungskraft erscheinen zu lassen.[1] Eine solche in öffent-

---

[1] Die Einbildungskraft durchdringt das politische Leben und das Leben überhaupt anstatt ihm lediglich etwas hinzuzufügen, wie Vertreter des amerikanischen Pragmatismus betonen. Vgl. dazu Joas (1997, S. 179f. et pass.) sowie aus anderer Perspektive Sartre (1971), der ebenfalls die Einheit von Emotion und Wissen, die Durchlässigkeit des abstrakten Denkens für Imaginäres, die Verräumlichung von Beziehungen und Bewegungen durch Vorstellungen sowie die Rolle von Vorstellungen als Fluchtpunkte von Wünschen und Verwünschungen hervorhebt.

lichen Kommunikationsprozessen hergestellte Verräumlichung der Ängste und Hoffnungen großer Menschengruppen ist ein zentraler Aspekt des politischen Imaginären jeder Gesellschaft, der in den aktuellen Debatten über Globalisierung unterbelichtet geblieben ist. Die Untersuchung dieser symbolischen Grenzziehungsprozesse, in denen politische und moralische Orientierungen konnotativ mit geographischen Räumen oder Himmelsrichtungen verknüpft werden, ist unverzichtbarer Bestandteil jeglicher Reflexion über die Weltordnungs-Problematik nach dem Ende des Kalten Krieges. Für Europa gilt die Binsenweisheit, daß es sich historisch durch die Repräsentation Asiens als des Anderen seiner selbst konstituierte. Als Konzept und Gegenbild ist »Asien« überhaupt erst in Europa entstanden. Dieses Konzept hat jedoch erhebliche Veränderungen durchlaufen. Idealtypisch lassen sich drei moralische Weltkarten unterscheiden, mit deren Hilfe der »Westen« den »Osten« denkt: der barbarische Osten des Stillstands und der Zügellosigkeit (später: der »Despotie«), der verwestlichte Osten moderner Entwicklungsregimes sowie der paradiesische Osten der Naturwunder und neuerdings: der Wirtschaftswunder.

Die erste neuzeitliche moralische Weltkarte entstand im Zusammenhang mit der Landnahme des mit Indien verwechselten, von »Indianern« bevölkerten Amerikas durch die Spanier im 16. Jahrhundert. Als Nichtchristen galten die Indianer selbstverständlich als Barbaren. Allerdings waren die damaligen Entwürfe einer neuen moralischen Geographie der Erde keineswegs rassistisch, sofern wir unter Rassismus eine Praxis verstehen, die die politische Unterlegenheit abgrenzbarer Kollektive zu einer Naturtatsache erklärt. Nicht einmal das Recht Europas auf die Unterwerfung nichteuropäischer Völker war unumstritten. Der einflußreiche Dominikaner Francisco de Vitoria erklärte geradezu, daß das Recht der Spanier auf Unterwerfung der Indianer nicht größer sei als umgekehrt das Recht der Indianer, gegebenenfalls Spanien zu besetzen (Schmitt 1950, S. 76). Nicht das Recht auf Unterwerfung rückständiger Völker, sondern der päpstliche Auftrag zur Missionierung randständiger Völker fern von Rom und Jerusalem begründete die Legitimität der Conquista.

Erst vor dem Hintergrund des modernen Evolutionsgedankens machte die Vorstellung Sinn, daß nichteuropäische Völker zurückgeblieben sind und sich aus einem Zustand der Barbarei herausentwickeln müssen. Die Moderne hat nicht anders als das vorindustrielle Europa den Gegensatz von Barbarei und »Zivilisation«, wie es seit dem frühen 19. Jahrhundert heißt, verräumlicht. Nach einer Phase des Staatsrassismus wurden im Anschluß an den Zweiten Weltkrieg die früher als barbarisch qualifizierten Zonen der Erde zum Gegenstand eines neuartigen Machtwissens, das sie als »unterentwickelt« identifizierte. Für die soziologische Modernisierungstheorie war der Osten (oder Süden) lediglich ein verspäteter Westen, der in nachholenden Revolutionen und Reformen die Entwicklungsstufen der Schrittmacher-Nationen durchlaufen mußte. In diesem Sinne galten das Indien Nehrus, der Iran des Schah oder zuletzt die Länder Osteuropas nach 1989 als beruhigende Exempel eines homogenen Projekts der Moderne auf dem Weg zur Vollendung. Max Webers düsteres Bild einer schleichenden Veröstlichung des Westens wurde somit umgekehrt. Weber hatte bekanntlich für den historischen Westen den Untergang durch die selbstproduzierten Mächte von Bürokratie und Sozialismus prognostiziert, die er mit einer orientalistischen Floskel als »ägyptische Greuel« und zeitgenössische Varianten des antiken vorderasiatischen Fronstaates deutete.

Schließlich ist die weniger prominente, aber gleichfalls mächtige Geographie des paradiesischen Ostens zu nennen. Die moralischen Weltkarten des europäischen Mittelalters verzeichneten den Ort des irdischen Paradieses irgendwo jenseits des Ganges, in *India extra Gangem*, wofür die Produkte dieser Region – weißer Zimt und Zimtblüten, Smaragde, Ingwer oder Rhabarber – den untrüglichen Beweis zu liefern schienen. Es war diese mittelalterliche »Geographie des Wunderbaren« (Reichert 1992, S. 257), die Columbus dazu anhielt, auch im heutigen Westen die Paradiese Asiens zu suchen. Im späten 17. Jahrhundert, als Francis Drake und andere englische Piraten die Erde umsegelten, flossen erstmals Bilder tropischer Natur in die europäische Volksliteratur ein, die die Einbildungskraft der Massen stimulierten und westlichen Paradiesmythen neue Nahrung gaben. Diese Mythen hielten sich bis in die klassische Moderne, die allerdings die Paradiese des Nichtwestens umgedeutet hat von begehrten Zielen strategischer Entdeckungsfahrten zu bedrohten Fluchtorten zivilisationsmüder Projektionen. »Die Nivellierung ist das Ende der Welt. Vielleicht gibt es irgendwo eine kleine Insel im stillen Ozean, die noch unberührt ist«, schreibt z. B. der Dadaist Hugo Ball in seinen Tagebüchern. »Wie lange noch, und auch dies ist vorbei« (Ball 1992, S. 12).[2]

2. Der verlorene Westen: Moralische Kartographie in Zeiten der Globalisierung

Wenn man versucht, für die Gegenwart unserer Gesellschaften Aussagen zu machen über die Entwicklung neuer moralischer Weltkarten und damit über neue Rassismen und kulturelle Konfliktquellen, so ist ohne Zweifel die räumliche Entgrenzung des modernen Kapitalismus das Ausgangsphänomen. Wichtiger noch als das Verschwinden des östlichen »Reichs des Bösen« ist der ungeahnte Aufstieg neuer Wachstumsregionen in einigen Teilen der vormals Dritten Welt und besonders in Asien. Wirtschaftlich und politisch ist Asien nach dem Zweiten Weltkrieg von Europa vernachlässigt und weitgehend »von der Landkarte gewischt« (Chan 1998) worden – wenngleich nicht von der moralischen Landkarte. Ausgewiesene Experten wollten noch in den sechziger Jahren nicht glauben, daß westliche Märkte jemals von asiatischen Gütern überschwemmt werden könnten (Vernon 1971, S. 109f.). Inzwischen plagt die USA ein gigantisches Handelsdefizit mit China, und der Handel zwischen der Europäischen Union und Asien (ohne Japan) ist größer als der gesamte transatlantische Güterverkehr. Sollten die jüngsten Turbulenzen auf den Finanzmärkten Asiens als Chance für die Durchsetzung überfälliger Reformen genutzt werden, könnten sich Einschätzungen des Internationalen Währungsfonds bewahrheiten, die dem asiatischen Wirtschaftsblock eine der westlichen Konkurrenz gleichrangige Position in der zukünftigen ökonomischen Welthierarchie vorhersagen. Vor diesem Hintergrund gibt ein ehemaliger Asien-Korrespondent des britischen *Economist* die Meinung vieler wieder, wenn er den Aufstieg Asiens aus den

---

2 Es ist bemerkenswert, daß sich realgeschichtlich im 20. Jahrhundert alle drei moralischen Weltkarten auf vielfältige Weise überschnitten haben. Selbst im Nationalsozialismus bestanden Rudimente der Vorstellung des »paradiesischen Ostens« weiter, wie die eigens gebildeten Sammelkommandos der SS zeigen, die im Zuge von botanischen Expeditionen in den Hindukusch und nach Südosteuropa züchterisch wertvolle Pflanzenarten suchten und fanden (vgl. Flitner 1995).

Trümmern von Fremdherrschaft, Bürgerkriegen und Kommunismus als »das größte und aufregendste Ereignis der zweiten Hälfte dieses Jahrhunderts« (Rohwer 1996, S. 30) bezeichnet.

In dem Maße nun, wie diese schwindelerregende Modernisierung nicht mit einer geradlinigen Verwestlichung einhergegangen ist, hat sie in den vergangenen Jahren zu beträchtlichen »geomoralischen« Verunsicherungen in den Reihen westlicher Politiker und Intellektueller beigetragen. Einerseits haben sich besonders ostasiatische Länder ein gewisses Schurken-Image eingehandelt, z. B. als Jobkiller auf westlichen Arbeitsmärkten oder wegen der Verluste, die große Firmen durch die Software-Piraterie dieser Länder erleiden. Das amerikanische Handelsministerium führt nicht umsonst eine Liste von *pirating nations*, die durch die Mißachtung von geistigen Eigentumsrechten auffallen und entsprechend mit Sanktionen bedroht werden. Es ist wohl kein Zufall, daß diese Liste von denselben dynamischen Entwicklungsländern in Asien angeführt wird, die in den vergangenen Jahrzehnten beachtliche wirtschaftliche Erfolge vorweisen konnten. Zum Negativimage wirtschaftlich erfolgreicher nichtwestlicher Regionen trägt auch die Entzauberung naturräumlicher »Paradiese« durch die Globalisierung von Märkten und Produktionsformen oder durch lokale Profiteure bei.

Andererseits jedoch werden die Aufsteigerregionen Ostasiens akzeptiert und sogar bewundert, ganz im Unterschied zu den alten kommunistischen oder den neuen fundamentalistischen Herausforderern des Westens. Der asiatische Kapitalismus hat ungeachtet seiner jüngst zutage getretenen institutionellen Schwächen eine Situation geschaffen, in der es denkbar wird, daß ökonomische und soziale Modernisierungsimperative dem Westen erstmals *von außen* aufgezwungen werden könnten. Dies führt zu Selbstzweifeln an der langfristigen Leistungs- und Innovationsfähigkeit der westlichen Gesellschaften. »Barbaren« werden nicht länger außerhalb der nationalen Grenzen als vielmehr »unter uns« und überall vermutet. Die »gelben« und »roten« Gefahren der Vergangenheit schwinden, und statt dessen erscheinen Teilgruppen der eigenen Landsleute als *white trash*. Damit gerät die alte »orientalistische« Wahrnehmung des Nichtwestens, wie sie Edward Said (1978) analysiert hat, unter Revisionsdruck. In der Perspektive dieses historisch einflußreichen Diskurses war die Unfähigkeit Asiens, sich zu »entwickeln«, immer aufs engste mit der kulturellen Opposition gegen Freiheit und Individualismus verknüpft. Die verschiedenen Elemente von »Modernisierung« und »Verwestlichung« wurden in Glieder einer Kette von Konnotationen verwandelt, so daß ein konsistentes Bild des Nichtwestens entstehen konnte, das sich wie folgt schematisieren läßt:

Tab. 1: Der orientalistische Asiendiskurs

Europa	Asien
Dynamik	Stagnation
Verfassungsstaat	Despotie
Freiheit	Unfreiheit
Individuum	Masse
Markt	Bürokratie

Vor etwa 20 Jahren formulierte Reinhard Bendix das Dilemma »rückständiger« Weltregionen noch weitgehend im Sinne einer solchen Codierung:

»Die Wahrnehmung der Fortschritte im Ausland ist gleichzeitig eine Mahnung an die Rückständigkeit und Schwächen des eigenen Landes. Die Versuche, diese Rückständigkeiten zu beseitigen, gehen typischerweise in zwei Richtungen. Entweder man nimmt das fortschrittliche Modell an mitsamt den damit verbundenen Gefahren, oder man bekennt sich zu der eigenen Tradition und riskiert dabei, daß sie sich für die Welt des Fortschritts und der Macht als unzweckmäßig erweist« (Bendix 1982, S. 134).

Die enorme Irritation, die vom neuen Asien ausgeht, kommt dadurch zustande, daß genau dieses Dilemma bis zu einem gewissen Grad umgangen worden zu sein scheint, indem das Bekenntnis zur eigenen Tradition nicht zum Hindernis, sondern zur Motivgrundlage beispielloser Modernisierungsanstrengungen geworden ist. Die Lockerung des Zusammenhangs von Modernisierung und Verwestlichung hat Folgen für die allgemeine Debatte um Globalisierung, die sich allzuoft an der Frage orientiert, ob die grenzüberschreitende wirtschaftliche und technologische Entwicklung den Trend zu einer einheitlichen Welt verstärkt oder aber neue kulturelle Konfliktlinien erzeugt. Die eigentliche Ironie liegt jedoch möglicherweise darin, daß es gerade die weltweite wirtschaftliche Konvergenz zwischen klassischen Industrieländern und bestimmten Entwicklungsländern ist, die zu neuen Kulturkämpfen führt. Konvergenz und Divergenz wären demnach zwei Seiten derselben Medaille, und wir müßten uns auf die Suche nach Globalisierungsmodellen begeben, die vereinheitlichende und differenzsteigernde Trends in übergreifenden Szenarien miteinander verknüpfen. So ist zu Recht bemerkt worden, daß die Beziehungen zwischen westlichen Werten und klassischer Modernisierung vielleicht nicht so interessant seien wie die Beziehungen zwischen »östlichen« Werten und später Modernisierung (Mouzelis 1995). Tatsächlich sind es nicht die Verlierer, sondern die volkswirtschaftlichen Gewinner neuer Produktionsformen im Osten Asiens, die über Jahre hinweg das westliche Publikum mit Verlautbarungen über die eigene kulturelle Überlegenheit provoziert haben. Je mehr sich weit auseinanderliegende Gesellschaften hinsichtlich der Größe ihrer Mittelklassen, ihrer Technologien oder Umweltprobleme zu ähneln beginnen, desto mehr scheint sich eine Art sekundäre Entfremdung breitzumachen, die sich in Gestalt einer selbstbewußten Zivilisationsreklame äußert.

Ein inzwischen verblaßtes Symbol für diese interkulturelle Selbstreklame sind die vielzitierten »asiatischen Werte« eines wirtschaftsfreundlichen Kommunitarismus, die polemisch gegen den westlichen Individualismus und seine (tatsächlich oder vermeintlich) sozial desintegrativen Folgeerscheinungen ausgespielt werden. Die Tatsache, daß politische Führer wie Malaysias Ministerpräsident Mahathir Mohamad oder Singapurs ehemaliger Premierminister Lee Kuan Yew sich zu lärmenden Propagandisten asiatischer Pflichtwerte gemacht haben, legt den Verdacht nahe, daß es sich um eine bloße Regierungsideologie handelt. In Wirklichkeit sind es jedoch weite Teile der produktivistischen Mittelklassen Asiens, die – vergleichbar den asketischen Protestanten des historischen Westens – ihr Selbstbewußtsein aus wirtschaftlichen Erfolgen schöpfen und eine Verbindung herstellen zwischen den Traditionen schriftloser Religion, der Gemeinschaftsorientierung der Asiaten und ihrer wirtschaftlichen und intellektuellen Leistungsfähigkeit. Aus der Sicht von Lee Kuan Yew und vielen anderen gleichgesinnten asiatischen Intellektuellen sind demgegenüber die westlichen Gesellschaften seit langem in einen Teufelskreis von privater Gewalt und öffentlicher Korruption und Laxheit geraten, der auf den »Zusammenbruch der zivilen Gesellschaft« (Zakaria 1994, S. 111) hinauslaufe. Intellektuelle wie der in England lehrende Entwicklungsökonom Deepak Lal gehen so weit, Huntingtons Zivilisationen-Modell ironisch umzukehren. Demnach ist es nicht der säkulare Westen, der einem fundamentalistischen Rest der Welt gegenübersteht, sondern es sind die asiatischen Länder ohne Schriftreligionen, die irgendwann einen erschöpften, von Selbstzweifeln und ökologischen Ersatzreligionen angekränkelten Westen wirtschaftlich und moralisch übertrumpfen werden (Lal 1995). Besonders Singapur wird in diesem Sinne immer wieder als Experimentierfeld einer ethnisierten kapitalistischen Moderne genannt, in der Zukunftsorientierung und Herkunftsbindungen kombiniert und *gleichzeitig* gesteigert werden.

Zweifellos beruht der Diskurs der asiatischen Werte und Einzigartigkeiten auf einer Reihe sowohl empirisch wie historisch fragwürdiger Unterstellungen, die sich leicht kritisieren lassen. Gleichwohl hat der Diskurs bis in die jüngste Zeit recht gut ›funktioniert‹. Tatsächlich enthalten selbst offizielle Dokumente aus der Region freimütige Aussagen über den Wert von ›Werten‹ in Zeiten der Globalisierung, der nämlich nur darin bestehen könne, überflüssigen ideologischen Ballast loszuwerden und die Geschmeidigkeit wirtschaftlicher Abläufe zu erhöhen (Commission for a New Asia 1994, S. 45). Die Wertedebatte ist von den wachstumsorientierten Eliten in Ostasien in erster Linie zur Konstruktion einer regionalistischen Legitimations- und Entwicklungsideologie, aber auch einer Abwehrideologie gegen das Sendungsbewußtsein der USA benutzt worden (Heberer 1997, Institut für Asienkunde 1997, Fukuyama 1998). Die Kehrseite wachsender Verflechtungen zwischen westlichen und asiatischen Eliten sind kulturelle Auseinandersetzungen, die dafür sorgen, daß das globale Establishment inhomogen bleibt. Asiatische Eliten formieren sich als Statuskollektiv in globalen Distinktionskämpfen, bei denen es nicht nur um die Durchsetzung von Interessen, sondern auch um die Mehrung des Prestiges einer politisch repräsentierten Großregion geht. Der politische Diskurs über kulturelle Authentizität und ihre wirtschaftlichen Vorteile funktioniert als eine mächtige symbolische »Differenzierungsgeste« (Gusfield 1963, S. 171), die die Grenzverläufe neuer moralischer Weltkarten mitbestimmt. Nicht hinwegtäuschen darf diese moralische Unterscheidungsgestik freilich über die stillen Konvergenzen zwischen

Fernost und West, die ebenfalls wirksam sind, ohne daß man darum die Differenzrhetorik als bloßen Trug abtun dürfte. Solche Konvergenzen werden neuerdings auch von einem sanfter gewordenen Lee Kuan Yew (1998) unterstrichen. Im politischen Tagesgeschäft sind es besonders multilaterale Institutionen wie die Welthandelsorganisation, in der sich die Stärke von Staaten wie z. B. Malaysia weniger gegen westliche Initiativen richtet als vielmehr gegen Globalisierungsskeptiker in Südasien und anderswo.

3. Der wiedergefundene Westen: Von der orientalischen Despotie zum »himmlischen Kapitalismus« Asiens

Zu den eingangs erwähnten Ironien globaler interkultureller Konflikte gehört die Freundlichkeit, mit der die asiatische Kritik am Westen *im* Westen selbst aufgenommen und verarbeitet worden ist. Dies liegt daran, daß die neuen asiatischen Entwicklungsregimes einen Schlüssel zu besitzen scheinen, der es ihnen lange Zeit erlaubte, erstens, kulturelle Traditionen in wirtschaftliche Erfolge umzumünzen und, zweitens, die desintegrativen Nebenfolgen raschen wirtschaftlichen Wachstums zu bändigen und Formen familialer und ethnischer Vergemeinschaftung zu erhalten. In Publikationen großer Wirtschaftsforschungsinstitute erscheint Ostasien folglich als »Spiegel« eigener, westlicher Fehlentwicklungen, als »reale Utopie« des 21. Jahrhunderts (Böttcher 1996, S. 17, 108) oder sogar als Vorbote eines geradezu »himmlischen Kapitalismus« (Ederer/Franzen 1996). »Leistungsfreude prägt das Bild, die Moral ist gefestigt«, so das zusammenfassende Urteil des Chefvolkswirts der Deutschen Bank vor dem Ausbruch der Asienkrise (*Frankfurter Allgemeine Zeitung*, 10.11. 1996).

Vor dem Hintergrund des orientalistischen Asiendiskurses ist dies eine ganz erstaunliche Entwicklung. Noch im deutschen »Historikerstreit« galt Konservativen die Einrichtung von Konzentrationslagern unter Stalin als typisch »asiatische Tat«. Die Neigung, Ambivalenzen und despotische Anteile der Moderne nach Osten, ins Asiatische zu projizieren, ist freilich um einiges älter. Insbesondere für die demokratische Linke nach dem Ersten Weltkrieg und den westlichen Marxismus spielte die Abwehr zeitgenössischer Formen »asiatischer« Barbarei eine maßgebliche Rolle. In der deutschen Mehrheits-Sozialdemokratie führte die Auflösung der russischen Konstituante Anfang 1918 zu massivem Antibolschewismus, der schon damals und noch bis hin zu einigen Autoren der westdeutschen Studentenbewegung von Klischees über die Kontinuität der »orientalischen Despotie« unterfüttert wurde. Es ist bemerkenswert, daß Karl August Wittfogel, der diesen Begriff in seinen Chinastudien einführte, in den späten dreißiger Jahren einen beträchtlichen indirekten Einfluß auf die Totalitarismustheorie und damit auf die gesamte Zeitdiagnostik der in die USA emigrierten Frankfurter Schule ausgeübt hat. Max Horkheimer stellte für die moderne Welt fest, daß die Koordination immer größerer Produktionspotentiale durch kleine Herrschaftscliquen einen autoritären Apparat erforderlich mache, der bestimmte Züge vorbürgerlicher asiatischer Bürokratien auf höherer Stufenleiter reproduziere. Wittfogels Chinastudien dienten demnach als heuristische Analogie für die Diagnose des modernen Totalitarismus, der den staatlichen Zusammenhang von Schutz und bedingtem Gehorsam zugunsten eines neuartigen Kreislaufs von Terror und unbedingtem Gehorsam auflöst.

Zuletzt hat noch einmal das Massaker im Juni 1989 auf dem Tienanmen-Platz in Peking das alte europäische Erschrecken vor Asien wachgerufen. Dieses Ereignis fiel jedoch bereits in eine Zeit anschwellender Asien-Euphorie, die inzwischen weite Teile der wirtschaftlichen und politischen Eliten Westeuropas erfaßt hat. Der ältere westliche Asiendiskurs richtete sich sowohl gegen die soziale und wirtschaftliche Stagnation als auch gegen die Unfreiheit im Osten. Der neue Diskurs betont demgegenüber die Effizienz und Dynamik der asiatischen Wirtschaftsgesellschaften sowie die angebliche Sittenstrenge und Loyalität der Asiaten. Symptomatisch für diese Umwertung ist das neue Bild der sozialen Masse des Ostens. Das alteuropäische Bild asiatischer Horden und Marschkolonnen wird durch das freundliche Klischee einer gepflegten Masse ersetzt, wie es besonders in den oft beschriebenen *Schwärmen* disziplinierter Schulkinder in asiatischen Großstädten zum Ausdruck kommt (Rohwer 1996, S. 56).[3] Selbst der Islam bekommt eine gute Presse, wenn er die Farben Malaysias

---

3 Schon Wittfogel war von diesem Phänomen angetan: »[...] die chinesischen Kinder sind immer noch viel artiger als die westlichen!«, heißt es z. B. in einem Brief an Horkheimer vom 11. Oktober 1935.

trägt und als »islamischer Protestantismus« erscheint (vgl. die Malaysia-Beilage in der *Frankfurter Allgemeinen Zeitung*, 23. 12. 1996). So wird Westliches nach Asien projiziert und in verfremdeter Gestalt zum Anlaß einer Demokratiekritik genommen, die nicht mehr wie vor dem Zweiten Weltkrieg mit der unumkehrbaren Degeneration des Westens rechnet (Gilman 1985), sondern entschlossen reform- und handlungsorientiert auftritt.

Insbesondere liberalkonservative Politiker und Intellektuelle haben sich zu Bannerträgern des neuen Asiens im Westen gemacht. Asien repräsentiert nicht länger den perhorreszierten Gegensatz zur westlichen Demokratie, sondern eine willkommene Stichwortgeberin für die Selbstkritik dieser Demokratie unter dem Druck von Globalisierungsimperativen und verstärkter Standortkonkurrenz. Eines dieser Stichworte lautet »productive democracy«, worunter die Einheit von Werten und Wertschöpfung und ihre Verkörperung in starken Institutionen verstanden wird (Commission for a New Asia 1994, S. 32ff.). Ein repräsentativer Vertreter einer solchen philoasiatischen Demokratiekritik ist der bereits erwähnte ehemalige Asien-Korrespondent des *Economist*, Jim Rohwer, der unverblümt gegen die westliche »lobby-based democracy« und für eine effizienzorientierte Verschlankung politischer Institutionen nach dem Vorbild Singapurs eintritt (Rohwer 1996, S. 322ff.). Die Art und Weise, wie Rohwer den asiatischen Familiensinn beschreibt, macht zudem deutlich, daß eine bloße Ideologiekritik des offiziellen Wertekanons zu kurz greift, da ihre westlichen Verteidiger diese Kritik gleich mitliefern:

»Es gibt nichts, was an der asiatischen Hochachtung der Familie zu verklären wäre. Eltern kultivieren die Talente ihrer Kinder, Frauen bleiben bei ihren lausigen Ehemännern, und Kinder tanzen nach der Pfeife ihrer Eltern – all dies nicht wegen konfuzianischer Frömmigkeiten, sondern weil die Asiaten viel zu viel Angst haben vor der grausamen Welt, als daß sie mit der einzigen Institution brechen würden, die ihnen Schutz bietet, falls draußen etwas schiefgeht« (Rohwer 1996, S. 46).

Aus westlicher Sicht scheint der Wert der asiatischen Erfahrung gerade in dieser Hinnahme der dschungelartigen Grausamkeit der Welt zu liegen – in dem, was der Bielefelder Soziologe Georg Stauth die subtile Spannung zwischen den natürlichen und wirtschaftlichen Reichtümern Asiens und der unaufhebbaren »tropischen Wildheit« genannt hat (Stauth 1997, S. 54).

David Howell, bis vor kurzem Vorsitzender des außenpolitischen Ausschusses des britischen Unterhauses, ist in einer Kritik an Samuel Huntington nicht minder deutlich geworden und hat Webers Menetekel einer Veröstlichung des Westens umgewertet:

»Ich befürchte, daß Huntingtons Aufruf zur Rückkehr an den atlantischen Teich mit seiner ›kostbaren und einzigartigen‹ Kultur viel zu spät kommt. Wenn wir nicht rasch von den besser integrierten und bei weitem erfolgreicheren Gesellschaften des dynamischen Ostens lernen und das Beste dieser Gesellschaften mit dem Besten unserer eigenen Traditionen verknüpfen, dann wird es im Westen bald nicht mehr viel Kostbares und Einzigartiges geben« (Howell 1997, S. 164).

Das verbreitete Plädoyer für eine postkoloniale Lern- statt Belehrungskultur wird konservativ gewendet und mit einem Aufruf zur Umkehr an die Adresse des eigenen Publikums verknüpft. Solche Aufrufe sind Teil eines Diskursgenres, das im Zuge der Propagierung eines neuen Asienbildes in der westlichen Öffentlichkeit erheblich an Bedeutung gewonnen hat. Man kann hier von *säkularen Prophetien* sprechen, die externe, weltmarktvermittelte Modernisierungsimperative in politisch-moralische Mobilisierungsappelle ummünzen (zum Prophetiekonzept vgl. Heins 1999).

Im allgemeinen drängen prophetische Diskurse das Publikum, Einstellungen und Verhaltensweisen zu ändern, um ein drohendes Desaster abzuwenden: »Ändert Euch... oder die Babylonier werden Eure Städte erobern!« Säkulare Prophetien, wie sie zur Zeit in Europa zu vernehmen sind, beschwören das Publikum, halbvergessene wirtschaftsethische Tugenden und Gemeinwohlorientierungen wiederzubeleben, um den neuen Zeiten standhalten zu können, etwa nach dem Motto: »Ändert Euch... oder die Asiaten werden Eure Märkte erobern!« Ein Beispiel aus dem deutschen Sprachraum für diesen Typus säkularer Prophetie bieten Herbert Henzler, Aufsichtsratsmitglied von McKinsey & Co., und Lothar Späth, die in mehreren Publikationen und Fernsehsendungen das Asien- und Globalisierungsthema mit dem Thema der sozialmoralischen Desintegration westlicher Gesellschaften verknüpft haben und dabei gelegentlich auch den Topos der »Wildheit« verwenden, wie ihn Rohwer eingeführt hat. Auch nach den jüngsten Krisenmeldungen aus einigen ostasiatischen

Ländern vergleichen sie die Europäer mit Käfigtieren, die sich kaum mehr an ihren eigenen Naturzustand erinnern und von Asien lernen müßten:

»Die meisten Tiere in Europa sind im Wohlfahrtszoo geboren worden. Deshalb wissen sie, daß der wichtigste Termin am Tag morgens um acht ist, wenn der Wärter das Futter bringt. Daran haben sich alle gewöhnt. Sie haben vergessen oder nie gelernt, daß man auf die Jagd gehen muß, um Futter zu finden. Die Europäer werden sich aber wundern, wenn plötzlich die kleinen und großen Tiger über die Zäune springen und nicht das Futter, sondern den Wärter fressen« (Henzler/Späth 1995, S. 82; dies. 1998, S. 79f.).

Auf die neue Gefahr aus dem Osten wird hier nicht mit einem *Verteidigungsreflex*, sondern einem *Nachahmungsappell* reagiert. Die Ästhetik der Nachahmung kommt auch in dem verbreiteten Modell des Fluggänsegeschwaders zum Ausdruck, mit dem der geordnete, bedrohlich-lockende Aufstieg Asiens versinnbildlicht wird (Henzler/Späth 1995, S. 84).

Solche Bilder zeugen von einer affektbesetzten Asien-Fixierung, die an die Anglomanie westlich gewendeter deutscher Konservativer nach dem Zweiten Weltkrieg erinnert. Sie läßt sich kaum aus der Wirkungsweise weltwirtschaftlicher Konkurrenz erklären, sondern verweist auf starke Resonanzen, die die asiatische Moderne und ihre Diskurse im Vorstellungssystem westlicher Eliten hervorrufen. Asien erscheint als provokantes Suchbild einer verlorengegangenen Einheit von hoher Wettbewerbsfähigkeit mit ›zugvögelartiger‹ moralischer Orientierungsfestigkeit und ›geschwadergleicher‹ ethnisch-kultureller Harmonie. Auch in der vielbeachteten Rede von Bundespräsident Roman Herzog im Berliner Hotel Adlon im April 1997 – einem Musterbeispiel säkularer Prophetie – tauchte Asien gleichrangig mit Amerika als Glied einer Assoziationskette auf, in der »wirtschaftliche Dynamik«, »Tempo«, »Bindungsfähigkeit« und »Unternehmensgeist« eine Macht bilden, der gegenüber Deutschland und Europa zurückzufallen drohen.

Was wir mithin beobachten, ist eine partielle Umkehrung des alteuropäischen Orientalismus, einerseits durch asiatische Meinungsführer wie Singapurs Botschafter bei den Vereinten Nationen, der Bücher schreibt mit ironischen Titeln wie *Can Asians Think?* (Mahbubani 1998), andererseits durch westliche Politiker und Intellektuelle, die den »okzidentalistischen« Europadiskurs ostasiatischer Führungsschichten übernehmen und in die eigene Selbstwahrnehmung integrieren (zum Okzidentalismus-Konzept vgl. Carrier 1995). Die Bedeutungselemente des orientalistischen Asiendiskurses werden damit entweder vertauscht oder aber in einer Weise umgewertet, daß die positiv konnotierten Attribute ins »Asiatische« abwandern.

Tab. 2: Der »okzidentalistische« Europadiskurs

Asien	Europa
Dynamik	Stagnation
»Productive democracy«	Lobby-Demokratie
Bindung und Diszplin	Anomie und Laxheit
Gruppe	Individuum
Markt	Bürokratie

Die Tendenz zur radikalen Umcodierung alteuropäischer Asien-Ängste ist dabei keineswegs auf Neoliberale und Konservative beschränkt, sondern übergreift die großen politischen Lager. Beispielhaft hierfür ist die *Allgemeine Erklärung der Menschenpflichten*, die verfaßt worden ist vom InterAction Council, einer Nichtregierungsorganisation ehemaliger Regierungschefs von Jimmy Carter über Helmut Schmidt bis zu Lee Kuan Yew (Inter Action Council 1997). Auch Tony Blairs populäres Konzept der *stakeholder society* ist teilweise inspiriert worden durch seine Beschäftigung mit Singapurs halbprivatem Rentenversicherungssystem, das Sozialleistungen stärker als in klassischen europäischen Wohlfahrtsstaaten an den wirtschaftlichen Gesamterfolg des Gemeinwesens bindet. In Deutschland war es die ehemalige sozialdemokratische Kulturdezernentin in Frankfurt am Main, die ihrer Ostorientierung nach einer Asienreise öffentlich Ausdruck gab: »Von dort aus schaut unser altes Europa müde bis dekadent aus. Deutschland depressiv, starr, verfettet und selbstgefällig.« In Städten wie Hongkong sei Schluß mit dem Schlendrian deutscher Gemütlichkeit und sogar die Fahrstuhltüren schlössen sich schneller als bei uns (*Frankfurter Allgemeine Zeitung*, 14. 6. 1997).

4. Schlußfolgerungen: Demokratie und Autoritarismus in der globalisierten Welt

Die zahlreichen Beiträge deutscher und anderer europäischer Politiker, Wirtschaftsführer und Intellektueller zur Schaffung einer neuen moralischen Weltkarte, in der wichtige Orientierungspfeile erstmals von Osten nach Westen zeigen, ersetzen nicht die politische Westorientierung, sondern ergänzen sie um wirtschaftliche und moralische Implikationen, von denen angenommen wird, sie seien im Westen verlorengegangen. Ähnlich wie nach dem Zweiten Weltkrieg soll ein verkorkstes deutsches Wesen an der Welt genesen und seine Erstarrungen gleichsam in den Fluten eines Ozeans loswerden, wenngleich jetzt der Pazifik an die Stelle des Atlantiks tritt. Der westliche Diskurs über das moderne Ostasien ist durchzogen von Bildern des Neuen, Dynamischen, Grenzenlosen und Wunderbaren (Connery 1996), wobei westliche Experten im Anschluß an die jüngsten Krisen immer stärker China als den eigentlichen Gewinner und als aufsteigende »zweite Weltmacht« apostrophieren (Böttcher 1998). Auch Bill Clintons jüngste Chinareise hat deutlich gemacht, wie robust der Glaube an ein neues China ist, das wenig gemein hat mit dem »braunen« China des totalitären Schreckens und statt dessen »blau« aussieht: »den Küsten zugewandt, außenorientiert, weltoffen, tolerant und zunehmend *sophisticated*« (*The Economist*, 27. 6. 1998).

China, so scheint es, übernimmt die Dynamik des Westens und baut Riesenstädte, in denen »Fahrräder stören« (Sturm 1997), während westliche Intellektuelle ihre eigenen Gesellschaften in quasiorientalistischen Begriffen als sinnenfrohe Sozialstaats-Bürokratien beschreiben. Statt eines Kampfes der Kulturen haben wir es mit einem Konflikt zu tun, der eher einer Verwechslungskomödie zu gleichen scheint – oder einem Tango, bei dem nicht feststeht, wer gerade das »schwache Geschlecht« repräsentiert. Ein Rückblick auf die Debatte um asiatische Werte lehrt, daß sich im Zuge der Globalisierung die Zahl der Richtungen vermehrt, in der ein sich erweiternder Kreis von Ländern und Regionen Demonstrationswirkungen auf andere Länder und Regionen auszuüben vermag. »Rückständigkeit« wird damit in einem viel radikaleren Sinne relativ, als Bendix (1982) vermutete, da keine Region mehr ein Abonnement auf permanenten Fortschritt zu haben scheint.

Dies bedeutet nicht, daß die »universale Zivilisation« (Herzog 1997) in absehbarer Zeit mehr sein wird als ein besonders bei Deutschen beliebtes Sujet diplomatischer Tischreden. Auch mag man fragen, ob die Datenautobahnen des Informationszeitalters wirklich zu einer weltweiten Diffusion menschenfreundlicher Werte führen (so die Annahme von Henzler/Späth 1998, S. 56). Ebenso unbewiesen ist jedoch auch die entgegengesetzte Hypothese, daß die politisch selbstbewußten Weltkulturen mit auseinanderdriftenden »Inseln« verglichen werden könnten, »zwischen denen Passagen immer schwieriger und unwahrscheinlicher werden« (Dubiel 1997, S. 431). Diese Metaphorik, die an Rudyard Kiplings orientalistisches Vorurteil erinnert, daß Ost und West einander niemals finden werden – »*never the twain shall meet*« – suggeriert ein problematisches Konzept von festumrissenen Kulturen, die durch robuste moralische Immunsysteme voneinander getrennt sind. Dadurch wird es möglich, Klischees wie die eines spezifischen, in kulturellen Traditionen verankerten »asiatischen Autoritarismus« in Umlauf zu bringen, gegen den sich der Westen entweder zu wappnen oder mit dem er sich abzufinden habe. Umgekehrt läßt sich, sobald man erst mal eine »Kultur« konstruiert hat, die im Westen immer wieder geforderte selektive Übernahme »asiatischer« Konzepte z. B. im Bereich der Polizeiarbeit oder Sozialpolitik als interkulturelle Annäherung und als Ergebnis europäischer Lernkultur verkaufen. Dabei gibt sich kaum jemand Mühe, erstens, das Besondere »autoritärer« asiatischer Sozialtechnologien herauszuarbeiten, die in einigen Fällen immerhin zur Herausbildung stabiler, im Vergleich zum Westen auffällig gewaltarmer multikultureller Gesellschaften beigetragen haben (Stauth 1997); und zweitens, die demokratischen Traditionen Asiens in ihre moralische Weltkarte zu integrieren. Das letztere ist besonders erstaunlich, wenn man bedenkt, daß Vaclav Havel 1996 auf einer Reise in die Philippinen die geistigen Ursprünge der friedlichen Revolution in seinem Land auf die Anti-Marcos-Bewegung der achtziger Jahre zurückgeführt hat.[4]

Wenn demnach die Spaltung der Welt entlang von Kulturgrenzen allenfalls der hypothetische Endpunkt einer vermeidbaren Entwicklung ist, so gibt es doch gegensätzliche *Diskurse* über

---

4 Mark Thompson, University of Glasgow, persönliche Mitteilung, Mai 1997; vgl. Thompson 1997.

westliche und asiatische Kulturen, die in eine eigenständige wissenssoziologische Perspektive gerückt werden müssen (Rodan 1996). Ein solcher Ansatz erlaubt es, das Untersuchungsfeld mehrdimensional aufzuspannen und den Streit darüber, worin das Spezifische der jeweils eigenen und anderer Kulturen besteht, in die Forschung miteinzubeziehen. So hat der vorliegende Beitrag eine nichtwestliche Außenperspektive auf den industriellen Westen skizziert und dann, im Zuge einer ›Beobachtung zweiter Ordnung‹, den Einbau dieser Außenperspektive in die Selbstbeschreibung westlicher Gesellschaften beleuchtet. Was auf diese Weise ins Wanken gerät, ist nicht nur das mechanische Konzept des »Zusammenpralls« von Kulturen, sondern der Kulturbegriff selbst, der seinen essentialistischen Klang verliert und öffentliche (Selbst-)Deutungspraktiken und Aushandlungsprozesse integriert. Dadurch gelangen wir über Huntington hinaus, der nämlich keine Möglichkeiten hat, zu entscheiden, ob die Differenzen zwischen den Kulturen einfach gegeben sind oder aber strategisch produziert werden. Zuzustimmen ist Huntington allerdings, wenn er die Rolle von Eliten und neuen Mittelklassen bei der öffentlichen Dramatisierung weltkultureller Gegensätze hervorhebt. Es sind keineswegs notwendigerweise die Massen oder die regionalen Verlierer von Globalisierungsprozessen, die sich als ernstzunehmende Gegner des »Westens« profilieren, sondern unter Umständen die Gewinner und die Führungsgruppen dieser Prozesse.

Andererseits sind die »asiatischen« Werte effizienzorientierter Gemeinschaftlichkeit, wie gezeigt worden ist, in einem Maße anschlußfähig für westliche Reformdiskurse, daß man sich fragen kann, was an ihnen eigentlich asiatisch ist. Je dichter die weltweiten Kommunikationsnetze geknüpft werden, desto mehr zirkulieren austauschbare ideologische Module, bei denen es ähnlich wie bei anderen Fabrikaten immer weniger darauf ankommt, ob sie »made in Taiwan« oder »made in Germany« sind. Tatsächlich gibt es in den asiatischen Wirtschaftsgesellschaften eine Vielzahl von Debatten darüber, was die eigene Kultur auszeichnet und in welchem Verhältnis offiziell deklarierte Werte zur Empirie alltäglicher gesellschaftlicher Wertorientierungen stehen. So wurden lange vor der jüngsten Asienkrise auf verschiedenen Tagungen in der Region die Ambivalenzen traditioneller einheimischer Werte hervorgehoben, die durch ihre Überbetonung vertrauensbasierter Sozialbeziehungen die Bildung transparenter Institutionen verhindern (Asian Wall Street Journal 1996).

Entsprechend werden im Westen und zumal in Deutschland die Diskussionen über das Verhältnis demokratischer Institutionen zu den tatsächlichen oder eingebildeten Erfordernissen globalisierungsbedingter Strukturanpassungen an Intensität zunehmen. Die heftigen Kontroversen im Sommer 1997 um die Vorschläge des Präsidenten des Bundesverbands der Deutschen Industrie, Hans-Olaf Henkel, zur Reform des politischen Systems haben einen Vorgeschmack darauf gegeben. In dem Maße, wie Modernisierungsimperative von außen auf einige westliche Gesellschaften und ihre politischen Systeme einwirken, verblaßt das Bild, daß es immer die *anderen* sind, die in nachholenden Revolutionen erreichen, was *wir* längst erreicht haben. Auch die klassischen, demokratisch verfaßten Industrieländer verwandeln sich unter dem Druck der Globalisierung in mancher Hinsicht zu lernbereiten »Entwicklungs«-Ländern, in denen weder stabile Sozialstrukturen noch politische Codes die Ungewißheit der industriellen und sozialen Zukunft tilgen können. Damit nimmt die Wahrscheinlichkeit zu, daß sich Elemente eines subpolitischen, differenzierten Autoritarismus im Dienste der Standortpflege durchsetzen werden. Ein Beispiel hierfür wäre die Übernahme von Methoden des *high-performance policing*, wie sie in Singapur und New York praktiziert werden. Das ältere modernisierungstheoretische Konzept »funktioneller Diktatur« (Eschenburg 1963, S. 306f.) wird seinerseits modernisiert und streift den Geruch traditioneller Formen des politischen Autoritarismus ab. Asien wird dabei weiterhin als Alibi und Projektionsfläche herhalten müssen, auch wenn sich die ideologischen Module von »Autoritarismus« und »Demokratie« weniger denn je geographisch verorten lassen und austauschbar geworden sind.

Literatur

Asian Wall Street Journal: *Asian Values Portrayed As a Double-Edged Sword*, 28. 10. 1996.
Ball, H.: *Flucht aus der Zeit*. Zürich 1992.
Bendix, R.: *Relative Rückständigkeit und geistige Mobilisierung*, in: ders.: *Freiheit und historisches Schicksal. Heidelberger Max Weber-Vorlesungen*. Frankfurt/M. 1982.

Böttcher, S.: *Ostasien denkt und handelt anders. Konsequenzen für Deutschland* (Schriftenreihe des ifo-Instituts für Wirtschaftsforschung Nr. 142). Berlin/München 1996.

Ders.: *Andere Werte und Handlungsrahmen in Ostasien*, in: *Aus Politik und Zeitgeschichte*, B 48/1998, S. 47-54.

Carrier, J. G. (Hg.): *Occidentalism: Images of the West*. Oxford 1995.

Chan, R.C.: ›Discovering‹ *Asia – again*, in: *Newsweek*, 6.4.1998.

Commission for a New Asia: *Towards a New Asia – A Report of the Commission for a New Asia*. Kuala Lumpur 1994.

Connery, C. L.: *The Oceanic Feeling and the Regional Imaginary*, in: Wilson, R./Dissanayake, W. (Hg.): *Global/Local: Cultural Production and the Transnational Imaginary*. Durham/NC 1996.

Dubiel, H.: *Unversöhnlichkeit und Demokratie*, in: Heitmeyer, W. (Hg.): *Was hält die Gesellschaft zusammen?* Frankfurt/M. 1997.

Ederer, G./Franzen, J.: *Der Sieg des himmlischen Kapitalismus. Wie der Aufstieg Chinas unsere Zukunft verändert*. Landsberg/Lech 1996.

Eschenburg, Th.: *Staat und Gesellschaft in Deutschland*. München 1963.

Flitner, M.: *Sammler, Räuber und Gelehrte. Die politischen Interessen an pflanzengenetischen Ressourcen 1895-1995*. Frankfurt/M. 1995.

Fukuyama, F.: *Asian Values and the Asian Crisis*, in: *Commentary* 105, February 1998, S. 23-27.

Gilman, S. C.: *Political Theory and Degeneration: From Left to Right, from Up to Down*, in: Chamberlin, J. E./Gilman, S. L. (Hg.): *Degeneration: The Dark Side of Progress*. New York 1985.

Gusfield, J.: *Symbolic Crusade*. Urbana/Ill. 1963.

Heberer, Th.: *Ostasien und der Westen: Globalisierung oder Regionalisierung?* in: *Asien* 63, 1997, S. 5-35.

Heins, V.: *Demokratie als Nervensache*, in: Klein, A./Nullmeier, F. (Hg.): *Masse, Macht, Emotionen*. Opladen 1999.

Henzler, H. A./Späth, L.: *Countdown für Deutschland. Start in die neue Zeit?* Berlin 1995.

Dies.: *Die zweite Wende. Wie Deutschland es schaffen wird*. Weinheim/Berlin 1998.

Herzog, R.: *Ansprache des Bundespräsidenten beim Staatsbankett Seiner Majestät Tuanku Ja'afar Ibni Al-Marhum Tuanka Abdul Rahman, Yang di Pertuan Agong von Malaysia*, im Königspalast in Kuala Lumpur am 1. April 1997 (Bundespräsidialamt).

Howell, D.: *East Comes West*, in: *Foreign Affairs* 76, 2/1997, S. 164.

Huntington, S. P.: *The Clash of Civilizations and the Remaking of World Order*. New York 1996.

Institut für Asienkunde: »*Asiatische Werte*« *als kulturelle, wirtschaftliche und politische Herausforderung für Europa*. (Unveröffentlichte Studie im Auftrag des Bundesministeriums für Bildung, Wissenschaft, Forschung und Technologie.) Hamburg 1997.

Inter Action Council: *Allgemeine Erklärung der Menschenpflichten*, in: *Die Zeit*, 3. 10. 1997.
Joas, H.: *Die Entstehung der Werte*. Frankfurt/M. 1997.
Lal, D.: *Eco-fundamentalism*, in: *International Affairs* 71, 1995, S. 515-528.
Lee, K. Y.: *Asian values not cause of meltdown*, in: *Times of India*, 12. 3. 1998.
Mahbubani, K.: *Can Asians Think?* Singapore 1998.
Mouzelis, N.: *Modernity, Late Development and Civil Society*, in: Hall, J. A. (Hg.): *Civil Society. Theory, History, Comparison*. Cambridge 1995.
Reichert, F. E.: *Begegnungen mit China. Die Entdeckung Ostasiens im Mittelalter*. Sigmaringen 1992.
Rodan, G.: *The Internationalization of Ideological Conflict: Asia's New Significance*, in: *The Pacific Review* 9/1996, S. 328-351.
Rohwer, J.: *Asia Rising: How History's Biggest Middle Class Will Change the World*. Singapore/London 1996.
Said, E. W.: *Orientalism*. New York 1978.
Sartre, J.-P.: *Das Imaginäre*. Reinbek 1971.
Schmitt, C.: *Der Nomos der Erde im Völkerrecht des Jus Publicum Europaeum*. Berlin 1950.
Stauth, G.: *Elias in Singapore: Civilizing Processes in a Tropical City*, in: *Thesis Eleven* 50/1997, S. 51-70.
Sturm, P.: *Die Fahrräder stören. Verkehrsplanung in Chinas Millionenstädten – Hochstraßen und U-Bahnen*, in: *Frankfurter Allgemeine Zeitung*, 25. 7. 1997.
Thompson, M. R.: *The Worldwide Wave of Democratization and the Experience of ASEAN*. Manuskript für »Regional Conference on the Development of Democracy in the ASEAN Region«, Konrad-Adenauer-Stiftung. Manila 7.-9. 4. 1997.
Vernon, R.: *Sovereignty at Bay*. New York 1971.
Zakaria, F.: *Culture is Destiny – A Conversation with Lee Kuan Yew*, in: *Foreign Affairs* 73, 2/1994, S. 109-126.

Herbert Kitschelt
Politische Konfliktlinien in westlichen Demokratien: Ethnisch-kulturelle und wirtschaftliche Verteilungskonflikte

Ethnisch-kulturelle Konflikte beinhalten fast immer ganz zentrale materielle, wirtschaftliche und politische Interessengegensätze, obwohl sie sich in letztere nicht völlig auflösen lassen und eigenständige kognitive und kulturelle Elemente aufweisen. Ethnokulturelle und andere wirtschaftliche und politische Konfliktstoffe verbinden sich häufig, aber nicht immer, in sich wechselseitig verstärkenden gesellschaftlichen Auseinandersetzungen. Dies gilt auch für ethnokulturelle Gegensätze in postindustriellen kapitalistischen Demokratien. Solche Gesellschaften haben immer schon Konflikte um die Distribution knapper wirtschaftlicher Ressourcen ausgetragen, auch wenn diese Konfliktlinie in den letzten beiden Jahrzehnten durch soziopolitische und -kulturelle Themen ergänzt und z.T. umgebildet worden ist. Im ausgehenden 20. Jahrhundert verringert sich allerdings die Bedeutung von Klassenzugehörigkeit im Marxschen Sinne für die Mobilisation manifester distributiver Interessengegensätze, während die Bedeutung von Bildung, Geschlecht, spezifischen Berufsqualifikationen und des Beschäftigungssektors steigt. Das verstärkte Auftreten ethnisch-kultureller Konflikte seit den frühen achtziger Jahren spielt in diese distributiven Konfliktdimensionen hinein, auch wenn sie nicht völlig auf diese reduzierbar sind.

Allerdings behält die Politik, im Sinne der Konkurrenz zwischen Parteien um Wählerstimmen und Kontrolle der Staatsexekutive, erhebliche Autonomie gegenüber sozialen Präferenzgegensätzen. Letztere übersetzen sich nicht unmittelbar in die Konkurrenzsituation im Parteiensystem. In diesem Sinne habe ich vor wenigen Jahren den Aufstieg neuer rechter Parteien, die zumeist ethnokulturelle Konflikte in westeuropäischen Gesellschaften nähren, aus drei miteinander interagierenden Determinanten zu erklären versucht: 1. Veränderungen in Ökonomie und

Gesellschaft postindustrieller Gesellschaften, 2. der Konkurrenzsituation in Parteiensystemen vor Auftritt neuer rechtsradikaler Parteien und 3. den programmatischen Appellen rechtsradikaler Politiker selbst (Kitschelt/McGann 1995). Ich werde die Kernpunkte dieser Erklärung ohne weitläufigen empirischen Beleg im zweiten Teil dieses Aufsatzes resümieren. Allerdings konzentriere ich mich in diesem Aufsatz auf zwei Erweiterungen meines Argumentes, die sich in folgenden Fragen zusammenfassen lassen. Erstens, wie verhält sich die Entwicklung rechtsradikaler politischer Parteien zu Theorien ethnokultureller Mobilisierung, und darunter insbesondere zu rationalistischen Theorien »reaktiven« ethnokulturellen und nationalistischen Partikularismus? Zweitens, wie verändern sich neue rechtsradikale Parteien im Lichte der Entwicklungsbedingungen reaktiven Nationalismus in den neunziger Jahren?

Ich werde zunächst kurz Grundlinien der komparativen Literatur zur ethnokulturellen Mobilisierung einführen, um die Zentralität, aber nicht Ausschließlichkeit materieller Streitgegenstände in Prozessen ethnokultureller Mobilisierung herauszustellen (Abschnitt 1). Ich werde dann die Beziehung zwischen distributiven und ethnokulturellen Konflikten in fortgeschrittenen kapitalistischen Industriegesellschaften untersuchen (Abschnitt 2). Schließlich werde ich über die Konsequenzen dieser Entwicklungen für Veränderungen im Sozialstaat und die strategische Position von politischen Parteien spekulieren (Abschnitt 3). Dabei stellt sich auch die Frage, ob neue rechte Parteien, die in den achtziger Jahren ihre Chance zum politischen Aufstieg verpaßten, diese in den späten neunziger Jahren unter veränderten Rahmenbedingungen nachholen können.

1. Ethnische Konfliktmobilisierung

Ethnische Konflikte involvieren zwei sukzessive Gruppenprozesse, zunächst einen Prozeß der kollektiven *Identifikation* oder *Typifizierung*, in welchem sich Individuen Gruppen zuordnen und die dabei entstehenden kollektiven Identitäten von Außenstehenden abgrenzen. In einer zweiten Operation vergleichen Gruppenmitglieder, in welcher Weise ihre Lebenschancen nicht nur durch ihre individuelle Marktlage und Ressourcenausstattung, sondern auch durch ihre Gruppenzugehörigkeit positiv oder negativ beeinflußt werden. Die Beobachtung von *gruppenbedingter Differenz von Lebenschancen* mag dann, unter genauer zu bestimmenden Bedingungen, zur Mobilisierung ethnokultureller Konflikte beitragen. Erst im zweiten Schritt transformiert sich die Differenz von Mitgliedern und Nichtmitgliedern in das Freund-Feind-Schema, mit dessen Hilfe Schmitt (1932) den Begriff des Politischen faßt. Das theoretisch schwierigste Problem ist die Erklärung der Ausbildung kollektiver Identitäten durch Innen/Außen-Grenzziehungen, und genau hier zeigt sich die Kapazitätsschranke eines utilitaristisch-rationalistischen Erklärungsansatzes. Dagegen kann dieser Ansatz viel besser erhellen, wie sich *schon bestehende* lose Gruppenidentitäten in Organisation und Konflikt umsetzen. Da das Hauptgewicht meines Argumentes auf diesen zweiten Aspekt abzielt, wende ich mich dem ersten nur ganz knapp zu.

Ethnokulturelle Identitäten beinhalten die Definition von Mitgliedschaft in Gruppen auf der Basis *partikularer und in der Regel askriptiver Attribute*. Solche Kriterien umfassen Abstammung (Ethnie im engeren Sinne), Rasse, Sprache, Region oder auch Religion sowie eine Kombination mehrerer dieser Attribute. Identifikation mit einer »Nation« auf der Basis eines oder mehrerer dieser Kriterien ist ein Spezialfall ethnokultureller Gruppenbildung. Theorien ethnokultureller Identität stellen sich die Frage, weshalb verschiedene Modi von Gruppenbildung in unterschiedlichen Gesellschaftsformationen vorherrschen, nicht dagegen die Frage, weshalb Menschen sich *überhaupt* Gruppen zurechnen. Sozialisationsbedingt nehmen Menschen immer schon an wirtschaftlichen und kulturellen Prozessen teil, die verschiedene kollektive Identifikationen voraussetzen und neue Optionen ermöglichen.

Theorien primordialer, zeitinvarianter Gruppenexistenz haben heute kaum noch Anhänger. Kollektive Identitätsbildung erzeugt historisch spezifische *Konstrukte*, die in der einen oder anderen Weise aus einer Verbindung psychologisch-anthropologischer und kommunikativer Prozesse hervorgehen. Psychologische Experimente zeigen, daß fast jede Einteilung von Menschen in Kategorien Gruppenzugehörigkeitsgefühle sowie eine Diskrimination gegen Nichtmitglieder erzeugt (Horowitz 1985, S. 143 ff.). Gruppenmitgliedschaft führt zu psychologischen Gratifikationen, welche Individuen dazu anregen, durch ihre Handlungs- und Interaktionsweise den Mitgliedschaftszusammenhalt zu verstärken. Selbst Vertreter rationalistischer Sozialwissenschaft sehen die »epistemological comforts of home« als kritische Basis sozialer Gruppenmitgliedschaft (Hardin 1995, S. 77). Was basale psychologische Gruppenprozesse allerdings nicht erklären, ist die *historische Variabilität der Gruppenbildung.* Warum bilden sich manchmal Kollektividentitäten um kleinräumige Siedlungsmuster, aber in anderen Fällen um großräumige religiöse Doktrinen und Praktiken oder um ethnische und nationale Attribute?

Hier helfen historisch und komparativ orientierte Kommunikations- und Entwicklungstheorien weiter. Mit zunehmender räumlicher, sozialer und kognitiver Mobilität, die etwa durch Sprachstandardisierung, Buchdruck und dann später moderne Transport- und Kommunikationsmedien befördert wird, vollzieht sich eine Maßstabsvergrößerung und steigende Abstraktion kollektiver Identitäten (Anderson 1991, Deutsch 1966). Die damit verbundene Bildung von administrativ integrierten Flächenstaaten und imperialen Kolonialverwaltungen fördert und formt diesen Prozeß hochaggregierter, homogenisierter kollektiver Identifikationen (Breuilly 1994, Horowitz 1985, S. 148ff.). Nationale Identifikation mag in diesem Prozeß eine defensive Übergangserscheinung von einer konkreten, auf persönlicher Interaktion beruhenden Gruppenidentifikation zu einer abstrakteren und kontingenteren Gruppenidentifikation im Rahmen einer Weltgesellschaft darstellen, die Individuen sehr viel mehr Wahlhandlungen aufbürdet (Gellner 1983, S. 39-52). In diesem Sinne mag in Westeuropa am Ende des 20. Jahrhunderts die politisch relevante Grenzziehung von der »nationalen« auf die »zivilisatorische« Ebene der Nachfolgekultur des westlichen Christentums übergehen, während zugleich Nation und Nationalstaat als Identifikationspunkte verblassen (Huntington 1996, empirisch: Fuchs/Gerhards/Roller 1993).

Rein mikrologische und zugleich rationalistische Argumente können diese Prozesse der Identitätsbildung nicht hinreichend fassen und beschränken sich auf Allgemeinplätze.[1] Die Interpretation des Bedürfnisses nach »Heimat« als eines rational gewähl-

---

1 In diesem Sinne trägt auch im jüngsten Band zu den rationalen Grundlagen der »nationalen« Spielart ethnokultureller Konflikte mit Ausnahme von Hardins Artikel, welcher die Thesen des Buches wiederholt, kein einziger

ten Nutzens (Hardin 1995) bleibt aphoristisch und führt in eine Erklärungstautologie, die nicht über die psychologische Theorie hinaushilft. Dies gilt auch für die These, daß Gruppenidentitäten nützlich sind, um die Risiken und Transaktionskosten des Austauschs mit Unbekannten zu mindern, indem Akteure die Zugehörigkeit eines potentiellen Interaktionspartners zur eigenen Gruppe als Signal für dessen Bereitschaft werten, ohne Opportunismus zu tauschen (Fearon/Laitin 1996, S. 718). Wenn Individuen zwischen *schon bestehenden, relativ konsolidierten Gruppen* wählen, mögen individuelle Kosten-Nutzen-Überlegungen durchaus für Eintritts- und Austrittsentscheidungen ausschlaggebend sein. In frühen Phasen der Gruppenbildung jedoch sind persönliche Kosten höher als Nutzen, so daß das Trittbrettfahrer-Phänomen (*free riding*) Rationalisten von der kollektiven Affiliation abschrecken müßte. Theorien zweckrationalen Handelns können somit viele basale Prozesse der kollektiven Identifikation *nicht* erklären (vgl. Varshney 1995).

Allerdings fällt utilitaristisch-rationalistischer Argumentation eine zentrale Rolle beim *zweiten Teil* jeder Theorie zu, die sich mit der Organisation und Mobilisierung von konfligierenden ethnokulturellen Gruppenansprüchen beschäftigt. Haben makrosoziale und -politische Prozesse erst einmal allgemeine Parameter für den Möglichkeitsraum ethnokultureller Gruppenbildung gesetzt, dann entscheiden konkrete Kalküle materiellen wirtschaftlichen und politischen Nutzens darüber, ob die sich dabei ausbildenden Gruppen in Mobilisations- und Konfliktprozesse eintreten. Ethnokulturelle Differenz schlägt erst dann in Konflikt um, wenn erstens Gruppenmitgliedschaft spezifische Vorteile oder Nachteile im Vergleich zu anderen Gruppen mit sich bringt, wenn zweitens die Kosten des Gruppenwechsels sehr hoch sind, so daß Individuen in der »Falle« ihrer Gruppe sitzen, und wenn zugleich drittens Gruppenmitglieder Ressourcen und Gelegenheiten wahrnehmen, diese Verteilung zugunsten ihrer eigenen Gruppe zu verändern.

Aufsatz dazu bei, die Vielfalt von kollektiven Identitätsbildungsprozessen und die Spezifizität nationaler Appelle zu erklären. Siehe Breton/Galeotti/Salmon/Wintrobe 1995. Z. B. nimmt Breton (1964 und 1995) den subjektiven »Wert« ethnischer Loyalität für die beteiligten Akteure als Ausgangspunkt ihrer Überlegungen und beschäftigt sich dann nur mit der Frage, wie Politiker solche Motive ausbeuten können.

Es sind vornehmlich, aber nicht immer, die *benachteiligten Gruppen*, welche rebellieren und die bevorzugten Gruppen zur Zielscheibe nehmen (Gellner 1983, S. 62; Horowitz 1985, S. 180). In Gurrs Studie (1993) von weltweit 233 Minoritäten, die verschiedene wirtschaftliche, politische und kulturelle Lebenschancen erfahren, mobilisierten fast alle um erlittene Benachteiligungen, nicht um Differenz als solche. Wie Hardin (1995, Kap. 3, 4 und 6) zeigt, ist es plausibel, daß Probleme kollektiven Handelns innerhalb schon bestehender ethnokultureller Gruppen leichter überwunden werden können als in vielen anderen politischen Konflikttypen. Gruppenkontributionen haben daher eher den Charakter von Koordinationsspielen als von Gefangenendilemmata. Während bei Gefangenendilemmata der persönliche Nutzen eines Gruppenbeitrags hinter den persönlichen Kosten der Gruppenbeteiligung zurückbleibt, wenn nicht viele andere Individuen sich auch zum Beitrag entscheiden, ist bei Koordinationsspielen der persönliche Nutzen der Koordination um Gruppenziele immer höher als die persönlichen Kosten. Wenn eine Gruppe erst einmal kritische Schwellenwerte überschritten hat, mag sowohl der Gruppenbeitritt als auch das aktive Beitragen zu Gruppenprozessen direkte materielle Vorteile bieten (neue Geschäftspartner, öffentliche Ämter, etc.). Außerdem mögen dezentrale Interaktionsprozesse unter Gruppenmitgliedern die Überwachung von Konformität mit den Gruppenzielen und die Beteiligung an Gruppenaktivitäten, wie etwa Gewalt gegen Nichtmitglieder, erleichtern. In diesem Sinne ist Gruppenmacht »superadditiv« (Hardin 1995, S. 37). Partikularistische, Nichtmitglieder vom Genuß von Klubgütern ausschließende Normen sind in diesem Sinne auch ohne zentrale Aufsicht und Sanktionierung viel eher geltungsverstärkend (*self-enforcing*) als universalistische Normen.

Ich lasse dahingestellt, ob die extreme Gewaltsamkeit und bestialische Brutalität vieler ethnokultureller Konflikte auch mit Mitteln von Rationaltheorie erklärt werden können, wie Hardin (1995, Kap. 6) zuversichtlich behauptet. In diesem Sinne stellen Fearon/Laitin (1996, S. 716) fest, daß es immer ein Reservoir gibt von »(usually young) thugs willing to risk their future (possibly to enhance in-group status as worthy warriors) to become fully engaged in a culture of violence«. Auch Ambitionen auf höheren Status und Ämter in der eigenen Gruppe mögen zu einem Prozeß des sich wechselseitigen Überbietens an Gewaltsamkeit gegenüber konkurrierenden Gruppen beitragen. Solche Handlungsweisen als individuell materiell-rational zu deklarieren, mag jedoch den analytischen Biß von Rationaltheorien unterminieren. Es ist dagegen aussichtsreicher, die tieferliegende Schwelle zwischen interkultureller Kooperation und Verteilungskonflikt mit Mitteln einer enger geführten Theorie individueller Rationalität zu bestimmen, bei der Akteure v. a. wirtschaftliche und politische Vorteile zwischen Gruppen zu redistribuieren suchen. Solche Mobilisierung tritt immer dann ein, wenn mindestens eine Gruppe realistische Chancen sieht, die bestehende Balance zu ihren Gunsten zu verändern.

Die Grundprämisse ist also, daß nationale und allgemeine ethnopolitische Mobilisierung auf die Umverteilung knapper Güter (Ämter, Einkommen, Eigentum) zwischen Gruppen abstellt (Breton 1964), und wir nehmen mit Hardin (1995) an, daß Probleme kollektiven Handelns zumindest teilweise in Koordinationsprobleme aufgelöst werden. Aus einem solchen Erklärungsrahmen ergeben sich dann eine Reihe von wichtigen Hypothesen (z. B. Rogowski 1985, Levi/Hechter 1985), von denen einige direkt oder indirekt für Ethnopolitik in postindustriellen kapitalistischen Demokratien bedeutsam werden. Eine Denkschule hält die *gruppenspezifische Differenz von Lebenschancen, die sich in einer ethnokulturellen Arbeitsteilung (EKA) sedimentiert,* für die zentrale Quelle kollektiver Mobilisierung (z. B. Hechter 1975). Andere Studien kommen dagegen zu dem Schluß, daß eine stabile EKA durchaus mit friedlichen, auf Kooperation gerichteten ethnokulturellen Beziehungen, etwa im Rahmen konsozietaler Arrangements, vereinbar ist (z. B. Fearon/Laitin 1996, Lijphart 1977b). Dagegen führen sozioökonomische *Instabilität und Mobilität* von ethnischen Gruppen zu Unsicherheit über die gruppenabhängigen Lebenschancen und somit zu kollektiver Konkurrenz. Nicht Ungleichheit per se, sondern der Interaktionseffekt von Ungleichheit und durch soziale Mobilität induzierter Unsicherheit über die EKA erzeugt Gruppenkonflikte (Olszak 1992).

Je nachdem, ob Gruppen auf- oder absteigen, mag Unsicherheit eher individuelles wirtschaftliches oder kollektives politisches Handeln erzeugen. Bei benachteiligten, aber aufsteigenden Gruppen sind es v. a. die Individuen, welche Qualifikationen für politische und wirtschaftliche Elitepositionen haben, die den

Kampf gegen die bevorzugte Gruppe vorantreiben und auch die weniger Begünstigten innerhalb der eigenen Gruppe mitzuziehen versuchen. Allerdings hat sozialer Aufstieg auch demobilisierende Konsequenzen für solche Gruppen. Ihre politisch-ökonomischen Eliten mögen in die bestehende Ordnung kooptiert werden,[2] und bei allgemeiner Verbesserung der Wirtschaftslage kümmern sich Akteure eher um ihre persönlichen Belange als um kollektive Forderungen, während wirtschaftliche Malaise persönliche Schicksale eher an Gruppenprozesse anbindet (Hardin 1995, S. 177). Dies mag etwa die außerordentlich hohe ethnokulturelle Konflikthaftigkeit postkommunistischer Länder erklären.

Veränderungen der EKA berühren auch die Mobilisation innerhalb einer bevorzugten Gruppe, die sich mit aufsteigenden ethnischen Konkurrenten konfrontiert sieht. Hier sind es v. a. die weniger privilegierten Mitglieder, die sich gegen den Aufstieg der bislang benachteiligten Gruppierungen wehren. Dieser Prozeß führt zu einer »reaktiven« ethnokulturellen Mobilisierung, in welcher die abwärts Mobilen die Speerspitze ethnokultureller Konflikteskalation werden (Rogowski 1985, S. 94). Dieser »redneck nationalism« (Rogoswki) ist ein in der amerikanischen Geschichte immer wieder auftretendes Phänomen (vgl. Lipset/Raab 1978). Politische Eliten in der bevorzugten Gruppe mögen diese Konfliktform durch staatliche Eingriffe kanalisieren. Wenn sie die ethnokulturellen Barrieren undurchdringlich machen, um sich etwa vor der Bedrohung durch die Unterprivilegierten in der eigenen ethnokulturellen Gruppe, wie z. B. der Arbeiterklasse, zu schützen, befördern sie die ethnopolitische Mobilisierung, wie in den USA oder Südafrika. Wo dagegen die Eliten der dominanten

---

2 Ein schönes Beispiel liefert der Leitartikel eines afroamerikanischen Pastors, der über die Lage der schwarzen Unterklasse in Durham/North Carolina und ihre Beziehungen zu der aufsteigenden schwarzen Elite in folgender Weise reflektiert: »As I walked down Angier [Street] I thought of the New Black Power in Durham. The chief executive officers, bankers, politicians, attorneys, doctors, professors, accountants and preachers who possess the know-how needed to uplift hurting communities. Where is the New Black Power? What have they been doing for the past 20 years? They moved away from inner city problems. They packed their bags and purchased fine homes away from the pain. They promised they would come back, but they never did. They rarely drive through the community. They have lost touch. They no longer understand the connection between our struggle as a people to gain equal rights and their responsibility to assure the protection of those rights« (*Durham Herald and Sun*, 17. 8. 1997, S. A 17).

ethnokulturellen Gruppe keine interne Bedrohung durch Unterklassen sehen, dort bleiben die ethnokulturellen Schwellen weniger organisiert und schwächen politische Mobilisierung um solche Konfliktlinien ab, wie u. a. in Brasilien (Marx 1995).

Rationalistische Theorien ethnokultureller Mobilisierung nehmen an, daß die Akteure *realistische Weltbilder* haben, d. h. die tatsächlichen Verteilungseffekte ethnokultureller Mobilität korrekt einschätzen können. Was aber, wenn die wirtschaftliche und politische Bedrohung, die die Mitglieder einer Gruppe der Entwicklung einer anderen Gruppe beimessen, nichts als eine Imagination ist? In diesem Fall müßten wir psychologische Projektionsprozesse zur Erklärung »rationalisierter« ethnischer Mobilisierung heranziehen. Eine rein rationalistische Theorie wird dann zur bloßen Legitimationsformel. In diesem Falle behält rationalistische Theorie einen Teil ihrer Erklärungskraft nur dann bei, wenn Individuen aus den *allgemein wirtschaftlich relativ gefährdetsten Sektoren* überproportional an ethnozentrischer Politik teilnehmen.

2. Ethnokulturelle Mobilisierung in Westeuropa

Im Anschluß an Kymlicka (1995, S. 11-26) möchte ich zwischen zwei Formen ethnokultureller Pluralität und damit verbundenen möglichen Konfliktkonfigurationen unterscheiden. Auf der einen Seite gibt es *multinationale Gesellschaften*, in welchen schon immer zumeist territorial konzentrierte ethnokulturelle Minderheiten existierten, deren Ansprüche auch heute noch politisch virulent sind. Die wichtigsten Beispiele in Westeuropa sind die Basken, Bretonen, Flamen, Katalonier, Nordiren, Schotten, Waliser und Wallonen. Auf der anderen Seite werden alle westeuropäischen Länder seit den sechziger Jahren »*polyethnische*« *Gesellschaften*, die sich eine Vielfalt von ethnokulturellen Minoritäten durch Einwanderung einverleiben. Multinationale Konflikte wurden in den sechziger Jahren wieder aktuell (Lijphart 1977b), ließen sich aber in fast allen Fällen durch zwischen Eliten ausgehandelte konsozietale und redistributive Politiken eindämmen. Dagegen haben in Europa seit den frühen achtziger Jahren Konflikte um die polyethnische »Multikulturalisierung« zugenommen und sich z.T. in parteipolitischen Konfliktlinien durch die Entstehung »rechtsradikaler« Parteien ausgedrückt. Ich möchte hier schematisch zwei Stufen des Konfliktes um gesellschaftliche Multikulturalisierung mit dem Übergang von den achtziger zu den neunziger Jahren identifizieren, obwohl der Übergang fließend ist, und jede dieser Stufen auf die Relevanz von reaktivem ethnokulturellen Partikularismus überprüfen.

Stufe I: Entstehungskontext erfolgreicher neuer rechtsradikaler Parteien

Auf kurze Sicht bauen politische Parteien auf eine exogen gegebene und nicht durch Überzeugungskampagnen veränderbare politische Präferenzverteilung in der Bevölkerung, die sich zu einem großen Teil aus wirtschaftlichen und kulturellen Sachverhalten ergibt.[3] Auf der distributiven Präferenzachse werden sich Individuen, die Kapitaleinkommen haben, im privaten Sektor tätig sind und die in exportorientierten Sektoren arbeiten, welche schwer ohne den Weltmarkt bestehen können, am ehesten für freie Marktallokation wirtschaftlicher Ressourcen aussprechen, während Individuen, die Lohneinkommen beziehen und in binnenwirtschaftlich geschützten Sektoren, und darunter besonders dem öffentlichen Sektor, tätig sind, eher für eine politisch organisierte Einkommens- und Vermögensverteilung eintreten. Eine zweite kulturell-politische Achse reicht von einer »libertären« Position, welche individuelle Selbstbestimmung, Toleranz für kulturelle Vielfalt und partizipative politische Entscheidungsprozesse betont, zu einer »autoritären« Position, die kulturelle Homogenität, Konformität mit Normen und Akzeptanz eines elitegesteuerten politischen Prozesses fordert. Individuen mit hohen modernen Bildungsqualifikationen neigen libertären Positionen zu. Dies gilt insbesondere, wenn sie in klientenorientierten Dienstleistungsfeldern und kultureller Symbolproduktion arbeiten (Bildung, Gesundheit, Kommunikation, Medien). Geschlechtsspezifisch sind insbesondere Frauen in solchen Positionen überrepräsentiert. Eher autoritäre politische Orientierungen herrschen dagegen bei Individuen vor, die wenig Bildung aufweisen und sich in objekt- und dokumentorientierten Arbeitssituationen befinden. Hierbei überwiegen Männer.

---

3 Ich kondensiere hier Kitschelt/McGann (1995, Kap. 1) und Kitschelt (1996, Kap. 1).

Libertäre oder autoritäre Orientierungen binden sich an soziokulturelle *Erfahrungen* mehr als an wirtschaftliche und politische *Interessen*. Insofern lassen sich politische Ansprüche in postindustriellen Gesellschaften nicht auf rationalistisches Streben nach Macht und Geld reduzieren. Ethnokultureller Partikularismus ist ein Spezialfall autoritärer Orientierung, welcher keine Toleranz für Differenz aufweist. In diesem Sinne müssen wir im ethnokulturellen Partikularismus zwei verschiedene Wurzeln unterscheiden, eine *kulturell-kognitive* und eine *materiell-rationalistische*. Beide verknüpfen sich empirisch dann, wenn Individuen, die aus kulturell-kognitiven Gründen Dispositionen zur Intoleranz gegenüber Multikulturalität aufweisen, auch materielle Gründe haben mögen, eine Multikulturalisierung der Gesellschaft zu fürchten.

In fortgeschrittenen universalistischen europäischen Sozialstaaten der achtziger Jahre verteilten sich die politischen Orientierungen nicht gleichmäßig über die beiden Dimensionen, sondern um *cluster*, welche eine Häufung politischer Präferenzkombinationen entlang einer Achse vor linkslibertären zu rechtsautoritären Positionen bewirkte. Sehr viele der bildungsintensiven Berufe sind in diesem Zeitraum im Sozialstaat oder zumindest in privaten Bereichen lokalisiert, die vor der internationalen Konkurrenz geschützt sind. Individuen mit »libertären« Orientierungen weisen deshalb überproportional »redistributive« wirtschaftliche Präferenzen auf. Umgekehrt sind viele der weniger bildungsintensiven Berufe im Privatsektor organisiert. Rechtsautoritäre Positionen sind dabei v. a. bei weniger gebildeten Individuen mit Kapitaleinkommen in objekt- und dokumentorientierten Arbeitssituationen, dem traditionellen »Kleinbürgertum«, zu erwarten. Für die Arbeiterklasse ergeben sich differenzierte Präferenzerwartungen. Wegen des geringen formell-universalistischen Bildungsniveaus läßt sich mit einer eher autoritären Orientierung rechnen. Auf der Achse der Wirtschaftspolitik sollte eine Differenzierung zwischen Sektoren eintreten, bei der v. a. in den exportorientierten Sektoren sich eine eher marktorientierte Haltung durchsetzen sollte. Diese Differenzierung mag v. a. bei *jüngeren Arbeitern*, die wenig in die Institutionen der Arbeiterbewegung (Gewerkschaft und Partei) eingebunden sind, deutlicher zum Vorschein treten als bei älteren Arbeitern und zumal Rentnern. Außerdem mag bei Arbeitern ein materiell begründeter reaktiver Ethnozentrismus oder »Sozialchauvinismus« besonders virulent werden, welcher Einwanderung und globale Liberalisierung des Wirtschaftsgeschehens für zunehmende Arbeitsplatzunsicherheit und stagnierende Löhne verantwortlich macht.

Allerdings läßt sich *objektiv* in den achtziger Jahren kaum ein Ansteigen der Arbeitslosigkeit in postindustriellen Demokratien auf Veränderungen in der EKA und »Globalisierung« der Produktion nachweisen. Vielmehr sind technologische Innovationen der Hauptmotor für die nachlassende Marktmacht gering qualifizierter Arbeitskräfte und das steigende Niveau der Arbeitslosigkeit v. a. bei wenig qualifizierten jungen Arbeitern (Krugman 1996). Die rationalistische Theorie reaktiven Ethnopartikularismus identifiziert zwar die richtigen sozioökonomischen Gruppen, die sich gegen Multikulturalisierung wenden, aber aus den falschen Gründen. Aus der Rationaltheorie des reaktiven Nationalismus müßte außerdem folgen, daß ethnokulturelle Mobilisierung der Unterprivilegierten innerhalb der bevorzugten ethnokulturellen Gruppe direkt proportional ist zum Einwanderungsdruck und zur Multikulturalisierung der Gesellschaften. Darüber hinaus sollten rechtsradikale Parteien mit ethnokulturell partikularen Forderungen in dem Maße an Zulauf gewinnen, wie Einwanderung und Arbeitslosigkeit die Virulenz reaktiven Nationalismus erhöhen. *All diese Erwartungen werden aber durch die reale Entwicklung der achtziger Jahre enttäuscht. Warum läßt sich also kaum ein Zusammenhang zwischen Immigration/Multikulturalisierung, reaktivem Nationalismus und rechtsradikaler Parteienstärke nachweisen?*[4]

Eine Möglichkeit besteht darin, die These vom distributiv begründeten, reaktiven Nationalismus vollständig zurückzuweisen. Ich akzeptiere diese Antwort nicht ohne weiteres, sondern argumentiere vielmehr, daß die Tendenz zum reaktiven Nationalismus in eine breitere politische und ökonomische Dynamik eingebettet werden muß. Mindestens drei weitere Aspekte der kompetitiven Situation europäischer Demokratien in den achtziger Jahren müssen berücksichtigt werden.

Erstens nahm der wirtschaftliche Umstrukturierungsdruck durch die mikroelektronische Revolution und die damit verbun-

---

4 Für empirische Belege und weitere Literaturverweise siehe Kitschelt/McGann 1995, S. 60ff.

denen höheren Qualifikationsanforderungen in den Arbeitsmärkten erst allmählich in den achtziger Jahren zu, wobei zunächst auch noch die Stabilisierung oder gar Ausweitung sozialpolitischer Kompensationsmechanismen (Fortbildung, Frühverrentung, Ausdehnung öffentlicher Beschäftigung) das sich aufbauende soziale Konfliktpotential eindämmten. Die Bevölkerungsgruppen, die allein durch reaktiven Ethnozentrismus mobilisiert werden konnten, hatten deshalb noch nicht eine *kritische Masse* erreicht, die eine parteipolitische Mobilisierung allein um dieses Klientel aussichtsreich machten.

Zweitens regten sich wegen der fortlaufenden Konsolidierung und in einigen Hinsichten sogar Ausdehnung des Sozial- und Steuerstaates in fast allen westeuropäischen Ländern in den achtziger Jahren zunehmend marktliberale Kräfte, die einen Abbau der bestehenden Umverteilungsmechanismen forderten. Ein begrenzter Teil dieser Kräfte, insbesondere im Bereich kleiner Selbständiger und Landwirte, war dabei auch autoritären Appellen zugetan. *Die »Erfolgsformel« für neue rechtsradikale Parteien bestand deshalb darin, wirtschaftlich »rechte« mit soziokulturell autoritären Themenpositionen zu verbinden. Solche rechts-autoritären Parteien bauten auf Wählerkoalitionen, welche reaktivethnopartikulare Elemente der sozial absteigenden und politisch frei flottierenden Arbeiterklasse mit traditional autoritären und marktliberalen Kräften des Mittelstandes verbanden.* Deutlich unterrepräsentiert im Wahlvolk solcher Parteien sind dagegen die gebildeten Mittelschichten, v. a. in den kulturelle Symbole und persönliche Dienstleistungen produzierenden und zumeist im öffentlichen Sektor lokalisierten Berufen. Zwar wurden für die neuen rechtsradikalen Parteien ethnozentrische Losungen zum *Katalysator der Wählermobilisation*, welche es ihnen erlaubte, heterogene Gruppen unter einem Dach zusammenzuführen. Die Zähigkeit ihre Erfolges über spektakuläre einzelne Wahlen hinaus bedurfte aber der Elaboration einer breiten autoritären und marktliberalen Programmatik. Diese *thematische Generalisierung* der neuen Rechten entstand in den achtziger Jahren zum einen aus der Einbettung des Ethnopartikularismus in breitere autoritäre Ressentiments (insbesondere bei Elementen der Arbeiterklasse) und marktliberaler, antietatistischer Orientierung (besonders beim Mittelstand). Zum anderen erzeugt sich aus jeder modernen Konkurrenzdemokratie mit Territorialrepräsentation, daß Parteien und Abgeordnete ihren Wählern generalisierte Programmpakete in Aussicht stellen, da sie legislative Repräsentationsaufgaben im Hinblick auf eine unbestimmte und unbegrenzte Themenmenge übernehmen.

Drittens jedoch war auch die rechts-autoritäre programmatisch-strategische »Erfolgsformel« allein nicht ausreichend, um neuen rechtsradikalen Parteien Massenzuspruch einzubringen. Ihr massiver Rückhalt in der elektoralen Arena setzte außerdem voraus, daß eine genügende Anzahl von »autoritären« Elementen der Arbeiterklasse und eines »rechts-autoritären« Mittelstandes die konventionellen Parteien nicht mehr als plausible Alternativen ansahen. Dies trat v. a. dann ein, wenn sich etwa durch einen Machtwechsel in der Regierung eine wirtschafts- und sozialpolitische *Konvergenz der Positionen der moderaten konventionellen Rechten und Linken*, etwa von sozialdemokratischen und christdemokratischen Parteien, eingestellt hatte.

Eine solche Konvergenz nahm extreme Züge an in »partitokratisch-klientelistischen« Parteisystemen, wie denen Österreichs, Italiens und in geringerem Maße Belgiens. Die Machinationen von ganz wesentlich korrupten parteipolitischen Eliten erlaubten es in Österreich und Italien neuen »rechten« Parteien, viel weniger Gewicht auf ethnopartikularistische Themen zu legen und vielmehr einen populistisch antietatistischen, marktliberalen Appell zu bevorzugen, der auf die Zerschlagung des Parteienfilzes in Staat und Wirtschaft abzielte. Wegen dieser besonderen programmatischen Ausrichtung sammelten diese Parteien Wählerkoalitionen und unterschieden sich damit von den rechts-autoritären Parteien dadurch, daß ihnen mehr Angehörige der Mittelschichten, angewidert von den Auswüchsen der Patronageapparate, beipflichteten.

Die rechts-autoritäre Erfolgsformel bei gleichzeitiger Konvergenz von konventionellen Parteien, aber fehlender »Partitokratie«, führte zum relativen Wahlerfolg von rechtsradikalen Parteien in Frankreich, Dänemark, Norwegen und der Schweiz. In Großbritannien und Schweden fehlte bis in die neunziger Jahre hinein eine hinreichende Konvergenz der konventionellen Parteien. In Belgien ist die Lage kompliziert durch die Überlagerung multinationaler und multiethnischer Konfliktlinien sowie die Existenz eines beträchtlichen parteipolitischen Patronageapparates – all dies sind Quellen, aus denen sich der Aufstieg einer rechtsradikalen

Partei seit den späten achtziger Jahren nähren konnte. Auf den ersten Blick rätselhaft bleibt dagegen die Situation in Deutschland, wo ein hinreichendes ethnozentrisches Potential nicht zum dauerhaften Aufstieg einer rechtsradikalen Partei beitrug. Allerdings waren hier die maßgeblichen Politiker verschiedener rechtsradikaler Parteien nicht in der Lage, die programmatische Erfolgsformel der marktliberal-autoritären Rechten zu übernehmen.[5]

Stufe II: Gesellschaftliche und politische Opportunitätsstruktur für den Rechtsradikalismus am Ausgang der neunziger Jahre

In den neunziger Jahren verstärkt sich die soziale Differenzierung der Arbeiterklasse in allen westeuropäischen Demokratien. Auf der einen Seite akzeleriert der technologisch induzierte Strukturwandel und setzt in einer Reihe von Wirtschaftssektoren Arbeitskräfte frei, die v. a. wegen ihres geringen Qualifikationsprofils kaum Aussicht auf neue Anstellung haben. Auf der anderen Seite führt ein zunehmender internationaler Konkurrenzdruck, der v. a. durch die neuen Niedriglohnländer Ostmitteleuropas erzeugt wird, zu erhöhten Rationalisierungs- und Auslagerungsmaßnahmen der Produktion aus Westeuropa, die nur durch Lohnkonzessionen der Belegschaften aufgefangen werden konnten. Schließlich sehen sich westeuropäische Regierungen aufgrund steigender Haushaltsdefizite und der fiskalischen Imperative des europäischen Einigungsprozesses zunehmend weniger in der Lage, solche Entwicklungen sozialpolitisch abzufedern. In konzentrierter Form erfahren insbesondere junge Arbeiter mit wenig Qualifikationen, die in einer postindustriellen Wirtschaft nachfrageträchtig sind, die negativen Seiten der wirtschaftlichen Strukturveränderungen. Ungebremst durch eine Einbindung in bestehende gewerkschaftliche Interessenorganisationen oder sozialdemokratische Milieus setzen v. a. diese Gruppen einen reaktiven Ethnozentrismus frei, welcher autoritäre Parteien fördert. Allerdings handelt es sich hierbei eher um Projektionen als reali-

---

[5] Ich führe dies v. a. auf die Erbschaft antimarktwirtschaftlichen nationalsozialistischen Denkens zurück, welches durch den Zufluß von Nazi-Anhängern in deutschen rechten Parteien immer wieder Oberwasser erhält. Zumindest bislang ist die Tatsache, daß rechtsradikale Parteien in der Tat in der Tradition des Nationalsozialismus i. w. S. stehen, ein wichtiger Grund, weshalb diese Parteien auf Dauer sich nicht in der Wählerschaft verankern konnten.

stische Einschätzungen der Bedrohung eigener Arbeitsmarktchancen durch Einwanderer und Asylbewerber.

Weitere sozialstrukturelle Veränderungen werden ebenfalls folgenreich für die politische Gesamtkonfiguration europäischer Parteiensysteme im ausgehenden 20. Jahrhundert. Mit den Wachstumsgrenzen oder der sogar absoluten Kontraktion des Sozialstaates suchen gebildete Berufsanfänger zunehmend Positionen im Privatsektor. Bedingt durch technologische Entwicklungen im Informations- und Kommunikationsbereich und durch Konsumentennachfrage dringt ein neuer Mittelstandstypus vor, welcher auf hoch professionalisierte Unternehmer baut, die wenig Sympathien für autoritäre Appelle haben. Während in den achtziger Jahren die sektorale und berufliche Struktur Wähler überproportional um links-libertäre und rechts-autoritäre Positionen konfigurierte, nehmen jetzt der marktwirtschaftliche, »rechte« Sektor des neuen Mittelstandes professionalisierter Kleinunternehmen sowie eine wirtschaftspolitisch diffus orientierte, aber soziokulturell autoritäre, ethnopartikularistische, politisch entwurzelte und sozioökonomisch absteigende Arbeiterklasse zu. In Kitschelt (1996) habe ich diesen Übergang mit den hier reproduzierten Abbildungen 1 und 2 skizziert.

Wenn Parteien v. a. auf Wähler bauen, die mit ihren zentralen Appellen sympathisieren, dann ergeben sich daraus neue strategische Probleme für die wichtigsten Parteien. Bislang links-libertäre Parteien (LL), wie die kontinentaleuropäischen Grünen oder die skandinavischen Linkssozialisten, sehen sich zunehmend unter Zugzwang, sich mit marktwirtschaftlichen Positionen anzufreunden, sofern sie nicht einen Teil ihrer Wähler einbüßen wollen. Für Sozialdemokraten (SD) und Christdemokraten (CD) werden zentristische Wirtschaftspositionen maßgebend, aber es stellt sich für sie v. a. die Frage, in welchem Maße sie eher um »autoritäre« oder um »libertäre« Wähler konkurrieren. Zugleich haben marktliberale Parteien (LIB) in den meisten nordwesteuropäischen Ländern mit Ausnahme Deutschlands seit Mitte der achtziger Jahre stark an Einfluß gewonnen, zumeist auf Kosten christdemokratischer und anderer »zentristischer« Parteien.

Auch für die neuen Parteien der extremen Neuen Rechten (NR) verändern sich die politischen Erfolgsbedingungen im Zuge des fortschreitenden sozioökonomischen und politischen Wandels. Koalitionen unter Einschluß des alten Mittelstandes

Abb. 1: Politische Präferenzverteilung von den Nachkriegsjahrzehnten zu den siebziger und achtziger Jahren

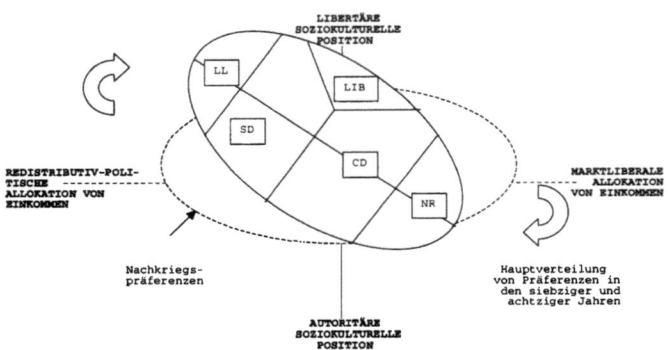

Abb. 2: Politische Präferenzverteilung von den achtziger Jahren zur Jahrhundertwende

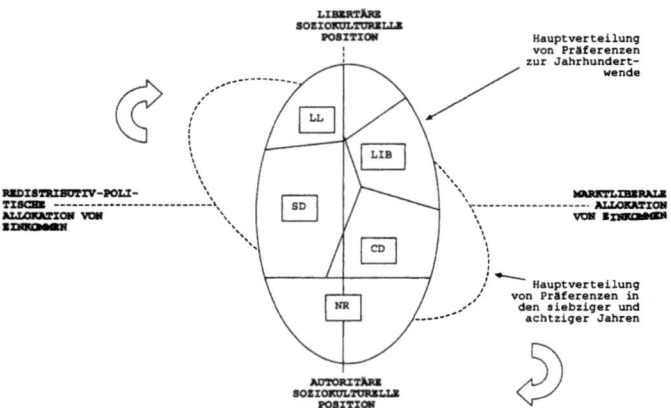

werden elektoral weniger profitabel. Zugleich erhöht sich die Proportion der absteigenden Arbeiterklasse, die autoritären, rechtsradikalen Appellen zugänglich ist. Es ist deshalb gut möglich, daß die Parteien der extremen Rechten deutlicher zu postindustriellen Arbeiterparteien werden.[6] Während ihr Aufstieg in den achtziger Jahren v. a. auf Kosten der traditionellen Parteien der moderaten Rechten ging, können jetzt sozialdemokratische Parteien den höchsten Abgang an die extreme Rechte erwarten.[7] Die These vom reaktiven Ethnozentrismus bestätigt sich damit insofern, als in der Tat die wirtschaftlich verletzlichsten Gruppen der dominanten ethnischen Gruppe westeuropäischer Gesellschaften das höchste ethnozentrische Mobilisationspotential aufweisen, auch wenn diese Orientierung oft eher auf der Projektion von Ängsten als realen Konkurrenzprozessen beruht.

Einige rechts-autoritäre Parteien haben in dieser Situation ihre marktliberalen Appelle zurückgenommen und sich mehr auf Themen des reaktiven Nationalismus und Ethnozentrismus konzentriert (Betz 1994, Kap. 4). In Übereinstimmung mit dem oben entwickelten Argument hat dies ihre Wählerkoalition verändert. So hat die ehemals populistisch antietatistische *Freiheitliche Partei Österreichs* weite Teile des eher libertären und marktliberalen Mittelstandes verloren und diese Verluste durch Zustrom von ehemals sozialdemokratischen Arbeitern aus der Wiener Großstadt wettgemacht. Beim *Front National* läßt sich ein gradueller Wandel vom Übergewicht des Mittelstandes zu Beginn von Le Pens Wahlerfolgen Mitte der achtziger Jahre zu einer gleichgewichtigen Überrepräsentation von Mittelstand und Arbeiterklasse um 1990 und schließlich zu einem Übergewicht der Arbeiterklasse in den neunziger Jahren diagnostizieren (Schain 1997).

---

6 So Minkenberg 1997, S. 625, in einer Kritik meines Buches über die europäische extreme Rechte (Kitschelt/McGann 1995). Für ein ähnliches Argument in bezug auf den französischen *Front national* vgl. Schain 1997, S. 378f. Ich habe diese Kritik in einem Papier vorweggenommen (Kitschelt 1996). Komparative Analyse muß nicht nur die spezifischen Bedingungen verschiedener Parteiensysteme, sondern auch die Dynamik der Parteikonkurrenz unter sich ändernden politisch-ökonomischen Bedingungen im Zeitablauf rekonstruieren.

7 Genauer gesagt, Sozialdemokraten mögen proportional weniger Zugang von nachwachsenden Generationen der (schrumpfenden) Arbeiterklasse erfahren. Diese nachwachsenden Generationen orientieren sich eher an der extremen Rechten.

Lipset (1981, S. 124) hat frühzeitig einen kulturellen Autoritarismus in der Arbeiterklasse diagnostiziert, dem aber ihre Einbindung in linke Parteien und Gewerkschaften unter Führung vergleichsweise libertärer Politiker und Intellektueller in der Vergangenheit entgegenwirkte. Heißt dies nun, daß nach Wegfall dieses libertär-demokratischen Gegengewichts in der Arbeiterbewegung die neuen Arbeiterparteien der extremen Rechten antimarktwirtschaftliche, »national-sozialistische« Positionen vertreten werden, weil sich ihr Rückhalt hauptsächlich aus der Arbeiterklasse rekrutiert? Ich kann dieser Spekulation aus mindestens drei Gründen nicht folgen. Zwar richtet sich die ethnopartikularistische Forderung nach Schließung der Arbeitsmärkte für »Fremde« gegen eine liberale Marktordnung mit offener Konkurrenz. Zugleich aber ist erstens die sozialpolitische Stoßrichtung der extremen Rechten, kein universalistisches Bedürfnisprinzip gelten zu lassen, sondern Leistungen auf Beitragzahler zu begrenzen (»Sozialchauvinismus«), durchaus vereinbar mit neoliberalen Angriffen auf die redistributiven Aufgaben des universalistischen Sozialstaates. Zweitens fordert die neue Rechte zwar die Schaffung von mehr Arbeitsplätzen, läßt sich aber nicht auf massive links-keynesianische Beschäftigungsprogramme ein, sondern setzt eher auf Steuersenkungen und weniger Staatssektor zur Erleichterung der Schaffung neuer Unternehmen – eine weitere Kompatibilität mit dem Neoliberalismus. Schließlich läßt auch die mangelnde Bindung der meisten Befürworter der neuen Rechten an Organisationen der Arbeiterklasse in der Vergangenheit einen sozialistischen Diskurshintergrund vermissen. Selbst da, wo Parteien der extremen Rechten vagen antiliberalen Wirtschaftsvorstellungen anhängen, kann von einer linken Programmatik keine Rede sein. Rechtsextreme Parteien büßen einen Teil des marktliberalen wirtschaftspolitischen Profils ein, welches sie in den achtziger Jahren kultivierten, ohne dabei jedoch ernsthaft neue Konturen zu gewinnen. Zwar ist die Haupttendenz ihrer Wähler oft nicht mehr auf der extremen marktliberalen Rechten zu verorten, aber ihre Wähler unterstützen auch keineswegs linke wirtschaftspolitische Forderungen.[8]

8 Wie komparative Daten zeigen, standen in den achtziger Jahren mit Ausnahme Deutschlands und Großbritanniens die Wähler der neuen erfolgreichen rechtsradikalen Parteien überall annähernd so nahe oder näher am ökonomischen Marktliberalismus als die am meisten marktorientierten

3. Ethnozentrismus, Sozialstaat und Parteienkonkurrenz

Nationalismus und Ethnozentrismus sind keine umfassenden programmatischen Ideensysteme, sondern sind fast immer in breitere autoritäre, sozialistische oder sogar liberal-demokratische politische Doktrinen eingebunden. Nationalismus, als solcher, hat deshalb nie seine eigenen großen Denker produziert (Anderson 1991, S. 5) und tritt in den historisch verschiedenartigsten politischen Zielkonzeptionen auf (Breuilly 1994). Ich habe hier die spezifische Verbindung von Ethnopartikularismus und politischer Mobilisierung in postindustriellen Demokratien skizziert. Dabei lassen sich in verschiedenen Parteiensystemen und im Zeitablauf der letzten 20 Jahre sehr unterschiedliche Konstellationen identifizieren, die bestimmten ethnopartikularen Appellen Massenanhang zutreiben. Rationalistische Theorien reaktiven Nationalismus und Ethnozentrismus können dabei die veränderten Bedingungen rechtsradikaler Mobilisation in den neunziger Jahren besser erklären als in den achtziger Jahren, obwohl auch hier sich deutliche Erklärungsgrenzen ergeben, insofern Gruppenkonkurrenz aufgrund von Unsicherheit über die ethnokulturelle Arbeitsteilung eher eine sozialpsychologische Projektion absteigender Teile der Arbeiterklasse, insbesondere der nicht an das sozialistische Milieu angebundenen Jungarbeiter, darstellt als eine rational kalkulierte Antwort auf einen tatsächlich bestehenden Kausalnexus zwischen fallenden Lebenschancen und Immigration. Die kulturellen Bedingungen der Mobilisation rechtsradikaler Kräfte als Gegenbewegung zu den gebildeten, linkslibertären Tendenzen fortgeschrittener Sozialstaaten lassen sich nicht vollständig auf materielle Deprivationen reduzieren.

Zwar identifiziert die Theorie reaktiven Ethnozentrismus zutreffend die westeuropäischen sozialen Akteure, welche auf eine

---

konventionellen Parteien (Kitschelt/McGann 1995). Auch Daten für die neunziger Jahre zeigen keineswegs, daß die Anhänger der extremen Rechten wirtschaftspolitische Redistribution vertreten. Die von Schain 1997, S. 379, zitierte Umfrage in Frankreich zeigt die Wähler der Rechten mehr auf seiten der Marktprivatisierung von Firmen als den Durchschnittswähler, wenn auch *Front-national*-Wähler bei anderen, vageren wirtschaftspolitischen Fragen eher zentristische Positionen signalisieren. Schain gibt keine Daten über die Präferenzen der Wähler linker Parteien in der Wirtschaftspolitik an. Diese stehen in allen wirtschaftspolitischen Fragen weit entfernt von den Parteien der konventionellen und der neuen extremen Rechten.

Veränderung der ethnischen Arbeitsteilung mit ethnokulturell partikularistischen Forderungen antworten. Aber zum einen tritt erfolgreiche parteipolitische Mobilisierung solcher Forderungen um rechtsradikale Parteien nur dann ein, wenn zusätzlich eine bestimmte Konfiguration parteipolitischer Konkurrenz und ein mobilisierender politischer Appell präsent sind, welcher ethnozentrische Themen in sich wandelnde breitere programmatische Fragen einbettet. Und zum anderen muß die These von der ethnokulturellen Konkurrenz *subjektiviert* werden. Rationalistische Ansätze unterstellen, daß Akteure eine im wesentlichen empirisch korrekte Wahrnehmung ihrer Interessenlage haben. Empirische Fakten sprechen jedoch deutlich dagegen, daß Einwanderung und globale Wirtschaftskonkurrenz die Hauptursachen für die abnehmenden Einkommenschancen von weiten Teilen der Arbeiterklasse sind (Krugman 1996). Dies erklärt auch, weshalb so wenig direkte Korrespondenz zwischen veränderter ethnischer Arbeitsteilung und ethnozentrischen Dispositionen besteht. Viele der jungen Angelernten oder auch Facharbeiter, die sich für rechtsradikale Parteien entscheiden, können in ihrem persönlichen betrieblichen Erfahrungsbereich *keine* ethnische Konkurrenz wahrnehmen. Am Ende kommt auch eine rationalistische Analyse nicht ohne eine *sozialpsychologische Fundierung* aus, nach welcher sozial absteigende Gruppen ihre Deprivation auf als sozialkulturell »fremd« wahrgenommene Menschen projizieren. Die tiefere Irrationalität der Befürworter reaktiven Ethnozentrismus zeigt sich schließlich auch darin, daß Einwanderer in westeuropäische Demokratien die demographischen Lücken schließen helfen, welche die Zahlung von Sozialversicherungsleistungen für genau diejenigen, die sich gegen Multikulturalisierung aussprechen, im 21. Jahrhundert andernfalls erschwerten.

In umfassenden, universalistischen europäischen Sozialstaaten, in welchen Landeseinwohner eine relativ breitere und sozial redistributiv wirkendere Palette von Leistungen in Anspruch nehmen können als etwa im US-amerikanischen residualen Sozialstaat (Esping-Andersen 1990), liegt es näher, daß faktisch falsche, demagogische Behauptungen über die interethnischen Redistributionsprozesse des Sozialstaates politisch virulent werden. Im residualen amerikanischen Sozialstaat sind Leistungen für Einwanderer außerordentlich gering und lassen deshalb kulturelle Toleranz weniger kostspielig erscheinen.⁹ Eine in Europa oder Amerika durch reaktiven Ethnozentrismus mitverursachte Sozialstaatskritik mag in einer Ära neoliberaler Wirtschaftsreform allerdings genau zu einem Abbau von Leistungen für diejenigen Angehörigen der arbeitsmarktpolitisch verletzlichen Arbeiterklasse führen, die aufgrund sinkender Marktchancen selbst wenig in die Sozialversicherungssysteme einzahlen und deshalb nur geringe beitragsgedeckte Ansprüche anmelden können. Ethnopartikulare Mobilisation hat für seine Träger den *perversen Kausaleffekt*, daß diejenigen, welche die Multikulturalisierung westlicher Gesellschaften aus sozialchauvinistischen Gründen ablehnen, am Ende sich selbst materiell schädigen. Selbst dort, wo neue rechtsradikale Parteien ihre wirtschaftsliberale Rhetorik einschränken, bedeuten die Konsequenzen ihres Aufstiegs Wasser auf die Mühlen neoliberaler Sozialstaatskritik.

Innerhalb des durch Multikulturalisierung, neoliberale Wirtschaftsreform und Eindämmung des Sozialstaates geschaffenen politischen Konfliktfeldes sehen sich auch die politischen Parteien neuen Handlungszwängen und Möglichkeiten gegenüber. Was die Parteien der extremen Rechten selbst betrifft, so stellt sich v. a. die Frage, ob solche Parteien, die in den achtziger Jahren nicht die rechts-autoritäre »Gewinnformel« propagierten und deshalb wahlpolitisch erfolglos blieben, jetzt, wo politisch-ökonomischer Wandel ein breiteres sozialprotektionistisches, aber autoritäres und ethnopartikulares Wählerpotential erzeugt, die Entwicklung in anderen Ländern nachholen können. Ich möchte hier abschließend die These vertreten, daß ein solcher nachholender Erfolg v. a. von den strategischen Handlungen der konventionellen Parteien und hier besonders von denen der moderat linken Parteien abhängen.

Während in den achtziger Jahren v. a. die konventionelle Rechte Wählerstimmen an die neuen Konkurrenten abgab, so ist es in den neunziger Jahren insbesondere die Sozialdemokratie, welche an die autoritäre und ethnozentrische Rechte Wählerstimmen ver-

---

9 In solchen amerikanischen Staaten, wo der Einwanderungsdruck besonders hoch und das soziale Netz in der Vergangenheit etwas enger geknüpft war wie etwa in Kalifornien, haben Kräfte innerhalb der Republikanischen Partei um den Gouverneur Wilson erfolgreich mit »sozialchauvinistischen« Parolen gespielt, obwohl auch hier Studien zeigen, daß Einwanderer wahrscheinlich mehr zu Steuern und Sozialabgaben beitragen, als ihnen das System in Form von Leistungen rückerstattet.

liert. Wenn die vorliegende Analyse stimmt, dann sehen sich sozialdemokratische Politiker mit einem schwierigen Zielkonflikt konfrontiert. Auf der einen Seite können sie wirtschaftspolitisch protektionistische und soziokulturell autoritäre Töne anschlagen, um den Nachwuchs ihrer »Stammwähler« in der Arbeiterklasse an die Partei zu binden. Auf der anderen Seite können sie sich mit mehr marktliberalen Vorstellungen anfreunden und zugleich soziokulturell libertäre Positionen vertreten, um somit die Mittelschichten des Dienstleistungssektors, hochqualifizierte Beschäftigte in international konkurrierenden Unternehmen sowie das neue postindustrielle Unternehmertum für die Partei zu interessieren. Tony Blair in Großbritannien und Bill Clinton in Amerika haben diese Wende durchexerziert. Wie Clintons Politik zeigt, impliziert eine solche Strategie aber auch, daß sich gemäßigt redistributiv orientierte Parteien konsequent von den Problemen absteigender Berufsgruppen und Sektoren in der Arbeiterklasse abwenden und sich auf den Medianwähler konzentrieren, um regierungsfähig zu bleiben. Eine solche Orientierung setzt allerdings ein reaktiv-ethnopartikulares Wählerpotential frei, welches sich unter bestimmten Bedingungen im politischen Konkurrenzraum um neue »rechte« Parteien oder gewalttätige soziale Bewegungen gruppiert.

Durch zähes Festhalten an einem eher linken sozialprotektionistischen Profil (und d. h. neuerdings auch: Skepsis gegenüber dem Fortschreiten der europäischen Integration), einer steten Verteidigung des Sozialstaates und einer Zurücknahme politisch-kultureller libertärer Appelle könnten Sozialdemokraten damit westlichen Demokratien den Dienst erweisen, den Handlungsraum rechtsradikaler Parteien einzuschränken. Den Preis, den sie dafür zahlen müssen, ist jedoch ihre Verbannung auf die Oppositionsbänke, weil Mehrheiten mit traditionalistischen sozialdemokratischen Positionen nicht mehr zu holen sind. Wenn sie dagegen ihre parteipolitischen Eigeninteressen an Stimmenmaximierung oder Regierungsübernahme verfolgen und deshalb an die eher libertären oder gemäßigt marktliberalen Medianwähler appellieren, dann riskieren sie den Aufstieg neuer rechter Parteien, sofern ihnen nicht ihre konservativen Konkurrenten, wie Strömungen innerhalb der britischen Konservativen und der amerikanischen Republikaner, den Gefallen tun, das autoritär-ethnopartikulare Elektorat zu hofieren.

Literatur

Anderson, B.: *Imagined Communities*. Revidierte Ausgabe. London 1991.

Betz, H.-G.: *Radical Right-Wing Populism in Western Europe*. New York 1994.

Breton, A.: *The Economics of Nationalism*, in: *Journal of Political Economy* 72, 4/1964, S. 376-386.

Ders./Gianluigi, G./Salmon, P./Wintrobe, R. (Hg.): *Nationalism and Rationality*. Cambridge 1995.

Breuilly, J.: *Nationalism and the State*. Chicago ²1994.

Deutsch, K. W.: *Nationalism and Social Communication*. Cambridge/Mass. 1966.

Esping-Andersen, G.: *The Three Worlds of the Welfare State*. Princeton/New Jersey 1990.

Fearon, J./Laitin, D.: *Explaining Interethnic Cooperation*, in: *American Political Science Review* 90, 4/1996, S. 715-735.

Fuchs, D./Gerhards, J./Roller, E.: *Wir und die Anderen. Ethnozentrismus in den Zwölf Ländern der Europäischen Gemeinschaft*, in: *Kölner Zeitschrift für Soziologie und Sozialpsychologie* 45, 2/1993, S. 238-253.

Gellner, E.: *Nations and Nationalism*. New York 1983.

Gurr, T. R.: *Minorities at Risk. A Global View of Ethnopolitical Conflicts*. Washington/D. C. 1993.

Hardin, R.: *One for All. The Logic of Group Conflict*. Princeton/New Jersey 1995.

Hechter, M.: *Internal Colonialism. The Celtic Fringe in British National Development, 1536-1966*. Berkeley/Los Angeles 1975.

Hechter, M.: *Internal Colonialism Revisited*, in: Tiryakian, E. A./ Rogowski, R. (Hg.): *New Nationalism of the Developed West. Toward Explanation*. Boston 1985, S. 17-26.

Horowitz, D. L.: *Ethnic Groups in Conflict*. Berkeley/Los Angeles 1985.

Huntington, S.: *The Clash of Civilizations and the Remaking of World Order*. New York 1996.

Kitschelt, H.: *Defense of the Status Quo as Equilibrium Strategy? New Dilemmas for European Social Democracy*. Paper prepard for presentation at the 1996 Annual Meeting of the American Political Science Association, San Francisco, 28. 8.-1.9.

Ders./McGann, T.: *The Radical Right in Western Europe. A Comparative Analysis*. Ann Arbor 1995.

Krugman, P.: *Pop Internationalism*. Cambridge/Mass. 1996.

Kymlicka, W.: *Multicultural Citizenship*. Oxford 1995.

Levi, M./Hechter, M.: *A Rational Choice Approach to the Rise and Decline of Ethnoregional Political Parties*, in: Tiryakian, E. A./Rogowski, R. (Hg.): *New Nationalism of the Developed West. Toward Explanation*. Boston 1985.

Lijphart, A.: *Democracy in Plural Societies.* New Haven 1977a.
Ders.: *Political Theories and the Explanation of Ethnic Conflict in the Western World: Falsified Predictions and Plausible Postdictions,* in: Esman, M.J. (Hg.): *Ethnic Conflict in the Western World.* New York 1977b.
Lipset, S. M.: *Political Man.* Baltimore 1981².
Ders./Raab, E.: *The Politics of Unreason. Right-Wing Extremism in America, 1790-1977.* Chicago 1978.
Marx, A. W.: *Race Making and the Nation State,* in: World Politics 48, 2/1995, S. 180-208.
Minkenberg, M.: *Review of Kitschelt. The Radical Right in Western Europe,* in: Journal of Politics 59, 3/1997, S. 624-27.
Olszak, S.: *The Dynamics of Ethnic Competition and Conflict.* Stanford 1992.
Rogowski, R.: *Causes and Varieties of Nationalism. A Rationalist Account,* in: Tiryakian, E. A./Rogowski, R. (Hg.): *New Nationalism of the Developed West. Toward Explanation.* Boston 1985, S. 87-108.
Schain, M. A.: *Review of Kitschelt. The Radical Right in Western Europe,* in: Comparative Political Studies 30, 3/1997, S. 375-80.
Schmitt, C.: *Der Begriff des Politischen.* München/Leipzig 1932.
Varshney, A.: *Ethnic Conflict and Rational Choice.* Paper Presented at the 1995 Meeting of the American Political Science Association, Chicago.

Claus Leggewie
What's next? oder:
Neokapitalismus und neue Linke[1]

1. Einleitung: Im Westen was Neues?

Eine einflußreiche Denkschule in den Vereinigten Staaten und in Europa ist davon überzeugt, daß Globalisierung diesseits wie jenseits des Atlantiks autoritäre und rechtsradikale Entwicklungen freisetzt und begünstigt. Die Kritiker beziehen sich dabei v. a. auf solche Entwicklungen der Arbeitsmärkte und Sozialversicherungssysteme, die eine wachsende Zahl von »schwer vermittelbaren« Un- und Unterbeschäftigten, Langzeitarbeitslosen und Sozialhilfeempfängern hervorbringen. In der französischen Diskussion werden diese Gruppen als »exclus« gekennzeichnet, im Deutschen hat sich der Terminus »Überflüssige« eingebürgert. Am Ende der Globalisierung steht demnach, als Resultat eines verhängnisvollen Wettrennens der Wirtschaftsstandorte um die niedrigsten Löhne und Sozialabgaben, eine Zweidrittelgesellschaft. Es ist in der Tat unübersehbar, daß im Zuge der ideologischen Offensive neoliberaler und neokonservativer Meinungsführer eine wachsende Zahl von Wählern dazu neigt, rechtspopulistischen Protestparteien ihre Stimme zu geben. »Globalisierungsverlierer« tendieren im politischen Spektrum heute jedenfalls nicht nach links; die Erfolge rechtspopulistischer und rechtsradikaler Parteien beruhen in letzter Zeit v. a. auf dem Zustrom von Wählern aus dem Arbeitnehmermilieu, die von den Arbeiterparteien und Gewerkschaften enttäuscht sind und mit einer »rot-grünen« Programmatik nichts anfangen können. Kurzum: Die tatsächlichen oder befürchteten Wirkungen der Globalisierung können eine Art »Panik in der Arbeiterschaft« auslösen, analog zur »Panik im Mittelstand« (Geiger 1932) der späten zwanziger und frühen dreißiger Jahre.

Soziale und in der Folge politische Desintegration waren v. a. in der Zwischenkriegszeit der zwanziger und dreißiger Jahre,

---

[1] Dieser auf der Bielefelder Konferenz vorgetragene und überarbeitete Beitrag ist auch in *Transit* 14/1997, S. 15-26 erschienen. Für Anregungen danke ich Michael Vester, Tony Judt und Hans-Peter Müller.

aber auch schon zu Ende des 19. Jahrhunderts Nährboden autoritärer und faschistischer Bewegungen. Sie füllten das Vakuum, das zerfallende Subkulturen der Arbeiterbewegung und die anomische Erosion sozialmoralischer Milieus in sozialdarwinistisch inspirierte Einzelkämpfer hinterlassen hatten und pluralistische Massendemokratien implodieren ließ. Eine solche Implosion wird von den Protagonisten der »konservativen Revolution« heute erneut provoziert, die in dogmatischer Kurzsichtigkeit den Ausschluß einer wachsenden Zahl von Produzenten, Konsumenten und nicht zuletzt auch Bürger hinnehmen. Das Gefühl sozialer Unsicherheit und relativer Deprivation wächst trotz einer kontinuierlichen Gesamtsteigerung der Produktivität und Profite bis weit in den gehobenen Mittelstand hinein. Diese Entwicklung schlägt auf die Parteiensysteme durch, u. a. in Gestalt einer wachsenden Zahl von Nicht-, Wechsel- und Protestwählern, die sich auch von den intermediären, in Deutschland »vorpolitisch« genannten Instanzen (wie Kirchen, Gewerkschaften, gemeinnützigen Vereinen) abwenden. Zwischen sozialem Status bzw. Einkommenslage und sozialer Empathie und politischer Partizipation besteht ein enger Zusammenhang in der Weise, daß wer als Produzent und Konsument ausgeschlossen ist, auch als Bürger geneigt ist, die *Exit*-Option zu wählen.

Für diese Korrelation zwischen dem sog. »Turbo-Kapitalismus« und politischer Apathie bzw. Erfolgen der radikalen Rechten gibt es eine gewisse Evidenz; dabei werden »antikapitalistische« Töne angeschlagen, die heute jedoch eine autoritäre, xenophobe und sozial-, wirtschafts- und kulturprotektionistische Melodie ergeben.[2] Eine Art »Klassenkampf von oben« hat in den meisten westlichen Demokratien zu einer beachtlichen, von manchen sogar als bedrohlich angesehenen Verschiebung nach rechts geführt. So scheint es plausibel, wenn sich die demokratische Linke dem »Globalismus« entgegenstellt und eine »territorialistische«, d. h. auf die Erhaltung der nationalen Souveränität der europäischen Wohlfahrtsstaaten abzielende Gegenstrategie entwickelt (Meier 1997, Touraine 1997). Auch linke antikapita-

---

2 Siehe dazu am amerikanischen Beispiel Leggewie 1997 und Minkenberg 1996, zur wachsenden Arbeitnehmerbasis des europäischen Rechtspopulismus (v. a. des Front national und der Freiheitlichen in Österreich) die komparativen Arbeiten von Kitschelt 1995 und Betz 1996, die durch die Analyse jüngster Wählerbewegungen von links nach rechts gestützt werden.

listische Motive kehren in der These von der autoritären Deformation der Modernisierungsverlierer wieder.

Man kann diese knapp skizzierten Entwicklungen zusammenfassend als Kehrseite der »Modernisierung moderner Gesellschaften« auffassen, die hier vornehmlich als Phänomene der Desintegration und »Ungleichgewichtszustände« wahrgenommen werden. Zwar ist die Annahme systemischer Balance in modernen Gesellschaften ein Widerspruch in sich, aber sie prägt Weltbilder und Vorstellungen eines großen Teils der Gesellschaftsmitglieder (und übrigens auch der Gesellschaftstheorie). Seit Durkheim gilt rascher, intensiver sozialer Wandel als Auslöser anomischer Zustände, die zu abweichenden Handlungsformen wie Kriminalität, Selbstmord etc. führen; in bezug auf das Wahlverhalten statusbedrohter Schichten in liberalen Demokratien hat diese Annahme zur sog. »Statuspolitikthese« geführt, wonach »Ungleichgewichtszustände« (u. a.) rechtsradikale Reaktionen nach sich ziehen, wenn – und nur wenn – sie sich mit spezifischen Persönlichkeitsmerkmalen (Autoritarismus) und politisch-kulturellen Faktoren (in ungefestigten Demokratien) verbinden. Die herkömmliche Spaltung der Gesellschaftsmitglieder in »Traditionalisten« und »Modernisten« kann unter weltgesellschaftlichem Gesichtspunkt ergänzt und erweitert werden durch den erwähnten Gegensatz von »Territorialisten« und »Globalisten« (Meier 1997). Beide Orientierungen und Handlungsmuster durchkreuzen das klassische Rechts-Links-Schema, ohne es jedoch außer Kraft zu setzen.

2. Das Ende der Arbeitsgesellschaft – ein Pfad in die rechtsradikale Mobilisierung?

Diese Entwicklungen unterminierten die »Arbeitsgesellschaft« (traditionellen Typs), die die normative und institutionelle Basis der »alten« Arbeiterbewegung bildete. Die traditionelle Industriearbeiterschaft ist bereits seit den fünfziger Jahren im Schrumpfen begriffen; seit den siebziger Jahren war sie weiteren Rationalisierungs- und Verdrängungsschüben ausgesetzt. Vor diesem Hintergrund soll die Hypothese geprüft werden, ob v. a. die jüngere und »traditionslose«, durch Arbeitnehmerorganisationen herkömmlicher Art nicht mehr eingebundene Arbeiterschaft als Modernisierungsverlierer zum Rekrutierungsreservoir rechtsradikaler und populistischer Parteien und Bewegungen werden kann (Vester u. a. 1993, 1995, Vester in diesem Band). Der »Pfad« in die rechtsradikale Mobilisierung verliefe demnach folgendermaßen:

Durch technische Modernisierung und betriebliche Rationalisierung, auch als Folge von Produktionsverlagerungen altindustrieller Fertigungsbetriebe »ins Ausland« (d. h. insbesondere in Billiglohnländer außerhalb der OECD), gibt es auf regionalen und nationalen Arbeitsmärkten, z. B. bei Stahl und Kohle, herkömmlichen Massenkonsumgütern, Werften etc., neuerdings auch beim Werkzeugmaschinenbau, einen rasanten Abbau von Arbeitsplätzen, der nicht mehr allein die Reserve von Arbeitskräften in prekären Segmenten der Arbeitsmärkte (wie z. B. »Gastarbeiter«) betrifft, sondern auch die etablierten Kernbelegschaften sowie nachwachsende Auszubildende, die nicht mehr in den regulären Arbeitsmarkt eintreten können.

Aufgrund der spezifischen Qualifikationsstruktur der bedrohten Arbeitsplätze und anderer »Inflexibilitäten« können diese Arbeitskräfte nicht mehr in andere Branchen und Regionen umgelenkt werden (wie im Übergang von der Agrar- zur Industriegesellschaft bzw. der Industrie- zur Dienstleistungsgesellschaft), sondern sie bilden einen perpetuierlichen Bodensatz unbeschäftigter Arbeiter, die als Beschäftigte in prekären Teilzeitverträgen, Langzeitarbeitslose, »Schwervermittelbare« und abhängige Sozialhilfeempfänger auf Dauer »überflüssig« werden. Zugleich hat sich die Fähigkeit der Wohlfahrtsstaaten, Arbeitslosigkeit kurz- und mittelfristig zu kompensieren, nachhaltig verschlechtert. Leistungen an nichteinheimische Empfänger sozialer Transfers, v. a. Asylbewerber und Flüchtlinge, werden in diesem Zusammenhang als ungerecht betrachtet.

Dieser »starke« politisch-soziale Wandel wird als einschneidender persönlicher Verlust empfunden, d. h., die Betreffenden verlieren den Glauben, jemals wieder in ihre früheren Rangpositionen in den Arbeitsmarkt zurückkehren und v. a. den damit verbundenen sozialen Abstieg wieder wettmachen zu können – sie werden mutlos und apathisch. Diese Disposition strahlt auf Arbeitskräfte aus, die noch im geschützten Arbeitsmarkt integriert sind, aber ebenfalls mit Entlassung, Statusverlust und Entwertung ihrer Qualifikation zu rechnen haben.

Mitgliederverluste der Gewerkschaften, bedingt durch Massenarbeitslosigkeit und Deregulierung (mit einer wachsenden Zahl von Teilzeit- und Unterbeschäftigten), und Organisationsdefizite in Randbereichen des Arbeitsmarktes schwächen die kollektive Verhandlungsmacht der Belegschaften und damit die Attraktivität kollektiver Aktion. (Drohende) Arbeitslosigkeit wird als individuelles Schicksal begriffen und mit individuellen Strategien bekämpft. Ein Teil der gefährdeten und bedrohten Arbeitskräfte reagiert nicht bloß passiv, sondern identifiziert – unter Vornahme »sozialer Vergleiche« (Festinger) – andere soziale Gruppen als Verursacher der eigenen Misere. Aufgrund der Anonymität und Großflächigkeit des sozialen Wandels, der in abstrakten Formeln (Modernisierung, Rationalisierung, Globalisierung etc.) vermittelt wird, zielt ihre Handlungs- und Protestbereitschaft gegen solche, die als vermeintliche Profiteure ihres sozialen Abstiegs in Frage kommen – v. a. Einwanderer, die zu niedrigeren Löhnen auf dem einheimischen Arbeitsmarkt zu arbeiten bereit sind bzw. als Problemgruppen selbst soziale Leistungen in Anspruch nehmen.

Immigranten sind das bevorzugte Agitationsthema bisher marginaler rechtsradikaler Gruppen, die restriktive oder exklusive Immigrationspolitiken propagieren. Die »Verlierer« orientieren sich nicht mehr an den kollektiven Gegnern der alten Arbeiterbewegung (Arbeit versus Kapital) oder der umwelt- und friedenspolitischen Bürgerinitiativen (Bürger versus Technokratie), sondern übernehmen die normativ-ideologischen Rahmenangebote rechtsradikaler, xenophober Parteien und Bewegungen. Diese erhalten damit eine gewisse Massenbasis und prägen das öffentliche Meinungsklima weit über ihre unmittelbare Anhängerschaft hinaus.

Modernisierungsverlierer werden nunmehr bevorzugte Adressaten und Träger rechtsradikaler Bewegungen (außerparlamentarische Aktion) und Parteien (Stimmabgabe bei Wahlen), die, obwohl Außenseiter im parlamentarischen Betrieb und in der öffentlichen Meinung stigmatisiert, v. a. in der Flüchtlings-, Immigrations- und Europapolitik auf indirekte Erfolge ihrer Agitation verweisen können und damit den Handlungskalkülen ihrer potentiellen Anhängerschaft eine gewisse Rationalität verleihen. Damit wird die Zuordnung bzw. das Bekenntnis zur radikalen Rechten enttabuisiert (ausführlicher: Leggewie 1998).

Nachdem sich nun die demokratische Linke in Europa – vom Godesberger Programm der westdeutschen Sozialdemokraten über den historischen Kompromiß der eurokommunistischen Parteien und die »realistische Wende« des französischen Parti Socialiste in der Ära Mitterrand bis zur Transformation der britischen Labour Party unter Tony Blair – von antikapitalistischen Motiven, die inzwischen die radikale Rechte vorgibt, verabschiedet und »systemimmanente Reformen« angestrebt hat, gewinnen diese Motive auch in linksintellektuellen und akademischen Kreisen wieder größere Attraktivität.

So ist auch der seit den siebziger Jahren von den angelsächsischen Ländern ausgehende Rechtstrend jüngst unterbrochen worden. Die Serie der Wahlsiege der demokratischen Linken in den USA, West- und Osteuropa ist gewiß noch keine Tendenzwende, sondern eher Ausdruck ebendieser Schutzsuche vermeintlicher und tatsächlicher Verlierer der kapitalistischen Modernisierung bzw. Globalisierung, welche die offenbar gewordene Hilflosigkeit der über Jahrzehnte dominanten liberal-konservativen Rechten angesichts der akuten Fiskalkrise der europäischen Wohlfahrtsstaaten beunruhigt und denen das riskante Projekt der europäischen Währungsunion unheimlich ist. Ob die Linksregierungen von Tony Blair, Lionel Jospin und Gerhard Schröder Alternativen zum neoliberalen Abbau des Wohlfahrtsstaates entwickeln (bzw. können), ist fraglich; zunächst haben sie einzig das desolate Erscheinungsbild der demokratischen Linksparteien verbessert und sie wieder mehrheitsfähig gemacht.[3]

Die jüngste Austarierung der politischen Mehrheiten war aber geringfügig und in manchen Fällen (Frankreich, Österreich, Niederlande) überschattet von der weiteren Festigung der nationalpopulistischen Rechten und vom Aufkommen einer protosozialen, außer- und antiparlamentarischen Bewegung von rechts; diese rechtsautoritäre Tendenz wird sich fortsetzen, gerade wenn sozialdemokratisch-grüne Bündnisse scheitern. Die bisher erfolgten Machtwechsel wirkten nur als Vektoren der Rezentrierung der politischen Systeme; auch Bill Clinton hat seine Wahl und v. a. seine Wiederwahl den Wählergruppen zu verdanken, de-

---

3 Die jüngste Regierungskrise in Rom und die Abwahl der Postkommunisten in Warschau haben überdies gezeigt, auf welch wackeligem Fundament sie (v. a. in politischen Systemen mit Verhältniswahlrecht und Koalitionsregierungen) stehen.

nen die »konservative Revolution« seit Reagan und Thatcher zu weit ging. Sozialdemokraten, auch die Postkommunisten in Ostmitteleuropa nehmen heute in ihrer Wirtschafts- und Sozialpolitik, aber auch in der Rechts- und Ausländerpolitik programmatische Positionen der »Mitte« ein, die die Rechte vor ihrer Radikalisierung besetzt hatte.[4] Sie haben sich adjustiert, weisen zugleich aber wenig Trennschärfe zu den Parteien der rechten Mitte auf. Bisher konnte sich die demokratische Linke (also in der Regel Reformbündnisse aus Sozialdemokraten, Grünen und Postkommunisten) noch nicht als Alternative aufzwingen, der man die Wiederherstellung der inneren und äußeren Effizienz des Regierungshandelns in den repräsentativen Demokratien zutraut. Die deutsche SPD ist dafür ein treffendes Beispiel: Sie verhindert (vielleicht) Schlimmeres, aber sie ermöglicht nichts Besseres. Das Mittel dazu sind Verhältnisse von *split government*, geteilten Regierungsmehrheiten, wie sie in den USA mit den divergierenden Mehrheiten in Kongreß und Weißem Haus, in der Bundesrepublik Deutschland bis 1998 mit der sozialdemokratischen Mehrheit im Bundesrat, in Österreich bis 1999 mit der Großen Koalition, in Frankreich mit der »cohabitation« und in Spanien, Kanada und anderswo mit föderaler Gewaltenteilung zur Regel geworden sind. Die demokratische Linke bekommt nur einen Teil der Macht zurück, mit der sie allein die Auswüchse der konservativen Revolution beschneiden kann.

Die Renaissance kritischer Kapitalismusanalyse und die Intention, europäische Sozialstaatlichkeit sowohl gegen angloamerikanische als auch gegen asiatische Kritiken zu verteidigen, ist ohne Einschränkung zu begrüßen. Doch enthält der Globalisierungsprozeß auch Chancen für die demokratische Linke, was im folgenden mit einem wirtschafts- und sozialhistorischen Argument und mit Entwicklungen im hier sog. »Neokapitalismus« selbst begründet werden soll. Voraussetzung dafür ist allerdings ein Internationalisierungsprozeß der demokratischen Linken selbst,

---

4 Symptomatisch dafür sind der *Thatcherism light* Tony Blairs und die Imitationsversuche von Gerhard Schröder in Deutschland. Das wenig bekannte Vorbild dieser Roßkur war die »Eroberung« der Demokratischen Partei in den USA durch den »Democratic Leadership Council« unter der Führung der Südstaaten-Politiker Bill Clinton und Al Gore Anfang der neunziger Jahre, vgl. dazu auch die laufende Diskussion in der Zeitschrift *The American Prospect* und Leggewie 1997, Kap. 2.

die sich auf neue soziale Trägergruppen und Institutionen einstellen muß, welche im Globalisierungsprozeß selbst zum Vorschein gekommen sind und nach politischen Artikulationsmöglichkeiten suchen.

3. Rückblick: Die Erosion der demokratischen Linken

Zunächst sollen noch einmal die Gründe analysiert werden, die zu dem schon 1979 von Ralf Dahrendorf beschworenen »Ende des sozialdemokratischen Jahrhunderts« geführt haben. Der Mehrheitsverlust sozialdemokratischer Parteien hat drei wesentliche Gründe:

Erstens war er Ausdruck der säkularen Verschiebung der Klassenstrukturen (»Individualisierung«), die das relativ konsistente Milieu der Industriearbeiterschaft erodieren ließ[5] und – trotz der Verallgemeinerung lohnabhängiger Arbeitsverhältnisse – keinen Zuwachs an Stimmen mehr brachte. Der »Genosse Trend«, der den Aufstieg der reformistischen Arbeiterbewegung beflügelt hatte,[6] war seit den siebziger Jahren eher im Bunde mit den Parteien der liberal-konservativen Rechten, die sich als *catch-all-parties* oder locker gefügte »Volksparteien« besser auf die nachlassende Parteiidentifikation industriegesellschaftlicher Milieus einzustellen und zu organisieren verstanden. Erst neuerdings haben sich Formationen der radikalen Rechten aus diesen Bürgerblöcken herauskristallisiert, die ihre Regierungsfähigkeit beeinträchtigen.

Zweitens haben zunächst ökologisch-alternative, dann nationalpopulistische Strömungen im Revier der demokratischen Linken »gewildert« und v. a. jene jüngeren Wähler mobilisiert, die von der traditionellen Arbeiterbewegung nicht mehr erreicht wurden, d. h., eine neue, milieu-kulturelle Spaltungs- und Konfliktlinie etablierte sich quer zum alten Rechts-Links-Schema (Kitschelt 1994, 1995). Das Milieu qualifizierter junger Facharbeiter, einst *die* Organisationsdomäne der Linken, ist heute ihr Problemfall geworden, v. a. die sog. *angry white young men*, die

---

5 Dazu v. a. die Arbeiten von Mooser 1986 und Tenfelde 1991.
6 Vgl. dazu die Spätschriften von Friedrich Engels zur Organisationsfrage der Sozialdemokratie und das Werk Eduard Bernsteins, aber auch noch die Gedankenwelt der SPD nach Verabschiedung des Godesberger Programms.

nach eigenem, sprachlosen Bekunden »den Haß haben« und dem in aggressiven Akten Luft verschaffen. Sie reagieren damit auch auf einen bemerkenswerten Wandel im Sozial- und Wahlverhalten der Frauen, die seit den sechziger Jahren deutlich nach links gerückt sind und heute durchweg die stabilste Basis der parlamentarischen Linken darstellen. Jüngere Frauen, stärker im soziopädagogischen und staatlichen Sektor beschäftigt, sehen sich besser bei der (gemäßigten) Linken aufgehoben, die ihre Start- und Aufstiegschancen auch durch Quotierungen verbessert haben. Diese institutionellen Emanzipationsgewinne haben die Geschlechterpolarisierung im Wahlverhalten noch verstärkt, auch bei Erst- und Jungwählern.[7]

Die nicht zuletzt von den neuen sozialen Bewegungen propagierten postmodernen Identitätspolitiken und Kulturkämpfe haben *drittens* die demokratische Linke in eine modernisierte Sozialdemokratie, einen ökologisch-alternativen Flügel und nationalpopulistische Ableger dreigespalten; doch als Regenbogen-Koalition ethnischer, sexueller und kultureller Minderheiten ist sie weniger konsistent und mehrheitsfähig. Nicht daß kultureller Pluralismus und Gleichberechtigung der Geschlechter zweitrangig wären, aber sie müssen eingebettet bleiben in universalistische Programme sozialer Gleichheit und demokratischer Inklusion. Nur so kann die Linke den *common ground* wiederherstellen, auf dem sie in der Vergangenheit als eine in die Zukunft gerichtete, internationale Freiheitsbewegung gewachsen ist und der sie auszeichnete (Rorty 1999).

Diese drei Entwicklungen haben dazu beigetragen, daß das »Image« der Arbeiterbewegung als einer offensiven, progressiven und internationalistischen sozialen Bewegung schwand. Die Arbeiterbewegung war eine progressive Bewegung, insofern sie sich im Einklang mit einer Tendenz zur Perfektionierung der Menschheit und der Erfüllung eines geschichtlichen Auftrags wähnte, der zur historischen Mission einer Klasse stilisiert wurde. Dieser Fortschrittsmythos verhüllte einen immer schon konservativen Reflex gegen die Dynamik kapitalistischer Modernisierung und eine autoritär-nationalistische Binnenstruktur.[8] Beides ist offener

---

7 Die Erfolge der amerikanischen Demokraten, aber auch der französischen Linksregierung und der rot-grünen Bündnisse in der Bundesrepublik sind wesentlich dem Wahlverhalten jüngerer Frauen zu verdanken.

8 Vgl. zum *working class authoritarianism* insbesondere Lipset 1963.

zutage getreten, seit die Organisationen der Linken ihren optimistischen Elan verloren haben und sich vornehmlich als Schutzpatrone der sog. »Modernisierungsverlierer« betätigen (und hierbei vorrangig als Verteidigerinnen der Arbeitsplatzbesitzer). Auch wenn man den Internationalismus noch rhetorisch gepflegt wird, agiert die Linke im engen Korsett des Nationalstaats – supra- und transnationale Integration sind ihr eher unheimlich. Mit anderen Worten: Gestern war die Linke Anwältin eines zukunftsfrohen Morgen, heute ist sie Verteidigerin eines besseren Gestern (und im übrigen der Privilegien der im Staatssektor beschäftigten Mittelschicht), oder sie vertritt die »Neue Mitte«.

4. Bestandsaufnahme:
Globalisierung – ungebremst und unvollkommen

Dem aktuellen, mit »Globalisierung« bezeichneten Modernisierungsschub des Kapitalismus (i. e. Informatisierung, globale Finanzmärkte und Handelsregime, grenzüberschreitende Migration von Kapital und Arbeitskräften)[9] hat sich die Linke entgegengestellt. Damit profilierte sie sich, ähnlich wie die nationalpopulistische Rechte, als Verteidigerin parochialer Kulturen in der Weltgesellschaft. Die alte Linke argumentiert sozialprotektionistisch, die neue Rechte kulturprotektionistisch, wobei sie sich zunehmend als Erbwalterin der alten Arbeiterbewegung präsentiert.[10] Nicht daß »Verlierer« keines Schutzes bedürften und die soziale Frage, v. a. im Weltmaßstab, nicht von unverminderter Brisanz sei (Judt 1997). Doch nicht die Globalisierung an sich ist ihre Ursache, sondern ihre gegenwärtige Form, die im übrigen dem vielversprechenden Namen Hohn spricht.

Die Verwirklichung des neoliberalen Programms hat nämlich eher neoständische Privilegien und Exklusionen hervorgebracht,

---

9 Diese hier nicht näher zu analysierenden Entwicklungen rechtfertigen m. E. den Begriff des »Neokapitalismus«, vgl. dazu Greider 1997, Rifkin 1995 und Touraine 1997.

10 Dies ist am deutlichsten bei den österreichischen Freiheitlichen und bei den letzten norwegischen Parlamentswahlen zu sehen, gilt aber für alle rechtspopulistischen Gruppierungen in Europa, Nordamerika und Ozeanien. Auch die Republikaner und die NPD verlegen sich auf die Agitation junger Arbeitnehmer.

die nicht etwa zur intensiveren Integration der Weltgesellschaft geführt haben, sondern zu deren weiterem Zerfall. Die Welt ist kleiner geworden, aber zwischen den Inseln, auf denen sich die *global players* tummeln, reißen immer mehr weiße Flecken und Ödflächen auf; es gibt Regionen, an denen nicht einmal mehr Waffenhändler Interesse zeigen. Das heißt, in Umkehrung eines beliebten Stufenschemas: Auf (den nationalstaatlich eingehegten und wohlfahrtsstaatlich balancierten) Kapitalismus folgte nicht etwa Sozialismus, sondern eine Art Neofeudalismus, der einen großen Teil der Weltbevölkerung, mittlerweile auch in den Zentren, aus dem Produktionsprozeß (und im übrigen aus dem demokratischen Prozeß)[11] ausschließt. Der bereits erwähnten Quasiklasse der »Überflüssigen« (Enzensberger 1993), die aufgrund ihrer mangelnden Verwendbarkeit im weltweiten Wettbewerb schlicht redundant geworden sind und nun auch in Westeuropa rücksichtslos der Fiskalkrise geopfert werden, wird immer das besondere Augenmerk einer politischen Partei gelten müssen, die soziale Gerechtigkeit auf ihre Fahnen geschrieben hat – und im übrigen auf die Organisation und Mobilisierung der breiten Bevölkerung angewiesen ist, d.h. auf demokratische Beteiligung möglichst vieler. Doch darf das nicht dazu führen, daß sich die demokratische Linke dem unaufhaltsamen Prozeß der Globalisierung mit apokalyptischen Visionen entgegenstemmt;[12] sie sollte vielmehr versuchen, ihm genau jene Dimensionen zu verleihen, die in der kurzsichtigen Fixierung der Wirtschaftseliten auf Effizienz gefehlt haben: nämlich *nachhaltige Entwicklung, soziale Integration und demokratische Inklusion*.

Darin, so mein aus wirtschafts- und sozialgeschichtlicher Evidenz gewonnenes Argument, bestand die tatsächliche historische Rolle der Linken seit dem frühen 19. Jahrhundert: Ihren Ursprung als soziale Bewegung wie als parlamentarische Opposition hatte sie, als der feudale Ständestaat zerschlagen und das allgemeine Wahlrecht durchgesetzt wurde, ihre Sternstunde mit der Institutionalisierung einer politischen Kultur des Rechts- und Wohlfahrtsstaates. Erst dieser fügte der kapitalistischen Industrialisierung und Modernisierung die Elemente soziale Integration und demokratische Inklusion an. Antikapitalismus war hingegen

---

11 Unter diesem Gesichtspunkt können Daten zur sog. »Politikverdrossenheit« interpretiert werden.
12 Dies geschieht in Kultbüchern wie Kurz 1994 und Forrester 1996.

noch nie eine erfolgreiche Option der Linken – Spurenelemente davon sind, außer bei Fidel Castro, heute eher in päpstlichen Enzykliken anzutreffen. Allein Veredelung, Zähmung und Zivilisierung des Kapitalismus hieß das Erfolgsrezept,[13] so wie es der reformistischen Tradition eigentlich bereits seit Beginn dieses Jahrhunderts geläufig war.

Wenn eine historische Analogie gestattet ist (und ein Rekurs auf einen »toten Hund« namens Karl Marx),[14] steht der Neokapitalismus wohl vor einer ähnlichen Schwelle wie in einer frühen Phase der Industrialisierung, als die Produktion absoluten Mehrwerts durch diejenige relativen Mehrwerts ersetzt wurde, d. h. an die Stelle der Verlängerung des Arbeitstages und der rücksichtlosen Ausbeutung der Arbeitskraft die Verkürzung der Wochen-, Jahres- und Lebensarbeitszeit und wohlfahrtsstaatliche Kompensationen traten. Allein in diesem Rahmen haben sich bürgerliche Massendemokratie und Wohlfahrtsstaatlichkeit entwickeln können, und stark und hegemonial waren demokratische Bewegungen der Linken immer dann, wenn sie letztlich besser im Einklang standen mit der technischen Modernisierung und der kapitalistischen Dynamik als die Parteien der Restauration. Als solche darf man Parteigänger des Neoliberalismus und Neokonservatismus heute durchaus bezeichnen. Sie stemmen sich auch vehement gegen den dritten Baustein kapitalistischer Modernisierung, nämlich nachhaltige Entwicklung, die sowohl die »armen« Regionen der Weltgesellschaft einbezieht als auch die Beseitigung der ökologischen Schäden ungezügelten Wachstums ins Visier nimmt.

Die durch die Entwicklung der Arbeitsmärkte herbeigeführte, durch demographische und medizinische Entwicklung beschleunigte und durch jahrzehntelange Staatsverschuldung akkumulierte Krise der Staatsfinanzen und Systeme der sozialen Sicherung hat die Interventions- und Redistributionsfähigkeit des Wohlfahrtsstaates stark beschnitten. Öffentliche Güter, von der Sozialfürsorge bis zu sauberer Umwelt, werden zunehmend auf privatem bzw. kommerziellem Wege bereitgestellt. Es gibt freilich Aufgaben, die die unsichtbare Hand des Marktes ebensowenig erledigen kann wie subsidiäre Gemeinschaften, sondern ein-

---

13 Eine Ausnahme bilden Regierungsübernahmen von Linksparteien nach Kriegen und Revolutionen wie 1918 und 1945.
14 Vgl. dazu Rorty 1998.

zig staatliche Intervention bzw. ein adäquater *policy mix* aus privater Initiative und staatlicher Steuerung.

Dabei ist die neokapitalistische Entwicklung längst über den nationalstaatlichen Rahmen hinaus. Deswegen sind heute Regulierungsregime gefragt, die vornehmlich auf regionaler und transnationaler Ebene wirken. Statt also die desaströse Konkurrenz um die niedrigsten Lohnkosten und billigsten Standorte fortzusetzen, muß der globale Freihandel mit der Anhebung von Menschenrechtsstandards und der Garantie von sozialen Rechten einhergehen, was nicht zuletzt die Anerkennung von Gewerkschaften und die Ächtung von Regimen impliziert, die lange Arbeitszeiten und niedrige Lohnniveaus oft allein auf der Grundlage sklavenähnlicher Zwangsarbeitsverhältnisse für Wanderarbeiter, Frauen und Kinder erreichen können. Zum einen hieße dies, die Fundamente einer europäischen Sozialstaatlichkeit zu legen, die nicht einfach den kleinsten gemeinsamen Nenner sozialpolitischer Standards zugrunde legt, zum anderen Direktinvestitionen in und Handelsbeziehungen mit Gesellschaften zu konditionieren und ggf. zu sanktionieren, die systematisch Menschen- und Bürgerrechte verletzen. Die amerikanische Politik gegen sog. »rogue states« (Bösewichte des internationalen Systems wie Libyen, Irak, Iran, Nordkorea und Kuba) ist hier viel zu selektiv, wendet sie sich doch nur gegen Störer der geostrategischen Pax americana, nicht aber gegen Regime bzw. Konzerninvestitionen in Ländern mit so hoffnungsvollen Märkten wie die Volksrepublik China.

Internationale Standards berühren bisher fast ausschließlich Handels- und Finanztransaktionen (Sassen 1996), man findet sie aber ansatzweise auch in internationalen und regionalen Menschenrechtskonventionen, Flüchtlings- und Wanderarbeiterabkommen, Vereinbarungen der ILO etc., die als Ansätze transnationaler und globaler Sozialregime angesehen werden können. Ihre Anwendung führte im Endeffekt zu Lohnsteigerungen, die im übrigen in den Zentren der neokapitalistischen Entwicklung, in den Vereinigten Staaten wie in den demoautoritären Schwellenländern Südostasiens, schon, so mein zweites Argument, aufgrund der Eigengesetzlichkeiten neokapitalistischer Modernisierung selbst im Gange sind. Zu beobachten ist dort auch eine gewisse Renaissance der Gewerkschaftsbewegungen, d. h. die Wiederherstellung der kollektiven Verhandlungsmacht. Kollektive Aktion ist das Gegengift zur Ausbreitung eines xenophoben

Protestes, der als »molekulare Gewalt« wirkt und in der Regel weder Gegner noch Ziel benennen kann, sondern rein (auto)destruktiv und terroristisch vorgeht.

5. Ausblick: Die Gewinner der Modernisierung

Damit hat sich ein Wettbewerb zwischen den Parteien der demokratischen Linken und der radikalen Rechten um die Gunst der »Verlierer« ergeben, die sich, von sehr verschiedenen Ausgangspunkten her, kapitalismuskritisch überbieten. Doch wäre die alleinige Konzentration auf diese Wählersegmente für die demokratischen Linksparteien unvorteilhaft. Sie übersähen damit das ebenso interessante, weil noch nicht gebundene Potential der »Gewinner« der neokapitalistischen Modernisierung, die in den Berufssparten der sog. »neuen Selbständigen« zu finden sind. Diese heterogene Gruppe umfaßt eine große Bandbreite v. a. jüngerer Personen, die in prekären Lohnarbeitsverhältnissen stehen bzw. diese bereits zugunsten (meist ebenso prekärer) selbständiger Unternehmertätigkeit verlassen haben und v. a. in der Herstellung und Vermarktung neuer Produkte (Informations- und Biotechnologien) tätig sind (Bude/Schleissing 1997). Naturgemäß ist diese Gruppe (zu der schwerreiche Unternehmer à la Bill Gates ebenso zählen wie kleine Garagenunternehmer und eine Vielzahl sog. »Wissensarbeiter«) schwer kollektiv organisierbar und mobilisierbar. Aber einige ihrer Repräsentanten senden deutliche Signale aus, daß sie das »reine Geldmachen« auf Dauer nicht befriedigt, sie vielmehr auch an einer demokratischen Inklusion der »Überflüssigen« Interesse haben, und zwar aus wohlverstandenem Eigeninteresse. Dies geschieht in der Regel auf philantropischem Wege, also durch gezieltes Sponsoren- und Mäzenatentum, nicht mehr durch steuer- und budgetförmige Redistribution mittels wohlfahrtsstaatlicher Einrichtungen, die durch die Politik des *balanced budget* fast unmöglich geworden ist.

Die demokratische Linke sollte aus den jüngsten Entwicklungen der amerikanischen Wirtschaft und Gesellschaft die richtigen, auf Europa anwendbaren Schlüsse ziehen, statt das sog. »amerikanische Wirtschaftswunder« zu dämonisieren oder es abzukupfern. Als Motor der Globalisierung (v. a. auf den Geldmärkten und im Gebiet der Informationstechnologien) hat die US-Ökonomie wieder relative Vollbeschäftigung erreicht, freilich nur auf Kosten stagnierender durchschnittlicher Realeinkommen, wachsender sozialer Ungleichheit und der Selbst-Entmachtung staatlicher Umverteilungsagenturen. Die Produktivität der US-Wirtschaft steigt kontinuierlich, wenn auch mit geringen Wachstumsraten. Nicht im Widerspruch dazu steht die Rekonstruktion der Gewerkschaften, die heute nur noch zehn Prozent der Beschäftigten (überwiegend im schrumpfenden Staatssektor) organisieren. A la longue ist deshalb mit einer allmählichen Steigerung der Realeinkommen auch der Unter- und Mittelschichten zu rechnen. Insbesondere ermöglicht Vollbeschäftigung, die mehr und mehr zur Norm gewordene Teilzeitarbeit wieder in vollwertige und sozial besser abgesicherte Beschäftigungsverhältnisse umzuwandeln; die amerikanischen Gewerkschaften sind dabei, in der Dienstleistungsbranche (jüngste Beispiele: UPS, Walmart, landwirtschaftliche Saisonarbeiter etc.), aber auch im »zweiten Arbeitsmarkt« (von ehemaligen Sozialhilfeempfängern in *workfare*-Programmen) erfolgreich zu reorganisieren. Dies sind Versuche, Traditionen der Arbeiterbewegung in einem »individualisierten« und »traditionslos« gewordenen Milieu, in dem Werte, Verkehrs- und Organisationsformen von Arbeitern nicht mehr von Generation zu Generation weitergegeben worden sind, sowohl in institutioneller Hinsicht (kollektive Verhandlungssysteme) als auch in kultureller Hinsicht (solidarische Netze) wiederzubeleben.

Zugleich gibt es eine bemerkenswerte Investition von »Neureichen«[15] in Bildungs- und Sozialprojekte, die genau auf die Inklusion derjenigen zielt, die im neokapitalistischen Modernisierungsprozeß unterzugehen drohen. Sie investieren Milliardenbeträge v. a. in die Infrastruktur der *inner cities*, zugunsten von älteren Immigranten, sowie in Schulen und Universitäten, also in eben jene Bereiche, die der amerikanische Bundesstaat vernachlässigt oder aufgegeben hat. Das bedeutet: Einige Gewinner der kapitalistischen Gründerjahre haben offenbar ein bürgerliches Bewußtsein gewonnen, das der herrschenden Akkumulationslogik und Raffgier-Mentalität entgegensteht. Diese Schichten sind dank ihrer

---

15 Beispiele sind Bill Gates, Ted Turner und George Soros, vgl. auch dessen interessante Kapitalismuskritik 1997. Sie bilden aber nur die Spitze eines Eisbergs, vgl. dazu meinen Artikel »Geld stinkt – oder doch nicht?«, in: *Süddeutsche Zeitung*, Wochenendbeilage, 22./23. 11. 1997 und zuletzt Leggewie 2000.

Herkunft und Qualifikation nachhaltig von den Wirkungen des »Wertewandels« der siebziger Jahre affiziert, und sie ziehen daraus eigene Konsequenzen. Erkennbar ist es auch im Aufschwung der vielfältigen, zumeist inter- und transnational geschnittenen Kampagnen für gemeinnützige Zielsetzungen, wie sie seit den siebziger Jahren von Umweltschützern und zahllosen ehrenamtlichen Initiativen für die Bereitstellung aller nur denkbaren öffentlichen Güter ins Leben gerufen wurden. Dieses Engagement ist hochgradig selektiv und kann staatliche Intervention nicht ersetzen. Aber sie nimmt Motive und *voice*-Optionen der demokratischen Linken auf, die diese Signale leider zu wenig zur Kenntnis nimmt. Denn hier ist ein breitgefächertes, nicht im parteiförmigen Sinne sozial-demokratisches Potential entstanden, das nach Artikulation, aber auch nach Bindungen in konventionellen und unkonventionellen Partizipationsangeboten sucht.

Dort – und bislang weniger in den Parteien der demokratischen Linken selbst (sofern es nicht bereits personelle Überlappungen gibt) – liegen die Quellen einer neuen Linken. Das ist gewiß nicht mehr die »New Left« der sechziger Jahre, deren Neuheit einzig in ihrer antistalinistischen Haltung und im Bekenntnis zum »westlichen Marxismus« bestand, die aber organisationsförmig der klassischen Moderne und Arbeiterbewegung zugehörte. Die neue Linke von heute muß ohne jede revolutionaristische Emphase auskommen und die (sicherlich »suboptimalen«) Gegebenheiten liberaler Demokratie und kapitalistischer Marktwirtschaft akzeptieren. Sie kann dabei Anstöße der »nouvelle gauche« (vgl. z. B. Mallet 1963, 1971; Gorz 1964, 1980) aufnehmen, die seinerzeit ebenfalls auf die Inklusion neuer lohnabhängiger Schichten der wissenschaftlich-technischen Intelligenz abzielten und keinen Zweifel an ihrem freiheitlich-demokratischen Sozialismus zuließen. Polemisch wurden diese Randfiguren der französischen Linken seinerzeit als »la gauche américaine« abqualifiziert. In den Vereinigten Staaten hatten sozialistische Ideologien, gleich welcher Spielart, bekanntlich niemals eine große Chance. Aber viele Zielsetzungen der sog. »neo-progressives« in den USA decken sich mit dem »demokratischen Aufbruch« in Europa. Es ist eine schöne Ironie der Geschichte, daß heute ausgerechnet aus den USA Signale für die Restitution einer offensiven, progressiven und internationalistischen Linken kommen.

Literatur

Betz, H.-G.: *Radikaler Rechtspopulismus in Westeuropa*, in: Falter, J. W./Jaschke, H.-G./Winkler, J. R. (Hg.): *Rechtsextremismus, Ergebnisse und Perspektiven der Forschung*, PVS Sonderheft 27, Köln 1996, S. 363-375.

Bude, H./Schleissing, St. (Hg.): *Junge Eliten. Selbständigkeit als Beruf*. Stuttgart 1997.

Enzensberger, H. M.: *Aussichten auf den Bürgerkrieg*. Frankfurt/M. 1993.

Festinger, L.: *Theorie der kognitiven Dissonanz*, Bern u. a. 1978.

Forrester, V.: *L'horreur économique*. Paris 1996.

Geiger, Th.: *Die soziale Schichtung des deutschen Volkes. Ein soziographischer Versuch auf statistischer Grundlage*. Stuttgart 1932.

Gorz, A.: *Stratégie ouvrière et néocapitalisme*. Paris 1964.

Ders.: *Adieux au prolétariat: au delà du socialisme*. Paris 1980.

Greider, W.: *One World, Ready or Not: The Manic Logic of Global Capitalism*. New York 1997.

Hobsbawm, E. u. a.: *Das Manifest heute. 150 Jahre Kapitalismuskritik*, Hamburg 1998.

Judt, T.: *A Grand Illusion? An Essay on Europe*. New York 1996.

Ders.: *The Social Question Redivivus*, in: *Foreign Affairs* 76, 5/1997, S. 95-117.

Kitschelt, H.: *The Transformation of European Social Democracy*. New York 1994.

Ders.: *The Radical Right in Western Europe: A Comparative Analysis*; in collaboration with Anthony J. McGann. Ann Arbor 1995.

Kurz, R.: *Der Kollaps der Modernisierung. Vom Zusammenbruch des Kasernensozialismus zur Krise der Weltökonomie*. Leipzig 1994.

Leggewie, C.: *America first. Der Fall einer konservativen Revolution*. Frankfurt/M 1997.

Ders.: *Neokapitalismus und neue Rechte. Sozialstrukturelle Voraussetzungen rechtsradikaler sozialer Bewegungen*, in: Hellmann, K. U./Koopmans, R. (Hg.): *Paradigmen der Bewegungsforschung*. Opladen 1998, S. 131-148.

Ders.: *Amerikas Welt. Die USA in unseren Köpfen*, Hamburg 2000.

Lipset, S. M.: *Political Man. The Social Baises of Politics*. Garden City 1963.

Mallet, S.: *La nouvelle classe ouvrière*. Paris 1963.

Ders.: *Le pouvoir ouvrier: Bureaucratie ou démocratie ouvrière*. Paris 1971.

Meier, Ch. S.: *Territorialisten und Globalisten. Die beiden neuen »Parteien« in den heutigen Demokratien*, in: *Transit* 14/1997, S. 5-14.

Minkenberg, M.: *Die neue Rechte in den USA. Kulturelle Dimension und politischer Prozeß*, in: Falter, J. W./Jaschke, H.-G./Winkler, J. R. (Hg.): *Rechtsextremismus, Ergebnisse und Perspektiven der Forschung*, PVS Sonderheft 27. Köln 1996, S. 443-463.

Mooser, J.: *Abschied von der ›Proletarität‹. Sozialstruktur und Lage der Arbeiterschaft in der Bundesrepublik in historischer Perspektive*, in: Conze, W./Lepsius, M. R. (Hg.): *Sozialgeschichte der Bundesrepublik Deutschland. Beiträge zum Kontinuitätsproblem.* Stuttgart 1986, S. 143-186.

Rifkin, J.: *The End of Work. The Decline of the Global Labor Force and the Dawn of the Post-Market Era.* New York 1995.

Rorty, R.: *Das Kommunistische Manifest. 150 Jahre danach*, Frankfurt/M. 1998.

Ders.: *Stolz auf unser Land. Die amerikanische Linke und der Patriotismus*, Frankfurt/M. 1999.

Sassen, S.: *Loosing Control. Sovereignty in the Age of Globalization.* New York 1996.

Soros, G.: *The Capitalist Treat*, in: *The Atlantic Monthly*, Februar 1997.

Tenfelde, K. (Hg.): *Arbeiter im 20. Jahrhundert.* Stuttgart 1991.

Touraine, A.: *Globalisierung – eine neue kapitalistische Revolution*, in diesem Band. 1997.

Vester, M./von Oertzen, P./Geiling, H./Hermann, Th./Müller, D. (Hg.): *Soziale Milieus im gesellschaftlichen Strukturwandel: zwischen Integration und Ausgrenzung.* Köln 1993, S. 423.

Dies.: *Soziale Milieus in Ostdeutschland: gesellschaftliche Strukturen zwischen Zerfall und Neubildung.* Köln 1995, S. 382.

V.
Schlußbetrachtungen

Dietmar Loch
Die radikale Rechte in den westlichen Demokratien: »Geschlossen« gegen die »offene Gesellschaft«?

Der in der Einleitung dieses Bandes entwickelten Annahme eines Zusammenhangs zwischen der ökonomischen, kulturellen und politischen Globalisierung bzw. Denationalisierung einerseits und den autoritären Entwicklungen als Formen politischer Fragmentierung andererseits soll in diesem Beitrag näher nachgegangen werden. Dabei steht das Schwerpunktthema des Bandes im Mittelpunkt: die seit Mitte der achtziger Jahre in den westlichen Demokratien zu beobachtenden und in der Einleitung beschriebenen Erfolge der (neuen) radikalen Rechten bzw. des Rechtsradikalismus.[1] Die im folgenden benutzte analytische Dreiteilung in die ökonomische, kulturelle und politische Dimension (Loch 1999), die in der Globalisierungsdebatte üblich ist, kann analog zu den drei entsprechenden Erklärungssträngen gesetzt werden, die in der vergleichenden Rechtsradikalismusforschung auch von einigen anderen Autoren benutzt werden.[2]

1 Unter der Vielzahl der in der internationalen Forschung verwendeten Begriffe (extreme Rechte/Rechtsextremismus, radikale Rechte/Rechtsradikalismus, radikaler Rechtspopulismus, Nationalpopulismus) wird hier u. a. aus Gründen der Abgrenzung von der durch die Totalitarismustheorie und der in Deutschland durch den Bundesverfassungsschutz geprägten Terminologie der Begriff der radikalen Rechten benutzt. Er impliziert dabei den im Kontext der Denationalisierung stehenden Bezug auf einen Nationalpopulismus, wobei der Populismus im wesentlichen als politischer Stil betrachtet wird. Als »neu« kann die radikale Rechte dann bezeichnet werden, wenn sie sich auf den in den meisten westlichen Demokratien zu beobachtenden und »mit der Jahreszahl 1968 symbolisch zusammengefaßten sozialen und kulturellen Wandel« (vgl. Minkenberg 1998, S. 14) und – so sei hier hinzugefügt – eben auch auf die Globalisierung bzw. Denationalisierung bezieht. Im Mittelpunkt des Beitrags steht die parteiförmig organisierte radikale Rechte. Auf die »subkulturelle« und bewegungsförmige Variante kann hier nicht näher eingegangen werden.
2 Für die international vergleichende Forschung liegen nur wenige Untersuchungen vor, vgl. v. a. Ignazi 1994, Betz 1994, Kitschelt 1995, Merkl 1997, Betz/Immerfall 1998, Minkenberg 1998. Eine konturierte Debatte zum Zusammenhang zwischen Globalisierung und modernem Rechtsradikalismus

Für jede dieser drei Dimensionen sollen jeweils in einem ersten Schritt (1) auf der Makroebene die Elemente des *empirischen Zusammenhangs* zwischen der Globalisierung/Denationalisierung einerseits und den Erfolgen (Wahlresultaten) der radikalen Rechten andererseits aufgeführt werden.

In einem zweiten Schritt (2) geht es jeweils darum, diesen Zusammenhang in die *Parteiensysteme* der westlichen Demokratien zu »übersetzen«. Entlang von politischen Konfliktlinien (*cleavages*)[3] sollen (a) auf der Mesoebene das *politische Angebot* der rechtsradikalen Parteien (Programme, Diskurse etc.) und (b) auf der Mikroebene die *politische Nachfrage* der Wähler dieser Parteien analysiert werden. Dabei können die politisch-normativen Aspekte (ideologische Dimension) und die gesellschaftlichen Entwicklungen (sozialer und kultureller Wandel) auf der intermediären Ebene des Parteiensystems gegenübergestellt werden. Bei der Betrachtung über die politischen Konfliktlinien liegt der Fokus auf einer – aus dem angenommenen Zusammenhang zwischen Globalisierung/Denationalisierung und Rechtsradikalismus deduzierten – neuen Konfliktdimension. Diese läßt sich hinsichtlich der Reaktion auf die Globalisierungsprozesse im Sinne der Polarisierung zwischen einer »offenen« und einer »geschlossenen Gesellschaft« (Dahrendorf 1990, S. 150) begreifen. Dies bedeutet hier, daß den Nationalstaat überschreitende und sich v. a. auf die europäische Integration beziehende Politikentwürfe in den Parteiensystemen »protektionistischen«, sich auf die nationale Unabhängigkeit beziehenden Politikentwürfen gegenüber-

---

existiert aber nicht. Nur bei Betz (1994) sind hierzu systematische Ansätze zu finden. So gliedert Betz (1996, S. 364) den radikalen Rechtspopulismus in einen »Komplex Antipolitisches Establishment«, in einen »Komplex Neoliberalismus/Neoindividualismus« und in einen »Komplex Einwanderung/Unsicherheit«. Auch Perrineau (1997, S. 241) gibt mit Blick auf den Front national als grundlegende Erklärungsfaktoren diese drei Stränge an: die mit der Wirtschaftsentwicklung verbundene sozialstrukturelle Dimension, die mit der Globalisierung liierten Identitätsängste und das Problem der politischen Repräsentation.

[3] Angesichts der in der Einleitung erwähnten politischen Fragmentierung nimmt zwar die Bedeutung von festen politischen Konfliktlinien ab und diejenige von einzelnen, zentralen und nicht mehr fest entlang von Cleavages zu situierenden politischen Streitfragen (*issues*) zu, was z. B. Betz (1994) dazu veranlaßt, die radikale Rechte über »issue-politics« zu analysieren. Um dennoch die »alten« und »neuen« Polarisierungen deutlich zu machen, wird im folgenden entlang von Cleavage-gebundenen Issues argumentiert.

stehen (vgl. v. a. Bartolino 2000 und Kriesi 2000). Diese neue politische Konfliktlinie kommt angesichts der Globalisierung/ Denationalisierung zur alten, in der nationalen Industriegesellschaft entstandenen Rechts-Links-Polarisierung hinzu.

In einem dritten Schritt (3) knüpft sich schließlich zu jeder der drei Dimensionen die Frage nach den *Erklärungsansätzen* für den Erfolg der radikalen Rechten an. Müssen die bisherigen Ansätze in einen neuen Interpretationsrahmen gestellt werden? Dabei entspricht die Anordnung dieser Ansätze einem Filter, der von den strukturellen, kulturellen und politischen zu den prozessualen und personenbezogenen Faktoren reicht. Es soll deutlich werden, ob und in welchem Maß die Globalisierung/Denationalisierung in den einzelnen Ländern auf die Erfolgsbedingungen der radikalen Rechten wirkt und wo angesichts dieses Zusammenhangs die länderspezifischen Differenzen für die Erklärung der unterschiedlichen Erfolge bzw. auch des Mißerfolges liegen. Bei meinen Ausführungen konzentriere ich mich auf Österreich, Frankreich (Loch [2]1991, 1994) und Deutschland – zwei »Erfolgsfälle« von unterschiedlichem Ausmaß und ein »Sonderfall«, bei dem die parteiförmige radikale Rechte erfolglos bzw. marginal ist.

1. Ökonomischer Protektionismus: »Modernisierungsverlierer«?

1. Wenn man davon ausgeht, daß Rechtsradikalismus als Bewegung der Gegenmoderne im Kontext von Modernisierungsschüben entsteht, fällt der Blick v. a. auf die *ökonomische Globalisierung bzw. Denationalisierung.* So haben Betz/Swank (1996) auf der Makroebene für 16 westeuropäische Staaten und für den Zeitraum von 1981 bis 1995 einen empirischen Zusammenhang zwischen einerseits den ökonomischen Globalisierungsprozessen, die v. a. an der Zunahme der internationalen Handels- und Kapitalmobilität gemessen wurden, und den Wahlresultaten der rechtsradikalen Parteien festgestellt. Ferner läßt sich als Ergebnis dieser Untersuchung festhalten, daß die Aufrechterhaltung wohlfahrtsstaatlicher Leistungen sich auf die Schwächung rechtsradikaler Wahlerfolge positiv auswirkt. Umgekehrt betrachtet konstatiert auch Zürn (in diesem Band), daß der Erfolg des

Rechtsradikalismus in den neunziger Jahren dann zugenommen hat, wenn – infolge der ökonomischen Denationalisierung – eine hohe ökonomische Unsicherheit und ein starker Abbau wohlfahrtsstaatlicher Leistungen zu verzeichnen sind, was – wie weiter unten gezeigt werden soll – die These stärkt, daß die radikale Rechte v. a. von »Modernisierungsverlierern« unterstützt wird.

2. Die in diesem sozioökonomischen Kontext stehende Konflikthaftigkeit läßt sich im Parteiensystem entlang der politischen Konfliktlinie »Alter Politik« situieren, auf der die Verteilungskonflikte nach der Rechts-Links-Polarisierung abgebildet sind (vgl. Kitschelt 1995 und in diesem Band). Danach besteht ein Gegensatz zwischen markt- bzw. neoliberalen und redistributiven wirtschaftspolitischen Positionen. Doch überschreitet dieser Gegensatz die nationalen Grenzen der bisherigen industriegesellschaftlich geprägten Konfliktlinie. Dabei ist eine Polarisierung zwischen »globalistischem« Wirtschaftsliberalismus einerseits und »territorialistischem« *Wirtschaftsprotektionismus* andererseits entstanden. Allerdings beinhaltet die globalistische bzw. denationalisierte Position nicht nur die neoliberale, sondern auch eine sozialdemokratische Variante (»Neue Linke«), die programmatisch nach Kriterien der sozialen Gerechtigkeit die supranationale Regulierung einer europäischen Wirtschafts- und Sozialpolitik anstrebt (Dörre in diesem Band, Kriesi 2000). Dagegen tritt die alte kommunistische Linke und z. T. auch die (neue) radikale Rechte – wenn auch aus verschiedenen Motiven – für eine wirtschaftsprotektionistische Position ein. Dabei ist das wirtschaftspolitische Profil dieser radikalen Rechten allerdings zu differenzieren.

a. Denn blickt man auf das *wirtschafts- und sozialpolitische Angebot*, haben die rechtsradikalen Parteien in den achtziger Jahren zunächst neoliberale Positionen vertreten. Sie forderten eine Deregulierung der Märkte sowie den Abbau des demokratischen Wohlfahrtsstaats, womit sie v. a. die leistungsorientierten Mittelschichten ansprachen. Seit Anfang der neunziger Jahre ist nun bei mehreren rechtsradikalen Parteien in Westeuropa, so insbesondere beim Front national sowie der FPÖ, eine Veränderung weg von diesem dezidierten Wirtschaftsliberalismus und hin zum – zumindest rhetorischen – redistributiven Wirtschaftsprotektionismus inklusive der Beibehaltung des nationalen Wohlfahrtsstaates mit seiner Sozialpolitik zu beobachten. So profilieren sich einige der rechtsradikalen Parteien als Antiglobalisierungsparteien, außerhalb Europas zählen dazu v. a. die »New Zealand First Party« in Neuseeland und die »One Nation Party« in Australien (vgl. Betz in diesem Band). Auch die radikale Rechte in Deutschland oszilliert bei der sozialen Frage »zwischen marktwirtschaftlichen Grundsätzen, vormodernem Antikapitalismus und Sozialismus-Demagogie« (Ptak 1999). So versucht z. B. die NPD seit etwa 1996, ihren verbalen nationalistischen Antikapitalismus mit entsprechenden sozialpolitischen Themen programmatisch zu unterfüttern. Mit diesem zu beobachtenden Schwenk auf eine »national-soziale« Wirtschaftspolitik versuchen die rechtsradikalen Parteien, mit den erwähnten linken wirtschaftsprotektionistischen Positionen, die in Deutschland v. a. von der PDS vertreten werden, zu konkurrieren. Ziel ist, verstärkt die »Modernisierungsverlierer« für sich zu gewinnen. Daß dieser Wirtschaftsprotektionismus wiederum nicht ideologisch gefestigt ist, zeigt in jüngster Zeit der erneute Positionswechsel der FPÖ hin zu einer neoliberalen Position.

b. Hinsichtlich der *politischen Nachfrage* hat sich, sozioökonomisch betrachtet, die Wählerschaft der rechtsradikalen Parteien in entsprechender Weise entwickelt. Denn in den achtziger Jahren rekrutierte sie sich v. a. aus den »alten« und den »neuen« Mittelschichten, die sich von den neoliberalen Positionen angezogen fühlten. In den neunziger Jahren kamen mit den wirtschafts- und sozialprotektionistischen Positionen zunehmend Teile der Arbeiterschaft hinzu. Was die Wahlmotivation betrifft, lag z. B. in Deutschland 1993 die »Arbeitslosigkeit« bei den Wählern der rechtsradikalen Parteien nach dem Thema »Asyl/Ausländer« an zweiter, im Osten Deutschlands sogar an erster Stelle (Falter 1994, S. 108 f.). Dies verweist auf den sozialen Status der Wählerschaft. Grundsätzlich und ländervergleichend lassen sich zwar Ähnlichkeiten in der schichtübergreifenden sozialen Zusammensetzung der Wählerschaft der rechtsradikalen Parteien feststellen: Zu ihr zählen Arbeitslose, Arbeiter, Angestellte, Beamte und Selbständige. Dabei hat sich jedoch ein »idealtypischer« Rechtswähler herauskristallisiert. Er ist niedrig qualifizierter (Fach-)Arbeiter oder auch arbeitslos, männlich, weniger gebildet, jung und lebt – ähnlich wie ein Großteil der Einwanderer – in städtischen Ballungsräumen (Perrineau und Ulram in diesem Band), wo eine neue »urban underclass« entsteht. So waren z. B. der Front national und die FPÖ in Frankreich und Österreich in den neunziger Jahren phasenweise diejenigen Parteien, die am stärksten von Arbeitern gewählt worden sind. Somit ist eine gewisse »Proletarisierung« der rechtsradikalen Wählerschaft festzustellen. Was die Situation in Deutschland betrifft, variiert der »idealtypische« Wähler der rechtsradikalen Parteien allerdings im innerdeutschen West-Ost-Vergleich. So handelt es sich im Westen

> »um einen verheirateten Mann über 45, der in einer Klein- oder Mittelstadt lebt, einer christlichen Kirche angehört, aber selten oder nie zur Kirche geht, Volks- oder Hauptschulabschluß besitzt, als Arbeiter oder einfacher Angestellter in einem festen Arbeitsverhältnis steht, sich (bisher) um seinen Arbeitsplatz nicht unmittelbar sorgt und weder selbst noch über ein anderes Mitglied seines Haushalts mit der Gewerkschaftsbewegung verbunden ist« (Falter 1994, S. 105f.).

Im Osten dagegen

> »handelt es sich um einen jüngeren, alleine lebenden Mann aus einer eher kleineren Gemeinde, der einen mittleren Schulabschluß aufzuweisen hat, Arbeiter, und zwar öfter Facharbeiter als an- oder ungelernter Arbeiter ist, der seinen Arbeitsplatz häufiger als sein westdeutsches Pendant als gefährdet ansieht, im Gegensatz zu diesem keiner Konfession angehört und außerdem, wie sein Gegenpart aus den alten Bundesländern, kein Gewerkschaftsmitglied ist« (Falter 1994, S. 106).

Nimmt man die neueren wahlsoziologischen Befunde aus der DVU-Wahl in Sachsen-Anhalt vom April 1998 hinzu (Neu/von Wilamowitz-Moellendorf 1998, Forschungsgruppe Wahlen 1998), tendiert der »idealtypische« Rechtswähler im Osten zu dem »modernen« Wählertypus rechtsradikaler Parteien in Westeuropa, der sich angesichts zunehmender Massenarbeitslosigkeit verstärkt durchsetzen könnte und über sozialpolitische Themen mobilisierbar ist: Er ist auch hier Arbeiter bzw. Auszubildender, männlich, weniger gebildet und jung. In den neuen Bundesländern hat die – v. a. in »subkultureller« Form auftretende – radikale Rechte allerdings weniger in den städtischen Ballungsräumen als vielmehr in den Kleinstädten Erfolg.

3. Angesichts dieser in den »alten« wie in den »neuen Mittelschichten« bzw. bei den (traditionslosen) Arbeitern und z. T. den Arbeitslosen liegenden Kernwählerschaften können sozialstrukturelle Erklärungen für den Erfolg der radikalen Rechten herangezogen werden. Dazu zählen zum einen die Erklärungen über soziale »*Ungleichgewichtszustände*« bzw. *Statusinkonsistenzen* (Hofstadter 1964, Lipset 1964). Danach begünstigt drohender sozialer Abstieg bzw. blockierter sozialer Aufstieg »wohlfahrtschauvinistisches« Verhalten. Die in dieser sozialen Lage entstehenden Ängste werden auf die Einwanderer oder andere Minderheiten projiziert, welche die Funktion von Sündenböcken einnehmen. Die statusbedrohten Wähler leiden dabei nicht unbedingt unter sozialer und politischer Desintegration, sondern sind zumeist fest in die Gesellschaft bzw. ihre sozialen Milieus integriert.

Die sozialstrukturellen Erklärungen ergeben sich zum anderen aber auch aus den soziologischen Theorien der *Desintegration (Anomie)*, die auf Emile Durkheim (1988, 1993) zurückgehen, später – wie auch die Erklärung über Statusinkonsistenzen – in das Theorem der relativen Deprivation (Gurr 1970) eingegangen sind und in aktuellen, über Milieuuntersuchungen empirisch unterfütterten sowie zusätzlichen Individualisierungstheorien aufgegriffen und biographisch dokumentiert werden (Heitmeyer u. a. 1992). Danach wird die Genese von rechtsradikalem Handeln und rechtsradikaler Gewalt als Folge von raschem sozialem Wandel (Modernisierung), sozialer – und auch politischer – Desintegration, Desorientierung und Verunsicherung erklärt. Für Frankreich hat Perrineau (1988) den Erfolg des Front national u. a. als »politisches Echo der städtischen Anomie« interpretiert. Die Anomiehypothese knüpft heute v. a. an die Auflösungserscheinungen des Arbeitermilieus an, die sich in den Stadtgesellschaften der westlichen Demokratien zeigen. In diesem Kontext könnte sie auch auf einen Teil der Jugendlichen in den neuen Bundesländern zutreffen, wo es einen doppelten sozialstrukturellen Umbruch gibt, der sowohl aus der globalisierungsbedingten Modernisierung hin zur postindustriellen Gesellschaft als auch der spezifisch postkommunistischen und ostdeutschen Transformationssituation resultiert (Stöss 1994, S. 112). Anomietheoretisch ließe sich argumentieren, daß mit der Auflösung des (sozialistischen) Milieus der Jugendlichen eine Suche nach neuen, komplexitätsreduzierenden und Sicherheit gebenden Gemeinschaften entstanden ist, die sich gegenüber anderen – z. T. fiktiven – Gemeinschaften wie »den« Einwanderern abgrenzen. In diesem Zusammenhang wäre allerdings weiter zu fragen, inwiefern die Anomietheorien aktualisiert werden müssen, wenn – wie Touraine in diesem Band (vgl. S. 45) schreibt – die »Gesellschaften, wie sie noch von den Klassikern, von Durkheim bis Parsons, definiert wurden, [...] im Verschwinden begriffen« sind? Kann man bei rechtsradikalem Verhalten noch von – im Kontext der Anomietheorie stehendem – abweichendem Verhalten sprechen, wenn, wie in Österreich, ein Großteil der ehemaligen Arbeiterschaft entsprechend wählt? Läßt sich Rechtsradikalismus in der *postindustriellen* Gesellschaft somit noch als »normale Pathologie« in westlichen *Industrie*gesellschaften (Scheuch/Klingemann 1967) bezeichnen?[4]

Beide Erklärungsansätze lassen sich nun mit der globalisierungsbedingten These koppeln, daß die radikale Rechte v. a. von den »*Modernisierungsverlierern*« unterstützt wird. So wird der Zusammenhang zwischen der ökonomischen Globalisierung mit ihren sozialstrukturellen Folgen und der Unterstützung rechtsradikaler Parteien auch über die damit induzierte Spaltung der

---

4 Soziologische Ansätze zur Erklärung von Rechtsradikalismus gehen prinzipiell von der funktionalen Differenzierung der Gesellschaft aus. Im Mittelpunkt steht die Frage nach der Integration in die Gesellschaft (v. a. Heitmeyer 1994; vgl. auch Winkler 1996, S. 37-40) bzw. – wenn man die normative Integration in einem nur kontingenten Verhältnis zu den Differenzierungsprozessen sieht – diejenige nach der Differenzierung der Gesellschaft in Subsysteme. Rechtsradikalismus könnte demnach – was Position des Autors ist – in Anlehnung an Touraine (in diesem Band) handlungstheoretisch als Reaktion auf die Trennung der Welt in ein »instrumentelles« und ein »kulturelles Universum« interpretiert werden, wenn das Individuum *als handelndes Subjekt* auf die desozialisierenden Folgen der kapitalistischen Modernisierung *und gleichzeitig* »zivilisationskritisch« auf die Zumutungen der westlichen Moderne in Form der Retraditionalisierung seiner Lebenswelt reagiert, indem es sich z. B. einer charismatischen (rechtsradikalen) Integrationsfigur zuwendet. Eine systemtheoretische Betrachtungsweise würde mit der Trennung der Welt in (mehrere) Subsysteme und des Individuums in »Di-vidualitäten« dies als entdifferenzierende Reaktion der »di-vidualisierten« Person auf die Differenzierungsprozesse deuten – und gäbe dabei theorieimmanent das handelnde Subjekt auf.

Wählerschaft in »Modernisierungsgewinner« und »Modernisierungsverlierer« hergestellt, die jeweils ein klar definiertes, »idealtypisches« Sozialprofil haben, bei dem die wichtigsten Kriterien die Schichtzugehörigkeit, das Geschlecht und das Bildungsniveau sind. Demnach stehen sich, »idealtypisch« betrachtet, Teile der »neuen« aufstrebenden Mittelschichten (Jungunternehmer) und der Arbeiterschaft, Wähler mit höherer und mit niedriger Bildungsqualifikation sowie Männer und Frauen gegenüber (Betz 1999). Da in dieser Gegenüberstellung aber erklärungsrelevante Zwischenlagen vernachlässigt werden und es zudem schwierig ist, objektive Kriterien von Marginalisierung und Ausgrenzung der »Modernisierungsverlierer« zu finden, ist diese These v. a. dann sinnvoll, wenn sie sich auf die *subjektive* Befindlichkeit solcher Wähler und somit auf das Theorem der relativen Deprivation bezieht. Danach geht es unter den Verlierern nicht um eine »objektive« (z. B. über das Einkommen bestimmte) Benachteiligung, sondern um die subjektiv wahrgenommene – ob eingetretene oder drohende – Verschlechterung der eigenen Lebensverhältnisse, die nicht mehr ausschließlich an Schicht- und Klassenzugehörigkeit gebunden ist. Es handelt sich folglich um Wähler, die die Ausdifferenzierung neuer Lebenschancen, welche sich v. a. aus der Zugangsmöglichkeit zum Konsum ergeben, nicht entsprechend nutzen können. Die Teilhabe- und Anerkennungsmöglichkeiten werden in Konkurrenz mit den Einwanderergruppen verglichen und die sozialen sowie kulturellen Frustrationen wiederum auf diese Gruppen projiziert.

Berücksichtigt man den massiven Einbruch der radikalen Rechten in die (traditionslose) Arbeiterschaft für die sozialstrukturellen Erklärungsansätze, ist auch Lipsets (1981) »klassentheoretische« Erklärung des Rechtsradikalismus als »*Extremismus der Mitte*« bzw. der Mittelschichten um die Komponente der Arbeiterschaft zu ergänzen. Daß auch Arbeiter in »Krisenzeiten« rechtsradikal bzw. faschistisch wählen können, hat zwar bereits Falter (1991) für »Hitlers Wähler« in überzeugender Weise dargelegt und insofern die Mittelstandsthese relativiert. Doch hat sich mit dem Ende der nationalen Industriegesellschaft und der daraus resultierenden *massiven* Erosion des Arbeitermilieus der politische Kontext geändert. Zieht man somit einen historischen Vergleich, so stand die »Panik im Mittelstand«, die Theodor Geiger (1932) für Teile der deutschen Wählerschaft mit Blick auf die

Entstehung des Nationalsozialismus beschrieb, im Kontext dieser nationalen Industriegesellschaft. Dagegen findet eine eventuelle »Panik in der Arbeiterschaft« in der postindustriellen und denationalisierten Dienstleistungsgesellschaft statt. In diesem Kontext könnte sich weiterhin und auch mit Blick auf Deutschland v. a. in den neuen Bundesländern ein »Pfad in die rechtsradikale Mobilisierung« ergeben (Leggewie 1998 und in diesem Band), auf dem die »Modernisierungsverlierer« zum bevorzugten Adressaten der Aktivisten aus den rechtsradikalen Parteien bzw. den »subkulturellen« Milieus werden.

Konzentriert man sich unter geschlechtsspezifischen Kriterien auf diese Arbeiterschaft, die in den »goldenen Wachstumsjahren« des fordistisch geprägten Kapitalismus der Nachkriegszeit als männliche Industriearbeiter ihren Status und ihre Anerkennung in der Gesellschaft, im Betrieb und in der Familie hatte, kristallisiert sich schließlich in der postindustriellen Gesellschaft eine *Krise des »industrial man«* heraus. In sozial benachteiligten Stadtvierteln zwangsterritorialisiert und – wenn arbeitslos – zur Langeweile verdammt, kontrastiert dieser inzwischen mit dem globalisierungserfahrenen »communication man«, der sich räumlich deplazieren kann und über knappe Zeitressourcen verfügt. Die Auflösung des Arbeitermilieus, die berufliche Identität des niedrig und nach alten Bildungsabschlüssen qualifizierten jungen Mannes, dessen Qualifikation in der postindustriellen Gesellschaft nicht mehr benötigt wird, der von Arbeitslosigkeit bedroht ist und in der Gesellschaft, wo sich die Erwerbsarbeit feminisiert, sowie in der Familie keine Anerkennung mehr erfährt, macht diese Krise zu einer Krise des (jungen) Mannes. Der rechtsradikale Diskurs offeriert ihm männliche Bezugspunkte, Vaterfiguren und Autorität. Die Krise bzw. das Ende des »industrial man« dürfte ein wichtiger Erklärungsfaktor für den hohen Anteil männlicher Jungwähler in den rechtsradikalen Wählerschaften der westlichen Demokratien sein. Dieses Phänomen ist bisher wenig erforscht (Perrineau 1997, S. 105 ff.). Mit ihm wird die Rechtsradikalismusforschung zum Bestandteil einer modernen Männerforschung.

Die These, daß die radikale Rechte v. a. von den (männlichen) »Modernisierungsverlierern« Zulauf bekommt, stützt infolgedessen den angenommenen Zusammenhang zwischen ökonomischer Globalisierung und den Erfolgen des Rechtsradikalismus in den westlichen Demokratien. Um die *Differenzen* in den Erfolgen sozialstrukturell zu erklären, wäre es aufschlußreich, das Ausmaß und die Geschwindigkeit der ökonomischen Globalisierung mit ihren Folgen auf den Abbau des Wohlfahrtsstaates und auf die soziale Polarisierung in den einzelnen Ländern zu untersuchen. Blickt man auf Frankreich und Österreich, wo die radikale Rechte erfolgreich ist, läßt sich vermuten, daß der Umbruch der Klassengesellschaft in Frankreich (Dubet/Lapeyronnie 1994) und die »verspätete Modernisierung« in Österreich die Angst vor Statusverlust, den Zerfall von Milieus und die »Proletarisierung« besonders beschleunigt haben. Dagegen scheinen die sozialen Milieus in Westdeutschland trotz ihrer Fragmentierungstendenzen noch relativ stabil zu sein (vgl. Vester in diesem Band), was sozialstrukturell betrachtet den Mißerfolg der rechtsradikalen Parteien in den alten Bundesländern erklären kann. Anders sieht es dagegen in den neuen Bundesländern aus, wo die Transformation der Ökonomie einen beträchtlichen sozialstrukturellen Wandel bewirkt, der einen Nährboden für die radikale Rechte abgibt (Stöss 1994). Hier resultiert der Erfolg dann allerdings mehr aus dem Umbruch der nationalen Ökonomie. Doch selbst in Ländern, in denen die sozialstrukturellen Folgen der ökonomischen Globalisierung gravierend sind, muß die radikale Rechte nicht unbedingt erfolgreich sein.

Denn die sozialstrukturelle Betrachtung über Statusinkonsistenz, Anomie und relative Deprivation erklärt nicht, warum ein Teil der von der Modernisierung tatsächlich oder vermeintlich negativ betroffenen Bürger sich in dieser sozialen Lage gerade an rechtsradikalen Politikangeboten orientiert. Wichtig ist somit angesichts des soziokulturellen Wandels auch die Frage nach den Werten bzw. Milieus und nach den politischen Orientierungen dieser (potentiellen) Wählerschichten. Zudem gibt es auch Anhänger des modernen Rechtsradikalismus in den oberen Schichten, d. h. in den an einem dezidierten Neoliberalismus interessierten Teilen der »neuen« Mittelschichten und der transnationalen »Leistungseliten« (Betz 1996, S. 372). Sie können weder als statusbedrohte »Wohlfahrtschauvinisten« noch als desintegrierte »Modernisierungsverlierer« bezeichnet werden. Bei diesen nationalistischen Eliten manifestiert sich vielmehr der transnationale Autoritarismus der »*Modernisierungsgewinner*« (Dörre in diesem Band). Auch dies hebt die Bedeutung von Werten und politischen Orientierungen hervor. Dennoch sind im Kontext der ökonomischen Globalisierung die sozialstrukturellen bzw. politisch-sozialen Erklärungsansätze eine notwendige Erklärungsvoraussetzung, da sie den sozialen Wandel erfassen und dafür einen strukturellen Analyserahmen abgeben – doch sind sie nicht hinreichend. Daher ist im weiteren nach den politisch-kulturellen Implikationen des Rechtsradikalismus zu fragen, zumal gerade Themen wie »Einwanderung«, »Kultur« und »Nation« im Mittelpunkt der politischen Mobilisierung stehen.

2. Kultureller Protektionismus: (Bedrohte) nationale Identität

1. Im folgenden geht es um den kulturellen Wandel, der sich nicht mehr nur innerhalb der nationalstaatlich verfaßten Gesellschaften, sondern auch in sub- und transnationalen Prozessen vollzieht. Dabei beinhaltet die *kulturelle Globalisierung bzw. Denationalisierung* bei abnehmender nationalstaatlicher Kontrolle von Information und Kommunikation eine grenzüberschreitende standardisierte Konsumentenkultur. Gleichzeitig werden – verstärkt durch die Retraditionalisierung der Lebenswelt (Habermas 1994) – die bisherigen kulturellen Differenzen nationaler, regionaler, lokaler und ethnischer Art stärker wahrgenommen. Der nach Zürn (in diesem Band) bestehende Zusammenhang zwischen kultureller Denationalisierung und Rechtsradikalismus kann über verschiedene Kriterien gemessen werden, zu denen hinsichtlich der kulturellen Denationalisierung z. B. der Anstieg von Import und Export nichteinheimischer Kulturgüter (Filme, Theaterproduktion, Bücher) zählt. Mit der höheren Wahrnehmung kultureller Differenz steht jedoch bei den transnationalen Prozessen auch die Einwanderung im Mittelpunkt. Gemessen am Anteil der ausländischen Bevölkerung ist sie z. B. in Deutschland im OECD-Vergleich sehr hoch und hatte Anfang der neunziger Jahre zugenommen. In Frankreich ist sie traditionell hoch, so daß in den neunziger Jahren keine wesentliche Veränderung stattfand.

2. Im Parteiensystem zeigt sich der »innergesellschaftliche« kulturelle Wandel entlang der politischen Konfliktlinie »Neuer Politik«. Er wird zumeist über die Polarisierung von »libertär«

versus »autoritär« diskutiert, die sich z. T. quer durch die Parteien zieht (vgl. Kitschelt in diesem Band). Hier läßt sich mit Blick auf die Einwanderung und ihre »innergesellschaftlichen« Folgen (Integration von ethnischen Minderheiten) der Gegensatz zwischen *(libertärem) Multikulturalismus* und *(autoritärem) Ethnozentrismus* einbetten. Dabei haben sich jedoch der alte Rechts-Links-Gegensatz, der sich an der Polarisierung zwischen »redistributiv« und »marktliberal« orientiert, und diese kulturell geprägte Konfliktlinie »Neuer Politik« inzwischen so überlagert, daß man auch von einer einzigen politischen Konfliktlinie sprechen kann, entlang deren es eine Polarisierung zwischen links-libertären und rechts-autoritären Positionen gibt (Kriesi 2000, S. 17). Im Zeichen der neuen Konfliktdimension zwischen »offener« und »geschlossener Gesellschaft« hat nun aber auch der kulturelle Wandel den nationalen Rahmen gesprengt, so daß sich hier die Position einer *kulturellen Öffnung* und diejenige einer *kulturellen Schließung* gegenüberstehen. Die kulturellen Konfliktthemen spiegeln sich auch in den Diskursen der radikalen Rechten und den Wahlmotivationen ihrer Wähler wider.

a. So steht in den *Diskursen und Programmen* der rechtsradikalen Parteien in Westeuropa das Thema der Einwanderung – zusammen mit dem Thema der Inneren Sicherheit – an zentraler Stelle. Die Thematisierung von Einwanderung und Asyl war und ist v. a. in den Diskursen des Front national, der deutschen Republikaner und dem belgischen Vlaams Blok zu finden, in etwas geringerem Maß auch in den Programmen der FPÖ oder der Dänischen sowie der Norwegischen Fortschrittspartei. Daher können die rechtsradikalen Parteien bei der Suche nach einem gemeinsamen Merkmal v. a. als »Anti-Einwanderer-Parteien« bezeichnet werden (Fennema 1997, Pettigrew 1998), ohne daß sie deshalb »Single-Issue Parteien« sind (Mudde 1999).

b. Auch die Wählerumfragen zu den wichtigsten *Wahlmotivationen* zeigen, daß sich in Westeuropa die Wähler rechtsradikaler von denjenigen anderer Parteien – neben der Nennung »Parteien- und Politikerverdrossenheit« – v. a. durch die Angabe der Issues »Einwanderung« und »Innere Sicherheit« unterscheiden (vgl. z. B. Falter 1994, S. 110-115 und Perrineau in diesem Band). Welche Erklärungsansätze lassen sich für dieses »kulturelle« Mobilisierungspotential – einschließlich des »materialistischen« Themas der »Inneren Sicherheit« – heranziehen?

3. Erklärungen, die sich auf die Zäsur von 1968 in den westlichen Demokratien beziehen, können entlang der Konfliktlinie »Neuer Politik« diskutiert werden, bei der sich der »libertäre« und der »autoritäre« Pol gegenüberstehen. Zu den politischen Indikatoren dieses Cleavages zählt v. a. der sog. Wertewandel als Ausdruck eines umfassenderen kulturellen Wandels. Demnach ist der Erfolg der radikalen Rechten eine »materialistisch«/autoritäre Reaktion auf die Ausbreitung »postmaterialistisch«/links-libertärer Werte seit 1968 (Inglehart 1990, S. 277) und dem damit zusammenhängenden Aufstieg neuer sozialer Bewegungen in den siebziger und achtziger Jahren. Ignazi (1992, 1994) folgt einer ähnlichen kulturalistischen Interpretation, wenn er den Aufschwung der radikalen Rechten als *Stille Gegen-Revolution* zu der von Inglehart analysierten »Stillen Revolution« des Wertewandels deutet. Das rechtsradikale Mobilisierungspotential liegt nach diesen Interpretationen in einer autoritären Wählerschaft, die auf der Suche nach materieller/innerer Sicherheit ist und sich dabei von Einwanderern als (potentiellen) Konkurrenten bedroht fühlt. Doch wird die Behauptung der autoritären Revolte gegen den kulturellen Liberalismus zu Recht kritisiert, da in der heterogenen Wählerschaft der radikalen Rechten eine Ambivalenz in kulturellen und moralischen Fragen existiert, d. h. nicht immer eindeutig eine autoritäre Position bezogen wird (Immerfall 1998, S. 254ff.).

Schließlich ist hier die in der Einleitung dieses Bandes erwähnte zivilisatorische Kritik am »Projekt der Moderne« zu nennen, nach der die kulturelle Gemeinschaftsbildung als eine Antwort auf die Entwurzelung und den Sinnverlust der – sich heute globalisierenden – Ambivalenz der Moderne zu verstehen ist. Dies könnte erklären, daß ein Teil der »Modernisierungsgewinner« und transnational nomadisierenden »Leistungseliten« nicht nur aus Gründen des Neoliberalismus der radikalen Rechten nahesteht, sondern damit auch eine – allerdings ethnopluralistische,[5] d. h. kulturell radikal ausschließende – wertebezogene Sinnstiftung sieht.

---

[5] Hier wäre näher auf die »Neue Rechte« einzugehen, die sich u. a. über »ethnopluralistische« Konzepte definiert; vgl. dazu v. a. Gessenharter/Fröchling 1998.

Eine andere Zugangsweise zur Bestimmung bzw. Erklärung des autoritären Potentials vertritt Vester (in diesem Band). In Anlehnung an Bourdieu analysiert er die *sozialen Milieus* in Deutschland, über die in der soziokulturell sich heterogenisierenden Gesellschaft kollektive Zugehörigkeiten und Identitäten ausgebildet werden. Diese Milieuanalysen haben gegenüber den Wertewandelstudien den Vorteil, daß auch die soziale Lage und v. a. die historische Dimension der Mentalitäten *vor 1968* für die kulturorientierte Erklärung berücksichtigt wird. Wie Vester zeigt, verteilt sich das autoritäre Potential auf alle der von ihm für 1995 angeführten zehn sozialen Milieus in Deutschland. Somit beschränkt es sich nicht auf »die Mitte« oder den »Rand« der Gesellschaft. Vielmehr geht es quer durch die Milieus hindurch und ist dabei v. a. in Teilen des »konservativ-technokratischen Milieus«, des »modernen bürgerlichen Milieus«, des »kleinbürgerlichen Milieus« und des »traditionslosen Arbeitnehmermilieus« zu finden. Zu den Voraussetzungen für die Mobilisierbarkeit des autoritären Potentials zählen dabei nach Vester nicht die ökonomischen Lagen, sondern die erwähnten Mentalitätstypen und die politisch-weltanschauliche Orientierung. Nach der politisch-weltanschaulichen Orientierung, die Vester in vier Lagern erfaßt, rekrutieren sich die potentiellen Rechtswähler v. a. aus dem Lager der »Konservativen Mitte«, wo (noch) eine »Zufriedenheit mit den Autoritäten« herrscht, und dem Lager der »Deklassierten«, das durch »Ressentiments der Enttäuschung« geprägt wird. Das autoritäre rechtsradikale Potential bleibt somit nicht auf die Wähler am rechten Rand der Rechts-Links-Polarisierung beschränkt.[6]

Bezüglich des Issues »Einwanderung«, dem Kernthema der kulturellen Dimension, ist es nun plausibel, anzunehmen, daß die Unterstützung der radikalen Rechten v. a. Anfang der neunziger Jahre durch die Unzufriedenheit mit den offiziellen nationalen Einwanderungspolitiken in den einzelnen Ländern motiviert worden ist (Knigge 1998, S. 262). In der Folge hat dies in mehreren Fällen zu einer restriktiveren Einwanderungs- und Asylgesetzgebungspolitik geführt, wie z. B. die Änderung der Asylge-

---

6 So stellt z. B. auch Falter (1994, S. 158) – eingeschränkt auf Wähleranalysen – für Deutschland fest, daß sich der Anteil von Wählern, die ein »relativ geschlossenes rechtsextremistisches Weltbild« besitzen, bei den Unionsparteien auf 20%, bei der SPD auf 14% und bei den Nichtwählern auf 17% beziffert.

setzgebung nach dem Erfolg der Republikaner in Deutschland zeigte. In diesem Zusammenhang können Einwanderung und rechtsradikale Stimmabgabe in eine direkte Beziehung zueinander gesetzt werden. Doch haben die rechtsradikalen Parteien in Westeuropa – wenn auch nicht in Deutschland – nach dieser Phase weiterhin Unterstützung erhalten. Wenn wie z. B. in Frankreich und Österreich trotz verschärfter Einwanderungsgesetze und trotz des sich anschließenden Rückgangs der Anzahl von Asylbewerbern die Unterstützung erhalten blieb bzw. sogar anstieg, deutet dies auf eine indirekte Verbindung zwischen Einwanderung und Rechtsradikalismus hin. Hier bietet sich als Erklärung u. a. die *Ethnisierung sozialer bzw. politischer Konflikte* an (vgl. Berking und Kitschelt in diesem Band), nach der die sozialen Probleme der Inneren Sicherheit und des Abbaus wohlfahrtsstaatlicher Leistungen auf die Einwanderer projiziert und damit ethnisiert werden.

Die bisherigen Erklärungen über Wertewandel und soziale Milieus haben sich v. a. auf die »innergesellschaftliche« Perspektive konzentriert. Führt man aber mit der kulturellen Globalisierung und angesichts der – sich ebenfalls denationalisierenden – Migrationspolitik die politische Streitfrage der »Einwanderung« aus dem nationalen Kontext heraus, sind die Erklärungen stärker in die Polarisierung zwischen »offener« und »geschlossener« Gesellschaft zu stellen. Hier steht die radikale Rechte für die Ablehnung von multikultureller und von supranationaler Identitätsbildung. Sie vertritt einen dezidierten *kulturellen Protektionismus (bzw. auch Ethnopluralismus)*, indem sie über die Beibehaltung der bedrohten (bzw. bei den »Leistungseliten« dann nicht mehr bedrohten, sondern in den transnationalen Raum mitgenommenen) nationalen Identität mobilisiert. Dabei richtet sie sich fremdenfeindlich und rassistisch gegen die (»eigenen«) Einwanderer. Somit stellt sich die Frage nach dem Umgang mit kultureller Differenz, was zur Nationskonzeption führt. Bei der Nationskonzeption geht es nicht um die Konflikthaftigkeit von Cleavages, die den gesellschaftlichen, d. h. den sozialen und kulturellen Wandel abbilden, sondern um eine dritte Konflikthaftigkeit: die *politische Vergemeinschaftung*. Die Nationskonzeption kann in ihrer politisch-kulturellen Dimension eine historische und eine zukünftige Erklärungsfolie für die Unterschiede im Erfolg der radikalen Rechten in den einzelnen Nationalstaaten abgeben.

So lassen sich bei der *Nationskonzeption* nach Lepsius (1982) vier verschiedene Typen unterscheiden, die außerdem mit jeweiligen »Modellen« der Staatsbürgerschaft verbunden sind: die Staatsnation mit ihrem universalistischen oder republikanischen Modell, die Kulturnation mit ihrem multikulturellen Modell, die Volksnation mit ihrem ethnischen Modell und die – obsolet gewordene – Klassennation mit ihrem sozialistischen Modell. Diese Typen prägen das politisch-kulturelle Selbstverständnis der »Einheimischen« sowie die politisch-kulturelle Identifikationsmöglichkeit der Einwanderer. So kann z. B. in Frankreich als klassischem Nationalstaat mit seiner politisch-republikanisch definierten Staatsnation, in der die Anerkennung von kultureller Differenz in der Öffentlichkeit sehr schwierig ist, der Erfolg der radikalen Rechten als fremdenfeindliche und rassistische Reaktion auf die in den Einwanderern besonders sichtbar werdende kulturelle Pluralisierung erklärt werden. Unter anderen Vorzeichen erschwert aber auch die ethnisch geprägte deutsche Volksnation und erschwerte die sozialistisch-»farbenblinde« Klassennation der DDR den Umgang mit kultureller Differenz. Während sich nun im französischen Fall die starke rechtsradikale Reaktion mit der Nationskonzeption erklären läßt, hat diese Argumentation im westdeutschen Fall wenig Sinn. Denn auch hier müßte angesichts der ethnischen Schließung durch die Volksnation die radikale Rechte – betrachtet man sie mit ihren Komponenten des Nationalismus und der Fremdenfeindlichkeit bzw. des Rassismus[7] – erfolgreicher sein.

So liegt es nahe, nach den Erfahrungen im Umgang mit dem Rechtsradikalismus bzw. dem Faschismus zu fragen. Hier stößt man auf die *politische Kultur*, die in den meisten Erklärungsansätzen vernachlässigt wird. Ein Zusammenhang mit der Nationskonzeption stellt sich auch deswegen her, weil diese die politische Kultur maßgeblich prägt (Minkenberg 1998, S. 74-113). Das Entscheidende für die Erklärung durch die politische Kultur liegt darin, daß sie die Schwelle hebt oder senkt, die überwunden werden muß, bevor sich ein rechtsradikales Einstellungspotential in

---

[7] Rechtsradikalismus kann als Syndrom betrachtet werden, zu dem z. B. auf der Einstellungsebene neben Nationalismus und Ethnozentrismus (Fremdenfeindlichkeit, Rassismus, »Wohlfahrtschauvinismus«) auch Autoritarismus, Antisemitismus, Pronazismus sowie gelegentlich Sexismus gezählt werden können.

politischem Verhalten äußert. Die politische Kultur bestimmt die politische Legitimität des Rechtsradikalismus als Teil der nationalen Historie.

Während die Vereinigten Staaten keine Geschichte des Faschismus kennen und die »autoritäre Bestie« der radikalen Rechten eher marginal »in einem geräumigen Käfig brüllt« (Kazin in diesem Band), verhält es sich in Europa anders, wobei sich hier die Unterschiede der politischen Kultur auftun. So ist die radikale Rechte in Frankreich mit ihren nationalistischen »Fieberausbrüchen« seit dem 19. Jahrhundert ein fester Bestandteil der politischen Kultur. Diese gestattete zwar immer deren Manifestation, doch war die demokratische Gegenmobilisierung in der konflikthaften französischen politischen Kultur dabei stärker. In Italien zieht sich mit der Präsenz des neofaschistischen MSI und seiner Nachfolgeorganisation die Auseinandersetzung mit dem Faschismus als Teil der politischen Kultur bis in die Gegenwart. In Österreich dagegen hat die politische Kultur die Aufarbeitung der NS-Geschichte bisher kaum ermöglicht, was einen zentralen Erklärungsfaktor für den Erfolg der FPÖ darstellt. Blickt man auf Deutschland, haben einerseits autoritäre, nationalistische Traditionen Bestand (Wehler 1994). Andererseits sind im Westen Deutschlands seit 1945 mit der Entstehung einer demokratischen politischen Kultur diese Traditionen erheblich abgebaut und infolge von 1968 auch weitgehend aufgearbeitet worden. Daher trägt die NS-Vergangenheit zur Delegitimierung der radikalen Rechten und ihrer – zumindest parteiförmigen – Schwäche entscheidend bei. Auch in der DDR wirkte einerseits die spezifisch deutsche obrigkeitsstaatliche Tradition fort. Dies zeigte sich z. B. in der Pflege preußisch-autoritärer Tugenden und der mangelnden Diskursfähigkeit der DDR-Gesellschaft, wodurch die Entstehung eines Rechtsradikalismus als »Gegenkultur« bereits vor 1989 möglich wurde. Andererseits prägen in den neuen Bundesländern aber noch immer die demokratisch-sozialistischen Werte des – wenn auch verordneten – DDR-Antifaschismus die politische Kultur, allerdings sehr generationenspezifisch. So ist verständlich,

»warum im Osten Deutschlands NS-kritische und fremdenfeindliche Einstellungen koexistieren können: Erstere stehen für die Distanz zum Nationalsozialismus, letztere sind das Ergebnis der psychischen Verarbeitung des soziopolitischen Bruchs. Es drängt sich die Vermutung auf, daß der eher spontane, schwach organisierte, ideologisch gering fundierte, aber besonders aggressive Rechtsextremismus aus dieser ambivalenten Koexistenz erwächst« (Stöss 1994, S. 114).

Mit der Globalisierung und ihren *neuen Raum-Zeit-Bezügen* (Bauman 1998) stehen nun die Nationskonzeption, die nationale politische Kultur und das nationale kollektive Gedächtnis vor neuen Herausforderungen. Denn die Nationskonzeption stützt sich auf der Grundlage der territorialen jahrhundertealten Staats- und Nationenbildung auf die Trennung zwischen konsolidierten Außengrenzen und Demokratisierung der Politik im Innern des Nationalstaats. Diese historische Erfahrung wird mit den subnationalen Prozessen der »Lokalisierung« und den transnationalen Prozessen der Globalisierung umgekehrt bzw. zumindest relativiert. So fragmentiert sich einerseits im sich denationalisierenden Territorialstaat das nationale kollektive Gedächtnis. Die jungen Wähler der rechtsradikalen Parteien haben keine persönliche Erinnerung mehr an die Epoche des europäischen Faschismus. Sie greifen in einer sich in Milieus ausdifferenzierenden Gesellschaft auf die entsprechenden nationalen Symbole und die »anachronistische«, gleichzeitig sich aber retraditionalisierende nationale Identität gegenüber der sich öffnenden und kulturell pluralisierenden Gesellschaft zurück. Andererseits wird das nationale kollektive Gedächtnis transnational mobilisiert und wahrgenommen, über die neuen Kommunikationsmöglichkeiten in kurzen Zeiteinheiten »konsumiert« (vgl. Bös in diesem Band), aber auch unter soziale bzw. politische Kontrolle gestellt. Denn im Fall von Österreich ist die Auseinandersetzung mit dem modernen Rechtsradikalismus nationalpopulistischer Prägung – zum ersten Mal innerhalb der EU – zur Angelegenheit einer europäischen »Innenpolitik« avanciert. Trotz dieser neuen Erfahrungen von Raum und Zeit bleibt die Nationskonzeption und mit ihr die Herausforderung an die politische Kultur die zentrale politische Schnittstelle zwischen »Innen« und »Außen«. Mit Blick auf den Umgang mit kultureller Differenz bildet der Nationalstaat weiterhin einen zentralen politischen Raum.

3. Politischer Protektionismus: Nationalistischer Protest

1. Der Wunsch nach der Bewahrung der nationalen Identität ist nicht nur infolge des kulturellen Wandels entstanden, er resultiert auch aus der sich abschwächenden nationalen politischen Souveränität. So scheint es einen Zusammenhang zwischen der *politischen Denationalisierung* bzw. der *europäischen Integration* einerseits und den Erfolgen der rechtsradikalen Parteien andererseits zu geben (vgl. Zürn in diesem Band). Er kann bezüglich der politischen Denationalisierung u. a. über die Mitgliedschaft der Nationalstaaten in internationalen Organisationen oder könnte auch anhand des Ausmaßes der vermutlich relativ rückläufigen Gesetzesentwicklung in den nationalen Parlamenten gemessen werden. So sind z. B. an die 50% der Gesetze, die heute in Frankreich Gültigkeit erlangen, inzwischen bloße Umsetzungen von EU-Maßnahmen (Majone 1996, S. 59). Die politische Denationalisierung verweist somit auf den Souveränitäts- bzw. zumindest *Autonomieverlust* des Nationalstaates, der sich im Bereich der staatlichen Regulierung bzw. des Regierens manifestiert. Dieser Autonomieverlust wirkt sich aber auch auf die *politische Legitimation* der nationalstaatlich verfaßten Demokratie aus (Habermas 1998). Wie spiegeln sich diese beiden Entwicklungen in den nationalen Parteiensystemen wider? Inwiefern profitiert die radikale Rechte davon?

Distanz gegenüber der europäischen Integration

2. Mit der europäischen Integration taucht erneut die Frage nach der politischen Vergemeinschaftung auf, allerdings auf supranationaler Ebene. Sie kreist um Fragen der Demokratie, der Legitimität und der Akzeptanz der Europäischen Union (Jachtenfuchs 1999). Hinsichtlich der Gegenüberstellung von »offener« und »geschlossener« Gesellschaft ist auch eine *europapolitische Konfliktlinie* oder zumindest Konflikthaftigkeit entstanden, die sich in manchen Ländern der EU – wie v. a. in England und Frankreich (Perrineau 1996), aber auch in Österreich – quer durch die nationalen Parteiensysteme zieht. Dagegen kann man z. B. für Deutschland von einem weitreichenden Parteienkonsens hinsichtlich der Europapolitik sprechen. Bei dieser Konflikthaftig-

keit bilden die rechtsradikalen Parteien in Westeuropa den nationalistischen, der supranationalen Gemeinschaft distanziert gegenüberstehenden Pol.

a. So mobilisierte z.B. der Front national in den neunziger Jahren mit seinen *Diskursen* gegen das Maastrichtreferendum und mit anderen europapolitischen Themen wie v. a. der Währungsunion. Dabei teilte er seine europakritische Position auf der Rechten mit traditionalistisch-katholischen Kräften und einem Teil der Gaullisten. Seit dem Einflußverlust des FN infolge der Spaltung ist es den »Souveränisten« um den ehemaligen Innenminister und Rechtsgaullisten Charles Pasqua gelungen, das politische Monopol unter den rechten Europa-Skeptikern zu übernehmen. Blickt man auf Österreich, hat die FPÖ eine Kehrtwende vollzogen. Denn mit dem Ende der Beitrittsverhandlungen der österreichischen Regierung zur EU distanzierte sie sich immer mehr von ihrer zuvor eingenommenen proeuropäischen Position. Zum ersten Mal ging Haider dann knapp vor der EU-Volksabstimmung im Juni 1994 voll auf Distanz und ist seitdem mit seinem österreichischen Nationalismus zum Sprachrohr der wachsenden Zahl von Euroskeptikern in diesem Land geworden (Betz 1997, S. 25). In Deutschland können die rechtsradikalen Parteien zwar aufgrund des weitreichenden Europakonsenses kein antieuropäisches Lager ausbilden, bieten aber dennoch europafeindliche Diskurse an. All die rechtsradikalen Diskurse beziehen sich dabei nationalpopulistisch auf Kategorien des Volkes (»Einheit«, »Staat«, »Ethnie«, »Nation«). Das politische Angebot lautet: protektionistischer Schutz der nationalen Gemeinschaft vor dem drohenden Souveränitätsverlust.

b. Die europakritische Haltung ist nach einer Eurobarometer-Umfrage vom Frühjahr 1997 (vgl. Ivaldi 1999) auch in der *Wählerschaft* der westeuropäischen rechtsradikalen Parteien weit verbreitet. Nach dieser Umfrage war sie unter den Wählern der Republikaner, der FPÖ und des Front national am stärksten ausgeprägt. Die Wähler der FPÖ sprachen sich dabei besonders ablehnend gegenüber der europäischen Integration aus und unterschieden sich nur im Grad von einer am Nutzen der Europäischen Union zweifelnden Mehrheit der österreichischen Bevölkerung – eine Anti-Europa-Haltung, die durch die Isolierung Österreichs nach der Regierungsbeteiligung der FPÖ eher noch zunehmen dürfte. Was das Elektorat des FN betrifft, hätten 1997 nur 20% der Wähler die Auflösung der EU bedauert (Perrineau in diesem Band). Schließlich stellt Falter (1994, S. 127, 129) für die Wähler der rechtsradikalen Parteien in Deutschland fest, daß sie eine distanzierte Haltung gegenüber dem europäischen Integrationsprozeß haben, was eines der Merkmale eines ausgeprägten Nationalismus darstellt.

3. In der rechtsradikalen Wählerschaft der westeuropäischen Demokratien grassiert somit die Angst, in einer zunehmend komplexer werdenden und politisch nicht mehr zu durchschauenden Welt die nationalen Interessen an eine für sie unsichtbar bleibende supranationale Gemeinschaft abgeben zu müssen. Während somit bei den demokratischen »Leistungseliten« ein europäisches Bewußtsein entsteht, ist v. a. bei den sozial benachteiligten Bevölkerungsschichten in den europäischen Metropolen eine hohe Wahlenthaltung bei den Wahlen zum Europäischen Parlament festzustellen – eine Enthaltung, die in die Unterstützung der euroskeptischen radikalen Rechten und des Nationalismus umschlägt. Die Differenz des Widerstandes, der sich gegen die europäische Integration formiert und von dem die radikale Rechte profitiert, dürfte historisch betrachtet nach Bartolino (1999) u. a. aus den unterschiedlichen *Staats- und Nationsbildungen* sowie der geographischen Nähe bzw. Ferne zur *zentraleuropäischen Lage* resultieren. So steht z. B. im »Erfolgsfall« Frankreich die Veränderung eines alten, klassischen Nationalstaats auf dem Spiel, was entsprechende Abwehrreaktionen erklärt. Im »Erfolgsfall« Österreich dürfte die südöstliche Randlage auf dem europäischen Kontinent eine maßgebende Rolle spielen. Zudem steht das Land mit seiner EU-Mitgliedschaft erst am Beginn des Integrationsprozesses. Dagegen ist im »Sonderfall« Deutschland infolge der NS-Geschichte eine nationalistische Mobilisierung gegen die europäische Integration ohnehin nie möglich gewesen. Die nationale Frage mußte über einen Ersatz-Nationalismus im europäischen Rahmen thematisiert werden, wozu sich immer der DM-Nationalismus anbot. So ist bei der radikalen Rechten in Deutschland die Distanz zur europäischen Integration zwar relativ stark ausgeprägt, doch gibt es auch hier infolge dieser historischen Konstellation keine Aussicht auf Mobilisierung.

2. Ein weiterer politischer Erklärungsansatz ergibt sich aus der in den politischen Systemen der westlichen Demokratien verbreiteten »Vertrauenskrise« bzw. der »Krise der politischen Repräsentation«. Bei diesem Erklärungsansatz geht es nicht um den *Inhalt* der politischen Vergemeinschaftung, sondern vielmehr um die interne politische Strukturierung, d. h. um die *Form* der Interessenvertretung im Nationalstaat. Diese Krise kann am Vertrauen gegenüber der Demokratie, ihrer Performanz, den politischen Institutionen, den Parteien und den Politikern gemessen werden. Während somit z. B. die Demokratie als ideales System von der Mehrzahl der Bürger in den europäischen Staaten akzeptiert wird, wird die Performanz der demokratischen politischen Regimes schon kritischer eingeschätzt. Nur durchschnittlich 57 % der in den EG-Ländern 1976 bis 1991 befragten Personen glauben, daß »die Demokratie gut funktioniert« (Klingemann 1999). Am schlechtesten ist das Vertrauen gegenüber den politischen Parteien und v. a. den Politikern. Betrachtet man die *Parteiensysteme*, so zählt – wie in der Einleitung erwähnt – neben der »Flüchtigkeit« (*volatility*) des Wählerverhaltens, das bis zur Wahlenthaltung reicht, und neben der Fragmentierung der Parteiensysteme die wachsende Kluft zwischen den Bürgern und der politischen Klasse zu den drei Kriterien, die Mény (1998, S. 294f.) für die Abnahme der bisherigen politischen Bindungen anführt.

a. Von dieser Kluft profitiert die radikale Rechte. Sie mobilisiert im populistischen Stil mit Anti-Establishment-*Diskursen* gegen diese Klasse. So greift sie geschickt die Korruptionsaffären und politischen Skandale auf und diskreditiert die politische Klasse als abgeschlossene Elite ohne Verbindung zum Volk. Sich selbst stellt die radikale Rechte in eine »natürliche« Nähe zu diesem Volk und plädiert zur Behebung des Repräsentationsdefizits für plebiszitäre Demokratieelemente.

b. Daß ein Zusammenhang zwischen der Repräsentationskrise und dem Erfolg der radikalen Rechten besteht, legen die Wählerumfragen nahe. So unterscheiden sich die Wähler der rechtsradikalen Parteien in Westeuropa in ihren wichtigsten *Wahlmotivationen* von denjenigen anderer Parteien – neben der Angabe der Issues »Einwanderung« bzw. »Asyl/Ausländer« und »Innere Sicherheit« – v. a. durch die Nennung von »Parteien- und

Politikverdrossenheit«. So glaubten z. B. in Frankreich 1997 58% der FN-Wähler im Gegensatz zum Durchschnittswert von 36% der anderen Wähler, daß sich die Parteien überhaupt nicht um die Sorgen der Bürger kümmerten (Perrineau 1997, S. 116). Die Thematisierung des Skandal- und Privilegienthemas und das Eintreten gegen die Macht der Parteien prägten wesentlich das FPÖ-Votum bei den Nationalratswahlen von 1994 und 1995 (Ulram in diesem Band). Ähnliche Wahlmotivationen, die gegen die politische Klasse gerichtet sind, lassen sich auch für die Wähler der anderen rechtsradikalen Parteien in Westeuropa zeigen. (vgl. Ignazi 1999, S. 9).

3. So bietet die radikale Rechte ein Angebot dafür, die politische Enttäuschung und Entfremdung, die beim Bürger zum »exit« führen kann, zur »voice« werden zu lassen. Ihr Erfolg kann daher als Ausdruck von *politischem Protest* gegen die Repräsentationskrise gedeutet werden. Das Nachlassen der herkömmlichen politischen Bindungen zu den Parteien und den anderen Großorganisationen der politischen Willensbildung und Beteiligung verweist auf die jeweilige nationale *Struktur der intermediären Instanzen* zwischen Bürger und Staat. So mobilisiert die radikale Rechte in der romanischen Konkurrenzdemokratie Frankreich erfolgreich gegen die (schon immer) bestehende Schwäche dieser Ebene der Interessenvermittlung. In den Konkordanzdemokratien wie Österreich profitiert die FPÖ von ihrer Kritik an der Proporzregelung und der Sozialpartnerschaft, die mit der jahrzehntelangen Großen Koalition zwischen SPÖ und ÖVP besonders starre Strukturen bekommen hat. Auch die schweizerische SVP zieht ihren Erfolg in politischer Hinsicht aus ihrer Kritik an der Konkordanzregierung, und in Belgien mobilisiert der Vlaams Blok gegen die »versäulte« Struktur des politischen Systems. Dagegen bleibt in den noch immer relativ stabilen deutschen Parteien die Mobilisierungschance für die radikale Rechte auch diesbezüglich begrenzt.

Für eine übergreifende politische Erklärung müßte nun schließlich der mögliche Zusammenhang zwischen der nachlassenden Leistungsfähigkeit des Nationalstaates infolge der politischen Denationalisierung einerseits und dem sich fragmentierenden intermediären System der Interessenvermittlung mit seinen sich z. T. ablösenden Eliten andererseits untersucht werden, denn beide Ursachenbündel erklären den Erfolg der radikalen Rechten. Diese Analyse kann hier nicht näher geleistet werden. Doch scheint sich, wenn z.B. die Integrationsfähigkeit der Parteien »nach oben« und »nach unten« abnimmt, die intermediäre Struktur zwischen nationaler Gesellschaft und nationalem Staat in ein *europäisches Mehrebenensystem politischer Räume* einzufügen.

Der politische Protest als Erklärung für den Erfolg der radikalen Rechten muß allerdings gleich wieder eingeschränkt werden. Denn bei den Wählern rechtsradikaler Parteien handelt es sich nicht »nur« um Protestwähler. Falter (1994, S. 147, 157) konstatiert mit Blick auf die Republikaner, daß politikverdrossene Wähler fast dann nur solche Parteien wählen, wenn sie auch ein *rechtsradikales Weltbild* besitzen, d.h. sich politisch-ideologisch mit dem Rechtsradikalismus identifizieren oder zumindest ihm nahestehen. Nach Falter/Klein (1996) entspricht dies auch den Befunden aus anderen westeuropäischen Staaten wie Frankreich, Belgien, Dänemark und Italien. Wenn keine festen rechtsradikalen Einstellungen vorlägen, profitiere z.B. in Deutschland v.a. das Nichtwählerlager und in den neuen Bundesländern die PDS überdurchschnittlich von den Protestwahlmotiven. Zudem würden sich rechtsradikale Einstellungen erst dann in der Unterstützung dieser Parteien niederschlagen, wenn die politischen Protestmotive und das Gefühl sozialer und wirtschaftlicher Benachteiligung, d.h. also die relative Deprivation, hinzuträten.

Faßt man zusammen, sind die hinter den skizzierten Wahlmotivationen stehenden politisch-sozialen, politisch-kulturellen und politisch-weltanschaulichen bzw. politisch-institutionellen Erklärungsversuche noch immer nicht hinreichend für die Beantwortung der Frage, warum den rechtsradikalen Parteien und Bewegungen gerade in den achtziger und neunziger Jahren der Durchbruch gelang. Welche konjunkturellen Faktoren haben zur Mobilisierung des rechtsradikalen Potentials geführt?

4. Die radikale Rechte im politischen Prozeß

Die konjunkturellen Faktoren sind zwar diejenigen, die nicht unmittelbar mit der Globalisierung bzw. Denationalisierung zusammenhängen. Im Filter der Erklärungsansätze zeigen sie aber auf, was letztendlich den Ausschlag für den Durchbruch der radikalen Rechten gibt (oder nicht). Dabei sollen im folgenden die

»parteiexternen« von den »parteiinternen« Erfolgsbedingungen[8] im politischen Prozeß unterschieden werden.

Parteiexterne Erfolgsbedingungen: Gewinnformeln?

Bei den parteiexternen Erfolgsbedingungen geht es zunächst um die Strategie der rechtsradikalen Parteien im *Parteienwettbewerb*. Nach Herbert Kitschelts (1995, S. 275 und in diesem Band) Erklärung besteht die »Gewinnformel« der rechtsradikalen Parteien in Westeuropa darin, daß es ihnen unter den Bedingungen des postindustriellen Kapitalismus im Parteienwettbewerb gelang, neoliberale mit soziokulturell autoritären Themenpositionen zu verbinden. Zu diesen soziokulturellen Themen können, wie auch andere Untersuchungen zeigen (z. B. Ignazi 1994), v. a. die »Einwanderung« und die »Innere Sicherheit« gezählt werden – unbesetzte Themen, die zuerst von den rechtsradikalen Parteien aufgegriffen wurden. Dabei hätten – so weiter Kitschelt – diese Parteien auf Wählerkoalitionen geachtet, die Teile der sozial absteigenden und politisch frei flottierenden Arbeiterklasse mit traditionell autoritären und marktliberalen Kräften des Mittelstandes verbanden. Voraussetzung dafür sei allerdings die Konvergenz der Positionen der moderaten konventionellen Rechten und Linken gewesen, von denen sich diese Wähler nicht mehr vertreten sahen. Das Verdienst von Kitschelt liegt zweifellos darin, entlang der *Veränderung der politischen Konfliktlinien* – als einem von mehreren Merkmalen der politischen Gelegenheitsstruktur – einen der wenigen systematischen Vergleiche in der Forschung zur radikalen Rechten geleistet zu haben. Doch läßt sich die »winning formula« so nicht halten. Zwar vertraten die

8 Diese Einteilung wird hier im Sinne des aus der Forschung zu sozialen Bewegungen kommenden Ansatzes der politischen Gelegenheitsstrukturen getroffen (vgl. für den Rechtsradikalismus Hellmann/Koopmans 1998), wobei diese Strukturen z.T. bereits oben angesprochen wurden (z. B. System der Interessenvermittlung, politische Bindungen). Wichtig für die hier verfolgte Fragestellung ist die Unterscheidung, daß es sich bei den politischen Gelegenheitsstrukturen – im Gegensatz zu den bewegungs- bzw. partei*internen* Erfolgsbedingungen – um die im politischen System anzutreffenden *Umwelt*bedingungen für den Erfolg von sozialen Bewegungen handelt, was hier den partei*externen* Erfolgsbedingungen entsprechen soll, auch wenn die Parteien dabei – wie im Parteienwettbewerb – durchaus eine aktive Rolle spielen.

rechtsradikalen Parteien v. a. in den achtziger Jahren neoliberale Positionen. Doch für die neunziger Jahre ist wie erwähnt ein Umschwenken auf wirtschaftsprotektionistische Positionen zu beobachten, die diesen Parteien z. T. in Konkurrenz mit den linken Parteien Erfolge einbrachten. Dabei scheinen diese Positionen weniger ideologisch determiniert als vielmehr populistisch der Situation und den Erfolgschancen angepaßt zu sein.[9]

Kitschelts Untersuchung verweist auf die Frage der *Interaktionen* zwischen der radikalen Rechten und den anderen gesellschaftlichen und politischen Akteuren. Hier liegt nach Minkenberg (1998, S. 340-358) noch ein weites, offenes Forschungsfeld. Mit Blick auf die Interaktionen mit den anderen Parteien hängt der Erfolg der radikalen Rechten dabei in *strategischer* Hinsicht von der Bündnisfrage ab. So hat z. B. die politische Rechte in Frankreich durch ihr Abstimmungsverhalten bei den Regionalwahlen von 1998 den Front national in mehrere Regionalparlamente oder die ÖVP Haiders Partei in die Regierungsverantwortung gebracht. *Programmatisch* betrachtet, wirkt sich die Diffusion von Themen auf den Erfolg der radikalen Rechten aus. Die Übernahme von Themen kann ihr das Wasser abgraben. So gingen mit der Änderung des deutschen Asylrechts 1993 – als sich die Volksparteien populistisch dieses Themas annahmen und es gewissermaßen »kopierten« – die Sympathiewerte für die Republikaner, die zuvor erfolgreich über dieses Thema mobilisiert hatten, schlagartig wieder zurück. Die Themendiffusion kann aber auch stabilisierend und erfolgsfördernd wirken, wenn man die Situation in Österreich betrachtet, wo sich das rechtsradikale »Original« seit Jahren erfolgreich hält.

Bei diesen Interaktionen spielen die *politischen Eliten* die zentrale Rolle. So zieht sich z. B. in Deutschland nach Birsl/Lösche (in diesem Band) eine von einem Teil der politischen Eliten vertretene autoritäre »Unterströmung« quer durch die Volksparteien. Hier hat sicherlich auch die Themendiffusion mit der radikalen Rechten zur »Erosion der politischen Mitte« und demokratiegefährdenden Tendenzen geführt. Allerdings ist es problematisch, den Begriff des *(Neo-)Populismus* auch inhaltlich zu bestimmen. Nach Taguieff (1995) läßt er sich präzise nur über den

---

9 Zur Entgegnung auf diese auch von anderen Autoren geübte Kritik vergleiche Kitschelt in diesem Band.

politischen Stil und die politischen Methoden definieren. So bleibt trotz der (neo)populistischen »autoritären Unterströmungen« die ideologische Abgrenzung zur radikalen Rechten erhalten. Schließlich betreffen die Interaktionen nicht nur die Parteien bzw. die politischen Eliten. Auch die Interaktionen zwischen der radikalen Rechten und den anderen politischen und gesellschaftlichen Akteuren wie der *Öffentlichkeit*, den *Medien* oder eventuellen *politischen Gegenbewegungen* können sich auf den Erfolg der radikalen Rechten auswirken. Entscheidend ist hier die Frage, ob es in der Interaktion zu einer Polarisierung oder einer Annäherung von Themen kommt, was von der jeweiligen nationalen politischen Kultur abhängen dürfte.

Zu den weiteren parteiexternen Bedingungsfaktoren zählen z. B. auch unvorhersehbare *Ereignisse* wie die deutsche Wiedervereinigung, die der radikalen Rechten in diesem Land das Mobilisierungsthema der nationalen Frage nahm. Neben der politischen Kultur und dem inneren Zustand der radikalen Rechten kann die Wiedervereinigung im übrigen als einer der wesentlichen Faktoren dafür angesehen werden, daß die (parteiförmige) radikale Rechte im »Sonderfall Deutschland« in den neunziger Jahren keinen Erfolg bzw. nur punktuelle Wahlsiege hatte. Was die Unvorhersehbarkeit rechtsradikaler Erfolge betrifft, gibt bei den parteiexternen Bedingungsfaktoren letztendlich die *politisch-konjunkturelle Entwicklung* den Ausschlag für den (Nicht-)Erfolg. Diese wird u. a. durch das Meinungsklima, die Situation der anderen Parteien (z. B. Große Koalitionen) sowie den Typus, den Modus, den Zeitpunkt und die Thematik der Wahlen bestimmt. So waren z. B. – bleibt man beim deutschen Fall – bei der Landtagswahl in Sachsen-Anhalt folgende Faktoren ausschlaggebend für den Erfolg der DVU: die besonders schlechte Stimmung der Bürger im Vergleich zu den anderen neuen Bundesländern, das Versagen der CDU als parlamentarischer Opposition, die zurückhaltende Beurteilung der SPD-PDS geführten Landesregierung und damit auch die Tatsache, daß infolge der Regierungsbeteiligung die PDS als »Protestpartei« ihren Einfluß verloren hatte (Stöss 1999, S. 161).

Parteiinterne Erfolgsbedingungen: Charismatische Führungsfigur

Zu den parteiinternen Erfolgsbedingungen kann man v. a. die *innere Geschlossenheit* bzw. Zerstrittenheit im rechtsradikalen Lager zählen. So lähmt sich in Deutschland die parteiförmige radikale Rechte infolge ihrer Zersplitterung in DVU, NPD und Republikaner selbst. Dagegen hat in Frankreich die Sammlungsbewegung im rechtsradikalen Spektrum unter der Führung des Front national bzw. von Jean-Marie Le Pen in den siebziger Jahren oder in Österreich die Dominanz des nationalliberalen Flügels in der FPÖ seit der Übernahme der Parteiführung durch Jörg Haider 1986 die radikale Rechte (bzw. die »Freiheitlichen«) organisatorisch gebündelt und zu einem einheitlichen politischen Akteur im jeweiligen Parteiensystem gemacht. Wie wichtig diese organisatorische Geschlossenheit ist, hat in der Umkehrung die Spaltung des Front national 1999 infolge personeller Rivalitäten mit den entsprechenden Folgen eines Rückgangs von Wählerstimmen gezeigt. Eine Bündelung geht somit bei der radikalen Rechten mit der Durchsetzungsfähigkeit einer starken *charismatischen Führungsfigur* einher. Die Existenz bzw. Nichtexistenz einer solchen Figur, die z. B. in Deutschland fehlt, ist im Filter der Erklärungsansätze der letzte ausschlaggebende Faktor für den Erfolg. Jenseits der strukturellen Rahmenbedingungen, der politisch-kulturellen Faktoren und der politischen Konjunktur kann nur ein Le Pen oder ein Haider eine Politik anbieten, über welche die »heilbringende« Botschaft der Erlösung von den Zumutungen der Moderne personell sichtbar wird und in ihrem populistischem Stil bei den »kleinen Leuten« ankommt.

5. Ausblick

Der Erfolg des Rechtsradikalismus seit Mitte der achtziger Jahre ist nur multikausal zu erklären. Im Vergleich zwischen den westlichen Demokratien verweist er auf Gemeinsamkeiten und nationale Spezifika. So gibt es mehrere, in diesem Beitrag aufgeführte Indizien dafür, daß die *Gemeinsamkeiten* in sozioökonomischer, soziokultureller und politischer Hinsicht mit der Globalisierung bzw. Denationalisierung zusammenhängen. Die damit verbundene Konflikthaftigkeit schlägt sich im Parteiensystem in der Polarisierung zwischen »offener« und »geschlossener Gesellschaft« nieder, wobei die radikale Rechte – bis auf die Ambivalenz in ökonomischer und mit den »Modernisierungsgewinnern« z. T. auch kultureller Hinsicht – den »geschlossenen« Pol bildet.

Mit den in diesem Beitrag allgemein erörterten Zusammenhängen öffnet sich eine neue Forschungslücke zum Rechtsradikalismus. Denn eine systematische empirische Forschung im Ländervergleich steht diesbezüglich noch aus. Mit quantitativen Methoden müßten v. a. die Gemeinsamkeiten des angenommenen Zusammenhangs genauer überprüft werden. Mit vertiefenden qualitativen Fallstudien ginge es um die vergleichende Analyse der Differenzen innerhalb dieses neuen Kontextes. Dabei wird die (neue) radikale Rechte zu einem Forschungsfeld *denationalisierter comparative politics*.

Die *Differenzen* in den Erfolgen könnten dann *erstens* davon abhängen, in welchem Ausmaß und mit welcher Geschwindigkeit sich die Globalisierung/Denationalisierung in den einzelnen Ländern Bahn bricht. Sie könnten *zweitens* davon abhängen, mit welchen sich verändernden nationalen Spezifika es diese Prozesse zu tun haben (z. B. Typus und Wandel des Wohlfahrtsstaates, spezifische Einwanderungs- und Integrationspolitik, Grad der Integration in die EU). Da die politische Denationalisierung am langsamsten voranschreitet, ist anzunehmen, daß die Unterschiede v. a. aus der spezifischen Struktur der jeweiligen nationalen politischen Systeme resultieren. Schließlich könnten die Differenzen *drittens* davon abhängen, auf welche relativ konstant bleibenden nationalen Spezifika die Prozesse stoßen. Hier dürften v. a. der Umgang mit der nationalen Geschichte, die politische Kultur und weiterhin die Besonderheiten im Rechts-Links-Gegensatz ihre Gültigkeit haben. Demnach wäre der Rechtsradikalismus dann nicht ausschließlich über die Kriterien der politischen Öffnung bzw. Schließung von Staat und Gesellschaft zu erklären. Allerdings deutet sich hier die Schwierigkeit an, präzise zwischen »Außen« und »Innen« zu trennen, selbst wenn der Nationalstaat und die nationalstaatlich verfaßte Demokratie im europäischen Mehrebenensystem der politischen Räume weiterhin der zentrale Bezugspunkt der Analyse und der politischen Handlungsoptionen bleiben. Angesichts der Polarisierung von politischen Konfliktlinien bzw. Streitfragen stehen den »Schattenseiten der Globalisierung« auf jeden Fall die Chancen der Gegenmobilisierung durch die demokratischen Kräfte der »offenen Gesellschaft« entgegen.

Literatur

Bartolino, S.: *Political Representation in Loosely Bounded Territories. Between Europe and the Nation-State.* Unpubl. Ms., European University Institute. Florenz 1999.
Ders.: *National Cleavage Structures and the Integration Issue Dimension.* Paper presented at the Colloque-Science Po, L'intégration européenne: entre emergence institutionnelle et recomposition de l'Etat. Paris 26. bis 27. Mai 2000.
Bauman, Z.: *Globalization. The Human Consequences.* Cambridge 1998.
Betz, H.-G.: *Radical Right-Wing Populism in Europe.* New York 1994.
Ders.: *Radikaler Rechtspopulismus in Westeuropa,* in: Falter, J. W./Jaschke, H.-G./Winkler, J. R. (Hg.): *Rechtsextremismus. Ergebnisse und Perspektiven der Forschung.* Opladen 1996, S. 363-375.
Ders.: *Globalisierung und Neopopulismus,* in: *Newsletter* 7, 1/1997, IKG/Universität Bielefeld, S. 18-28.
Ders.: *Between Success and Failure: The Radical Right at the End of the 1990s.* Tagungsbeitrag zur Table Ronde: Le national-populisme en Europe, 6. Kongreß der Association Française de Science Politique (AFSP), Rennes 1999.
Ders./Swank, D.: *Globalization, the Welfare State and Right-Wing Populism in Western Europe.* Paper prepared for the Conference on Globalization and Labor Markets, Workshop on Political Economy, University of California at Los Angeles, September 27-28, 1996.
Ders./Immerfall, S. (Hg.): *The New Politics of the Right. Neo-Populist Parties and Movements in Established Democracies.* New York 1998.
Dahrendorf, R.: *Reflections on the Revolution in Europe.* London 1990.
Dubet, F./Lapeyronnie, D.: *Im Aus der Vorstädte.* Stuttgart 1994 (orig. 1992).
Durkheim, E.: *Über soziale Arbeitsteilung. Studie über die Organisation höherer Gesellschaften.* Frankfurt/M. 1988 (orig. 1893).
Ders.: *Der Selbstmord.* Frankfurt/M. 1993 (orig. 1897).
Falter, J. W.: *Hitlers Wähler.* München 1991.
Ders.: *Wer wählt rechts? Die Wähler und Anhänger rechtsextremistischer Parteien im vereinigten Deutschland.* München 1994.
Ders./Klein, M.: *The Mass Basis of the Extreme Right in Contemporary Europe in a Comparative Perspective,* in: *Research on Democracy and Society* 3/1996, S. 41-61.

Fennema, M.: *Some Conceptual Issues and Problems in the Comparison of Anti-Immigrant Parties in Western Europe*, in: *Party Politics* 3, 4/1997, S. 473-492.

Forschungsgruppe Wahlen: *Wahl in Sachsen-Anhalt. Eine Analyse der Landtagswahl vom 26. April 1998.* Mannheim 1998.

Geiger, Th: *Die soziale Schichtung des deutschen Volkes.* Suttgart 1932.

Gessenharter, W./Fröchling, H. (Hg.): *Rechtsradikalismus und Neue Rechte in Deutschland. Neuvermessung eines politisch-ideologischen Raumes?* Opladen 1998.

Gurr, T.: *Why men rebel.* Princeton/N.J. 1970.

Habermas, J: *Individuierung durch Vergesellschaftung*, in: Beck, U./Beck-Gernsheim, E.: *Riskante Freiheiten.* Frankfurt/M. 1994, S. 437-445.

Ders.: *Die postnationale Konstellation. Politische Essays.* Frankfurt/M. 1998.

Heitmeyer, W. u.a.: *Die Bielefelder Rechtsextremismus-Studie. Erste Langzeituntersuchung zur politischen Sozialisation männlicher Jugendlicher.* Weinheim/München 1992.

Ders.: *Das Desintegrations-Theorem. Ein Erklärungsansatz zu fremdenfeindlich motivierter, rechtsextremistischer Gewalt und zur Lähmung gesellschaftlicher Institutionen*, in: ders. (Hg.): *Das Gewalt-Dilemma.* Frankfurt/M. 1994, S. 29-69.

Hellmann, K.-U./Koopmans, R. (Hg.): *Paradigmen der Bewegungsforschung. Entstehung und Entwicklung von Neuen Sozialen Bewegungen und Rechtsextremismus.* Opladen/Wiesbaden 1998.

Hofstadter, R.: *The Pseudo-Conservative Revolt*, in: Bell, D. (Hg.): *The Radical Right.* Garden City 1964, S. 75-95.

Ignazi, P.: *The Silent Counter-Revolution. Hyotheses on the Emergence of Extreme Right-Wing Parties in Europe*, in: *European Journal of Political Research* 22, 1/1992, S. 3-34.

Ders.: *L'estrema destra in Europa.* Bologna 1994.

Ders.: *Les partis d'extrême droite: les fruits inachevés de la société post-industrielle.* Tagungsbeitrag zur Table Ronde: Le national-populisme en Europe, 6. Kongreß der Association Française de Science Politique (AFSP), Rennes 1999.

Immerfall, S.: *The Neo-Populist Agenda*, in: Betz, H.-G./ders. (Hg.), a. a. O., S. 249-261.

Inglehart, R.: *Cultural Shift in Advanced Industrial Society.* Princeton/N.J. 1990.

Ivaldi, G.: *L'analyse comparée des soutiens électoraux du national-populisme en Europe occidentale. Apports et limites des grands programmes d'enquêtes transnationales (1990-1997).* Tagungsbeitrag zur Table Ronde: Le national populisme en Europe, 6. Kongreß der Association Française de Science Politique (AFSP), Rennes 1999.

Jachtenfuchs, M.: *Die Zukunft der Demokratie im Rahmen der Europäi-*

schen Union, in: Kaase, M./Schmid, G. (Hg.): *Eine lernende Demokratie. 50 Jahre Bundesrepublik Deutschland*, WZB-Jahrbuch 1999. Berlin 1999, S. 263-281.

Kitschelt, H.: *The Radical Right in Western Europe. A Comparative Analysis* (in collaboration with Mac Gann, A.J.). Ann Arbor 1995.

Klingemann, H.-D.: *Mapping political support in the 1990s. A global analysis*, in: Norris, P. (Hg.): *Critical Citizens*. Oxford 1999, S. 31-56.

Knigge, P.: *The Ecological Correlates of Right-Wing-Extremism in Western Europe*, in: *European Journal of Political Research* 34/1998, S. 249-279.

Kriesi, H.: *Nationaler politischer Wandel in einer denationalisierten Welt*. Paper, präsentiert auf der Konferenz: Politische Partizipation und Protestmobilisierung im Zeitalter der Globalisierung, WZB-Berlin, 30. 6.-1. 7. 2000.

Leggewie, C.: *Neo-Kapitalismus und Neue Rechte. Sozialstrukturelle Voraussetzungen radikaler rechter Bewegungen*, in: Hellmann, K.-U./Koopmans, R. (Hg.), a. a. O., S. 131-148.

Lepsius, M.R.: *Nation und Nationalismus in Deutschland*, in: Winkler, H. A. (Hg.): *Nationalismus in der Welt von heute*, in: *Geschichte und Gesellschaft*, Sonderheft 8, 1982, S. 12-27.

Lipset, S. M.: *The Sources of the Radical Right*, in: Bell, D. (Hg.): *The Radical Right*. Garden City 1964, S. 75-95.

Ders.: *Political Man. The Social Bases of Politics*. Baltimore/M.D. 1981.

Loch, D.: *Der schnelle Aufstieg des Front national. Rechtsextremismus im Frankreich der achtziger Jahre*. München ²1991.

Ders.: *Rechtsextremismus in Frankreich: Der »Front national«*, in: Kowalsky, W./Schröder, W. (Hg.): *Rechtsextremismus. Einführung und Forschungsbilanz*. Opladen 1994, S. 228-247.

Ders.: *La droite radicale en Allemagne: un cas particulier?* Tagungsbeitrag zur Table Ronde: Le national-populisme en Europe, 6. Kongreß der Association Française de Science Politique (AFSP), Rennes 1999.

Majone, G. (Hg.): *Regulating Europe*. London 1996.

Mayer, N.: *Ces Français qui votent FN*. Paris 1999.

Mény, Y.: *The People, the Elites and the Populist Challenge*, in: Greven, M. (Hg.): *Demokratie – eine Kultur des Westens?* 20. Wissenschaftlicher Kongreß der Deutschen Vereinigung für Politische Wissenschaft. Opladen 1998, S. 289-303.

Merkl, P. (Hg.): *The Revival of Right-Wing Extremism in the Nineties*. London 1997.

Minkenberg, M.: *Die neue radikale Rechte im Vergleich. USA, Frankreich, Deutschland*. Opladen/Wiesbaden 1998.

Mudde, C.: *The Single-Issue Party Thesis: Extreme Right Parties and the Immigration Issue*, in: *West European Politics* 22, 3/1999, S. 182-197.

Neu, V./von Wilamowitz-Moellendorf, U.: *Die DVU bei der Landtags-*

wahl in Sachsen-Anhalt vom 26. 4. 1998, Arbeitspapier der Konrad-Adenauer-Stiftung, April 1998, S. 7.

Perrineau, P: *Front national: l'écho politique de l'anomie urbaine*, in: *La France en politique*, Sonderheft von Esprit, mars-avril 1988, S. 22-38.

Ders.: *L'enjeu européen, révélateur de la mutation des clivages politiques dans les années 1990*, in: d'Arcy, F./ Rouban, L. (Hg.): *De la Ve République à l' Europe, Hommage à Jean-Louis Quermonne*. Paris 1996, S. 45-59.

Ders.: *Le Symptôme Le Pen. Radiographie des électeurs du Front national*. Paris 1997.

Pettigrew, Th. F.: *Reactions toward the New Minorities in Western Europe*, in: *Annual Review of Sociology* 24/1998, S. 77-103.

Ptak, R.: *Die soziale Frage als Politikfeld der extremen Rechten*, in: Mecklenburg, J. (Hg.): *Braune Gefahr. DVU, NPD, REP. Geschichte und Zukunft*. Berlin 1999, S. 97-145.

Scheuch, E./Klingemann, H.-D.: *Theorie des Rechtsradikalismus in westlichen Industriegesellschaften*, in: *Hamburger Jahrbuch für Wirtschafts- und Gesellschaftspolitik* 12/1967, S. 11-29.

Sorel, Y./Mény, Y. (Hg.): *Par le peuple, pour le peuple. Le populisme et les démocraties*. Paris 2000.

Stöss, R.: *Rechtsextremismus in einer geteilten politischen Kultur*, in: Niedermayer, O./von Beyme, K.: *Politische Kultur in Ost- und Westdeutschland*. Berlin 1994, S. 105-139.

Ders.: *Rechtsextremismus und Wahlen 1998*, in: Mecklenburg, J. (Hg.): *Braune Gefahr. DVU, NPD, REP. Geschichte und Zukunft*. Berlin 1999, S. 146-165.

Taguieff, P.-A.: *Political Science Confronts Populism: From a Conceptual Mirage to a Real Problem*, in: *Telos* 103/1995, S. 9-43.

Wehler, H.-U.: *Nationalismus als fremdenfeindliche Integrationsideologie*, in: Heitmeyer, W.: *Das Gewalt-Dilemma*. Frankfurt/M. 1994, S. 73-90.

Winkler, J. W.: *Bausteine einer allgemeinen Theorie des Rechtsextremismus. Zur Stellung und Integration von Persönlichkeits- und Umweltfaktoren*, in: Falter, J. W./Jaschke, H.-G./Winkler, J. R. (Hg.): *Rechtsextremismus. Ergebnisse und Perspektiven der Forschung*. Opladen 1996, S. 25-48.

Zürn, M.: *Regieren jenseits des Nationalstaats. Globalisierung und Denationalisierung als Chance*. Frankfurt/M. 1998.

Wilhelm Heitmeyer
Autoritärer Kapitalismus, Demokratieentleerung und Rechtspopulismus. Eine Analyse von Entwicklungstendenzen

1. Ökonomische Globalisierung und demokratische Entwicklung – ein riskantes Verhältnis?

Es gehört inzwischen zu den Gemeinplätzen, daß die Entwicklungen nationaler moderner Gesellschaften und ihre demokratische Qualität nicht mehr unabhängig von einer globalisierten Wirtschaft betrachtet werden können. Weiter reicht aber die Übereinkunft kaum, schon gar nicht, wenn es um die Auswirkungen ökonomischer Prozesse auf die innergesellschaftlichen sozialen und politischen Entwicklungen geht.

Diesem Zusammenhang widmet sich dieser Text. Dabei geht es um die Frage, inwieweit mit einer neuen Qualität globaler *Ausweitung* des kapitalistischen Systems eine *Rückentwicklung* liberaler demokratischer Prozesse einhergeht, so daß neue autoritäre Versuchungen an Gewicht gewinnen können. Ein solcher Zuschnitt ist auch deshalb berechtigt, weil daran zu erinnern ist, daß die gewaltsamen Ideologien des 20. Jahrhunderts durch die Umwälzungen im 19. Jahrhundert eingeleitet wurden. In diesem Sinne ist auch die Position Dahrendorfs zu verstehen, wenn er die Entwicklung »An der Schwelle zum autoritären Jahrhundert« analysiert (1997). Ein solcher Blickwinkel muß zunächst überraschen, weil sich die Demokratie als alternativlos gewordene Herrschaft herausgebildet hat. Waren 1974 etwa 30% der existierenden Staaten einer solchen Herrschaftsform zuzurechnen, so sind es heute mehr als 60%. Gleichwohl bleibt die Frage, wie sich die Qualität in westlichen Gesellschaften unter dem Druck der ökonomischen Vorgänge entwickelt.

Dazu ist eine Analyse anzulegen, die das komplexe Wechselverhältnis von *externen* Faktoren (durch den ökonomischen und auch kulturellen Globalisierungsprozeß) mit gesellschafts*internen* Entwicklungen verschränkt. Es ist zu berücksichtigen, daß sich transnationale ökonomische Prozesse an nationalgesellschaftlichen Zuständen, Traditionen, Kräfteverhältnissen etc. »brechen«. Dabei ist weitgehend unklar, welche *Gewichtsverschiebungen* zwischen Ökonomie, indienstgestellter Politik und kulturellem Eigenleben auftreten und welche sozialen und politischen Folgen dies hat.

Im vorliegenden Analysezuschnitt von ökonomischen Prozessen einerseits und politischen Folgen andererseits wird »vermittelnden« sozialen Entwicklungen besonderes Gewicht zugemessen. Gleichwohl muß konstatiert werden, daß Zusammenhänge zwischen ökonomischer Globalisierung und den Dynamiken wie Mechanismen von Integration und Desintegration – so Benhabib (1996, S. 6) – wenig untersucht sind. Hier wird deshalb der Frage nachgegangen, ob durch die Entwicklungsdynamik der kapitalistischen Konkurrenzökonomie verstärkte Kontrollprobleme und soziale Desintegrationsprozesse deutlich werden, durch die neue offene bzw. »verkleidete« autoritäre Versuchungen an Bedeutung gewinnen. Dieser Blickwinkel sieht sich konkurrierenden Ansätzen gegenüber, die es zugleich erleichtern, die eigene Kontur herauszustellen.

Eine erste, besonders prominente These für westeuropäische Länder gruppiert sich um die Autoren Giddens (1995) und Beck (1997). Sie läßt sich als *Modernisierungsthese* (Modernisierung der Moderne) fixieren, weil die zukünftigen Chancen einer »reflexiven Moderne« besonders hoch bewertet werden. Zwar ist auch in den Schriften dieser Autoren von weitreichenden individuellen Umstellungszumutungen und sozialen Konsequenzen die Rede, aber problematische politische Folgekosten werden niedrig angesetzt. Die sozialen Folgen für die in den Analysen nur wenig differenzierten sozialen Milieus setzen sich in dieser Perspektive v. a. in die Ausweitung politischer Freiheiten um, mithin werden große Hoffnungen auf die Zivilgesellschaft bzw. die »Bürgergesellschaft« (Beck) gesetzt, durch die ein neues Niveau demokratischer Errungenschaften jenseits von Parteien und verhärtetem Korporatismus möglich werde. Insgesamt sind soziale Kosten in Rechnung gestellt, die sich zwar als individuelle Belastungen darstellen, aber aufgrund des Freiheitszugewinns eher als demokratiefördernd auswirken sollen, so die – empirisch kaum unterfütterte – Zukunfts*hoffnung*. In dieser These spielen danach autoritäre Versuchungen bei Eliten oder bei Bevölkerungsteilen kaum eine Rolle, wobei Giddens eher skeptische Untertöne einfließen läßt als Beck.

Eine zweite prominente These wird von Barber (1996) popularisiert, die sich als *Erdrosselungsthese* charakterisieren läßt. Danach wird die liberale Demokratie westlicher Prägung in den Würgegriff eines globalen Kapitalismus einerseits und eines religiös stimulierten Fundamentalismus andererseits genommen. Nach dieser These verfolgen Kapitalismus und religiöser Fundamentalismus – obwohl einander spinnefeind, weil ihre Interessenlogiken nicht kompatibel sind – unabhängig voneinander das gleiche Ziel einer Entmündigung der Bürger und einer Abschaffung von Demokratie. Diese These ist aus zahlreichen Gründen instabil. Jede weltweit ansetzende These muß sehr heterogene Entwicklungen einfassen. Dies bedeutet angesichts der offenliegenden disparaten Entwicklung etwa im amerikanischen oder russischen Kapitalismus einerseits wie z. B. im iranischen oder türkischen politischen Islam andererseits den Zwang zu einem (heimlichen) gemeinsamen Einverständnis und zu gemeinsamen Zielvorstellungen gegen die liberale Demokratie. Empirisch ist bisher nicht erkennbar, daß sich hier, quasi »von außen«, also aus der ökonomischen bzw. religiösen Sphäre, eine gemeinsame »Bewegung« abzeichnet. Dies gilt um so mehr, als etwa die Analyse von Huntington (1996) quer dazu liegt, weil darin die verschiedenen Zivilisationen (mitsamt den darin jeweils enthaltenen ökonomischen und religiösen Verhältnissen) die eigentlichen Widerparte darstellen und die von ihm angedeuteten *clashs*, zumindest aber Konfliktlinien erzeugen. Gegen die Erdrosselungsthese von Barber ist zweifach anzusetzen. Erstens wird in der Analyse eine Betonung von der Zwangsläufigkeit des Prozesses vorgenommen, deren Evidenz bisher nicht nachgewiesen ist und die aufgrund der Heterogenität von Entwicklungen eher unwahrscheinlich scheint. Zweitens wird in dieser Erdrosselungsthese mit einem Grundmuster operiert, wonach die liberale Demokratie westlicher Prägung in erster Linie von *außen*, gewissermaßen von feindlichen Mächten umstellt ist. Mit diesem Duktus solcher Überbetonung geht eine Unterbelichtung von gesellschafts*internen* Problemlagen einher, die zu autoritären und demokratiefeindlichen Rechtsentwicklungen führen können.

Die hier vertretene These ist so konzeptualisiert, daß sie sich von den beiden genannten Thesen abgrenzt. Dies betrifft sowohl den Problemfokus als auch die Annahmen über zu erwartende Entwicklungen, die besondere Aufmerksamkeit notwendig machen. Bezogen auf das Thesengefüge von Giddens und Beck werden die Ausweitungsbedingungen autoritärer Versuchungen stärker berücksichtigt. Es erfolgt also eher eine skeptische Analyse, während die Abgrenzung von Barber darin besteht, daß nicht schon ein fast zwangsläufiger Prozeß unterstellt wird. Weder die sehr optimistische Modernisierungs- noch die äußerst pessimistische Erdrosselungsthese werden hier vertreten.

Die zu verfolgende These geht davon aus, daß sich ein autoritärer Kapitalismus herausbildet, der vielfältige Kontrollverluste erzeugt, die auch zu Demokratieentleerungen beitragen, so daß neue autoritäre Versuchungen durch staatliche Kontroll- und Repressionspolitik wie auch rabiater Rechtspopulismus befördert werden. Der Angelpunkt dieser These liegt darin begründet, daß sich verschiedene Kapitalismen, seien sie »rheinischer« oder »angloamerikanischer« Provenienz (vgl. Albert 1992) in einem autoritären Entwicklungsprozeß befinden. Nicht von ungefähr ist die Rede von einem »neuen Kapitalismus« (z. B. Sennett 1998), dessen Figur sich einerseits durch hohe Flexibilität wie Mobilität auszeichnet und andererseits einen autoritären Charakter annimmt. Dieser neue autoritäre Charakter zeigt sich darin, daß aus eigener Machtvollkommenheit unumschränkte Gültigkeit der Prinzipien gegenüber Individuen sowie dem sozialen Gefüge der modernen Gesellschaft einerseits und der Demokratie andererseits durchgesetzt werden kann. Das austarierte System von »checks and balances« (Tocqueville), wodurch gewährleistet werden soll, daß ein Interesse nicht alternativlos durchgesetzt werden kann, ist aufgehoben. Dies ist ein Zeichen autoritärer Macht, die sich durch die Dominanz ökonomischer Institutionen gegenüber anderen gesellschaftlichen Institutionen ausdrückt. Damit werden die Spannungen zwischen den Prinzipien von kapitalistischer Ökonomie, die auf den Stärkeren setzt und Ungleichheit als Antriebsmechanismus einsetzt, sowie der Demokratie, die auf Gleichheit basiert, weiter erhöht (vgl. Thurow 1996, S. 357f.). Dort aber, wo die Marktorthodoxie siegt, stirbt die Demokratie, so Birnbaum (1997). Eine Umwandlung kommt hinzu: »Der uneingeschränkte Markt hat eine ihm innewohnende Tendenz, alle Gebiete der Gesellschaft zu invadieren und eine Marktwirtschaft mit ihren begrenzten Funktionen in eine Marktgesellschaft zu verwandeln, wobei seine Wertungen und Handlungsmuster alternative Wertungen und Handlungsmuster außer Kraft setzen« (Israel 1997, S. 81).

Die alternativlose Durchsetzung eines Flexibilisierungszwanges, der beispielsweise eingelebte soziale Lebens- und sozialisatorische Entwicklungsrhythmen zerstört, gehört ebenso zum neuen Charakter eines autoritären Kapitalismus wie gezielte Verletzungen menschlicher Integrität: »Something [...] needs to happen in the rest of Europe. If workers never fear losing their jobs, there's little reason to restrain wages. Some uncertainty, anxiety and fear are essential«, so Robert J. Samuelson, ein amerikanischer Wirtschaftswissenschaftler (1997, S. 36).

2. Zum Irrtum endgültiger liberaler Demokratieentwicklung

In Zeiten einer Jahrhundertwende fehlt es nicht an großrahmigen Einschätzungen und Fragen zur weiteren ökonomischen, politischen und gesellschaftlichen Entwicklung. Dazu gehören Aussagen zum *Ende der Geschichte* (Fukuyama 1989), die ihren Ausdruck in der »Universalisierung der westlichen liberalen Demokratie als endgültige Regierungsform des Menschen« (ebd.) findet. Dazu gehören auch Positionen, die das *Ende der Politik* postulieren, welches in der Diktion des britischen Demokratietheoretikers David Held (2000) die absolute Anpassung an bestimmte Wirtschaftsinteressen und ein sehr enges Verständnis des öffentlichen Nutzens beinhaltet. Zudem wird die Idee des »dritten Weges« (vgl. Blair/Schröder-Papier, 1999, S. 18) mit dem *Ende der Ideologien* als das Ende von neoliberalem Marktfundamentalismus und sozialistischem Denken begründet.

Den Hintergrund dieser »Endformeln« bilden die gesellschaftsinternen politischen Umbrüche, aber auch die Entwicklung der ökonomisch-technologischen *Globalisierung*, mittels derer auf die Kräfteverhältnisse von kapitalistischer Ökonomie und politischer Demokratie Einfluß genommen wird.

Obwohl in aller Munde, sind die Kontroversen vielfältig. Die Hauptkontroverse besteht darin, daß einerseits Globalisierung, v. a. in ihrer ökonomischen Grundfigur, als *realer Prozeß* aufgefaßt wird, während andererseits Globalisierung als Produkt *politischer Rhetorik* verstanden wird. Die eine Seite, zu der etwa in Deutschland als wichtiger Vertreter Altvater und Mahnkopf (1996) zählen, sieht Globalisierung als »wirkungsreichste Bestimmungsmacht«, während demgegenüber Hirst und Thompson (1996) eher der »Mythos«-Variante den Vorzug geben. Entlang dieser Hauptkontroverse gruppieren sich die unterschiedlichen Debatten:

– Die technologische Betrachtung hat die *Geschwindigkeit der Innovationen* und den daraus entstehenden Umstellungsdruck zum Gegenstand.

– Die ökonomische Betrachtungsweise wirft das Hauptaugenmerk auf das Ausmaß der Deregulierung und die *Integration der Kapitalmärkte*.

– Die politikwissenschaftliche Betrachtung wiederum fokussiert auf die *Krise des Nationalstaates*.

Diese Sichtweisen sind nun wieder eingebettet in die Frage, was denn nun das *Neue* an der Globalisierung sei. Wenn so die Aufmerksamkeit gewendet wird, dann liegt eine *historische* Betrachtung nahe. Hilfreich ist dazu m. E. eine Analyse von Wallerstein (1974), auf die auch Brock (1997) zurückgreift und die das Verhältnis von Wirtschaft und Politik in den Mittelpunkt rückt. Dabei wird davon ausgegangen, daß die heutigen Veränderungen nur verständlich sind, wenn sie zu früheren Globalisierungsprozessen in Beziehung gesetzt werden. In der historischen Phase hat die ökonomische Globalisierung – so Wallerstein – wesentlich zur Herausbildung von souveränen Nationalstaaten, einschließlich der Demokratieentwicklung im Rahmen einer arbeitsteiligen Weltwirtschaft, beigetragen. Gegenüber dieser Globalisierung I, wie Brock sie nennt, unterscheidet sich nun die Globalisierung II gravierend. Denn es kommt – so seine These – zu einer »Umkehrung im Abhängigkeitsverhältnis zwischen Weltwirtschaft und Nationalstaaten« (ebd., S. 17). Der Vernetzungsgrad wirtschaftlicher Akteure führe zu einem Zugewinn an Selektionsmacht des Kapitals gegenüber nationalen Wirtschaftsstandorten, während den Nationalstaaten nur noch die Standortkonkurrenz bleibe, die zugleich noch entwertet werde durch den neuen Mechanismus des beschäftigungslosen Wachstums. In dieses *neue Abhängigkeitsverhältnis* von (unkontrollierbarer) Weltwirtschaft (so Hobsbawm 1999, S. 19)[1] und nationalstaatlicher Politik muß man m. E. auch noch die anderen strittigen Themen einfädeln:

1 »Kurz gesagt, der Nationalstaat beendet das Jahrhundert, welches ihm zu seiner größten Macht verhalf, unter dreifachem Druck. Von oben droht ihm eine unkontrollierbare und globalisierte Weltwirtschaft sowie auch

– Die technologischen Voraussetzungen zur Verlagerung von Produktion und Dienstleistungen sowie die Regulierungsangleichung sind neu, strittig ist das Ausmaß, in dem diese Möglichkeiten genutzt werden.
– Ob die internationalen Verflechtungen des Handels wirklich neu sind, ist umstritten. Neu ist die Geschwindigkeit, mit der diese ausgeweitet werden könnten.
– Keineswegs neu ist das Gefälle in den Lohnkosten zwischen hoch- und weniger industrialisierten Ländern. Neu sind allerdings die Nutzungsmöglichkeiten des Gefälles durch die Technologien der Massenproduktion.

Nach der These von der Umkehrung des Abhängigkeitsverhältnisses von Ökonomie und Staat (vgl. auch Albert 1992) reduzieren sich die Interventionsmöglichkeiten – während auf der anderen Seite die Selektionsmacht wächst. Dieser Umstand ist es nun, der dafür sorgt, daß für die politischen Folgen innerhalb von immer noch nationalstaatlich organisierten Gesellschaften die Frage, ob Globalisierung in Form von »realen Prozessen« oder als »Mythos« existiert, eher in den Hintergrund gedrängt wird. Statt dessen gerät die eigentlich neue und wirkungsmächtigste Variante in den Vordergrund, daß – darauf hat Klaus Dörre hingewiesen – hinreichend *glaubhaftes Drohpotential* auf der Seite des Kapitalbereichs ausreicht, um weitreichende Folgen für innergesellschaftliche Veränderungen und staatliche Politik in Gang zu setzen. Wenn wir über soziale und politische Folgen nachdenken, dann ist es m. E. wichtig, den Prozeß der Globalisierung nicht global zu fassen, sondern wie Friedrichs (1997, S. 4) die Aufmerksamkeit auf verschiedene Räume zu richten: Welt–Nation–Stadt–Stadtteile–Haushalte. Erst dann seien – so seine These – die Folgen richtig einzuordnen. Nimmt man beispielsweise als zentrale Kennzeichnung von Globalisierung die weltweite Vernetzung ökonomischer Aktivitäten an, dann setzt diese

übernationale Gebilde wie die Europäische Union. Von unten höhlen ihn separatistische und (praktisch von der EU unterstützte) regionalistische Bewegungen aus sowie der heutige Drang zur Dezentralisierung. Unsicher, dunkel und gefährlich, bedroht ihn von außen die internationale Lage seit dem Kalten Krieg. Innerhalb seiner Grenzen schwindet seine Macht und die Schwächung der Beziehung zu seinen Bürgern, die z. B. in der fallenden Wahlbeteiligung Ausdruck findet. Die USA sind wohl ein Grenzfall, doch daß 1998 nur 36 % der Wahlberechtigten an der Kammerwahl teilnahmen, ist beängstigend« (Hobsbawm 1999, S. 19).

eine politische Deregulierung *nationaler Märkte* voraus, um eine höhere Mobilität des Kapitals zu ermöglichen. Daraus folgten – soweit seine Argumentation – *Deindustrialisierung*, wovon v. a. Städte, insbesondere in altindustriellen Räumen, betroffen seien (ebd. S. 5). Dies wiederum habe zu einer Zunahme sozial und ethnisch segregierter Wohnviertel mitsamt neuer Armutsverteilung geführt bzw. werde in Deutschland dazu führen. Dieses Beispiel ließe sich weiter durchbuchstabieren. Es zeigt m. E., daß es notwendig ist, auf mehreren Ebenen und in unterschiedlichen Räumen zu analysieren, um den Folgen nachzuspüren. Dabei ist die Differenzierung nach globalisierten Märkten, Exportmärkten und Binnenmärkten zu berücksichtigen, die nicht gleichermaßen Auswirkungen der beschriebenen Art haben. Problematisch wird es dort, wo etwa die Auswirkungen der globalisierten Märkte nicht nur zu den immer schon existierenden Austauschprozessen auf dem Arbeitsmarkt, sondern zu Schrumpfungsentwicklungen (durch Abzug von Arbeitsplätzen etc.) geführt haben.

Deshalb gilt es auch den gesellschaftlichen Integrations- und Desintegrationsprozessen genauer nachzugehen. Denn es läßt sich die These verfolgen, daß die Zunahme globaler ökonomischer Integration mit der Abnahme innergesellschaftlicher sozialer Integration über den Arbeitsmarkt einhergeht, die für unterschiedlich umfangreiche Gruppen von Bedeutung ist. Die Quantifizierung jener Anteile an der Bevölkerung in westlichen Industriegesellschaften bzw. der Weltbevölkerung, die Gefahr laufen, der partiellen oder völligen Desintegration über den Arbeitsmarkt anheim zu fallen, variiert. Drei Szenarien werden häufig vorgetragen. Bekannt ist die Formel von der Zweidrittelgesellschaft, wonach ein Drittel als Problemkern markiert wird. Dieses Muster wurde bisher insbesondere für die deutsche Gesellschaft in Anspruch genommen und je nach Interessenlage und Einschätzungen auch bestritten. Alain Touraine geht von einer 30:30:40-Relation in den reichen europäischen Gesellschaften aus. 30% sind völlig desintegriert, 30% sind prekär gefährdet, nur 40% leben in gesicherten Verhältnissen (vgl. Schneider 1997, S. 159). Jeremy Rifkin, Verfasser des Buches *Das Ende der Arbeit und ihre Zukunft* (1996), zieht die 20:80-Version ins Kalkül, die als weltweit angenommen wird. 80% werden, so seine Position, gewaltige Probleme bekommen (vgl. auch Schumann/Martin 1996).

Diese z. T. sehr umstrittenen Szenarien unterschiedlich scharf angenommener sozialer Integrationsprobleme führen – unabhängig von empirischen Evaluierungen – zu der Frage nach dem Verhältnis von Kapitalismus und Demokratie. Hengsbach (1999) spricht von einer wechselseitigen »*doppelten Zähmung*« im 20. Jahrhundert. Ob es sich nach 1919 tatsächlich um eine wechselseitige Zähmung gehandelt hat, muß bezweifelt werden, da die europäischen Staaten sich in eine verhängnisvolle wirtschaftliche Konkurrenz getrieben und in Deutschland erhebliche Stimmungen und Stimmen gegen alle demokratischen Parteien freigesetzt haben, die dann zur politischen Katastrophe beitrugen. Eher gelungen scheint der Versuch nach 1949: »Die Zähmung des Kapitalismus erfolgte über starke Gewerkschaften, die Sozialstaatsklausel des Grundgesetzes und neue soziale Bewegungen. Die Demokratie hat sich durch ein politisches Netzwerk[2] von staatlichen und wirtschaftlichen Führungseliten zähmen lassen« (ebd., S. 53). Nach 1989 steht das Verhältnis von Kapitalismus und Demokratie in einer veränderten Qualität auf der Tagesordnung, weil die marktradikalen Dogmen (Selbstheilungskräfte des Marktes, schlanker Staat, Primat der Geldpolitik) politisch mehrheitsfähig und gleichzeitig die gesellschaftlichen Gegenkräfte schwächer geworden sind. »Daß im selben Augenblick, in dem sich das Bündnis von Kapitalismus und Geschichte zu vollenden schien, der historische Kompromiß von Kapitalismus und Demokratie auf eine vielleicht irreversible Weise zerbrechen könnte, kam ihnen [den Eliten] nicht in den Sinn« (Engler 1997, S. 10).

Die Chancen zur Zähmung eines rabiaten Kapitalismus werden dadurch innergesellschaftlich geringer und die Hoffnungen auf die transnationalen Gremien verlagert (vgl. Held u. a. 1999, Hengsbach 1999). Es fehlt derzeit allerdings der empirisch fundierte Nachweis, daß die transnationalen Gremien in der Lage sind, koordiniert zu funktionieren, statt jeweils eigene Standards etc. auszubilden. Darüber hinaus ist der Umstand besonders relevant, daß mit der transnationalen Entwicklung sowohl des Kapitalmarktes, auf denen in den Währungsmärkten täglich Transaktionen im Gegenwert von 1500 Mrd. Dollar abgewickelt werden, als auch von politischen Institutionen eine zunehmende *Anonymisierung* einhergeht. Einerseits werden die Kontrolleure

---

2 Diese Charakterisierung erscheint aufgrund des bis in die siebziger Jahre zurückreichenden CDU-Parteispenden-Skandals in neuem Licht.

etwa von großen Konzernen anonym (»Kapitalismus ohne Gesicht«, Der Spiegel 1999, S. 84f.), andererseits werden die politischen (Kontroll-)Institutionen zumindest aus der Perspektive der Bürger zunehmend anonymisiert.

3. Das Ende der wechselseitigen Zähmung?

Aus diesen Gründen ist die These von der wechselseitigen Zähmung von Kapitalismus und Demokratie für die Zukunft kaum noch zu halten. Weder sind die alten Zähmungsinstrumente (nach 1949) weiterhin wirksam, noch sind die angeblich neuen bisher nachweislich imstande, äquivalent zu wirken, da sich die Marktdogmen als ideologische Muster durchgesetzt haben. So bleibt eine neue Kapitalismuskritik auf wenige Autoren beschränkt (vgl. u. a. Littwak 1999, Sennett 1998, Kurz 1999, Thurow 1996, Bauman 1999), die zugleich politisch abprallt und kaum öffentliche Debatten auslöst. Dies gilt auch für die Frage der *Kontrollverhältnisse* zwischen Kapitalismus und Demokratie, also zwischen ökonomischen und politischen Institutionen mit ihren Auswirkungen auf die individuellen und sozialen Lebensverhältnisse. Die *Kontrollbilanz* im Sinne von »checks and balances« (zur Eingrenzung illegitimer Macht, zur Verfügung über die eigene Lebensplanung etc.), also in zahlreichen individuellen, sozialen und politischen Aspekten eines Gemeinwesens, kann nach der hier vertretenen Auffassung wichtige Aufschlüsse über den demokratischen Zustand der Gesellschaft bzw. der ökonomischen *Übergriffe* geben. Ein solcher Zugriff leuchtet gewissermaßen hinter die verbürgten Elemente wie freie und geheime Wahlen, persönliche Bewegungsfreiheit, Rechtssicherheit und unabhängige Presse. Engler ist zuzustimmen, daß der verengte Blick darauf eine allzu »kommode Vorstellung« vom Zustand einer liberalen Demokratie sei (1997, S. 585).

Die *politisch-institutionellen Kontrollverluste* zeigen sich darin, daß die nationalstaatliche Souveränität unterminiert wird. Dies wird u. a. in Gestalt einer »neuen Geographie der Macht« (Sassen 1999) sichtbar, sei es, daß immer neue transnationale Gesetze geschaffen werden, sei es, daß ein Großteil wirtschaftlicher Aktivitäten im elektronischen Raum stattfindet und somit Steuerungs- wie Kontrollkrisen mit sich bringen, für die es nach Sassen (ebd.) bis heute sogar am analytischen Vokabular fehlt, um die qualitativen wie quantitativen Dimensionen des Kontrollverlustes zu erfassen.

Die *kollektiven politischen Kontrollverluste* betreffen jene gesellschaftlichen Organisationen, die laut Hengsbach nach 1949 wesentlich an der Zähmung des Kapitalismus mitgewirkt und zum Aufbau des demokratischen Systems in der Bundesrepublik beigetragen haben. Ihre Kontrollverluste basieren v. a. darauf, daß die Instrumente wie »machtvolle Demonstrationen« funktional waren aufgrund wechselseitiger Abhängigkeiten z. B. von Kapital und Arbeit bzw. aufgrund eines Konsenses über die Sozialstaatsklausel des Grundgesetzes. Die erste Voraussetzung scheint völlig aufgehoben, und der Kontrollverlust läßt auch den Organisationsgrad sinken, die zweite wird von vielen Seiten ausgehöhlt.

Die *politischen Kontrollverluste auf individueller Ebene* betreffen die Entfernung der (transnationalen) vermeintlichen und tatsächlichen Entscheidungsgremien von den Bürgern. Sie vermitteln sich über den Topos der Anonymisierung und »Uneinsichtigkeit«, da die Akteure weitgehend unbekannt bleiben und nur noch in Institutionenkürzeln wie IWF etc. sichtbar sind. Die Anonymisierung erschwert die demokratische Willensbildung und politische Identifikation (vgl. Beck 1998, S. 39f.) – und erleichtert die nichtdemokratisch legitimierten und kontrollierten Entscheidungsfindungen, ist mithin »Demokratie auf dem Rückzug?« (Hoffmann 1999, S. 8).

Die *sozialen Kontrollverluste* zeigen sich in den Umstellungszumutungen durch den Flexibilisierungszwang, um in Berufsfeldern und im Arbeitsmarkt bestehen zu können. Diese Kontrollverluste betreffen auch die Statussicherung, die angesichts des hohen Ausmaßes von »Mal rein-Mal raus« Arbeitslosigkeit große Gruppen umfaßt. Solche Kontrollverluste über die »eigenen Verhältnisse« hinterlassen besondere Bedrohungsgefühle, weil unsicher ist, ob und auf welcher Statusebene ein Wiedereinstieg gelingt.

Die *individuell-biographischen Kontrollverluste* schließlich zeigen sich darin, daß der »flexible Kapitalismus« (Sennett 1998) Menschen die Kontrolle über das eigene Leben zu entziehen droht, was sich z. B. in Zeitverfall, Kontinuitätsverfall und Anerkennungszerfall niederschlägt. Der Kontrollverlust äußert sich im »Drift« (Sennett), dem ziellosen Dahintreiben.

Diesen Kontroll*verlusten* stehen Kontroll*gewinne* der kapitalistischen Wirtschaftspraxis gegenüber, die sich auch aus *Umkehrungen* bisher geläufiger Kontrollpraktiken speisen. Zu den Umkehrungen gehören auch jene, nach denen sich z. B. Ethikkommissionen den jeweiligen Wissenschaftsdisziplinen und ihren Arbeitsergebnissen anzupassen haben, die ökonomisch hochverwertbar sind, wie z. B. Teile der Gentechnologie. Dazu zählt ebenso die bereits aufgelistete Umkehrung der Kontrollmittel bei Standortentscheidungen etc. Zugleich sind kapitalinterne Kontrollmechanismen von besonderer Bedeutung, also jene anonymen und letztlich unkontrollierbaren Kontrolleure von Konzernen. Die Probleme spitzen sich insofern zu, da das Alternativlose und das Anonyme besonders anfällig für autoritäre Versuchungen macht.

Eine besondere Qualität der Kontroll*verschiebung* zwischen politischer Ideologie, technologischer Entwicklung und kapitalistischer Ökonomie offenbart sich in einem besonders sensiblen Bereich, dessen Auswirkungen bisher völlig im dunkeln liegen. Diese Kontrollverschiebung betrifft die Frage nach den Kontrollen über die technologische Entwicklung insbesondere aus dem Bereich der biotechnologischen Forschung, die Kelly als »die biologische Wende in Wirtschaft, Technik und Gesellschaft« bezeichnet und sogar als das »Ende der Kontrolle« (1997) markiert. Unabhängig davon, ob die Einschätzung zutrifft, wird in diesem Bereich wie in kaum einem anderen die Ambivalenz der Moderne deutlich, weil die Substanz menschlichen Daseins einerseits perfektioniert und so gesundheitlicher Fortschritt sichtbar wird, andererseits aber auch essentiell vor einer Vernichtung steht, weil die Einzigartigkeit (spätestens mit der zukünftig anstehenden Klonung menschlicher Föten) menschlichen Lebens ausgelöscht ist und der Selektion neue Möglichkeiten eröffnet werden.[3] Dieser Prozeß einer anstehenden Selektionsproduktion ist nun durch zwei weitere Entwicklungen im Bereich der politischen Ideolo-

---

3 Das Europäische Patentamt (EPA) hat im Februar 2000 ein Patent auf gentechnisch manipulierte menschliche Embryonen erteilt. Im nachhinein ist diese Erteilung als irrtümlich bezeichnet worden. Die Patentempfänger, die Universität von Edinburgh, hat einen Vertrag mit dem australischen Unternehmen Stem Cell Sciences abgeschlossen, das wiederum mit der amerikanischen Firma Biotransplant und dem Schweizer Pharmakonzern Novartis kooperiert (*Frankfurter Rundschau*, 22. 2. 2000, S. 30).

gien und der Kapitalentwicklungen flankiert. Politisch wird der Prozeß entideologisiert und allein dem technologisch-zivilisatorischen Fortschritt gutgeschrieben. Damit ist der Sachverhalt der Selektion der parteipolitischen Auseinandersetzung entzogen und historisch entlastet. Diese Umdefinition führt dabei auch dazu, daß dieses Thema nicht mehr für den klassischen Rechtsextremismus »brauchbar« ist, soweit überhaupt noch mit Rassekategorien operiert wird. Ökonomisch wird dieser Prozeß zugleich radikal dynamisiert durch eine Kapitalmarktentwicklung auf den sog. »neuen Aktienmärkten«. Der bekannte Umstand, daß das realisiert wird, was technologisch möglich ist, erfährt durch die Aufwertung der Kapitalströme und neuen Märkte eine ungeheure Dynamik als sich wechselseitig aufschaukelnder Prozeß. Gegen diesen »Normalisierungsdruck« haben weder politische Instanzen noch Ethikkommissionen eine Bremschance. Gleichwohl gibt es wissenschaftliche oder auch öffentlich-politische Auseinandersetzungen wie z. B. 1999 die sog. »Sloterdijk-Debatte« (1999). Es ist aber keine programmatisch vorzeichnende, sondern bestenfalls eine *nachholende*, indem Faktizitäten legitimiert und dem Kapitalmarkt ausgeliefert werden. Der Kapitaldruck über die Notierungen erzeugt eine immer weiterreichende Ausbeutung und Anwendung dieser Technologien. Politische Ideologie, technologische Entwicklung und die Verwertungslogik gehen ein neues Verhältnis ein, indem eine Kontroll*verschiebung* in die anonymen Aktienmärkte erfolgt. An diesem Beispiel wird deutlich, wie einem undemokratischen Politikkonzept des Rechtsextremismus ein Thema abhanden kommt, wie ebenfalls den demokratischen Institutionen die Kontrollchancen über die Entwicklungen.

Bündelt man diese Darlegungen zur Kontrolle von Macht und damit der Sicherung von liberaler Demokratie einerseits und der individuellen und sozialen Lebensgestaltung andererseits, dann zeigen die massiven Verlagerungen, daß die materiale Substanz einer liberalen Demokratie keineswegs gesichert ist. Auch vom Ende der Ideologien kann aufgrund der durchgesetzten Marktideologie keine Rede sein, wohingegen insofern ein Ende von Politik im Sinne Helds aufscheint, als die Anpassung an bestimmte Wirtschaftsinteressen und ein sehr enges Verständnis des öffentlichen Nutzens dominieren. Dies zeigt, daß die auch von Kapitalismuskritikern erneut wieder aufgewiesene Entwicklung, daß

»der Kapitalismus« an sein Ende gelange, nicht haltbar ist, wohl aber, daß sich seine Fähigkeit zur Integration von Gesellschaft erschöpfen dürfte (vgl. Sennett 1998). »Der Markt ist [...] denkbar ungeeignet, um Sinn, Werte, Normen und Solidarität zu produzieren. Je weiter er in die dafür noch vorhandenen Reservate der Lebenswelt eindringt, um so mehr beschleunigt sich die Desintegration des gesellschaftlichen Lebens« (Münch 1998, S. 198). Quasi als legitimatorische »Begleitmusik« sind die kaum zu übersehenden Tendenzen eines »geistigen Klimawechsels« (Honneth) nach 1989 zu verstehen. »Schwer zu übersehen sei die Tendenz, den internen Zusammenhang von Demokratie und Gerechtigkeit zu verdrängen, die Kritik von Ungleichheit als ›hypermoralisch‹ zu denunzieren oder soziale Gewalt dem ›Bösen‹ oder der Menschennatur zuzuschreiben. Dieses Muster passe ebenso zur Tabuisierung von Kapitalismuskritik wie zum Versuch, den schmerzhaften Prozeß der Erinnerung stillzulegen [...]« (Assheuer 2000, S. 25). Diese von Honneth aufgeführten Elemente lassen sich in das hier aufzuzeigende Problemfeld genau einpassen und verweisen auf zentrale ökonomisch fundierte Eckpunkte einschließlich von Gewaltfolgen sowie jene Politikrichtungen nach rechts, die entlastet werden bzw. deren Entlastung zukünftig verstärkt betrieben werden könnte.

Insgesamt zeichnen sich hier veränderte Zwänge und Ausmaße einer *neuen Unterwürfigkeit* ab, deren politische Auswirkungen wir noch nicht abschätzen können und die in einem weiteren Kontext diskutiert werden müssen.

4. Verhängnisvolle Folgen einer Quadratur des Kreises?

Kapitalistische Ökonomie, soziale Integration und Demokratie im Zeitalter der Globalisierung stellen daher einen Zusammenhang dar, der Dahrendorf (1997) von der »Quadratur des Kreises« sprechen läßt. Damit ist in seiner Diktion gemeint, daß erhebliche Spannungen bestehen zwischen der Aufgabe, die Wettbewerbsfähigkeit in der rabiaten Konkurrenz der Weltwirtschaft zu erhalten, die soziale Solidarität und den sozialen Zusammenhang, also Integration, zu sichern und drittens, dies im Rahmen von Institutionen freier Gesellschaften tun zu können.

Da die zugrundeliegende Metapher signalisiert, daß diese drei

Bedingungen nicht gleichermaßen erfüllt werden können und die bisherige analytische Betrachtung entlang der eingangs aufgeführten drei Aspekte (»Endformeln«, wechselseitige Zähmungsversuche, einseitige Kontrollverluste) ein deutliches Ergebnis in Richtung Wettbewerbsfähigkeit erbrachte, stellen sich weitere Fragen nach den sozialen und politischen Folgen.

Deshalb ist die Aufmerksamkeit auf zwei zentrale Problemkreise zu richten. Es ist erstens im Gefolge auch ökonomisch induzierter und politisch inkaufgenommener sozialer Desintegrationsprozesse zu untersuchen, wie sich die *individuellen Zukunftserwartungen* für einen großen Teil der Gesellschaft darstellen und welche individuellen und kollektiven Interpretationen über die Ursachen von Zukunftsproblemen sich durchsetzen bzw. mit welchen Schuldzuschreibungen gegenüber Akteursgruppen, Institutionen oder (fremden) Gruppen sie verbunden werden. Der zweite Punkt hängt damit zusammen. Es ist die Frage, wie sich die aufgeführten individuellen, kollektiven und institutionellen Kontrollverluste einerseits und die Kontrollgewinne andererseits auf die Demokratieentwicklung auswirken bzw. Problemlagen verstärken.

4.1 *Die politische Verarbeitung individueller Kontrollverluste und schwieriger Zukunftserwartungen*

Es gehört zu den sozialwissenschaftlichen Gemeinplätzen, daß sich strukturelle Problemlagen weder unmittelbar in kollektives Verhalten betroffener Gruppen und Milieus noch in entsprechende individuelle Einstellungen und Handlungsweisen umformen. Zugleich besteht die Notwendigkeit, zu den beschriebenen (makro)strukturellen Entwicklungen sowohl Momentaufnahmen als auch Ergebnisse von Veränderungen der individuellen Sicht und Interpretationen aufzuzeigen, da das Thomas-Theorem uns immer wieder daran erinnert, daß Menschen so handeln wie sie die Situation sehen. In einem weiteren Schritt sind dann Interpretationen zu den politischen Verarbeitungsprozessen anzustellen.

Ein erstes wichtiges Datum betrifft die Frage des Sozialstatus und seiner Sicherung. Darin dokumentiert sich Integrationsfestigkeit und das Ausmaß an Anerkennung. Die jahrzehntelange Erfolgsgeschichte der Bundesrepublik mit ihren Aufstiegsmöglichkeiten für zukünftige Generationen ist in dieser Hinsicht inzwischen mit pessimistischen Einschätzungen verbunden. 48 % der erwerbstätigen Bevölkerung ging 1996 in einer Befragung davon aus, daß die heutige Jugend in bezug auf Lebensstandard, berufliche Möglichkeiten etc. ein schlechteres Leben als ihre Eltern führen wird (vgl. Infratest Burke 1996). Diese Infragestellung des erreichten familiären Status stellt eine erhebliche Belastung dar. Sie spiegelt sich auch in der Shell-Jugendstudie (1997) wider. Darin wird deutlich, daß die Angst vor Arbeitslosigkeit in immer jüngere Jahrgänge einsickert. Noch gravierender ist der Umstand, daß ein stabiles Grundmuster der letzten Jahrzehnte ins Wanken geraten ist. Es bestand darin, daß Jugendliche zwar einerseits die gesellschaftliche Zukunft meist eher pessimistisch betrachteten, die individuelle dagegen aber optimistisch. Darin dokumentierte sich ein Vertrauen in die Kontrolle der eigenen Lebensplanung, die nun verlorenzugehen droht. Auch in der Gesamtbevölkerung erwarten 74 % der Ostdeutschen und 68 % der Westdeutschen, daß das Leben schwieriger wird (Richter/Brähler 2000). Ähnliche Ausmaße zeigen auch Ergebnisse, wonach 70 % der Deutschen besorgt in die Zukunft blicken. Mitte der achtziger Jahre waren dies etwa 20 %. Als Hauptgrund für diese Wendung werden Ängste vor der Globalisierung angeführt und mit dem Flexibilisierungszwang verbunden (vgl. Emnid 2000). Es gibt deutliche Hinweise auf Verunsicherungen, die sich in Abhängigkeit von der sozialen Sicherung auch mit Folgen bei der Bewertung des Sozialsystems, des politischen Systems und des Wirtschaftssystems verbinden. Bulmahn (1997) kann nachweisen, wie mit abnehmender sozialer Sicherung die Beurteilung der Systeme im Zeitverlauf abfällt (vgl. Abb. 1) und die Zukunftszuversicht sinkt (vgl. Abb. 2). In veränderter Perspektive ist zu erkennen, daß die Position, wonach das politische System nicht gut funktioniere und der Veränderungen bedürfe, zwischen 1988 und 1994 in Westdeutschland von 16 % auf 36 % und in Ostdeutschland zwischen 1991 und 1994 von 36 % auf 59 % angestiegen ist (vgl. Pickel/Walz 1997, S. 40).

Blickt man auf die Frage nach der Vertrauensentwicklung verschiedener gesellschaftlicher Institutionen, dann zeigt ein Fünf-Jahres-Vergleich (1995-1999), daß bei einer Auswahl von 16 Institutionen die Regierung (– 22 %), die Parteien (– 21 %) und das Parlament (– 15 %) am stärksten an Glaubwürdigkeit verloren

Abb. 1: Bewertung des Sozialsystems, des Wirtschaftssystems und des politischen Systems[1] – vor fünf Jahren – heute – in fünf Jahren – nach erwarteter Absicherung von Lebensrisiken

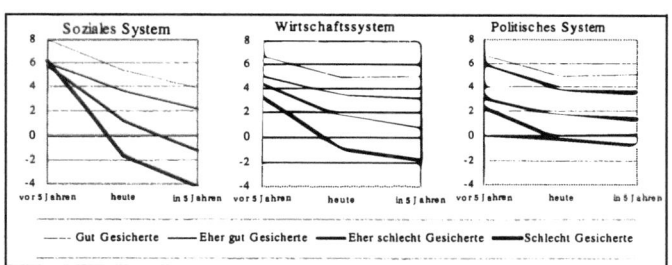

1 Mittelwerte auf einer Skala von – 10 bis + 10
 Einstufung laut Antwort auf die Frage »Wie werden Sie in Zukunft bei Krankheit, im Alter und bei Arbeitslosigkeit gesichert sein?«
Quelle: Bulmahn 1997, S. 8.

Abb. 2: Zukunftszuversicht nach Absicherung von Lebensrisiken (Vergleich der gegenwärtigen Lebenszufriedenheit mit der in 5 Jahren erwarteten Lebenszufriedenheit)

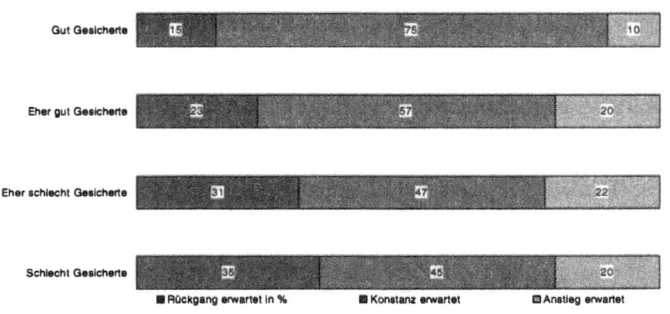

Quelle: Bulmahn 1997, S. 9.

Abb. 3: Degree of expressed racism

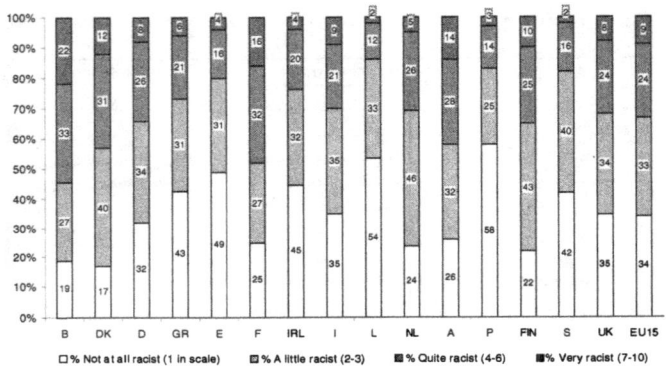

Quelle: Eurobarometer Opinion Poll no 47.1 (1997): Racism and Xenophobia in Europa

haben (vgl. Tacke 1999, S. 30). Darin spiegelt sich auch eine Politik- bzw. Systemverdrossenheit. Das Ausmaß erreichte im Herbst 1998 in der Bevölkerung einen Umfang von etwa 60% (vgl. Stöss/Niedermayer 1998) und dürfte aufgrund der Aufdeckung von Parteiskandalen in 2000 weiter gestiegen sein.

Das Syndrom von sozialer Verunsicherung, Abnahme von Vertrauen in politische Institutionen und Politikverdrossenheit führt zu der alten Frage, ob dadurch ein Ruck nach rechts entstehen könnte. Bezogen auf einzelne Aspekte wie Verunsicherung und Fremdenfeindlichkeit lassen sich etwa im Falle von Jugendlichen eindeutige Zusammenhänge herstellen (vgl. Kleinert u. a. 1998, S. 23). Und auch die Analyse von Ulram (in diesem Band) zur Wählerschaft der FPÖ Haiders in Österreich verweist auf die relevanten Gruppen der Verunsicherten. Das ansprechbare Potential der fremdenfeindlich eingestellten Personengruppen ist nicht nur in Österreich vorhanden, sondern lagert in allen europäischen Gesellschaften. Eine Erhebung in den Ländern der Europäischen Union vom Frühjahr 1997 gibt zu erkennen, daß rassistische Positionen bei ca. 30% der Bevölkerung vorliegen und im Vergleich mit 1989 angestiegen sind (vgl. Abb. 3). Unzufriedenheit mit den Lebensumständen, Angst vor Arbeitslosigkeit,

Unsicherheit in die Zukunft und mangelndes Vertrauen in die Arbeit der Behörden und der etablierten Politik werden als Ursachensyndrom herausgestellt. Dabei verträgt sich der erklärte Widerwille und die Abwehrhaltung gegenüber Fremden nach dieser Analyse durchaus mit einem grundsätzlichen Bekenntnis zur Demokratie (Eurobarometer 1997, S. 2f.).

Summierend läßt sich feststellen, daß einerseits Verunsicherungen aufgrund von Kontrollverlusten bzw. -befürchtungen unübersehbar sind, andererseits lassen sich die Rassismus- und Fremdenfeindlichkeitspotentiale in den Bevölkerungen deutlich erkennen. Es stellt sich die Frage wie diese Verunsicherungen bearbeitet werden und welches die »politischen Katalysatoren« sind, um solche Potentiale zu bündeln und zu mobilisieren.

Betrachtet man auf der individuellen Ebene die Verarbeitung von Kontrollverlusten, dann liegt es nahe, Konzepte zum »locus of control« heranzuziehen. So zeigt sich in Untersuchungen immer wieder, daß diejenigen Personen, die annehmen, ihre Handlungsmöglichkeiten seien external bestimmt, also durch Bedingungen festgeschrieben, auf deren Gestaltung sie keinen oder unzureichenden Einfluß haben, dann oft autoritär oder auch gewalttätig reagieren. Solche Reaktionsweisen sind signifikant weniger dort anzutreffen, wo von einer internalen Kontrolle oder Beeinflussung gesprochen werden kann (vgl. Heitmeyer u.a. 1995). Einerseits finden wir Kontrollverluste und daraus entstehende Abhängigkeiten von ökonomischen Verwertungsinteressen, die Ängste freisetzen, wie sie in abnehmender Zukunftszuversicht deutlich werden. Andererseits wird Angst erzeugt über einen Flexibilisierungszwang, so daß eine *neue Unterwürfigkeit* und Verfügbarkeit hervorgebracht wird. Hier enthüllt sich das ganze Paradoxon. Nicht mehr nur der starre autoritäre Typus wird zum Problem, denn »der flexible Mensch ist der konditionierte Typ des Außengeleiteten, anpassungsfähig und anpassungsbereit, deshalb im Grunde auch für jedes politische Herrschaftssystem verwendbar. Es ist im Grunde der leistungsbewußte Mitläufer« (Negt 1998, S. 7). Der Ideologiegehalt des neuen flexiblen Typus als Ausweis des gesellschaftlichen Fortschritts im Zeichen der Globalisierung ist also offenkundig. Die Frage stellt sich nach dem Ausmaß dieser neuen Unterwürfigkeit und wirft zudem die Frage auf, wie verhindert werden kann, daß sich dies in neuer *politischer Verfügbarkeit* auswirkt.

Eine Antwort ergibt sich daraus, ob politische Parteien oder »Lager« bzw. demokratische Organisationen insgesamt (noch) bindungs- bzw. integrationsfähig sind. Zu Recht weist Vester (in diesem Band) darauf hin, daß sich autoritäre und auch fremdenabweisende Alltagsmentalitäten nicht automatisch in politischer Zustimmung für die sich dadurch auszeichnenden Parteien ausdrücken müssen. Die soziale Kontrolle des eigenen dichten und einbindungsfähigen Milieus verhinderte dies vielfach. Die durch Individualisierungsprozesse gelockerten »Milieukontrollen« sind augenfällig und lassen sich u. a. daran aufzeigen, daß z. B. in Frankreich zahlreiche Anhänger der linken Gewerkschaften zu Le Pen übergelaufen sind. In Deutschland wies eine Untersuchung darauf hin, daß das rechtsradikale Wählerpotential unter jungen Gewerkschaftsmitgliedern am größten war. 32 % der 18- bis 25jährigen Gewerkschafter konnten sich sicher oder u. U. vorstellen, eine rechtsextreme Partei zu wählen – ein attraktives Angebot vorausgesetzt (vgl. Infratest dimap 1998, S. 5). Und in Ostdeutschland sind die frei flottierenden autoritären Mentalitäten leicht erkennbar. Sie betreffen sowohl das Ausmaß der Bindungslosigkeit an Parteien als auch das der Systemverdrossenheit (vgl. Stöss/Niedermayer 1998).

Solche Hinweise auf individuelle politische Verarbeitungen wie kollektive Problemzonen führen zu der Frage, welche Reaktionspotentiale die verschiedenen Milieus auf Flexibilisierungs- und Deregulierungsdruck haben. Einige Milieus am Rande (vgl. Vester in diesem Band) haben keine *Pufferreserven*, während in anderen, z. B. hedonistisch ausgerichteten Milieus nicht die Flucht in die (vermeintliche) Sicherheit (vgl. Oestereich in diesem Band) angetreten wird, sondern als Ausweichverhalten in die politisch »stillegenden« Angebote der Erlebnisgesellschaft. Diesen Entwicklungen ist zukünftig mehr Aufmerksamkeit zu widmen, und dabei sind zwei zentrale Aspekte zu beachten. Der erste betrifft die Tatsache, daß zumindest in westeuropäischen Ländern nicht die objektiv feststellbare materielle Verelendung das vordringliche Problem darstellt, das die autoritären Versuchungen forciert. Dies läßt sich nicht nur an Milieus in Deutschland, sondern auch an Wählergruppen der FPÖ in Österreich (vgl. Ulram in diesem Band) oder an den Sympathisanten der Lega Nord in Italien (vgl. Biorcio in diesem Band) nachweisen. Virulent werden solche autoritären Versuchungen von »unten« eher in den

Milieus, in denen berufliche Abstiegserfahrungen und damit oft auch einhergehende soziale Desintegrationsprozesse als *Schande* betrachtet werden. Dies betrifft v. a. jene Milieus, die sich bisher in Sicherheit wiegten und zunehmend in einen prekären Zustand hineingeraten. Je umfangreicher diese Desintegrationsängste und Erfahrungen sowohl beim Zugang zum Arbeitsmarkt und in der politischen Teilhabe sind, desto stärker ist dann auch die Ethnisierung sozialer Probleme (vgl. Schröder u. a. 2000, S. 121 f.), die eine wesentliche Eingangsvoraussetzung in rechtsautoritäre Wendungen darstellen. Der zweite Aspekt betrifft den Umstand, daß die bisher aufgeführten Problemelemente nicht zwangsläufig weder eine offene noch stabile Hinwendung in die rechtsautoritäre Richtung bedeuten. Am aktuellen Beispiel des Front national wird deutlich, daß infolge seiner Zersplitterung sich Wählergruppen wieder den konservativen Parteien zuwenden und gleichzeitig ihre extremen Positionen beibehalten.

Diese Problemzonen sind nur dann relevant, wenn der politische *Interaktionskontext* vollständig ist, also nicht nur rechtsautoritär »nachgefragt« wird, sondern auch ein entsprechend attraktives »Angebot« vorhanden ist. Dies ist in Deutschland nicht in vergleichbarem Maße gegeben, wie z. B. in Frankreich mit dem Front national (vgl. Perrineau und Loch in diesem Band) oder etwa in Österreich mit der FPÖ. Deshalb gibt es in Deutschland auch keine große organisationsgebundene rechtsautoritäre Wählerschaft, sondern eher einen *vagabundierenden Autoritarismus*, der sich u. a. darin ausdrückt, daß bisher die Personen mit den entsprechenden nationalistischen bzw. fremdenfeindlichen Einstellungen etc. in ihrer Mehrheit die großen Volksparteien wählen (vgl. Stöss 1993, S. 59).

4.2 *Elemente einer Demokratieentleerung*

Im Sinne der Formel vom »Ende der Politik« David Helds geht es nicht um das wirkungslose Agieren politischer Eliten, sondern um die schon angeführte Ausrichtung auf Wirtschaftsinteressen und ein verengtes Verständnis öffentlicher Interessen, mithin also auch von sozialer Integration etc. In diesem Zuschnitt des Verhältnisses von neoliberal ausgerichteter Politik und Ökonomie ergeben sich fünf Problemlinien für die Demokratieentwicklung, die sich z. T. wechselseitig bedingen.

Im Gefolge der bereits in den achtziger Jahren geführten Debatte wird bei ökonomischen Eliten wieder die verstärkte Neigung erkennbar, die komplizierten und deshalb auch z. T. langwierigen Entscheidungsprozesse abkürzen zu wollen. »Effizienz«, wie sie in nicht zustimmungspflichtigen Entscheidungsprozessen in hierarchisch gegliederten Unternehmen etc. vorherrscht, in denen teilweise auch autoritäre Strukturen vorherrschen, wird als vorbildhaft hingestellt. Solche Tendenzen lassen sich als Forderungen nach *Demokratieermäßigung* (vgl. Habermas 1982) charakterisieren. Im Erfolgsfalle werden im Sinne Helds die öffentlichen Interessen über die neu geforderten »schnellen« Entscheidungsprozesse verengt, mithin Personen und Gruppen auf Distanz gehalten, für die solche Entscheidungen weitreichende Konsequenzen haben. Dazu ist z. B. die offene oder verdeckte Abschaffung solcher politischer Instrumente zu zählen, durch die es gelingen kann, die Ausmaße von sozialen Ungleichheitsentwicklungen zu kontrollieren, wie z. B. die Flächentarifverträge.

Eine damit sich ergänzende Problemlinie findet sich bei politischen Eliten in Gestalt des Leerlaufs wahrgenommener politischer Partizipation oder etwa der Eingrenzung von Bürgerrechten aufgrund neuer z. T. im Anonymen verbleibender Kontrollpolitik. Auf diese Weise erfolgt eine *Demokratieaushöhlung*, die über die rhetorische Aktivierung von Sicherheitsversprechen bzw. durch tatsächliche Überwachungsstrategien legitimiert wird. Mit Erfolg werden z. B. weitreichende Überwachungspraktiken im öffentlichen Raum nicht mehr als freiheitsgefährdend kritisch interpretiert, sondern als sicherheitsspendend positiv konnotiert. Daß die Notwendigkeit solcher Kontroll- und Überwachungspraktiken etwa in Großbritannien im Kontext und Gefolge der massiven Desintegrationsprozesse der neoliberalen Politik Thatchers entstanden ist, wird als Zusammenhang nicht mehr gesehen. Diese Kontroll- und Überwachungspraktiken als still akzeptierte *Law-and-order*-Variante sind aufgrund der Verselbständigungsneigung von Kontrollapparaten von eminenter Bedeutung für die Institutionen freier Gesellschaften, so daß auch hier an die Quadratur-Metapher von Dahrendorf angeknüpft werden kann.

Eine solche Entwicklungslinie ist desto erfolgreicher, je stärker sich als direkte Konsequenz anderer gesellschaftlicher Entwicklungen eine *Demokratievernachlässigung* ausbildet. Damit sind jene Entwicklungen gemeint, die sich in Ermüdungserscheinungen von zivilgesellschaftlichen Ansätzen zeigen, was zugleich bedeutet, daß eine selektive Unaufmerksamkeit bezüglich der Gefährdung von Grundrechten um sich greift. Vor diesem Hintergrund wird auch die Position von Grimm (1997, S. 44) verständlich, der auf Veränderungen des Stellenwerts von Grundrechten in dieser Gesellschaft hinweist, d.h., er macht eine Lockerung der Verwurzelung der Verfassung in der Gesellschaft einschließlich der politischen Eliten aus. Als Indikatoren für den Bedeutungsverlust der Verfassung führt er z. B. an, daß sich eine einflußreiche Tageszeitung für die Abschaffung der Verfassungsbeschwerde stark macht; daß ein Parteitag beschließt, das Bundesverfassungsgericht müsse sich stärker nach der Mehrheit richten; und Politiker zum Widerstand gegen Urteile aufrufen, ohne damit einen Entrüstungssturm zu provozieren. Alle Indikatoren sind kein Ausweis der Wirkungsexistenz der vielbeschworenen zivilgesellschaftlichen Qualität in Deutschland. Grimm diskutiert diese Thematik im Kontext zunehmender Desintegrationsprozesse und der damit zusammenhängenden Risiken: »Wer es versteht, die wirklichen oder vermeintlichen Gefahren nur bedrohlich genug erscheinen zu lassen, schafft damit Bereitwilligkeit zum Tausch von Freiheit gegen Sicherheit« (ebd.).

Zugleich – und auch darin ist Grimm zuzustimmen – gibt es eine Ursachenverschiebung bei den Desintegrationsprozessen. Wenn es politisch opportun erscheint – so Grimm –, wird der Gedanke attraktiv, individuelle Entfaltungsräume zu verengen und eine Senkung von Grundrechtsstandards zu verlangen, um der Gesellschaft wieder etwas von der verlorengegangenen Homogenität zurückzugeben. Offenkundig soll damit von den ökonomischen und gesellschaftsstrukturell bedingten Desintegrationsprozessen abgelenkt bzw. die Integration durch Kontrollpolitik gewährleistet werden. Die Lockerung der gesellschaftlichen Verankerung der Verfassung – wie sie ansatzweise schon sichtbar wird und die Grimm wohl zu seiner publizierten Intervention animiert hat – wäre ein forcierender Faktor.

Je weiter ein solcher Prozeß sich ausdehnen kann, desto begünstigender sind die Bedingungen für Entwicklungen einer *Demokratieverachtung* bei politischen Eliten. Der Parteispendenskandal der CDU seit 1999 als Ausdruck der Verachtung von demokratisch legitimierten Gesetzen, der Ablehnung offener politischer Konkurrenz als zentralem Element repräsentativer Demokratie und das »System Kohl« als Ausdruck der Geringschätzung parteiinterner Demokratie sind Zeichen dafür.

Vor diesem Hintergrund sind jene Entwicklungen neu zu betrachten, die als *Demokratiezweifel* in der Bevölkerung existieren. Sie sind als eine Qualität zu verstehen, die sich aus mehreren Quellen speist. Zum einen ist es die Politik- bzw. Politikerverdrossenheit (z. B. als Reaktion auf Selbstbedienung in der politischen Klasse, Skandale etc.) und zum zweiten die Frage des »Outputs«, also der »Leistungsfähigkeit« des Systems zur Lösung von Problemen.

5. Folgen der Demokratieentleerung

Wie sind nun diese aufgezeigten Prozesse der *Demokratieentleerung* zu interpretieren hinsichtlich der Wirkungsmöglichkeiten eines undemokratischen autoritären politischen Angebots der extremen Rechten (in ihren spezifischen Differenzierungen)? Sind dies Einfallstore über die Engführung der Politik durch die Vernachlässigung sozialer Integrationspolitiken ebenso wie durch die Labilisierung auf der Ebene materialer Demokratieentwicklung?

Eine zweite Frage schließt daran an und betrifft die staatlichen Aktivitäten unter dem Fokus gewissermaßen eines »Ausfallbürgen« für eine integrationsorientierte Politik. Diese Perspektive drängt sich auf, weil unter den ökonomischen Effizienzkriterien die Standortsicherung und der Standortvorteil hohe Priorität aufweisen, mithin auch die negativen Begleiterscheinungen mangelnder sozialer Integrationspolitik mit staatlichen Mitteln *kompensiert* werden müssen.

5.1 Neue Verhältnisse zwischen Wohlfahrts- und Kontrollpolitik

Die ökonomische Diskussion zu Standort*vorteilen* und Standort*sicherung* hat zwei weitreichende Folgen. Standortvorteile sollen durch Senkung von Lohnnebenkosten, Lockerung von Kündigungsfristen, Niedriglohnsektoren etc. geschaffen werden. Damit erhöhen sich die sozialen Risiken etwa der Statussicherung bis hin zur sozialen Desintegration für Teilgruppen. Zugleich soll die Standortsicherung betrieben werden, indem u. a. soziale Folgen beherrscht werden, d. h., die »neuen Überflüssigen« sollen gewissermaßen unsichtbar gemacht, kriminelles oder gewalttätiges Verhalten unterbunden werden.

Folgt man der Analyse von Thurow (1996, S. 364), dann befindet sich der Wohlfahrtsstaat auf dem Rückzug: »Er wird in Zukunft nicht mehr die Puffer zwischen Kapitalismus und Demokratie bilden«, soll heißen, daß einerseits nicht mehr bzw. immer weniger die sozialen Desintegrationsprozesse abgefangen werden und andererseits der Nachweis von der Leistungsfähigkeit demokratischer Politik zur Kontrolle ökonomischer Prozesse und für den als gerecht empfundenen Ausgleich von Ungleichheiten ausfällt. Die veränderte Rolle der nationalstaatlichen Politik besteht danach darin, daß sie sich entfernt von einer nach innen gerichteten Wohlfahrtspolitik mit den Prinzipien des Interessenausgleichs sowie der Gerechtigkeit und sich der nach außen gerichteten Wettbewerbspolitik mit den Prinzipien der Deregulierung und Gewinnmaximierung verschreibt. Das Argument, daß sich in den OECD-Ländern der Finanzetat für den Wohlfahrtsetat nicht wesentlich oder gar nicht verringert hat und daß dieser Umstand gegen diese These des Politikwechsels spricht, ist nicht stichhaltig. Denn es wird nicht genügend differenziert berücksichtigt, wo und gegen wen gekürzt worden ist, wieviel neuer Bedarf, v. a. aufgrund von Arbeitslosigkeit, entstanden ist.

Insgesamt erlangen Probleme der gesellschaftlichen Integration eine neue Qualität. Damit treten zwei Probleme in den Vordergrund. Zum einen dürften die Demokratiezweifel wachsen, soweit die *Output*-Orientierung in der Bevölkerung vorhanden ist, mithin könnte sich Systemverdrossenheit verstärken. Zum zweiten müssen auch die Folgen der nachlassenden integrativen Wohlfahrtspolitik aufgefangen werden, soweit sie sich etwa in Form von Kriminalität, Devianz oder Gewalt äußern. Dies erfordert nicht nur das Verlangen nach Sicherheit im öffentlichen Raum, sondern es muß auch in der Logik der ökonomischen Interessen dafür Sorge getragen werden, daß der Standort nicht durch Unsicherheit beschädigt wird, weil das mit der »Selektionsmacht« des Kapitals für Standortentscheidungen nicht kompatibel ist.

Die Debatte zur Sorge um die »Beschädigung des Standortes« anstatt um das eigentliche Phänomen und die Opfer aufgrund der fremdenfeindlichen Gewaltwellen in Deutschland zu Beginn der neunziger Jahre lieferte hierfür einen ersten Hinweis. Von daher ergäbe sich folgende Logik: Die ökonomisch bedingte bzw. erzeugte Existenzangst soll für eine Gewinnstrategie einer Minderheit gesteigert werden, und der seiner genuinen, auf Gerechtigkeit fußenden Legitimation verlustig gehende Staat soll durch erhöhte Kontroll- und Repressionsanstrengungen die in immer ungesicherteren Verhältnissen lebenden Gruppen und Milieus »ruhigstellen«. Eine solche Entwicklung geht hinsichtlich Kontrollpolitik weit über das hinaus, was jetzt noch als Kriminalitätsbekämpfung gilt, aber sukzessive zur Repressionspolitik werden kann (vgl. Hess 1999). Denn nach dieser Argumentation tritt Kontroll- bzw. Repressionspolitik nach und nach an die Stelle der nachlassenden Verteilungspolitik. Damit wird die zentrale Legitimation des modernen Staates in Frage gestellt. Es ist folglich anzunehmen, daß die Abnahme der Kontrolle wirtschaftlicher Vorgänge als Kennzeichen der Globalisierung mit der Zunahme von Kontrolle im gesellschaftlichen Bereich einhergeht. Anders gesagt: Die die Starken stärkende Neoliberalisierung im wirtschaftlichen Bereich geht m. E. für die Schwachen mit einer Entliberalisierung im gesellschaftlichen Bereich einher: »Der Polizeistaat kommt über die Arbeitslosigkeit«, so Dahrendorf,[4] um zu zeigen, daß nachlassende individuelle Systemintegration zugleich neue oder verschärfte Kontrollpolitik nach sich zieht. In den USA läßt sich dieser Zusammenhang dann erkennen, wenn die Ergebnisse aus »The Downsizing of America« (1996) zusammengedacht werden mit dem zeitgleichen Heraufschrauben repressiver Kontrollpolitik in städtischen Sozialräumen und gegen ausgewählte Gruppen, wie z. B. Minderheiten und Jugendliche.

Vor diesem Hintergrund ist aufmerksam zu verfolgen, ob ein politischer Dominanzwechsel in westlichen, insbesondere westeuropäischen Demokratien bevorsteht, also ein Dominanzwechsel von wohlfahrtsstaatlicher Verteilungspolitik hin zu autoritärer Kontrollpolitik. Denn wenn es richtig ist, daß der moderne Staat seine Rechtfertigung vorrangig aus dem Einsatz seines Ge-

---

4 Ralf Dahrendorf in einem Interview. In: *Frankfurter Rundschau*, Nr. 78, 1996, S. 7.

waltmonopols zugunsten der gesellschaftlichen Wohlfahrts- und Wohlstandsmehrung zieht und deshalb Verteilungspolitik betreibt, um damit dem Grundanliegen von Politik, nämlich der Sicherung von Gerechtigkeit, nahezukommen, dann bedeutet die Veränderung des Abhängigkeitsverhältnisses von Wirtschaft und Staat, daß auch ein Politikwechsel und ein Wechsel der zentralen Legitimationen anstehen.

Es ist dann der Wechsel zur Kontrollpolitik, um die innergesellschaftliche Stabilität für die Wettbewerbspolitik zu sichern. An die Stelle von Gerechtigkeit würde dann Sicherheit gesetzt, was politisch umgesetzt dann Kontrollpolitik hieße. Ein solcher Politikwechsel müßte weitreichende Auswirkungen auf die Demokratieentwicklung haben und ließe die zu Beginn der achtziger Jahre laufende Debatte neokonservativer Prägung gegen den Sozialstaat etc. und die Forderung nach Demokratieermäßigung im Vergleich mit der durchgesetzten Wucht des neuen Abhängigkeitsverhältnisses von Ökonomie und Staat heute schon fast anrührend erscheinen, obwohl man die Wirkungswellen der damaligen Werte-Debatten und die damit eingeleiteten Renaissanceversuche autoritärer Moral nicht unterschätzen darf. In diesem veränderten Politikmuster würde öffentliche Sicherheit die soziale Sicherung verstärkt substituieren bzw. ersetzen, d. h., die gesellschaftliche Integration würde nun verstärkt statt über »soziale Sicherung« (d. h. Wohlfahrt) der Menschen über die »öffentliche Sicherheit« (d. h. Kontrolle/Repression) zu gewährleisten sein.

So wie sich das Abhängigkeitsverhältnis von Ökonomie und Staat im Zuge von realen Effekten der Globalisierung bzw. der Auswirkungen des Globalisierungs-Arguments verschiebt, so gibt es auch Hinweise auf eine Umkehrung der Liberalisierungsverhältnisse im Hinblick auf Ökonomie und Gesellschaft. Die ehedem erfolgreiche Regulierung ökonomischer Prozesse, d. h. die Bändigung des Frühkapitalismus, eröffnete die Möglichkeiten zur gesellschaftlichen Liberalität. Jetzt scheint sich das Verhältnis umzukehren. Die Neoliberalisierung der Ökonomie droht mit einer Verstärkung repressiver und kontrollierender gesellschaftlicher und staatlicher Instanzen einherzugehen, die zumindest die sozial Schwachen bzw. die beschwerdearmen Gruppen besonders treffen und die Desintegration der Gesellschaft vorantreiben würde.

Für diese Vorgänge lassen sich zahlreiche Beispiele aufführen:
– Herausragend sind die stattfindenden Debatten um die »Null-Toleranz«-Ansätze in den Polizeistrategien, um beispielsweise in Orten mit hoher Segregation und Desintegration eingesetzt zu werden. Die öffentliche Sichtbarkeit von Desintegrationsfolgen soll über autoritäre Kontrollpolitik in Grenzen gehalten werden. Dazu gehört beispielsweise auch die Vertreibung von Bettlern aus Innenstädten etc. (vgl. Krasmann/de Marinis 1997). Dabei ist es kein Zufall, daß diese Vorgehensweise parallel mit den Standortdebatten auftrat.
– Zur repressiven Kontrollpolitik gehören auch die z. T. verdeckten Verschärfungen des Ausländerrechts bzw. der entsprechenden Thematisierungen gegenüber Minderheiten. Damit soll über autoritäre Kontrollpolitik Wohlverhalten erzeugt werden, nicht mehr über angemessene Integrationsangebote.
– Die Wendung »vom wohltätigen Staat zum strafenden Staat« (Wacquant 1997), also die Verschärfung der Kontrolldichte etwa bei Sozialhilfeempfängern etc. gehört in dieses Reservoir.
– Die Vervielfachung privater Sicherheitsdienste, v. a. rund um die Wohlstandszitadellen der sich ausbreitenden »gated communities«, in denen sich ein Eigenregime reicher Gruppen ausbildet, sind ebenfalls hier aufzuführen. Daß die Personenzahl in privaten Sicherheitsdiensten über die Zahl der Polizeibeamten hinausgeht, ist ein problematisches Zeichen.
– Und auch die zu registrierende Übergewichtigkeit von Kontrollpolitik in den USA wird beispielsweise dadurch sichtbar, daß das Budget für Gefängnisneubauten in manchen Staaten jenes für Bildung, Schulen und Wissenschaft übersteigt.
– Ebenso gehören die sog. »Lauschangriffe« in dieses Arsenal. Es wäre nicht das erste Mal, daß sich eine deutlich formulierte Intention, hier gegen die organisierte Kriminalität, administrativ von diesen Intentionen befreit und verselbständigt.
– Nicht zuletzt gehört die Videoüberwachung von öffentlichen Räumen (vgl. auch Ronneberger u. a. 1999, Hansen 1998) als Ort freier Bürgerbegegnung dazu, wie sie in französischen Städten[5] in Gang gesetzt oder in britischen Städten bereits vorhanden oder geplant ist, deren Systeme inzwischen so verfeinert werden

---

5 Straßburg ist das Beispiel einer Stadt mit großen sozialen Vorstadtproblemen, die nicht sozialintegrativ, sondern immer mehr repressiv reagiert (vgl. *Frankfurter Rundschau*, 23. 2. 2000)

sollen, daß sie normales von anormalem Verhalten sofort unterscheiden und markieren können sollen.

Diese *Kontrollverdichtungen* bzw. Anzeichen *repressiver Kontrollpolitik* sollen in ein Zwischenfazit eingehen, weil sie sich als ein Kompensationsansatz nachlassender Integrationskraft kapitalistischer Gesellschaften interpretieren lassen. *Soziale Desintegrationsprozesse* wurden im Kontext mit individuellen *Kontrollverlusten* analysiert, die z. T. ebenso ökonomisch induziert sind wie institutionelle bzw. kollektive Kontrollverluste, die direkt oder unmittelbar mit aufgezeigten Varianten von *Demokratieentleerung* in Verbindung gebracht wurden. Angesichts dessen stellt sich die Frage, was diese bisherigen Zusammenhänge für das rechtsautoritäre Lager bedeuten.

5.2 Die Erfolgschancen rechtsautoritärer Politikangebote

Die Erfolgschancen des rechtsautoritären und -extremen Lagers sind differenziert zu betrachten, weil sie von den soziokulturellen Verhältnissen, dem Zustand der politischen Demokratie und den »eigenen« konzeptionellen und organisatorischen Angeboten abhängen.

Folgt man den klassischen Annahmen, daß in Zeiten rasanter Modernisierung die soziale Desintegration bzw. auftretende Bindungsverluste und damit zusammenhängende Verunsicherung zunehmen, dann sind wesentliche Voraussetzungen gegeben, um einen Anstieg rechtsautoritärer Einstellungen und Verhaltensweisen anzunehmen. Zugleich belegen historische Studien, daß aber eine Verelendung nicht gleichsam politische Gefolgschaft erzeugt, weder in Form von Wahlbeteiligung noch öffentlicher Demonstrationsbereitschaften. Die Apathie und Politik- bzw. Politikerverdrossenheit machen auch nicht vor diesem politischen Lager halt. Nicht von ungefähr resignieren viele und wandern in die politische Enthaltsamkeit. Überdies müssen die mit den Umstellungszumutungen einhergehenden politischen Verarbeitungen in den verschiedenen Milieus (vgl. Vester in diesem Band) keineswegs nach rechts ausschlagen.

Der traditionelle parteiförmige Rechtsextremismus hat – so die These – deshalb keine reale Machtchance. Hinzu kommt ein zweiter gravierender Faktor. Dieser Variante gehen einige klassische Themen verlustig. Die Kontrollverdichtungen zur Standortsicherung machen *Law-and-order*-Forderungen überflüssig. Die »Säuberung« der Innenstädte ist inzwischen fast der Normalfall kommunaler Politik. Der Überwachungsmarkt benötigt keine politisch-ideologische Begründung und Förderung; er wächst – »entideologisiert« etwa bei privaten Gefängnissen aus der Verwertungslogik des Kapitalmarktes (und schafft sich u. U. die eigene Nachfrage). Die historischen Biopolitiken treten nun – quasi modernisiert in anderer Form – ebenfalls kapitalintensiv ihren »entideologisierten« Erfolgsweg an. Sie sind umgewidmet in Sach- und Modernisierungslogiken und erhalten qua Kapitalmarkt ihre eigene Durchsetzungskraft. Das führt zu der These, daß sich neue Entwicklungen mit autoritären Implikationen für die liberalen Gesellschaften ohne einen machtvollen traditionellen Rechtsextremismus durchsetzen können. Ein Teil der politischen Forderungen des traditionellen Rechtsextremismus wird durch den Markt sowohl »entpolitisiert« als auch »perfektioniert«. Aus Ideologielogiken werden Sach- und Verwertungslogiken.

Insgesamt ergibt sich für die traditionellen Formen des Rechtsextremismus ein struktureller Verlust von Machtfähigkeit. Gleichwohl behält der traditionelle Rechtsextremismus wichtige Funktionen als kontrastfähige Negativfolie für politische Akteure des demokratischen Spektrums. Teilweise wird die Existenz auch zur Legitimation der (meist) kurzzeitigen Verwendung von rechtspopulistischen Parolen herangezogen, und zwar mit der Begründung, daß dadurch Erfolge des als besonders gefährlich aufgewerteten Rechtsextremismus verhindert werden sollen.

Gleichwohl bleibt das rechtsautoritäre Lager in seinen verschiedenen Varianten und im vernetzten Interaktionskontext ein zentrales Problem. Die Funktionsteilung ist daher ebenso zu betrachten wie die Funktion für die Parteien des demokratischen Spektrums. Dazu gehören zunächst die *Diskurs*angebote der sog. »Neuen Rechten«. Sie bieten die Anschlüsse an den nationalen Konservatismus. Insbesondere das *Aktions*angebot des subkulturellen rechtsextremen Milieus mit seinen gewalttätigen Facetten behält eine zentrale Funktion, deren Schlagkraft z.T. durch die neuen Kommunikationsmedien und eine aufschaukelnde Brutalisierung (durch international zu überbietende »Konkurrenz«) als Bedrohung für Minderheiten etc. zunehmen dürfte. Aber diese in der Regel rückwärtsgewandten, am NS-System orientierten Varianten in historisch folkloristischer Verkleidung sind gerade durch das formierte Auftreten in der Öffentlichkeit und durch Gewalt über staatliche Sicherheitsapparate prinzipiell kontrollierbar.

Das zentrale zukünftige Problem dürfte der Rechtspopulismus darstellen. Dessen Chancen dürften sich desto mehr erhöhen, je größer die beschriebenen Defekte der liberalen Demokratie werden, die wiederum zu einem erheblichen Teil in Verbindung stehen mit den Entwicklungen der kapitalistischen Ökonomie.

Die gleichzeitig ablaufenden Prozesse der Bindungsverluste von Parteien und die Entwicklung von einer Parteien- zu einer Mediendemokratie schaffen die Existenz- und Ausbreitungsvoraussetzungen, wie an den raschen Mobilisierungserfolgen von Perrot und Berlusconi abzulesen ist.

Die »programmatische Entleerung« (Habermas 1998) der Parteien, so daß die Ziele nicht mehr vorhanden sind oder keine Relevanz mehr haben, öffnet ein Vakuum für kurzfristig mobilisierungsfähige Themen. Der darin zum Ausdruck kommende Verlust von politischen Konzepten und Visionen eröffnet die Chancen, den Politik*stil* an die Stelle von Inhalten zu setzen. Die Favorisierung des Politik*stils* ist historisch nicht neu, aber es kommt ein Faktor hinzu, der die Voraussetzungen dafür schafft, gewissermaßen zivilisatorisch zurückfallen zu können. »Wenn eine einigende Vision fehlt, wird sich jede Gesellschaft auf ihre ethnische Zugehörigkeit besinnen. Die Gesellschaft wird dann durch den Zorn auf eine andere Volksgruppe und verachtete Minderheiten zusammengehalten, von der es jetzt das Land zu ›säubern‹ gilt« (Thurow 1996, S. 380). In Thurows Prognose wird eines der gefährlichsten Themen der Zukunft sichtbar. Eine ausschließlich an Wirtschaftsinteressen und einem eingeschränkten öffentlichen Interesse orientierte Politik (im Sinne David Helds) eröffnet die Popularisierung eines von drei zentralen Themenblöcken. Die *kulturelle Überfremdung* mitsamt der Reklamation von Vorrechten gehört dazu und tritt als Zukunftsthema in Form einer Ethnisierung sozialer Probleme besonders hervor. Der zweite zentrale Fokus betrifft die *politische Fremdbestimmung* aufgrund der Denationalisierungsvorgänge und der Verlagerung von Entscheidungen in transnationale Institutionen. Dieser Rekurs auf die Nation wird als mobilisierungsfähiges Thema gepflegt, um Souveränität und Homogenität zu betonen. So sehr das Denationalisierungsthema mobilisierungsfähig ist, so deutlich wird aber auch, daß die Zusammenschlüsse auch neue Formen von interventiver »transnationaler Innenpolitik« erzeugen, wie das Beispiel der EU-Nationen zur Regierungsbeteiligung der FPÖ in Österreich zeigt. Unklar bleiben vorerst noch die Dynamiken, d. h., ob solche ungewohnten Interventionen die Ambitionen ins Gegenteil verkehren und nationale Homogenität, kulturelle Überfremdungsparolen und Ethnisierung erst richtig zur Blüte gelangen lassen. Auch darin manifestieren sich die zukünftigen großen Probleme des Umgangs mit dem Rechtspopulismus. Dies gilt zumal dann, wenn die *Repräsentationskritik* verfängt, um plebiszitäre Elemente in den Vordergrund zu schieben, die wieder den Mobilisierungsexperten entlang der genannten Ethnisierungs- und Homogenisierungsthemen gefährliche Möglichkeiten eröffnen. Diese werden v. a. durch den Umstand verstärkt, daß im Falle von schnellen Wandlungsprozessen und Statusgefährdungen – real oder angenommen – auch moderne Gesellschaften quasi »vormodern« reagieren, indem askriptive Merkmale von Gruppen betont werden.

Zusammenfassend läßt sich also behaupten, daß sich durch die bereits erkennbaren ökonomischen, sozialen und politischen Folgen eines autoritären Kapitalismus günstige Bedingungen für die Ausbreitung des Rechtspopulismus ergeben. Es tritt z. T. eine Konvergenz von zentralen Mechanismen auf. So wird zur Ankurbelung von ökonomischen Prozessen die Parole ausgegeben, daß Angst und Unsicherheit Leute auf Trab bringen sollen, so die bereits angeführte Position von Samuelson (1997, S. 36). Der Rechtspopulismus setzt dort an und kanalisiert, organisiert und funktionalisiert gerade diese über den ökonomischen Prozeß erzeugten Ängste. Indem sie gegen andere Gruppen ausgerichtet werden, wird der Anschein eines neuen »Kontrollgewinns« der eigenen Gemeinschaft suggeriert und als real interpretiert.

Die besondere Gefährlichkeit liegt nun in der *Inkonsistenz*. Nicht Widerspruchsfreiheit und konzeptionelle Einheit ist das entscheidende Kriterium. Es geht zudem um zweckrationale Verwertungslogik, nicht um wertrationales Entscheiden – analog der ökonomischen Prinzipien gewinnmaximierend. Dadurch läßt sich auch erklären, daß der Rechtspopulismus zumindest zeitweise *neoliberalistische Wirtschaftsvorstellungen* vertreten kann (Betz in diesem Band) und auch zu antikapitalistischen Reflexen fähig ist, und zwar je nachdem, welche Gruppen gegen wen in Stellung gebracht werden müssen. Die durch neoliberale Ökonomie erzeugten individuellen Situationen und Gefühlslagen (vgl. Sennett 1998) werden vom Rechtspopulismus aufgenommen (und es ist kein Zufall, daß etwa Perot und Berlusconi als besonders erfolgreiche Akteure dem Kapitalmilieu entstammen), um sie dann politisch zu bündeln. Aggressiv nach außen gegen moralische und kulturelle Störer und harmoniebesessen nach innen für Ruhe, Ordnung und homogene Gemeinschaft weist er einen gefährlichen, weil unberechenbaren Doppelcharakter auf, der sich strukturell in die Gegenwart moderner Gesellschaften fügt. Dies deshalb, weil die Suche nach Konsistenz politischer Zukunftsentwürfe längst von der Einsicht in die *Ambivalenz der Moderne* abgelöst worden ist. Inkonsistenz, gemeinhin als gravierender Fehler rationalen politischen Denkens markiert, stellt für den Populismus insgesamt kein Problem dar, im Gegenteil, sie ist sein Markenzeichen. Der Rechtspopulismus scheint darüber hinaus durchaus in die Entwicklung der Globalisierung hineinzupassen, wenn die Entwicklung zu rapide ansteigender Ungleichheit ökonomisch erzeugt und politisch legitimiert werden muß – immer auf der Suche nach optimaler Verwertung und Ausschau nach ängstlichen Individuen oder schwachen Gruppen. Er ist damit eine gruppenbezogene Integrationsstrategie (»Wir nehmen die Ängste der Bürger ernst...«), die – wenn er sich gegen andere Gruppen wendet – gleichzeitig die Desintegration der Gesellschaft befördert und damit auch der Gewalt Vorschub leistet.

6. Fazit

Der Versuch, die *Schattenseiten der Globalisierung* in einigen Facetten auszuleuchten, hat zu dem Ergebnis geführt, daß die Chancen eines aggressiven Rechtspopulismus sich danach entscheiden, wie ökonomisch erzeugte *soziale Ungleichheitsentwicklungen* und *Kontrollverluste, politische Demokratieentleerung* und das Bewußtwerden der *Ambivalenz der kulturellen Moderne* zusammenwirken.

Nicht so sehr der klassische Rechtsextremismus wird als autoritäre Leitlinie in Zukunft an herausragender Stelle plaziert sein. Die Situation ist komplizierter und z. T. auch brisanter. Denn ein Teil der von den Rechtsextremen geforderten Positionen wurden z. T. durch den autoritären Kapitalismus selbst schon »entpolitisiert« aufgegriffen. Das bedeutet auf der einen Seite, daß der klassische Rechtsextremismus an Einfluß verliert und sich mithin die Situation politisch zu entspannen scheint. Dabei wird auf der anderen Seite allerdings übersehen, daß sich die Forderungen gleichwohl in den Lebensverhältnissen in ähnlicher Weise (u. a. über Kontrollpolitiken) wiederfinden, gewissermaßen *ideologisch entkleidet* von den überschüssigen Sprachvokabeln und Parolen. Dies macht die Situation nicht eben einfacher, weil sich darin zeigt, daß es sich vor dem Hintergrund einer Ökonomisierung gesellschaftlichen Lebens gleichwohl um spezifische Zerstörungen und Unterdrückungen etc. handelt, die mit liberalen Demokratien und einer sensiblen Öffentlichkeit wenig gemein haben. Deshalb ist die eingangs angeführte Erfolgskarriere der Demokratie mit erheblicher Vorsicht zu betrachten, denn um das Ausmaß der Auswirkungen des globalisierten Kapitalismus auf die demokratische Qualität zu entdecken, stehen wir erst am Anfang. »Um den heimlichen Erosionen und untergründigen Verwertungen auf die Spur zu kommen, muß man sich von der Verfassung und den verbrieften Rechten lösen und in die Kapillaren des gesellschaftlichen Lebens vordringen« (Engler 1997, S. 591).[6]

Erst wenn wir in der Lage sind, jene Analysen neu zu gewichten, wie sie bei Sennett (1998), in *The Downsizing of America* (1996) oder von Bourdieu in *Das Elend dieser Welt* (1997) vorgelegt worden sind, kann es gelingen, einerseits *die Ursachen der gefährlichen neuen Unterwürfigkeit* aufzudecken und andererseits auch die demokratischen Chancen aufzuzeigen, die sich trotz der aufgezeigten massiven Abhängigkeiten ergeben, weil – historisch gesehen – keine Zwangsläufigkeiten gesellschaftlicher Entwicklungen bestehen.

---

6 Engler beschreibt in seinem aufschlußreichen Essay, was seiner Ansicht Demokratien zusammenhält: »Bürger- bzw. Menschenrechte, Selbstregierung, sozialer Sinn. Ohne Rechtsgarantien gibt es keine Möglichkeit, sich zusammenzuschließen. Ohne bürgerliche Zusammenschlüsse verkümmert der soziale Sinn« (1997, S. 587).

Literatur

Albert, M.: *Kapitalismus contra Kapitalismus*. Frankfurt/New York 1992.
Altvater, E./Mahnkopf, B.: *Grenzen der Globalisierung*. Münster 1996.
Assheuer, Th.: *Die Liebe zur Demokratie ist nicht weit verbreitet*. In: *Die Zeit*, Nr. 4/2000, S. 35.
Barber, B. R.: *Coca Cola und Heiliger Krieg. Wie Kapitalismus und Fundamentalismus Demokratie und Freiheit abschaffen*. Bern u. a. 1996.
Bauman, Z.: *Im Käfig der Globalisierung*. Frankfurt/M. 1999.
Beck, U.: *Was ist Globalisierung?* Frankfurt/M. 1997.
Ders.: *Wie wird Demokratie im Zeitalter der Globalisierung möglich? – Eine Einleitung*. In: ders. (Hg.): *Politik der Globalisierung*. Frankfurt/M. 1998, S. 7-66.
Benhabib, S.: *Über das zeitgenössische Unbehagen an der Demokratie*. In: *Frankfurter Rundschau* (Dokumentation), Nr. 238/1996, S. 6.
Birnbaum, N.: *Siegt die Marktorthodoxie, stirbt die Demokratie*. In: *Blätter für deutsche und internationale Politik*, 12/1997, S. 1443-1456.
Bourdieu, P.: *Das Elend der Welt. Zeugnisse und Diagnosen alltäglichen Leidens an der Gesellschaft*. Konstanz 1997.
Brähler, E./Richter, H. E.: *Zukunftserwartungen und Einstellungen zu politischen Fragen an der Schwelle des neuen Jahrtausends* (unveröff. Manuskript, Frankfurt/Leipzig 2000).
Brock, D.: *Wirtschaft und Staat im Zeitalter der Globalisierung. Von nationalen Volkswirtschaften zur globalisierten Weltwirtschaft*. In: *Aus Politik und Zeitgeschichte*, B. 33-34/1997, S. 12-19.
Bulmahn, Th.: *Reformstau und Verunsicherung*. In: *Informationsdienst Soziale Indikatoren*, 18/1997, S. 6-9.
Dahrendorf, R.: *An der Schwelle zum autoritären Jahrhundert. Die Globalisierung und ihre sozialen Folgen werden zur nächsten Herausforderung einer Politik der Freiheit*. In: *Die Zeit*, Nr. 47/1997, S. 14-15.
Ders.: *Die Quadratur des Kreises. Ökonomie, sozialer Zusammenhalt und Demokratie im Zeitalter der Globalisierung*. In: *Blätter für deutsche und internationale Politik*, 9/1997, S. 1060-1071.
Der Spiegel: *Kapitalismus ohne Gesicht*, 7/1999, S. 84-89.
Emnid: *Zukunft – klipp und klar? Was die Deutschen erwarten. Was sie tun* (Ergebnisse einer Befragung für den Gesamtverband der Deutschen Versicherungswirtschaft) Bielefeld.
Engler, W.: *Gefährdete Zukunft. Über globalen Kapitalismus und Demokratie*. In: *Sinn und Form*, 7,8/1997, S. 582-597.
Eurobarometer: *Racism and Xenophobia in Europe*. Luxembourg 1997.
Friedrichs, J.: *Globalisierung – Begriff und grundlegende Annahmen*. In: *Aus Politik und Zeitgeschichte*, B 33-34/1997, S. 3-11.
Fukuyama, F.: *Das Ende der Geschichte. Wo stehen wir*. München 1992.

Giddens, A.: *Die Konsequenzen der Moderne*. Frankfurt/M. 1995.
Grimm, D.: *Hütet die Grundrechte!* In: *Die Zeit*, Nr. 17/1997, S. 44.
Habermas, J.: *Die Kulturkritik der Neokonservativen in den USA und in der Bundesrepublik*. In: *Merkur*, 11/1982, S. 1047-1061.
Ders.: *Die postnationale Konstellation*. Frankfurt/M. 1998.
Hansen, R.: *Rückkehr des Leviathan. Konturen einer neuen »Sicherheitsgesellschaft«*. In: Bischoff u. a. (Hg.): *Das Ende des Neoliberalismus? Wie die Republik verändert wurde*. Hamburg 1998, S. 197-215.
Held, D. u. a.: *Global Transformations: Politics, Economics and Culture*. Oxford 1999.
Held, D.: *Jenseits des Dritten Weges*. In: *Die Zeit*, Nr. 3/2000, S. 7 u. 9.
Hengsbach, F.: *Die Geschichte einer doppelten Zähmung. Kapitalismus und Demokratie im zwanzigsten Jahrhundert – eine unvollendete Geschichte*. In: *Frankfurter Rundschau*, 8. 12. 1999, S. 53-54.
Hess, H.: *Die Zukunft des Verbrechens im Zeitalter der Globalisierung: Spekulative Thesen eines Kriminologen*. In: Bukow/Ottersbach (Hg.): *Die Zivilgesellschaft in der Zerreißprobe. Wie reagieren Gesellschaft und Wissenschaft auf die postmoderne Herausforderung?* Opladen 1999, S. 67-83.
Hirst, P./Thompson, G.: *Globalization in Question*. Cambridge 1996.
Hobsbawm, E. J.: *Eine gespaltene Welt geht ins 21. Jahrhundert*. In: *Frankfurter Rundschau* (Dokumentation) 283/1999, S. 19.
Hoffmann, J.: *Ambivalenzen des Globalisierungsprozesses. Chancen und Risiken der Globalisierung*. In: *Aus Politik und Zeitgeschichte*, B 23/1999, S. 3-10.
Huntington, S. P.: *Kampf der Kulturen. Die Neugestaltung der Weltpolitik im 21. Jahrhundert*. München/Wien 1996.
Infratest Burke: *Wie gehen die Bundesbürger mit der Arbeitslosigkeit um?* In: *Die Zeit*, Nr. 40/1996.
Infratest dimap: *Das rechtsextreme Wählerpotential bei Gewerkschaftsmitgliedern* (Im Auftrag des WDR). Köln 1998.
Israel, J.: *Neo-liberaler Kapitalismus gegen soziale Marktwirtschaft und Wohlfahrtsstaat*. In: Hradil (Hg.): *Differenz und Integration. Die Zukunft moderner Gesellschaften*. Verhandlungen des 28. Kongresses der Deutschen Gesellschaft für Soziologie in Dresden 1996. Frankfurt/M. 1997, S. 73-93.
Jugendwerk der deutschen Shell (Hg.): *Jugend '97*. Opladen 1997.
Kelly, K.: *Das Ende der Kontrolle. Die biologische Wende in Wirtschaft, Technik und Gesellschaft*. o. O. 1997.
Kleinert, C./Krüger W./Willems, H.: *Einstellungen junger Deutscher gegenüber ausländischen Mitbürgern und ihre Bedeutung hinsichtlich politischer Orientierungen*. In: *Aus Politik und Zeitgeschichte*, B 31/1998, S. 337-357.
Krasmann, S./de Marinis, P.: *Machtintervention im urbanen Raum*. In: *Kriminologisches Journal*, 3/1997, S. 162-185.

Kurz, R.: *Schwarzbuch Kapitalismus. Ein Abgesang auf die Marktwirtschaft.* Frankfurt/M. 1999.

Luttwak, E.: *Turbo-Kapitalismus. Gewinner und Verlierer der Globalisierung.* Hamburg/Wien 1999.

Martin, H.-B./Schumann, H.: *Die Globalisierungsfalle. Der Angriff auf Demokratie und Wohlstand.* Hamburg 1996.

Münch, R.: *Globale Dynamik, lokale Lebenswelten. Der schwierige Weg in die Weltgesellschaft.* Frankfurt/M. 1998.

Negt, O.: *Ironie der Geschichte oder: Der Kaiser ist nackt.* In: *Frankfurter Rundschau* (Dokumentation) Nr. 152/1998, S. 7.

Pickel, G./Walz, D.: *Politikverdrossenheit in Ost- und Westdeutschland: Dimensionen und Ausprägungen.* In: *Politische Vierteljahresschrift,* 1/1997, S. 27-49.

Rifkin, J.: *Das Ende der Arbeit und ihre Zukunft.* Frankfurt/New York 1995.

Ronneberger, K. u. a.: *Die Stadt als Beute.* Bonn 1999.

Samuelson, R. J.: *A New Start for Europe?* In: *Newsweek,* August 25/1997, S. 36.

Sassen, S.: *Kontrollverlust? Der Staat und die neue Geographie der Macht.* In: *Gewerkschaftliche Monatshefte,* 7, 8/1999, S. 447-458.

Schneider, N.: *Globalisierung. Mythos und Wirklichkeit.* In: *Gewerkschaftliche Monatshefte,* 3/1997, S. 158-168.

Schröder, G./Blair, T.: *Der Weg nach vorne für Europas Sozialdemokraten.* In: *Frankfurter Rundschau* (Dokumentation) Nr. 131/1999, S. 18.

Schröder, H./Conrads, J./Testrot, A./Ulbrich-Herrmann, M.: *Ursachen interethnischer Konfliktpotentiale. Ergebnisse einer Bevölkerungsbefragung von deutscher Mehrheitsbevölkerung und türkischer Minderheit.* In: Heitmeyer/Anhut (Hg.): *Bedrohte Stadtgesellschaft.* Weinheim/München 2000, S. 79-176.

Sennett, R.: *Der flexible Mensch. Die Kultur des neuen Kapitalismus.* Berlin 1998.

Sloterdijk, P.: *Regeln für den Menschenpark.* Frankfurt/M. 1999.

Stöss, R./Niedermayer, O.: *Rechtsextremismus, politische Unzufriedenheit und das Wählerpotential rechtsextremer Parteien in der Bundesrepublik im Frühsommer 1998.* Arbeitspapiere des Otto-Stammer-Zentrum, Nr. 1, FU Berlin, Berlin 1998.

Ders.: *Rechtsextremismus und Wahlen in der Bundesrepublik.* In: *Aus Politik und Zeitgeschichte.* B 11/1993, S. 50-61.

Tacke, W.: *Vertrauen in Institutionen.* In: *Umfrage & Analyse,* 11, 12/1999, S. 28-36.

The New York Times: *The Downsizing of America.* New York 1996.

Thurow, L. C.: *Die Zukunft des Kapitalismus.* Düsseldorf u. a. 1996.

Tocqueville, A. de: *Über die Demokratie in Amerika.* Stuttgart 1997 (franz. Erstausgabe 1835).

Wacquant, L.J.D.: *Vom wohltätigen zum strafenden Staat: Über den politischen Umgang mit dem Elend in Amerika*. In: *Leviathan*, 1/1997, S. 50-66.
Wallerstein, I.: *The Modern World-System I*. San Diego u. a. 1974.

Die Autoren

Helmuth Berking, Dr., Privatdozent für Soziologie an der Freien Universität Berlin.

Hans-Georg Betz, Dr., Associate Professor für Politikwissenschaft am Centre for German and European Studies der York University Toronto.

Roberto Biorcio, Dr., Professor für Methoden der Sozialwissenschaft an der Universität Mailand.

Ursula Birsl, Dr., wissenschaftliche Assistentin für Politikwissenschaft und Mitarbeiterin am Zentrum für Europa- und Nordamerika-Studien (ZENS) an der Universität Göttingen.

Mathias Bös, Dr., wissenschaftlicher Assistent für Soziologie an der Universität Heidelberg.

Klaus Dörre, Dr., wissenschaftlicher Assistent für Soziologie an der Universität Jena.

Volker Heins, Dr., Politologe, wissenschaftlicher Mitarbeiter am Institut für Sozialforschung an der Johann Wolfgang Goethe-Universität Frankfurt am Main.

Wilhelm Heitmeyer, Dr., Professor für Sozialisation und Leiter des Instituts für interdisziplinäre Konflikt- und Gewaltforschung der Universität Bielefeld.

Michael Kazin, Dr., Professor für Geschichtswissenschaft an der Georgetown University Washington.

Herbert Kitschelt, Dr., Professor für Politikwissenschaft an der Duke University, North Carolina (USA).

Claus Leggewie, Dr., Professor für Politikwissenschaft an der Justus-Liebig-Universität Gießen.

Dietmar Loch, Dr., Politologe, wissenschaftlicher Mitarbeiter am Institut für interdisziplinäre Konflikt- und Gewaltforschung der Universität Bielefeld.

Peter Lösche, Dr., Professor für Politikwissenschaft und Gründer des Zentrums für Europa- und Nordamerika-Studien (ZENS) an der Universität Göttingen.

Detlef Oesterreich, Dr., Psychologe, wissenschaftlicher Mitarbeiter am Max-Planck-Institut für Bildungsforschung, Berlin.

Pascal Perrineau, Professor für Politikwissenschaft am Institut d'Etudes Politiques (IEP) de Paris und Leiter des CNRS-Forschungsinstituts CEVIPOF.

Georg Stauth, Dr., Privatdozent an der Fakultät für Soziologie der Universität Bielefeld.

Alain Touraine, Soziologe, Forschungsleiter an der Ecole des Hautes Etudes en Sciences Sociales (EHESS), Paris.

Peter A. Ulram, Dr., Universitätsdozent für Politikwissenschaft an der

Universität Wien und Bereichsleiter für Sozial- und Politikforschung am FESSEL-GfK-Institut in Wien.

Michael Vester, Dr., Professor für Politikwissenschaft und Leiter der Arbeitsgruppe Interdisziplinäre Sozialstrukturforschung (agis) an der Universität Hannover.

Michael Zürn, Dr., Professor für Politikwissenschaft, Ko-Direktor des Zentrums für Europäische Rechtspolitik (ZERP) und des Instituts für Interkulturelle und Internationale Studien (InIIS) an der Universität Bremen.

Suhrkamp Verlag GmbH
Torstraße 44, 10119 Berlin
info@suhrkamp.de
www.suhrkamp.de